台州统计年鉴

TAIZHOU STATISTICAL YEARBOOK

2017

（总第20期　NO.20）

台　州　市　统　计　局
国家统计局台州调查队　编
TAIZHOU STATISTICS BUREAU NBS SURVEY OFFICE IN TAIZHOU

中国统计出版社
China Statistics Press

图书在版编目（CIP）数据

台州统计年鉴. 2017 / 台州市统计局，国家统计局台州调查队编. -- 北京 : 中国统计出版社，2017.8
ISBN 978-7-5037-8342-5

Ⅰ. ①台… Ⅱ. ①台… ②国… Ⅲ. ①统计资料—台州—2017—年鉴 Ⅳ. ①C832.553-54

中国版本图书馆CIP数据核字(2017)第220668号

台州统计年鉴-2017

作　　者/ 台州市统计局　国家统计局台州调查队
责任编辑/ 陈越月　黄贤政
装帧设计/ 台州市机关印刷有限公司
出版发行/ 中国统计出版社
地　　址/ 北京市丰台区西三环南路甲6号　邮政编码/100073
电　　话/ 邮购（010）63376909　书店（010）68783171
网　　址/ http://csp.stats.gov.cn
印　　刷/ 江西宜春资料印务有限公司
经　　销/ 新华书店
开　　本/ 890mm×1240mm　1/16
字　　数/ 1200千字
印　　张/ 40
版　　别/ 2017年8月第1版
版　　次/ 2017年8月第1次印刷
定　　价/ 300.00元

如有印装差错，由本社发行部调换。

《台州统计年鉴—2017》编委会与编辑人员

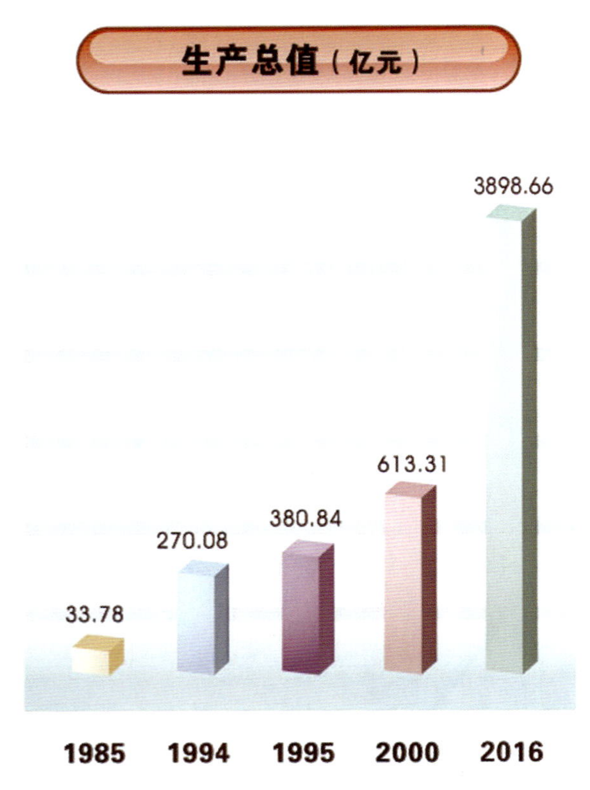
生产总值（亿元）
33.78
270.08
380.84
613.31
3898.66
1985
1994
1995
2000
2016

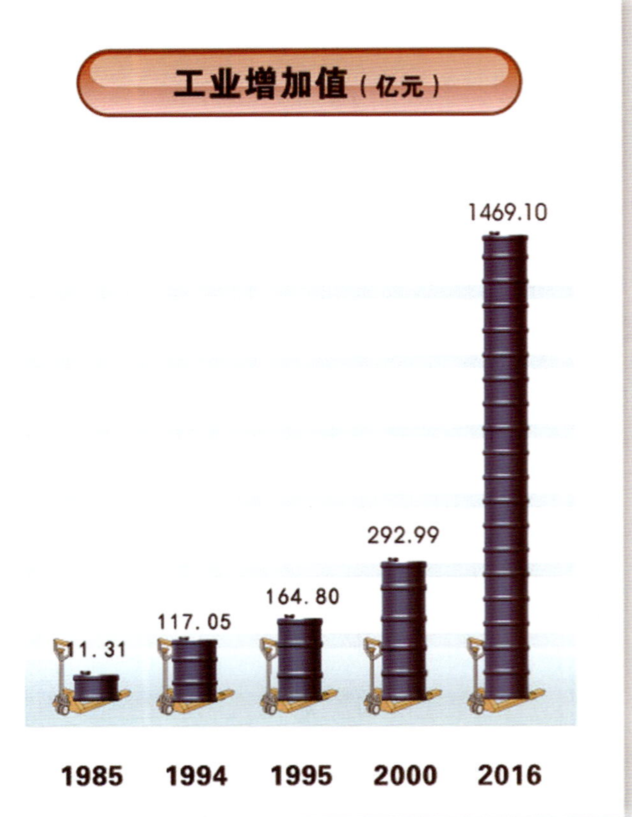
工业增加值（亿元）
11.31
117.05
164.80
292.99
1469.10
1985
1994
1995
2000
2016

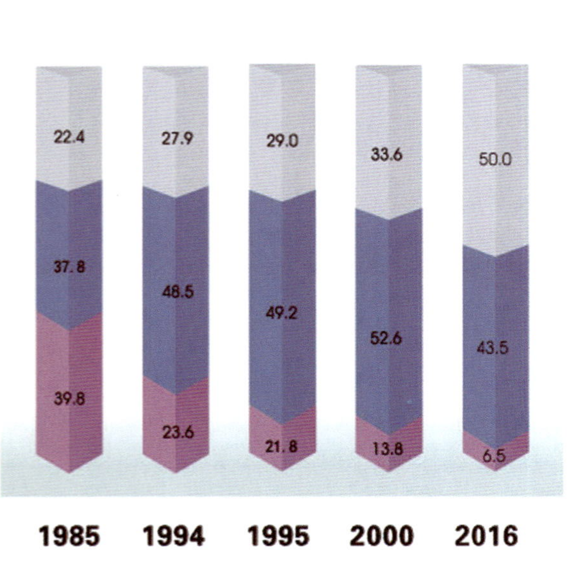
生产总值三次产业构成（%）
22.4
37.8
39.8
27.9
48.5
23.6
29.0
49.2
21.8
33.6
52.6
13.8
50.0
43.5
6.5
1985
1994
1995
2000
2016
第一产业
第二产业
第三产业

人均生产总值（元）
693
5146
7214
11257
65104
1985
1994
1995
2000
2016

财政总收入（亿元）
583.83
3.14
16.89
20.31
53.18
1985
1994
1995
2000
2016

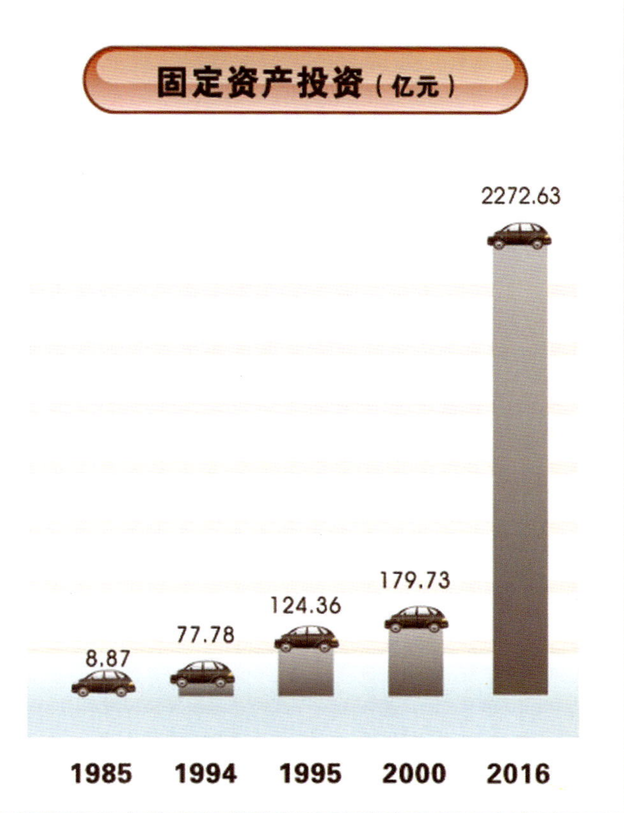
固定资产投资（亿元）
2272.63
179.73
124.36
77.78
8.87
1985
1994
1995
2000
2016

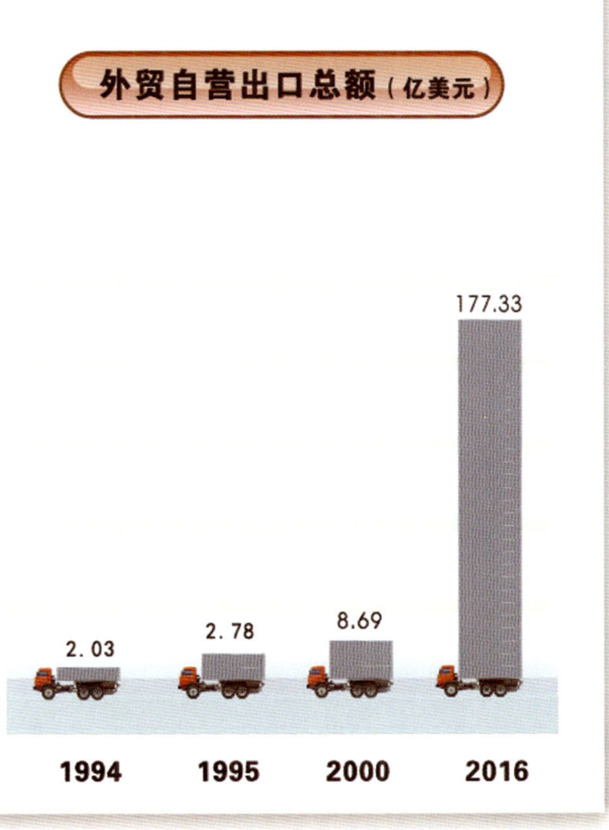
外贸自营出口总额（亿美元）
177.33
2.03
2.78
8.69
1994
1995
2000
2016

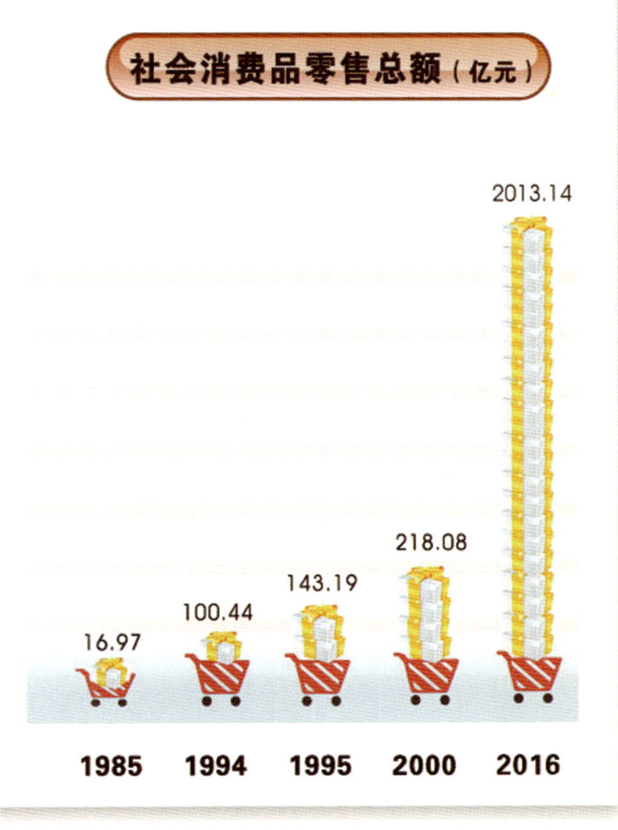
社会消费品零售总额（亿元）
2013.14
218.08
143.19
100.44
16.97
1985
1994
1995
2000
2016

编 辑 说 明

一、《台州统计年鉴—2017》是一部全面反映台州国民经济和社会发展情况的资料性年刊，本年鉴不仅记载了台州市和各县、市、区、乡镇、全省各市及长江三角洲各城市2016年经济和社会各方面大量的统计数据，还整理收录了主要历史年份和撤地建市以来台州主要统计数据。

二、全书内容分20个篇章。即：（1）综合；（2）人口和从业人员；（3）农业；（4）工业；（5）固定资产投资和建筑业；（6）交通运输邮电通信和电力；（7）原材料和能源；（8）批发零售贸易和住宿餐饮业；（9）对外经济贸易和旅游；（10）财政金融保险；（11）物价；（12）人民生活；（13）城市建设和环境保护；（14）教育科技和质量监督；（15）文化卫生体育和广播；（16）档案工会妇联共青团社会保障；（17）各县市区国民经济主要指标；（18）各市国民经济主要指标；（19）长江三角洲各城市国民经济主要指标；（20）统计公报。

为了便于读者使用，每篇章后均附有主要统计指标解释，并在部分表下作了简要注释。

三、本年鉴对过去发表的统计资料重新予以核实，并按统计口径的变化对历史年份数据作了调整，凡以往统计资料与本年鉴不一致的，均以本年鉴为准。

四、本年鉴中部分数据合计数或相对数由于单位取舍不同而产生的计算误差，均未做机械调整。

五、本年鉴中使用的符号："#"表示其中的主要项；"…"表示数据不足本表最小单位数；"空格"表示无该项指标数据或数据不详。

《台州统计年鉴》自公开出版以来，受到社会各界的重视和好评，为进一步提高年鉴的编辑水平，欢迎读者提出宝贵意见。

目　　录

一、综　　合

二、人口和从业人员

三、农　　业

四、工　　业

五、固定资产投资和建筑业

六、交通运输邮电通信和电力

七、原材料和能源

八、批发零售贸易业和住宿餐饮业

九、对外经济贸易和旅游

十、财政金融保险

十一、物　　价

十二、人民生活

十三、城市建设和环境保护

十四、教育科技和质量监督

十五、文化卫生体育和广播

十六、档案工会妇联共青团和社会保障

十七、各县市区国民经济主要指标

十八、各市国民经济主要指标

十九、长江三角洲各城市国民经济主要指标

二十、统计公报

综　合

General Survey

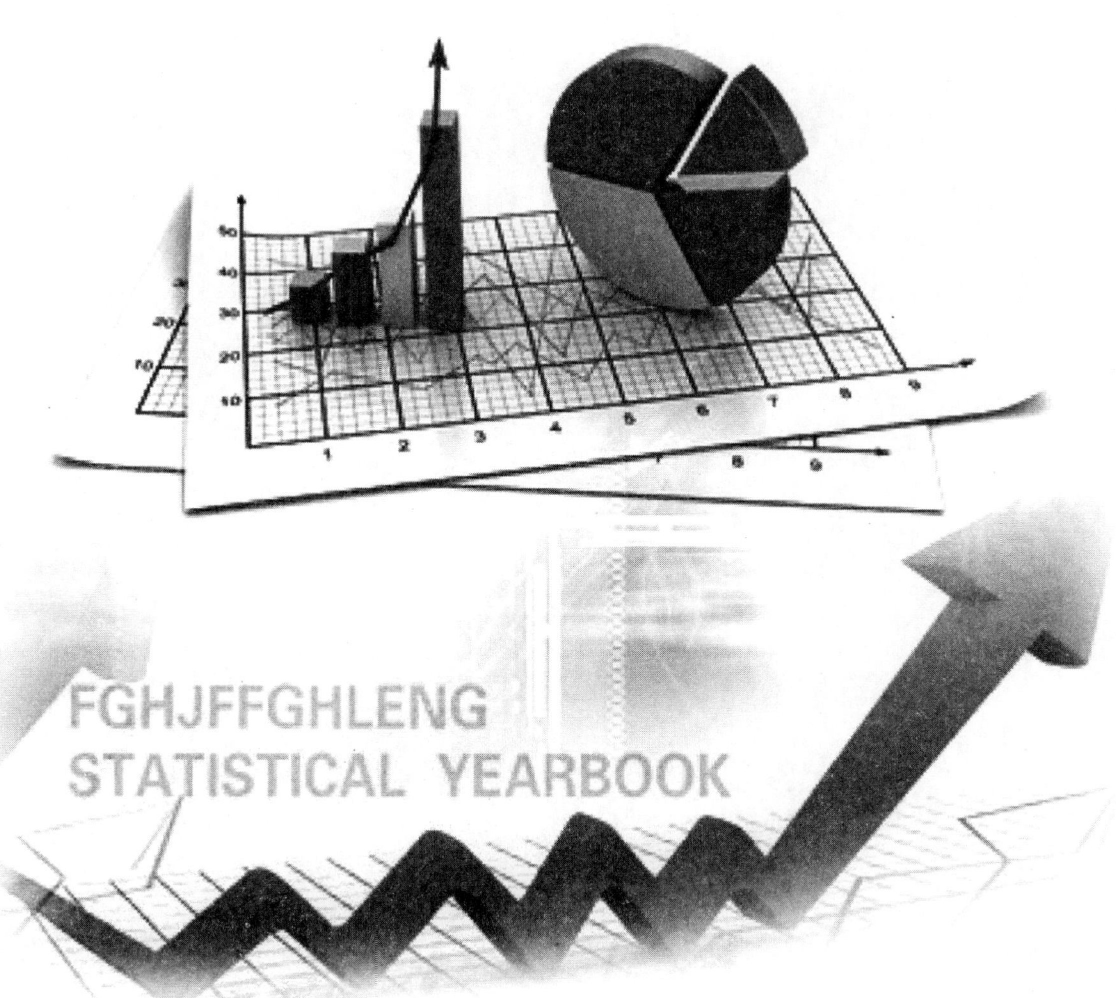

1-1 人口和自然资源

（2016 年）

指 标		2016 年
一、人 口		
年末总人口	（万人）	600.17
人口密度	（人/平方公里）	638
二、土 地		
土地面积	（平方公里）	9411
	（千公顷）	941.1
山地、丘陵占总面积比重	（%）	73.0
平原占总面积比重	（%）	22.4
河流水面占总面积比重	（%）	4.6
三、森 林		
有林地面积	（千公顷）	623.04
森林覆盖率	（%）	60.3
林木蓄积量	（万立方米）	1979.53
四、水文、水利		
淡水总面积	（千公顷）	51.16
其中：已养殖面积	（千公顷）	11.21
滩涂围垦可利用资源	（千公顷）	66.62
其中：已养殖面积	（千公顷）	14.54
已围垦海涂	（千公顷）	50.00
年降水总量	（亿立方米）	167.77
河川年径流量	（亿立方米）	99.30
水资源总量	（亿立方米）	100.22
水力资源蕴藏量	（万千瓦）	53.71
其中：可开发量	（万千瓦）	36.20
已开发量	（万千瓦）	27.34
潮汐能可开发量	（万千瓦）	104.81
其中：已开发量	（千 瓦）	3450
海岸线长度	（公 里）	1660
其中：大陆岸线	（公 里）	745
岛屿个数	（个）	687

注：人口资料取自公安户籍年报，下同。

1-2 行政区划土地面积和人口密度

(2016年)

地 区	行 政 区 划 (个)						土地面积(平方公里)	人口密度(人/平方公里)
	镇 数	乡 数	街道办事处数	城 市社 区	居 民委员会	村 民委员会		
全 市	**61**	**24**	**44**	**198**	**137**	**4645**	**9411**	**638**
市 区	10	6	22	85	35	1037	1536	1042
椒江区	1		8	41	4	275	274	1953
黄岩区	5	6	8	27	15	475	988	618
路桥区	4		6	17	16	287	274	1660
玉 环 县	6	2	3	30	11	276	378	1142
三 门 县	6	1	3	7	4	510	1072	414
天 台 县	7	5	3	11	4	597	1426	420
仙 居 县	7	10	3	15		403	1992	256
温 岭 市	11		5	18	80	830	836	1455
临 海 市	14		5	32	3	992	2171	553

1-3 部分县市区平均气温

(2016年)

单位:摄氏度

地 区	1月	2月	3月	4月	5月	6月	7月	8月	9月	10月	11月	12月	年平均
椒江区	7.6	8.3	12.0	17.0	22.0	26.0	30.0	29.3	25.5	23.2	16.1	12.1	19.1
玉环县	7.8	8.1	11.2	15.6	20.7	24.3	27.7	28.7	25.0	22.8	16.1	12.4	18.4
三门县	6.6	7.6	11.5	16.8	21.4	25.3	29.6	28.5	24.7	22.3	14.8	10.5	16.3
天台县	6.0	7.6	11.7	17.2	21.7	25.1	29.4	28.4	24.3	21.6	14.0	9.9	18.1
仙居县	6.9	8.3	12.4	17.8	22.7	25.8	30.1	29.0	25.0	22.5	15.0	10.9	18.9
温岭市	7.5	8.2	11.9	17.0	21.8	25.5	29.6	28.8	25.1	22.8	15.8	11.8	18.8
临海市	7.2	8.0	12.0	17.5	22.1	25.5	29.9	28.7	24.9	22.6	15.2	10.9	18.7

1－4 部分县市区日照时数

（2016年）

单位：小时

地　区	1月	2月	3月	4月	5月	6月	7月	8月	9月	10月	11月	12月	全年
椒江区	83.1	149.9	139.3	72.3	122.9	99.4	236.8	236.8	124.8	65.0	81.2	116.0	1527.5
玉环县	74.7	127.2	140.3	63.0	119.2	116.5	256.8	247.1	123.8	93.0	74.1	141.5	1577.2
三门县	71.7	129.6	142.5	88.4	124.7	119.6	225.2	209.9	88.9	43.1	81.7	112.6	1437.9
天台县	84.3	175.7	153.5	100.5	155.7	153.1	250.7	268.7	128.6	64.2	96.3	143.2	1774.5
仙居县	64.2	155.2	142.2	83.5	136.2	119.9	220.4	216.5	111.1	48.1	77.2	130.1	1504.6
温岭市	81.1	144.6	133.2	78.2	110.7	105.6	240.8	203.2	116.5	56.5	74.8	117.3	1462.5
临海市	87.6	169.6	153.4	90.9	140.8	147.3	250.5	250.8	131.4	80.3	94.7	143.9	1741.2

1－5 部分县市区降水量

（2016年）

单位：毫米

地　区	1月	2月	3月	4月	5月	6月	7月	8月	9月	10月	11月	12月	全年
椒江区	124.3	87.5	59.8	131.9	235.9	142.7	102.7	114.9	266.6	219.8	79.7	28.7	1594.5
玉环县	143.4	64.7	70.5	187.5	155.4	128.3	101.5	143.6	240.4	32.2	79.5	19.4	1366.4
三门县	126.0	50.6	39.6	141.7	191.5	272.1	139.1	159.5	454.3	193.0	75.6	45.4	1888.4
天台县	116.4	37.4	45.7	185.9	213.4	335.5	126.1	83.3	289.2	149.9	62.9	20.0	1665.7
仙居县	116.4	50.0	58.7	184.5	226.0	215.9	52.8	115.6	314.4	137.7	59.0	37.6	1568.6
温岭市	145.7	84.5	67.4	184.9	231.8	152.2	80.7	216.7	364.9	159.7	95.1	24.6	1808.2
临海市	105.6	54.5	54.1	135.0	183.6	219.4	40.1	131.4	380.7	174.2	62.5	44.4	1585.5

1－6 主要年份国民经济和社会发展主要指标

指标		1978 年	1990 年	1994 年	2000 年	2010 年	2015 年	2016 年
年末户籍总人口	（万人）	452.71	515.49	526.31	546.62	583.14	597.49	600.17
年末常住人口	（万人）					596.88	604.90	608.00
年末从业人员数	（万人）	176.88	307.23	330.65	340.48	367.56	403.32	404.36
在岗职工人数	（万人）	22.90	33.49	33.64	32.56	64.81	92.39	85.45
其中：国有单位职工	（万人）	12.06	17.90	19.32	17.99	16.65	15.22	15.48
城镇集体单位职工	（万人）	10.84	15.41	13.24	7.40	2.66	4.39	4.49
生产总值（当年价）	（亿元）	10.13	78.91	270.08	613.31	2433.27	3553.85	3898.66
指数（1978 年＝100）	（%）	100.00	450.40	1053.29	2236.03	7472.55	10704.76	11535.01
第一产业增加值	（亿元）	4.74	23.89	63.82	84.60	160.42	229.75	254.14
指数（1978 年＝100）	（%）	100.00	154.50	218.27	286.80	352.81	397.08	414.29
第二产业增加值	（亿元）	3.03	31.90	130.91	322.38	1251.02	1567.65	1695.80
指数（1978 年＝100）	（%）	100.00	920.41	2819.88	6783.60	23729.20	32008.25	34439.51
第三产业增加值	（亿元）	2.36	23.12	75.36	206.33	1021.83	1756.45	1948.73
指数（1978 年＝100）	（%）	100.00	523.08	1200.22	2540.43	10098.84	15973.98	17307.52
在生产总值中：工业增加值	（亿元）	2.52	27.90	117.05	292.99	1128.31	1339.56	1469.10
指数（1978 年＝100）	（%）	100.00	1122.28	3594.97	8783.95	31395.97	40844.23	44337.64
人均生产总值（户籍当年价）	（元）	225	1534	5146	11257	41894	59499	65104
指数（1978 年＝100）	（%）	100.00	393.97	902.77	1846.39	5787.85	8062.44	8665.51

注：人均生产总值按按户籍人口计算。

1-6续表1

指　　标		1978年	1990年	1994年	2000年	2010年	2015年	2016年
全社会客运周转量	（亿人公里）	4.38	24.82	33.99	60.92	97.71	78.14	72.84
公　路	（亿人公里）	3.20	23.67	33.06	60.52	90.58	51.24	42.70
水　运	（亿人公里）	1.18	1.15	0.93	0.40	0.23	0.17	0.19
全社会货运周转量	（亿吨公里）	5.26	27.75	59.20	126.51	1110.64	1571.07	1623.15
公　路	（亿吨公里）	0.34	6.84	20.14	36.74	141.98	166.16	181.02
水　运	（亿吨公里）	4.92	20.91	39.06	89.78	968.66	1404.37	1441.49
固定资产投资总额	（亿元）	1.14	14.48	77.78	179.73	838.07	1996.03	2272.63
财政总收入	（亿元）	1.19	6.59	16.89	53.18	310.62	539.78	583.83
地方财政收入	（亿元）			8.65	26.15	164.88	298.02	343.28
地方财政支出	（亿元）	0.99	4.99	12.20	33.19	222.76	457.21	514.40
金融机构年末人民币存款余额	（亿元）	1.64	31.26	106.19	528.96	3562.80	6188.65	6923.22
其中:城乡居民储蓄存款余额	（亿元）	0.44	15.36	54.64	289.62	1725.08	3145.48	3703.37
金融机构年末人民币贷款余额	（亿元）	3.46	30.79	83.81	330.43	2940.51	5429.60	5758.92
社会消费品零售总额	（亿元）	4.92	37.15	100.44	218.08	960.45	1826.68	2013.14
外贸进出口总额	（亿美元）		0.10	2.45	11.44	170.01	211.66	198.69
其中:外贸出口总额	（亿美元）		0.10	2.03	8.69	139.63	188.29	177.33
商品零售价格指数(以1978年为100)	（%）	100.0	236.0	405.1	472.2	543.5	604.0	608.8
居民消费价格指数(以1978年为100)	（%）	100.0	243.6	427.2	548.1	663.3	758.5	771.4

注：1、本表固定资产投资统计范围2004年及以前为全社会口径,2005年起为计划总投资500万元及以上项目(单位)投资和全部房地产开发企业投资。2、2014年公路运输相关指标统计口径作了调整。

1－6续表2

指　　标		1978年	1990年	1994年	2000年	2010年	2015年	2016年
城镇居民人均可支配收入	（元）	311	1619	5036	8861	27212		
农村居民人均纯收入	（元）	120	918	2256	4296	11307		
城镇常住居民人均可支配收入	（元）						43266	47162
农村常住居民人均可支配收入	（元）						21225	23164
普通高校在校学生数	（人）	413	962	1794	4125	29749	33567	34205
普通高校专任教师数	（人）	79	133	167	381	1579	1633	1667
成人高等学校在校学生数	（人）		1962	1546	4802	22323	34768	32146
普通中学在校学生数	（万人）	22.58	20.01	22.21	33.41	28.68	28.50	29.49
普通中学专任教师数	（人）	10250	9751	11250	17663	20157	23774	25105
小学在校学生数	（万人）	64.96	46.03	49.75	37.05	43.05	48.09	46.92
小学专任教师数	（人）	21860	17010	17952	18809	20510	20536	20902
幼儿园在园儿童数	（万人）	0.85	7.19	8.48	9.79	25.98	22.43	22.04
卫生机构数	（个）	618	730	698	645	1380	3455	3540
其中:医院、卫生院	（个）	417	351	393	340	220	262	271
卫生机构床位数	（张）	4788	7030	7861	9559	16528	24784	26845
其中:医院、卫生院	（张）	4723	6902	7695	9459	16088	23723	25656
卫生技术人员	（人）	6998	11011	12406	14841	26765	37841	40588
其中:医　生	（人）	2743	4512	4950	6479	11521	15723	16637

注：本表卫生机构数2012年起包括村卫生室。

1-7 主要年份国民经济和社会主要指标发展情况

指　　标	2016年为下列年份%					平均每年增长%			
	1978年	1990年	1994年	2000年	2015年	1979－2016年	1991－2016年	1995－2016年	2001－2016年
年末户籍总人口	132.6	116.4	114.0	109.8	100.4	0.7	0.6	0.6	0.6
年末从业人员数	228.6	131.6	122.3	118.8	100.3	2.2	1.1	1.0	1.1
在岗职工人数	373.1	255.2	254.0	262.4	92.5	3.5	3.7	4.9	6.2
其中:国有单位职工	128.4	86.5	80.1	86.0	101.7	0.7	-0.6	-1.1	-0.9
城镇集体单位职工	41.4	29.1	33.9	60.7	102.3	-2.3	-4.6	-5.1	-3.1
生产总值	11535.0	2561.1	1095.1	515.9	107.8	13.3	13.3	11.7	10.8
第一产业增加值	414.3	268.1	189.8	144.5	104.3	3.8	3.9	2.9	2.3
第二产业增加值	34439.5	3741.7	1221.3	507.7	107.6	16.6	14.9	12.3	10.7
第三产业增加值	17307.5	3308.8	1442.0	681.3	108.3	14.5	14.4	13.1	12.7
在生产总值中:工业增加值	44337.6	3950.7	1233.3	504.8	108.6	17.4	15.2	12.3	10.6
人均生产总值	8665.5	2199.6	959.9	469.3	107.5	12.5	12.6	11.0	10.1
全社会客运周转量	1663.0	293.5	214.3	119.6	93.2	7.7	4.2	4.0	1.1
公　路	1334.4	180.4	129.2	70.6	83.3	7.1	2.3	1.2	-2.2
水　运	16.1	16.5	20.4	47.5	111.8	-4.7	-6.7	-7.0	-4.5
全社会货运周转量	30858.4	5849.2	2741.8	1283.0	103.3	16.3	16.9	16.2	17.3
公　路	53241.2	2646.5	898.8	492.7	108.9	18.0	13.4	10.5	10.5
水　运	29298.6	6893.8	3690.5	1605.6	102.6	16.1	17.7	17.8	18.9

注：本表生产总值、各产业增加值、人均生产总值发展速度按可比价格计算。

1－7 续表1

指　　标	2016年为下列年份%					平均每年增长%			
	1978年	1990年	1994年	2000年	2015年	1979－2016年	1991－2016年	1995－2016年	2001－2016年
财政总收入	49061.3	8859.3	3456.7	1097.8	108.2	17.7	18.8	17.5	16.2
地方财政收入			3968.6	1312.7	115.2			18.2	17.5
地方财政支出	51959.6	10308.6	4216.4	1549.9	112.5	17.9	19.5	18.5	18.7
金融机构年末人民币存款余额	422147.6	22147.2	6519.7	1308.8	111.9	24.6	23.1	20.9	17.4
其中:城乡居民储蓄存款余额	841675.0	24110.5	6777.8	1278.7	117.7	26.9	23.5	21.1	17.3
金融机构年末人民币贷款余额	166442.8	18703.9	6871.4	1742.9	106.1	21.6	22.3	21.2	19.6
社会消费品零售总额	40917.5	5419.0	2004.3	923.1	110.2	17.1	16.6	14.6	14.9
外贸进出口总额		198690.0	8109.8	1736.8	93.9		33.9	22.1	19.5
其中:外贸出口总额		177330.0	8735.5	2040.6	94.2		33.3	22.5	20.7
商品零售价格指数	608.8	258.0	150.3	128.9	100.8	4.9	3.7	1.9	1.6
居民消费价格指数	771.4	316.7	180.6	140.7	101.7	5.5	4.5	2.7	2.2

1－7 续表 2

指　　标	2016 年为下列年份%					平均每年增长%			
	1978 年	1990 年	1994 年	2000 年	2015 年	1979－2016年	1991－2016年	1995－2016年	2001－2016年
普通高校在校学生数	8282.1	3555.6	1906.6	829.2	101.9	12.3	14.7	14.3	14.1
普通高校专任教师数	2110.1	1253.4	998.2	437.5	102.1	8.4	10.2	11.0	9.7
成人高等学校在校学生数		1638.4	2079.3	669.4	92.5		11.4	14.8	12.6
普通中学在校学生数	130.6	147.4	132.8	88.3	103.5	0.7	1.5	1.3	－0.8
普通中学专任教师数	244.9	257.5	223.2	142.1	105.6	2.4	3.7	3.7	2.2
小学在校学生数	72.2	101.9	94.3	126.6	97.6	－0.9	0.1	－0.3	1.5
小学专任教师数	95.6	122.9	116.4	111.1	101.8	－0.1	0.8	0.7	0.7
幼儿园在园儿童数	2592.9	306.5	259.9	225.1	98.3	8.9	4.4	4.4	5.2
医院、卫生院机构数	65.0	77.2	69.0	79.7	103.4	－1.1	－1.0	－1.7	－1.4
卫生机构床位数	560.7	381.9	341.5	280.8	108.3	4.6	5.3	5.7	6.7
其中:医院、卫生院	543.2	371.7	333.4	271.2	108.1	4.6	5.2	5.6	6.4
卫生技术人员	580.0	368.6	327.2	273.5	107.3	4.7	5.1	5.5	6.5
其中:医　生	606.5	368.7	336.1	256.8	105.8	4.9	5.1	5.7	6.1

1－8 按登记注册类型分法人单位数

（2016 年）

单位:个

项　　目	法　人 单位数	单产业 法　人	多产业 法　人
总　　计	**130638**	**128348**	**2290**
按登记注册类型分组			
内　　资	**130044**	**127784**	**2260**
国　　有	4921	4518	403
集　　体	1626	1580	46
股份合作	3539	3489	50
联　　营	18	16	2
国有与集体联营	6	5	1
其他联营	12	11	1
有限责任公司	5434	5114	320
国有独资公司	297	270	27
其他有限责任公司	5137	4844	293
股份有限公司	245	161	84
私　　营	93528	92214	1314
私营独资	19533	19346	187
私营合伙	4390	4344	46
私营有限责任公司	69414	68352	1062
私营股份有限公司	191	172	19
其他内资	20733	20692	41
港澳台商投资	**294**	**281**	**13**
与港澳台商合资经营	183	177	6
与港澳台商合作经营	8	7	1
港澳台商独资	99	93	6
港澳台商投资股份有限公司	2	2	
其他港、澳、台商投资	2	2	
外商投资	**300**	**283**	**17**
中外合资经营	180	175	5
中外合作经营	6	6	
外资企业	105	97	8
外商投资股份有限公司	8	4	4
其他外商投资	1	1	

1-9 按机构类型和行业分法人单位数

（2016年）

单位:个

项　　目	法　人 单位数	单产业 法　人	多产业 法　人
总　　计	**130638**	**128348**	**2290**
按机构类型分组			
企　业	104816	102933	1883
事业单位	3481	3249	232
机　关	812	682	130
社会团体	2002	1982	20
民办非企业单位	1730	1729	1
基金会	25	25	
居委会	321	320	1
村委会	4714	4709	5
农民专业合作社	9786	9774	12
其他组织机构	2951	2945	6
按三次产业分组			
第一产业	10392	10374	18
第二产业	53446	52788	658
第三产业	66800	65186	1614
法人单位数中:工业	50879	50387	492
按国民经济行业分组			
农、林、牧、渔业	**10674**	**10655**	**19**
农　业	7302	7291	11
林　业	359	358	1
畜牧业	1415	1410	5
渔　业	1316	1315	1
农、林、牧、渔服务业	282	281	1
采矿业	**92**	**90**	**2**
黑色金属矿采选业	2	2	
有色金属矿采选业	6	6	
非金属矿采选业	84	82	2

1－9续表1

单位:个

项　　目	法　人 单位数	单产业 法　人	多产业 法　人
制　造　业	**50196**	**49733**	**463**
农副食品加工业	544	540	4
食品制造业	198	190	8
酒、饮料和精制茶制造业	151	147	4
纺织业	1033	1008	25
纺织服装、服饰业	1357	1350	7
皮革、毛皮、羽毛及其制品和制鞋业	4786	4773	13
木材加工和木、竹、藤、棕、草制品业	456	452	4
家具制造业	669	658	11
造纸和纸制品业	1292	1289	3
印刷和记录媒介复制业	794	780	14
文教、工美、体育和娱乐用品制造业	3246	3219	27
石油加工、炼焦和核燃料加工业	29	29	
化学原料和化学制品制造业	634	617	17
医药制造业	190	178	12
化学纤维制造业	27	26	1
橡胶和塑料制品业	6700	6657	43
非金属矿物制品业	1117	1108	9
黑色金属冶炼和压延加工业	370	363	7
有色金属冶炼和压延加工业	350	348	2
金属制品业	2911	2872	39
通用设备制造业	7562	7501	61
专用设备制造业	4211	4187	24
汽车制造业	4359	4339	20
铁路、船舶、航空航天和其他运输设备制造业	1420	1395	25
电气机械和器材制造业	3338	3280	58
计算机、通信和其他电子设备制造业	391	383	8
仪器仪表制造业	1535	1525	10
其他制造业	212	209	3
废弃资源综合利用业	195	191	4
金属制品、机械和设备修理业	119	119	

1-9续表2

单位:个

项目	法人单位数	单产业法人	多产业法人
电力、热力、燃气及水生产和供应业	**591**	**564**	**27**
电力、热力生产和供应业	352	336	16
燃气生产和供应业	33	31	2
水的生产和供应业	206	197	9
建筑业	**2686**	**2520**	**166**
房屋建筑业	448	390	58
土木工程建筑业	673	616	57
建筑安装业	421	398	23
建筑装饰和其他建筑业	1144	1116	28
批发和零售业	**29840**	**29317**	**523**
批发业	15432	15228	204
零售业	14408	14089	319
交通运输、仓储和邮政业	**1765**	**1657**	**108**
铁路运输业	1	1	
道路运输业	942	898	44
水上运输业	151	147	4
航空运输业	6	6	
装卸搬运和运输代理业	472	452	20
仓储业	62	59	3
邮政业	131	94	37
住宿和餐饮业	**1553**	**1411**	**142**
住宿业	650	587	63
餐饮业	903	824	79

1－9 续表3

单位:个

项　　目	法　人 单位数	单产业 法　人	多产业 法　人
信息传输、软件和信息技术服务业	**1473**	**1460**	**13**
电信、广播电视和卫星传输服务	51	44	7
互联网和相关服务	250	248	2
软件和信息技术服务业	1172	1168	4
金融业	**604**	**528**	**76**
货币金融服务	154	114	40
资本市场服务	251	249	2
保险业	66	32	34
其他金融业	133	133	
房地产业	**2072**	**2005**	**67**
房地产业	2072	2005	67
租赁和商务服务业	**8839**	**8684**	**155**
租赁业	510	504	6
商务服务业	8329	8180	149
科学研究和技术服务业	**2187**	**2131**	**56**
研究和试验发展	277	276	1
专业技术服务业	1150	1100	50
科技推广和应用服务业	760	755	5
水利、环境和公共设施管理业	**808**	**789**	**19**
水利管理业	132	126	6
生态保护和环境治理业	98	96	2
公共设施管理业	578	567	11

1-9 续表4

单位:个

项　　目	法　人 单位数	单产业 法　人	多产业 法　人
居民服务、修理和其他服务业	**1591**	**1540**	**51**
居民服务业	664	634	30
机动车、电子产品和日用产品修理业	635	621	14
其他服务业	292	285	7
教　　育	**2602**	**2487**	**115**
教　育	2602	2487	115
卫生和社会工作	**871**	**788**	**83**
卫　生	568	488	80
社会工作	303	300	3
文化、体育和娱乐业	**1749**	**1722**	**27**
新闻和出版业	20	20	
广播、电视、电影和影视录音制作业	135	125	10
文化艺术业	338	333	5
体　育	231	228	3
娱乐业	1025	1016	9
公共管理、社会保障和社会组织	**10445**	**10267**	**178**
中国共产党机关	156	151	5
国家机构	2046	1900	146
人民政协、民主党派	37	37	
社会保障	32	32	
群众团体、社会团体和其他成员组织	3139	3118	21
基层群众自治组织	5035	5029	6

1-10 主要年份生产总值

单位:亿元

年份	生产总值	第一产业	第二产业	第三产业	在生产总值中:工业	人均生产总值			
						人民币(元)		美元	
						按户籍人口计算	按常住人口计算	按户籍人口计算	按常住人口计算
1949	1.32	1.00	0.08	0.24	0.08	55		24	
1952	1.89	1.35	0.18	0.36	0.17	75		29	
1957	2.74	1.67	0.45	0.62	0.40	99		40	
1962	3.50	1.98	0.61	0.91	0.53	116		47	
1965	4.23	2.56	0.64	1.03	0.54	126		51	
1970	5.45	3.22	0.97	1.26	0.81	141		57	
1975	6.65	3.53	1.74	1.38	1.49	154		78	
1978	10.13	4.74	3.03	2.36	2.52	225		143	
1980	14.28	6.18	4.88	3.22	4.19	311		203	
1985	33.78	13.44	12.76	7.58	11.31	693		236	
1990	78.91	23.89	31.90	23.12	27.90	1534		321	
1994	270.08	63.82	130.91	75.36	117.05	5146		597	
1995	380.84	83.09	187.49	110.26	164.80	7214		864	
1996	445.79	90.80	222.63	132.36	200.15	8391		1009	
1997	466.97	84.10	235.09	147.78	214.56	8737		1054	
1998	505.42	87.45	256.44	161.53	233.06	9399		1135	
1999	550.62	88.41	282.67	179.54	257.13	10173		1229	
2000	613.31	84.60	322.38	206.33	292.99	11257		1360	
2001	680.80	86.96	355.33	238.51	323.00	12433		1502	
2002	782.85	89.17	403.27	290.42	367.47	14247		1721	
2003	908.87	90.72	472.96	345.19	427.25	16479		1991	
2004	1076.48	94.24	560.29	421.95	504.04	19422		2347	
2005	1249.41	102.64	658.88	487.89	599.96	22395		2734	
2006	1458.48	105.97	783.80	568.71	710.92	25940		3254	
2007	1715.10	113.47	930.35	671.28	847.53	30247		3977	
2008	1946.23	122.95	1041.87	781.41	950.02	34041		4901	
2009	2041.05	132.22	1056.32	852.51	954.20	35419		5185	
2010	2433.27	160.42	1251.02	1021.83	1128.31	41894		6189	
2011	2766.47	189.25	1385.66	1191.57	1241.11	47293		7322	
2012	2921.32	200.91	1413.17	1307.24	1257.01	49609		7859	
2013	3169.37	211.58	1495.76	1462.03	1326.10	53492		8638	
2014	3387.38	215.63	1578.85	1592.89	1374.80	56876		9259	
2015	3553.85	229.75	1567.65	1756.45	1339.56	59499	58917	9553	9459
2016	3898.66	254.14	1695.80	1948.73	1469.10	65104	64287	9801	9678

注：本表按当年价格计算。2004 年起第一产业包括农林牧渔服务业,2013 年起三次产业分类依据国家统计局 2012 年制定的《三次产业划分规定》,2016 年起研发与实验发展支出计入地区生产总值。下同。

1－11 分行业增加值(一)

(1992－2016年)

单位:亿元

年份	农、林、牧、渔业	工业	建筑业	批发和零售业	交通运输、仓储及邮政业	住宿和餐饮业
1992	33.38	45.42	6.68	13.37	9.61	1.82
1993	41.51	74.81	10.20	18.22	10.97	2.24
1994	63.82	117.05	13.86	27.62	15.28	3.80
1995	83.09	164.80	22.69	40.11	20.63	6.69
1996	90.80	200.15	22.47	48.77	22.10	7.76
1997	84.10	214.56	20.53	52.04	24.30	8.33
1998	87.45	233.06	23.38	53.75	26.79	8.26
1999	88.41	257.13	25.54	57.95	28.89	8.83
2000	84.60	292.99	29.40	64.92	31.80	9.99
2001	86.96	323.00	32.33	71.72	33.76	11.02
2002	89.17	367.47	35.80	85.07	38.46	13.59
2003	90.72	427.25	45.72	98.48	43.03	16.18
2004	94.24	504.04	56.24	115.83	48.18	20.11
2005	102.64	599.96	58.92	127.99	54.25	23.76
2006	105.97	710.92	72.88	145.10	65.66	26.59
2007	113.47	847.53	82.82	169.14	73.79	31.57
2008	122.95	950.02	91.85	193.57	83.86	37.57
2009	132.22	954.20	102.12	219.92	80.06	41.07
2010	160.42	1128.31	122.71	258.57	91.56	49.17
2011	189.25	1241.11	144.55	313.91	100.90	58.90
2012	200.91	1257.01	156.16	365.44	108.74	71.07
2013	213.62	1326.10	172.27	412.26	115.93	79.89
2014	217.78	1374.80	206.65	451.59	126.78	99.90
2015	232.08	1339.56	230.43	485.66	141.97	114.71
2016	256.68	1469.10	228.95	530.98	155.52	123.08

1－12 分行业增加值(二)

(1992－2016 年)

单位:亿元

年份	金融业	房地产业	其他服务业	信息传输、软件和信息技术服务业	租赁和商务服务业	科学研究和技术服务业
1992	3.26	3.74	8.91			
1993	4.44	5.18	10.28			
1994	5.94	7.07	15.64			
1995	10.18	9.40	23.25			
1996	11.16	11.21	31.36			
1997	8.87	14.08	40.16			
1998	10.75	13.62	48.36			
1999	11.10	16.90	55.88			
2000	11.97	20.47	67.18			
2001	15.97	25.15	80.89			
2002	22.84	30.80	99.67			
2003	28.55	40.82	118.13			
2004	32.77	52.97	152.09	25.77	14.25	5.65
2005	49.51	57.87	174.53	30.23	16.39	6.48
2006	65.74	67.77	197.85	35.86	19.20	6.96
2007	89.72	80.63	226.42	43.39	20.73	7.97
2008	117.71	99.74	248.96	42.33	22.30	7.93
2009	137.43	106.58	267.44	41.39	22.09	8.83
2010	178.54	144.21	299.77	42.10	26.14	9.78
2011	215.70	161.44	340.72	45.01	28.05	10.88
2012	200.88	169.44	391.65	43.92	31.77	12.53
2013	227.60	187.00	434.70	43.16	42.38	24.43
2014	250.23	187.48	472.16	43.78	45.29	26.65
2015	274.11	208.36	526.96	43.02	52.80	29.24
2016	291.59	241.08	601.68	45.61	56.39	39.26

1－13 分 行 业 增 加 值(三)

(1992－2016 年)

单位:亿元

年 份	水利、环境和公共设施管理业	居民服务、修理和其他服务业	教育	卫生和社会工作	文化、体育和娱乐业	公共管理、社会保障和社会组织
1992						
1993						
1994						
1995						
1996						
1997						
1998						
1999						
2000						
2001						
2002						
2003						
2004	3.26	14.03	30.54	18.49	5.08	35.02
2005	3.64	16.77	34.27	21.07	5.65	40.03
2006	4.07	18.66	37.61	23.22	6.68	45.59
2007	4.46	21.51	41.85	25.62	7.78	53.10
2008	4.63	25.28	44.92	25.81	11.86	63.90
2009	5.54	25.93	56.01	27.96	10.95	68.75
2010	5.93	29.77	65.14	30.43	14.31	76.17
2011	5.39	41.17	70.23	36.93	16.53	86.54
2012	5.72	45.98	80.19	46.53	19.29	105.72
2013	9.36	57.31	87.44	49.21	16.87	104.54
2014	11.24	64.83	93.90	55.74	18.07	112.67
2015	12.55	74.41	103.53	61.93	20.05	129.43
2016	13.20	95.72	117.90	67.41	20.26	145.92

1－14 主要年份生产总值构成

单位：%

年份	生产总值	第一产业	第二产业	第三产业	在生产总值中：工业
1949	100.00	75.69	6.12	18.19	5.88
1952	100.00	71.65	9.46	18.89	8.76
1957	100.00	61.03	16.32	22.65	14.40
1962	100.00	56.63	17.32	26.05	15.16
1965	100.00	60.63	15.11	24.26	12.72
1970	100.00	59.00	17.77	23.23	14.89
1975	100.00	53.08	26.22	20.70	22.42
1978	100.00	46.79	29.91	23.30	24.88
1980	100.00	43.28	34.15	22.57	29.34
1985	100.00	39.79	37.78	22.43	33.48
1990	100.00	30.27	40.43	29.30	35.36
1994	100.00	23.63	48.47	27.90	43.34
1995	100.00	21.82	49.23	28.95	43.27
1996	100.00	20.37	49.94	29.69	44.90
1997	100.00	18.01	50.34	31.65	45.95
1998	100.00	17.30	50.74	31.96	46.11
1999	100.00	16.06	51.34	32.61	46.70
2000	100.00	13.79	52.56	33.64	47.77
2001	100.00	12.77	52.19	35.03	47.44
2002	100.00	11.39	51.51	37.10	46.94
2003	100.00	9.98	52.04	37.98	47.01
2004	100.00	8.75	52.05	39.20	46.82
2005	100.00	8.21	52.74	39.05	48.02
2006	100.00	7.27	53.74	38.99	48.74
2007	100.00	6.62	54.24	39.14	49.42
2008	100.00	6.32	53.53	40.15	48.81
2009	100.00	6.48	51.75	41.77	46.75
2010	100.00	6.59	51.41	41.99	46.37
2011	100.00	6.84	50.09	43.07	44.86
2012	100.00	6.88	48.37	44.75	43.03
2013	100.00	6.68	47.19	46.13	41.84
2014	100.00	6.37	46.61	47.02	40.59
2015	100.00	6.46	44.11	49.42	37.69
2016	100.00	6.52	43.50	49.98	37.68

1－15 主要年份生产总值指数

（以1952年为100）

年　份	生　　产 总　　值	第一产业	第二产业	第三产业	在生产 总值中： 工　业	人　　均 生产总值
1949	72.50	75.91	51.60	62.21	53.58	75.41
1952	100.00	100.00	100.00	100.00	100.00	100.00
1957	141.90	136.40	189.30	149.90	175.70	127.00
1962	137.40	121.80	235.10	184.00	220.90	113.10
1965	183.60	168.30	267.50	237.30	247.40	136.90
1970	223.60	196.30	405.70	297.40	395.10	144.30
1975	266.60	196.10	797.40	420.50	780.90	154.10
1978	385.00	251.30	1355.90	698.90	1201.80	213.10
1980	485.74	250.83	2138.36	909.90	2131.84	263.13
1985	938.24	395.39	5196.46	1690.97	5423.19	479.24
1990	1734.03	388.25	12479.88	3655.80	13487.54	839.54
1994	4055.17	548.52	38234.75	8388.36	43204.29	1923.81
1995	5049.45	637.38	48982.03	10334.27	54366.52	2381.60
1996	5804.89	670.52	58633.16	11546.66	66430.67	2720.72
1997	6115.46	643.70	62764.87	12372.30	72029.13	2849.07
1998	6840.38	700.99	70987.98	13707.40	81266.57	3167.44
1999	7678.87	733.94	80762.04	15469.57	92663.22	3532.71
2000	8608.71	720.73	91978.84	17755.06	105565.50	3934.65
2001	9671.73	748.12	102340.98	20870.06	117732.41	4398.14
2002	11016.46	767.28	117107.66	24466.77	135306.91	4992.15
2003	12655.74	774.35	136435.49	28615.63	157158.42	5713.72
2004	14413.76	775.11	155639.57	33593.52	179416.08	6475.37
2005	16394.42	778.30	180121.79	38319.80	209391.28	7317.34
2006	18721.94	800.59	207904.65	44038.53	240189.90	8291.23
2007	21425.66	813.58	241617.55	50401.48	281309.97	9408.78
2008	23383.96	832.73	261480.05	56218.23	306933.56	10184.40
2009	25395.87	849.90	281541.59	62319.17	328959.50	10973.51
2010	28769.32	886.61	321744.18	70580.80	377316.76	12333.90
2011	31108.54	914.34	341810.00	78510.97	401051.30	13241.99
2012	33389.08	937.52	361691.16	86204.83	422751.98	14118.61
2013	36023.92	944.29	391834.31	93408.10	457387.46	15139.52
2014	38719.19	963.99	421130.37	101026.20	484868.34	16188.10
2015	41213.31	997.86	433999.87	111642.12	490865.93	17181.05
2016	44409.78	1041.11	466965.33	120962.23	532849.80	18466.20

1-16 分行业增加值指数(一)

(1992-2016年,以2004年为100)

年份	农、林、牧、渔业	工业	建筑业	批发和零售业	交通运输仓储及邮政业	住宿和餐饮业	金融业	房地产业	其他服务业
1992	58.10	12.39	24.58	18.83	37.36	21.11	17.54	16.63	10.44
1993	60.57	17.97	25.96	23.27	36.68	20.29	20.34	20.56	12.37
1994	70.77	24.08	30.87	28.12	47.48	26.47	22.95	23.93	15.86
1995	82.23	30.30	47.03	35.71	52.85	39.25	33.75	24.91	19.82
1996	86.51	37.03	45.99	40.94	54.36	41.91	34.97	25.84	24.09
1997	83.05	40.15	42.23	43.38	57.71	44.31	27.69	32.34	27.27
1998	90.44	45.30	49.28	45.46	61.57	45.88	34.10	32.32	33.59
1999	94.69	51.65	54.49	50.08	64.65	50.55	36.05	40.82	39.84
2000	92.98	58.84	61.81	56.55	68.60	57.27	39.27	49.18	48.09
2001	96.52	65.62	67.17	64.58	71.88	63.82	54.23	59.88	59.05
2002	98.99	75.42	73.44	75.29	81.19	77.01	73.47	68.86	68.56
2003	99.90	87.59	88.36	87.43	90.69	88.95	91.39	84.24	79.96
2004	100.00	100.00	100.00	100.00	100.00	100.00	100.00	100.00	100.00
2005	100.41	116.71	105.50	109.51	110.04	116.35	148.84	108.24	113.02
2006	103.29	133.87	129.46	123.17	127.69	129.22	195.10	125.83	126.44
2007	104.96	156.79	139.31	138.37	140.30	144.60	253.61	142.24	143.06
2008	107.43	171.07	137.95	148.96	152.06	158.36	310.67	159.22	159.25
2009	109.65	183.35	156.35	170.93	150.42	169.08	371.56	175.99	173.12
2010	114.38	210.30	171.57	190.04	170.27	197.33	450.26	201.76	190.82
2011	117.96	223.53	181.43	216.52	188.63	221.13	511.03	210.99	211.38
2012	120.95	235.63	198.78	249.84	205.15	255.67	515.49	222.97	235.71
2013	121.87	254.93	217.81	279.05	223.41	280.28	581.82	235.33	244.56
2014	124.42	270.25	261.81	303.28	244.22	325.42	644.75	243.84	260.03
2015	128.85	273.59	306.00	326.48	275.29	362.36	727.41	275.78	286.34
2016	134.47	296.99	311.36	351.54	293.77	376.35	768.40	302.16	318.83

1－17 分行业增加值指数(二)

(1992－2016年,以2004年为100)

年份	信息传输、软件和信息技术服务业	租赁和商务服务业	科学研究和技术服务业	水利、环境和公共设施管理业	居民服务、修理和其他服务业	教育	卫生和社会工作	文化、体育和娱乐业	公共管理、社会保障和社会组织
1992									
1993									
1994									
1995									
1996									
1997									
1998									
1999									
2000									
2001									
2002									
2003									
2004	100.00	100.00	100.00	100.00	100.00	100.00	100.00	100.00	100.00
2005	117.30	112.29	112.00	109.17	116.73	109.58	113.03	108.63	112.84
2006	139.02	128.85	117.93	120.60	127.87	119.09	122.48	128.37	125.87
2007	166.95	137.23	133.25	127.04	145.32	136.81	132.40	147.01	140.72
2008	182.38	148.79	133.65	125.36	172.19	151.65	130.67	222.05	161.29
2009	183.61	152.45	153.74	155.13	182.61	187.34	138.55	202.78	176.16
2010	189.93	175.27	168.76	162.65	203.73	218.06	142.17	261.54	189.94
2011	202.37	182.23	181.92	143.17	273.02	235.50	167.16	294.98	204.74
2012	200.42	203.99	197.81	165.81	298.37	267.31	175.76	342.15	244.74
2013	202.62	225.00	227.56	192.45	336.27	282.24	181.20	342.94	234.05
2014	206.82	235.57	242.38	223.24	361.44	298.31	200.21	374.59	247.06
2015	212.46	270.31	272.81	244.89	406.88	319.95	216.78	410.15	279.89
2016	247.68	283.26	306.78	252.68	504.23	353.95	230.09	404.09	309.61

1－18　市区主要年份生产总值

单位:万元

年　份	市　区	椒江区	黄岩区	路桥区
1978	32548	11798	12199	8551
1980	47228	19456	16261	11512
1985	123012	49694	41634	31685
1986	134558	52163	46940	35455
1987	158033	58958	56567	42508
1988	204461	72331	75302	56828
1989	233516	76817	86557	70142
1990	251971	85480	89308	77183
1991	320142	106932	117033	96178
1992	416663	135425	155083	126155
1993	566571	175524	215144	175903
1994	889076	277480	344506	267090
1995	1219390	420112	394322	404956
1996	1469187	512340	475342	481505
1997	1664627	589163	506782	568682
1998	1846313	665377	539013	641923
1999	2057792	750645	584676	722471
2000	2315012	852007	646569	816436
2001	2559125	946555	704133	908437
2002	2938954	1081028	805272	1052654
2003	3409949	1272132	907349	1230468
2004	4046993	1517137	1057407	1472449
2005	4676246	1729918	1237310	1709018
2006	5440355	1998309	1459654	1982392
2007	6299807	2290122	1715834	2293850
2008	7102018	2502935	1992212	2606871
2009	7306812	2610850	2009848	2686113
2010	8558216	3073502	2324439	3160274
2011	9862650	3541357	2673431	3647862
2012	10585857	3749956	2868755	3967146
2013	11473843	4064300	3081768	4327775
2014	12332110	4324431	3356469	4651211
2015	12959715	4597188	3538311	4824216
2016	14125346	4956595	3917314	5251437

1－19 各县市主要年份生产总值

单位:万元

年　份	玉环县	三门县	天台县	仙居县	温岭市	临海市
1978	7910	7466	8526	8901	20355	18886
1980	12849	9655	11307	10892	27552	27380
1985	27674	22798	25189	22548	69826	57830
1986	30742	26531	27417	26008	84676	74650
1987	39272	30993	31353	32580	107129	86161
1988	58652	40983	44292	44266	139991	112371
1989	59058	45282	53997	50121	152507	136167
1990	73143	46863	58527	53103	161212	137622
1991	98558	57381	69247	59045	216933	157599
1992	128821	66757	79406	70313	278919	194374
1993	173184	83114	109834	96943	421251	267318
1994	283692	116881	157202	129603	657951	411952
1995	393645	150638	196314	158030	933228	573323
1996	479248	172491	211334	177662	1160182	656810
1997	525506	139490	208921	187289	1245195	554209
1998	577629	173035	222958	203712	1353736	605975
1999	656642	194092	250604	227802	1482229	675992
2000	745819	222107	292820	255474	1656554	769872
2001	828499	244602	326569	273822	1782466	875558
2002	964328	291671	374218	322357	1996711	1017712
2003	1110045	346115	437201	365210	2277769	1178192
2004	1275327	415166	532948	440053	2655088	1414103
2005	1491049	495020	621279	512406	3046852	1645667
2006	1808080	586951	721696	600620	3505331	1919255
2007	2255094	708585	837557	702939	4113559	2262489
2008	2557079	832095	961002	790216	4732891	2577347
2009	2452714	890531	1008145	842168	5004864	2772657
2010	3093270	1069088	1188819	1017219	5781044	3285699
2011	3594690	1245436	1377938	1181410	6612895	3694548
2012	3722256	1316007	1491435	1272516	6767718	3902936
2013	4030484	1422857	1606018	1399746	7403194	4246345
2014	4236762	1564290	1737879	1558254	7972117	4393416
2015	4365850	1699508	1882776	1692452	8271472	4648445
2016	4695827	1860232	2070499	1900975	8991382	5306242

1－20 市区主要年份生产总值指数

（以1978年为100）

年　份	市　区	椒江区	黄岩区	路桥区
1978	100.00	100.00	100.00	100.00
1980	126.21	143.02	116.29	118.21
1985	287.40	337.88	252.92	269.27
1986	310.30	354.33	279.57	296.03
1987	365.33	393.90	353.94	345.40
1988	405.60	390.97	436.50	385.73
1989	447.89	401.04	490.74	456.25
1990	471.14	410.82	517.19	493.99
1991	572.51	488.30	639.99	602.05
1992	739.31	647.89	815.33	766.68
1993	863.17	673.45	1004.42	947.66
1994	1075.82	885.85	1164.71	1215.51
1995	1316.58	1128.57	1285.71	1582.65
1996	1560.34	1370.54	1533.47	1820.95
1997	1781.99	1571.90	1663.65	2167.63
1998	2067.28	1863.53	1869.94	2527.81
1999	2384.35	2152.12	2127.98	2943.60
2000	2679.40	2415.56	2379.09	3325.16
2001	3005.48	2713.77	2664.58	3727.94
2002	3433.07	3067.81	3066.93	4280.24
2003	3931.25	3523.53	3474.84	4924.69
2004	4512.59	4052.82	3940.46	5691.03
2005	5127.84	4544.27	4527.22	6503.45
2006	5837.40	5133.94	5231.24	7379.39
2007	6592.53	5722.10	6008.18	8339.83
2008	7147.13	6019.19	6715.04	9098.88
2009	7635.89	6465.52	6999.91	9852.18
2010	8557.45	7270.12	7762.18	11091.85
2011	9338.85	7863.77	8503.98	12174.14
2012	10074.03	8296.54	9218.28	13361.81
2013	10844.90	8901.56	9913.67	14439.04
2014	11729.56	9511.78	10793.16	15714.48
2015	12479.46	10102.73	11555.16	16668.95
2016	13373.74	10705.87	12444.53	17989.27

1-21 各县市主要年份生产总值指数

（以1978年为100）

年份	玉环县	三门县	天台县	仙居县	温岭市	临海市
1978	100.00	100.00	100.00	100.00	100.00	100.00
1980	156.70	112.08	114.88	130.29	129.65	145.32
1985	259.63	224.86	203.28	201.99	293.19	227.77
1986	278.31	240.61	211.51	225.66	372.32	285.39
1987	332.22	262.38	218.85	269.38	477.20	321.62
1988	457.68	311.38	275.47	335.51	559.87	374.73
1989	463.27	330.02	306.88	362.95	669.45	442.75
1990	497.55	327.32	322.07	377.83	731.81	403.49
1991	572.50	401.45	361.63	411.72	925.60	446.59
1992	706.87	454.84	394.30	431.41	1150.67	537.66
1993	850.28	492.59	460.92	547.64	1682.98	657.87
1994	1130.88	557.12	543.24	626.95	2177.10	859.77
1995	1393.11	612.24	603.92	703.42	2670.24	969.79
1996	1683.78	610.71	621.85	766.81	3393.82	1087.64
1997	1906.02	498.39	614.14	819.32	3669.45	901.49
1998	2141.09	621.01	669.35	938.89	4162.68	1019.41
1999	2560.88	714.95	778.69	1078.83	4727.57	1169.65
2000	2957.20	803.31	908.08	1205.25	5301.42	1334.03
2001	3344.60	901.31	1018.70	1337.82	5787.66	1527.31
2002	3823.13	1044.62	1172.31	1530.47	6436.30	1755.55
2003	4373.48	1222.20	1343.35	1722.02	7270.97	2025.95
2004	4989.80	1411.65	1569.26	1969.42	8207.53	2350.66
2005	5692.81	1638.49	1783.36	2242.26	9215.75	2676.51
2006	6733.14	1909.60	2025.60	2579.93	10465.19	3056.89
2007	8196.35	2230.64	2280.14	2903.80	11947.56	3504.37
2008	8954.50	2493.97	2519.72	3143.76	13205.24	3854.15
2009	8828.20	2738.93	2721.18	3454.11	14508.92	4274.12
2010	10730.54	3115.52	3044.95	3945.22	15982.56	4850.66
2011	11955.80	3385.44	3371.68	4339.39	17315.92	5186.87
2012	12659.15	3574.36	3666.95	4733.67	18509.31	5556.30
2013	13653.33	3815.67	3931.92	5157.55	19895.45	6002.52
2014	14471.49	4166.39	4257.05	5718.15	21288.51	6221.47
2015	15200.12	4554.50	4648.89	6255.72	22453.33	6674.04
2016	16371.40	4883.18	5005.89	6970.10	24335.23	7324.36

1－22　市区主要年份第一产业增加值

单位:万元

年　　份	市　区	椒江区	黄岩区	路桥区
1978	12763	3051	5170	4542
1980	17311	5578	6295	5438
1985	34876	10268	13508	11100
1986	35628	10716	13675	11237
1987	40455	12906	15123	12426
1988	47543	14666	18048	14829
1989	49622	13805	19662	16155
1990	52736	16412	19940	16384
1991	60743	17412	24218	19113
1992	71567	17951	30501	23115
1993	84136	23208	35266	25661
1994	121306	37497	49985	33824
1995	172467	56160	58221	58086
1996	190767	61694	65266	63807
1997	170736	52837	56381	61518
1998	185514	58055	64684	62775
1999	185907	57009	67150	61748
2000	180337	52036	68458	59843
2001	185606	53794	70107	61705
2002	194692	57853	73259	63580
2003	194801	55175	75641	63986
2004	203055	57532	78150	67373
2005	218671	61474	81718	75479
2006	224892	63608	87181	74103
2007	226444	68537	90841	67066
2008	242959	75343	96616	71000
2009	260844	83934	102865	74045
2010	327548	118033	122068	87447
2011	382029	141906	137166	102957
2012	402846	151507	146434	104905
2013	423208	164639	148864	109705
2014	433339	168648	152540	112151
2015	460410	182475	159476	118459
2016	509404	203583	174891	130930

1－23 各县市主要年份第一产业增加值

单位:万元

年 份	玉环县	三门县	天台县	仙居县	温岭市	临海市
1978	3574	4123	4186	5459	8462	7578
1980	3561	5086	5415	6361	9807	12224
1985	8300	10767	11833	12383	26138	23549
1986	8736	11221	11958	13125	29840	28022
1987	10859	13233	13113	14878	38716	27956
1988	16146	17456	16071	17768	47754	32001
1989	17617	20221	19057	19487	50792	36219
1990	20797	20412	17591	22630	53223	41691
1991	29177	23919	20269	22880	79171	48365
1992	32580	24094	20603	22615	94637	53015
1993	50920	32993	24889	30926	108432	58583
1994	83474	57979	36708	34974	180230	88069
1995	117290	73174	40348	38024	224680	118225
1996	134916	75830	45730	38789	236223	136829
1997	137597	43730	44881	38827	256253	122190
1998	137788	62386	46145	39751	259929	126369
1999	139536	66275	46735	40464	262839	131165
2000	136637	69227	47866	41425	255171	134870
2001	132488	75260	49731	41673	260372	141070
2002	129313	81151	51211	44133	261644	140131
2003	122686	87501	52517	47608	264787	144661
2004	122051	92727	54646	52542	265021	152358
2005	130510	103391	63186	60107	286396	164094
2006	133257	106801	66852	64195	290218	173500
2007	136616	114767	73583	77715	312720	192883
2008	153599	125657	76744	85587	334045	210884
2009	165812	134107	76876	87727	360766	236056
2010	197928	161867	102560	108655	420519	285087
2011	242524	194134	108189	122377	505873	337353
2012	253094	210039	116873	131128	535290	359878
2013	264681	225083	119056	132546	571582	379666
2014	269149	229206	121044	135020	582928	385661
2015	293853	247308	127476	141955	623656	402896
2016	327746	274679	136456	153529	695808	443740

1-24 市区主要年份第一产业增加值指数

（以1978年为100）

年　份	市　区	椒江区	黄岩区	路桥区
1978	100.00	100.00	100.00	100.00
1980	118.52	159.04	105.26	106.30
1985	205.69	286.69	185.73	173.59
1986	207.54	302.66	182.01	172.29
1987	235.08	365.24	207.86	177.79
1988	235.00	336.79	229.68	171.57
1989	237.55	308.47	248.75	175.97
1990	241.35	342.25	251.24	160.75
1991	267.95	344.40	309.27	171.58
1992	294.24	319.63	374.52	188.78
1993	290.46	324.33	377.90	175.82
1994	316.72	377.72	416.07	177.28
1995	371.97	493.10	378.20	270.94
1996	394.51	519.03	406.94	284.68
1997	369.21	466.26	365.44	287.58
1998	417.78	531.48	436.70	305.53
1999	437.11	540.51	466.83	319.28
2000	426.30	495.11	471.04	314.17
2001	438.94	508.97	487.52	322.02
2002	461.38	547.66	510.93	332.66
2003	459.31	519.18	523.19	334.42
2004	460.87	522.29	520.66	338.10
2005	455.73	532.81	494.46	340.87
2006	469.99	550.92	536.00	331.33
2007	478.90	552.02	560.66	331.66
2008	488.37	572.42	574.99	330.86
2009	494.81	598.14	580.48	327.30
2010	515.02	641.30	593.26	339.08
2011	529.92	660.22	611.65	347.64
2012	539.48	683.67	625.72	343.27
2013	542.72	697.33	626.76	340.65
2014	555.30	716.07	640.29	347.50
2015	578.58	749.57	669.44	357.73
2016	604.93	785.14	698.01	374.34

1－25 各县市主要年份第一产业增加值指数

（以 1978 年为 100）

年　份	玉环县	三门县	天台县	仙居县	温岭市	临海市
1978	100.00	100.00	100.00	100.00	100.00	100.00
1980	125.24	113.95	101.68	127.07	120.37	161.53
1985	206.48	186.39	161.45	166.97	274.75	228.85
1986	205.07	185.83	154.14	170.20	371.58	264.84
1987	243.51	188.43	146.06	169.42	452.25	256.13
1988	268.30	199.92	144.41	162.39	429.59	258.33
1989	292.18	207.12	159.25	168.75	603.71	274.17
1990	300.03	181.23	141.52	175.96	615.11	240.97
1991	315.87	238.59	159.57	194.40	693.23	291.93
1992	327.26	249.33	155.78	185.22	704.32	288.23
1993	395.24	270.73	171.05	212.63	743.06	288.04
1994	474.37	347.77	184.41	182.86	877.56	337.39
1995	592.94	386.72	184.41	187.43	965.31	329.35
1996	654.22	331.82	185.22	190.05	970.14	365.88
1997	693.63	198.90	188.81	197.66	1051.63	339.41
1998	724.18	295.57	201.54	210.70	1110.52	366.86
1999	756.30	323.67	210.24	224.78	1149.39	392.58
2000	735.08	335.41	213.31	233.10	1099.97	400.51
2001	720.02	368.32	223.79	234.90	1130.77	423.39
2002	703.65	397.16	230.56	250.15	1127.80	445.04
2003	660.27	428.23	233.86	268.24	1130.19	454.47
2004	632.08	427.88	234.38	283.40	1109.97	460.02
2005	620.82	439.10	241.67	300.05	1112.26	461.68
2006	625.16	453.15	249.40	321.66	1116.71	491.68
2007	621.41	458.59	253.39	338.06	1126.76	507.91
2008	636.45	469.78	259.30	351.40	1133.09	534.65
2009	638.44	480.42	266.44	358.45	1154.17	561.40
2010	671.87	509.14	277.68	379.96	1186.27	591.84
2011	695.36	524.47	284.24	393.26	1219.48	615.16
2012	700.99	548.20	290.07	400.73	1260.95	632.79
2013	691.93	549.29	295.23	402.20	1279.06	638.46
2014	705.66	561.42	302.17	411.51	1304.65	651.65
2015	735.03	583.56	313.96	427.42	1341.03	670.61
2016	763.71	606.32	327.50	445.36	1402.42	699.62

1－26 市区主要年份第二产业增加值

单位:万元

年份	市区	椒江区	黄岩区	路桥区
1978	12105	5876	3999	2230
1980	18952	8600	6394	3958
1985	60756	26241	19772	14743
1986	65546	27450	21860	16236
1987	77119	29655	27293	20171
1988	104697	38987	37872	27839
1989	127816	45432	47575	34809
1990	128592	41626	50066	36899
1991	161295	52775	61762	46758
1992	219444	71945	84766	62733
1993	339288	105611	134799	98878
1994	529033	173928	207138	147966
1995	688456	258203	226954	203299
1996	838000	316848	279119	242033
1997	966312	378694	302684	284934
1998	1054524	410379	315510	328635
1999	1179197	464688	340909	373600
2000	1313821	515605	374926	423289
2001	1413010	558660	402198	452152
2002	1578265	610734	452162	515369
2003	1810217	706772	501383	602062
2004	2116833	831249	569441	716143
2005	2465316	942645	676560	846111
2006	2884074	1080425	810805	992844
2007	3311983	1176331	956764	1178889
2008	3665319	1218519	1109708	1337092
2009	3581144	1193872	1071856	1315416
2010	4144092	1378982	1232903	1532207
2011	4694882	1515102	1426305	1753475
2012	4947884	1592732	1467930	1887221
2013	5281254	1713056	1558840	2009358
2014	5660806	1876525	1686225	2098056
2015	5643371	1901726	1704752	2036893
2016	6038830	2060953	1883083	2094794

1－27 各县市主要年份第二产业增加值

单位:万元

年　份	玉环县	三门县	天台县	仙居县	温岭市	临海市
1978	2078	1676	2563	2029	5797	5700
1980	5502	2438	3453	2792	9884	8293
1985	13659	6820	7376	6106	20608	17834
1986	14902	7948	8443	7676	23974	22430
1987	19789	9364	9684	11343	31088	28679
1988	30789	13319	16236	18054	39526	39588
1989	29681	14321	20983	21575	46165	54149
1990	32252	15737	23562	18925	50311	53073
1991	39694	19754	28333	22218	62931	59755
1992	59775	28860	33593	29559	94438	73998
1993	71050	33656	51057	40430	188319	121838
1994	126814	37992	68786	55277	280363	191025
1995	184924	44607	87516	69174	425266	274286
1996	238615	57545	86248	79887	574169	320133
1997	264373	48588	81583	83245	604343	247458
1998	294866	57988	87999	92413	663726	279073
1999	349993	66919	105251	106700	734779	317762
2000	411862	80041	127168	123397	845962	367305
2001	472867	84877	143378	129965	910492	425513
2002	567736	102628	168540	155632	1016922	508182
2003	668028	125912	197630	173794	1188978	597504
2004	772140	151335	240762	205140	1407838	723738
2005	917240	194467	285575	239772	1626839	860109
2006	1160442	245951	340966	288702	1899699	1028346
2007	1496990	313572	382773	329817	2243960	1222191
2008	1684266	374137	443365	359323	2575938	1371839
2009	1500807	395063	450459	370595	2686488	1462591
2010	1951561	480004	526079	454002	3089237	1719375
2011	2222064	529074	620847	527153	3445108	1885946
2012	2230270	522251	644956	553258	3223615	1895249
2013	2385270	541011	689724	595782	3430144	2097860
2014	2485695	609870	756471	658761	3698581	2000999
2015	2407779	627691	811559	692300	3563446	2061729
2016	2479653	678973	874151	788217	3664388	2292401

1-28 市区主要年份第二产业增加值指数

（以1978年为100）

年　份	市　区	椒江区	黄岩区	路桥区
1978	100.00	100.00	100.00	100.00
1980	133.57	125.37	138.89	144.30
1985	378.13	345.03	374.89	463.86
1986	402.32	357.73	401.41	512.73
1987	476.03	374.33	528.05	639.90
1988	551.75	400.44	673.22	722.61
1989	660.24	453.24	829.44	889.54
1990	661.08	373.76	905.08	965.77
1991	854.66	499.10	1143.78	1240.30
1992	1144.76	699.76	1466.63	1664.92
1993	1420.46	781.58	1851.43	2272.93
1994	1716.13	1097.54	1786.15	2951.69
1995	2083.10	1364.62	2123.31	3553.29
1996	2579.97	1685.43	2777.12	4201.20
1997	3060.57	2048.50	3175.23	5013.23
1998	3485.13	2286.08	3519.77	5983.36
1999	4065.59	2662.97	4079.17	7029.98
2000	4541.86	2924.06	4593.75	7948.65
2001	5065.74	3214.30	5197.29	8922.52
2002	5703.21	3504.92	6028.17	10185.40
2003	6544.86	4003.20	6920.19	11748.07
2004	7402.97	4492.30	7793.20	13452.80
2005	8511.43	5029.56	9127.46	15691.10
2006	9661.14	5597.32	10606.57	17860.22
2007	10862.55	5960.48	12265.90	20770.37
2008	11601.49	5931.83	13750.37	22798.64
2009	12122.20	6133.73	14036.55	24500.53
2010	13550.62	6863.69	15652.60	27414.69
2011	14644.73	7180.03	17325.64	29906.51
2012	15869.26	7590.63	18626.14	33298.15
2013	17149.50	8267.72	20014.71	35912.86
2014	18683.01	9028.54	21833.98	39005.14
2015	19364.39	9323.41	22972.58	40068.42
2016	20760.04	10001.23	24784.10	42703.50

1－29 各县市主要年份第二产业增加值指数

（以1978年为100）

年　份	玉环县	三门县	天台县	仙居县	温岭市	临海市
1978	100.00	100.00	100.00	100.00	100.00	100.00
1980	201.50	97.39	124.65	136.94	141.99	147.04
1985	399.38	264.84	253.48	254.32	273.35	241.12
1986	431.97	263.18	284.11	310.18	271.56	295.80
1987	533.16	320.84	307.97	468.61	405.39	373.09
1988	860.35	462.25	481.81	734.36	499.82	497.16
1989	869.32	538.52	572.25	823.97	597.90	693.59
1990	947.37	576.75	623.20	835.44	677.17	674.72
1991	1000.71	619.21	682.20	848.25	948.82	710.53
1992	1399.11	881.61	779.82	890.01	1479.29	936.51
1993	1670.38	976.84	969.01	1297.78	2809.76	1414.18
1994	2470.38	943.09	1115.54	1723.47	3662.23	1926.93
1995	3220.35	893.21	1280.65	2032.35	4684.41	2218.78
1996	4225.06	1085.01	1267.58	2372.66	6425.61	2605.62
1997	4702.77	963.19	1199.72	2505.32	6968.72	2025.21
1998	5384.16	1025.15	1333.49	2910.57	7910.26	2353.99
1999	6638.89	1225.28	1682.70	3485.91	9100.52	2767.65
2000	7789.15	1409.46	2044.90	4002.58	10379.82	3205.06
2001	9115.88	1547.58	2335.45	4486.90	11359.33	3714.06
2002	10692.54	1779.72	2762.87	5155.44	12776.96	4321.41
2003	12432.25	2151.68	3194.25	5682.58	14800.12	5103.00
2004	14435.13	2502.41	3745.58	6441.31	16897.32	6040.44
2005	16864.28	3179.30	4366.99	7390.46	19189.51	7055.48
2006	20689.79	3911.70	5062.20	8653.72	22127.45	8186.90
2007	26157.00	4863.60	5558.55	9648.87	25613.22	9524.05
2008	28524.92	5540.10	6226.30	10203.71	28400.28	10355.71
2009	26769.15	6173.14	6614.50	11108.75	31451.81	11656.79
2010	33861.00	7192.20	7478.70	13005.50	34655.51	13267.93
2011	37551.57	7496.70	8413.17	14243.25	36893.74	13945.45
2012	39540.80	7676.52	9169.72	15601.17	38119.93	14622.37
2013	42847.80	8053.30	9918.94	16967.73	40646.37	15625.79
2014	45506.59	9000.51	10969.63	18859.80	43531.91	15110.99
2015	46520.52	9844.96	11921.26	20432.61	44737.32	16198.50
2016	49773.67	10736.44	12746.98	23166.11	47620.81	17246.14

1－30　市区主要年份第三产业增加值

单位:万元

年　份	市　区	椒江区	黄岩区	路桥区
1978	7680	2871	3030	1779
1980	10965	5278	3572	2116
1985	27380	13185	8354	5841
1986	33384	13998	11405	7981
1987	40459	16397	14151	9911
1988	52221	18678	19382	14161
1989	56078	17581	19320	19178
1990	70643	27442	19302	23899
1991	98105	36745	31053	30307
1992	125652	45530	39816	40307
1993	143148	46705	45079	51364
1994	238737	66055	87382	85300
1995	358468	105750	109147	143571
1996	440420	133798	130957	175665
1997	527579	157633	147717	222230
1998	606275	196943	158820	250513
1999	692688	228948	176617	287123
2000	820855	284366	203185	333303
2001	960509	334101	231829	394580
2002	1165997	412441	279851	473705
2003	1404931	510186	330325	564420
2004	1727105	628356	409816	688933
2005	1992259	725798	479033	787428
2006	2331390	854276	561669	915445
2007	2761380	1045255	668230	1047896
2008	3193740	1209072	785888	1198780
2009	3464824	1333045	835127	1296652
2010	4086576	1576487	969468	1540620
2011	4785739	1884349	1109960	1791430
2012	5235127	2005717	1254390	1975020
2013	5769381	2186605	1374065	2208712
2014	6237965	2279258	1517703	2441004
2015	6855934	2512987	1674083	2668864
2016	7577112	2692059	1859340	3025713

1－31 各县市主要年份第三产业增加值

单位:万元

年　份	玉环县	三门县	天台县	仙居县	温岭市	临海市
1978	2258	1667	1777	1413	6096	5608
1980	3786	2131	2439	1739	7860	6863
1985	5715	5211	5980	4059	23080	16447
1986	7104	7362	7016	5207	30862	24199
1987	8624	8396	8556	6359	37325	29526
1988	11717	10208	11985	8444	52712	40782
1989	11760	10740	13957	9059	55549	45799
1990	20094	10714	17375	11547	57678	42858
1991	29687	13708	20645	13947	74831	49479
1992	36466	13803	25210	18139	89844	67361
1993	51215	16465	33889	25587	124501	86896
1994	73405	20910	51708	39352	197359	132857
1995	91431	32857	68450	50832	283281	180813
1996	105718	39116	79357	58986	349790	199848
1997	123536	47172	82456	65217	384599	184562
1998	144975	52661	88815	71548	430081	200533
1999	167114	60898	98618	80638	484611	227065
2000	197320	72839	117786	90652	555421	267697
2001	223143	84465	133460	102184	611601	308975
2002	267278	107892	154467	122592	718145	369400
2003	319331	132702	187054	143808	824004	436026
2004	381135	171104	237541	182370	982229	538008
2005	443298	197162	272518	212527	1133617	621464
2006	514381	234199	313878	247724	1315414	717408
2007	621488	280246	381201	295406	1556879	847415
2008	719214	332301	440893	345305	1822908	994625
2009	786095	361361	480810	383847	1957609	1074010
2010	943781	427217	560179	454562	2271287	1281237
2011	1130102	522228	648903	531881	2661914	1471249
2012	1238892	583717	729606	588130	3008813	1647808
2013	1380533	656763	797239	671419	3401468	1768819
2014	1481918	725213	860364	764473	3690607	2006756
2015	1664218	824509	943740	858197	4084370	2183820
2016	1888427	906579	1059892	959230	4631186	2570102

1－32　市区主要年份第三产业增加值指数

（以1978年为100）

年　　份	市　区	椒江区	黄岩区	路桥区
1978	100.00	100.00	100.00	100.00
1980	127.53	160.46	107.24	113.36
1985	277.46	372.14	210.10	247.50
1986	334.06	396.66	292.01	318.84
1987	405.13	458.98	382.77	374.49
1988	455.60	422.75	489.49	480.43
1989	456.27	384.47	467.05	591.00
1990	549.64	554.67	469.07	717.58
1991	633.23	596.29	551.53	876.48
1992	843.55	839.76	727.48	1109.07
1993	948.16	758.52	997.16	1300.25
1994	1340.88	888.79	1683.98	1773.68
1995	1693.38	1196.54	1811.52	2519.29
1996	1917.36	1466.88	1916.87	2851.89
1997	2155.35	1547.55	2008.00	3537.85
1998	2617.36	2176.03	2273.07	4059.72
1999	3025.35	2532.56	2545.81	4767.56
2000	3550.64	3096.77	2899.69	5519.36
2001	4088.64	3669.00	3276.66	6273.41
2002	4842.79	4426.59	3827.14	7371.80
2003	5654.17	5252.81	4359.12	8608.50
2004	6742.39	6343.10	5143.76	10209.46
2005	7666.40	7187.10	5946.84	11530.11
2006	8848.61	8335.51	6889.22	13218.91
2007	10143.01	9877.39	7947.81	14615.74
2008	11248.09	11027.23	8950.70	15937.58
2009	12370.99	12305.60	9642.60	17503.97
2010	13975.51	13934.62	10715.62	19934.98
2011	15471.32	15560.39	11672.51	22094.44
2012	16684.26	16410.22	12872.57	24034.82
2013	17974.42	17447.14	13961.78	26123.24
2014	19368.90	18347.11	15257.12	28565.50
2015	21168.28	19975.33	16720.21	31277.34
2016	22714.89	20983.95	18028.72	34125.95

1－33 各县市主要年份第三产业增加值指数

（以1978年为100）

年　份	玉环县	三门县	天台县	仙居县	温岭市	临海市
1978	100.00	100.00	100.00	100.00	100.00	100.00
1980	160.32	119.25	123.75	130.81	130.49	121.66
1985	191.11	247.26	222.61	251.47	346.76	212.65
1986	219.99	326.88	240.38	302.47	497.05	302.15
1987	243.87	344.54	265.36	337.37	603.24	357.57
1988	271.36	353.84	308.23	372.13	816.39	407.95
1989	251.62	318.81	297.86	383.34	854.12	417.49
1990	270.97	316.90	350.04	432.16	967.06	349.78
1991	380.26	405.45	404.74	510.79	1231.11	374.79
1992	453.08	383.55	459.45	623.18	1385.55	488.47
1993	549.31	395.83	521.04	756.94	1638.09	516.72
1994	664.34	439.37	677.33	956.45	2206.14	679.86
1995	729.06	583.29	773.74	1074.79	2626.96	810.12
1996	786.74	604.90	847.31	1107.09	3123.56	838.26
1997	971.16	670.39	861.78	1234.27	3346.83	730.05
1998	1095.81	817.57	930.13	1456.84	3910.30	808.48
1999	1321.94	960.25	1042.67	1637.42	4457.69	924.82
2000	1599.39	1146.61	1232.80	1824.36	5055.33	1090.40
2001	1849.55	1343.30	1392.42	2083.87	5646.60	1275.77
2002	2181.45	1666.63	1616.76	2434.24	6446.03	1499.06
2003	2631.80	2007.18	1905.49	2859.40	7314.05	1756.92
2004	3081.88	2520.53	2307.87	3389.65	8464.68	2075.01
2005	3498.00	2867.11	2608.87	3904.90	9626.93	2364.90
2006	3999.06	3358.61	2962.17	4490.13	11010.03	2689.44
2007	4682.98	3903.79	3490.37	5196.40	12640.44	3094.17
2008	5208.66	4420.64	3856.58	5824.12	14151.18	3490.61
2009	5694.06	4897.35	4267.57	6561.75	15568.34	3833.47
2010	6528.97	5547.05	4778.20	7413.96	17329.06	4393.85
2011	7453.06	6422.56	5284.91	8304.85	19396.66	4835.24
2012	8051.09	7010.50	5795.94	9154.90	21743.97	5363.46
2013	8730.39	7753.65	6212.42	10151.43	23794.32	5944.19
2014	9272.33	8445.74	6642.97	11387.11	25602.03	6658.52
2015	10256.79	9351.43	7339.41	12676.81	27887.46	7194.86
2016	11233.08	9986.20	7984.64	14070.99	30865.76	8197.80

1－34 市区主要年份工业增加值

单位:万元

年 份	市 区	椒江区	黄岩区	路桥区
1978	10732	5022	3723	1987
1980	17000	7554	5919	3527
1985	54825	23284	18240	13301
1986	58899	24124	20054	14721
1987	69174	25861	25024	18289
1988	93345	33402	34703	25240
1989	115459	40323	43571	31565
1990	115482	35586	46252	33644
1991	143251	44258	56336	42657
1992	194319	59771	77461	57087
1993	305645	94712	121311	89621
1994	475734	151088	187993	136653
1995	605992	226348	197183	182462
1996	749203	279027	253459	216717
1997	882086	347339	275365	259382
1998	963968	374267	290166	299535
1999	1074701	416711	315483	342507
2000	1202859	462828	348823	391208
2001	1284404	493489	371371	419544
2002	1421409	534170	417356	469882
2003	1615867	610878	459432	545557
2004	1869800	709131	518531	642138
2005	2237434	833787	632014	771633
2006	2617939	949383	756920	911636
2007	3010817	1037509	894574	1078734
2008	3318548	1069736	1034037	1214775
2009	3216805	1044931	990499	1181375
2010	3756116	1197400	1150501	1408215
2011	4229680	1310344	1321398	1597939
2012	4447698	1374030	1355861	1717808
2013	4736172	1467829	1437409	1830935
2014	5030909	1621584	1550734	1858591
2015	4956294	1629253	1567166	1759875
2016	5348862	1787846	1744982	1816034

1－35 各县市主要年份工业增加值

单位:万元

年 份	玉环县	三门县	天台县	仙居县	温岭市	临海市
1978	1733	1567	2116	1578	3790	4140
1980	4383	2242	2938	2313	7602	6569
1985	12332	6126	6364	5595	17433	15235
1986	13360	7001	7223	6801	21571	20049
1987	17092	8369	7694	9603	27669	24755
1988	28066	12120	13815	15879	34560	34921
1989	28396	13113	16025	19570	41699	48482
1990	30710	14026	17718	17456	43874	46926
1991	36830	17507	22617	18488	52290	52430
1992	55218	25973	26716	24624	84260	65379
1993	67067	30628	43983	33519	166108	106391
1994	117616	34200	60549	46936	254137	171697
1995	167533	39455	72235	56969	390945	232991
1996	227989	50283	71781	69253	531209	278957
1997	246086	43709	73592	72848	567611	212616
1998	276500	51018	79827	81962	625464	240342
1999	330731	58531	91101	94964	698865	278070
2000	387470	70398	107378	109657	805413	324969
2001	443081	72836	125484	116233	867278	380080
2002	512157	86529	147643	140050	964829	465332
2003	594469	104439	169498	153906	1120323	543670
2004	712886	126146	208288	174720	1318893	644653
2005	851680	164054	245451	199980	1535507	764403
2006	1079766	197144	300776	235465	1779288	922535
2007	1409189	250813	336765	276025	2086360	1110107
2008	1602925	297597	387757	310666	2389819	1248400
2009	1443210	293185	397426	324805	2469397	1286894
2010	1871106	348955	460495	385059	2848074	1517457
2011	2125858	391479	523163	412690	3163210	1650326
2012	2134369	389438	535930	429662	2902717	1650723
2013	2288633	405151	572666	460042	3079783	1793763
2014	2360161	432739	646507	528757	3155933	1663068
2015	2225128	442522	675232	556396	2942778	1716442
2016	2310036	502544	742450	651412	3048204	1961155

1－36 市区主要年份工业增加值指数

（以1978年为100）

年　份	市　区	椒江区	黄岩区	路桥区
1978	100.00	100.00	100.00	100.00
1980	141.26	131.15	147.32	156.51
1985	412.60	368.73	409.03	531.75
1986	439.92	382.02	438.88	590.46
1987	520.94	399.14	576.69	733.71
1988	602.45	418.88	739.32	828.58
1989	736.46	492.66	919.72	1034.06
1990	733.65	393.90	1003.41	1122.27
1991	947.66	527.26	1265.69	1440.77
1992	1285.25	745.16	1665.57	1941.81
1993	1644.01	890.21	2108.74	2707.03
1994	1961.38	1216.36	2013.67	3536.72
1995	2360.93	1504.46	2390.98	4186.26
1996	2942.09	1869.36	3117.94	5020.32
1997	3554.71	2351.71	3573.33	6083.15
1998	4047.28	2614.58	3968.82	7269.20
1999	4702.32	3008.95	4589.13	8566.28
2000	5255.73	3307.85	5165.44	9685.21
2001	5842.12	3590.57	5852.50	10902.07
2002	6551.51	3883.23	6722.14	12488.68
2003	7494.95	4415.11	7704.68	14360.36
2004	8456.72	4923.65	8654.01	16461.96
2005	9923.92	5676.20	10342.18	19395.76
2006	11240.67	6256.68	11990.42	22182.84
2007	12700.24	6717.22	13921.83	25787.24
2008	13614.35	6718.90	15639.78	28322.51
2009	14191.70	6959.14	15887.21	30327.33
2010	16029.50	7766.87	17904.69	34661.03
2011	17331.04	8164.71	19772.33	37704.23
2012	18748.07	8587.30	21227.93	41971.29
2013	20198.08	9281.50	22769.57	45261.89
2014	21946.15	10209.28	24792.15	48624.53
2015	22614.24	10460.25	26004.88	49607.42
2016	24404.17	11301.07	28171.56	53291.24

1-37 各县市主要年份工业增加值指数

（以1978年为100）

年份	玉环县	三门县	天台县	仙居县	温岭市	临海市
1978	100.00	100.00	100.00	100.00	100.00	100.00
1980	192.70	99.30	138.09	145.84	191.30	158.78
1985	521.54	433.27	290.87	299.55	413.20	277.10
1986	667.78	429.76	326.14	353.27	429.60	359.40
1987	851.76	521.08	334.66	509.95	649.20	441.45
1988	1450.89	760.84	559.16	830.25	800.80	610.31
1989	1478.45	894.06	621.19	960.70	987.65	872.81
1990	1598.50	956.20	677.23	990.59	1107.15	847.32
1991	1623.92	1001.61	766.90	907.34	1509.83	876.64
1992	2282.91	1446.33	864.29	912.62	2516.85	1174.65
1993	2753.27	1612.66	1213.67	1410.86	4880.98	1816.02
1994	4041.43	1511.06	1421.87	1938.56	6466.34	2526.00
1995	5157.41	1290.45	1522.31	2225.42	8295.69	2732.20
1996	7060.00	1655.64	1524.87	2703.91	11445.32	3288.12
1997	7713.47	1458.62	1563.30	2868.88	12548.13	2525.41
1998	8814.92	1601.57	1748.45	3365.19	14278.51	2943.56
1999	10960.69	1960.32	2118.65	4038.22	16537.59	3516.14
2000	12900.13	2289.65	2523.64	4619.72	18876.95	4116.16
2001	15144.32	2532.35	2997.85	5248.00	20697.52	4822.61
2002	17749.15	2947.66	3558.94	6050.94	23215.08	5743.34
2003	20589.03	3619.73	4060.78	6608.93	26791.62	6780.56
2004	24006.81	4253.18	4828.96	7287.28	30513.94	7921.06
2005	28121.16	5423.36	5579.51	8178.12	34832.36	9209.21
2006	34513.25	6309.05	6618.70	9321.64	39844.46	10759.26
2007	44250.72	7885.44	7280.35	10735.16	45899.27	12719.19
2008	48973.88	9080.04	8195.19	11868.84	51076.40	13961.80
2009	46133.06	9602.74	8801.76	13137.57	56277.96	15310.18
2010	58238.58	11071.40	9922.52	15053.39	62266.03	17536.94
2011	64585.44	11955.25	10862.65	15420.94	66368.13	18440.77
2012	67996.61	12379.16	11738.15	16846.93	67837.51	19299.77
2013	73703.23	13030.20	12690.37	18250.47	71935.66	20509.26
2014	77543.94	14117.64	14418.55	21027.49	74669.63	19412.72
2015	77355.11	15442.53	15461.54	22687.22	75893.25	20809.42
2016	83170.33	17557.79	16743.02	26386.14	81459.08	22311.73

1－38 市区主要年份人均生产总值

单位:元

年　份	市　区	椒江区	黄岩区	路桥区
1978	282	340	248	259
1980	397	547	326	343
1985	975	1299	790	900
1986	1053	1345	880	995
1987	1221	1498	1047	1179
1988	1559	1806	1379	1557
1989	1763	1889	1576	1902
1990	1889	2077	1621	2080
1991	2387	2572	2118	2580
1992	3092	3232	2798	3369
1993	4182	4156	3869	4672
1994	6522	6525	6169	7038
1995	8887	9805	7034	10571
1996	10628	11856	8436	12449
1997	11956	13524	8949	14571
1998	13165	15131	9498	16243
1999	14550	16868	10275	18048
2000	16235	18915	11314	20206
2001	17830	20749	12323	22280
2002	20351	23384	14116	25592
2003	23439	27159	15880	29646
2004	27586	31959	18445	35137
2005	31584	35982	21458	40387
2006	36397	41072	25126	46399
2007	41754	46523	29304	53223
2008	46677	50316	33792	59991
2009	47676	52020	33908	61330
2010	55454	60671	39039	71614
2011	63479	69237	44721	82082
2012	67696	72630	47801	88695
2013	72929	78000	51163	96200
2014	77994	82341	55555	102947
2015	81568	86990	58237	106547
2016	88453	93086	64161	115694

注:本表按户籍人口计算.

1－39　各县市主要年份人均生产总值

单位:元

年　份	玉环县	三门县	天台县	仙居县	温岭市	临海市
1978	250	228	189	231	218	207
1980	394	286	245	279	289	292
1985	790	626	511	559	693	581
1986	865	719	552	641	831	742
1987	1089	825	624	796	1039	846
1988	1604	1071	869	1069	1340	1090
1989	1598	1170	1048	1200	1440	1312
1990	1964	1209	1132	1265	1505	1322
1991	2633	1480	1334	1395	2007	1510
1992	3431	1715	1522	1656	2565	1855
1993	4599	2127	2098	2268	3856	2537
1994	7503	2981	2987	3004	5993	3887
1995	10365	3833	3707	3633	8451	5381
1996	12562	4377	3963	4054	10435	6130
1997	13721	3528	3891	4245	11127	5146
1998	15017	4358	4114	4587	12030	5602
1999	16976	4872	4571	5094	13111	6219
2000	19200	5560	5297	5655	14590	7073
2001	21260	6109	5889	5999	15643	7960
2002	24689	7276	6743	7013	17487	9230
2003	28302	8614	7875	7892	19912	10665
2004	32377	10274	9587	9438	23156	12754
2005	37575	12142	11140	10877	26505	14753
2006	45155	14248	12872	12591	30377	17077
2007	55760	17017	14856	14576	35423	19962
2008	62549	19781	16950	16252	40428	22561
2009	59410	20984	17627	17185	42409	24096
2010	74160	25001	20557	20604	48634	28340
2011	85382	28914	23598	23785	55287	31646
2012	87794	30337	25311	25423	56273	33224
2013	94438	32575	27045	27749	61271	35940
2014	98721	35595	29115	30716	65653	36999
2015	101476	38548	31588	33358	67987	38963
2016	108947	42054	34734	37408	73943	44301

注:本表按户籍人口计算。

1-40 市区主要年份人均生产总值指数

（以1978年为100）

年　份	市　区	椒江区	黄岩区	路桥区
1978	100.00	100.00	100.00	100.00
1980	122.62	139.46	113.61	116.43
1985	263.16	306.00	224.62	252.47
1986	280.51	316.56	242.20	274.32
1987	325.95	346.73	299.71	316.30
1988	357.17	338.26	362.61	348.85
1989	390.50	341.77	403.10	408.43
1990	408.04	345.94	422.28	439.49
1991	493.04	407.07	519.74	533.12
1992	633.61	535.80	658.87	675.92
1993	735.85	552.58	806.88	830.89
1994	911.56	721.91	928.10	1057.45
1995	1108.28	912.84	1016.94	1363.97
1996	1303.70	1099.06	1201.59	1554.24
1997	1478.38	1250.41	1290.98	1833.63
1998	1702.58	1468.57	1445.37	2111.62
1999	1947.29	1675.99	1636.71	2427.71
2000	2170.33	1858.39	1814.86	2716.88
2001	2418.62	2061.50	2033.30	3018.46
2002	2745.89	2299.70	2347.17	3435.42
2003	3121.15	2606.91	2651.50	3917.20
2004	3552.86	2958.72	2987.93	4483.46
2005	4000.45	3275.62	3412.99	5073.92
2006	4510.85	3656.85	3914.44	5702.23
2007	5046.94	4028.47	4460.58	6388.37
2008	5425.65	4193.45	4951.42	6912.81
2009	5754.80	4464.46	5133.69	7426.44
2010	6404.63	4973.49	5667.08	8298.07
2011	6942.69	5328.14	6183.95	9043.74
2012	7441.16	5568.81	6677.17	9862.45
2013	7961.95	5920.37	7154.63	10596.16
2014	8568.51	6276.58	7765.82	11482.76
2015	9074.05	6625.08	8267.58	12154.12
2016	9674.93	6967.84	8860.48	13084.24

注:本表按户籍人口计算.

1－41 各县市主要年份人均生产总值指数

（以1978年为100）

年　份	玉环县	三门县	天台县	仙居县	温岭市	临海市
1978	100.00	100.00	100.00	100.00	100.00	100.00
1980	151.75	108.60	112.08	129.00	127.18	141.66
1985	234.15	202.20	186.18	193.11	272.29	209.14
1986	247.43	213.73	192.03	214.68	342.02	259.11
1987	291.14	228.90	196.43	253.97	433.07	288.32
1988	395.71	266.67	243.69	312.75	501.43	332.08
1989	396.37	279.47	268.67	335.32	591.56	389.62
1990	422.33	276.96	281.07	347.38	639.06	353.93
1991	483.48	339.55	314.26	375.57	801.19	390.78
1992	595.13	383.01	340.91	392.14	990.10	468.64
1993	713.69	413.27	397.18	494.41	1441.36	570.19
1994	945.44	465.76	465.69	560.95	1855.63	740.89
1995	1159.46	510.47	514.46	624.06	2262.66	831.30
1996	1395.13	507.92	526.15	675.37	2856.14	927.20
1997	1573.09	412.94	516.04	716.74	3068.23	764.56
1998	1759.52	512.46	557.13	815.93	3461.31	860.79
1999	2093.07	587.79	640.82	931.07	3912.78	982.90
2000	2406.72	658.32	741.09	1040.17	4368.98	1113.64
2001	2713.62	736.00	828.74	1142.11	4752.75	1268.28
2002	3092.35	852.29	953.04	1297.43	5274.29	1454.27
2003	3526.23	994.62	1091.62	1450.09	5947.59	1675.05
2004	4004.26	1142.82	1273.52	1645.92	6697.88	1936.41
2005	4534.98	1314.71	1442.62	1854.79	7501.47	2191.62
2006	5315.46	1516.41	1629.92	2107.57	8486.01	2484.42
2007	6406.42	1752.53	1824.55	2346.45	9626.79	2824.17
2008	6923.92	1939.50	2005.05	2519.62	10554.62	3081.57
2009	6759.63	2111.29	2146.50	2746.58	11503.63	3392.80
2010	8132.24	2383.46	2375.44	3114.09	12580.89	3821.49
2011	8976.74	2571.17	2605.03	3404.36	13546.07	4058.02
2012	9438.41	2695.51	2807.57	3685.34	14400.68	4320.25
2013	10112.68	2857.73	2987.10	3984.30	15407.22	4640.39
2014	10659.21	3101.47	3217.54	4392.39	16404.50	4785.60
2015	11168.12	3379.48	3518.79	4804.86	17268.60	5109.66
2016	12006.82	3611.37	3788.60	5344.96	18725.75	5585.41

注:本表按户籍人口计算.

主 要 统 计 指 标 解 释

生产总值(GDP)　指一国(或地区)所有常住单位在一定时期内生产活动的最终成果。生产总值有三种表现形态,即价值形态、收入形态和产品形态。从价值形态看,它是所有常住单位在一定时期内生产的全部货物和服务的价值超过同期投入的全部非固定资产货物和服务价值的差额,即所有常住单位的增加值之和;从收入形态看,它是所有常住单位在一定时期内创造并分配给常住单位和非常住单位的初次收入分配之和;从产品形态看,它是所有常住单位在一定时期内最终使用的货物和服务价值与货物和服务净出口价值之和。在实际核算中,生产总值有三种计算方法,即生产法、收入法和支出法。三种方法分别从不同的方面反映生产总值及其构成,即从不同的角度反映国民经济生产活动成果。

1. 生产法:

生产总值 = 总产出 - 中间投入

2. 收入法(也称分配法)

生产总值 = 劳动者报酬 + 固定资产折旧 + 生产税净额 + 营业盈余

3. 支出法

生产总值 = 最终消费支出 + 资本形成总额 + 货物和服务净出口

根据国民经济核算范围的整体性与一致性原则,从三个角度测算的生产总值理论上是一致的。即:生产法计算的生产总值 = 分配法(收入法)计算的生产总值 = 支出法计算的生产总值在我国的生产总值核算中,最常用的方法是分配法。

三次产业　是根据社会生产活动历史发展的顺序对产业结构的划分,产品直接取自自然界的部门称为第一产业,对初级产品进行再加工的部门称为第二产业,为生产和消费提供各种服务的部门称为第三产业。它是世界上较为通用的产业结构分类,但各国的划分不尽一致。我国的三次产业划分是:

第一产业:农、林、牧、渔业(包括农业、林业、牧业、渔业和农林牧渔服务业)。

第二产业:工业(包括采矿业;制造业;电力、燃气及水的生产和供应业)和建筑业。

第三产业:除第一、第二产业以外的其他各业。由于第三产业包括的行业多、范围广,根据我国的实际情况,第三产业可分为:1. 批发和零售业;2. 交通运输、仓储和邮电业;3. 住宿和餐饮业;4. 信息传输、软件和信息技术服务业;5. 金融业;6. 房地产业;7. 租赁和商务服务业;8. 科学研究和技术服务业;9. 水利、环境和公共设施管理业;10. 居民服务、修理和其他服务业;11. 教育;12. 卫生和社会工作;13. 文化、体育和娱乐业;14. 公共管理、社会保障和社会组织;15. 国际组织。

当年价格　指报告期的实际价格。

可比价格　指计算各种总量指标所采用的扣除了价格变动因素的价格,可进行不同时期总量指标的对比。按可比价格计算总量指标有两种方法:一种是直接用产品产量乘某一年的不变价格计算;另一种是用价格指数进行缩减。

不变价格　指以同类产品某年的平均价格作为固定价格,用于计算各年的产品价值。按不变价格计算的产品价值消除了价格变动因素,不同时期对比可以反映生产的发展速度。本《年鉴》所列的农业总产值指数是按不变价格计算的。计算有关年份产值增长速度,可用指数直接进行计算。

平均增长速度　在我国计算平均速度有两种方法,一种是"水平法",又称几何平均法,是以间隔期最后一年的水平同基期水平对比来计算平均每年增长(或下降)速度;另一种是"累计法",又称代数平均法或方程法,是以间隔期内各年水平的总和同基期对比来计算平均每年增长(或下降)速度。本《年鉴》内所列的平均增长速度,除固定资产投资用"累计法"计算外,其余都是用"水平法"计算的。

人口和从业人员

Population and Employment

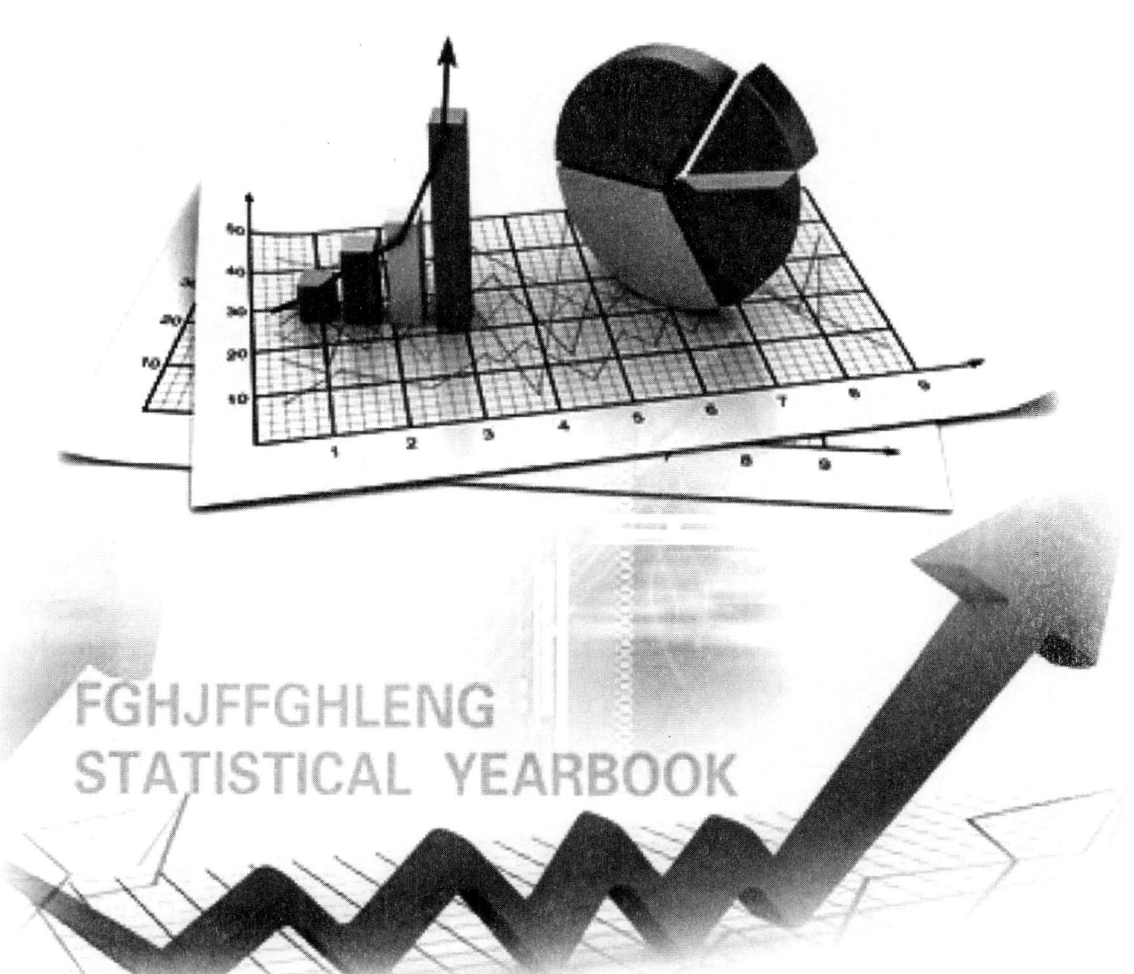

2－1 主要年份年末总户数和人口数

年 份	户 籍 总户数 （万户）	户籍总 人口数 （万人）	按性别分		按户籍分		按城乡分		常 住 人口数 （万人）
			男 性	女 性	农业 人口	非农业 人 口	城镇 人口	农村 人口	
1949	60.43	240.57	123.10	117.47	222.36	18.21			
1952	67.32	251.74	128.75	122.99	229.63	22.11			
1957	72.16	282.99	145.03	137.96	256.58	26.41			
1962	77.94	306.74	156.57	150.17	278.87	27.87			
1965	79.52	339.84	174.44	165.40	315.60	24.24			
1970	87.58	391.75	201.04	190.71	366.17	25.58			
1975	97.41	434.56	223.58	210.98	408.47	26.09			
1978	105.70	452.71	233.41	219.30	426.73	25.98			
1980	109.92	461.61	237.98	223.63	430.09	31.52			
1985	126.03	490.08	253.72	236.36	448.94	41.14			
1990	149.29	515.49	267.27	248.22	468.42	47.07			
1994	157.40	526.31	272.83	253.48	472.42	53.89			
1995	159.04	529.56	274.51	255.05	471.88	57.68			
1996	161.42	532.98	276.21	256.77	471.61	61.37			
1997	164.61	535.98	277.63	258.35	469.72	66.26			
1998	168.15	539.51	279.53	259.98	463.88	75.63			
1999	173.26	542.98	281.13	261.85	461.41	81.57			
2000	175.56	546.62	282.77	263.85	455.83	90.79			
2001	177.49	548.52	283.63	264.89	456.43	92.09			
2002	179.71	550.46	284.42	266.04	456.65	93.81			
2003	182.03	552.61	285.38	267.23	457.26	95.35			
2004	183.89	555.92	286.87	269.05	459.23	96.69			
2005	186.83	559.85	288.71	271.14	461.54	98.31			
2006	189.12	564.66	291.01	273.65	464.86	99.80			
2007	191.99	569.39	293.25	276.15	467.51	101.88			
2008	193.69	574.06	295.38	278.68	470.71	103.35			
2009	193.34	578.47	297.54	280.93	474.08	104.39			
2010	192.68	583.14	299.68	283.46	477.48	105.67			596.9
2011	192.30	586.79	301.35	285.43	480.03	106.76			599.9
2012	191.70	590.95	303.26	287.69	483.07	107.87			600.5
2013	191.52	594.04	304.60	289.44	485.32	108.72			603.8
2014	190.85	597.10	305.88	291.23	482.97	114.13			601.5
2015	191.77	597.49	305.61	291.88			260.35	337.14	604.9
2016	191.57	600.17	306.79	293.38			250.35	349.82	608.0

2-2 市区主要年份年末人口数

单位:万人

年 份	市 区		椒江区		黄岩区		路桥区	
	户 籍人口数	常 住人口数	户 籍人口数	常 住人口数	户 籍人口数	常 住人口数	户 籍人口数	常 住人口数
1978	117.37		34.86		49.32		33.19	
1980	119.31		35.74		49.99		33.58	
1985	126.97		38.52		53.02		35.43	
1986	128.57		39.06		53.69		35.82	
1987	130.34		39.68		54.38		36.28	
1988	131.99		40.43		54.83		36.73	
1989	132.96		40.90		55.03		37.03	
1990	133.77		41.41		55.17		37.19	
1991	134.47		41.73		55.36		37.38	
1992	136.14		42.08		55.48		38.58	
1993	135.91		42.39		55.73		37.79	
1994	136.73		42.66		55.96		38.11	
1995	137.70		43.03		56.16		38.51	
1996	138.79		43.40		56.54		38.85	
1997	139.67		43.73		56.73		39.21	
1998	140.83		44.22		56.77		39.84	
1999	142.03		44.78		57.03		40.22	
2000	143.17		45.31		57.27		40.59	
2001	143.90		45.93		57.01		40.96	
2002	144.93		46.53		57.09		41.31	
2003	146.05		47.15		57.19		41.71	
2004	147.37		47.79		57.47		42.11	
2005	148.75		48.37		57.86		42.52	
2006	150.20		48.94		58.33		42.93	
2007	151.56		49.51		58.77		43.27	
2008	152.75		49.98		59.14		43.64	
2009	153.77		50.40		59.41		43.96	
2010	154.89	190.3	50.92	65.4	59.67	63.2	44.30	61.7
2011	155.85		51.38		59.89		44.58	
2012	156.90		51.88		60.14		44.87	
2013	157.76		52.33		60.33		45.10	
2014	158.47		52.71		60.51		45.26	
2015	159.29	192.8	52.99	66.3	61.01	64.1	45.30	62.4
2016	160.10	194.4	53.51	67.5	61.10	64.8	45.49	62.1

2-3 各县市主要年份年末人口数

单位:万人

年份	玉环县		三门县		天台县		仙居县		温岭市		临海市	
	户籍人口数	常住人口数	户籍人口数	常住人口数	户籍人口数	常住人口数	户籍人口数	常住人口数	户籍人口数	常住人口数	户籍人口数	常住人口数
1978	31.84		33.17		45.40		38.76		94.18		91.99	
1980	32.86		33.99		46.49		39.07		95.71		94.19	
1985	35.32		36.65		49.47		40.40		101.26		100.01	
1986	35.79		37.15		49.91		40.74		102.46		101.19	
1987	36.35		37.98		50.62		41.16		103.75		102.58	
1988	36.77		38.57		51.37		41.65		105.20		103.56	
1989	37.12		38.84		51.68		41.91		106.58		104.03	
1990	37.36		38.65		51.71		42.05		107.72		104.23	
1991	37.50		38.88		52.12		42.35		108.48		104.54	
1992	37.59		38.98		52.23		42.57		109.01		105.05	
1993	37.73		39.16		52.48		42.93		109.50		105.72	
1994	37.89		39.25		52.78		43.34		110.06		106.27	
1995	38.07		39.35		53.14		43.67		110.79		106.84	
1996	38.23		39.47		53.50		43.98		111.58		107.44	
1997	38.37		39.61		53.88		44.27		112.23		107.95	
1998	38.56		39.79		54.52		44.56		112.83		108.39	
1999	38.79		39.88		55.12		44.88		113.28		109.00	
2000	38.89		40.02		55.44		45.48		113.80		109.83	
2001	39.03		40.06		55.47		45.82		114.09		110.15	
2002	39.13		40.11		55.52		46.12		114.28		110.37	
2003	39.28		40.25		55.52		46.43		114.50		110.58	
2004	39.50		40.57		55.66		46.82		114.82		111.18	
2005	39.84		40.97		55.88		47.39		115.09		111.92	
2006	40.23		41.42		56.26		48.01		115.70		112.86	
2007	40.66		41.86		56.50		48.44		116.56		113.82	
2008	41.10		42.27		56.89		48.80		117.58		114.66	
2009	41.47		42.60		57.50		49.21		118.45		115.47	
2010	41.96	61.6	42.92	32.9	58.16	38.3	49.53	34.3	119.29	136.7	116.40	102.9
2011	42.25		43.23		58.62		49.81		119.93		117.09	
2012	42.55		43.53		59.22		50.29		120.60		117.85	
2013	42.81		43.83		59.54		50.60		121.05		118.45	
2014	43.02		44.06		59.84		50.87		121.80		119.04	
2015	43.02	62.6	44.11	33.3	59.37	38.8	50.60	34.7	121.53	138.5	119.57	104.3
2016	43.18	62.9	44.36	34.0	59.85	39.8	51.03	35.2	121.67	137.0	119.99	104.7

2－4 主要年份人口自然变动情况

年　份	出　生		死　亡		自然增长	
	人　数（人）	出生率（‰）	人　数（人）	死亡率（‰）	人　数（人）	自然增长率（‰）
1949	61063	25.58	32794	13.74	28269	11.84
1952	70721	28.27	30600	12.23	40121	16.04
1957	105765	38.05	25120	9.04	80645	29.01
1962	103246	34.08	24548	8.10	78698	25.98
1965	135207	40.43	28458	8.51	106749	31.92
1970	119335	30.87	23123	5.98	96212	24.89
1975	96398	22.37	27793	6.45	68605	15.92
1978	77592	17.25	25928	5.76	51664	11.49
1980	61815	13.45	26211	5.70	35604	7.75
1985	70894	14.54	27879	5.72	43015	8.82
1990	58776	11.43	27818	5.41	30958	6.02
1994	66000	12.57	29922	5.70	36078	6.87
1995	67425	12.77	32057	6.07	35368	6.70
1996	68640	12.92	32010	6.03	36630	6.89
1997	63482	11.88	31319	5.86	32163	6.02
1998	68263	12.69	32162	5.98	36101	6.71
1999	68220	12.60	31945	5.90	36275	6.70
2000	72905	13.38	33565	6.16	39340	7.22
2001	61712	11.27	31417	5.74	30295	5.53
2002	64052	11.66	33072	6.02	30980	5.64
2003	66612	12.08	33478	6.07	33134	6.01
2004	75969	13.71	32927	5.94	43042	7.77
2005	74640	13.37	34823	6.24	39817	7.13
2006	73612	13.09	32502	5.78	41110	7.31
2007	67765	11.95	32665	5.76	35100	6.19
2008	65301	11.42	34478	6.03	30823	5.39
2009	66741	11.58	34660	6.01	32081	5.57
2010	72862	12.54	36699	6.32	36163	6.22
2011	65503	11.20	34785	5.95	30718	5.25
2012	75335	12.79	36209	6.15	39126	6.64
2013	63717	10.75	34568	5.83	29149	4.92
2014	65957	11.07	35651	5.98	30306	5.09
2015	71395	11.95	36560	6.12	34835	5.83
2016	62076	10.37	34119	5.70	27957	4.67

2-5 主要年份年末从业人员数

单位:万人

年份	从业人员总数	第一产业	第二产业	第三产业	#城镇集体以上单位在岗职工	国有经济单位	城镇集体经济单位	其他经济单位	#城镇私营和个体从业人员
1952	100.74				3.34	2.55	0.79		2.89
1957	114.39				6.40	4.14	2.26		2.94
1962	122.02				9.30	5.08	4.22		0.70
1965	129.82				9.74	5.41	4.33		0.62
1970	145.58				12.59	7.33	5.26		0.50
1975	157.86				16.75	9.41	7.34		0.26
1978	176.88				22.90	12.06	10.84		0.34
1980	185.19				23.93	13.95	9.98		0.60
1985	268.79				29.94	15.99	13.90	0.05	1.14
1990	307.23				33.49	17.90	15.41	0.18	2.16
1994	330.65				33.64	19.32	13.24	1.08	9.37
1995	341.04	161.18	102.10	77.76	34.18	20.34	12.57	1.27	11.99
1996	341.23	157.20	104.77	79.26	34.32	20.47	12.34	1.51	11.87
1997	340.75	152.99	111.38	76.38	34.70	20.94	12.11	1.65	12.36
1998	341.19	147.52	113.92	79.75	34.42	20.13	10.32	3.97	11.28
1999	340.70	143.48	114.87	82.35	34.19	19.41	9.36	5.42	13.21
2000	340.48	135.52	116.03	88.93	32.56	17.99	7.40	7.17	13.82
2001	343.24	130.21	119.15	93.88	31.74	16.94	5.52	9.28	26.15
2002	347.25	125.90	120.85	100.50	31.77	15.95	4.19	11.63	29.84
2003	358.87	122.31	127.40	109.16	32.87	15.04	3.75	14.08	33.69
2004	364.13	106.21	136.89	121.03	35.31	15.49	3.84	15.98	42.22
2005	368.67	103.83	140.06	124.78	39.13	15.43	3.21	20.48	44.57
2006	370.21	101.43	142.50	126.28	40.22	15.63	2.66	21.93	45.69
2007	373.14	88.60	152.84	131.70	47.53	16.39	3.51	27.63	51.25
2008	375.57	83.76	157.34	134.47	54.92	16.82	2.65	35.45	56.36
2009	378.55	78.12	162.12	138.31	59.71	16.57	2.59	40.55	56.48
2010	367.56	75.25	160.28	132.03	64.81	16.65	2.66	45.50	95.50
2011	380.81	75.59	165.75	139.47	79.93	16.20	2.85	60.89	100.38
2012	389.26	75.47	170.55	143.24	88.98	15.83	3.61	69.55	104.69
2013	397.15	74.84	175.17	147.14	92.63	15.15	3.91	73.57	123.45
2014	402.15	73.59	178.56	150.00	99.33	15.03	4.61	79.69	147.23
2015	403.32	71.72	180.23	151.37	92.39	15.22	4.39	72.78	166.55
2016	404.36	70.47	181.48	152.41	85.45	15.48	4.49	65.48	180.83

注：2010年从业人员总数与第六次人口普查相关数据衔接;2001年开始个体私营从业人员统计口径扩大,包括股份合作企业从业人员;2003年以前在岗职工为职工资料。

2-6 分行业全部在岗职工年末人数

(2010-2016年)

单位:人

行业	2010年	2011年	2012年	2013年	2014年	2015年	2016年
总计	**648104**	**799344**	**889843**	**926335**	**993308**	**923917**	**854534**
按企业、事业、机关分							
企业	499053	653958	741633	777569	843481	774429	706839
事业	108300	107822	105061	104518	101593	102394	100318
机关	39384	36374	38358	40605	41224	42150	41716
民间非营利组织	1081	890	2106	2371	1483	2797	3873
其它	286	300	2685	1272	5527	2147	1788
按国民经济行业分							
农、林、牧、渔业	4054	4128	1338	1072	727	507	478
采矿业	196	198	201	133	82	80	80
制造业	226245	307056	324854	358805	350872	297249	301990
电力、热力、燃气及水生产和供应业	10086	9548	8875	7113	7273	7388	9840
建筑业	176283	246132	301028	306009	380104	366995	297996
批发和零售业	19076	22248	22304	22641	23228	22082	22184
交通运输、仓储和邮政业	11670	12270	14559	15220	14939	13440	11387
住宿和餐饮业	7927	7398	6867	7039	6486	6341	5639
信息传输、软件和信息技术服务业	3966	4080	4394	4434	4505	5237	5221
金融业	23994	25844	30026	27336	27472	29089	29927
房地产业	7251	7404	9863	7924	11837	10120	8073
租赁和商务服务业	11237	9894	14255	13983	9379	9229	8721
科学研究、技术服务业	5809	6032	8459	7928	8071	7826	6859
水利、环境和公共设施管理业	5490	5280	6101	7171	7516	5927	4186
居民服务、修理和其他服务业	1355	1387	970	1415	1402	1136	577
教育	54659	54601	56272	56416	55767	56187	56007
卫生和社会工作	27659	28360	30331	30716	31667	32539	33169
文化、体育和娱乐业	3483	3722	3699	3490	3672	3407	2906
公共管理、社会保障和社会组织	47664	43762	45447	47490	48309	49138	49294

注:本表统计范围为城镇集体以上各类单位。

2-7 分行业国有经济在岗职工年末人数

（2010-2016年）

单位：人

行业	2010年	2011年	2012年	2013年	2014年	2015年	2016年
总计	**166481**	**161951**	**158324**	**151504**	**150383**	**152211**	**154798**
按企业、事业、机关分							
企业	27609	24788	22895	13927	12610	11207	15111
事业	99054	100730	97038	96647	94114	97974	97141
机关	39384	36374	38358	40605	41224	42150	41716
民间非营利组织	396	20	20	16	76	101	94
其它	38	39	13	309	2359	779	736
按国民经济行业分							
农、林、牧、渔业	3961	4048	1262	1017	709	465	438
制造业	1727	1590	1452	570	236	207	200
电力、热力、燃气及水生产和供应业	8507	7857	6892	4507	4209	4386	6624
建筑业	1004	457	564	550	554	554	1839
批发和零售业	2893	2854	2783	1554	1737	1350	1258
交通运输、仓储和邮政业	4939	5365	5082	3162	2689	2073	2649
住宿和餐饮业	496	556	497	187	150	158	103
信息传输、软件和信息技术服务业	1002	1696	1248	736	833	698	660
金融业	4272	3819	2668	821	361	341	341
房地产业	908	738	843	716	923	622	483
租赁和商务服务业	4078	2783	2322	2231	2301	2546	2633
科学研究、技术服务业	4728	4334	4404	4337	4272	3326	2868
水利、环境和公共设施管理业	3113	3904	4048	4712	4190	4221	2568
居民服务、修理和其他服务业	379	336	350	385	371	343	326
教育	50850	50065	50373	50229	49276	50120	50089
卫生和社会工作	22925	24694	25705	26066	27641	30012	30827
文化、体育和娱乐业	3271	3241	2969	2774	2630	2348	2030
公共管理、社会保障和社会组织	47428	43614	44862	46950	47301	48441	48862

2-8 分行业城镇集体经济在岗职工年末人数

（2010-2016 年）

单位：人

行业	2010 年	2011 年	2012 年	2013 年	2014 年	2015 年	2016 年
总计	**26567**	**28467**	**36051**	**39113**	**46068**	**43877**	**44912**
按企业、事业、机关分							
企业	18896	23542	30826	34275	41471	43320	44468
事业	7645	4862	4784	4669	4350	433	334
民间非营利组织	3	41	130	145	135	100	88
其它	23	22	311	24	112	24	22
按国民经济行业分							
农、林、牧、渔业	16	10	6	5	5	5	5
采矿业		85	85				
制造业	3272	1151	522	570	727	425	290
电力、热力、燃气及水生产和供应业	282	162	128	143	144	146	133
建筑业	13580	20522	28435	32255	39217	41587	43459
批发和零售业	248	43	59	78	131	134	163
交通运输、仓储和邮政业		30	33	37	7	7	8
住宿和餐饮业	42	79	24	24	24	24	24
金融业	428	429	444	468	474	477	
房地产业	97	55	90	40	35	21	66
租赁和商务服务业	886	966	1112	633	604	360	265
科学研究、技术服务业	142	146	148	173	61	104	79
水利、环境和公共设施管理业	1731	495	578	626	1142	3	
居民服务、修理和其他服务业	13	11	6	6	5	5	20
教育	1661	1327	1437	1423	1153	314	184
卫生和社会工作	4048	2854	2856	2608	2314	221	169
文化、体育和娱乐业	2					21	27
公共管理、社会保障和社会组织	119	102	88	24	25	23	20

2-9 分行业其他经济在岗职工年末人数

(2010－2016 年)

单位:人

行　　业	2010 年	2011 年	2012 年	2013 年	2014 年	2015 年	2016 年
总　　计	**455056**	**608926**	**695468**	**735718**	**796857**	**727829**	**654824**
按企业、事业、机关分							
企　业	452548	605628	687912	729367	789400	719902	647260
事　业	1601	2230	3239	3202	3129	3987	2843
民间非营利组织	682	829	1956	2210	1272	2596	3691
其　它	225	239	2361	939	3056	1344	1030
按国民经济行业分							
农、林、牧、渔业	77	70	70	50	13	37	35
采矿业	196	113	116	133	82	80	80
制造业	221246	304315	322880	357665	349909	296617	301500
电力、热力、燃气及水生产和供应业	1297	1529	1855	2463	2920	2856	3083
建筑业	161699	225153	272029	273204	340333	324854	252698
批发和零售业	15935	19351	19462	21009	21360	20598	20763
交通运输、仓储和邮政业	6731	6875	9444	12021	12243	11360	8730
住宿和餐饮业	7389	6763	6346	6828	6312	6159	5512
信息传输、软件和信息技术服务业	2964	2384	3146	3698	3672	4539	4561
金融业	19294	21596	26914	26047	26637	28271	29586
房地产业	6246	6611	8930	7168	10879	9477	7524
租赁和商务服务业	6273	6145	10821	11119	6474	6323	5823
科学研究、技术服务业	939	1552	3907	3418	3738	4396	3912
水利、环境和公共设施管理业	646	881	1475	1833	2184	1703	1618
居民服务、修理和其他服务业	963	1040	614	1024	1026	788	231
教　育	2148	3209	4462	4764	5338	5753	5734
卫生和社会工作	686	812	1770	2042	1712	2306	2173
文化、体育和娱乐业	210	481	730	716	1042	1038	849
公共管理、社会保障和社会组织	117	46	497	516	983	674	412

2－10 各经济类型分行业全部在岗职工年末人数

（2016年）

单位：人

行业	在岗职工年末人数	国有经济单位	城镇集体经济单位	其他经济单位
总计	**854534**	**154798**	**44912**	**654824**
按企业、事业、机关分				
企业	706839	15111	44468	647260
事业	100318	97141	334	2843
机关	41716	41716		
民间非营利组织	3873	94	88	3691
其它	1788	736	22	1030
按国民经济行业分				
农、林、牧、渔业	**478**	**438**	**5**	**35**
农业	369	357		12
林业	81	81		
渔业	28		5	23
采矿业	**80**			**80**
非金属矿采选业	80			80
制造业	**301990**	**200**	**290**	**301500**
农副食品加工业	2334		15	2319
食品制造业	2464			2464
酒、饮料和精制茶制造业	1115			1115
纺织业	5046			5046
纺织服装、服饰业	864			864
皮革、毛皮、羽毛及其制品和制鞋业	8280			8280
木材加工及木、竹、藤、棕、草制品业	745			745
家具制造业	7100			7100
造纸和纸制品业	1532		42	1490
印刷业和记录媒介复制业	3409		13	3396
文教、美工、体育和娱乐用品制造业	7174		8	7166
石油加工、炼焦和核燃料加工业	18			18

注：本表统计范围为城镇集体以上各类单位。

2－10续表1

单位:人

行业	在岗职工年末人数	国有经济单位	城镇集体经济单位	其他经济单位
化学原料和化学制品制造业	7041			7041
医药制造业	27795			27795
橡胶和塑料制品业	29434			29434
非金属矿物制品业	3396		46	3350
黑色金属冶炼和压延加工业	1952			1952
有色金属冶炼和压延加工业	2394			2394
金属制品业	12807		133	12674
通用设备制造业	48462			48462
专用设备制造业	14910			14910
汽车制造业	40046			40046
铁路、船舶、航空和其他运输设备制造业	17924	200		17724
电气机械和器材制造业	23421		33	23388
计算机、通讯和其他电子设备制造业	4537			4537
仪器仪表制造业	8529			8529
其他制造业	13517			13517
废弃资源综合利用业	5695			5695
金属制品、机械和设备修理业	49			49
电力、热力、燃气及水生产和供应业	**9840**	**6624**	**133**	**3083**
电力、热力生产和供应业	7694	6478	8	1208
燃气生产和供应业	335		108	227
水的生产和供应业	1811	146	17	1648
建筑业	**297996**	**1839**	**43459**	**252698**
房屋建筑业	232538	1299	40673	190566
土木工程建筑业	63078	540	2786	59752
建筑安装业	1190			1190
建筑装饰和其他建筑业	1190			1190

2－10续表2

单位:人

行　　业	在岗职工年末人数	国　有经济单位	城镇集体经济单位	其　他经济单位
批发和零售业	**22184**	**1258**	**163**	**20763**
批发业	8454	1027	137	7290
零售业	13730	231	26	13473
交通运输、仓储和邮政业	**11387**	**2649**	**8**	**8730**
道路运输业	8887	1686	8	7193
水上运输业	708	60		648
航空运输业	117	117		
装卸搬运和运输代理业	614	204		410
仓储业	390	77		313
邮政业	671	505		166
住宿和餐饮业	**5639**	**103**	**24**	**5512**
住宿业	4307	103		4204
餐饮业	1332		24	1308
信息传输、软件和信息技术服务业	**5221**	**660**		**4561**
电信、广播电视和卫星传输服务业	4944	654		4290
软件和信息技术服务业	277	6		271
金融业	**29927**	**341**		**29586**
货币金融服务业	24979	341		24638
保险业	4948			4948
房地产业	**8073**	**483**	**66**	**7524**
房地产开发经营	4695	38		4657
物业管理	2647	89		2558
房地产中介服务	13			13
租赁和商务服务业	**8721**	**2633**	**265**	**5823**
租赁业	15			15
商务服务业	8706	2633	265	5808
科学研究、技术服务业	**6859**	**2868**	**79**	**3912**
研究与试验发展	2393	381		2012

2－10续表3

单位:人

行　　业	在岗职工年末人数	国　有经济单位	城镇集体经济单位	其　他经济单位
专业技术服务业	3772	1821	51	1900
科技推广和应用服务业	694	666	28	
水利、环境和公共设施管理业	**4186**	**2568**		**1618**
水利管理业	767	767		
生态保护和环境治理业	92	25		67
公共设施管理业	3327	1776		1551
居民服务、修理和其他服务业	**577**	**326**	**20**	**231**
居民服务业	415	326	20	69
机动车、电子产品和日用品修理业	162			162
其他服务业				
教　育	**56007**	**50089**	**184**	**5734**
初等教育	21894	21358		536
中等教育	26759	23046		3713
高等教育	2834	2563		271
卫生和社会工作	**33169**	**30827**	**169**	**2173**
卫　生	32965	30637	164	2164
社会工作	204	190	5	9
文化、体育和娱乐业	**2906**	**2030**	**27**	**849**
新闻和出版业	791	478		313
广播、电视、电影和影视录音制作业	920	756	18	146
文化艺术业	899	734	9	156
体　育	132	36		96
娱乐业	164	26		138
公共管理、社会保障和社会组织	**49294**	**48862**	**20**	**412**
中国共产党机关	2202	2202		
国家机构	45258	45258		
人民政协、民主党派	313	313		
社会保障	346	346		
群众团体、社会团体和其他成员组织	831	743	20	68

2-11 分行业全部从业人员素质情况(一)

(2016年)

单位:人

行业	从业人员年末人数	大学本科及以上	大专	中专及高中	初中及以下
总计	**941404**	**176474**	**142168**	**225717**	**397045**
按企业、事业、机关分					
企业	755337	72308	100306	202379	380344
事业	123030	70356	25136	13993	13545
机关	56919	31071	15173	8237	2438
民间非营利组织	4088	1647	1175	795	471
其它	2030	1092	378	313	247
按国民经济行业分					
农、林、牧、渔业	**509**	**18**	**56**	**127**	**308**
农业	372	5	43	79	245
林业	98	9	6	37	46
渔业	39	4	7	11	17
采矿业	**92**	**6**	**4**	**20**	**62**
非金属矿采选业	92	6	4	20	62
制造业	**310545**	**23546**	**41307**	**90822**	**154870**
农副食品加工业	2948	80	219	738	1911
食品制造业	2726	64	140	503	2019
酒、饮料和精制茶制造业	1483	117	297	460	609
纺织业	5197	254	488	1714	2741
纺织服装、服饰业	880	24	95	240	521
皮革、毛皮、羽毛及其制品和制鞋业	8389	271	709	2647	4762
木材加工及木、竹、藤、棕、草制品业	745	41	77	173	454
家具制造业	7100	241	600	1838	4421
造纸和纸制品业	1539	17	116	575	831
印刷业和记录媒介复制业	3507	146	415	1228	1718
文教、美工、体育和娱乐用品制造业	7345	258	738	1836	4513
石油加工、炼焦和核燃料加工业	18	3	2	2	11

注:本表统计范围为城镇集体以上各类单位。

2-11 续表1

单位:人

行业	从业人员年末人数	大学本科及以上	大专	中专及高中	初中及以下
化学原料和化学制品制造业	7066	1030	1184	2388	2464
医药制造业	28068	6486	4824	7658	9100
橡胶和塑料制品业	30122	1795	3842	9001	15484
非金属矿物制品业	3532	269	516	1013	1734
黑色金属冶炼和压延加工业	1961	39	152	565	1205
有色金属冶炼和压延加工业	2416	60	182	528	1646
金属制品业	12889	565	1412	3145	7767
通用设备制造业	49031	3163	6782	14069	25017
专用设备制造业	15046	1167	2427	4666	6786
汽车制造业	40636	2823	6609	13692	17512
铁路、船舶、航空和其他运输设备制造业	18197	1265	2525	5933	8474
电气机械和器材制造业	23915	1721	3351	7515	11328
计算机、通讯和其他电子设备制造业	4806	377	889	1578	1962
仪器仪表制造业	9137	519	1127	3098	4393
其他制造业	13517	614	1358	2936	8609
废弃资源综合利用业	8280	134	229	1078	6839
金属制品、机械和设备修理业	49	3	2	5	39
电力、热力、燃气及水生产和供应业	**11242**	**3566**	**3692**	**2728**	**1256**
电力、热力生产和供应业	8643	2949	2813	2129	752
燃气生产和供应业	367	83	144	99	41
水的生产和供应业	2232	534	735	500	463
建筑业	**309054**	**9627**	**23546**	**73341**	**202540**
房屋建筑业	237149	6311	15909	60847	154082
土木工程建筑业	68997	2822	6703	11508	47964
建筑安装业	1711	357	811	388	155
建筑装饰和其他建筑业	1197	137	123	598	339

2－11 续表2

单位:人

行业	从业人员年末人数	大学本科及以上	大专	中专及高中	初中及以下
批发和零售业	**23243**	**2909**	**6845**	**7238**	**6251**
批发业	8764	1588	2792	2771	1613
零售业	14479	1321	4053	4467	4638
交通运输、仓储和邮政业	**13561**	**2105**	**3383**	**4117**	**3956**
道路运输业	10050	1425	2617	3037	2971
水上运输业	993	162	177	327	327
航空运输业	312	97	87	128	
装卸搬运和运输代理业	1032	136	158	248	490
仓储业	435	55	100	157	123
邮政业	739	230	244	220	45
住宿和餐饮业	**5834**	**371**	**1144**	**2230**	**2089**
住宿业	4468	350	878	1597	1643
餐饮业	1366	21	266	633	446
信息传输、软件和信息技术服务业	**5526**	**2942**	**1858**	**599**	**127**
电信、广播电视和卫星传输服务业	5235	2871	1736	545	83
软件和信息技术服务业	291	71	122	54	44
金融业	**51320**	**22170**	**13464**	**14586**	**1100**
货币金融服务业	26511	18262	6918	829	502
保险业	24809	3908	6546	13757	598
房地产业	**8763**	**1777**	**2569**	**2144**	**2273**
房地产开发经营	4977	1370	1968	1219	420
物业管理	2892	161	326	653	1752
房地产中介服务	13	9		4	
租赁和商务服务业	**10738**	**1591**	**1679**	**3461**	**4007**
租赁业	113	7	14	12	80
商务服务业	10625	1584	1665	3449	3927
科学研究、技术服务业	**7819**	**4646**	**1867**	**1038**	**268**
研究与试验发展	2482	1918	310	163	91

2－11 续表3

单位:人

行　　业	从业人员年末人数	大学本科及以上	大　专	中专及高　中	初中及以　下
专业技术服务业	4621	2331	1335	789	166
科技推广和应用服务业	716	397	222	86	11
水利、环境和公共设施管理业	**7094**	**778**	**1014**	**722**	**4580**
水利管理业	858	236	382	147	93
生态保护和环境治理业	127	87	24	13	3
公共设施管理业	6109	455	608	562	4484
居民服务、修理和其他服务业	**676**	**71**	**174**	**269**	**162**
居民服务业	514	61	135	192	126
机动车、电子产品和日用品修理业	162	10	39	77	36
教　育	**63334**	**44746**	**9524**	**4468**	**4596**
初等教育	24397	15543	5623	2002	1229
中等教育	29761	23950	2137	1366	2308
高等教育	3069	2728	129	127	85
卫生和社会工作	**39270**	**18243**	**10615**	**6424**	**3988**
卫　生	38894	18136	10541	6307	3910
社会工作	376	107	74	117	78
文化、体育和娱乐业	**3758**	**1391**	**1014**	**683**	**670**
新闻和出版业	1022	412	136	75	399
广播、电视、电影和影视录音制作业	1113	385	409	263	56
文化艺术业	1242	502	401	222	117
体　育	150	61	21	40	28
娱乐业	231	31	47	83	70
公共管理、社会保障和社会组织	**69026**	**35971**	**18413**	**10700**	**3942**
中国共产党机关	2402	2006	274	106	16
国家机构	64392	32805	17581	10262	3744
人民政协、民主党派	330	248	60	21	1
社会保障	519	305	152	59	3
群众团体、社会团体和其他成员组织	993	599	265	94	35

2-12 分行业全部从业人员素质情况(二)

(2016 年)

单位:人

行业	从业人员中经营管理人员	从业人员中专业技术人员	高级专业技术人员	中级专业技术人员	初级专业技术人员	在专业技术岗位工作人员	从业人员中技术工人
总计	**100869**	**237135**	**16093**	**50232**	**75726**	**95084**	**428333**
按企业、事业、机关分							
企业	85375	141218	4631	18276	37338	80973	419693
事业	14284	83142	10497	28609	35382	8654	7190
机关		9290	455	2342	1808	4685	1388
民间非营利组织	699	2450	286	653	948	563	31
其它	511	1035	224	352	250	209	31
按国民经济行业分							
农、林、牧、渔业	**67**	**33**	**1**	**10**	**14**	**8**	**129**
农业	51	13		1	7	5	78
林业	8	13	1	8	3	1	43
渔业	8	7		1	4	2	8
采矿业	**32**	**8**	**1**	**1**	**3**	**3**	**26**
非金属矿采选业	32	8	1	1	3	3	26
制造业	**44759**	**41873**	**1461**	**5067**	**11157**	**24188**	**172722**
农副食品加工业	325	191	2	30	62	97	1919
食品制造业	363	104	12	38	20	34	1995
酒、饮料和精制茶制造业	199	279	13	44	90	132	769
纺织业	815	652	26	57	211	358	2862
纺织服装、服饰业	102	206		4	15	187	314
皮革、毛皮、羽毛及其制品和制鞋业	414	2053	5	36	117	1895	5115
木材加工及木、竹、藤、棕、草制品业	86	59		6	13	40	309
家具制造业	1246	445	11	31	63	340	4195
造纸和纸制品业	223	150	2	7	38	103	622
印刷业和记录媒介复制业	603	313	12	27	38	236	1259
文教、美工、体育和娱乐用品制造业	1207	533	8	49	166	310	3689
石油加工、炼焦和核燃料加工业	7	4	1		1	2	3

注:本表统计范围为城镇集体以上各类单位。

2－12 续表1

单位:人

行业	从业人员中经营管理人员	从业人员中专业技术人员	高级专业技术人员	中级专业技术人员	初级专业技术人员	在专业技术岗位工作人员	从业人员中技术工人
化学原料和化学制品制造业	1344	1479	89	241	369	780	2964
医药制造业	4668	7644	179	1013	2547	3905	11381
橡胶和塑料制品业	4989	3295	128	428	866	1873	15009
非金属矿物制品业	613	579	20	105	156	298	1200
黑色金属冶炼和压延加工业	236	241	6	18	40	177	1182
有色金属冶炼和压延加工业	396	361	3	19	72	267	1049
金属制品业	1421	1136	44	87	236	769	7995
通用设备制造业	7364	5460	214	597	1553	3096	31572
专用设备制造业	2410	3259	152	395	860	1852	7877
汽车制造业	5156	5544	203	673	1465	3203	24866
铁路、船舶、航空和其他运输设备制造业	1837	2278	84	437	1067	690	9527
电气机械和器材制造业	4170	2818	172	433	629	1584	12840
计算机、通讯和其他电子设备制造业	633	353	29	56	88	180	2645
仪器仪表制造业	1263	1262	41	124	229	868	6135
其他制造业	2027	987	5	86	99	797	8087
废弃资源综合利用业	630	177		25	43	109	5325
金属制品、机械和设备修理业	12	11		1	4	6	17
电力、热力、燃气及水生产和供应业	**2124**	**2926**	**170**	**757**	**1280**	**719**	**4557**
电力、热力生产和供应业	1402	2277	145	589	981	562	3740
燃气生产和供应业	164	81	2	17	39	23	71
水的生产和供应业	558	568	23	151	260	134	746
建筑业	**16139**	**49469**	**1745**	**7208**	**14577**	**25939**	**229502**
房屋建筑业	9357	40131	1164	4591	11156	23220	179079
土木工程建筑业	6394	8360	553	2438	3047	2322	49186
建筑安装业	273	614	5	99	264	246	671
建筑装饰和其他建筑业	115	364	23	80	110	151	566

2－12 续表2

单位:人

行业	从业人员中经营管理人员	从业人员中专业技术人员	高级专业技术人员	中级专业技术人员	初级专业技术人员	在专业技术岗位工作人员	从业人员中技术工人
批发和零售业	**4595**	**5169**	**164**	**635**	**1335**	**3035**	**3590**
批发业	2058	1997	33	208	532	1224	1019
零售业	2537	3172	131	427	803	1811	2571
交通运输、仓储和邮政业	**3096**	**1989**	**182**	**517**	**573**	**717**	**4910**
道路运输业	2445	1392	117	333	416	526	3615
水上运输业	152	296	58	109	35	94	346
航空运输业	20	61		26	23	12	
装卸搬运和运输代理业	298	77	5	14	33	25	394
仓储业	103	83		20	38	25	107
邮政业	78	80	2	15	28	35	448
住宿和餐饮业	**838**	**1060**	**21**	**76**	**124**	**839**	**384**
住宿业	695	936	10	54	105	767	317
餐饮业	143	124	11	22	19	72	67
信息传输、软件和信息技术服务业	**1356**	**2193**	**103**	**384**	**632**	**1074**	**684**
电信、广播电视和卫星传输服务业	1318	2039	85	372	553	1029	678
软件和信息技术服务业	38	154	18	12	79	45	6
金融业	**7080**	**27231**	**237**	**1843**	**4790**	**20361**	**188**
货币金融服务业	5278	15693	187	1732	3746	10028	188
保险业	1802	11538	50	111	1044	10333	
房地产业	**3202**	**2028**	**211**	**758**	**654**	**405**	**177**
房地产开发经营	1921	1636	187	643	560	246	22
物业管理	865	270	9	67	68	126	141
房地产中介服务	1	4				4	
租赁和商务服务业	**2396**	**3035**	**143**	**341**	**416**	**2135**	**1729**
租赁业	14	1			1		98
商务服务业	2382	3034	143	341	415	2135	1631
科学研究、技术服务业	**1233**	**5585**	**685**	**1514**	**2467**	**919**	**363**
研究与试验发展	147	2031	281	409	1176	165	272

2－12 续表3

单位:人

行业	从业人员中经营管理人员	从业人员中专业技术人员	高级专业技术人员	中级专业技术人员	初级专业技术人员	在专业技术岗位工作人员	从业人员中技术工人
专业技术服务业	771	3232	373	969	1163	727	81
科技推广和应用服务业	315	322	31	136	128	27	10
水利、环境和公共设施管理业	**976**	**859**	**74**	**243**	**314**	**228**	**2832**
水利管理业	304	264	33	109	101	21	195
生态保护和环境治理业	27	85	3	16	36	30	1
公共设施管理业	645	510	38	118	177	177	2636
居民服务、修理和其他服务业	**146**	**84**	**4**	**19**	**20**	**41**	**192**
居民服务业	98	64	2	13	19	30	131
机动车、电子产品和日用品修理业	48	20	2	6	1	11	61
教　育	**4711**	**50627**	**7381**	**19336**	**19491**	**4419**	**1250**
初等教育	1230	20801	697	8467	9769	1868	183
中等教育	1946	24164	5529	8897	8237	1501	856
高等教育	616	2212	667	1168	226	151	59
卫生和社会工作	**3063**	**29870**	**2758**	**8179**	**14948**	**3985**	**1801**
卫　生	2920	29841	2758	8164	14943	3976	1767
社会工作	143	29		15	5	9	34
文化、体育和娱乐业	**853**	**1810**	**85**	**280**	**440**	**1005**	**178**
新闻和出版业	169	771	1	11	93	666	6
广播、电视、电影和影视录音制作业	241	457	17	99	176	165	133
文化艺术业	340	539	61	157	151	170	7
体　育	53	31	4	7	20		
娱乐业	50	12	2	6		4	32
公共管理、社会保障和社会组织	**4203**	**11286**	**667**	**3064**	**2491**	**5064**	**3119**
中国共产党机关	9	192	8	24	26	134	52
国家机构	3434	10924	644	2999	2437	4844	3025
人民政协、民主党派		15	6	7	2		19
社会保障	223	28		9	7	12	
群众团体、社会团体和其他成员组织	330	107	8	20	10	69	19

主 要 统 计 指 标 解 释

人口数 指一定时点全市行政管辖范围内的有生命的个人的总和。年度统计的年末人口数是指12月31日24时常住户口和未落户口的人口数。

农业人口 指凡在农村从事农、林、牧、副、渔的劳动者,以及乡(不包括乡)以下,不直接从事农业生产的各种人员及其抚养的家属。

非农业人口 指从事农、林、牧、副、渔业以外各种行业的人员。包括国营的农、林、牧、渔、园艺场、拖拉机站、抽水机站等,在编的行政管理人员、文教卫生、财贸、邮电等人员,以及附属的独立核算的工业企业中常年不从事农业生产的国家职工。包括抚养的家属。

出生率 指一年内平均每千人所出生的人数比例,一般以千分率表示。计算公式:

$$出生率 = \frac{全年出生人数}{年平均人数} \times 1000‰$$

出生人数指活产婴儿,即胎儿脱离母体时(不管怀孕月数),有过呼吸或其他生命现象。

死亡率 指一年内平均每千人所死亡的人数比例,一般以千分率表示。计算公式:

$$死亡率 = \frac{全年死亡人数}{年平均人数} \times 1000‰$$

人口自然增长率 指一年内人口自然增长数(出生人数减死亡人数)与平均人数之比例,一般以千分率表示。计算公式:

$$人口自然增长率 = \frac{年内出生人数 - 年内死亡人数}{年平均人数} \times 1000‰$$

或 人口自然增长率 = 人口出生率 - 人口死亡率

人口密度 指在一定时点一定地区的人口数与该地区的面积数之比,即一定时点的单位土地面积上的人口数,通常以每平方公里的居民人数来表示。计算公式:

$$人口密度 = \frac{该地区的人口数}{该地区的土地面积数}$$

从业人员 指从事一定社会劳动并取得劳动报酬或经营收入的全部劳动力。包括国有经济单位、城镇集体经济单位、其他各种经济类型单位的全部职工。城镇私营和个体从业人员和其他从业人员,乡村从业人员,从事家庭副业,其收入相当于当地一个从业人员最低收入水平或参加社会劳动累计在三个月以上的乡、村从业人员也包括在内。

在岗职工 指调查时期(点)在本单位工作并由单位支付劳动报酬的职工。包括由单位派出学习、劳务及病伤产假且仍由单位支付劳动报酬的人员。

城镇私营和个体从业人员 城镇私营从业人员指在工商行政管理部门注册登记,其经营地址设在县城关镇(含城关镇)以上的私营企业从业人员,包括私营企业投资者和雇工。城镇个体从业人员指在工商管理部门注册登记,并持有城镇户口或在城镇长期居住,经批准从事个体工商经营的从业人员,包括个体经营者和在个体工商户劳动的家庭帮工和雇工。

经营管理人员 指在企业、事业单位和其他非公有制经济组织经营管理岗位上工作的人员。统计对象为企业、事业单位中中层及以上管理人员(不包括专业技术管理工作的人员,专业技术管理工作的人员作为专业技术人员统计)。

专业技术人员 指在企业、事业单位和其他非公有制经济组织中从事专业技术工作或专业技术管理工作的人员。并符合下列条件之一的人员:1、受聘初级及以上专业技术职务;2、取得专业技术职务任职资格或专业技术职务资格;3、具有大专及以上学历;4、获得省部级及以上科学技术奖励;5、持有政府有关部门认定的发明专利。专业技术人员还包括未聘任专业技术职务,但在专业技术岗位上工作的人员。按照公务员管理或参照公务员管理的人员不统计为专业技术人员。

农 业

Agriculture

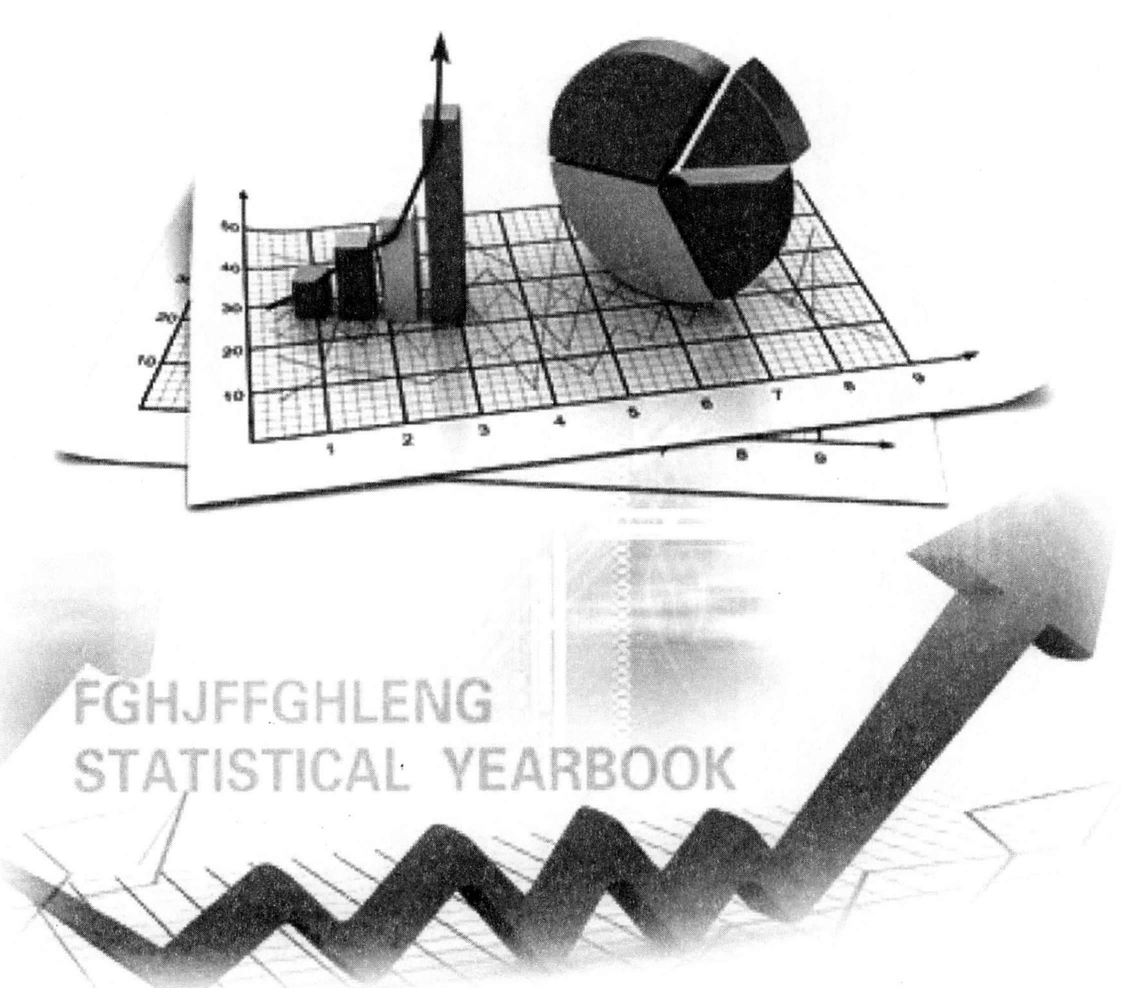

3-1 农村基本情况

（1990-2016年）

单位：个

年份	乡镇政府和街道办事处	#镇政府	村民委员会	通自来水村数	通公路村数	通电话村数	通有线电视村数	通宽带村数
1990	367	81	5627					
1991	361	83	5638					
1992	167	92	5609					
1993	167	94	5601	2657	3298	2432		
1994	167	99	5600	3011	3480	3006		
1995	169	97	5600	3354	3963	3678		
1996	169	99	5603	3496	4112	4128		
1997	169	102	5586	3718	4413	4624		
1998	169	103	5560	3892	4523	5014		
1999	169	103	5570	4064	4684	5163		
2000	167	101	5567	4169	4830	5297		
2001	127	68	5536	4323	4963	5380		
2002	127	68	5150	4021	4654	5022		
2003	131	66	5134	4209	4715	5012	4473	
2004	131	65	5109	4282	4790	5005	4543	
2005	131	65	5037	4356	4794	4987	4571	
2006	131	65	5034	4474	4852	4996	4611	
2007	131	65	5029	4528	4900	4999	4650	
2008	131	65	5028	4567	4920	5007	4706	
2009	133	64	5028	4617	4937	5008	4744	
2010	133	64	5028	4674	4976	5009	4782	
2011	133	64	5026	4747	4977	5007	4807	
2012	133	64	5025	4814	4983	5010	4873	
2013	129	61	4705	4538	4672	4703	4625	
2014	129	61	4704	4600			4656	4630
2015	129	61	4646	4567			4590	4573
2016	129	61	4645	4571			4591	4580

注：农村住户数、农村人口按民政部门批准的村委会口径统计。

3-2 农村人口和从业人员情况

(1990-2016年)

单位:万人

年份	农村常住户数(万户)	农村常住人口数	农村劳动力资源总数	农村从业人员数	男性	女性
1990	137.59	469.16	285.13	271.58	151.66	119.92
1991	137.35	470.35	286.28	279.65	154.52	125.13
1992	138.70	471.99	293.60	285.38	156.00	129.38
1993	139.93	473.44	295.67	286.20	156.53	129.67
1994	140.86	475.04	296.83	287.64	156.65	130.99
1995	142.00	475.68	299.48	289.79	157.67	132.12
1996	142.58	475.72	300.92	290.28	157.56	132.72
1997	143.26	477.23	302.04	290.86	157.48	133.38
1998	144.20	473.74	302.27	290.49	156.96	133.53
1999	146.56	474.56	303.35	291.23	157.07	134.16
2000	146.93	471.91	303.87	291.49	157.06	134.43
2001	151.64	481.25	313.49	302.20	162.75	139.45
2002	155.05	491.87	318.48	306.03	164.41	141.62
2003	154.32	487.17	320.43	307.04	163.73	143.31
2004	156.98	488.49	322.53	307.75	163.68	144.07
2005	158.38	493.51	324.78	309.44	165.27	144.17
2006	158.86	497.03	327.52	310.61	165.50	145.11
2007	163.10	499.13	332.65	316.38	168.16	148.22
2008	164.44	498.51	332.57	313.59	166.51	147.08
2009	163.59	498.75	333.05	312.98	165.70	147.28
2010	163.95	504.92	337.59	317.56	168.16	149.40
2011	164.73	510.22	340.38	320.37	168.55	151.82
2012	166.31	522.27	348.49	327.06	171.32	155.74
2013	169.71	543.00	366.05	345.04	180.92	164.12
2014	171.12	548.05	368.14	344.21	181.43	162.78
2015	172.22	550.97	367.54	342.94	181.52	161.42
2016	163.69	516.13	343.66	319.41	168.31	151.10

3－3　主要年份农林牧渔业总产值

单位：万元

年　　份	农林牧渔业总产值	农业产值	林业产值	牧业产值	渔业产值	农林牧渔服务业产值
1949	14081	10479	1180	1215	1207	
1952	19267	14615	1346	1714	1592	
1957	24190	16789	1714	2693	2994	
1962	29111	20888	1672	2758	3793	
1965	37545	26121	1794	5287	4343	
1970	46703	32750	1520	7383	5050	
1975	50669	34762	1127	7395	7385	
1978	67698	51211	1062	8993	6432	
1980	90813	66341	1683	14321	8468	
1985	183311	111219	5506	39892	26694	
1990	336931	173445	9212	72854	81420	
1994	954595	357971	19578	158077	418969	
1995	1280014	433670	17573	173121	655650	
1996	1383990	472623	22424	183638	705305	
1997	1330376	392998	20096	180948	736334	
1998	1444665	460390	19445	154657	810173	
1999	1480847	465720	18585	142816	853726	
2000	1532112	478300	22084	144697	887031	
2001	1589394	524114	24193	150231	890856	
2002	1629779	551293	27798	154162	896526	
2003	1677748	583703	29265	158381	892933	13466
2004	1741193	610132	28694	174358	913443	14566
2005	1847928	658669	28443	182672	961644	16500
2006	1956767	710811	32408	173613	1023038	16897
2007	2161607	778134	36307	233165	1095979	18022
2008	2119570	803703	37606	245845	1008642	23774
2009	2303842	871347	40933	238196	1127846	25520
2010	2760166	1055423	53696	271418	1351987	27642
2011	3289011	1176929	56579	337450	1687831	30222
2012	3491510	1264092	59886	356463	1779332	31737
2013	3729627	1296656	58980	360182	1980197	33612
2014	3793382	1336177	63033	323795	2034581	35796
2015	4047708	1380456	61368	308730	2258581	38573
2016	4494673	1481397	63590	345556	2561942	42188

注：2009年农林牧渔业总产值、渔业产值数据有所调整，下同。

3－4 主要年份农林牧渔业总产值构成

单位:%

年份	农林牧渔业总产值	农业产值	林业产值	牧业产值	渔业产值	农林牧渔服务业产值
1949	100.00	74.42	8.38	8.63	8.57	
1952	100.00	75.86	6.99	8.90	8.26	
1957	100.00	69.40	7.09	11.13	12.38	
1962	100.00	71.75	5.74	9.47	13.03	
1965	100.00	69.57	4.78	14.08	11.57	
1970	100.00	70.12	3.25	15.81	10.81	
1975	100.00	68.61	2.22	14.59	14.57	
1978	100.00	75.65	1.57	13.28	9.50	
1980	100.00	73.05	1.85	15.77	9.32	
1985	100.00	60.67	3.00	21.76	14.56	
1990	100.00	51.48	2.73	21.62	24.17	
1994	100.00	37.50	2.05	16.56	43.89	
1995	100.00	33.88	1.37	13.52	51.22	
1996	100.00	34.15	1.62	13.27	50.96	
1997	100.00	29.54	1.51	13.60	55.35	
1998	100.00	31.87	1.35	10.71	56.08	
1999	100.00	31.45	1.26	9.64	57.65	
2000	100.00	31.22	1.44	9.44	57.90	
2001	100.00	32.98	1.52	9.45	56.05	
2002	100.00	33.83	1.71	9.46	55.01	
2003	100.00	34.79	1.74	9.44	53.22	0.80
2004	100.00	35.04	1.65	10.01	52.46	0.84
2005	100.00	35.64	1.54	9.89	52.04	0.89
2006	100.00	36.33	1.66	8.87	52.28	0.86
2007	100.00	36.00	1.68	10.79	50.70	0.83
2008	100.00	37.92	1.77	11.60	47.59	1.12
2009	100.00	37.82	1.78	10.34	48.95	1.11
2010	100.00	38.24	1.95	9.83	48.98	1.00
2011	100.00	35.78	1.72	10.26	51.32	0.92
2012	100.00	36.20	1.72	10.21	50.96	0.91
2013	100.00	34.77	1.58	9.66	53.09	0.90
2014	100.00	35.22	1.66	8.54	53.64	0.94
2015	100.00	34.10	1.52	7.63	55.80	0.95
2016	100.00	32.96	1.41	7.69	57.00	0.94

3－5　主要年份农林牧渔业总产值指数

（1952年为100）

年　　份	农林牧渔业总产值	农业产值	林业产值	牧业产值	渔业产值	农林牧渔服务业产值
1949	75.05	73.63	90.06	72.79	77.84	
1952	100.00	100.00	100.00	100.00	100.00	
1957	128.50	117.57	130.36	160.84	192.42	
1962	119.77	113.29	98.49	127.57	188.83	
1965	156.29	143.34	106.93	247.41	218.75	
1970	181.53	167.82	84.60	322.60	237.50	
1975	167.84	152.21	53.15	273.74	294.24	
1978	213.42	213.62	47.12	313.46	241.29	
1980	242.71	234.60	62.98	420.76	267.78	
1985	339.22	290.97	99.32	743.12	473.70	
1990	361.74	296.81	99.89	758.92	594.84	
1994	605.48	362.83	144.00	957.84	1563.68	
1995	726.87	380.87	114.97	919.57	2184.06	
1996	763.20	411.19	134.53	919.72	2275.29	
1997	737.46	382.03	128.87	857.03	2260.69	
1998	786.06	385.57	128.53	802.28	2534.14	
1999	862.35	432.57	115.55	898.56	2754.61	
2000	861.27	384.58	138.70	925.68	2867.88	
2001	890.85	441.17	149.40	976.94	2823.74	
2002	900.60	432.00	159.56	1023.83	2874.57	
2003	922.21	466.56	166.10	1041.24	2837.20	100.00
2004	923.13	470.76	149.16	1036.08	2837.20	102.24
2005	932.36	465.11	137.38	1142.80	2857.06	113.88
2006	960.33	492.09	147.96	1098.23	2919.92	113.55
2007	984.34	504.88	152.84	1135.57	2984.16	119.67
2008	1007.96	519.52	151.62	1203.70	3025.94	154.77
2009	1027.11	534.59	154.65	1238.61	3047.12	167.48
2010	1074.36	547.42	150.47	1311.69	3239.09	173.68
2011	1108.74	566.03	145.35	1366.78	3342.74	178.72
2012	1138.68	581.31	144.77	1447.42	3412.94	183.37
2013	1146.65	585.38	144.77	1408.34	3460.72	190.70
2014	1170.73	598.26	152.44	1335.11	3571.46	198.14
2015	1212.88	620.99	151.22	1268.35	3739.32	213.00
2016	1266.82	644.04	153.34	1301.59	3932.87	229.06

注：本表按可比价格计算。农林牧渔服务业产值指数以2003年为100。

3-6 农林牧渔业分项产值(一)

(1990-2016年)

单位:万元

年份	农林牧渔业总产值	农业产值	#粮食作物	#谷物	#豆类	#薯类
1990	336931	173445	94301	63671	1521	3090
1991	424828	212210	121014	77411	1849	3756
1992	479188	220023	117090	90770	2168	4405
1993	610251	255060	128552	106223	3477	8244
1994	954595	357971	199308	184616	4594	10098
1995	1280014	433670	241657	220079	5136	16442
1996	1383990	472623	266108	239675	6823	19610
1997	1330376	392998	223484	198442	6984	18058
1998	1444665	460390	252813	221467	8772	22574
1999	1480847	465720	243693	211266	8608	23819
2000	1532112	478300	197896	165872	9968	22056
2001	1589394	524114	158515	133643	10461	14411
2002	1629779	551293	126422	100148	10141	16134
2003	1677748	583703	104380	80187	10508	13685
2004	1741193	610132	137506	105157	12898	19451
2005	1847928	658669	135755	101953	13956	19846
2006	1956767	710811	152677	115841	15170	21666
2007	2161607	778134	151196	111399	16993	22804
2008	2119570	803703	189066	134015	17266	37785
2009	2303842	871347	178975	126265	16106	36604
2010	2760166	1055423	195511	137442	15964	42105
2011	3289011	1176929	207199	148452	16576	42171
2012	3491510	1264092	213880	152451	15486	45943
2013	3729627	1296656	221394	158600	16285	46509
2014	3793382	1336177	180217	147019	12286	20912
2015	4047708	1380456	185101	151719	13636	19746
2016	4494673	1481397	191508	157956	13562	19990

3－7 农林牧渔业分项产值(二)

(1990－2016年)

单位:万元

年 份	#油料	#甘蔗	#药材	#蔬菜	#花卉园艺	#茶桑果及坚果
1990	607	764	262	25100		33495
1991	849	73	240	26422		41363
1992	1037	1022	251	26419		52926
1993	435	2033	435	45873		54243
1994	599	2507	684	53691		75515
1995	934	2487	888	64200		93303
1996	948	2750	861	65280		108664
1997	969	2221	747	64748		76571
1998	1240	3479	1288	72520		95958
1999	1180	5792	4095	85135		92962
2000	1508	19482	5428	120093		98054
2001	1761	18644	7993	162047	8195	140936
2002	1679	22190	9220	187697	15427	164566
2003	1872	30179	13150	196251	24227	194029
2004	2051	27122	13168	189322	24676	196935
2005	2222	23762	13638	205584	26497	228925
2006	2398	19759	16991	215893	28505	253450
2007	3401	23558	18453	230164	30018	296673
2008	6460	22234	20600	221960	24742	294198
2009	6122	20464	21827	240836	26026	352843
2010	7197	23146	47090	296131	30653	442467
2011	6939	29468	41517	329141	38579	512909
2012	7879	20814	29188	364596	44864	570609
2013	7782	20146	27766	364308	51227	592325
2014	6419	29526	34228	383560	57210	624879
2015	6660	29768	42761	401198	56089	639701
2016	6861	28071	47514	444038	62572	680983

注:2010年开始,坚果产值列入农业统计,不再作为林业统计,下同。

3-8 农林牧渔业分项产值(三)

(1990-2016年)

单位:万元

年份	林业产值	#人造林生长	#林产品	#竹木采运	牧业产值	牲畜	家禽饲养
1990	9212	2992	1135	5085	72854	53604	4620
1991	13875	2434	1423	10018	78837	54084	6419
1992	9990	3016	1649	5325	90663	60560	6942
1993	13857	2937	1535	9385	109180	73495	8658
1994	19578	3008	2597	13973	158077	111139	10516
1995	17573	3922	3706	9945	173121	123796	13019
1996	22424	5377	5878	11169	183638	125791	20325
1997	20096	4937	3773	11386	180948	126306	15402
1998	19445	4480	4348	10617	154657	114090	13695
1999	18585	3970	4411	10204	142816	93259	16788
2000	22084	5242	6355	10487	144697	95779	16259
2001	24193	5452	6914	11827	150231	98318	14632
2002	27798	6915	6453	14430	154162	100757	14533
2003	29265	7229	6995	15041	158381	101567	17483
2004	28694	6247	6194	16253	174358	118427	17574
2005	28443	6683	9050	12710	182672	116313	20787
2006	32408	6524	9680	16204	173613	105097	20207
2007	36307	6280	11636	18391	233165	155562	22852
2008	37606	5480	12004	20122	245845	164734	25549
2009	40933	6599	13076	21258	238196	153691	26804
2010	53696	6152	11645	23105	271418	176878	32541
2011	56579	6791	13865	22962	337450	223327	42780
2012	59886	8599	13504	25387	356463	228687	54872
2013	58980	8145	13932	24364	360182	232874	49875
2014	63033	8288	16018	26542	323795	212430	43208
2015	61368	8536	17336	23529	308730	205663	36152
2016	63590	7957	20018	22777	345556	244104	38463

3-9 农林牧渔业分项产值(四)

(1990-2016年)

单位:万元

年份	活的畜产品	其他动物	渔业产值	海水产品	淡水产品	农林牧渔服务业产值
1990	10148	4482	81420	76940	4480	
1991	12840	5494	119906	114791	5115	
1992	18184	4977	158512	152093	6419	
1993	22303	4724	232154	221276	10878	
1994	28534	7888	418969	403534	15435	
1995	29866	6440	655650	622675	32975	
1996	32811	4711	705305	648900	56405	
1997	23389	15851	736334	697949	38385	
1998	19910	6962	810173	768293	41880	
1999	19096	13673	853726	805164	48562	
2000	18343	14316	887031	841151	45880	
2001	21433	15848	890856	841461	49395	
2002	23018	15854	896526	838559	57967	
2003	23700	15631	892933	832365	60568	13466
2004	23696	14661	913443	858067	55376	14566
2005	24749	20823	961644	914495	47149	16500
2006	25707	22602	1023038	975657	47381	16897
2007	32069	22682	1095979	1051285	44694	18022
2008	33219	22343	1008642	969421	39221	23774
2009	33754	23947	1127846	1085872	41974	25520
2010	39850	22149	1351987	1305542	46445	27642
2011	45949	25394	1687831	1631838	55993	30222
2012	46306	26598	1779332	1715347	63985	31737
2013	49305	27302	1980197	1910409	69788	33612
2014	45410	22747	2034581	1954937	79644	35796
2015	41755	25160	2258581	2182291	76290	38573
2016	37501	25488	2561942	2481944	79998	42188

3-10 主要农作物播种面积(一)

(1990-2016 年)

单位:千公顷

年份	农作物播种面积	粮食作物	谷物	稻谷	早稻	晚稻及单季稻	小麦	大麦	玉米	其他谷物
1990	436.09	347.14	314.69	239.81	109.83	129.98	38.68	33.04	2.43	0.73
1991	439.67	351.12	318.95	239.61	110.08	129.53	40.77	35.17	2.90	0.50
1992	433.49	345.89	312.84	237.32	108.78	128.54	40.21	30.65	3.96	0.70
1993	412.70	316.19	283.74	227.31	102.75	124.56	37.59	15.50	3.00	0.34
1994	401.30	304.58	276.73	223.96	100.98	122.98	36.01	13.77	2.73	0.26
1995	401.00	307.06	277.70	226.03	102.62	123.41	35.01	13.41	3.07	0.18
1996	404.34	312.20	280.39	225.74	102.84	122.90	36.62	14.65	3.11	0.27
1997	407.50	315.23	280.97	225.53	102.70	122.83	37.60	14.29	3.35	0.20
1998	408.21	313.01	278.60	224.54	102.29	122.25	36.71	13.75	3.47	0.13
1999	407.45	310.53	275.64	222.63	101.20	121.43	36.67	12.90	3.24	0.20
2000	377.45	270.63	235.77	190.78	79.19	111.59	32.30	8.82	3.66	0.21
2001	339.72	219.05	185.33	150.24	51.41	98.83	24.86	6.37	3.52	0.34
2002	308.55	179.56	145.72	116.08	29.05	87.03	21.13	4.64	3.64	0.23
2003	276.82	144.62	111.71	87.49	11.36	76.13	17.08	3.50	3.54	0.10
2004	284.02	162.45	121.42	98.33	15.27	83.05	14.66	2.78	5.45	0.21
2005	286.01	165.86	123.32	97.75	13.72	84.02	16.62	3.00	5.80	0.16
2006	282.87	165.86	122.78	96.93	13.72	83.22	16.48	3.18	6.03	0.15
2007	280.16	163.08	118.98	92.64	11.80	80.84	16.33	3.18	6.72	0.11
2008	283.69	173.87	122.90	96.88	14.17	82.71	15.98	3.02	6.87	0.15
2009	271.54	158.65	110.34	84.81	8.56	76.25	16.05	3.05	6.33	0.10
2010	265.43	152.37	107.35	82.07	8.08	73.99	15.98	2.69	6.52	0.09
2011	254.59	141.13	98.90	75.18	7.90	67.28	15.30	2.44	5.91	0.07
2012	251.37	137.44	95.82	73.76	8.26	65.50	13.95	2.25	5.80	0.07
2013	252.86	140.06	98.25	76.62	10.50	66.12	13.82	1.92	5.85	0.05
2014	203.60	96.10	75.38	64.05	11.07	52.98	5.28	0.32	4.77	0.97
2015	206.81	96.35	74.85	63.66	13.24	50.42	5.15	0.17	5.01	0.86
2016	211.04	97.28	75.81	66.10	15.73	50.37	4.68	0.16	4.70	0.17

注:2008 年起,马铃薯归入薯类(粮食)统计,不再作蔬菜统计。2014 年起,粮食播种面积采用粮食生产监测抽样推算数据。

3-11 主要农作物播种面积(二)

(1990-2016年)

单位:千公顷

年份	豆类	#大豆	薯类	油料	#油菜籽	甘蔗	药材类	蔬菜	果用瓜	花卉苗木
1990	12.12	5.78	16.13	2.56	2.09	0.53	0.20	19.47		
1991	11.97	5.62	16.17	3.32	2.93	0.58	0.23	21.03		
1992	12.88	5.46	15.65	4.93	4.54	0.67	0.25	20.49		
1993	13.21	5.35	15.02	1.89	1.53	0.80	0.23	27.23		
1994	13.33	6.08	14.52	1.64	1.27	0.90	0.16	26.87		
1995	13.85	6.23	15.51	2.46	2.09	0.67	0.22	25.94		
1996	15.94	6.30	15.87	2.42	2.07	0.70	0.22	29.79		
1997	17.44	6.74	16.82	2.30	1.90	0.68	0.22	31.92		
1998	18.10	6.69	16.31	2.51	2.09	0.70	0.44	35.29		
1999	18.39	6.57	16.50	2.63	2.15	0.80	0.36	38.67		
2000	19.84	8.60	15.02	3.35	2.78	3.26	1.01	49.29		
2001	20.06	9.55	13.67	3.68	2.91	4.19	1.23	61.08	10.89	0.33
2002	19.43	8.75	14.41	3.94	3.22	4.67	1.71	73.62	11.74	0.97
2003	19.30	9.08	13.61	4.12	3.29	6.41	3.17	76.49	14.31	2.19
2004	23.35	12.27	17.68	4.37	3.45	5.92	3.53	71.95	16.24	2.66
2005	24.59	12.87	17.95	4.83	3.89	4.57	2.57	72.22	16.90	2.65
2006	24.63	13.18	18.45	4.94	3.94	3.41	2.47	72.33	15.93	2.73
2007	25.06	13.38	19.04	5.00	3.97	3.09	2.46	73.63	15.40	2.92
2008	25.09	13.49	25.88	9.10	8.05	3.13	2.52	65.08	14.31	2.74
2009	23.38	12.48	24.93	11.28	10.25	2.93	2.48	66.77	14.49	2.59
2010	21.51	11.30	23.50	11.65	10.58	2.86	2.76	67.08	14.32	2.57
2011	19.73	10.00	22.50	10.38	9.28	2.83	2.92	69.64	14.32	2.83
2012	19.02	10.03	22.60	11.30	10.18	2.96	3.11	70.29	12.67	3.40
2013	19.16	10.10	22.65	10.69	9.56	2.60	3.14	69.76	13.05	3.65
2014	10.96	6.18	9.76	8.10	7.17	2.41	3.53	67.82	12.84	3.78
2015	11.78	6.80	9.72	8.27	7.19	2.40	4.04	69.70	13.76	3.88
2016	11.69	6.16	9.78	7.89	6.77	2.27	4.27	72.47	15.56	4.28

3－12 主要农作物总产量(一)

(1990－2016年)

单位:吨

年份	粮食作物	谷物	稻谷	早稻	晚稻及单季稻	小麦	大麦	玉米	其他谷物
1990	1506974	1401447	1165457	634602	530855	108575	107683	4986	14746
1991	1904769	1786667	1543389	699609	843780	104012	116064	10504	12698
1992	1727967	1617038	1371483	645090	726393	114290	102599	13017	15649
1993	1606793	1495561	1321880	537932	783948	110033	51818	10386	1444
1994	1607359	1497309	1347863	591965	755898	96472	42473	9431	1070
1995	1648568	1524576	1382964	588839	794125	88675	41729	10363	845
1996	1758021	1628393	1459164	636986	822178	108885	47939	10830	1575
1997	1521940	1404532	1232347	633022	599325	111945	47735	11641	855
1998	1643871	1506501	1349478	537881	811597	102030	41974	12503	516
1999	1664773	1524024	1362509	567795	794714	107809	40784	12246	676
2000	1386973	1255201	1115651	438107	677544	96968	27948	13803	831
2001	1161195	1033880	927998	287213	640785	72153	19716	13277	736
2002	925879	791428	709048	154397	554651	54093	13459	13915	913
2003	756978	634038	562509	61928	500581	46893	10676	13548	412
2004	851126	691477	615716	85716	530000	43919	9242	21735	865
2005	824828	661446	579605	76248	503357	47605	9640	23943	653
2006	895013	724448	638626	76252	562374	49771	10584	24876	591
2007	841768	666153	576108	62345	513763	51225	10975	27483	362
2008	934734	730189	640094	78046	562048	50647	10648	28303	497
2009	846018	660502	572491	46440	526051	50761	10557	26321	372
2010	827542	653485	568240	44772	523468	47853	9080	27983	329
2011	789250	621234	538477	47695	490782	47624	8460	26419	254
2012	791920	622563	545589	51174	494415	43422	7600	25675	277
2013	799124	630387	553732	66501	487231	44216	6652	25585	202
2014	602159	520524	473937	69980	403957	18462	1167	23985	2973
2015	607539	524145	475343	81656	393687	20602	734	25405	2061
2016	630737	548695	506319	105821	400498	17222	584	24000	570

注:2014年起,粮食产量采用粮食生产监测抽样推算数据。

3-13 主要农作物总产量(二)

(1990-2016年)

单位:吨

年份	豆类	#大豆	薯类	油料	#油菜籽	甘蔗	药材类	蔬菜	果用瓜
1990	17752	7480	87775	3585	3003	23294		687561	
1991	18603	8071	99499	5192	4629	32433		705533	
1992	20814	7883	90115	6440	6029	31107		632200	
1993	22825	9301	88407	2372	1873	51967		847477	
1994	22008	9553	88042	2276	1725	57157		768258	
1995	22093	9732	101899	3369	2835	46732		734429	
1996	27774	11115	101854	3373	2849	48554		762027	
1997	29125	9720	88283	3331	2763	35904		750727	
1998	34019	13301	103351	3863	3165	53220		820784	
1999	35323	12705	105426	4022	3224	60055		915949	
2000	38014	15987	93758	5571	4439	252639		1197250	
2001	39882	18392	87433	6332	4678	330094		1590930	
2002	38828	17384	95623	6437	5031	361341	6617	1885196	439210
2003	40066	18030	82874	7229	5562	513605	9336	1969596	533784
2004	46669	22623	112980	7820	5966	424731	30502	1831261	597649
2005	49504	23873	113878	8303	6461	312315	20133	1793418	572043
2006	53641	27500	116924	8625	6628	254215	20120	1838069	541441
2007	55592	28406	120023	8994	6956	245934	21577	1883959	533346
2008	55098	28546	149447	15352	13239	251533	20445	1681210	492715
2009	51137	25944	134379	18348	16269	223115	20242	1708827	502677
2010	46791	24675	127266	18115	15935	214234	23704	1722747	506983
2011	44694	22850	123322	17415	15180	215658	26364	1828818	516290
2012	42437	22895	126920	19317	16990	227770	27533	1871956	417181
2013	42759	22838	125978	19184	16909	195241	27126	1824063	434153
2014	27428	16376	54207	15470	13506	181226	28784	1884396	431822
2015	30112	18049	53282	15701	13485	184161	32977	1961609	425827
2016	28846	16107	53196	14423	12119	186610	34719	2045772	501961

3-14 主要果园面积

（1990-2016年）

单位:公顷

年份	果园面积	柑桔	梨	桃子	葡萄	柿子	枇杷	杨梅	其他
1990	50837	32300	443	3211	309	381	4970	7833	1390
1991	51335	33723	464	2616	332	413	4674	8067	1046
1992	49489	33146	394	2100	325	296	4428	7872	928
1993	50440	34091	392	1702	497	491	4391	7848	1028
1994	50002	33666	350	1907	404	563	4770	6851	1491
1995	53925	36163	413	2071	392	653	4574	8004	1655
1996	55168	36757	376	2193	435	668	4478	8808	1453
1997	49903	35581	421	1113	331	617	3735	6938	1167
1998	49891	34738	497	1203	332	683	3462	7389	1587
1999	49790	34619	571	1224	356	648	3402	7723	1247
2000	49696	33491	741	1331	414	662	3277	8514	1266
2001	49599	32729	1106	1534	435	739	3040	8912	1104
2002	51162	31588	1443	1674	638	816	3400	10243	1360
2003	55381	31256	1851	1649	1003	786	3155	12371	3310
2004	57827	31510	2289	1790	1495	772	3318	14718	1935
2005	58950	31405	2305	1807	1614	791	3351	15892	1785
2006	58888	30664	2338	1839	1710	817	3219	16311	1990
2007	62111	29580	2620	2085	1811	895	3207	19371	2542
2008	61644	28537	2644	2099	2070	906	3220	20006	2162
2009	61092	26192	2567	2212	2631	975	3191	21118	2206
2010	63474	26244	2492	2406	3166	986	3294	22816	2070
2011	63917	26128	2444	2447	3470	1011	3324	23309	1784
2012	64985	25828	2409	2654	3994	1010	3388	24039	1663
2013	65275	25555	2426	2854	4260	998	3424	24277	1481
2014	65801	25013	2306	3226	4475	937	3519	24386	1939
2015	67434	25123	2308	3692	4889	957	3573	24693	2199
2016	67377	24503	2328	3830	5533	915	3517	24508	2243

注：2001年起，果园面积和产量包括果用瓜及草莓。

3-15 主要水果产量

（1990-2016年）

单位:吨

年份	水果产量	柑桔	梨头	桃子	葡萄	柿子	枇杷	杨梅	其他
1990	262977	217088	2507	9858	901	1944	16723	13070	886
1991	340302	286415	2547	6677	915	2080	25302	15555	811
1992	395740	336354	1919	8172	1508	1874	25676	18985	1252
1993	372777	320378	2237	8337	1781	1986	20197	14952	2909
1994	489773	423938	3327	9072	2573	2786	28253	17129	2695
1995	560100	484772	2781	10424	3549	3242	19135	33154	3043
1996	638498	531798	2802	11269	3311	4045	45285	35873	4115
1997	628851	524360	2881	12135	4258	5806	32103	42165	5143
1998	515846	413770	4324	12896	4607	6526	25422	40860	7441
1999	632272	520035	3894	13338	5077	6138	30640	46254	6896
2000	387418	274920	5268	15535	7247	6532	26615	43677	7624
2001	910550	441419	7226	13898	7919	8435	30690	49186	351777
2002	896860	323397	8610	16839	12035	8172	31332	55336	441139
2003	1081139	386998	13356	15279	18989	4812	28559	73548	539598
2004	1158327	370147	19554	17430	22569	4419	30581	90019	603608
2005	1069970	314849	22442	18920	28270	4433	18013	84509	578534
2006	1106719	365314	25197	21702	32452	4783	23073	85345	548853
2007	1156927	390875	27520	22219	36028	5233	23665	108204	543183
2008	1205779	462443	30476	24646	41897	5443	24567	113467	502840
2009	1165807	372652	27792	27079	55754	5821	24834	136643	515232
2010	1245474	435342	27767	29686	60678	6369	21802	144445	519385
2011	1287820	447372	26722	33038	70426	7439	21979	152763	528081
2012	1215825	443978	28072	35174	87419	7886	21397	162473	429426
2013	1223521	426759	27006	37616	89991	7553	21422	169903	443271
2014	1264754	441096	26833	41734	94425	7651	23639	186544	442832
2015	1312864	476975	27265	50337	105164	7706	23864	181766	439787
2016	1360520	429208	28085	51468	111824	7352	16915	197990	517678

3-16 林业生产情况

（1990-2016年）

单位：公顷

年份	造林面积	#用材林	#经济林	#防护林	零星（四旁）植树（万株）	中幼林抚育实际面积	育苗面积	更新造林面积	主要林产品产量(吨)	
									竹笋干	板栗
1990	9380	8240	155	606	489.6	7015	99	546	967	753
1991	11772	9412	210	306	377.0	8906	110	624	781	399
1992	7847	6533	510	291	424.0	13229	91	293	894	415
1993	6638	3336	2055	267	337.1	10653	73	540	786	291
1994	8173	3951	3535	333	271.0	12863	385	542	803	410
1995	6058	1521	3912	457	256.0	9567	32	784	41221	1184
1996	4090	1461	1888	418	246.9	9340	32	1213	5543	2465
1997	5269	1538	3076	508	287.0	7354	34	1375	812	535
1998	4942	2055	2212	675	321.0	9828	102	1070	940	667
1999	2688	730	1210	748	310.5	6063	53	1296	920	2273
2000	3537	394	1580	1505	164.0	2188	71	1522	1894	1059
2001	3160	275	1213	1669	174.0	6994	92	1541	2615	1160
2002	2664	36	547	1978	181.0	4402	218	411	3740	1200
2003	2867	19	409	2160	146.0	4595	763	513	3980	1320
2004	3207	45	670	2392	141.0	5792	210	375	2908	1301
2005	3804	495	541	2765	117.0	7556	849	234	2566	1338
2006	2213	508	214	1491	129.5	3810	777	655	2788	1361
2007	2002	94	154	1401	103.8	2726	591	1189	2880	1515
2008	1521	17	69	1435	121.7	1940	1700	1113	2717	1639
2009	6352	9		6343	110.0	1395	1556	317	3358	1745
2010	1728		45	1683	115.5	1209	1521	934	3514	1598
2011	3884	125	750	2958	129.0	1837	2969	865	3643	1599
2012	4162	415	575	3172	376.5	9014	2585	1257	3388	2049
2013	4183	731	694	2758	539.0	20664	2944	1026	3577	2135
2014	3466	112	813	2541	211.8	22687	3502	1397	4164	2268
2015	1944	48	357	1539	187.2	23631	3187	796	4156	2286
2016	901		222	544	133.5	11790	3024	686	4491	2334

注：1. 2002年起，育苗面积中包含绿化苗木。
2. 2007年起，造林面积中包含无林地和疏林地新封面积。
3. 2011年及以前中幼林抚育实际面积不包括中林抚育实际面积。

3-17 畜牧业生产情况(一)

(1990-2016年)

年份	生猪年末存栏头数(万头)	#能繁殖的母猪	年内肥猪出栏头数(万头)	生猪饲养量(万头)	牛年末存栏头数(头)	#良种牛	羊年末存栏只数(万只)	兔年末存栏只数(万只)	家禽年末存栏只数(万只)
1990	116.83	6.39	100.69	217.52	80518	2851	4.47	21.74	608.23
1991	113.44	6.89	97.87	211.31	76176	3199	4.28	20.66	741.55
1992	114.10	8.18	99.78	213.88	69543	3247	4.33	24.67	837.18
1993	108.86	7.01	93.64	202.50	64827	2580	4.65	21.56	909.94
1994	105.81	6.53	91.59	197.40	60487	1945	5.20	29.66	948.54
1995	99.44	6.05	88.10	187.54	58713	1943	5.27	29.45	904.93
1996	86.70	5.83	80.74	167.44	57384	1617	5.23	26.54	1015.34
1997	92.65	5.82	82.86	175.51	51900	1655	4.90	23.75	939.23
1998	105.65	6.51	97.72	203.37	48828	1526	5.24	26.63	842.89
1999	109.52	6.36	106.07	215.59	48487	1705	5.48	28.64	896.07
2000	112.04	6.51	113.29	225.33	47179	2263	5.92	29.41	891.45
2001	112.91	7.04	118.83	231.74	44254	4208	6.13	42.75	888.02
2002	109.25	6.16	121.52	230.77	44018	5038	6.34	38.38	822.28
2003	104.08	5.36	118.12	222.20	39654	4593	6.29	33.49	895.61
2004	100.96	5.49	112.27	213.23	39122	4703	6.33	41.35	883.98
2005	100.10	5.33	117.79	217.89	38723	4592	6.47	51.04	866.60
2006	58.25	3.64	71.46	129.71	27197	3390	3.72	55.78	890.62
2007	65.54	4.48	79.06	144.60	27621	4010	4.46	66.63	905.25
2008	75.61	6.22	85.21	160.82	28447	4306	5.41	59.05	925.82
2009	78.32	6.55	87.62	165.94	29741	4035	5.67	52.48	981.18
2010	77.80	6.69	91.51	169.31	31426	4146	5.82	54.69	1052.69
2011	81.53	6.86	94.66	176.19	31613	3881	5.71	55.50	1107.99
2012	80.76	6.86	97.64	178.40	30249	3669	6.23	53.86	1164.32
2013	79.16	6.86	97.83	176.99	29758	3443	6.46	56.36	985.68
2014	65.36	5.80	92.15	157.51	27138	3021	6.40	58.17	687.28
2015	65.43	5.59	87.58	153.02	26971	3352	6.77	59.54	641.43
2016	55.61	4.67	93.03	148.64	23540	2277	6.90	56.34	592.71

3－18 畜牧业生产情况（二）

（1990－2016年）

年份	家禽饲养量（万只）	肉类总产量（吨）	#猪肉产量	禽蛋产量（吨）	养蜂年末箱数（箱）	蜂蜜产量（吨）	蚕茧产量（吨）	饲养蚕种张数（张）
1990	1125.50	92729	86200	22208	58886	2800	1486	43088
1991	1358.36	92230	85015	32043	49935	2756	1747	53693
1992	1526.10	98750	90327	41988	38274	2061	2355	65222
1993	1737.68	94515	83692	46203	32227	1583	2246	63396
1994	1871.23	98140	85891	45511	27661	1906	2373	65085
1995	1880.60	97280	84041	40336	25180	1450	1670	53706
1996	2217.71	92501	76808	40373	28040	1427	500	14752
1997	2045.68	92721	79257	34961	32091	2133	658	14896
1998	1658.91	104986	91653	30205	45804	1500	776	19658
1999	2127.84	114037	99577	29774	43432	2100	673	17165
2000	2045.63	120868	106562	30356	42911	2458	625	15534
2001	2050.53	123988	108222	33139	40271	2370	675	17076
2002	1997.05	128457	111492	35882	40850	2564	652	15984
2003	2348.17	128890	109031	37479	37181	2340	472	11875
2004	2361.61	125433	104561	36239	40942	2203	495	11623
2005	2468.17	132300	108590	37919	40228	2195	461	11023
2006	2443.33	90367	67723	38307	40537	2197	613	13710
2007	2501.61	98414	75249	41643	41562	1927	618	14011
2008	2529.52	105776	82590	42971	41773	1996	525	12434
2009	2723.69	109039	84080	43758	46905	2359	401	8985
2010	3154.10	117952	87999	46574	47464	2589	388	8456
2011	3268.74	124070	91458	48494	46363	2597	381	8361
2012	4309.06	139118	93673	48771	50217	2582	328	7637
2013	3756.38	134840	94110	48450	51629	2545	298	6614
2014	2949.45	123414	89231	39150	56160	2526	279	5433
2015	2112.32	110344	85991	38529	48927	2401	244	5227
2016	2227.64	120869	92748	34571	49123	2444	247	4985

3－19 渔业生产情况(一)

(1990－2016年)

单位:吨

年份	水产品总产量	海水产品产量	#海洋捕捞	#海水养殖	鱼类	甲壳类	贝类	藻类	头足类	其他
1990	280670	269772	197530	72242	104735	89337	74380	593		727
1991	318813	306838	226674	80164	106947	120560	78652	679		
1992	368344	355654	267232	88422	138469	127016	89300	869		
1993	459446	443460	346112	97348	161630	150439	108127	1090		22174
1994	753547	735327	588107	147220	287361	201912	186947	1142		57965
1995	987950	964316	763355	200961	458969	227436	260650	1694		15567
1996	1034042	1005520	767800	237720	497964	217711	267955	1890		20000
1997	1114878	1089952	869334	220618	544447	252652	290715	1779		359
1998	1309819	1278913	1024760	254153	695577	281718	299110	2342		166
1999	1329413	1294720	988026	306694	618321	301192	370434	3312		1461
2000	1392848	1352453	990625	361828	610270	324945	410620	6030		588
2001	1384249	1340823	961501	379322	588381	321029	416274	8596		6543
2002	1411019	1363574	972447	391127	631214	300063	418487	12898		912
2003	1382628	1334501	927268	407233	632995	256115	355496	16085	64640	9170
2004	1383814	1339435	945247	394188	519902	280777	349350	11750	75791	101865
2005	1350028	1308430	941075	367355	620817	280631	326126	9242	63827	7787
2006	1355067	1317234	952716	364518	610345	307456	321037	10192	62129	6075
2007	1375594	1335572	986118	349454	647173	300884	304129	9271	67727	6388
2008	1387283	1349301	1004437	344864	672002	301122	299050	9310	63106	4699
2009	1340491	1302200	968103	334097	633754	300232	288583	10530	60777	7151
2010	1403826	1360501	1005827	354674	650532	311887	303743	10893	67679	9778
2011	1413087	1368787	1009499	359288	655909	314810	305489	10317	67964	7053
2012	1417871	1373297	1001181	361683	642339	330462	306260	10457	66521	6825
2013	1437533	1392796	1012436	368975	635608	346459	312081	11851	69474	5938
2014	1483914	1435832	1031334	384613	644727	358485	326171	12700	69911	3953
2015	1568978	1519900	1102633	408337	707375	363527	345547	14123	74398	6000
2016	1653870	1602268	1140863	441285	748534	357923	373098	16723	80317	5553

注:2003年起,按类别分产品产量口径有所调整,与以前年份不可比。

3－20 渔业生产情况(二)

(1990－2016年)

单位:吨

年份	淡水产品产量	淡水捕捞	淡水养殖	鱼类	甲壳类	贝类	其他类	海水养殖面积(公顷)	淡水养殖面积(公顷)
1990	10898	2673	8225	9922	233	265	478	12450	3874
1991	11975	2603	9372	11403	165	290	117	12826	12892
1992	12690	2672	10018	11999	207	382	102	13266	12954
1993	15986	2287	13699	13135	226	575	2050	14792	13718
1994	18220	3099	15121	15697	362	820	1341	18416	13228
1995	23631	4141	19493	21002	542	1279	811	21897	13735
1996	28522	4890	23632	24496	667	1970	1389	24297	13862
1997	24926	4556	20370	20203	1132	1821	1770	26002	14606
1998	30906	5163	25743	25699	1155	2207	1845	27872	14156
1999	34693	6369	28324	28250	1737	2479	2227	32671	14639
2000	40395	5472	34923	31115	2084	3658	3538	38648	14754
2001	43426	6012	37414	33980	2597	3215	3634	38834	15345
2002	47445	6840	40605	37000	3196	3392	3857	40386	14992
2003	48127	5351	42776	38413	3885	2814	3015	39973	15404
2004	44379	4672	39707	34642	3917	2648	3172	38734	13780
2005	41598	5217	36381	32984	3554	2727	2333	36637	13234
2006	37833	5007	32826	30141	3388	2557	1747	35882	12549
2007	40022	5520	34502	30289	5790	2357	1586	34206	12611
2008	37982	4761	33221	29177	4954	2168	1683	31493	12083
2009	38291	4942	33349	28606	5446	2339	1900	29316	11719
2010	43325	4746	38579	28081	6230	3287	5727	28422	12044
2011	44300	4882	39418	29362	6072	3236	5630	27809	11275
2012	44574	4989	39585	32557	5843	2929	3245	27307	11124
2013	44737	4132	40605	31961	6759	2853	3164	27034	11209
2014	48082	3468	44614	34573	6997	1511	5001	26879	11211
2015	49078	3719	45359	38765	6818	2171	1324	28143	11203
2016	51602	3923	47679	42325	6015	2224	1038	30451	11210

3-21 农业机械年末拥有量(一)

(1990-2016年)

单位:千瓦

年份	农业机械总动力	耕作机械动力	#农用小型拖拉机(台)	#农用小型拖拉机	收获前机械动力	收获后处理机械动力	植保机械动力	排灌机械动力
1990	1202167	228375	24646	213427	122757		3484	107752
1991	1337189	231738	25086	217389	130693		3254	109353
1992	1462999	233744	25370	219894	135211		3257	109047
1993	1501218	235935	25602	222059	145282		3475	111420
1994	1700908	238782	25711	222954	154315		3214	112606
1995	2000643	240799	25720	223395	163317		3079	114804
1996	2098437	238872	25676	222987	173621		3125	111988
1997	2124715	234306	24989	217047	179186		3170	113686
1998	2246400	233623	24625	216445	187684		3380	111414
1999	2411183	231289	24082	209800	204087		3458	118004
2000	2557648	232801	23589	204753	220529		4548	122055
2001	2698458	215079	21888	192247	246146		4859	132394
2002	2734070	199085	20829	178487	251589		4733	133604
2003	2799713	181639	19280	167356	248485		5411	134325
2004	2643820	176498	17856	159085	236057		5229	130534
2005	2886333	178914	18006	159876	247515		8936	174382
2006	3500146	161264	14589	135870	360295		23190	336879
2007	3473685	165438	14446	134202	356135		25281	332076
2008	3394747	164170	14061	129477	348240		27703	317250
2009	3434370	186708	14713	138207	357624		42727	319920
2010	3411345	194475	14244	134849	331534		60111	323386
2011	3521059	203890	14331	136599	320738		78209	326074
2012	3472675	219707	14071	137693	114985	192712	82275	324309
2013	3404227	230723	14196	140931	124911	166163	85362	329179
2014	3452195	231595	13326	132434	129452	128316	83121	315684
2015	3386934	241643	13113	131176	134752	92019	84477	315674
2016	3254258	247423	12613	125462	136186	82263	84820	292777

注：2011年及以前收获前机械动力包括收获后机械动力。

3-22 农业机械年末拥有量(二)

(1990-2016年)

单位:千瓦

年份	农副产品加工机械动力	运输机械动力	渔业机械动力	#机动渔船动力	#机动渔船艘数(艘)	#机动渔船吨位(吨位)	其它农业机械动力
1990	114858	157211	455745	455745	8901	225589	11985
1991	115966	168478	562980	562980	10764	300597	14727
1992	116459	234488	612005	607882	9847	324028	18788
1993	117275	266409	601170	598424	9066	320380	20252
1994	116984	327279	728205	725243	10396	393464	19523
1995	115724	389976	951727	948304	12362	509135	21217
1996	116573	423969	1007802	1005606	11456	532786	22487
1997	117573	430258	1023832	1018842	11369	545739	22704
1998	120580	425509	1141492	1134504	10534	574089	22718
1999	122740	510551	1186502	1178865	10397	614507	34552
2000	126686	533569	1282908	1269083	10839	652992	34552
2001	127317	584008	1315854	1299104	10749	681527	72801
2002	126644	593141	1316564	1300746	9945	707028	108710
2003	125009	699191	1290879	1290879	9622	686871	114774
2004	121787	667999	1229010	1229010	8868	648426	76706
2005	124331	723434	1227233	1227233	8716	647240	201588
2006	125697	626014	1351774	1351774	8884	701970	515033
2007	127393	638617	1403511	1403511	9001	718315	425234
2008	129048	594476	1397377	1397377	8467	703378	416483
2009	127761	597716	1377372	1358856	7948	711084	424542
2010	128760	599403	1334626	1301595	6802	687962	439050
2011	129331	593020	1418788	1380774	7073	759257	451009
2012	123487	589231	1479459	1438014	7089	853176	346510
2013	122494	533211	1480898	1438496	6857	905218	331286
2014	119684	506829	1491896	1447375	6648	924370	445618
2015	120309	469224	1494688	1447923	6503	942556	434148
2016	119178	427030	1433123	1384957	6364	911532	431458

3-23 农田水利建设情况

(1990-2016年)

单位:千公顷

指标	耕地灌溉面积	林地灌溉面积	园地灌溉面积	水土流失治理面积	堤防总长度(公里)	已建成水库(座)	总库容(万立方米)
1990	127.40	0.78	7.94	148.21	631	293	86969
1991	128.63	0.83	8.35	147.31	645	300	87078
1992	127.79	0.69	6.42	144.27	645	305	130079
1993	126.28	0.72	7.28	349.21	638	306	160329
1994	124.54	0.74	7.16	349.21	638	307	160343
1995	123.25	0.74	7.18	348.71	641	311	162176
1996	121.76	0.72	7.12	348.71	642	314	162544
1997	121.69	0.73	7.10	348.71	629	314	162543
1998	121.67	0.73	8.37	348.71	629	314	162637
1999	122.45	0.73	7.91	392.60	629	317	163714
2000	124.03	0.73	7.96	224.88	633	316	163605
2001	125.03	0.75	8.09	293.11	681	322	164098
2002	126.03	3.37	5.48	238.56	707	327	164144
2003	126.26	3.35	13.23	238.88	710	328	177602
2004	127.95	3.44	13.52	249.40	739	328	177587
2005	126.86	3.50	13.21	253.55	758	326	181664
2006	127.14	4.16	13.47	264.48	1189	323	182769
2007	125.88	4.85	13.37	269.08	1266	327	188027
2008	127.67	4.85	13.57	267.81	1343	324	182716
2009	127.67	4.95	13.87	272.61	1390	325	185361
2010	127.35	4.95	13.97	275.29	1412	326	185373
2011	125.48	5.02	13.78	281.79	1425	326	188147
2012	128.54	4.99	14.06	283.18	1487	345	193643
2013	135.36	5.24	11.39	215.51	2342	345	186813
2014	130.30	3.57	10.70	243.38	2382	346	187434
2015	125.96	4.15	10.67	249.79	2347	346	186813
2016	124.74	4.15	10.67	252.07	2355	345	186613

3－24 农村用电量及化肥施用量

（1990－2016年）

单位:吨

年 份	农村用电量(万千瓦时)	农用化肥施用量(折纯量)	农用塑料薄膜使用量	农用柴油使用量	农药使用量
1990	48022	78955	835		4682
1991	61544	87255	1025		5066
1992	73877	88439	1030		4315
1993	94785	91072	1226	103884	4212
1994	110137	89957	1491	134547	4749
1995	131166	106371	3200	230696	5742
1996	142967	107856	3249	252132	5710
1997	154907	109638	3445	328071	6334
1998	167880	110055	3742	337194	6499
1999	198862	109314	3978	331624	6457
2000	227818	105913	4558	351640	6414
2001	237471	96388	5726	499103	6007
2002	299886	90613	6318	498723	5862
2003	346952	87727	6656	501040	5574
2004	372411	88932	7020	517635	5597
2005	468125	89625	7405	532714	5610
2006	506716	88848	7471	544063	5561
2007	572777	87047	7541	547733	5415
2008	633158	88334	7775	521620	5340
2009	706158	91545	7898	541420	5093
2010	807710	90977	8152	593300	4850
2011	920219	89670	8363	605851	4727
2012	957734	90370	8545	611604	4605
2013	1024355	92561	8946	636934	4515
2014	1033239	89528	9210	648731	4336
2015	1031618	88296	9387	668007	4189
2016	1090873	87777	9584	667600	3106

主要统计指标解释

农、林、牧、渔业的统计范围是：

1. 农业：包括种植业和其他农业。

种植业包括谷物、豆类、油料、棉花、麻类、糖料、烟叶、药材、薯类、蔬菜、瓜类、饲料作物等种植业，茶、桑、果种植业。

其他农业包括野生植物的果实、纤维、油料和野生药物、菌类、柴草等的采集等。

2. 林业：包括人工植树造林、森林抚育、迹地更新，村及村以下竹、木材采伐。油桐籽、油茶籽、核桃等林产品的采集。

3. 牧业：包括猪、牛、羊等的饲养和放牧业，鸡、鸭、鹅等有家畜养殖业以及兔、蚕、蜂等小动物饲养，野生动物的狩猎、诱捕、猎物饲养，野生动物产品的采集。

4. 渔业：包括利用海水进行鱼、虾、贝、藻类等水生动、植物的养殖和对海洋水生动、植物的捕捞；还包括在内陆水域进行鱼、虾、蟹、贝类、珍珠等水生动物的养殖和捕捞。

农林牧渔业总产值　指以货币表现的农林牧渔业全部产品总量。它用价值量形式综合反映一定时期内农林牧渔业生产的总成果和总规模。农林牧渔业总产值的计算方法，一般采用“产品法”进行计算，即凡是有产品产量的，都按产品产量乘以其产品单价求得每一种农产品的产值，然后将四业产品的产值相加求得。

农作物播种面积　指实际播种或移植有农作物的面积。凡是实际种植有农作物的面积，不论种植在耕地上还是非耕地上的，也不论面积大小，均应包括在内。统计播种面积，按种植一次算一次，但移植作物的，按移植后的面积计算。

粮食产量　指全社会的产量，包括国营农场等全民所有制经营、集体统一经营的和农民家庭经营的产量，还包括工矿企业家属办的农场和其他生产单位的产量。粮食在统计上分为谷物、豆类、薯类。从浙江的实际种植结构看，谷物包括稻谷、小麦、玉米和其他谷物，按脱粒后的原粮计算；豆类包括大豆、蚕(豌)豆、杂豆，按去豆荚后的干豆计算；蕃薯按5千克鲜薯折1千克粮食计算。

粮食产量统计方法主要有两种：全面统计和农产量抽样调查。从1988年起，国家统计局统一规定，全国和各省(区、市)的粮食产量一律以农产量抽样调查数为准。从2014年起，浙江省统计局规定，各地市粮食产量以抽样调查数为准。农产量抽样调查主要分两部分：一是抽选网点，二是调查推算。

水果产量　指本年度内收获的全部水果产量。不论出售或自食的都应计算在内。水果产量按鲜果计算，不按加工后的产量计算。2001年起，水果产量包括果用瓜(西瓜、甜瓜、草莓等)，但不包括作蔬菜食用的藕、西红柿等，也不包括采集的野生水果。

造林面积　指本年度内在荒山、荒地、沙丘等一切可以造林的土地上，采取人工播种、植苗、飞机播种等方法，新植的成片乔木林和灌木林，经过检查验收，符合“造林技术规程”要求的株数，成活率达85%以上(1986年以前成活率按40%以上计算)的面积。四旁植树在四行以上，连续面积在一亩以上，应统计在造林面积内，但不包括补植面积、重造面积、迹地更新面积、低产林改造面积和零星植树折算面积。

肥猪出栏头数　指年内农村合作经济组织、农民、国营农场、机关、团体、工矿企业、部队等单位以及城镇居民饲养的，供屠宰并已出栏的全部肉猪头数，包括交售给国家、集市上出售和农民自食部分。

肉类总产量　指当年出栏并已屠宰的猪、牛、羊、兔、家禽和其他畜禽的肉产量，按屠宰后除去头蹄下水后带骨肉的重量，即按胴体重计算。

水产品产量　指本年度内捕捞的水产品产量(包括人工养殖和天然生长)。海水生长的藻类计人海水产品产量。淡水生长的各种水生植物，不计算为水产品产量。除海蜇按三矾后，海藻按干品计量外，其余均按捕捞起水时的鲜活实重计量。

有效灌溉面积　是指灌溉工程设施基本配套，有一定灌溉水源，土地比较平整，抗旱能力达到30天以上的耕地面积。由于雨水及时或所种的农作物不需要灌溉等原因，当年没有进行灌溉或遇较大干旱年当年不能进行灌溉，而以往年份已统计为有效灌溉面积的耕地，也都应统计在内。

农业机械总动力　指主要用于农、林、牧、副、渔业的耕地机械、排灌机械、收获机械、农产品加工机械、运输机械、植保机械、林业机械、渔业机械和其他农业机械等各种动力机械的动力总和。电动机楞率按千瓦计算，内燃机功力按引擎马力折成千瓦计算。

农用化肥施用量　指在本年度内实际用于农业生产的化肥数量。包括氮肥、磷肥、钾肥及复合肥。施用量按标准及折纯量两种方法计算。标准量，是指化肥将实物量按统一规定的折合标准计算。实物量折合标准量的标准是:尿素 1:2,硝酸铵 1:1.65,石灰氮、碳酸氢铵、氨水均为 1:0.67,氨磷钾复合肥 1:2(也可根据具体情况进行折算),其他化肥按实际含量进行折算。折纯法,即把氮肥、磷肥、钾肥分别按含氮、含五氧化二磷、含氧化钾 100% 折算,标准量换算折纯量的比例是:氮肥 1:0.21,磷肥 1:0.18,钾肥 1:0.25。

农村用电量 指本年度内扣除在农村中的全民所有制工业、交通、基建单位的用电量以后的农村生产和生活上的全年用电总度数(全年累计数),包括国家电网的供电量,也包括农村自办电站的供电量。

农村住户数 按“常住地”统计。是指长期(一年以上)居住在除县级以上政府所在地和原来老的工矿企业的镇以外的乡镇和农村街道办事处行政管理区域内的住户,以及居往在城关镇所辖行政村范围内的农村住户。户口不在本地而在本地居住一年及以上的住户也包括在本地农村住户内;有本地户口,但举家外出谋生一年以上的住户,无论是否保留承包耕地都不包括在本地农村住户范围内。

农村人口数 指农村户数中的常住人口数,即经常在家或在家居住六个月以上,而且经济和生活与本户连成一体的人口。外出从业人员在外居住时间虽然在六个月以上,但收入主要带回家中,经济与本户连成一体,仍视为家庭常住人口;在家居住,生活和本户连成一体的国家职工、退休人员也为家庭常住人口。但现役军人、中专及以上(走读生除外)的在校生以及常年在外(不包括探亲、看病等)且已有稳定职业与居住场所的外出人员,不应当作家庭常住人口。

农村劳动力资源 指农村人口中在劳动年龄内(男 16 周岁至 60 周岁、女 16 周岁至 55 周岁),并具有劳动能力的人数和虽在劳动年龄以外,却能经常参加农业生产劳动或家庭副业劳动并顶上一个或半个劳动力的人数。不包因病长期不能参加生产劳动和因残疾而丧失劳动能力的人数。

农村从业人员 指农村人口中 16 岁以上实际参加生产经营活动并取得实物或货币收入的人员,既包括劳动年龄内经常参加劳动的人员,也包括超过劳动年龄但经常参加劳动的人员。但不包括户口在家的在外学生、现役军人和丧失劳动能力的人,也不包括待业人员和家务劳动者。从业人员年龄为 16 岁以上。从业人员按从事主业时间最长(时间相同按收入)分为农业从业人员、工业从业人员、建筑业从业人员、交运仓储及邮政从业人员、信息传输、计算机服务和软件业从业人员、批发与零售业从业人员、住宿和餐饮业从业人员、其他行业从业人员等。

工 业

Industry

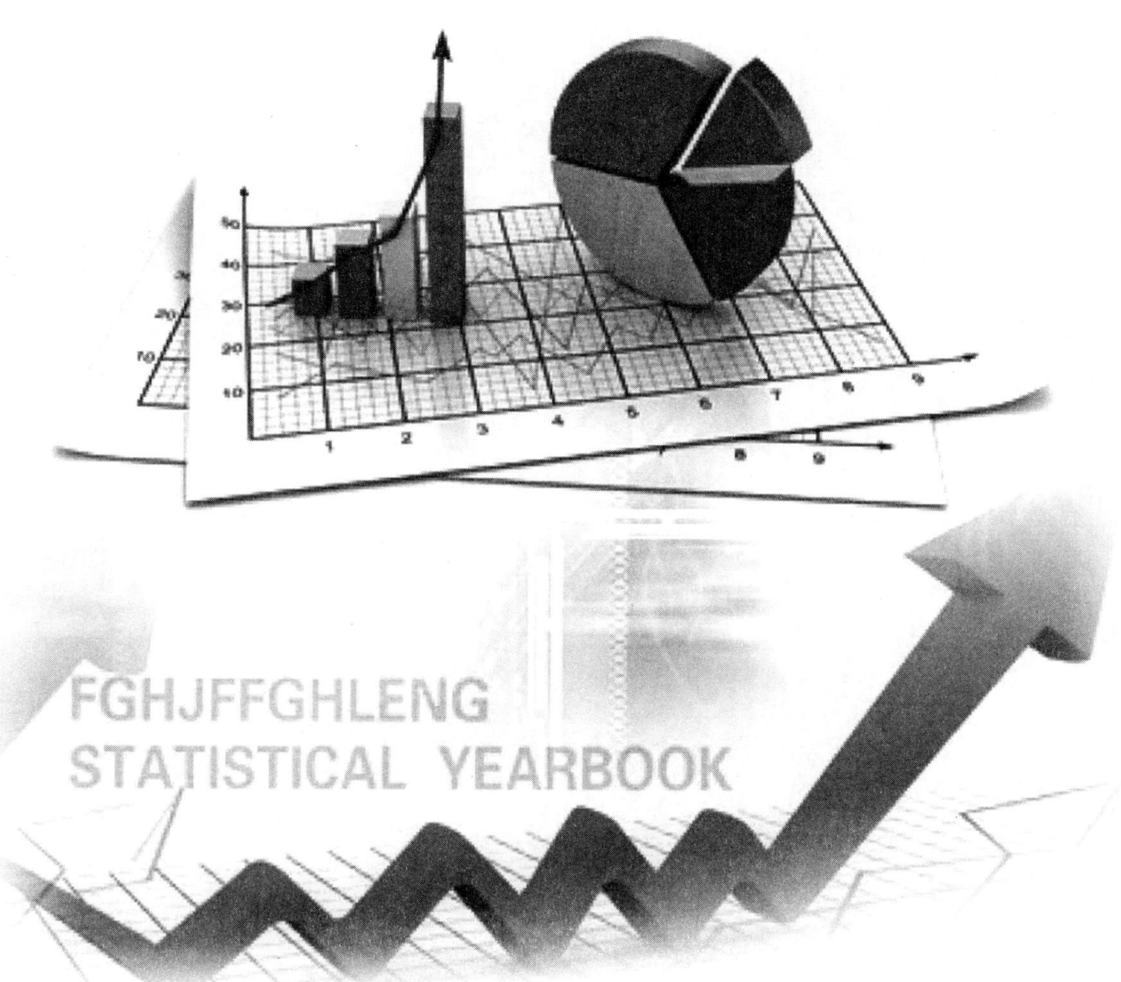

4-1 主要年份工业企业单位数

单位:个

年份	全部工业单位数	国有企业	集体企业	其他各种类型企业	股份合作企业	私营个体
1952	678	32	25	262		359
1957	1000	141	634	204		21
1962	1226	171	692	269		94
1965	1099	144	563	301		91
1970	1551	217	841	387		106
1975	2370	271	1620	364		115
1978	4669	303	2141	1813		412
1980	7162	314	2872	3469		507
1985	25751	334	3672	3238	5197	13310
1990	37446	364	3521	2228	7519	23814
1994	79722	283	2649	1862	16001	58927
1995	87510	303	2465	3930	13682	67130
1996	85271	286	2173	1674	13232	67906
1997	84203	248	1373	1780	8185	72617
1998	87564	159	1565	508	10427	74905
1999	87436	123	876	647	9912	75878
2000	87381	93	601	1013	11002	74672
2001	89449	94	658	2761	9551	76385
2002	86479	90	634	3138	9394	73223
2003	89209	81	558	2984	7661	77925
2004	99758	47	445	3958	5818	89490
2005	102361	47	431	4105	5859	91919
2006	101443	47	392	4686	3958	92360
2007	103983	50	343	4899	3681	95010
2008	106598	50	211	5819	3080	97438
2009	108629	55	218	5844	2196	100316
2010	110886	52	207	5935	1848	102844
2011	113259	50	204	5797	1754	105454
2012	115094	42	193	5865	1671	107323
2013	116105	38	216	2570	3462	109819
2014	125932	37	227	2629	3822	119217
2015	131224	32	194	2532	3356	125110
2016	135178	28	172	2737	3078	129163

4－2　规模以上工业单位数

（2011－2016年）

单位：个

项　　目	2011年	2012年	2013年	2014年	2015年	2016年
总　　计	**3040**	**3377**	**3733**	**3804**	**3672**	**3618**
一、按登记注册类型分						
国有企业	21	21	15	13	13	14
集体企业	7	4	4	4	4	4
股份合作企业	55	91	102	100	122	132
联营企业	2	3	1			1
有限责任公司	873	996	1217	1239	1130	1063
股份有限公司	36	54	72	82	78	92
私营企业	1742	1909	2038	2117	2124	2134
其他企业		2	2	1		3
港、澳、台商投资公司	142	141	136	118	90	87
外商投资企业公司	162	156	146	130	111	88
二、按隶属关系分						
国有控股企业	37	42	43	49	51	52
集体控股企业	35	35	35	31	30	29
私人控股企业	2790	3118	3465	3546	3438	3388
港澳台控股企业	90	79	80	72	50	49
外商控股企业	88	81	74	70	60	52
其他控股企业		22	36	36	43	48
三、按轻重工业分						
轻工业	1162	1327	1457	1449	1419	1375
重工业	1878	2050	2276	2355	2253	2243
四、按企业规模分						
大型企业	53	47	48	43	40	45
中型企业	486	422	423	404	381	373
小型企业	2477	2840	3137	3246	3144	3126
微型企业	24	68	125	111	107	74

注：规模以上工业统计范围是：年主营业务收入2000万元及以上工业（2015年起不包括台州电业局，2011年－2014年不包括台州电业局和台州电业局直属供电局），下同。

4－3　分行业规模以上工业单位数

（2011－2016年）

单位：个

行　　业	2011年	2012年	2013年	2014年	2015年	2016年
总　　计	**3040**	**3377**	**3733**	**3804**	**3672**	**3618**
有色金属矿采选业	1	1	1	1	1	1
非金属矿采选业	1	3	3	4	3	2
农副食品加工业	53	77	85	72	69	76
食品制造业	17	19	17	20	21	16
酒、饮料和精制茶制造业	8	8	9	8	8	10
纺织业	77	85	92	85	86	78
纺织服装、服饰业	17	19	24	20	21	21
皮革、毛皮、羽毛及其制品和制鞋业	166	223	264	248	216	208
木材加工和木、竹、藤、棕、草制品业	20	16	14	16	15	17
家具制造业	73	80	86	99	97	98
造纸和纸制品业	54	63	64	57	55	60
印刷和记录媒介复制业	20	23	25	35	42	37
文教、工美、体育和娱乐用品制造业	102	114	136	131	141	123
石油加工、炼焦和核燃料加工业		1	2	2	1	1
化学原料和化学制品制造业	77	75	72	77	72	68
医药制造业	85	82	84	77	76	73
化学纤维制造业	1	3	3	3	3	2
橡胶和塑料制品业	364	407	467	480	455	460
非金属矿物制品业	53	65	70	75	88	93
黑色金属冶炼和压延加工业	58	62	64	69	53	47
有色金属冶炼和压延加工业	66	62	73	82	85	78
金属制品业	151	174	203	208	194	192
通用设备制造业	461	528	609	624	594	620
专用设备制造业	167	177	192	211	214	206
汽车制造业	262	279	314	336	327	330
铁路船舶航空航天和其他运输设备制造业	175	184	188	177	161	138
电气机械和器材制造业	291	307	336	352	339	321
计算机、通信和其他电子设备制造业	34	40	39	38	38	35
仪器仪表制造业	78	83	87	81	79	69
其他制造业	28	29	21	27	30	35
废弃资源综合利用业	43	47	46	44	41	48
金属制品、机械和设备修理业	1	2	3	2	1	1
电力、热力生产和供应业	21	22	22	24	25	33
燃气生产和供应业	5	5	6	6	6	6
水的生产和供应业	10	12	12	13	15	15

4－4　规模以上工业增加值

（2011－2016 年）

单位：万元

项　　　　目	2011 年	2012 年	2013 年	2014 年	2015 年	2016 年
总　　计	**6748956**	**7101075**	**7823995**	**8213944**	**8297077**	**9064389**
一、按登记注册类型分						
国有企业	343230	381066	347822	336049	332705	327962
集体企业	13060	3418	4268	5445	7469	7261
股份合作企业	71521	88308	90292	98365	122801	137126
联营企业	19779	26342	26641			285
有限责任公司	1922742	1992264	2286204	2451132	2326533	2549371
股份有限公司	552368	873971	1074335	1244856	1372423	1655595
私营企业	2635835	2490808	2639313	2796789	3031102	3283354
其他企业		1520	1412	498		3070
港、澳、台商投资公司	427288	392472	375606	328121	295033	328866
外商投资企业公司	763133	850907	978103	952690	809011	771499
二、按隶属关系分						
国有控股企业	852467	983333	1095120	1052587	1082285	1012412
集体控股企业	153706	106159	136190	108768	103148	165653
私人控股企业	5092663	5322034	5877869	6338762	6551933	7204465
港澳台控股企业	290655	237775	244061	202359	159955	184176
外商控股企业	359466	373654	353026	374470	268589	361687
其他控股企业		78119	117730	136998	131166	135996
三、按轻重工业分						
轻工业	2544832	2682982	2913065	3037685	3217947	3410898
重工业	4204123	4418093	4910930	5176259	5079130	5653491
四、按企业规模分						
大型企业	1669736	1614130	1740418	1596136	1633213	1936373
中型企业	2396335	2147278	2275973	2868510	2518542	2751271
小型企业	2670193	2983331	3330197	3625242	3592913	3950184
微型企业	12693	356336	477408	124057	552410	426560

4-5 分行业规模以上工业增加值

(2011-2016年)

单位:万元

行业	2011年	2012年	2013年	2014年	2015年	2016年
总计	**6748956**	**7101075**	**7823995**	**8213944**	**8297077**	**9064389**
有色金属矿采选业	2475	2922	1712	2175	1573	1878
非金属矿采选业	1776	3650	4031	5954	2231	2103
农副食品加工业	63671	74848	85232	81305	81654	93727
食品制造业	37025	40575	40894	37830	45907	38015
酒、饮料和精制茶制造业	39097	42945	47006	52659	47110	53792
纺织业	120442	115853	134500	127230	132353	143497
纺织服装、服饰业	16016	15645	18053	14462	15499	14877
皮革、毛皮、羽毛及其制品和制鞋业	227328	249124	275344	273337	238749	252523
木材加工和木、竹、藤、棕、草制品业	21779	15665	13880	16257	17107	20859
家具制造业	131886	131221	150346	158273	147765	265863
造纸和纸制品业	66304	70292	82698	81831	78876	84734
印刷和记录媒介复制业	17609	21149	24344	35479	40601	48185
文教、工美、体育和娱乐用品制造业	126082	123670	140970	142784	166666	156718
石油加工、炼焦和核燃料加工业		380	557	445	183	212
化学原料和化学制品制造业	193563	224067	258207	311813	306357	273004
医药制造业	597592	658776	678886	717623	893819	963469
化学纤维制造业	617	8068	7954	7884	5190	2955
橡胶和塑料制品业	640377	672277	768198	777520	810765	892449
非金属矿物制品业	94677	97627	116723	127930	130919	153996
黑色金属冶炼和压延加工业	57789	55088	72018	67707	53163	55580
有色金属冶炼和压延加工业	75451	73016	77589	99989	100554	112453
金属制品业	252254	258406	291519	296696	288526	323601
通用设备制造业	765756	828358	941770	1030016	1016033	1148152
专用设备制造业	306198	341885	383289	426419	421315	426461
汽车制造业	623634	611570	690045	733275	748636	1008363
铁路船舶航空航天和其他运输设备制造业	521724	435556	401434	396138	352488	340403
电气机械和器材制造业	476705	471564	572853	624879	633049	664366
计算机、通信和其他电子设备制造业	85208	83934	80051	90650	83943	142751
仪器仪表制造业	173813	177340	196930	205525	201749	172772
其他制造业	158119	190167	179324	211713	212623	131045
废弃资源综合利用业	227462	232445	211031	201529	156528	202368
金属制品、机械和设备修理业	1055	2215	2579	1045	1443	1316
电力、热力生产和供应业	587082	727122	826133	798128	800104	801768
燃气生产和供应业	3753	4248	6367	7628	12530	14577
水的生产和供应业	34639	39408	41530	49817	51072	55560

4－6 规模以上工业主要产品产量

（2016 年）

产品名称		产量	产品名称		产量
精制食用植物油	（万吨）	1.28	其中：木质家具	（万件）	198.24
鲜、冷藏肉	（万吨）	0.78	金属家具	（万件）	2288.90
冷冻水产品	（万吨）	27.44	软体家具	（万件）	9.73
糖果	（万吨）	0.15	箱纸板	（万吨）	0.51
罐头	（万吨）	10.08	纸制品	（万吨）	47.87
食品添加剂	（万吨）	0.13	精甲醇	（万吨）	1.89
饮料酒	（万千升）	40.35	化学农药原药（折有效成分 100%）	（万吨）	1.29
其中：啤酒	（万千升）	40.35	其中：杀虫剂原药	（万吨）	1.29
软饮料	（万吨）	4.39	涂料	（万吨）	8.31
其中：果汁和蔬菜汁饮料类	（万吨）	4.05	初级形态的塑料	（万吨）	15.52
精制茶	（吨）	44	化学试剂	（万吨）	0.54
纱	（万吨）	1.25	化学试剂	（万吨）	0.54
其中：化学纤维纱	（万吨）	1.25	中成药	（万吨）	0.05
布	（万米）	23176	橡胶轮胎外胎	（万条）	58.97
印染布	（万米）	13160	塑料制品	（万吨）	155.96
绒线（俗称毛线）	（万吨）	0.39	其中：塑料薄膜	（万吨）	6.75
化纤长丝机织物	（万米）	9373	泡沫塑料	（万吨）	3.83
无纺布（无纺织物）	（万吨）	1.33	塑料人造革、合成革	（万吨）	14.91
服装	（万件）	919	日用塑料制品	（万吨）	46.70
其中：梭织服装	（万件）	735	水泥	（万吨）	401.36
针织服装	（万件）	184	其中：散装水泥	（万吨）	325.03
轻革	（万平方米）	62.39	商品混凝土	（万立方米）	922.13
皮革鞋靴	（万双）	31261	预应力混凝土桩	（万米）	436.16
人造板	（万立方米）	10.77	砖	（万块）	11476
其中：纤维板	（万立方米）	9.43	钢化玻璃	（万平方米）	103.95
人造板表面装饰板	（万平方米）	251.98	日用玻璃制品	（万吨）	2.69
家具	（万件）	3040.27	玻璃保温容器	（万个）	259

4-6续表

产品名称		产量	产品名称		产量
卫生陶瓷制品	（万件）	39.87	铜材	（万吨）	19.09
服装、鞋帽加工机械	（万台）	156.48	铝材	（万吨）	52.78
铝合金	（万吨）	1.78	钢材	（万吨）	51.05
金属切削工具	（万件）	1450	白银（银锭）	（千克）	45469
发动机	（万千瓦）	288.27	两轮脚踏自行车	（万辆）	36.52
金属切削机床	（万台）	1.23	电动自行车	（万辆）	134.53
其中：数控金属切削机床	（万台）	0.55	民用钢质船舶	（万载重吨）	61.27
电焊机	（万台）	256.69	交流电动机	（万千瓦）	1276.75
泵	（万台）	3026.93	变压器	（万千伏安）	2082.05
其中：真空泵	（万台）	132.25	电力电缆	（万千米）	23.34
气体压缩机	（万台）	273.27	绝缘制品	（万吨）	0.37
其中：制冷设备用压缩机	（万台）	273.27	锂离子电池	（万只）	5.06
阀门	（万吨）	20.90	太阳能电池	（万千瓦）	27.96
齿轮	（万吨）	15.44	家用电冰箱	（万台）	76.80
电动手提式工具	（万台）	367.80	家用冷柜(家用冷冻箱)	（万台）	82.24
金属紧固件	（万吨）	2.75	房间空气调节器	（万台）	1.53
铸铁件	（万吨）	15.89	家用电风扇	（万台）	28.92
铸钢件	（万吨）	2.93	太阳能热水器	（万平方米）	11.00
锻件	（万吨）	27.28	电子元件	（万只）	450730
减速机	（万台）	63.66	彩色电视机	（万台）	373.02
模具	（万套）	2.79	其中：液晶(LCD）电视机	（万台）	373.02
收获机械	（万台）	1.51	眼镜成镜	（万副）	10983.53
其中：谷物收获机械	（万台）	1.51	发电量	（亿千瓦小时）	369.00
汽　　车	（万辆）	14.20	其中：火力发电量	（亿千瓦小时）	341.63
其中：基本型乘用车(轿车)	（万辆）	14.06	水力发电量	（亿千瓦小时）	24.39
载货汽车	（万辆）	0.01	风力发电量	（亿千瓦小时）	2.28
摩托车整车	（万辆）	93.36	自来水生产量	（万立方米）	44795

4-7 规模以上工业主要财务指标(一)

(2016年)

单位:万元

项　　目	企业单位数(个)	新产品产值	工业销售产值	出口交货值	年末资产总计	从业人员年平均人数(人)
总　计	**3618**	**13880235**	**38243326**	**10708251**	**47054644**	**610631**
其中:国有控股企业	52	304283	3449887	148828	5829292	19639
按登记注册类型分						
国有企业	14	1042	1504365	8602	1040617	6837
集体企业	4		15761		26798	288
股份合作企业	132	109888	680467	141871	511888	12477
联营企业	1		2837		1982	32
有限责任公司	1063	3678263	11130549	2795390	14476738	181031
股份有限公司	92	3222900	5488031	2389287	10131172	79258
私营企业	2134	5114175	15290012	4372489	15198732	282158
其他企业	3		13857	5	5747	304
港、澳、台商投资公司	87	649080	1332959	530279	1544227	22461
外商投资企业公司	88	1104887	2784489	470329	4116744	25785
按轻重工业分						
轻工业	1375	5605194	13332878	5506252	17762339	253771
重工业	2243	8275041	24910448	5201999	29292305	356860
按大中小微型分						
大型企业	45	4051275	6932080	2519213	11315386	94941
中型企业	373	5293172	10924532	3666017	13634398	178929
小型企业	3126	4493658	18931543	4484307	19690613	331963
微型企业	74	42129	1455172	38714	2414248	4798
按工业行业分						
有色金属矿采选业	**1**	**1230**	**2450**		**3695**	**61**
贵金属矿采选	1	1230	2450		3695	61
非金属矿采选业	**2**		**6330**		**22619**	**104**
土砂石开采	2		6330		22619	104
农副食品加工业	**76**	**52846**	**622381**	**73210**	**403827**	**8033**
饲料加工	1		10409	6182	6790	178
植物油加工	2	10760	19420		29132	248
屠宰及肉类加工	2		78145		10896	313
水产品加工	69	42086	507431	63783	347384	7030
蔬菜、水果和坚果加工	1		3846	3246	5759	90
其他农副食品加工	1		3130		3868	174

4－7 续表1

单位:万元

项　　目	企业单位数（个）	新产品产值	工业销售产值	出口交货值	年末资产总计	从业人员年平均人数（人）
食品制造业	**16**	**15554**	**131958**	**76292**	**164081**	**4020**
焙烤食品制造	1		3113		3049	64
糖果、巧克力及蜜饯制造	1		2109		3735	87
罐头食品制造	9		88316	71499	87959	3322
其他食品制造	5	15554	38420	4793	69339	547
酒、饮料和精制茶制造业	**10**	**2429**	**137822**	**143**	**180322**	**1934**
酒的制造	5		92444		128705	1285
饮料制造	4	2429	42069	143	45305	599
精制茶加工	1		3310		6312	50
纺织业	**78**	**248833**	**672617**	**188730**	**610354**	**11159**
棉纺织及印染精加工	13	97565	186838	9235	198041	1798
毛纺织及染整精加工	3	11661	26414	2199	32896	597
化纤织造及印染精加工	17	2015	133614	7865	102910	2056
针织或钩针编织物及其制品制造	1	3630	22749	6	18724	262
家用纺织制成品制造	6	4119	23683	6317	13959	536
非家用纺织制成品制造	38	129843	279319	163108	243826	5910
纺织服装、服饰业	**21**	**17145**	**69755**	**21729**	**58171**	**1775**
机织服装制造	12	9567	44922	15226	30607	1102
针织或钩针编织服装制造	7	4869	18750	2084	24822	530
服饰制造	2	2709	6084	4420	2742	143
皮革、毛皮、羽毛及其制品和制鞋业	**208**	**486815**	**1066078**	**635699**	**564096**	**32537**
皮革鞣制加工	2	2898	7563		11423	96
皮革制品制造	7	6882	31570	25177	21959	845
制鞋业	199	477035	1026945	610523	530714	31596
木材加工和木、竹、藤、棕、草制品业	**17**	**20259**	**93968**	**25309**	**100029**	**2500**
木材加工	1		5989	410	9594	314
人造板制造	4		30186	7169	43711	473
木制品制造	7	8957	28034	12362	17354	960
竹、藤、棕、草等制品制造	5	11302	29760	5368	29371	753
家具制造业	**98**	**552377**	**993968**	**741773**	**1263897**	**25069**
木质家具制造	50	42169	202003	101370	241632	7615

4－7 续表2

单位：万元

项 目	企业单位数（个）	新产品产值	工业销售产值	出口交货值	年末资产总计	从业人员年平均人数（人）
竹、藤家具制造	5	11114	29629	17454	21508	892
金属家具制造	29	457339	639671	546974	903400	14167
塑料家具制造	8	31147	82990	69646	65248	1210
其他家具制造	6	10608	39675	6329	32110	1185
造纸和纸制品业	**60**	**95248**	**466557**	**32244**	**431890**	**7006**
造纸	10	47834	141730	644	131675	1245
纸制品制造	50	47414	324827	31600	300214	5761
印刷和记录媒介复制业	**37**	**19995**	**197297**	**36015**	**237255**	**4581**
印刷	37	19995	197297	36015	237255	4581
文教、工美、体育和娱乐用品制造业	**123**	**151460**	**604863**	**444512**	**436559**	**19651**
文教办公用品制造	2	124	7795	6112	4926	201
工艺美术品制造	106	139996	538261	397150	396958	17764
体育用品制造	2	1097	7289	2268	6510	162
玩具制造	11	2640	41136	32744	20814	1321
游艺器材及娱乐用品制造	2	7603	10383	6238	7352	203
石油加工、炼焦和核燃料加工业	**1**	**83**	**2165**		**3014**	**18**
精炼石油产品制造	1	83	2165		3014	18
化学原料和化学制品制造业	**68**	**585393**	**1191199**	**359583**	**2010352**	**10005**
基础化学原料制造	13	178338	254519	119053	601958	2579
农药制造	3	7755	74193	19243	54368	791
涂料油墨颜料及类似产品制造	21	165200	272319	116163	712886	2591
合成材料制造	12	120659	283017	5803	257496	1388
专用化学产品制造	14	103184	270591	93317	345635	2113
炸药、火工及焰火产品制造	1		5865		5872	87
日用化学产品制造	4	10258	30695	6005	32136	456
医药制造业	**73**	**1764312**	**3015704**	**1247398**	**6118515**	**37091**
化学药品原料药制造	56	1453724	2614936	1202242	5499422	32794
化学药品制剂制造	2	142452	147862	7105	206846	1886
中药饮片加工	2		5706		5274	84
中成药生产	4	110527	136523		287390	1067
兽用药品制造	2	21561	25702	16854	25648	212
生物药品制造	7	36048	84975	21197	93935	1048
化学纤维制造业	**2**	**756**	**20780**		**28675**	**126**

4－7 续表3

单位:万元

项　　目	企业单位数（个）	新产品产值	工业销售产值	出口交货值	年末资产总计	从业人员年平均人数（人）
合成纤维制造	2	756	20780		28675	126
橡胶和塑料制品业	**460**	**1080145**	**3831262**	**940169**	**4173310**	**67057**
橡胶制品业	85	212315	745631	158265	890478	13146
塑料制品业	375	867830	3085631	781904	3282833	53911
非金属矿物制品业	**93**	**69707**	**699785**	**53491**	**716870**	**8243**
水泥、石灰和石膏制造	7	2857	100614		78318	506
石膏、水泥制品及类似制品制造	52	1913	414714		409772	4155
砖瓦、石材等建筑材料制造	11	7478	39110	1747	61834	642
玻璃制造	4	9597	20323	2796	20449	550
玻璃制品制造	8	13502	61627	39762	70757	1014
玻璃纤维和玻璃纤维增强塑料制品制造	2	5486	15241	5475	16938	313
陶瓷制品制造	8	28875	45306	3712	56844	1047
石墨及其他非金属矿物制品制造	1		2850		1959	16
黑色金属冶炼和压延加工业	**47**	**47233**	**440556**	**4796**	**359626**	**5092**
黑色金属铸造	26	19321	116734	3341	104672	2735
钢压延加工	21	27912	323822	1456	254955	2357
有色金属冶炼和压延加工业	**78**	**533928**	**1393993**	**101694**	**831387**	**6338**
常用有色金属冶炼	2	1493	27560		10497	101
贵金属冶炼	2		17885		14379	102
有色金属合金制造	9	23194	103305	772	59390	628
有色金属铸造	7	4644	74595		49865	1030
有色金属压延加工	58	504598	1170647	100922	697257	4477
金属制品业	**192**	**438127**	**1430278**	**489289**	**1698440**	**26497**
结构性金属制品制造	4		35519	17843	41245	581
金属工具制造	22	29643	85251	5775	86847	1958
集装箱及金属包装容器制造	6		19980	1174	22616	514
金属丝绳及其制品制造	12	3681	54373	2476	35515	742
建筑、安全用金属制品制造	62	45437	374007	168886	301609	8776
金属表面处理及热处理加工	31	36758	174688	34636	173597	4319
搪瓷制品制造	1		2009	838	2918	62
金属制日用品制造	24	251848	463769	232521	784599	6286
其他金属制品制造	30	70761	220684	25141	249495	3259
通用设备制造业	**620**	**1656988**	**4818582**	**2131841**	**5090138**	**98772**

4－7 续表 4

单位:万元

项　　目	企业单位数（个）	新产品产值	工业销售产值	出口交货值	年末资产总计	从业人员年平均人数（人）
锅炉及原动设备制造	6	4930	24562	3917	52947	724
金属加工机械制造	41	152164	318000	122836	336326	7468
物料搬运设备制造	11	106570	212569	65868	316799	3411
泵、阀门、压缩机及类似机械制造	405	919999	3073713	1649422	2679642	60860
轴承、齿轮和传动部件制造	84	259585	647899	98913	1016974	14528
烘炉、风机、衡器、包装等设备制造	45	164012	391372	154011	477247	8752
文化、办公用机械制造	3	11124	22664	5765	45159	619
通用零部件制造	23	36653	121593	30060	158962	2237
其他通用设备制造业	2	1952	6211	1050	6081	173
专用设备制造业	**206**	**840425**	**1747660**	**579817**	**2083407**	**34169**
采矿、冶金、建筑专用设备制造	13	22961	57621	16536	60453	1623
化工、木材、非金属加工专用设备制造	88	354661	593645	136543	909224	12988
食品、饮料、烟草及饲料生产专用设备制造	7	3413	19523	1163	20697	473
印刷制药日化及日用品生产专用设备制造	2	268	4486		8388	158
纺织、服装和皮革加工专用设备制造	34	223656	549594	218847	589545	8896
农、林、牧、渔专用机械制造	37	182770	386871	200693	355651	6512
医疗仪器设备及器械制造	11	20720	71223	1898	69168	2239
环保社会公共服务及其他专用设备制造	14	31975	64697	4136	70282	1280
汽车制造业	**330**	**2280601**	**4299795**	**670471**	**5108669**	**66915**
汽车整车制造	6	749781	939818	8705	1204052	3960
汽车零部件及配件制造	324	1530821	3359977	661766	3904616	62955
铁路船舶航空航天和其他运输设备制造业	**138**	**615097**	**1576622**	**249667**	**2398811**	**27307**
铁路运输设备制造	6	76161	127222	473	443791	1408
船舶及相关装置制造	28	61079	313137	23888	573667	3534
航空、航天器及设备制造	3	5685	11571		17662	221
摩托车制造	73	322676	826581	209791	1099723	17391
自行车制造	27	149180	293801	11290	261516	4676
电气机械和器材制造业	**321**	**1206193**	**3093427**	**887929**	**3825199**	**49156**
电机制造	94	528860	1091184	305901	1318234	18174
输配电及控制设备制造	59	263749	540363	117234	699682	8558
电线、电缆、光缆及电工器材制造	55	55846	535988	1125	502269	3510
电池制造	2	29419	28199	13492	46133	448
家用电力器具制造	26	169527	375501	193850	706501	8066

4－7 续表 5

单位:万元

项　　目	企业单位数（个）	新产品产值	工业销售产值	出口交货值	年末资产总计	从业人员年平均人数（人）
非电力家用器具制造	5	16127	61576	43016	76490	1614
照明器具制造	74	136034	441538	212093	447720	8161
其他电气机械及器材制造	6	6631	19078	1217	28170	625
计算机、通信和其他电子设备制造业	**35**	**511809**	**798340**	**337537**	**1526505**	**9291**
计算机制造	2	50428	68690	67465	15337	630
通信设备制造	2	11128	33824	12605	22824	483
广播电视设备制造	2		7693	428	16338	123
视听设备制造	2	314001	352779	198644	306379	1639
电子器件制造	3	111742	148777	44159	699047	3072
电子元件制造	19	18546	160369	11986	425286	2714
其他电子设备制造	5	5965	26209	2250	41294	630
仪器仪表制造业	**69**	**271020**	**631494**	**201807**	**613109**	**14513**
通用仪器仪表制造	45	228883	483033	183771	456818	9596
专用仪器仪表制造	3	10829	29805	9081	20502	733
光学仪器及眼镜制造	19	31050	112993	7532	131200	4042
其他仪器仪表制造业	2	258	5664	1424	4589	142
其他制造业	**35**	**165675**	**406157**	**176789**	**476841**	**11052**
日用杂品制造	34	144554	387785	158417	462639	10571
其他未列明制造业	1	21121	18372	18372	14202	481
废弃资源综合利用业	**48**	**148553**	**946779**		**726389**	**9379**
金属废料和碎屑加工处理	42	145955	922904		677375	8962
非金属废料和碎屑加工处理	6	2598	23875		49014	417
金属制品、机械和设备修理业	**1**		**2397**	**317**	**5603**	**44**
铁路、船舶、航空航天等运输设备修理	1		2397	317	5603	44
电力、热力生产和供应业	**33**		**2625130**		**3912391**	**8722**
电力生产	18		1303475		3180455	3362
电力供应	9		1282115		647824	4855
热力生产和供应	6		39540		84113	505
燃气生产和供应业	**6**		**43562**		**75867**	**406**
水的生产和供应业	**15**		**161617**		**794732**	**2008**
自来水生产和供应	13		151326		684279	1835
污水处理及其再生利用	2		10291		110453	173

4-8 规模以上工业主要财务指标(二)

(2016 年)

单位:万元

项目	流动资产合计	存货	固定资产合计	固定资产原价	固定资产净值	年末负债合计
总计	**25030078**	**5401106**	**12529585**	**19823941**	**11764952**	**26091143**
其中:国有控股企业	1382988	218907	3377735	5767996	3233058	3065709
按登记注册类型分						
国有企业	112066	35912	882230	1834558	818426	439645
集体企业	10667	1041	13642	20183	13642	14261
股份合作企业	353279	69950	110149	211656	105684	290442
联营企业	1854	671	128	407	128	304
有限责任公司	7519509	1535439	4269914	6553612	4118089	8746342
股份有限公司	5590216	1057530	1777635	2583077	1524576	3736405
私营企业	8996899	2206694	3701592	5662821	3487376	9693013
其他企业	4866	632	881	1904	881	2958
港、澳、台商投资公司	899172	246468	332948	533659	311037	834832
外商投资企业公司	1541551	246771	1440465	2422064	1385112	2332941
按轻重工业分						
轻工业	9733404	2118161	3852106	6148162	3582275	9512952
重工业	15296674	3282945	8677478	13675779	8182676	16578192
按大中小微型分						
大型企业	5728534	1148754	2203234	3734084	2011076	5179739
中型企业	7241215	1676173	3159830	5021665	2930724	6662859
小型企业	11531406	2498764	5441911	8527351	5130428	12808313
微型企业	528923	77416	1724610	2540841	1692724	1440233
按工业行业分						
有色金属矿采选业	**1762**	**686**	**1027**	**1027**	**482**	**1339**
贵金属矿采选	1762	686	1027	1027	482	1339
非金属矿采选业	**5619**	**3001**	**767**	**1616**	**761**	**20794**
土砂石开采	5619	3001	767	1616	761	20794
农副食品加工业	**230598**	**73060**	**117542**	**155887**	**108767**	**224095**
饲料加工	4020	1297	1235	2761	1235	4885
植物油加工	7907	2685	9484	11476	9483	12967
屠宰及肉类加工	5066	127	2478	3992	2478	5967
水产品加工	210159	66993	98980	131105	91037	194437
蔬菜、水果和坚果加工	2626	1584	2678	2794	2078	3273
其他农副食品加工	820	374	2689	3759	2456	2565

4－8 续表1

单位:万元

项　　目	流动资产合计	存货	固定资产合计	固定资产原价	固定资产净值	年末负债合计
食品制造业	**87717**	**41812**	**46766**	**67918**	**44615**	**97945**
焙烤食品制造	1459	579	1590	2659	1590	1280
糖果、巧克力及蜜饯制造	2190	499	928	1947	928	93
罐头食品制造	59077	35285	20218	32443	18067	60217
其他食品制造	24991	5450	24031	30869	24031	36355
酒、饮料和精制茶制造业	**72165**	**32582**	**91474**	**164688**	**89209**	**95555**
酒的制造	38693	21493	80263	145145	79463	66361
饮料制造	28797	11072	9785	17498	8320	28125
精制茶加工	4675	16	1426	2046	1426	1069
纺织业	**377523**	**94081**	**141810**	**234707**	**124490**	**374333**
棉纺织及印染精加工	114166	30012	45926	69819	34808	109929
毛纺织及染整精加工	18004	3998	8854	17711	7196	25258
化纤织造及印染精加工	71519	17576	19033	38825	18033	68486
针织或钩针编织物及其制品制造	10124	1533	2089	3872	2089	9948
家用纺织制成品制造	9381	1079	3888	4985	2693	11443
非家用纺织制成品制造	154330	39883	62020	99495	59671	149270
纺织服装、服饰业	**36297**	**8713**	**18311**	**31988**	**16119**	**34259**
机织服装制造	22477	4765	5744	9284	5241	17975
针织或钩针编织服装制造	11582	3216	12113	20871	10426	14447
服饰制造	2238	732	455	1833	452	1836
皮革、毛皮、羽毛及其制品和制鞋业	**394076**	**77269**	**88881**	**159367**	**83735**	**378237**
皮革鞣制加工	7533	5853	3822	8375	3822	11166
皮革制品制造	15691	2786	4288	9224	4288	13893
制鞋业	370852	68630	80770	141768	75625	353177
木材加工和木、竹、藤、棕、草制品业	**72944**	**17386**	**17668**	**30102**	**17668**	**67120**
木材加工	6111	4765	3344	5203	3344	6580
人造板制造	34783	4424	2324	7517	2324	30125
木制品制造	12273	2587	3502	5718	3501	13617
竹、藤、棕、草等制品制造	19778	5610	8498	11663	8498	16798
家具制造业	**794536**	**205860**	**235911**	**325828**	**197170**	**769244**
木质家具制造	124791	53684	74392	115820	70156	180719

4－8 续表2

单位:万元

项　　目	流动资产合计	存货	固定资产合计	固定资产原价	固定资产净值	年末负债合计
竹、藤家具制造	15522	4363	3554	4757	2760	19283
金属家具制造	601319	130579	127468	157780	93977	508973
塑料家具制造	29771	8291	24425	38283	24329	32188
其他家具制造	23133	8943	6071	9189	5948	28080
造纸和纸制品业	**262763**	**36062**	**135348**	**199042**	**130711**	**298758**
造纸	60565	9037	64789	82731	63528	101422
纸制品制造	202197	27025	70560	116311	67183	197337
印刷和记录媒介复制业	**132995**	**18037**	**67568**	**109489**	**54054**	**140679**
印刷	132995	18037	67568	109489	54054	140679
文教、工美、体育和娱乐用品制造业	**260698**	**59212**	**106417**	**169217**	**97956**	**287503**
文教办公用品制造	2994	389	1630	3146	1490	3741
工艺美术品制造	237299	54171	93927	149212	85643	260270
体育用品制造	2587	1264	2972	4148	2972	4566
玩具制造	14043	2708	5911	10273	5874	13865
游艺器材及娱乐用品制造	3775	680	1977	2438	1977	5061
石油加工、炼焦和核燃料加工业	**2555**	**507**	**65**	**308**	**65**	**1752**
精炼石油产品制造	2555	507	65	308	65	1752
化学原料和化学制品制造业	**1253384**	**158515**	**362427**	**433964**	**265886**	**878551**
基础化学原料制造	329857	31774	102321	132000	78911	172726
农药制造	32397	4876	12540	21213	10361	22837
涂料油墨颜料及类似产品制造	518675	60016	89237	117645	74822	346032
合成材料制造	148166	33545	35846	52624	35846	212676
专用化学产品制造	198287	22338	116251	96705	59714	111948
炸药、火工及焰火产品制造	1305	392	2868	4797	2868	2818
日用化学产品制造	24697	5574	3365	8980	3365	9514
医药制造业	**2834856**	**695744**	**1361752**	**2180641**	**1286107**	**2559865**
化学药品原料药制造	2415825	641597	1263854	2008627	1203048	2278430
化学药品制剂制造	130513	10024	27431	71810	27431	129427
中药饮片加工	4091	1144	897	1047	897	4282
中成药生产	212143	26799	46507	56003	33524	81920
兽用药品制造	18193	2304	2449	6004	2449	8444
生物药品制造	54091	13876	20615	37151	18758	57363
化学纤维制造业	**12301**	**1323**	**16375**	**24410**	**16375**	**15772**

4－8 续表3

单位:万元

项　　目	流动资产合计	存货	固定资产合计	固定资产原价	固定资产净值	年末负债合计
合成纤维制造	12301	1323	16375	24410	16375	15772
橡胶和塑料制品业	**2432800**	**499385**	**981097**	**1544845**	**929366**	**2152038**
橡胶制品业	592763	112369	207477	310451	192151	441357
塑料制品业	1840037	387016	773620	1234395	737215	1710682
非金属矿物制品业	**478359**	**112215**	**172126**	**311232**	**165065**	**471410**
水泥、石灰和石膏制造	43831	4453	24748	43184	24748	41757
石膏、水泥制品及类似制品制造	292645	70832	84693	164376	79574	282472
砖瓦、石材等建筑材料制造	32190	4900	23037	36554	22256	39949
玻璃制造	12539	4444	6704	12979	6045	17000
玻璃制品制造	51407	10656	12109	25067	12103	34254
玻璃纤维和玻璃纤维增强塑料制品制造	10396	2228	4489	6528	4489	13179
陶瓷制品制造	33505	14527	16237	22153	15742	41576
石墨及其他非金属矿物制品制造	1847	175	109	392	109	1223
黑色金属冶炼和压延加工业	**231684**	**60170**	**58984**	**95549**	**56467**	**237969**
黑色金属铸造	62191	10114	28431	45876	26087	72408
钢压延加工	169493	50056	30553	49673	30380	165560
有色金属冶炼和压延加工业	**469025**	**99189**	**117827**	**207811**	**115909**	**548450**
常用有色金属冶炼	8291	2366	422	1037	422	8256
贵金属冶炼	12871	6705	909	1649	909	9788
有色金属合金制造	40290	8579	13762	21993	13762	47847
有色金属铸造	25195	9022	18148	34713	17900	38386
有色金属压延加工	382378	72517	84587	148420	82916	444174
金属制品业	**917690**	**211639**	**296890**	**508477**	**288822**	**930068**
结构性金属制品制造	29420	6059	9119	15565	8519	21987
金属工具制造	49538	11088	29829	46134	29718	68492
集装箱及金属包装容器制造	17415	3225	3884	9812	3884	13688
金属丝绳及其制品制造	24654	6629	9043	15611	8613	20074
建筑、安全用金属制品制造	208518	78493	66207	112784	64909	208818
金属表面处理及热处理加工	96979	16172	59943	88636	55183	115174
搪瓷制品制造	1076	502	1139	1466	1139	2401
金属制日用品制造	326786	64372	50067	101116	49787	321053
其他金属制品制造	163305	25101	67660	117353	67072	158381
通用设备制造业	**3082831**	**868271**	**1300954**	**2007458**	**1154244**	**2902982**

4－8 续表4

单位:万元

项　　目	流动资产合计	存货	固定资产合计	固定资产原价	固定资产净值	年末负债合计
锅炉及原动设备制造	24104	3692	21211	25785	17854	36475
金属加工机械制造	237752	78303	70605	130991	64807	224252
物料搬运设备制造	167788	35126	70302	122456	69671	188133
泵、阀门、压缩机及类似机械制造	1717732	502802	579631	979815	557917	1553570
轴承、齿轮和传动部件制造	559910	151547	380658	471427	271743	497086
烘炉、风机、衡器、包装等设备制造	241539	72617	119366	190851	117140	264969
文化、办公用机械制造	33611	9037	4776	12645	4776	27886
通用零部件制造	96917	14901	52131	69722	48182	106154
其他通用设备制造业	3479	247	2275	3766	2156	4457
专用设备制造业	**1263628**	**327478**	**528021**	**872640**	**494083**	**1278099**
采矿、冶金、建筑专用设备制造	43905	11751	12272	22239	12256	35752
化工、木材、非金属加工专用设备制造	516752	135111	241977	427005	234431	570458
食品、饮料、烟草及饲料生产专用设备制造	11252	2665	4550	9067	4550	11532
印刷制药日化及日用品生产专用设备制造	5560	1101	1668	3298	1668	4900
纺织、服装和皮革加工专用设备制造	385519	114056	149227	225841	127280	349424
农、林、牧、渔专用机械制造	216085	49839	84191	122040	81616	222133
医疗仪器设备及器械制造	39948	6705	20493	38828	18639	45211
环保社会公共服务及其他专用设备制造	44608	6251	13643	24322	13643	38689
汽车制造业	**2776069**	**408555**	**921972**	**1474593**	**902570**	**3369304**
汽车整车制造	513204	21237	41209	90633	35680	909059
汽车零部件及配件制造	2262866	387319	880763	1383959	866890	2460244
铁路船舶航空航天和其他运输设备制造业	**1419395**	**317424**	**410035**	**664345**	**384662**	**1228421**
铁路运输设备制造	224827	18010	44715	65092	44363	52907
船舶及相关装置制造	386975	158972	126673	195517	112972	386075
航空、航天器及设备制造	11085	915	2878	5344	2824	13297
摩托车制造	639767	95621	194383	341961	185752	572483
自行车制造	154320	42941	41355	56365	38719	202077
电气机械和器材制造业	**2544559**	**464286**	**682170**	**1114796**	**651139**	**2383816**
电机制造	850269	172571	281570	434156	264506	677216
输配电及控制设备制造	468523	89480	120674	205689	115368	481344
电线、电缆、光缆及电工器材制造	371244	50880	59791	95763	58523	287062
电池制造	26051	11408	9254	13995	9248	30826
家用电力器具制造	478948	70754	81527	135173	80528	516358

4－8 续表 5

单位：万元

项　　目	流动资产合计	存货	固定资产合计	固定资产原价	固定资产净值	年末负债合计
非电力家用器具制造	50933	8397	15443	28926	15393	35409
照明器具制造	280220	54575	106040	188958	99702	338345
其他电气机械及器材制造	18371	6221	7870	12136	7870	17257
计算机、通信和其他电子设备制造业	**725626**	**137432**	**203442**	**322878**	**202867**	**417388**
计算机制造	13686	4751	1572	2061	1572	10701
通信设备制造	17271	6165	2365	4493	2365	9048
广播电视设备制造	9162	3331	3667	4421	3461	14060
视听设备制造	254226	71972	23890	31095	23890	164065
电子器件制造	208395	17606	63747	112487	63547	109190
电子元件制造	205801	28764	93768	148506	93600	82446
其他电子设备制造	17085	4842	14434	19815	14434	27879
仪器仪表制造业	**409510**	**110416**	**129048**	**227625**	**125211**	**343814**
通用仪器仪表制造	317933	82949	84777	149303	80996	244102
专用仪器仪表制造	13085	983	4936	13308	4936	8634
光学仪器及眼镜制造	75644	25591	38573	63610	38518	87540
其他仪器仪表制造业	2848	893	762	1404	762	3538
其他制造业	**296030**	**53814**	**101318**	**171354**	**95866**	**231780**
日用杂品制造	286870	49051	96896	164475	91445	218907
其他未列明制造业	9161	4762	4422	6879	4422	12873
废弃资源综合利用业	**366344**	**136237**	**202171**	**225992**	**183349**	**508585**
金属废料和碎屑加工处理	353291	134982	183617	194544	165797	473761
非金属废料和碎屑加工处理	13054	1255	18554	31448	17552	34824
金属制品、机械和设备修理业	**1697**	**383**	**3905**	**5259**	**2905**	**2585**
铁路、船舶、航空航天等运输设备修理	1697	383	3905	5259	2905	2585
电力、热力生产和供应业	**446226**	**56010**	**3261781**	**5275110**	**3185178**	**2264343**
电力生产	371887	51206	2632034	4158595	2598933	1935321
电力供应	39456	3715	594019	1045536	552205	280176
热力生产和供应	34883	1089	35728	70980	34041	48846
燃气生产和供应业	**29028**	**4090**	**27899**	**40314**	**27245**	**42781**
水的生产和供应业	**306790**	**10264**	**319837**	**463467**	**265835**	**531514**
自来水生产和供应	266688	10166	258772	389370	224074	439668
污水处理及其再生利用	40102	98	61065	74097	41761	91846

4-9 规模以上工业主要财务指标(三)

(2016年)

单位:万元

项目	流动负债	非流动负债	年末所有者权益合计	实收资本	主营业务收入	主营业务成本
总计	**22682559**	**3189939**	**20762459**	**8815515**	**37941470**	**31482132**
其中:国有控股企业	1668500	1364135	2763583	1240888	3599494	2982867
按登记注册类型分						
国有企业	279851	157161	600972	283277	1753789	1662647
集体企业	7164	7098	12537	3097	12885	10917
股份合作企业	278407	5148	221445	66552	671384	581803
联营企业	304		1678	660	2893	2672
有限责任公司	7062963	1672757	5644791	2280571	11004796	9126754
股份有限公司	3177155	444295	6394767	2188552	5374438	3972942
私营企业	9230311	394052	5392593	2685870	14979957	12737288
其他企业	2930	28	2789	650	14177	11608
港、澳、台商投资公司	810386	17250	707085	368928	1300752	1094160
外商投资企业公司	1833091	492150	1783804	937358	2826399	2281343
按轻重工业分						
轻工业	8438314	881026	8221618	2889213	12963363	10367942
重工业	14244245	2308912	12540841	5926302	24978108	21114190
按大中小微型分						
大型企业	4333917	844180	6135647	1748485	6855878	5353085
中型企业	5965383	542300	6971538	2681923	11033586	9076830
小型企业	11480074	1142445	6882287	3732799	18593214	15893503
微型企业	903184	661013	772988	652308	1458792	1158714
按工业行业分						
有色金属矿采选业	**1339**		**2356**	**800**	**2450**	**999**
贵金属矿采选	1339		2356	800	2450	999
非金属矿采选业	**20301**		**1826**	**1310**	**5235**	**3634**
土砂石开采	20301		1826	1310	5235	3634
农副食品加工业	**186846**	**17026**	**179733**	**92708**	**608692**	**549294**
饲料加工	4885		1904	1697	10409	9541
植物油加工	7708	5259	16165	4765	19191	12716
屠宰及肉类加工	4504	1463	4929	2500	78145	75815
水产品加工	164428	9787	152946	79891	493971	445522
蔬菜、水果和坚果加工	3058	215	2486	2350	3846	3270
其他农副食品加工	2262	303	1303	1505	3130	2432

4－9续表1

单位:万元

项　　目	流动负债	非流动负债	年末所有者权益合计	实收资本	主营业务收入	主营业务成本
食品制造业	**94297**	**3633**	**66137**	**24340**	**131711**	**110134**
焙烤食品制造	1280		1769	508	3130	2632
糖果、巧克力及蜜饯制造	93		3642	503	2109	1828
罐头食品制造	59930	272	27743	12561	88378	76096
其他食品制造	32994	3361	32983	10768	38094	29578
酒、饮料和精制茶制造业	**94575**	**942**	**84767**	**61061**	**137581**	**106262**
酒的制造	65419	942	62343	47543	92158	69118
饮料制造	28087		17180	8358	42065	34230
精制茶加工	1069		5243	5160	3358	2914
纺织业	**363127**	**8248**	**236021**	**101389**	**650852**	**544070**
棉纺织及印染精加工	106877	2944	88112	26439	185481	153877
毛纺织及染整精加工	25031	227	7638	5814	25201	21302
化纤织造及印染精加工	65976		34424	18828	133544	118313
针织或钩针编织物及其制品制造	9948		8775	510	22749	17837
家用纺织制成品制造	11443		2516	1408	23380	20729
非家用纺织制成品制造	143852	5077	94556	48390	260498	212012
纺织服装、服饰业	**34090**		**23912**	**17825**	**67931**	**59876**
机织服装制造	17975		12632	8825	44507	39422
针织或钩针编织服装制造	14278		10375	8472	17340	15260
服饰制造	1836		906	528	6084	5194
皮革、毛皮、羽毛及其制品和制鞋业	**376190**	**4790**	**163125**	**87417**	**1054573**	**936052**
皮革鞣制加工	11166		257	5048	7563	6686
皮革制品制造	13783	110	8065	3545	31001	26762
制鞋业	351240	4680	154803	78824	1016009	902604
木材加工和木、竹、藤、棕、草制品业	**66567**	**121**	**32909**	**12978**	**86815**	**74064**
木材加工	6580		3014	500	5989	4313
人造板制造	29573	121	13585	8509	23073	20625
木制品制造	13617		3737	2359	27991	23634
竹、藤、棕、草等制品制造	16798		12572	1610	29763	25492
家具制造业	**766020**	**577**	**494653**	**304960**	**912956**	**741283**
木质家具制造	179483	577	60913	38257	198821	161955

4－9 续表 2

单位:万元

项目	流动负债	非流动负债	年末所有者权益合计	实收资本	主营业务收入	主营业务成本
竹、藤家具制造	17431		2224	974	26871	23885
金属家具制造	508933		394426	247792	569753	460750
塑料家具制造	32092		33060	13910	81194	62791
其他家具制造	28080		4030	4028	36318	31902
造纸和纸制品业	**288926**	**8978**	**133131**	**65694**	**454651**	**400279**
造纸	97430	3991	30254	17482	142609	125088
纸制品制造	191496	4987	102877	48212	312042	275190
印刷和记录媒介复制业	**134759**	**5549**	**96576**	**51079**	**195194**	**168545**
印刷	134759	5549	96576	51079	195194	168545
文教、工美、体育和娱乐用品制造业	**284363**	**2033**	**149055**	**70850**	**599208**	**498072**
文教办公用品制造	3741		1184	1508	7820	6968
工艺美术品制造	257130	2033	136687	64178	532672	440903
体育用品制造	4566		1944	1084	7283	6062
玩具制造	13865		6949	3130	41051	35124
游艺器材及娱乐用品制造	5061		2291	950	10383	9016
石油加工、炼焦和核燃料加工业	**1752**		**1263**	**1000**	**2165**	**1927**
精炼石油产品制造	1752		1263	1000	2165	1927
化学原料和化学制品制造业	**713220**	**162493**	**1131801**	**537290**	**1184090**	**913023**
基础化学原料制造	100476	72090	429232	381394	233517	177625
农药制造	21774	1063	31531	11400	67137	49507
涂料油墨颜料及类似产品制造	300720	42633	366854	40710	309114	211397
合成材料制造	182163	30513	44821	33557	271994	246378
专用化学产品制造	95805	16143	233687	66512	265212	206311
炸药、火工及焰火产品制造	2767	51	3054	1000	5137	3301
日用化学产品制造	9514		22622	2718	31979	18504
医药制造业	**2052667**	**387101**	**3558649**	**921961**	**2755463**	**1861174**
化学药品原料药制造	1808126	350207	3220992	851701	2357047	1621625
化学药品制剂制造	97337	32090	77419	13180	147504	111678
中药饮片加工	4282		992	700	5478	5332
中成药生产	77762	4157	205470	39506	138000	44412
兽用药品制造	8444		17204	1280	20233	12882
生物药品制造	56716	647	36572	15594	87201	65244
化学纤维制造业	**15772**		**12904**	**2036**	**20787**	**19089**

4－9续表3

单位:万元

项　　目	流动负债	非流动负债	年末所有者权益合计	实收资本	主营业务收入	主营业务成本
合成纤维制造	15772		12904	2036	20787	19089
橡胶和塑料制品业	**2142947**	**49318**	**1941821**	**799570**	**3758257**	**3085403**
橡胶制品业	422395	11950	449120	160958	733671	595151
塑料制品业	1720552	37368	1492701	638611	3024587	2490252
非金属矿物制品业	**462209**	**15108**	**232671**	**160907**	**702904**	**586678**
水泥、石灰和石膏制造	38166	10520	23772	12184	107063	86612
石膏、水泥制品及类似制品制造	280988	616	127300	91303	405813	346433
砖瓦、石材等建筑材料制造	39445	504	21885	19576	42214	35039
玻璃制造	16795	205	3448	4560	20145	17991
玻璃制品制造	34100		36503	17691	62480	49509
玻璃纤维和玻璃纤维增强塑料制品制造	13179		3759	3485	15449	12328
陶瓷制品制造	38312	3263	15268	11950	46891	36361
石墨及其他非金属矿物制品制造	1223		736	158	2850	2405
黑色金属冶炼和压延加工业	**264534**	**13382**	**45545**	**37431**	**435148**	**400882**
黑色金属铸造	74716	382	28963	17634	113310	99920
钢压延加工	189819	13000	16582	19797	321838	300962
有色金属冶炼和压延加工业	**522756**	**22336**	**282630**	**92422**	**1392049**	**1335561**
常用有色金属冶炼	8256		2241	1520	27360	25598
贵金属冶炼	9788		4590	5800	21480	20334
有色金属合金制造	47267	580	11544	8921	102819	97378
有色金属铸造	38386		11478	10069	74640	69710
有色金属压延加工	419060	21756	252776	66111	1165750	1122542
金属制品业	**883391**	**43321**	**766062**	**332001**	**1393712**	**1145736**
结构性金属制品制造	21987		19258	14674	35519	30332
金属工具制造	68377	116	18354	10586	83198	72205
集装箱及金属包装容器制造	13518	170	8928	3140	19689	16869
金属丝绳及其制品制造	21395	1230	13131	4607	57931	52797
建筑、安全用金属制品制造	204117	1299	92791	100246	364861	321277
金属表面处理及热处理加工	107911	6974	58423	29026	172068	147273
搪瓷制品制造	2401		517	500	2024	1521
金属制日用品制造	287977	32911	463546	108450	452493	325690
其他金属制品制造	155709	622	91113	60773	205928	177772
通用设备制造业	**2800952**	**75056**	**2187154**	**873353**	**4738036**	**3948010**

4－9 续表4

单位:万元

项目	流动负债	非流动负债	年末所有者权益合计	实收资本	主营业务收入	主营业务成本
锅炉及原动设备制造	34035	2440	16473	16401	24744	20015
金属加工机械制造	216975	3611	112074	53647	314018	259458
物料搬运设备制造	186790	1343	128666	49828	212501	187737
泵、阀门、压缩机及类似机械制造	1508915	29833	1126071	438972	3019404	2522716
轴承、齿轮和传动部件制造	472472	21389	519888	168903	630955	511988
烘炉、风机、衡器、包装等设备制造	250973	9147	212277	114974	389012	324289
文化、办公用机械制造	25864	1730	17273	6344	22106	15705
通用零部件制造	100496	5540	52809	23485	119518	101934
其他通用设备制造业	4434	24	1624	800	5778	4168
专用设备制造业	**1233911**	**33071**	**798511**	**350783**	**1731066**	**1397457**
采矿、冶金、建筑专用设备制造	35144	608	24700	9085	57146	46475
化工、木材、非金属加工专用设备制造	559666	10708	337437	133841	585459	466961
食品、饮料、烟草及饲料生产专用设备制造	11412	120	9165	4334	18332	14833
印刷制药日化及日用品生产专用设备制造	4900		3488	1298	4487	3595
纺织、服装和皮革加工专用设备制造	339597	14533	234653	110777	557911	457723
农、林、牧、渔专用机械制造	203728	6032	133518	55591	379307	312331
医疗仪器设备及器械制造	44314	856	23956	12669	66979	47688
环保社会公共服务及其他专用设备制造	35151	213	31593	23188	61446	47851
汽车制造业	**2753458**	**604463**	**1739364**	**618971**	**4508280**	**3759134**
汽车整车制造	646143	262916	294993	130031	1034037	915505
汽车零部件及配件制造	2107314	341547	1444371	488939	3474243	2843629
铁路船舶航空航天和其他运输设备制造业	**1140290**	**62626**	**1170389**	**403402**	**1525604**	**1302286**
铁路运输设备制造	50495	2411	390885	80491	123289	62736
船舶及相关装置制造	332712	34359	187591	121034	294765	261245
航空、航天器及设备制造	8175	796	4365	2780	11479	9593
摩托车制造	545788	25046	527239	150460	808964	715899
自行车制造	201538	13	59439	48138	282820	249264
电气机械和器材制造业	**2259359**	**98166**	**1441382**	**824164**	**3093956**	**2584639**
电机制造	633260	34464	641018	214067	1043553	849294
输配电及控制设备制造	456169	19608	218339	180269	522096	444254
电线、电缆、光缆及电工器材制造	279302	122	215207	184133	516106	464267
电池制造	30696	130	15307	10467	26667	20451
家用电力器具制造	478287	37086	190143	104093	462142	363349

4－9 续表 5

单位:万元

项目	流动负债	非流动负债	年末所有者权益合计	实收资本	主营业务收入	主营业务成本
非电力家用器具制造	33927	1481	41081	12203	60508	46741
照明器具制造	330461	5274	109374	109620	444092	381901
其他电气机械及器材制造	17257		10914	9311	18793	14383
计算机、通信和其他电子设备制造业	**404763**	**7900**	**1108587**	**271955**	**794939**	**661896**
计算机制造	10701		4635	5506	68321	65385
通信设备制造	9048		13776	5788	35230	21066
广播电视设备制造	13440	620	2279	620	7693	6875
视听设备制造	164065		142315	30515	359762	319734
电子器件制造	104805	4385	589857	131488	142544	100222
电子元件制造	77387	1495	342840	87420	154635	126551
其他电子设备制造	25317	1400	12885	10619	26755	22064
仪器仪表制造业	**320628**	**16094**	**269295**	**124384**	**625472**	**490217**
通用仪器仪表制造	231088	5922	212716	99897	477602	374385
专用仪器仪表制造	8634		11868	2388	29413	24025
光学仪器及眼镜制造	77367	10172	43660	21800	112967	87084
其他仪器仪表制造业	3538		1051	300	5490	4724
其他制造业	**230528**	**1152**	**245061**	**72949**	**390895**	**314206**
日用杂品制造	217655	1152	243732	71949	372523	298227
其他未列明制造业	12873		1329	1000	18372	15979
废弃资源综合利用业	**482521**	**23318**	**217804**	**204037**	**947925**	**890859**
金属废料和碎屑加工处理	455739	15277	203614	190489	924985	873553
非金属废料和碎屑加工处理	26782	8042	14190	13548	22939	17307
金属制品、机械和设备修理业	**2585**		**3017**	**3000**	**2537**	**1867**
铁路、船舶、航空航天等运输设备修理	2585		3017	3000	2537	1867
电力、热力生产和供应业	**1038820**	**1222890**	**1648048**	**1157682**	**2829140**	**2434782**
电力生产	823558	1109129	1245134	1059295	1247499	922078
电力供应	171049	109127	367648	76879	1533633	1473547
热力生产和供应	44213	4633	35266	21508	48008	39157
燃气生产和供应业	**35433**	**7348**	**33086**	**15037**	**41014**	**28496**
水的生产和供应业	**208666**	**292900**	**263217**	**118773**	**160183**	**126247**
自来水生产和供应	149971	259750	244610	104887	152071	118110
污水处理及其再生利用	58696	33150	18607	13886	8112	8136

4－10　规模以上工业主要财务指标(四)

(2016年)

单位:万元

项　　目	销售费用	财务费用	#利息支出	主营业务税金及附加	利润总额	利税总额	本年应交增值税
总　计	**1135366**	**492299**	**581065**	**248493**	**2598113**	**4153587**	**1302031**
其中:国有控股企业	85135	89779	97758	17665	261622	444168	163278
按登记注册类型分							
国有企业	3958	7245	7063	6763	24162	113083	81348
集体企业	253	240	250	100	2829	3588	659
股份合作企业	12909	6647	7110	4389	30830	56708	21489
联营企业	3	24	24	7	88	154	59
有限责任公司	349471	203610	224083	88123	613136	1054925	352029
股份有限公司	293728	23657	62589	33144	752626	1007550	220687
私营企业	392424	197763	218312	76386	794758	1355896	483574
其他企业	556	10	10	55	720	1319	540
港、澳、台商投资公司	38031	19599	21339	9012	65607	115966	41120
外商投资企业公司	44032	33505	40285	30515	313358	444399	100526
按轻重工业分							
轻工业	542773	156718	215222	90770	1082479	1656568	481484
重工业	592593	335581	365843	157723	1515635	2497020	820547
按大中小微型分							
大型企业	300257	35449	62536	45568	791878	1083500	244952
中型企业	334960	112633	157307	93002	851474	1363451	417821
小型企业	496832	281459	297833	104430	775803	1480865	598586
微型企业	3316	62758	63388	5494	178958	225771	40672
按工业行业分							
有色金属矿采选业	**27**	**5**	**5**	**99**	**927**	**1349**	**323**
贵金属矿采选	27	5	5	99	927	1349	323
非金属矿采选业	**207**	**108**	**125**	**142**	**694**	**1213**	**377**
土砂石开采	207	108	125	142	694	1213	377
农副食品加工业	**8604**	**6920**	**7017**	**1164**	**27303**	**34048**	**5581**
饲料加工	231	66	211	18	187	381	177
植物油加工	1775	284	261	81	2021	2676	573
屠宰及肉类加工	857	132	193	4	683	743	57
水产品加工	5475	6182	6108	962	24205	29681	4515
蔬菜、水果和坚果加工	161	145	129	37	140	188	11
其他农副食品加工	106	111	115	62	68	379	249

4－10续表1

单位:万元

项　　目	销售费用	财务费用	#利息支出	主营业务税金及附加	利润总额	利税总额	本年应交增值税
食品制造业	**4444**	**1302**	**2148**	**916**	**6974**	**14210**	**6321**
焙烤食品制造	21	106	113	17	92	239	131
糖果、巧克力及蜜饯制造	67	－18	1	22	100	251	129
罐头食品制造	3178	864	1488	709	4077	9669	4883
其他食品制造	1178	350	546	168	2704	4051	1178
酒、饮料和精制茶制造业	**3044**	**2346**	**2389**	**11994**	**8420**	**29300**	**8871**
酒的制造	893	971	1058	11551	6774	25071	6746
饮料制造	2150	1318	1275	418	1612	4031	1987
精制茶加工		58	56	24	34	197	139
纺织业	**17631**	**10833**	**11764**	**3965**	**37519**	**60103**	**18572**
棉纺织及印染精加工	3461	5362	5465	1135	10966	15146	3038
毛纺织及染整精加工	331	1291	1277	240	566	2278	1472
化纤织造及印染精加工	2601	1458	1458	617	5911	9821	3293
针织或钩针编织物及其制品制造	499	－98		134	2998	4245	1113
家用纺织制成品制造	564	322	322	137	532	1174	505
非家用纺织制成品制造	10174	2499	3243	1701	16547	27440	9151
纺织服装、服饰业	**1177**	**847**	**978**	**308**	**1839**	**4592**	**2444**
机织服装制造	685	334	442	184	1058	2727	1485
针织或钩针编织服装制造	277	432	457	87	540	1297	671
服饰制造	215	81	79	38	242	568	288
皮革、毛皮、羽毛及其制品和制鞋业	**21677**	**5806**	**7823**	**4772**	**44665**	**83019**	**33554**
皮革鞣制加工	54	1		8	472	634	154
皮革制品制造	949	532	522	262	929	2761	1544
制鞋业	20674	5273	7300	4503	43264	79624	31857
木材加工和木、竹、藤、棕、草制品业	**2548**	**956**	**1448**	**547**	**2312**	**5939**	**3077**
木材加工	223	74	76	80	107	429	242
人造板制造	523	205	696	121	174	967	668
木制品制造	942	353	381	169	943	2220	1108
竹、藤、棕、草等制品制造	860	325	296	176	1087	2323	1060
家具制造业	**43791**	**3476**	**15234**	**6004**	**85721**	**122268**	**30529**
木质家具制造	8901	3915	4461	1983	7330	15788	6475

4－10续表2

单位:万元

项　　目	销售费用	财务费用	#利息支出	主营业务税金及附加	利润总额	利税总额	本年应交增值税
竹、藤家具制造	645	537	560	174	251	1573	1147
金属家具制造	27951	－1847	8930	3159	71401	95218	20659
塑料家具制造	5807	15	337	479	5462	7229	1288
其他家具制造	488	857	946	208	1278	2461	960
造纸和纸制品业	**8732**	**6706**	**7504**	**1987**	**18752**	**32804**	**12065**
造纸	2485	2854	2861	513	6528	10420	3380
纸制品制造	6246	3852	4642	1475	12225	22384	8685
印刷和记录媒介复制业	**5274**	**2137**	**2238**	**1139**	**8993**	**17237**	**7105**
印刷	5274	2137	2238	1139	8993	17237	7105
文教、工美、体育和娱乐用品制造业	**26177**	**5979**	**6548**	**4775**	**22214**	**51092**	**24102**
文教办公用品制造	366	－47	6	29	16	302	257
工艺美术品制造	23925	5799	6251	4385	20235	45173	20552
体育用品制造	189	114	120	51	237	514	227
玩具制造	1478	123	156	248	1297	4205	2660
游艺器材及娱乐用品制造	221	－10	15	63	430	898	405
石油加工、炼焦和核燃料加工业	**66**	**73**	**74**	**25**	**8**	**63**	**29**
精炼石油产品制造	66	73	74	25	8	63	29
化学原料和化学制品制造业	**42134**	**17154**	**25326**	**6245**	**150339**	**198657**	**42025**
基础化学原料制造	3405	2167	5578	1413	50437	63258	11409
农药制造	4129	－168	292	204	6914	8579	1461
涂料油墨颜料及类似产品制造	10062	8059	10688	2523	52215	70775	15990
合成材料制造	6946	7442	6679	573	6493	10744	3678
专用化学产品制造	12198	－507	1896	1139	29022	37154	6993
炸药、火工及焰火产品制造	367	147	147	41	510	965	414
日用化学产品制造	5028	15	47	353	4749	7182	2080
医药制造业	**172481**	**40185**	**66775**	**20237**	**379039**	**548129**	**148739**
化学药品原料药制造	122390	30418	55853	16477	315766	453705	121384
化学药品制剂制造	8825	6713	6877	1058	8935	17692	7700
中药饮片加工	11			8	－137	－52	77
中成药生产	31661	1076	1768	1863	47193	62694	13603
兽用药品制造	484	106	275	160	4258	5780	1362
生物药品制造	9111	1871	2001	672	3025	8310	4613
化学纤维制造业	**79**	**408**	**480**	**39**	**1028**	**1303**	**236**

4－10续表3

单位:万元

项　　目	销售费用	财务费用	#利息支出	主营业务税金及附加	利润总额	利税总额	本年应交增值税
合成纤维制造	79	408	480	39	1028	1303	236
橡胶和塑料制品业	**132158**	**49691**	**54530**	**22425**	**268437**	**424440**	**133472**
橡胶制品业	25349	12372	12825	4567	49889	83043	28557
塑料制品业	106809	37320	41706	17858	218548	341396	104915
非金属矿物制品业	**21676**	**10175**	**12671**	**3952**	**45332**	**74480**	**25190**
水泥、石灰和石膏制造	3310	1484	1546	561	9927	15453	4966
石膏、水泥制品及类似制品制造	10900	6072	7417	2089	21013	36791	13684
砖瓦、石材等建筑材料制造	2679	988	1026	348	1669	4294	2277
玻璃制造	426	557	569	154	30	673	489
玻璃制品制造	1347	414	1402	276	8155	9749	1318
玻璃纤维和玻璃纤维增强塑料制品制造	983	230	289	148	275	1108	685
陶瓷制品制造	1956	418	410	363	4029	6108	1716
石墨及其他非金属矿物制品制造	76	13	13	13	234	303	56
黑色金属冶炼和压延加工业	**3424**	**5093**	**5342**	**1180**	**10668**	**18296**	**6448**
黑色金属铸造	1161	2461	2478	608	3336	8038	4095
钢压延加工	2263	2632	2864	572	7332	10258	2354
有色金属冶炼和压延加工业	**7639**	**12731**	**15805**	**2112**	**22303**	**53229**	**28757**
常用有色金属冶炼	98	129	155	20	1109	1539	410
贵金属冶炼	17	426	414	31	35	173	106
有色金属合金制造	743	1871	1910	251	－466	844	1059
有色金属铸造	410	2088	2183	140	545	1513	829
有色金属压延加工	6372	8218	11144	1671	21080	49160	26354
金属制品业	**74706**	**12591**	**16755**	**8051**	**151169**	**204931**	**45663**
结构性金属制品制造	444	367	586	274	1632	3003	1098
金属工具制造	1206	1275	1204	417	3588	6551	2541
集装箱及金属包装容器制造	468	464	463	101	745	1725	879
金属丝绳及其制品制造	824	763	744	175	1570	2669	925
建筑、安全用金属制品制造	10946	3329	4838	1986	3717	16336	10617
金属表面处理及热处理加工	2380	2232	2480	898	10422	19030	7710
搪瓷制品制造	244	52	51	36	70	178	73
金属制日用品制造	53751	22	1934	2916	122185	140501	15374
其他金属制品制造	4445	4088	4456	1249	7241	14938	6448
通用设备制造业	**134816**	**48390**	**61439**	**26034**	**264829**	**448072**	**156549**

4－10续表4

单位:万元

项目	销售费用	财务费用	#利息支出	主营业务税金及附加	利润总额	利税总额	本年应交增值税
锅炉及原动设备制造	783	769	819	169	－111	1324	1265
金属加工机械制造	9957	5162	5460	1811	15212	26272	9248
物料搬运设备制造	6072	3540	3581	610	5856	14647	8182
泵、阀门、压缩机及类似机械制造	85058	21449	31076	15808	173776	284297	94351
轴承、齿轮和传动部件制造	17943	10014	10979	4591	44414	74447	25409
烘炉、风机、衡器、包装等设备制造	11805	4454	5775	2207	18420	32808	11933
文化、办公用机械制造	653	329	926	185	2537	4242	1521
通用零部件制造	2287	2634	2788	622	4346	9423	4442
其他通用设备制造业	258	40	35	32	381	612	199
专用设备制造业	**67115**	**18946**	**23748**	**9965**	**93861**	**166097**	**62036**
采矿、冶金、建筑专用设备制造	2131	321	453	284	2659	5166	2223
化工、木材、非金属加工专用设备制造	18829	12193	12251	5025	32421	66588	29040
食品、饮料、烟草及饲料生产专用设备制造	327	176	187	152	970	2036	875
印刷制药日化及日用品生产专用设备制造	66	90	90	37	244	566	285
纺织、服装和皮革加工专用设备制造	21688	610	4287	2488	27930	46731	16313
农、林、牧、渔专用机械制造	18715	2625	3762	1063	20734	28767	6967
医疗仪器设备及器械制造	3321	1608	1427	510	5463	10168	4142
环保社会公共服务及其他专用设备制造	2038	1324	1290	406	3441	6076	2191
汽车制造业	**120824**	**41239**	**47192**	**59325**	**310055**	**512754**	**143091**
汽车整车制造	3703	2644	2155	39613	92411	145797	13772
汽车零部件及配件制造	117122	38595	45036	19711	217643	366957	129319
铁路船舶航空航天和其他运输设备制造业	**32512**	**15973**	**18274**	**11214**	**101077**	**161482**	**49141**
铁路运输设备制造	9019	664	1083	1145	30506	42942	11290
船舶及相关装置制造	2424	3420	3180	1789	10469	21459	9201
航空、航天器及设备制造	227	157	158	73	499	1116	533
摩托车制造	12240	9089	10914	7237	51418	81094	22401
自行车制造	8497	2749	2934	949	7774	14275	5552
电气机械和器材制造业	**95096**	**42372**	**47927**	**14981**	**182958**	**296107**	**96649**
电机制造	24315	10557	14880	5698	87046	132010	39116
输配电及控制设备制造	17834	7582	8369	2441	13350	31466	15558
电线、电缆、光缆及电工器材制造	7125	9295	9983	2267	17955	31066	10844
电池制造	703	775	927	204	1980	3296	1112
家用电力器具制造	27017	5494	3816	1361	44879	55098	7721

4－10续表5

单位:万元

项　　目	销售费用	财务费用	#利息支出	主营业务税金及附加	利润总额	利税总额	本年应交增值税
非电力家用器具制造	3289	755	1051	520	5483	10217	4214
照明器具制造	13988	7445	8570	2350	11814	31754	17477
其他电气机械及器材制造	826	471	331	142	453	1201	606
计算机、通信和其他电子设备制造业	**17602**	**4346**	**7989**	**2125**	**49713**	**62870**	**11033**
计算机制造	943	81	225	49	－354	－358	－53
通信设备制造	2508	19	197	295	8983	11744	2466
广播电视设备制造	368	495	469	80	－508	－257	171
视听设备制造	6958	1146	2662	7	15217	15571	347
电子器件制造	2427	－313	1738	870	19451	22981	2660
电子元件制造	3568	2084	1892	606	6345	11247	4296
其他电子设备制造	831	833	806	218	579	1942	1146
仪器仪表制造业	**27990**	**6431**	**7829**	**4371**	**47369**	**77467**	**25657**
通用仪器仪表制造	17580	4699	5997	3254	40077	61992	18591
专用仪器仪表制造	1517	272	286	205	1299	2890	1385
光学仪器及眼镜制造	8627	1417	1503	888	5817	12306	5601
其他仪器仪表制造业	266	43	44	24	176	280	80
其他制造业	**13100**	**3022**	**3897**	**2756**	**25204**	**50314**	**22309**
日用杂品制造	12415	2841	3741	2652	25033	49144	21413
其他未列明制造业	685	182	156	104	171	1170	895
废弃资源综合利用业	**16567**	**30183**	**14274**	**2941**	**－10599**	**6191**	**13848**
金属废料和碎屑加工处理	16372	29438	13443	2785	－13816	1814	12845
非金属废料和碎屑加工处理	195	746	831	156	3218	4377	1003
金属制品、机械和设备修理业	**26**	**149**	**164**	**21**	**42**	**238**	**174**
铁路、船舶、航空航天等运输设备修理	26	149	164	21	42	238	174
电力、热力生产和供应业	**3973**	**76108**	**73339**	**11584**	**221790**	**365134**	**130259**
电力生产	32	68737	65783	5382	202010	261194	53153
电力供应	3923	6668	6668	6022	13265	95246	75181
热力生产和供应	18	702	888	180	6515	8694	1925
燃气生产和供应业	**3656**	**537**	**580**	**460**	**7048**	**8694**	**1178**
水的生产和供应业	**4397**	**9079**	**11434**	**641**	**10110**	**17467**	**6627**
自来水生产和供应	4320	7718	9912	608	11081	17999	6221
污水处理及其再生利用	77	1361	1522	33	－971	－533	406

4-11 规模以上工业主要经济效益指标(一)

(2016年)

项目	企业亏损面(%)	资产负债率(%)	流动比率	存货周转次数(次)	产品销售率(%)
总计	**9.20**	**55.45**	**1.10**	**5.83**	**93.64**
其中:国有控股企业	13.46	52.59	0.83	13.63	92.96
按轻重工业分					
轻工业	8.87	53.56	1.15	4.89	92.69
重工业	9.41	56.60	1.07	6.43	94.16
按工业行业分					
有色金属矿采选业		36.24	1.32	1.46	46.10
非金属矿采选业		91.93	0.28	1.21	74.50
农副食品加工业	6.58	55.49	1.23	7.52	94.16
食品制造业	6.25	59.69	0.93	2.63	97.49
酒、饮料和精制茶制造业	30.00	52.99	0.76	3.26	98.83
纺织业	16.67	61.33	1.04	5.78	94.26
纺织服装、服饰业	4.76	58.89	1.06	6.87	96.62
皮革、毛皮、羽毛及其制品和制鞋业	1.92	67.05	1.05	12.11	94.06
木材加工和木、竹、藤、棕、草制品业	11.76	67.10	1.10	4.26	94.98
家具制造业	18.37	60.86	1.04	3.60	92.64
造纸和纸制品业	10.00	69.17	0.91	11.10	94.75
印刷和记录媒介复制业	2.70	59.29	0.99	9.34	94.98
文教、工美、体育和娱乐用品制造业	8.94	65.86	0.92	8.41	93.95
石油加工、炼焦和核燃料加工业		58.11	1.46	3.80	93.80
化学原料和化学制品制造业	5.88	43.70	1.76	5.76	94.32
医药制造业	16.44	41.84	1.38	2.68	88.41
化学纤维制造业	50.00	55.00	0.78	14.43	101.28
橡胶和塑料制品业	11.52	51.57	1.14	6.18	93.64
非金属矿物制品业	15.05	65.76	1.03	5.23	96.98
黑色金属冶炼和压延加工业	10.64	66.17	0.88	6.66	93.32
有色金属冶炼和压延加工业	20.51	65.97	0.90	13.46	99.08
金属制品业	9.90	54.76	1.04	5.41	91.88
通用设备制造业	4.68	57.03	1.10	4.55	94.33
专用设备制造业	7.28	61.35	1.02	4.27	93.00
汽车制造业	4.55	65.95	1.01	9.20	94.88
铁路船舶航空航天和其他运输设备制造业	7.25	51.21	1.24	4.10	92.99
电气机械和器材制造业	9.35	62.32	1.13	5.57	93.19
计算机、通信和其他电子设备制造业	17.14	27.34	1.79	4.82	98.89
仪器仪表制造业	1.45	56.08	1.28	4.44	92.81
其他制造业	8.57	48.61	1.28	5.84	94.54
废弃资源综合利用业	58.33	70.02	0.76	6.54	97.37
金属制品、机械和设备修理业		46.15	0.66	4.88	87.90
电力、热力生产和供应业	3.03	57.88	0.43	43.47	100.00
燃气生产和供应业		56.39	0.82	6.97	99.54
水的生产和供应业	40.00	66.88	1.47	12.30	99.86

4－12　规模以上工业主要经济效益指标(二)

(2016 年)

项　　目	企　业 亏损率 (%)	成本费用 利 润 率 (%)	百元销售收 入实现利税 (元)	百元固定 资产原值 实现利税 (元)	出口交货 值占工业 销售产值 (%)
总　　计	**4.52**	**7.29**	**10.95**	**20.95**	**28.00**
其中:国有控股企业	2.28	7.80	12.34	7.70	4.31
按轻重工业分					
轻工业	2.96	8.94	12.78	26.94	41.30
重工业	5.61	6.44	10.00	18.26	20.88
按工业行业分					
有色金属矿采选业		65.07	55.05	131.36	
非金属矿采选业		15.77	23.16	75.06	
农副食品加工业	3.20	4.70	5.59	21.84	11.76
食品制造业	7.83	5.49	10.79	20.92	57.82
酒、饮料和精制茶制造业	21.47	6.96	21.30	17.79	0.10
纺织业	5.17	6.14	9.23	25.61	28.06
纺织服装、服饰业	1.10	2.78	6.76	14.35	31.15
皮革、毛皮、羽毛及其制品和制鞋业	1.70	4.43	7.87	52.09	59.63
木材加工和木、竹、藤、棕、草制品业	10.09	2.76	6.84	19.73	26.93
家具制造业	4.40	10.11	13.39	37.53	74.63
造纸和纸制品业	4.47	4.29	7.22	16.48	6.91
印刷和记录媒介复制业	1.08	4.79	8.83	15.74	18.25
文教、工美、体育和娱乐用品制造业	5.45	3.85	8.53	30.19	73.49
石油加工、炼焦和核燃料加工业		0.40	2.90	20.38	
化学原料和化学制品制造业	1.17	13.91	16.78	45.78	30.19
医药制造业	2.33	15.42	19.89	25.14	41.36
化学纤维制造业	3.11	5.16	6.27	5.34	
橡胶和塑料制品业	4.10	7.62	11.29	27.47	24.54
非金属矿物制品业	6.54	6.90	10.60	23.93	7.64
黑色金属冶炼和压延加工业	22.10	2.52	4.20	19.15	1.09
有色金属冶炼和压延加工业	17.54	1.62	3.82	25.61	7.30
金属制品业	4.58	11.41	14.70	40.30	34.21
通用设备制造业	2.87	5.91	9.46	22.32	44.24
专用设备制造业	10.12	5.72	9.60	19.03	33.18
汽车制造业	1.29	7.38	11.37	34.77	15.59
铁路船舶航空航天和其他运输设备制造业	2.50	6.95	10.58	24.31	15.84
电气机械和器材制造业	6.64	6.24	9.57	26.56	28.70
计算机、通信和其他电子设备制造业	11.35	6.71	7.91	19.47	42.28
仪器仪表制造业	0.13	8.19	12.39	34.03	31.96
其他制造业	0.80	6.88	12.87	29.36	43.53
废弃资源综合利用业	198.22	-1.11	0.65	2.74	
金属制品、机械和设备修理业		1.80	9.38	4.53	13.24
电力、热力生产和供应业	0.30	8.57	12.91	6.92	
燃气生产和供应业		19.49	21.20	21.57	
水的生产和供应业	20.88	6.35	10.90	3.77	

4－13　国有及国有控股工业主要财务指标(一)

(2016 年)

单位:万元

项　　目	企业单位数(个)	新产品产值	工业销售产值	出口交货值	年末资产总计	从业人员年平均人数(人)
总　计	**52**	**304283**	**3449887**	**148828**	**5829292**	**19639**
按轻重工业分						
轻工业	21	256909	716213	140198	2415494	9679
重工业	31	47374	2733674	8630	3413799	9960
按大中小微型分						
大型企业	3	256584	646122	140198	1806254	7621
中型企业	12	30913	1006728		684327	6247
小型企业	32	16786	851624	8630	1392999	4620
微型企业	5		945412		1945713	1151
按工业行业分						
非金属矿采选业	**1**		**3258**		**2453**	**89**
土砂石开采	1		3258		2453	89
农副食品加工业	**1**		**20209**		**3387**	**125**
屠宰及肉类加工	1		20209		3387	125
食品制造业	**1**		**5475**		**13127**	**62**
其他食品制造	1		5475		13127	62
酒、饮料和精制茶制造业	**2**		**10743**		**12753**	**505**
酒的制造	2		10743		12753	505
印刷和记录媒介复制业	**1**	**325**	**2838**		**2986**	**107**
印刷	1	325	2838		2986	107
医药制造业	**3**	**256584**	**482485**	**140198**	**1582790**	**6517**
化学药品原料药制造	3	256584	482485	140198	1582790	6517
非金属矿物制品业	**2**		**64557**		**35495**	**254**
水泥、石灰和石膏制造	2		64557		35495	254
通用设备制造业	**1**	**2343**	**6283**		**19319**	**338**
泵、阀门、压缩机及类似机械制造	1	2343	6283		19319	338
专用设备制造业	**1**	**28570**	**41133**		**47758**	**485**
农、林、牧、渔专用机械制造	1	28570	41133		47758	485
铁路船舶航空航天和其他运输设备制造业	**4**	**16461**	**91265**	**8630**	**212479**	**923**
铁路运输设备制造	1	15419	19135	29	22761	141
船舶及相关装置制造	2	1042	26048	8602	72571	235
摩托车制造	1		46082		117147	547
废弃资源综合利用业	**1**		**33399**		**40929**	**334**
金属废料和碎屑加工处理	1		33399		40929	334
电力、热力生产和供应业	**19**		**2519076**		**3055131**	**7833**
电力生产	9		1231783		2393666	2854
电力供应	9		1282115		647824	4855
热力生产和供应	1		5178		13640	124
燃气生产和供应业	**1**		**8024**		**21165**	**59**
水的生产和供应业	**13**		**155278**		**773648**	**1921**
自来水生产和供应	12		148381		683303	1816
污水处理及其再生利用	1		6896		90345	105

4－14 国有及国有控股工业主要财务指标(二)

(2016年)

单位:万元

项目	流动资产合计	存货	固定资产合计	固定资产原价	固定资产净值	年末负债合计
总计	**1382988**	**218907**	**3377735**	**5767996**	**3233058**	**3065709**
按轻重工业分						
轻工业	845488	122802	611214	999883	558529	1148517
重工业	537500	96104	2766520	4768114	2674529	1917192
按大中小微型分						
大型企业	505619	105193	536304	1264208	518316	709838
中型企业	152465	29890	457425	782741	426799	300991
小型企业	465408	46098	730654	1272811	665430	831694
微型企业	259497	37726	1653352	2448236	1622512	1223187
按工业行业分						
非金属矿采选业	**1465**	**245**	**354**	**1091**	**354**	**1710**
土砂石开采	1465	245	354	1091	354	1710
农副食品加工业	**2198**		**753**	**1417**	**753**	**2605**
屠宰及肉类加工	2198		753	1417	753	2605
食品制造业	**8603**	**1112**	**1951**	**3022**	**1951**	**6100**
其他食品制造	8603	1112	1951	3022	1951	6100
酒、饮料和精制茶制造业	**4835**	**2206**	**6184**	**12610**	**6184**	**4592**
酒的制造	4835	2206	6184	12610	6184	4592
印刷和记录媒介复制业	**2676**	**305**	**298**	**413**	**298**	**1906**
印刷	2676	305	298	413	298	1906
医药制造业	**507866**	**105518**	**330695**	**567544**	**312707**	**669520**
化学药品原料药制造	507866	105518	330695	567544	312707	669520
非金属矿物制品业	**16922**	**878**	**16274**	**27177**	**16274**	**18518**
水泥、石灰和石膏制造	16922	878	16274	27177	16274	18518
通用设备制造业	**9266**	**3698**	**9911**	**12240**	**9878**	**9601**
泵、阀门、压缩机及类似机械制造	9266	3698	9911	12240	9878	9601
专用设备制造业	**36054**	**6893**	**7886**	**10275**	**7886**	**40722**
农、林、牧、渔专用机械制造	36054	6893	7886	10275	7886	40722
铁路船舶航空航天和其他运输设备制造业	**112286**	**26789**	**40776**	**61744**	**40776**	**91886**
铁路运输设备制造	18598	1598	1043	1601	1043	5369
船舶及相关装置制造	40636	21697	26810	33496	26810	61295
摩托车制造	53052	3495	12923	26646	12923	25222
废弃资源综合利用业	**9040**	**3806**	**23576**	**25811**	**23576**	**37439**
金属废料和碎屑加工处理	9040	3806	23576	25811	23576	37439
电力、热力生产和供应业	**357077**	**55039**	**2621361**	**4588410**	**2548708**	**1648856**
电力生产	306430	50784	2025143	3525206	1994304	1364804
电力供应	39456	3715	594019	1045536	552205	280176
热力生产和供应	11191	540	2199	17668	2199	3876
燃气生产和供应业	**9358**	**1783**	**6174**	**7106**	**6174**	**12038**
水的生产和供应业	**304039**	**10242**	**308674**	**444340**	**254672**	**517399**
自来水生产和供应	266258	10166	258410	388231	223713	438572
污水处理及其再生利用	37781	76	50264	56109	30959	78827

4-15 国有及国有控股工业主要财务指标(三)

(2016年)

单位:万元

项目	流动负债	非流动负债	年末所有者权益合计	实收资本	主营业务收入	主营业务成本
总　计	**1668500**	**1364135**	**2763583**	**1240888**	**3599494**	**2982867**
按轻重工业分						
轻工业	614070	504500	1266976	226878	678332	461849
重工业	1054430	859636	1496607	1014010	2921162	2521018
按大中小微型分						
大型企业	479583	230255	1096416	280415	615735	425924
中型企业	219395	81595	383336	96460	1249214	1190512
小型企业	370266	428354	561305	265685	789132	679874
微型企业	599255	623932	722526	598329	945412	686557
按工业行业分						
非金属矿采选业	**1218**		**743**	**310**	**2192**	**1059**
土砂石开采	1218		743	310	2192	1059
农副食品加工业	**1143**	**1463**	**781**	**500**	**20209**	**19587**
屠宰及肉类加工	1143	1463	781	500	20209	19587
食品制造业	**6100**		**7027**	**1000**	**5475**	**4545**
其他食品制造	6100		7027	1000	5475	4545
酒、饮料和精制茶制造业	**3824**	**768**	**8162**	**7545**	**10457**	**8411**
酒的制造	3824	768	8162	7545	10457	8411
印刷和记录媒介复制业	**1906**		**1080**	**500**	**2804**	**2320**
印刷	1906		1080	500	2804	2320
医药制造业	**441675**	**227845**	**913270**	**89081**	**452576**	**279588**
化学药品原料药制造	441675	227845	913270	89081	452576	279588
非金属矿物制品业	**8518**	**10000**	**16978**	**7600**	**64296**	**49989**
水泥、石灰和石膏制造	8518	10000	16978	7600	64296	49989
通用设备制造业	**7133**	**2468**	**9718**	**3830**	**6293**	**3923**
泵、阀门、压缩机及类似机械制造	7133	2468	9718	3830	6293	3923
专用设备制造业	**40722**		**7037**	**3000**	**40492**	**30095**
农、林、牧、渔专用机械制造	40722		7037	3000	40492	30095
铁路船舶航空航天和其他运输设备制造业	**47204**	**44682**	**120593**	**43917**	**80852**	**66302**
铁路运输设备制造	5203	167	17391	13000	19135	13635
船舶及相关装置制造	31454	29841	11276	7465	23817	20408
摩托车制造	10548	14674	91925	23452	37900	32260
废弃资源综合利用业	**37058**	**381**	**3490**	**800**	**33399**	**34108**
金属废料和碎屑加工处理	37058	381	3490	800	33399	34108
电力、热力生产和供应业	**859008**	**787215**	**1406274**	**962222**	**2712766**	**2352862**
电力生产	684083	678087	1028862	879635	1173955	873599
电力供应	171049	109127	367648	76879	1533633	1473547
热力生产和供应	3876		9764	5708	5178	5716
燃气生产和供应业	**11924**	**114**	**9127**	**6448**	**8424**	**5154**
水的生产和供应业	**198301**	**289150**	**256248**	**113137**	**154121**	**121625**
自来水生产和供应	148874	259750	244731	104801	148911	115139
污水处理及其再生利用	49427	29400	11518	8336	5210	6486

4-16 国有及国有控股工业主要财务指标(四)

(2016年)

单位:万元

项目	销售费用	财务费用	#利息支出	主营业务税金及附加	利润总额	利税总额	本年应交增值税
总　计	**85135**	**89779**	**97758**	**17665**	**261622**	**444168**	**163278**
按轻重工业分							
轻工业	71844	20022	29957	5608	47260	85796	32837
重工业	13291	69757	67801	12057	214362	358372	130441
按大中小微型分							
大型企业	67014	12715	19430	4064	37818	71441	29526
中型企业	5007	5199	6368	5713	16817	78363	55291
小型企业	13082	19441	18844	4206	39806	85983	41540
微型企业	32	52424	53116	3682	167181	208381	36921
按工业行业分							
非金属矿采选业	**66**		**17**	**133**	**540**	**958**	**286**
土砂石开采	66		17	133	540	958	286
农副食品加工业	**235**	**-6**	**1**	**4**	**29**	**68**	**35**
屠宰及肉类加工	235	-6	1	4	29	68	35
食品制造业	**41**	**-63**		**14**	**297**	**421**	**110**
其他食品制造	41	-63		14	297	421	110
酒、饮料和精制茶制造业	**126**	**-7**		**1376**	**-745**	**1529**	**898**
酒的制造	126	-7		1376	-745	1529	898
印刷和记录媒介复制业				**15**	**115**	**236**	**106**
印刷				15	115	236	106
医药制造业	**67158**	**12903**	**20054**	**3567**	**32096**	**61009**	**25343**
化学药品原料药制造	67158	12903	20054	3567	32096	61009	25343
非金属矿物制品业	**2515**	**593**	**612**	**287**	**9251**	**12985**	**3446**
水泥、石灰和石膏制造	2515	593	612	287	9251	12985	3446
通用设备制造业	**171**	**257**	**257**	**64**	**43**	**653**	**543**
锅炉及原动设备制造	171	257	257	64	43	653	543
泵、阀门、压缩机及类似机械制造	171	257	257	64	43	653	543
专用设备制造业	**4102**	**323**	**380**		**2569**	**2569**	
农、林、牧、渔专用机械制造	4102	323	380		2569	2569	
铁路船舶航空航天和其他运输设备制造业	**701**	**-240**	**186**	**227**	**6239**	**8004**	**1538**
铁路运输设备制造	694	-18		130	1655	2721	935
船舶及相关装置制造	7	291	186	65	244	703	394
摩托车制造		-513		32	4339	4580	210
废弃资源综合利用业	**50**	**1588**	**1628**	**270**	**-2580**	**-2047**	**262**
金属废料和碎屑加工处理	50	1588	1628	270	-2580	-2047	262
电力、热力生产和供应业	**3955**	**65313**	**63155**	**10982**	**202320**	**338995**	**124192**
电力生产	32	58663	56487	4942	187034	240947	48322
电力供应	3923	6668	6668	6022	13265	95246	75181
热力生产和供应		-18		18	2021	2802	689
燃气生产和供应业	**1286**	**103**	**113**	**84**	**1147**	**1210**	**-31**
水的生产和供应业	**4360**	**8868**	**11208**	**601**	**9790**	**16616**	**6135**
自来水生产和供应	4283	7708	9903	601	11129	17954	6135
污水处理及其再生利用	77	1160	1305		-1338	-1338	

4－17 国有及国有控股工业主要经济效益指标(一)

(2016年)

项　　目	企业亏损面(%)	资产负债率(%)	流动比率	存货周转次数(次)	产品销售率(%)
总　计	**13.46**	**52.59**	**0.83**	**13.63**	**92.96**
按轻重工业分					
轻工业	23.81	47.55	1.38	3.76	99.24
重工业	6.45	56.16	0.51	26.23	91.44
按工业行业分					
非金属矿采选业		**69.70**	**1.20**	**4.32**	**70.14**
土砂石开采		69.70	1.20	4.32	70.14
农副食品加工业		**76.93**	**1.92**		**98.43**
屠宰及肉类加工		76.93	1.92		98.43
食品制造业		**46.47**	**1.41**	**4.09**	**97.13**
其他食品制造		46.47	1.41	4.09	97.13
酒、饮料和精制茶制造业	**50.00**	**36.00**	**1.26**	**3.81**	**103.67**
酒的制造	50.00	36.00	1.26	3.81	103.67
印刷和记录媒介复制业		**63.84**	**1.40**	**7.61**	**102.22**
印刷		63.84	1.40	7.61	102.22
医药制造业		**42.30**	**1.15**	**2.65**	**98.89**
化学药品原料药制造		42.30	1.15	2.65	98.89
非金属矿物制品业		**52.17**	**1.99**	**56.91**	**100.08**
水泥、石灰和石膏制造		52.17	1.99	56.91	100.08
通用设备制造业		**49.70**	**1.30**	**1.06**	**93.05**
泵、阀门、压缩机及类似机械制造		49.70	1.30	1.06	93.05
专用设备制造业		**85.27**	**0.89**	**4.37**	**96.66**
农、林、牧、渔专用机械制造		85.27	0.89	4.37	96.66
铁路船舶航空航天和其他运输设备制造业		**43.24**	**2.38**	**2.47**	**98.80**
铁路运输设备制造		23.59	3.57	8.53	99.94
船舶及相关装置制造		84.46	1.29	0.94	95.96
摩托车制造		21.53	5.03	9.23	100.00
废弃资源综合利用业	**100.00**	**91.47**	**0.24**	**8.96**	**100.00**
金属废料和碎屑加工处理	100.00	91.47	0.24	8.96	100.00
电力、热力生产和供应业		**53.97**	**0.42**	**42.75**	**100.00**
电力生产		57.02	0.45	17.20	100.00
电力供应		43.25	0.23	396.62	100.00
热力生产和供应		28.42	2.89	10.59	100.00
燃气生产和供应业		**56.87**	**0.78**	**2.89**	**97.57**
水的生产和供应业	**38.46**	**66.88**	**1.53**	**11.88**	**99.99**
自来水生产和供应	33.33	64.18	1.79	11.33	99.99
污水处理及其再生利用	100.00	87.25	0.76	85.80	100.00

4－18　国有及国有控股工业主要经济效益指标(二)

(2016年)

项　　目	企　业 亏损率 (%)	成本费用 利 润 率 (%)	百元销售收 入实现利税 (元)	百元固定 资产原值 实现利税 (元)	出口交货 值占工业 销售产值 (%)
总　计	**2.28**	**7.80**	**12.34**	**7.70**	**4.31**
按轻重工业分					
轻工业	4.44	7.12	12.65	8.58	19.57
重工业	1.79	7.97	12.27	7.52	0.32
按工业行业分					
非金属矿采选业		**35.50**	**43.71**	**87.83**	
土砂石开采		35.50	43.71	87.83	
农副食品加工业		**0.14**	**0.33**	**4.77**	
屠宰及肉类加工		0.14	0.33	4.77	
食品制造业		**5.66**	**7.69**	**13.93**	
其他食品制造		5.66	7.69	13.93	
酒、饮料和精制茶制造业	**541.49**	**−7.52**	**14.62**	**12.13**	
酒的制造	541.49	−7.52	14.62	12.13	
印刷和记录媒介复制业		**4.22**	**8.41**	**57.11**	
印刷		4.22	8.41	57.11	
医药制造业		**7.21**	**13.48**	**10.75**	**29.06**
化学药品原料药制造		7.21	13.48	10.75	29.06
非金属矿物制品业		**16.71**	**20.19**	**47.78**	
水泥、石灰和石膏制造		16.71	20.19	47.78	
通用设备制造业		**0.66**	**10.37**	**5.33**	
泵、阀门、压缩机及类似机械制造		0.66	10.37	5.33	
专用设备制造业		**6.80**	**6.34**	**25.00**	
农、林、牧、渔专用机械制造		6.80	6.34	25.00	
铁路船舶航空航天和其他运输设备制造业		**8.14**	**9.90**	**12.96**	**9.46**
铁路运输设备制造		9.56	14.22	169.9	0.15
船舶及相关装置制造		1.03	2.95	2.10	33.02
摩托车制造		12.15	12.08	17.19	
废弃资源综合利用业		**−7.07**	**−6.13**	**−7.93**	
金属废料和碎屑加工处理		−7.07	−6.13	−7.93	
电力、热力生产和供应业		**8.13**	**12.50**	**7.39**	
电力生产		19.34	20.52	6.83	
电力供应		0.87	6.21	9.11	
热力生产和供应		30.16	54.11	15.86	
燃气生产和供应业		**15.95**	**14.36**	**17.03**	
水的生产和供应业	**21.12**	**6.39**	**10.78**	**3.74**	
自来水生产和供应	10.33	7.69	12.06	4.62	
污水处理及其再生利用		−15.41	−25.68	−2.39	

4－19 大中型工业主要财务指标(一)

(2016年)

单位:万元

项　　目	企业单位数(个)	新产品产值	工业销售产值	出口交货值	年末资产总计	从业人员年平均人数(人)
总　　计	**418**	**9344448**	**17856611**	**6185230**	**24949784**	**273870**
按轻重工业分						
轻工业	182	4088095	7020638	3565947	11507155	126576
重工业	236	5256353	10835974	2619283	13442629	147294
按大中型分						
大型企业	45	4051275	6932080	2519213	11315386	94941
中型企业	373	5293172	10924532	3666017	13634398	178929
按工业行业分						
农副食品加工业	**5**	**24652**	**92330**	**36433**	**95272**	**2058**
水产品加工	5	24652	92330	36433	95272	2058
食品制造业	**9**	**4136**	**96934**	**76018**	**112397**	**3449**
罐头食品制造	8		83959	71499	82985	3133
其他食品制造	1	4136	12976	4519	29412	316
酒、饮料和精制茶制造业	**3**		**102879**		**90296**	**1166**
酒的制造	2		74560		68454	862
饮料制造	1		28319		21842	304
纺织业	**8**	**163820**	**281974**	**119671**	**259907**	**4330**
棉纺织及印染精加工	1	74447	104550	7966	106850	683
化纤织造及印染精加工	2	2015	51452	5159	44085	829
非家用纺织制成品制造	5	87358	125972	106546	108971	2818
皮革、毛皮、羽毛及其制品和制鞋业	**25**	**141579**	**343270**	**228608**	**208107**	**12779**
制鞋业	25	141579	343270	228608	208107	12779
木材加工和木、竹、藤、棕、草制品业	**2**	**11302**	**15654**	**5778**	**22643**	**649**
木材加工	1		5989	410	9594	314
竹、藤、棕、草等制品制造	1	11302	9665	5368	13050	335
家具制造业	**19**	**475949**	**647584**	**544310**	**941354**	**14572**
木质家具制造	4	14398	42299	22453	56692	1484
竹、藤家具制造	1	8373	9775	5286	9866	345
金属家具制造	11	443242	558315	502311	840576	11735
塑料家具制造	1		13048	12429	17256	283
其他家具制造	2	9936	24147	1831	16964	725
造纸和纸制品业	**3**	**43173**	**100394**	**20136**	**107745**	**1510**
造纸	1	27933	75367		84328	460
纸制品制造	2	15240	25028	20136	23417	1050
印刷和记录媒介复制业	**1**	**12111**	**25776**		**65838**	**515**
印刷	1	12111	25776		65838	515

4－19 续表 1

单位:万元

项　目	企业单位数（个）	新产品产值	工业销售产值	出口交货值	年末资产总计	从业人员年平均人数（人）
文教、工美、体育和娱乐用品制造业	**13**	**62480**	**165163**	**145542**	**131912**	**5319**
工艺美术品制造	13	62480	165163	145542	131912	5319
化学原料和化学制品制造业	**5**	**254269**	**387020**	**278465**	**1129102**	**3243**
基础化学原料制造	1	92115	124425	94141	461692	1002
农药制造	1	7755	62403	18706	43509	685
涂料油墨颜料及类似产品制造	1	96789	123631	108486	467348	913
专用化学产品制造	2	57611	76562	57132	156553	643
医药制造业	**34**	**1561347**	**2506048**	**1106334**	**5407945**	**31556**
化学药品原料药制造	32	1349412	2293226	1099229	5090413	29144
化学药品制剂制造	1	141559	138981	7105	198600	1837
中成药生产	1	70377	73841		118932	575
橡胶和塑料制品业	**41**	**511671**	**1449264**	**373980**	**1863404**	**25437**
橡胶制品业	8	56229	250359	40748	345257	5122
塑料制品业	33	455442	1198905	333232	1518147	20315
非金属矿物制品业	**1**		**25248**	**19211**	**33733**	**356**
玻璃制品制造	1		25248	19211	33733	356
黑色金属冶炼和压延加工业	**1**	**8482**	**55792**		**45799**	**535**
钢压延加工	1	8482	55792		45799	535
有色金属冶炼和压延加工业	**3**	**447034**	**606321**	**86485**	**248905**	**1891**
有色金属铸造	1	3676	7158		9141	298
有色金属压延加工	2	443358	599163	86485	239764	1593
金属制品业	**12**	**282841**	**544599**	**252173**	**874384**	**8504**
金属工具制造	1	1678	10601	5560	17909	350
建筑、安全用金属制品制造	6	14255	116925	55255	89724	2879
金属表面处理及热处理加工	1		9949		8734	411
金属制日用品制造	2	237923	365718	179339	714231	4008
其他金属制品制造	2	28986	41406	12019	43787	856
通用设备制造业	**67**	**933307**	**1986675**	**962130**	**2498158**	**40533**
金属加工机械制造	6	89586	143268	45842	171602	3732
物料搬运设备制造	2	95153	168508	61302	244582	2386
泵、阀门、压缩机及类似机械制造	38	477324	1135081	693817	1116752	22183
轴承、齿轮和传动部件制造	11	141950	308512	50794	629692	6926
烘炉、风机、衡器、包装等设备制造	9	122807	218920	106711	302514	4878
文化、办公用机械制造	1	6487	12387	3664	33017	428
专用设备制造业	**24**	**449480**	**799531**	**316499**	**937148**	**14048**
化工、木材、非金属加工专用设备制造	11	159701	208455	34093	376238	4745

4－19 续表2

单位:万元

项　　目	企　业 单位数 (个)	新产品 产　值	工　业 销　售 产　值	出　口 交货值	年　末 资　产 总　计	从业人员 年平均人数 (人)
纺织、服装和皮革加工专用设备制造	6	187085	409006	181028	406568	5464
农、林、牧、渔专用机械制造	5	87304	155639	100982	131966	2745
医疗仪器设备及器械制造	2	15390	26431	396	22376	1094
汽车制造业	**53**	**1867474**	**2863947**	**431695**	**3636629**	**34002**
汽车整车制造	4	749781	924013	8705	1181701	3662
汽车零部件及配件制造	49	1117693	1939934	422990	2454928	30340
铁路船舶航空航天和其他运输设备制造业	**16**	**389704**	**720369**	**178458**	**1245652**	**14707**
铁路运输设备制造	2	37496	60451	417	299651	731
船舶及相关装置制造	2	20461	43059	4000	86824	908
摩托车制造	9	225306	466923	174042	750402	10878
自行车制造	3	106441	149937		108776	2190
电气机械和器材制造业	**30**	**782284**	**1245766**	**473953**	**1875423**	**20664**
电机制造	11	403872	608301	200545	830826	8701
输配电及控制设备制造	6	134965	210276	45327	226552	3008
电线、电缆、光缆及电工器材制造	1		10278		7413	298
电池制造	1	24822	23168	13492	39487	400
家用电力器具制造	6	151670	264760	161907	609925	5441
非电力家用器具制造	2	15276	43939	33897	66547	1190
照明器具制造	3	51680	85044	18785	94673	1626
计算机、通信和其他电子设备制造业	**6**	**470673**	**637811**	**308577**	**1364155**	**5924**
计算机制造	1	50428	62944	62435	13073	480
视听设备制造	1	314001	349345	198644	303715	1590
电子器件制造	2	100114	135743	43577	688562	2884
电子元件制造	1	934	77423	1672	341228	675
其他电子设备制造	1	5196	12357	2250	17578	295
仪器仪表制造业	**16**	**150367**	**301846**	**87568**	**304936**	**7133**
通用仪器仪表制造	11	120254	227357	82100	213205	4397
专用仪器仪表制造	1	7035	18206	2219	13192	456
光学仪器及眼镜制造	4	23078	56284	3250	78539	2280
其他制造业	**10**	**150359**	**299407**	**133206**	**404653**	**8292**
日用杂品制造	9	129238	281035	114834	390452	7811
其他未列明制造业	1	21121	18372	18372	14202	481
废弃资源综合利用业	**4**	**145955**	**519720**		**370576**	**5455**
金属废料和碎屑加工处理	4	145955	519720		370576	5455
电力、热力生产和供应业	**7**		**1035292**		**673711**	**5243**
电力生产	1		183003		253599	1384
电力供应	6		852288		420112	3859

4-20 大中型工业主要财务指标(二)

(2016年)

单位:万元

项　　目	流动资产合计	存货	固定资产合计	固定资产原价	固定资产净值	年末负债合计
总　　计	**12969749**	**2824926**	**5363064**	**8755749**	**4941800**	**11842598**
按轻重工业分						
轻工业	6102169	1349524	2210059	3565122	2069294	5495494
重工业	6867581	1475403	3153005	5190627	2872506	6347104
按大中型分						
大型企业	5728534	1148754	2203234	3734084	2011076	5179739
中型企业	7241215	1676173	3159830	5021665	2930724	6662859
按工业行业分						
农副食品加工业	**55773**	**17386**	**30277**	**43884**	**29461**	**61422**
水产品加工	55773	17386	30277	43884	29461	61422
食品制造业	**64918**	**37351**	**27182**	**41414**	**25031**	**69633**
罐头食品制造	56802	34636	17575	28401	15424	57349
其他食品制造	8116	2715	9606	13014	9606	12284
酒、饮料和精制茶制造业	**42033**	**18007**	**44294**	**99117**	**44294**	**33630**
酒的制造	25256	12307	41499	93763	41499	20127
饮料制造	16777	5700	2795	5355	2795	13502
纺织业	**163212**	**52704**	**66264**	**106766**	**57252**	**145766**
棉纺织及印染精加工	69005	22834	29127	42250	20127	54981
化纤织造及印染精加工	26152	7465	9660	17657	9660	31623
非家用纺织制成品制造	68055	22405	27477	46860	27465	59162
皮革、毛皮、羽毛及其制品和制鞋业	**145825**	**25524**	**28002**	**51911**	**24983**	**132868**
制鞋业	145825	25524	28002	51911	24983	132868
木材加工和木、竹、藤、棕、草制品业	**14166**	**8895**	**7388**	**10795**	**7388**	**9996**
木材加工	6111	4765	3344	5203	3344	6580
竹、藤、棕、草等制品制造	8055	4130	4045	5592	4045	3417
家具制造业	**601884**	**139676**	**150305**	**189864**	**116376**	**529358**
木质家具制造	26415	11399	21985	31665	21029	33632
竹、藤家具制造	7599	3281	1952	3312	1952	8653
金属家具制造	552381	117582	116956	142847	84106	457288
塑料家具制造	1351	365	7242	8538	7242	13859
其他家具制造	14138	7049	2170	3501	2048	15926
造纸和纸制品业	**42146**	**8111**	**60359**	**76859**	**59384**	**72899**
造纸	29170	6034	51338	63885	51338	64777
纸制品制造	12976	2077	9021	12974	8046	8121
印刷和记录媒介复制业	**33692**	**3414**	**16295**	**16295**	**4225**	**26641**
印刷	33692	3414	16295	16295	4225	26641

4－20 续表1

单位:万元

项目	流动资产合计	存货	固定资产合计	固定资产原价	固定资产净值	年末负债合计
文教、工美、体育和娱乐用品制造业	**70547**	**21502**	**36652**	**50536**	**29548**	**84622**
工艺美术品制造	70547	21502	36652	50536	29548	84622
化学原料和化学制品制造业	**714491**	**55585**	**205533**	**181582**	**117802**	**373120**
基础化学原料制造	256571	17783	56133	56133	33353	101261
农药制造	27208	4015	7736	16916	7736	17151
涂料油墨颜料及类似产品制造	357721	25535	59658	69521	45900	215411
专用化学产品制造	72991	8252	82007	39013	30813	39297
医药制造业	**2423219**	**589723**	**1187632**	**1916436**	**1138487**	**2190505**
化学药品原料药制造	2217089	574792	1129031	1817460	1092869	2004743
化学药品制剂制造	127317	9561	26361	69306	26361	124061
中成药生产	78813	5370	32240	29670	19257	61701
橡胶和塑料制品业	**1070998**	**200874**	**393355**	**618494**	**383439**	**782419**
橡胶制品业	249459	49577	79371	118595	75678	143223
塑料制品业	821539	151297	313984	499898	307761	639196
非金属矿物制品业	**24480**	**6338**	**6938**	**12133**	**6938**	**22028**
玻璃制品制造	24480	6338	6938	12133	6938	22028
黑色金属冶炼和压延加工业	**32347**	**16273**	**10746**	**17521**	**10746**	**38145**
钢压延加工	32347	16273	10746	17521	10746	38145
有色金属冶炼和压延加工业	**99418**	**33563**	**41948**	**73927**	**41948**	**156632**
有色金属铸造	3441	1725	4718	6604	4718	5872
有色金属压延加工	95977	31839	37230	67323	37230	150761
金属制品业	**382017**	**79529**	**76317**	**151194**	**75217**	**395443**
金属工具制造	13409	1096	4400	6775	4400	15327
建筑、安全用金属制品制造	59898	20696	19470	30545	18664	72696
金属表面处理及热处理加工	2657	835	5701	9064	5701	6108
金属制日用品制造	279047	52311	32434	72712	32154	272348
其他金属制品制造	27007	4591	14311	32099	14298	28964
通用设备制造业	**1425841**	**447169**	**664391**	**987920**	**551006**	**1201658**
金属加工机械制造	110608	51318	43066	77490	37270	113726
物料搬运设备制造	131113	26772	50347	93271	49910	151721
泵、阀门、压缩机及类似机械制造	672270	202628	247178	426437	244687	551542
轴承、齿轮和传动部件制造	349540	114991	251596	273595	148520	218026
烘炉、风机、衡器、包装等设备制造	136552	44669	68693	107247	67107	144498
文化、办公用机械制造	25758	6790	3512	9881	3512	22145
专用设备制造业	**552257**	**171226**	**260689**	**415593**	**238447**	**537634**
化工、木材、非金属加工专用设备制造	211224	63079	101028	174943	100799	223352

4-20 续表2

单位:万元

项目	流动资产合计	存货	固定资产合计	固定资产原价	固定资产净值	年末负债合计
纺织、服装和皮革加工专用设备制造	250370	86902	114903	166833	93141	224029
农、林、牧、渔专用机械制造	78533	19719	34948	54290	34774	74340
医疗仪器设备及器械制造	12131	1526	9810	19527	9732	15913
汽车制造业	**1833977**	**250437**	**547891**	**838148**	**538379**	**2324774**
汽车整车制造	495489	15834	38660	84886	33131	886729
汽车零部件及配件制造	1338488	234603	509232	753261	505248	1438046
铁路船舶航空航天和其他运输设备制造业	**618763**	**101578**	**167536**	**304736**	**163869**	**471947**
铁路运输设备制造	104049	8828	32131	41511	31779	20048
船舶及相关装置制造	37687	20700	18585	43933	17085	34819
摩托车制造	419717	61301	109107	206942	107291	340164
自行车制造	57309	10749	7713	12350	7713	76916
电气机械和器材制造业	**1244802**	**230496**	**305196**	**529749**	**302422**	**1087284**
电机制造	529081	112291	161374	261998	158734	365012
输配电及控制设备制造	159129	33403	40528	78744	40394	135074
电线、电缆、光缆及电工器材制造	6751	1406	662	1404	662	6650
电池制造	20638	10342	8036	12394	8036	25152
家用电力器具制造	417084	54077	60416	102134	60416	465996
非电力家用器具制造	43009	6984	13447	25651	13447	27900
照明器具制造	69110	11993	20733	47425	20733	61502
计算机、通信和其他电子设备制造业	**624776**	**112451**	**158098**	**251841**	**158097**	**312272**
计算机制造	11669	4559	1325	1519	1325	9288
视听设备制造	252691	71617	23038	29894	23038	162000
电子器件制造	201093	15928	60684	108212	60683	107054
电子元件制造	153023	17430	69172	104856	69172	23887
其他电子设备制造	6301	2918	3878	7361	3878	10043
仪器仪表制造业	**204381**	**64671**	**64957**	**107072**	**61692**	**161362**
通用仪器仪表制造	154066	43343	38411	60303	35146	102675
专用仪器仪表制造	7212	175	3787	8101	3787	4657
光学仪器及眼镜制造	43102	21153	22759	38668	22759	54030
其他制造业	**249740**	**39955**	**87705**	**150737**	**83702**	**175308**
日用杂品制造	240580	35193	83284	143858	79280	162435
其他未列明制造业	9161	4762	4422	6879	4422	12873
废弃资源综合利用业	**193021**	**81946**	**113822**	**117890**	**98969**	**220478**
金属废料和碎屑加工处理	193021	81946	113822	117890	98969	220478
电力、热力生产和供应业	**41025**	**10541**	**603293**	**1393336**	**572701**	**224754**
电力生产	15023	8046	215474	712014	215474	59264
电力供应	26002	2495	387819	681322	357226	165490

4－21 大中型工业主要财务指标（三）

（2016年）

单位：万元

项目	流动负债	非流动负债	年末所有者权益合计	实收资本	主营业务收入	主营业务成本
总计	**10299300**	**1386481**	**13107185**	**4430408**	**17889464**	**14429915**
按轻重工业分						
轻工业	4810439	548316	6011660	1790768	6728623	5078935
重工业	5488861	838165	7095525	2639640	11160842	9350980
按大中型分						
大型企业	4333917	844180	6135647	1748485	6855878	5353085
中型企业	5965383	542300	6971538	2681923	11033586	9076830
按工业行业分						
农副食品加工业	**46459**		**33850**	**26439**	**88778**	**80892**
水产品加工	46459		33850	26439	88778	80892
食品制造业	**66257**	**3361**	**42764**	**17123**	**96996**	**81052**
罐头食品制造	57334		25636	12043	84021	72568
其他食品制造	8924	3361	17128	5080	12976	8484
酒、饮料和精制茶制造业	**32892**	**738**	**56666**	**31950**	**102879**	**82577**
酒的制造	19389	738	48327	29670	74560	57884
饮料制造	13502		8340	2280	28319	24694
纺织业	**139606**	**3351**	**114141**	**37091**	**266692**	**206678**
棉纺织及印染精加工	54981		51869	9651	102325	79920
化纤织造及印染精加工	29114		12462	11852	51452	43364
非家用纺织制成品制造	55512	3351	49809	15588	112915	83394
皮革、毛皮、羽毛及其制品和制鞋业	**131186**	**1680**	**75239**	**42741**	**339990**	**300476**
制鞋业	131186	1680	75239	42741	339990	300476
木材加工和木、竹、藤、棕、草制品业	**9996**		**12647**	**1500**	**15654**	**11830**
木材加工	6580		3014	500	5989	4313
竹、藤、棕、草等制品制造	3417		9633	1000	9665	7517
家具制造业	**529104**	**254**	**411996**	**251593**	**574310**	**459983**
木质家具制造	33378	254	23060	7608	41901	31548
竹、藤家具制造	8653		1213	508	9357	8353
金属家具制造	457288		383288	238611	489059	390009
塑料家具制造	13859		3398	3188	13218	11278
其他家具制造	15926		1038	1678	20776	18795
造纸和纸制品业	**66141**	**6445**	**34846**	**21829**	**101763**	**83296**
造纸	60786	3991	19550	12600	76240	65253
纸制品制造	5355	2454	15296	9229	25523	18043
印刷和记录媒介复制业	**26641**		**39196**	**14100**	**25027**	**19360**
印刷	26641		39196	14100	25027	19360

4－21 续表1

单位:万元

项　目	流动负债	非流动负债	年末所有者权益合计	实收资本	主营业务收入	主营业务成本
文教、工美、体育和娱乐用品制造业	**82655**	**1967**	**47290**	**19468**	**166208**	**134666**
工艺美术品制造	82655	1967	47290	19468	166208	134666
化学原料和化学制品制造业	**254922**	**118064**	**755982**	**408811**	**356752**	**233395**
基础化学原料制造	37773	63488	360431	360431	108060	76575
农药制造	16250	901	26358	9000	56944	42291
涂料油墨颜料及类似产品制造	175677	39600	251937	3970	115216	59646
专用化学产品制造	25222	14075	117257	35410	76532	54883
医药制造业	**1699649**	**373842**	**3217441**	**806151**	**2266495**	**1493785**
化学药品原料药制造	1548523	339207	3085670	761971	2052836	1374879
化学药品制剂制造	91971	32090	74539	8180	139818	106828
中成药生产	59156	2545	57231	36000	73841	12078
橡胶和塑料制品业	**760964**	**19696**	**1080985**	**340265**	**1419024**	**1076610**
橡胶制品业	138480	3963	202034	41453	242197	177020
塑料制品业	622483	15733	878951	298813	1176827	899591
非金属矿物制品业	**22028**		**11705**	**7235**	**25248**	**22564**
玻璃制品制造	22028		11705	7235	25248	22564
黑色金属冶炼和压延加工业	**25145**	**13000**	**7654**	**5398**	**55792**	**51935**
钢压延加工	25145	13000	7654	5398	55792	51935
有色金属冶炼和压延加工业	**139299**	**17334**	**92273**	**6050**	**600725**	**581394**
有色金属铸造	5872		3270	2000	6847	6384
有色金属压延加工	133427	17334	89003	4050	593878	575010
金属制品业	**362434**	**33010**	**478941**	**136520**	**527104**	**384340**
金属工具制造	15327		2582	501	10254	9001
建筑、安全用金属制品制造	72696		17027	22518	116210	99759
金属表面处理及热处理加工	6018	90	2626	200	9949	7425
金属制日用品制造	239602	32746	441883	98209	354416	239096
其他金属制品制造	28790	174	14823	15092	36275	29059
通用设备制造业	**1158455**	**34034**	**1296500**	**438017**	**1940411**	**1548646**
金属加工机械制造	110421	3305	57876	24024	141038	112858
物料搬运设备制造	151721		92861	30800	168765	153223
泵、阀门、压缩机及类似机械制造	535531	14120	565209	183251	1111753	872380
轴承、齿轮和传动部件制造	198719	16482	411666	110698	296949	230525
烘炉、风机、衡器、包装等设备制造	139918	127	158016	84025	209552	169503
文化、办公用机械制造	22145		10872	5218	12355	10157
专用设备制造业	**521805**	**15827**	**399514**	**158913**	**801056**	**633916**
化工、木材、非金属加工专用设备制造	214630	8721	152886	48247	205784	158312

4－21 续表2

单位:万元

项　　目	流动负债	非流动负债	年末所有者权益合计	实收资本	主营业务收入	主营业务成本
纺织、服装和皮革加工专用设备制造	217778	6251	182539	86850	421018	340709
农、林、牧、渔专用机械制造	74285	55	57626	20758	149390	117218
医疗仪器设备及器械制造	15113	800	6463	3058	24865	17677
汽车制造业	**1766027**	**554798**	**1311855**	**432318**	**3092687**	**2599666**
汽车整车制造	623813	262916	294972	126031	1016532	899426
汽车零部件及配件制造	1142215	291882	1016883	306287	2076155	1700240
铁路船舶航空航天和其他运输设备制造业	**448303**	**23645**	**773705**	**192726**	**710706**	**614709**
铁路运输设备制造	19895	154	279602	47911	60382	33800
船舶及相关装置制造	34819		-52005	30000	44704	38911
摩托车制造	316687	23478	410238	95435	457261	409180
自行车制造	76902	13	31860	19380	148359	132818
电气机械和器材制造业	**1006443**	**75660**	**788139**	**305146**	**1280247**	**1012798**
电机制造	337101	27611	465815	105384	573079	442530
输配电及控制设备制造	125252	5826	91479	73897	191993	166742
电线、电缆、光缆及电工器材制造	6650		764	500	10278	8985
电池制造	25152		14335	9523	21635	16594
家用电力器具制造	428025	37086	143930	77830	352317	276922
非电力家用器具制造	26986	914	38647	10590	43429	31884
照明器具制造	57279	4223	33170	27422	87516	69141
计算机、通信和其他电子设备制造业	**307454**	**4818**	**1051883**	**241180**	**632830**	**534793**
计算机制造	9288		3785	5000	62563	60651
视听设备制造	162000		141715	30015	356214	316770
电子器件制造	102670	4385	581508	130263	130479	91853
电子元件制造	23454	433	317341	70885	71217	56330
其他电子设备制造	10043		7535	5018	12357	9189
仪器仪表制造业	**149172**	**10682**	**143575**	**63305**	**300374**	**221513**
通用仪器仪表制造	100563	604	110531	47050	225790	168183
专用仪器仪表制造	4657		8535	1288	18212	14744
光学仪器及眼镜制造	43952	10078	24509	14967	56372	38586
其他制造业	**175084**	**223**	**229346**	**61088**	**288464**	**225196**
日用杂品制造	162212	223	228017	60088	270092	209217
其他未列明制造业	12873		1329	1000	18372	15979
废弃资源综合利用业	**212169**	**8309**	**150098**	**113741**	**527144**	**504435**
金属废料和碎屑加工处理	212169	8309	150098	113741	527144	504435
电力、热力生产和供应业	**159010**	**65744**	**448957**	**249712**	**1286110**	**1229410**
电力生产	56594	2671	194334	194334	182303	158480
电力供应	102417	63073	254622	55378	1103807	1070931

4－22 大中型工业主要财务指标（四）

（2016年）

单位：万元

项目	销售费用	财务费用	#利息支出	主营业务税金及附加	利润总额	利税总额	本年应交增值税
总　计	**635218**	**148082**	**219844**	**138569**	**1643352**	**2446951**	**662773**
按轻重工业分							
轻工业	353810	68789	114982	52190	801782	1132507	277290
重工业	281408	79293	104862	86379	841571	1314444	385482
按大中型分							
大型企业	300257	35449	62536	45568	791878	1083500	244952
中型企业	334960	112633	157307	93002	851474	1363451	417821
按工业行业分							
农副食品加工业	**827**	**1316**	**1548**	**178**	**2589**	**3924**	**1158**
水产品加工	827	1316	1548	178	2589	3924	1158
食品制造业	**3788**	**1038**	**1776**	**730**	**5205**	**10961**	**5026**
罐头食品制造	3059	795	1401	654	3787	8986	4544
其他食品制造	729	242	375	76	1418	1976	481
酒、饮料和精制茶制造业	**998**	**458**	**556**	**9055**	**9052**	**24533**	**6426**
酒的制造	123	－13	53	8917	7994	22189	5278
饮料制造	875	471	503	138	1058	2345	1149
纺织业	**9223**	**4533**	**5167**	**1936**	**25662**	**36353**	**8755**
棉纺织及印染精加工	2153	3387	3479	810	8514	10858	1534
化纤织造及印染精加工	994	1081	983	182	4106	6013	1726
非家用纺织制成品制造	6076	65	705	944	13042	19482	5496
皮革、毛皮、羽毛及其制品和制鞋业	**8966**	**2125**	**3670**	**1738**	**12239**	**25521**	**11544**
制鞋业	8966	2125	3670	1738	12239	25521	11544
木材加工和木、竹、藤、棕、草制品业	**671**	**260**	**266**	**173**	**527**	**1357**	**657**
木材加工	223	74	76	80	107	429	242
竹、藤、棕、草等制品制造	448	186	190	93	420	928	415
家具制造业	**27882**	**－1349**	**9542**	**3294**	**78096**	**101631**	**20241**
木质家具制造	2179	576	769	410	6072	7442	960
竹、藤家具制造	209	249	271	77	－22	677	622
金属家具制造	24567	－2756	7870	2644	71389	91528	17494
塑料家具制造	775	－23	9	45	232	937	661
其他家具制造	152	605	623	119	425	1048	504
造纸和纸制品业	**2543**	**2058**	**2349**	**270**	**7463**	**8662**	**929**
造纸	1391	1844	1897	74	3882	4697	741
纸制品制造	1153	214	452	196	3581	3966	189
印刷和记录媒介复制业	**1337**	**397**	**397**	**133**	**2760**	**4226**	**1333**
印刷	1337	397	397	133	2760	4226	1333

4－22 续表1

单位:万元

项目	销售费用	财务费用	#利息支出	主营业务税金及附加	利润总额	利税总额	本年应交增值税
文教、工美、体育和娱乐用品制造业	**7048**	**2474**	**2305**	**1308**	**8508**	**15776**	**5960**
工艺美术品制造	7048	2474	2305	1308	8508	15776	5960
化学原料和化学制品制造业	**11020**	**4858**	**10940**	**2488**	**96716**	**118072**	**18868**
基础化学原料制造	534	880	3878	861	41843	49714	7009
农药制造	3610	－223	236	162	5882	7381	1338
涂料油墨颜料及类似产品制造	2049	5588	6815	1090	37981	47879	8808
专用化学产品制造	4827	－1386	10	376	11009	13098	1713
医药制造业	**153571**	**31168**	**55936**	**16974**	**331178**	**474764**	**126536**
化学药品原料药制造	118400	23614	47529	14696	299355	425729	111601
化学药品制剂制造	6780	6712	6877	1004	8838	16990	7149
中成药生产	28392	842	1531	1274	22985	32045	7786
橡胶和塑料制品业	**63493**	**12449**	**15574**	**8577**	**188695**	**260194**	**62917**
橡胶制品业	11633	3490	3607	1806	32964	49525	14755
塑料制品业	51859	8959	11967	6771	155731	210668	48161
非金属矿物制品业	**274**	**847**	**988**	**53**	**1180**	**1766**	**533**
玻璃制品制造	274	847	988	53	1180	1766	533
黑色金属冶炼和压延加工业	**218**	**446**	**448**	**203**	**1341**	**2061**	**517**
钢压延加工	218	446	448	203	1341	2061	517
有色金属冶炼和压延加工业	**4272**	**857**	**3453**	**500**	**13194**	**34310**	**20616**
有色金属铸造	109	148	151	17	－22	160	165
有色金属压延加工	4163	709	3302	483	13216	34150	20451
金属制品业	**57588**	**1200**	**3950**	**3455**	**122974**	**144599**	**18166**
金属工具制造	199	11		101	253	868	511
建筑、安全用金属制品制造	5312	864	1818	593	589	4503	3321
金属表面处理及热处理加工	12	－2		70	1332	1990	587
金属制日用品制造	51134	－912	837	2413	119397	134643	12833
其他金属制品制造	931	1238	1295	278	1403	2595	914
通用设备制造业	**69627**	**15458**	**25521**	**10354**	**161916**	**244378**	**71702**
金属加工机械制造	6013	3284	3641	746	6984	11221	3491
物料搬运设备制造	3948	2976	2943	281	3706	10167	6181
泵、阀门、压缩机及类似机械制造	41103	3422	10888	5750	106868	152904	40128
轴承、齿轮和传动部件制造	10026	3551	4190	2359	31814	48334	14161
烘炉、风机、衡器、包装等设备制造	8141	2000	3031	1131	12480	20814	6953
文化、办公用机械制造	396	226	828	87	64	939	788
专用设备制造业	**35594**	**3881**	**7953**	**3940**	**48952**	**81169**	**28224**
化工、木材、非金属加工专用设备制造	7588	4642	4930	1748	12604	25413	11062

4-22 续表2

单位:万元

项　　目	销售费用	财务费用	#利息支出	主营业务税金及附加	利润总额	利税总额	本年应交增值税
纺织、服装和皮革加工专用设备制造	17942	-1214	2140	1678	22905	37486	12903
农、林、牧、渔专用机械制造	9111	-35	630	336	11062	13881	2483
医疗仪器设备及器械制造	953	487	253	177	2382	4389	1777
汽车制造业	**65884**	**19636**	**24503**	**49824**	**241939**	**377617**	**85855**
汽车整车制造	3510	2120	1604	39550	92738	145528	13241
汽车零部件及配件制造	62374	17517	22899	10274	149201	232089	72614
铁路船舶航空航天和其他运输设备制造业	**12777**	**4698**	**6486**	**6353**	**57698**	**85330**	**21280**
铁路运输设备制造	3254	-9	343	503	15464	21782	5815
船舶及相关装置制造	597	1203	1256	77	1159	2658	1423
摩托车制造	5137	3448	4737	5336	35334	52128	11457
自行车制造	3788	55	150	436	5742	8762	2585
电气机械和器材制造业	**53893**	**12873**	**15823**	**5652**	**121529**	**170425**	**42176**
电机制造	14924	2872	6590	3205	72962	101251	25084
输配电及控制设备制造	9490	2388	3236	570	1730	6477	4177
电线、电缆、光缆及电工器材制造	251	98	118	54	174	630	402
电池制造	695	646	797	204	1328	2542	1010
家用电力器具制造	21249	4538	2725	709	36375	42298	4147
非电力家用器具制造	2759	630	921	441	5005	8943	3496
照明器具制造	4525	1702	1436	469	3956	8285	3861
计算机、通信和其他电子设备制造业	**12510**	**2114**	**5691**	**1112**	**35264**	**40512**	**4137**
计算机制造	837	44	168		-690	-690	
视听设备制造	6698	1146	2662	5	15165	15366	197
电子器件制造	2272	-313	1738	773	17033	19653	1848
电子元件制造	2015	857	724	164	3343	4848	1341
其他电子设备制造	689	380	399	171	413	1336	751
仪器仪表制造业	**20385**	**1948**	**2926**	**2075**	**29106**	**45388**	**14182**
通用仪器仪表制造	11486	913	1839	1519	25426	36722	9752
专用仪器仪表制造	1096	292	286	136	873	1883	874
光学仪器及眼镜制造	7803	743	801	420	2807	6783	3557
其他制造业	**9692**	**2326**	**3032**	**2156**	**22317**	**43021**	**18501**
日用杂品制造	9007	2144	2876	2052	22146	41851	17606
其他未列明制造业	685	182	156	104	171	1170	895
废弃资源综合利用业	**724**	**16674**	**5568**	**1396**	**-1825**	**8383**	**8812**
金属废料和碎屑加工处理	724	16674	5568	1396	-1825	8383	8812
电力、热力生产和供应业	**415**	**3341**	**3480**	**4644**	**19081**	**82017**	**57721**
电力生产		-65	13	610	9573	15416	5202
电力供应	415	3406	3467	4035	9508	66602	52519

4-23 大中型工业主要经济效益指标(一)

(2016年)

项　　目	企　业 亏损面 (%)	资　产 负债率 (%)	流　动 比　率	存货周 转次数 (次)	产　品 销售率 (%)
总　　计	**6.46**	**47.47**	**1.26**	**5.11**	**93.08**
按轻重工业分					
轻工业	5.49	47.76	1.27	3.76	92.17
重工业	7.20	47.22	1.25	6.34	93.67
按大中型分					
大型企业	4.44	45.78	1.32	4.66	95.74
中型企业	6.70	48.87	1.21	5.42	91.46
按工业行业分					
农副食品加工业	20.00	64.47	1.20	4.65	93.33
食品制造业	11.11	61.95	0.98	2.17	97.24
酒、饮料和精制茶制造业	33.33	37.24	1.28	4.59	100.48
纺织业	12.50	56.08	1.17	3.92	92.80
皮革、毛皮、羽毛及其制品和制鞋业	4.00	63.85	1.11	11.77	93.65
木材加工和木、竹、藤、棕、草制品业		44.15	1.42	1.33	90.98
家具制造业	5.26	56.23	1.14	3.29	92.70
造纸和纸制品业		67.66	0.64	10.27	89.89
印刷和记录媒介复制业		40.47	1.26	5.67	95.77
文教、工美、体育和娱乐用品制造业	15.38	64.15	0.85	6.26	94.74
化学原料和化学制品制造业		33.05	2.80	4.20	99.84
医药制造业	2.94	40.51	1.43	2.53	89.15
橡胶和塑料制品业	2.44	41.99	1.41	5.36	94.43
非金属矿物制品业		65.30	1.11	3.56	93.93
黑色金属冶炼和压延加工业		83.29	1.29	3.19	76.56
有色金属冶炼和压延加工业	33.33	62.93	0.71	17.32	102.21
金属制品业	8.33	45.23	1.05	4.83	89.48
通用设备制造业	1.49	48.10	1.23	3.46	95.42
专用设备制造业	12.50	57.37	1.06	3.70	94.97
汽车制造业	3.77	63.93	1.04	10.38	95.97
铁路船舶航空航天和其他运输设备制造业	6.25	37.89	1.38	6.05	92.74
电气机械和器材制造业	10.00	57.98	1.24	4.39	91.26
计算机、通信和其他电子设备制造业	33.33	22.89	2.03	4.76	99.91
仪器仪表制造业		52.92	1.37	3.43	95.83
其他制造业		43.32	1.43	5.64	94.02
废弃资源综合利用业	75.00	59.50	0.91	6.16	96.07
电力、热力生产和供应业		33.36	0.26	116.64	100.00

4－24 大中型工业主要经济效益指标(二)

(2016年)

项　　目	企　业亏损率(%)	成本费用利润率(%)	百元销售收入实现利税(元)	百元固定资产原值实现利税(元)	出口交货值占工业销售产值(%)
总　　计	**1.88**	**9.92**	**13.68**	**27.95**	**34.64**
按轻重工业分					
轻工业	0.48	13.03	16.83	31.77	50.79
重工业	3.18	8.08	11.78	25.32	24.17
按大中型分					
大型企业	0.80	12.64	15.80	29.02	36.34
中型企业	2.86	8.26	12.36	27.15	33.56
按工业行业分					
农副食品加工业	3.21	3.00	4.42	8.94	39.46
食品制造业	10.22	5.56	11.30	26.47	78.42
酒、饮料和精制茶制造业	9.17	10.25	23.85	24.75	
纺织业	0.05	10.70	13.63	34.05	42.44
皮革、毛皮、羽毛及其制品和制鞋业	4.27	3.74	7.51	49.16	66.60
木材加工和木、竹、藤、棕、草制品业		3.52	8.67	12.57	36.91
家具制造业	0.03	15.05	17.70	53.53	84.05
造纸和纸制品业		7.91	8.51	11.27	20.06
印刷和记录媒介复制业		11.80	16.89	25.94	
文教、工美、体育和娱乐用品制造业	5.08	5.39	9.49	31.22	88.12
化学原料和化学制品制造业	0.00	31.94	33.10	65.02	71.95
医药制造业	0.25	16.42	20.95	24.77	44.15
橡胶和塑料制品业	0.13	14.90	18.34	42.07	25.80
非金属矿物制品业		4.88	6.99	14.56	76.09
黑色金属冶炼和压延加工业		2.47	3.69	11.76	
有色金属冶炼和压延加工业	0.16	2.23	5.71	46.41	14.26
金属制品业	1.67	25.33	27.43	95.64	46.30
通用设备制造业	0.06	9.03	12.59	24.74	48.43
专用设备制造业	11.87	6.50	10.13	19.53	39.59
汽车制造业	0.31	8.47	12.21	45.05	15.07
铁路船舶航空航天和其他运输设备制造业	0.02	8.45	12.01	28.00	24.77
电气机械和器材制造业	3.51	10.34	13.31	32.17	38.05
计算机、通信和其他电子设备制造业	13.13	5.94	6.40	16.09	48.38
仪器仪表制造业		10.72	15.11	42.39	29.01
其他制造业		8.36	14.91	28.54	44.49
废弃资源综合利用业	127.52	-0.34	1.59	7.11	
电力、热力生产和供应业		1.51	6.38	5.89	

4-25 规模以上非国有工业主要财务指标(一)

(2016年)

单位:万元

项目	企业单位数(个)	新产品产值	工业销售产值	出口交货值	年末资产总计	从业人员年平均人数(人)
总计	**3566**	**13575952**	**34793439**	**10559423**	**41225352**	**590992**
按轻重工业分						
轻工业	1354	5348285	12616665	5366054	15346846	244092
重工业	2212	8227667	22176774	5193369	25878507	346900
按大中小微型分						
大型企业	42	3794691	6285958	2379016	9509132	87320
中型企业	361	5262260	9917803	3666017	12950071	172682
小型企业	3094	4476872	18079919	4475677	18297613	327343
微型企业	69	42129	509760	38714	468535	3647
按工业行业分						
有色金属矿采选业	**1**	**1230**	**2450**		**3695**	**61**
贵金属矿采选	1	1230	2450		3695	61
非金属矿采选业	**1**		**3072**		**20166**	**15**
土砂石开采	1		3072		20166	15
农副食品加工业	**75**	**52846**	**602173**	**73210**	**400440**	**7908**
饲料加工	1		10409	6182	6790	178
植物油加工	2	10760	19420		29132	248
屠宰及肉类加工	1		57936		7509	188
水产品加工	69	42086	507431	63783	347384	7030
蔬菜、水果和坚果加工	1		3846	3246	5759	90
其他农副食品加工	1		3130		3868	174
食品制造业	**15**	**15554**	**126483**	**76292**	**150954**	**3958**
焙烤食品制造	1		3113		3049	64
糖果、巧克力及蜜饯制造	1		2109		3735	87
罐头食品制造	9		88316	71499	87959	3322
其他食品制造	4	15554	32945	4793	56212	485
酒、饮料和精制茶制造业	**8**	**2429**	**127079**	**143**	**167569**	**1429**
酒的制造	3		81700		115951	780
饮料制造	4	2429	42069	143	45305	599
精制茶加工	1		3310		6312	50

4－25 续表 1

单位:万元

项　　目	企业单位数（个）	新产品产值	工业销售产值	出口交货值	年末资产总计	从业人员年平均人数（人）
纺织业	**78**	**248833**	**672617**	**188730**	**610354**	**11159**
棉纺织及印染精加工	13	97565	186838	9235	198041	1798
毛纺织及染整精加工	3	11661	26414	2199	32896	597
化纤织造及印染精加工	17	2015	133614	7865	102910	2056
针织或钩针编织物及其制品制造	1	3630	22749	6	18724	262
家用纺织制成品制造	6	4119	23683	6317	13959	536
非家用纺织制成品制造	38	129843	279319	163108	243826	5910
纺织服装、服饰业	**21**	**17145**	**69755**	**21729**	**58171**	**1775**
机织服装制造	12	9567	44922	15226	30607	1102
针织或钩针编织服装制造	7	4869	18750	2084	24822	530
服饰制造	2	2709	6084	4420	2742	143
皮革、毛皮、羽毛及其制品和制鞋业	**208**	**486815**	**1066078**	**635699**	**564096**	**32537**
皮革鞣制加工	2	2898	7563		11423	96
皮革制品制造	7	6882	31570	25177	21959	845
制鞋业	199	477035	1026945	610523	530714	31596
木材加工和木、竹、藤、棕、草制品业	**17**	**20259**	**93968**	**25309**	**100029**	**2500**
木材加工	1		5989	410	9594	314
人造板制造	4		30186	7169	43711	473
木制品制造	7	8957	28034	12362	17354	960
竹、藤、棕、草等制品制造	5	11302	29760	5368	29371	753
家具制造业	**98**	**552377**	**993968**	**741773**	**1263897**	**25069**
木质家具制造	50	42169	202003	101370	241632	7615
竹、藤家具制造	5	11114	29629	17454	21508	892
金属家具制造	29	457339	639671	546974	903400	14167
塑料家具制造	8	31147	82990	69646	65248	1210
其他家具制造	6	10608	39675	6329	32110	1185
造纸和纸制品业	**60**	**95248**	**466557**	**32244**	**431890**	**7006**
造纸	10	47834	141730	644	131675	1245
纸制品制造	50	47414	324827	31600	300214	5761
印刷和记录媒介复制业	**36**	**19670**	**194459**	**36015**	**234269**	**4474**

4－25 续表2

单位:万元

项　　目	企　业 单位数 (个)	新产品 产　值	工　业 销　售 产　值	出　口 交货值	年　末 资　产 总　计	从业人员 年平均人数 (人)
印刷	36	19670	194459	36015	234269	4474
文教、工美、体育和娱乐用品制造业	**123**	**151460**	**604863**	**444512**	**436559**	**19651**
文教办公用品制造	2	124	7795	6112	4926	201
工艺美术品制造	106	139996	538261	397150	396958	17764
体育用品制造	2	1097	7289	2268	6510	162
玩具制造	11	2640	41136	32744	20814	1321
游艺器材及娱乐用品制造	2	7603	10383	6238	7352	203
石油加工、炼焦和核燃料加工业	**1**	**83**	**2165**		**3014**	**18**
精炼石油产品制造	1	83	2165		3014	18
化学原料和化学制品制造业	**67**	**585393**	**1185334**	**359583**	**2004480**	**9918**
基础化学原料制造	13	178338	254519	119053	601958	2579
农药制造	3	7755	74193	19243	54368	791
涂料油墨颜料及类似产品制造	21	165200	272319	116163	712886	2591
合成材料制造	12	120659	283017	5803	257496	1388
专用化学产品制造	14	103184	270591	93317	345635	2113
日用化学产品制造	4	10258	30695	6005	32136	456
医药制造业	**70**	**1507728**	**2533220**	**1107200**	**4535725**	**30574**
化学药品原料药制造	53	1197140	2132452	1062044	3916632	26277
化学药品制剂制造	2	142452	147862	7105	206846	1886
中药饮片加工	2		5706		5274	84
中成药生产	4	110527	136523		287390	1067
兽用药品制造	2	21561	25702	16854	25648	212
生物药品制造	7	36048	84975	21197	93935	1048
化学纤维制造业	**2**	**756**	**20780**		**28675**	**126**
合成纤维制造	2	756	20780		28675	126
橡胶和塑料制品业	**460**	**1080145**	**3831262**	**940169**	**4173310**	**67057**
橡胶制品业	85	212315	745631	158265	890478	13146
塑料制品业	375	867830	3085631	781904	3282833	53911
非金属矿物制品业	**91**	**69707**	**635227**	**53491**	**681375**	**7989**
水泥、石灰和石膏制造	5	2857	36057		42822	252

4－25 续表3

单位:万元

项目	企业单位数（个）	新产品产值	工业销售产值	出口交货值	年末资产总计	从业人员年平均人数（人）
石膏、水泥制品及类似制品制造	52	1913	414714		409772	4155
砖瓦、石材等建筑材料制造	11	7478	39110	1747	61834	642
玻璃制造	4	9597	20323	2796	20449	550
玻璃制品制造	8	13502	61627	39762	70757	1014
玻璃纤维和玻璃纤维增强塑料制品制造	2	5486	15241	5475	16938	313
陶瓷制品制造	8	28875	45306	3712	56844	1047
石墨及其他非金属矿物制品制造	1		2850		1959	16
黑色金属冶炼和压延加工业	**47**	**47233**	**440556**	**4796**	**359626**	**5092**
黑色金属铸造	26	19321	116734	3341	104672	2735
钢压延加工	21	27912	323822	1456	254955	2357
有色金属冶炼和压延加工业	**78**	**533928**	**1393993**	**101694**	**831387**	**6338**
常用有色金属冶炼	2	1493	27560		10497	101
贵金属冶炼	2		17885		14379	102
有色金属合金制造	9	23194	103305	772	59390	628
有色金属铸造	7	4644	74595		49865	1030
有色金属压延加工	58	504598	1170647	100922	697257	4477
金属制品业	**192**	**438127**	**1430278**	**489289**	**1698440**	**26497**
结构性金属制品制造	4		35519	17843	41245	581
金属工具制造	22	29643	85251	5775	86847	1958
集装箱及金属包装容器制造	6		19980	1174	22616	514
金属丝绳及其制品制造	12	3681	54373	2476	35515	742
建筑、安全用金属制品制造	62	45437	374007	168886	301609	8776
金属表面处理及热处理加工	31	36758	174688	34636	173597	4319
搪瓷制品制造	1		2009	838	2918	62
金属制日用品制造	24	251848	463769	232521	784599	6286
其他金属制品制造	30	70761	220684	25141	249495	3259
通用设备制造业	**619**	**1654645**	**4812299**	**2131841**	**5070819**	**98434**
锅炉及原动设备制造	6	4930	24562	3917	52947	724
金属加工机械制造	41	152164	318000	122836	336326	7468
物料搬运设备制造	11	106570	212569	65868	316799	3411

4－25 续表4

单位:万元

项　　目	企　业单位数（个）	新产品产　值	工　业销　售产　值	出　口交货值	年　末资　产总　计	从业人员年平均人数（人）
泵、阀门、压缩机及类似机械制造	404	917656	3067430	1649422	2660323	60522
轴承、齿轮和传动部件制造	84	259585	647899	98913	1016974	14528
烘炉、风机、衡器、包装等设备制造	45	164012	391372	154011	477247	8752
文化、办公用机械制造	3	11124	22664	5765	45159	619
通用零部件制造	23	36653	121593	30060	158962	2237
其他通用设备制造业	2	1952	6211	1050	6081	173
专用设备制造业	**205**	**811855**	**1706527**	**579817**	**2035649**	**33684**
采矿、冶金、建筑专用设备制造	13	22961	57621	16536	60453	1623
化工、木材、非金属加工专用设备制造	88	354661	593645	136543	909224	12988
食品、饮料、烟草及饲料生产专用设备制造	7	3413	19523	1163	20697	473
印刷制药日化及日用品生产专用设备制造	2	268	4486		8388	158
纺织、服装和皮革加工专用设备制造	34	223656	549594	218847	589545	8896
农、林、牧、渔专用机械制造	36	154200	345739	200693	307893	6027
医疗仪器设备及器械制造	11	20720	71223	1898	69168	2239
环保社会公共服务及其他专用设备制造	14	31975	64697	4136	70282	1280
汽车制造业	**330**	**2280601**	**4299795**	**670471**	**5108669**	**66915**
汽车整车制造	6	749781	939818	8705	1204052	3960
汽车零部件及配件制造	324	1530821	3359977	661766	3904616	62955
铁路船舶航空航天和其他运输设备制造业	**134**	**598636**	**1485358**	**241037**	**2186331**	**26384**
铁路运输设备制造	5	60742	108087	444	421031	1267
船舶及相关装置制造	26	60038	287089	15286	501096	3299
航空、航天器及设备制造	3	5685	11571		17662	221
摩托车制造	72	322676	780499	209791	982575	16844
自行车制造	27	149180	293801	11290	261516	4676
电气机械和器材制造业	**321**	**1206193**	**3093427**	**887929**	**3825199**	**49156**
电机制造	94	528860	1091184	305901	1318234	18174
输配电及控制设备制造	59	263749	540363	117234	699682	8558
电线、电缆、光缆及电工器材制造	55	55846	535988	1125	502269	3510
电池制造	2	29419	28199	13492	46133	448
家用电力器具制造	26	169527	375501	193850	706501	8066

4－25 续表5

单位:万元

项　　目	企业单位数（个）	新产品产值	工业销售产值	出口交货值	年末资产总计	从业人员年平均人数（人）
非电力家用器具制造	5	16127	61576	43016	76490	1614
照明器具制造	74	136034	441538	212093	447720	8161
其他电气机械及器材制造	6	6631	19078	1217	28170	625
计算机、通信和其他电子设备制造业	**35**	**511809**	**798340**	**337537**	**1526505**	**9291**
计算机制造	2	50428	68690	67465	15337	630
通信设备制造	2	11128	33824	12605	22824	483
广播电视设备制造	2		7693	428	16338	123
视听设备制造	2	314001	352779	198644	306379	1639
电子器件制造	3	111742	148777	44159	699047	3072
电子元件制造	19	18546	160369	11986	425286	2714
其他电子设备制造	5	5965	26209	2250	41294	630
仪器仪表制造业	**69**	**271020**	**631494**	**201807**	**613109**	**14513**
通用仪器仪表制造	45	228883	483033	183771	456818	9596
专用仪器仪表制造	3	10829	29805	9081	20502	733
光学仪器及眼镜制造	19	31050	112993	7532	131200	4042
其他仪器仪表制造业	2	258	5664	1424	4589	142
其他制造业	**35**	**165675**	**406157**	**176789**	**476841**	**11052**
日用杂品制造	34	144554	387785	158417	462639	10571
其他未列明制造业	1	21121	18372	18372	14202	481
废弃资源综合利用业	**47**	**148553**	**913380**		**685460**	**9045**
金属废料和碎屑加工处理	41	145955	889505		636446	8628
非金属废料和碎屑加工处理	6	2598	23875		49014	417
金属制品、机械和设备修理业	**1**		**2397**	**317**	**5603**	**44**
铁路、船舶、航空航天等运输设备修理	1		2397	317	5603	44
电力、热力生产和供应业	**14**		**106054**		**857261**	**889**
电力生产	9		71692		786788	508
热力生产和供应	5		34362		70473	381
燃气生产和供应业	**5**		**35538**		**54702**	**347**
水的生产和供应业	**2**		**6339**		**21084**	**87**
自来水生产和供应	1		2944		976	19
污水处理及其再生利用	1		3395		20108	68

4-26 规模以上非国有工业主要财务指标(二)

(2016年)

单位:万元

项目	流动资产合计	存货	固定资产合计	固定资产原价	固定资产净值	年末负债合计
总计	**23647090**	**5182200**	**9151850**	**14055945**	**8531894**	**23025434**
按轻重工业分						
轻工业	8887916	1995359	3240892	5148280	3023747	8364435
重工业	14759174	3186841	5910958	8907665	5508147	14661000
按大中小微型分						
大型企业	5222915	1043561	1666931	2469876	1492760	4469901
中型企业	7088750	1646282	2702405	4238924	2503924	6361868
小型企业	11065999	2452666	4711257	7254540	4464998	11976619
微型企业	269427	39690	71258	92605	70212	217046
按工业行业分						
有色金属矿采选业	**1762**	**686**	**1027**	**1027**	**482**	**1339**
贵金属矿采选	1762	686	1027	1027	482	1339
非金属矿采选业	**4154**	**2756**	**412**	**525**	**407**	**19084**
土砂石开采	4154	2756	412	525	407	19084
农副食品加工业	**228399**	**73060**	**116789**	**154470**	**108014**	**221489**
饲料加工	4020	1297	1235	2761	1235	4885
植物油加工	7907	2685	9484	11476	9483	12967
屠宰及肉类加工	2867	127	1725	2576	1725	3362
水产品加工	210159	66993	98980	131105	91037	194437
蔬菜、水果和坚果加工	2626	1584	2678	2794	2078	3273
其他农副食品加工	820	374	2689	3759	2456	2565
食品制造业	**79114**	**40700**	**44815**	**64896**	**42664**	**91845**
焙烤食品制造	1459	579	1590	2659	1590	1280
糖果、巧克力及蜜饯制造	2190	499	928	1947	928	93
罐头食品制造	59077	35285	20218	32443	18067	60217
其他食品制造	16388	4338	22080	27847	22080	30255
酒、饮料和精制茶制造业	**67330**	**30375**	**85290**	**152079**	**83025**	**90964**
酒的制造	33858	19287	74079	132535	73279	61770
饮料制造	28797	11072	9785	17498	8320	28125
精制茶加工	4675	16	1426	2046	1426	1069

4－26 续表1

单位:万元

项　目	流动资产合计	存货	固定资产合计	固定资产原价	固定资产净值	年末负债合计
纺织业	**377523**	**94081**	**141810**	**234707**	**124490**	**374333**
棉纺织及印染精加工	114166	30012	45926	69819	34808	109929
毛纺织及染整精加工	18004	3998	8854	17711	7196	25258
化纤织造及印染精加工	71519	17576	19033	38825	18033	68486
针织或钩针编织物及其制品制造	10124	1533	2089	3872	2089	9948
家用纺织制成品制造	9381	1079	3888	4985	2693	11443
非家用纺织制成品制造	154330	39883	62020	99495	59671	149270
纺织服装、服饰业	**36297**	**8713**	**18311**	**31988**	**16119**	**34259**
机织服装制造	22477	4765	5744	9284	5241	17975
针织或钩针编织服装制造	11582	3216	12113	20871	10426	14447
服饰制造	2238	732	455	1833	452	1836
皮革、毛皮、羽毛及其制品和制鞋业	**394076**	**77269**	**88881**	**159367**	**83735**	**378237**
皮革鞣制加工	7533	5853	3822	8375	3822	11166
皮革制品制造	15691	2786	4288	9224	4288	13893
制鞋业	370852	68630	80770	141768	75625	353177
木材加工和木、竹、藤、棕、草制品业	**72944**	**17386**	**17668**	**30102**	**17668**	**67120**
木材加工	6111	4765	3344	5203	3344	6580
人造板制造	34783	4424	2324	7517	2324	30125
木制品制造	12273	2587	3502	5718	3501	13617
竹、藤、棕、草等制品制造	19778	5610	8498	11663	8498	16798
家具制造业	**794536**	**205860**	**235911**	**325828**	**197170**	**769244**
木质家具制造	124791	53684	74392	115820	70156	180719
竹、藤家具制造	15522	4363	3554	4757	2760	19283
金属家具制造	601319	130579	127468	157780	93977	508973
塑料家具制造	29771	8291	24425	38283	24329	32188
其他家具制造	23133	8943	6071	9189	5948	28080
造纸和纸制品业	**262763**	**36062**	**135348**	**199042**	**130711**	**298758**
造纸	60565	9037	64789	82731	63528	101422
纸制品制造	202197	27025	70560	116311	67183	197337
印刷和记录媒介复制业	**130319**	**17733**	**67270**	**109076**	**53755**	**138773**
印刷	130319	17733	67270	109076	53755	138773

4－26 续表 2

单位:万元

项　　目	流动资产合计	存货	固定资产合计	固定资产原价	固定资产净值	年末负债合计
文教、工美、体育和娱乐用品制造业	**260698**	**59212**	**106417**	**169217**	**97956**	**287503**
文教办公用品制造	2994	389	1630	3146	1490	3741
工艺美术品制造	237299	54171	93927	149212	85643	260270
体育用品制造	2587	1264	2972	4148	2972	4566
玩具制造	14043	2708	5911	10273	5874	13865
游艺器材及娱乐用品制造	3775	680	1977	2438	1977	5061
石油加工、炼焦和核燃料加工业	**2555**	**507**	**65**	**308**	**65**	**1752**
精炼石油产品制造	2555	507	65	308	65	1752
化学原料和化学制品制造业	**1252079**	**158123**	**359559**	**429167**	**263018**	**875733**
基础化学原料制造	329857	31774	102321	132000	78911	172726
农药制造	32397	4876	12540	21213	10361	22837
涂料油墨颜料及类似产品制造	518675	60016	89237	117645	74822	346032
合成材料制造	148166	33545	35846	52624	35846	212676
专用化学产品制造	198287	22338	116251	96705	59714	111948
日用化学产品制造	24697	5574	3365	8980	3365	9514
医药制造业	**2326991**	**590226**	**1031057**	**1613097**	**973399**	**1890345**
化学药品原料药制造	1907959	536079	933159	1441083	890341	1608910
化学药品制剂制造	130513	10024	27431	71810	27431	129427
中药饮片加工	4091	1144	897	1047	897	4282
中成药生产	212143	26799	46507	56003	33524	81920
兽用药品制造	18193	2304	2449	6004	2449	8444
生物药品制造	54091	13876	20615	37151	18758	57363
化学纤维制造业	**12301**	**1323**	**16375**	**24410**	**16375**	**15772**
合成纤维制造	12301	1323	16375	24410	16375	15772
橡胶和塑料制品业	**2432800**	**499385**	**981097**	**1544845**	**929366**	**2152038**
橡胶制品业	592763	112369	207477	310451	192151	441357
塑料制品业	1840037	387016	773620	1234395	737215	1710682
非金属矿物制品业	**461437**	**111337**	**155853**	**284055**	**148792**	**452893**
水泥、石灰和石膏制造	26909	3575	8474	16007	8474	23239

4-26 续表3

单位:万元

项目	流动资产合计	存货	固定资产合计	固定资产原价	固定资产净值	年末负债合计
石膏、水泥制品及类似制品制造	292645	70832	84693	164376	79574	282472
砖瓦、石材等建筑材料制造	32190	4900	23037	36554	22256	39949
玻璃制造	12539	4444	6704	12979	6045	17000
玻璃制品制造	51407	10656	12109	25067	12103	34254
玻璃纤维和玻璃纤维增强塑料制品制造	10396	2228	4489	6528	4489	13179
陶瓷制品制造	33505	14527	16237	22153	15742	41576
石墨及其他非金属矿物制品制造	1847	175	109	392	109	1223
黑色金属冶炼和压延加工业	**231684**	**60170**	**58984**	**95549**	**56467**	**237969**
黑色金属铸造	62191	10114	28431	45876	26087	72408
钢压延加工	169493	50056	30553	49673	30380	165560
有色金属冶炼和压延加工业	**469025**	**99189**	**117827**	**207811**	**115909**	**548450**
常用有色金属冶炼	8291	2366	422	1037	422	8256
贵金属冶炼	12871	6705	909	1649	909	9788
有色金属合金制造	40290	8579	13762	21993	13762	47847
有色金属铸造	25195	9022	18148	34713	17900	38386
有色金属压延加工	382378	72517	84587	148420	82916	444174
金属制品业	**917690**	**211639**	**296890**	**508477**	**288822**	**930068**
结构性金属制品制造	29420	6059	9119	15565	8519	21987
金属工具制造	49538	11088	29829	46134	29718	68492
集装箱及金属包装容器制造	17415	3225	3884	9812	3884	13688
金属丝绳及其制品制造	24654	6629	9043	15611	8613	20074
建筑、安全用金属制品制造	208518	78493	66207	112784	64909	208818
金属表面处理及热处理加工	96979	16172	59943	88636	55183	115174
搪瓷制品制造	1076	502	1139	1466	1139	2401
金属制日用品制造	326786	64372	50067	101116	49787	321053
其他金属制品制造	163305	25101	67660	117353	67072	158381
通用设备制造业	**3073565**	**864573**	**1291043**	**1995218**	**1144366**	**2893381**
锅炉及原动设备制造	24104	3692	21211	25785	17854	36475
金属加工机械制造	237752	78303	70605	130991	64807	224252

4－26 续表4

单位:万元

项　　目	流动资产合计	存货	固定资产合计	固定资产原价	固定资产净值	年末负债合计
物料搬运设备制造	167788	35126	70302	122456	69671	188133
泵、阀门、压缩机及类似机械制造	1708466	499104	569721	967575	548039	1543969
轴承、齿轮和传动部件制造	559910	151547	380658	471427	271743	497086
烘炉、风机、衡器、包装等设备制造	241539	72617	119366	190851	117140	264969
文化、办公用机械制造	33611	9037	4776	12645	4776	27886
通用零部件制造	96917	14901	52131	69722	48182	106154
其他通用设备制造业	3479	247	2275	3766	2156	4457
专用设备制造业	**1227573**	**320586**	**520134**	**862365**	**486196**	**1237377**
采矿、冶金、建筑专用设备制造	43905	11751	12272	22239	12256	35752
化工、木材、非金属加工专用设备制造	516752	135111	241977	427005	234431	570458
食品、饮料、烟草及饲料生产专用设备制造	11252	2665	4550	9067	4550	11532
印刷制药日化及日用品生产专用设备制造	5560	1101	1668	3298	1668	4900
纺织、服装和皮革加工专用设备制造	385519	114056	149227	225841	127280	349424
农、林、牧、渔专用机械制造	180031	42946	76304	111765	73729	181411
医疗仪器设备及器械制造	39948	6705	20493	38828	18639	45211
环保社会公共服务及其他专用设备制造	44608	6251	13643	24322	13643	38689
汽车制造业	**2776069**	**408555**	**921972**	**1474593**	**902570**	**3369304**
汽车整车制造	513204	21237	41209	90633	35680	909059
汽车零部件及配件制造	2262866	387319	880763	1383959	866890	2460244
铁路船舶航空航天和其他运输设备制造业	**1307109**	**290635**	**369259**	**602601**	**343886**	**1136535**
铁路运输设备制造	206229	16413	43672	63491	43320	47538
船舶及相关装置制造	346339	137275	99863	162021	86162	324780
航空、航天器及设备制造	11085	915	2878	5344	2824	13297
摩托车制造	586715	92127	181460	315315	172830	547261
自行车制造	154320	42941	41355	56365	38719	202077
电气机械和器材制造业	**2544559**	**464286**	**682170**	**1114796**	**651139**	**2383816**
电机制造	850269	172571	281570	434156	264506	677216
输配电及控制设备制造	468523	89480	120674	205689	115368	481344
电线、电缆、光缆及电工器材制造	371244	50880	59791	95763	58523	287062
电池制造	26051	11408	9254	13995	9248	30826
家用电力器具制造	478948	70754	81527	135173	80528	516358

4－26 续表 5

单位:万元

项　　目	流动资产合计	存货	固定资产合计	固定资产原价	固定资产净值	年末负债合计
非电力家用器具制造	50933	8397	15443	28926	15393	35409
照明器具制造	280220	54575	106040	188958	99702	338345
其他电气机械及器材制造	18371	6221	7870	12136	7870	17257
计算机、通信和其他电子设备制造业	**725626**	**137432**	**203442**	**322878**	**202867**	**417388**
计算机制造	13686	4751	1572	2061	1572	10701
通信设备制造	17271	6165	2365	4493	2365	9048
广播电视设备制造	9162	3331	3667	4421	3461	14060
视听设备制造	254226	71972	23890	31095	23890	164065
电子器件制造	208395	17606	63747	112487	63547	109190
电子元件制造	205801	28764	93768	148506	93600	82446
其他电子设备制造	17085	4842	14434	19815	14434	27879
仪器仪表制造业	**409510**	**110416**	**129048**	**227625**	**125211**	**343814**
通用仪器仪表制造	317933	82949	84777	149303	80996	244102
专用仪器仪表制造	13085	983	4936	13308	4936	8634
光学仪器及眼镜制造	75644	25591	38573	63610	38518	87540
其他仪器仪表制造业	2848	893	762	1404	762	3538
其他制造业	**296030**	**53814**	**101318**	**171354**	**95866**	**231780**
日用杂品制造	286870	49051	96896	164475	91445	218907
其他未列明制造业	9161	4762	4422	6879	4422	12873
废弃资源综合利用业	**357305**	**132431**	**178595**	**200181**	**159774**	**471146**
金属废料和碎屑加工处理	344251	131175	160041	168733	142221	436322
非金属废料和碎屑加工处理	13054	1255	18554	31448	17552	34824
金属制品、机械和设备修理业	**1697**	**383**	**3905**	**5259**	**2905**	**2585**
铁路、船舶、航空航天等运输设备修理	1697	383	3905	5259	2905	2585
电力、热力生产和供应业	**89149**	**971**	**640420**	**686701**	**636471**	**615487**
电力生产	65458	422	606891	633389	604629	570517
热力生产和供应	23692	549	33530	53312	31842	44970
燃气生产和供应业	**19671**	**2306**	**21726**	**33208**	**21072**	**30743**
水的生产和供应业	**2751**	**23**	**11163**	**19127**	**11163**	**14115**
自来水生产和供应	429		361	1139	361	1096
污水处理及其再生利用	2321	23	10801	17989	10801	13019

4-27 规模以上非国有工业主要财务指标(三)

(2016年)

单位:万元

项目	流动负债	非流动负债	年末所有者权益合计	实收资本	主营业务收入	主营业务成本
总计	**21014059**	**1825803**	**17998876**	**7574626**	**34341976**	**28499265**
按轻重工业分						
轻工业	7824244	376527	6954642	2662334	12285031	9906093
重工业	13189815	1449277	11044234	4912292	22056945	18593173
按大中小微型分						
大型企业	3854334	613926	5039231	1468070	6240143	4927161
中型企业	5745988	460705	6588202	2585463	9784372	7886318
小型企业	11109808	714091	6320981	3467114	17804082	15213629
微型企业	303929	37082	50462	53979	513380	472157
按工业行业分						
有色金属矿采选业	**1339**		**2356**	**800**	**2450**	**999**
贵金属矿采选	1339		2356	800	2450	999
非金属矿采选业	**19084**		**1083**	**1000**	**3043**	**2575**
土砂石开采	19084		1083	1000	3043	2575
农副食品加工业	**185703**	**15563**	**178951**	**92208**	**588483**	**529708**
饲料加工	4885		1904	1697	10409	9541
植物油加工	7708	5259	16165	4765	19191	12716
屠宰及肉类加工	3362		4147	2000	57936	56228
水产品加工	164428	9787	152946	79891	493971	445522
蔬菜、水果和坚果加工	3058	215	2486	2350	3846	3270
其他农副食品加工	2262	303	1303	1505	3130	2432
食品制造业	**88197**	**3633**	**59110**	**23340**	**126236**	**105589**
焙烤食品制造	1280		1769	508	3130	2632
糖果、巧克力及蜜饯制造	93		3642	503	2109	1828
罐头食品制造	59930	272	27743	12561	88378	76096
其他食品制造	26894	3361	25956	9768	32619	25033
酒、饮料和精制茶制造业	**90751**	**175**	**76605**	**53516**	**127124**	**97851**
酒的制造	61595	175	54182	39998	81701	60707
饮料制造	28087		17180	8358	42065	34230
精制茶加工	1069		5243	5160	3358	2914

4－27 续表1

单位:万元

项　　目	流动负债	非流动负债	年末所有者权益合计	实收资本	主营业务收入	主营业务成本
纺 织 业	**363127**	**8248**	**236021**	**101389**	**650852**	**544070**
棉纺织及印染精加工	106877	2944	88112	26439	185481	153877
毛纺织及染整精加工	25031	227	7638	5814	25201	21302
化纤织造及印染精加工	65976		34424	18828	133544	118313
针织或钩针编织物及其制品制造	9948		8775	510	22749	17837
家用纺织制成品制造	11443		2516	1408	23380	20729
非家用纺织制成品制造	143852	5077	94556	48390	260498	212012
纺织服装、服饰业	**34090**		**23912**	**17825**	**67931**	**59876**
机织服装制造	17975		12632	8825	44507	39422
针织或钩针编织服装制造	14278		10375	8472	17340	15260
服饰制造	1836		906	528	6084	5194
皮革、毛皮、羽毛及其制品和制鞋业	**376190**	**4790**	**163125**	**87417**	**1054573**	**936052**
皮革鞣制加工	11166		257	5048	7563	6686
皮革制品制造	13783	110	8065	3545	31001	26762
制鞋业	351240	4680	154803	78824	1016009	902604
木材加工和木、竹、藤、棕、草制品业	**66567**	**121**	**32909**	**12978**	**86815**	**74064**
木材加工	6580		3014	500	5989	4313
人造板制造	29573	121	13585	8509	23073	20625
木制品制造	13617		3737	2359	27991	23634
竹、藤、棕、草等制品制造	16798		12572	1610	29763	25492
家具制造业	**766020**	**577**	**494653**	**304960**	**912956**	**741283**
木质家具制造	179483	577	60913	38257	198821	161955
竹、藤家具制造	17431		2224	974	26871	23885
金属家具制造	508933		394426	247792	569753	460750
塑料家具制造	32092		33060	13910	81194	62791
其他家具制造	28080		4030	4028	36318	31902
造纸和纸制品业	**288926**	**8978**	**133131**	**65694**	**454651**	**400279**
造纸	97430	3991	30254	17482	142609	125088
纸制品制造	191496	4987	102877	48212	312042	275190
印刷和记录媒介复制业	**132852**	**5549**	**95496**	**50579**	**192390**	**166224**
印刷	132852	5549	95496	50579	192390	166224

4－27 续表 2

单位:万元

项　　目	流动负债	非流动负债	年末所有者权益合计	实收资本	主营业务收入	主营业务成本
文教、工美、体育和娱乐用品制造业	**284363**	**2033**	**149055**	**70850**	**599208**	**498072**
文教办公用品制造	3741		1184	1508	7820	6968
工艺美术品制造	257130	2033	136687	64178	532672	440903
体育用品制造	4566		1944	1084	7283	6062
玩具制造	13865		6949	3130	41051	35124
游艺器材及娱乐用品制造	5061		2291	950	10383	9016
石油加工、炼焦和核燃料加工业	**1752**		**1263**	**1000**	**2165**	**1927**
精炼石油产品制造	1752		1263	1000	2165	1927
化学原料和化学制品制造业	**710453**	**162442**	**1128747**	**536290**	**1178953**	**909722**
基础化学原料制造	100476	72090	429232	381394	233517	177625
农药制造	21774	1063	31531	11400	67137	49507
涂料油墨颜料及类似产品制造	300720	42633	366854	40710	309114	211397
合成材料制造	182163	30513	44821	33557	271994	246378
专用化学产品制造	95805	16143	233687	66512	265212	206311
日用化学产品制造	9514		22622	2718	31979	18504
医药制造业	**1610992**	**159256**	**2645379**	**832880**	**2302886**	**1581586**
化学药品原料药制造	1366451	122362	2307722	762620	1904470	1342038
化学药品制剂制造	97337	32090	77419	13180	147504	111678
中药饮片加工	4282		992	700	5478	5332
中成药生产	77762	4157	205470	39506	138000	44412
兽用药品制造	8444		17204	1280	20233	12882
生物药品制造	56716	647	36572	15594	87201	65244
化学纤维制造业	**15772**		**12904**	**2036**	**20787**	**19089**
合成纤维制造	15772		12904	2036	20787	19089
橡胶和塑料制品业	**2142947**	**49318**	**1941821**	**799570**	**3758257**	**3085403**
橡胶制品业	422395	11950	449120	160958	733671	595151
塑料制品业	1720552	37368	1492701	638611	3024587	2490252
非金属矿物制品业	**453691**	**5108**	**215693**	**153307**	**638608**	**536689**
水泥、石灰和石膏制造	29649	520	6794	4584	42766	36623

4－27 续表3

单位:万元

项　　目	流动 非流动	非流动 负债	年末所 有者权 益合计	实收 资本	主营 业务 收入	主营 业务 成本
石膏、水泥制品及类似制品制造	280988	616	127300	91303	405813	346433
砖瓦、石材等建筑材料制造	39445	504	21885	19576	42214	35039
玻璃制造	16795	205	3448	4560	20145	17991
玻璃制品制造	34100		36503	17691	62480	49509
玻璃纤维和玻璃纤维增强塑料制品制造	13179		3759	3485	15449	12328
陶瓷制品制造	38312	3263	15268	11950	46891	36361
石墨及其他非金属矿物制品制造	1223		736	158	2850	2405
黑色金属冶炼和压延加工业	**264534**	**13382**	**45545**	**37431**	**435148**	**400882**
黑色金属铸造	74716	382	28963	17634	113310	99920
钢压延加工	189819	13000	16582	19797	321838	300962
有色金属冶炼和压延加工业	**522756**	**22336**	**282630**	**92422**	**1392049**	**1335561**
常用有色金属冶炼	8256		2241	1520	27360	25598
贵金属冶炼	9788		4590	5800	21480	20334
有色金属合金制造	47267	580	11544	8921	102819	97378
有色金属铸造	38386		11478	10069	74640	69710
有色金属压延加工	419060	21756	252776	66111	1165750	1122542
金属制品业	**883391**	**43321**	**766062**	**332001**	**1393712**	**1145736**
结构性金属制品制造	21987		19258	14674	35519	30332
金属工具制造	68377	116	18354	10586	83198	72205
集装箱及金属包装容器制造	13518	170	8928	3140	19689	16869
金属丝绳及其制品制造	21395	1230	13131	4607	57931	52797
建筑、安全用金属制品制造	204117	1299	92791	100246	364861	321277
金属表面处理及热处理加工	107911	6974	58423	29026	172068	147273
搪瓷制品制造	2401		517	500	2024	1521
金属制日用品制造	287977	32911	463546	108450	452493	325690
其他金属制品制造	155709	622	91113	60773	205928	177772
通用设备制造业	**2793819**	**72588**	**2177436**	**869523**	**4731742**	**3944087**
锅炉及原动设备制造	34035	2440	16473	16401	24744	20015
金属加工机械制造	216975	3611	112074	53647	314018	259458

4－27 续表4

单位:万元

项　　目	流动负债	非流动负债	年末所有者权益合计	实收资本	主营业务收入	主营业务成本
物料搬运设备制造	186790	1343	128666	49828	212501	187737
泵、阀门、压缩机及类似机械制造	1501782	27365	1116353	435142	3013111	2518793
轴承、齿轮和传动部件制造	472472	21389	519888	168903	630955	511988
烘炉、风机、衡器、包装等设备制造	250973	9147	212277	114974	389012	324289
文化、办公用机械制造	25864	1730	17273	6344	22106	15705
通用零部件制造	100496	5540	52809	23485	119518	101934
其他通用设备制造业	4434	24	1624	800	5778	4168
专用设备制造业	**1193190**	**33071**	**791474**	**347783**	**1690574**	**1367363**
采矿、冶金、建筑专用设备制造	35144	608	24700	9085	57146	46475
化工、木材、非金属加工专用设备制造	559666	10708	337437	133841	585459	466961
食品、饮料、烟草及饲料生产专用设备制造	11412	120	9165	4334	18332	14833
印刷制药日化及日用品生产专用设备制造	4900		3488	1298	4487	3595
纺织、服装和皮革加工专用设备制造	339597	14533	234653	110777	557911	457723
农、林、牧、渔专用机械制造	163006	6032	126482	52591	338815	282237
医疗仪器设备及器械制造	44314	856	23956	12669	66979	47688
环保社会公共服务及其他专用设备制造	35151	213	31593	23188	61446	47851
汽车制造业	**2753458**	**604463**	**1739364**	**618971**	**4508280**	**3759134**
汽车整车制造	646143	262916	294993	130031	1034037	915505
汽车零部件及配件制造	2107314	341547	1444371	488939	3474243	2843629
铁路船舶航空航天和其他运输设备制造业	**1093086**	**17944**	**1049796**	**359485**	**1444752**	**1235984**
铁路运输设备制造	45293	2245	373493	67491	104154	49102
船舶及相关装置制造	301258	4518	176315	113569	270948	240837
航空、航天器及设备制造	8175	796	4365	2780	11479	9593
摩托车制造	535240	10372	435314	127008	771064	683639
自行车制造	201538	13	59439	48138	282820	249264
电气机械和器材制造业	**2259359**	**98166**	**1441382**	**824164**	**3093956**	**2584639**
电机制造	633260	34464	641018	214067	1043553	849294
输配电及控制设备制造	456169	19608	218339	180269	522096	444254
电线、电缆、光缆及电工器材制造	279302	122	215207	184133	516106	464267
电池制造	30696	130	15307	10467	26667	20451
家用电力器具制造	478287	37086	190143	104093	462142	363349

4－27 续表5

单位:万元

项　　目	流动负债	非流动负债	年末所有者权益合计	实收资本	主营业务收入	主营业务成本
非电力家用器具制造	33927	1481	41081	12203	60508	46741
照明器具制造	330461	5274	109374	109620	444092	381901
其他电气机械及器材制造	17257		10914	9311	18793	14383
计算机、通信和其他电子设备制造业	**404763**	**7900**	**1108587**	**271955**	**794939**	**661896**
计算机制造	10701		4635	5506	68321	65385
通信设备制造	9048		13776	5788	35230	21066
广播电视设备制造	13440	620	2279	620	7693	6875
视听设备制造	164065		142315	30515	359762	319734
电子器件制造	104805	4385	589857	131488	142544	100222
电子元件制造	77387	1495	342840	87420	154635	126551
其他电子设备制造	25317	1400	12885	10619	26755	22064
仪器仪表制造业	**320628**	**16094**	**269295**	**124384**	**625472**	**490217**
通用仪器仪表制造	231088	5922	212716	99897	477602	374385
专用仪器仪表制造	8634		11868	2388	29413	24025
光学仪器及眼镜制造	77367	10172	43660	21800	112967	87084
其他仪器仪表制造业	3538		1051	300	5490	4724
其他制造业	**230528**	**1152**	**245061**	**72949**	**390895**	**314206**
日用杂品制造	217655	1152	243732	71949	372523	298227
其他未列明制造业	12873		1329	1000	18372	15979
废弃资源综合利用业	**445463**	**22937**	**214314**	**203237**	**914525**	**856752**
金属废料和碎屑加工处理	418681	14896	200124	189689	891586	839445
非金属废料和碎屑加工处理	26782	8042	14190	13548	22939	17307
金属制品、机械和设备修理业	**2585**		**3017**	**3000**	**2537**	**1867**
铁路、船舶、航空航天等运输设备修理	2585		3017	3000	2537	1867
电力、热力生产和供应业	**179812**	**435675**	**241773**	**195460**	**116374**	**81920**
电力生产	139475	431042	216271	179660	73544	48479
热力生产和供应	40337	4633	25502	15800	42830	33441
燃气生产和供应业	**23509**	**7234**	**23959**	**8589**	**32590**	**23343**
水的生产和供应业	**10365**	**3750**	**6969**	**5637**	**6062**	**4622**
自来水生产和供应	1096		－121	87	3161	2972
污水处理及其再生利用	9269	3750	7090	5550	2902	1650

4-28 规模以上非国有工业主要财务指标(四)

(2016年)

单位:万元

项目	销售费用	财务费用	#利息支出	主营业务税金及附加	利润总额	利税总额	本年应交增值税
总计	**1050231**	**402519**	**483307**	**230828**	**2336492**	**3709419**	**1138753**
按轻重工业分							
轻工业	470929	136696	185265	85162	1035219	1570772	448647
重工业	579302	265824	298042	145666	1301273	2138647	690106
按大中小微型分							
大型企业	233244	22734	43107	41504	754061	1012059	215426
中型企业	329953	107434	150939	87288	834657	1285087	362530
小型企业	483750	262018	278990	100224	735997	1394882	557046
微型企业	3285	10333	10272	1811	11777	17391	3751
按工业行业分							
有色金属矿采选业	**27**	**5**	**5**	**99**	**927**	**1349**	**323**
贵金属矿采选	27	5	5	99	927	1349	323
非金属矿采选业	**141**	**108**	**108**	**9**	**154**	**255**	**91**
土砂石开采	141	108	108	9	154	255	91
农副食品加工业	**8369**	**6925**	**7016**	**1160**	**27274**	**33980**	**5546**
饲料加工	231	66	211	18	187	381	177
植物油加工	1775	284	261	81	2021	2676	573
屠宰及肉类加工	622	138	193		654	676	21
水产品加工	5475	6182	6108	962	24205	29681	4515
蔬菜、水果和坚果加工	161	145	129	37	140	188	11
其他农副食品加工	106	111	115	62	68	379	249
食品制造业	**4403**	**1365**	**2148**	**902**	**6677**	**13789**	**6211**
焙烤食品制造	21	106	113	17	92	239	131
糖果、巧克力及蜜饯制造	67	-18	1	22	100	251	129
罐头食品制造	3178	864	1488	709	4077	9669	4883
其他食品制造	1137	413	546	154	2407	3630	1068
酒、饮料和精制茶制造业	**2917**	**2353**	**2389**	**10617**	**9165**	**27770**	**7973**
酒的制造	767	978	1058	10175	7519	23542	5848
饮料制造	2150	1318	1275	418	1612	4031	1987
精制茶加工		58	56	24	34	197	139

4－28 续表1

单位:万元

项目	销售费用	财务费用	#利息支出	主营业务税金及附加	利润总额	利税总额	本年应交增值税
纺织业	**17631**	**10833**	**11764**	**3965**	**37519**	**60103**	**18572**
棉纺织及印染精加工	3461	5362	5465	1135	10966	15146	3038
毛纺织及染整精加工	331	1291	1277	240	566	2278	1472
化纤织造及印染精加工	2601	1458	1458	617	5911	9821	3293
针织或钩针编织物及其制品制造	499	－98		134	2998	4245	1113
家用纺织制成品制造	564	322	322	137	532	1174	505
非家用纺织制成品制造	10174	2499	3243	1701	16547	27440	9151
纺织服装、服饰业	**1177**	**847**	**978**	**308**	**1839**	**4592**	**2444**
机织服装制造	685	334	442	184	1058	2727	1485
针织或钩针编织服装制造	277	432	457	87	540	1297	671
服饰制造	215	81	79	38	242	568	288
皮革、毛皮、羽毛及其制品和制鞋业	**21677**	**5806**	**7823**	**4772**	**44665**	**83019**	**33554**
皮革鞣制加工	54	1		8	472	634	154
皮革制品制造	949	532	522	262	929	2761	1544
制鞋业	20674	5273	7300	4503	43264	79624	31857
木材加工和木、竹、藤、棕、草制品业	**2548**	**956**	**1448**	**547**	**2312**	**5939**	**3077**
木材加工	223	74	76	80	107	429	242
人造板制造	523	205	696	121	174	967	668
木制品制造	942	353	381	169	943	2220	1108
竹、藤、棕、草等制品制造	860	325	296	176	1087	2323	1060
家具制造业	**43791**	**3476**	**15234**	**6004**	**85721**	**122268**	**30529**
木质家具制造	8901	3915	4461	1983	7330	15788	6475
竹、藤家具制造	645	537	560	174	251	1573	1147
金属家具制造	27951	－1847	8930	3159	71401	95218	20659
塑料家具制造	5807	15	337	479	5462	7229	1288
其他家具制造	488	857	946	208	1278	2461	960
造纸和纸制品业	**8732**	**6706**	**7504**	**1987**	**18752**	**32804**	**12065**
造纸	2485	2854	2861	513	6528	10420	3380
纸制品制造	6246	3852	4642	1475	12225	22384	8685
印刷和记录媒介复制业	**5274**	**2138**	**2238**	**1124**	**8878**	**17001**	**7000**
印刷	5274	2138	2238	1124	8878	17001	7000

4－28 续表 2

单位:万元

项　　目	销售费用	财务费用	#利息支出	主营业务税金及附加	利润总额	利税总额	本年应交增值税
文教、工美、体育和娱乐用品制造业	**26177**	**5979**	**6548**	**4775**	**22214**	**51092**	**24102**
文教办公用品制造	366	－47	6	29	16	302	257
工艺美术品制造	23925	5799	6251	4385	20235	45173	20552
体育用品制造	189	114	120	51	237	514	227
玩具制造	1478	123	156	248	1297	4205	2660
游艺器材及娱乐用品制造	221	－10	15	63	430	898	405
石油加工、炼焦和核燃料加工业	**66**	**73**	**74**	**25**	**8**	**63**	**29**
精炼石油产品制造	66	73	74	25	8	63	29
化学原料和化学制品制造业	**41767**	**17007**	**25179**	**6204**	**149829**	**197691**	**41611**
基础化学原料制造	3405	2167	5578	1413	50437	63258	11409
农药制造	4129	－168	292	204	6914	8579	1461
涂料油墨颜料及类似产品制造	10062	8059	10688	2523	52215	70775	15990
合成材料制造	6946	7442	6679	573	6493	10744	3678
专用化学产品制造	12198	－507	1896	1139	29022	37154	6993
日用化学产品制造	5028	15	47	353	4749	7182	2080
医药制造业	**105323**	**27281**	**46721**	**16670**	**346944**	**487121**	**123395**
化学药品原料药制造	55232	17515	35800	12909	283670	392697	96041
化学药品制剂制造	8825	6713	6877	1058	8935	17692	7700
中药饮片加工	11			8	－137	－52	77
中成药生产	31661	1076	1768	1863	47193	62694	13603
兽用药品制造	484	106	275	160	4258	5780	1362
生物药品制造	9111	1871	2001	672	3025	8310	4613
化学纤维制造业	**79**	**408**	**480**	**39**	**1028**	**1303**	**236**
合成纤维制造	79	408	480	39	1028	1303	236
橡胶和塑料制品业	**132158**	**49691**	**54530**	**22425**	**268437**	**424440**	**133472**
橡胶制品业	25349	12372	12825	4567	49889	83043	28557
塑料制品业	106809	37320	41706	17858	218548	341396	104915
非金属矿物制品业	**19161**	**9582**	**12058**	**3665**	**36082**	**61495**	**21744**
水泥、石灰和石膏制造	795	890	933	274	676	2469	1519

4－28 续表 3

单位:万元

项　　目	销售费用	财务费用	#利息支出	主营业务税金及附加	利润总额	利税总额	本年应交增值税
石膏、水泥制品及类似制品制造	10900	6072	7417	2089	21013	36791	13684
砖瓦、石材等建筑材料制造	2679	988	1026	348	1669	4294	2277
玻璃制造	426	557	569	154	30	673	489
玻璃制品制造	1347	414	1402	276	8155	9749	1318
玻璃纤维和玻璃纤维增强塑料制品制造	983	230	289	148	275	1108	685
陶瓷制品制造	1956	418	410	363	4029	6108	1716
石墨及其他非金属矿物制品制造	76	13	13	13	234	303	56
黑色金属冶炼和压延加工业	**3424**	**5093**	**5342**	**1180**	**10668**	**18296**	**6448**
黑色金属铸造	1161	2461	2478	608	3336	8038	4095
钢压延加工	2263	2632	2864	572	7332	10258	2354
有色金属冶炼和压延加工业	**7639**	**12731**	**15805**	**2112**	**22303**	**53229**	**28757**
常用有色金属冶炼	98	129	155	20	1109	1539	410
贵金属冶炼	17	426	414	31	35	173	106
有色金属合金制造	743	1871	1910	251	－466	844	1059
有色金属铸造	410	2088	2183	140	545	1513	829
有色金属压延加工	6372	8218	11144	1671	21080	49160	26354
金属制品业	**74706**	**12591**	**16755**	**8051**	**151169**	**204931**	**45663**
结构性金属制品制造	444	367	586	274	1632	3003	1098
金属工具制造	1206	1275	1204	417	3588	6551	2541
集装箱及金属包装容器制造	468	464	463	101	745	1725	879
金属丝绳及其制品制造	824	763	744	175	1570	2669	925
建筑、安全用金属制品制造	10946	3329	4838	1986	3717	16336	10617
金属表面处理及热处理加工	2380	2232	2480	898	10422	19030	7710
搪瓷制品制造	244	52	51	36	70	178	73
金属制日用品制造	53751	22	1934	2916	122185	140501	15374
其他金属制品制造	4445	4088	4456	1249	7241	14938	6448
通用设备制造业	**134645**	**48133**	**61182**	**25970**	**264786**	**447420**	**156006**
锅炉及原动设备制造	783	769	819	169	－111	1324	1265
金属加工机械制造	9957	5162	5460	1811	15212	26272	9248

4－28 续表 4

单位：万元

项目	销售费用	财务费用	#利息支出	主营业务税金及附加	利润总额	利税总额	本年应交增值税
物料搬运设备制造	6072	3540	3581	610	5856	14647	8182
泵、阀门、压缩机及类似机械制造	84887	21192	30819	15744	173732	283644	93808
轴承、齿轮和传动部件制造	17943	10014	10979	4591	44414	74447	25409
烘炉、风机、衡器、包装等设备制造	11805	4454	5775	2207	18420	32808	11933
文化、办公用机械制造	653	329	926	185	2537	4242	1521
通用零部件制造	2287	2634	2788	622	4346	9423	4442
其他通用设备制造业	258	40	35	32	381	612	199
专用设备制造业	**63012**	**18623**	**23368**	**9965**	**91293**	**163529**	**62036**
采矿、冶金、建筑专用设备制造	2131	321	453	284	2659	5166	2223
化工、木材、非金属加工专用设备制造	18829	12193	12251	5025	32421	66588	29040
食品、饮料、烟草及饲料生产专用设备制造	327	176	187	152	970	2036	875
印刷制药日化及日用品生产专用设备制造	66	90	90	37	244	566	285
纺织、服装和皮革加工专用设备制造	21688	610	4287	2488	27930	46731	16313
农、林、牧、渔专用机械制造	14612	2302	3382	1063	18165	26198	6967
医疗仪器设备及器械制造	3321	1608	1427	510	5463	10168	4142
环保社会公共服务及其他专用设备制造	2038	1324	1290	406	3441	6076	2191
汽车制造业	**120824**	**41239**	**47192**	**59325**	**310055**	**512754**	**143091**
汽车整车制造	3703	2644	2155	39613	92411	145797	13772
汽车零部件及配件制造	117122	38595	45036	19711	217643	366957	129319
铁路船舶航空航天和其他运输设备制造业	**31810**	**16213**	**18088**	**10987**	**94838**	**153478**	**47603**
铁路运输设备制造	8325	682	1083	1015	28851	40221	10355
船舶及相关装置制造	2417	3129	2994	1724	10224	20756	8808
航空、航天器及设备制造	227	157	158	73	499	1116	533
摩托车制造	12240	9602	10914	7205	47079	76513	22192
自行车制造	8497	2749	2934	949	7774	14275	5552
电气机械和器材制造业	**95096**	**42372**	**47927**	**14981**	**182958**	**296107**	**96649**
电机制造	24315	10557	14880	5698	87046	132010	39116
输配电及控制设备制造	17834	7582	8369	2441	13350	31466	15558
电线、电缆、光缆及电工器材制造	7125	9295	9983	2267	17955	31066	10844
电池制造	703	775	927	204	1980	3296	1112
家用电力器具制造	27017	5494	3816	1361	44879	55098	7721

4－28 续表 5

单位:万元

项目	销售费用	财务费用	#利息支出	主营业务税金及附加	利润总额	利税总额	本年应交增值税
非电力家用器具制造	3289	755	1051	520	5483	10217	4214
照明器具制造	13988	7445	8570	2350	11814	31754	17477
其他电气机械及器材制造	826	471	331	142	453	1201	606
计算机、通信和其他电子设备制造业	**17602**	**4346**	**7989**	**2125**	**49713**	**62870**	**11033**
计算机制造	943	81	225	49	－354	－358	－53
通信设备制造	2508	19	197	295	8983	11744	2466
广播电视设备制造	368	495	469	80	－508	－257	171
视听设备制造	6958	1146	2662	7	15217	15571	347
电子器件制造	2427	－313	1738	870	19451	22981	2660
电子元件制造	3568	2084	1892	606	6345	11247	4296
其他电子设备制造	831	833	806	218	579	1942	1146
仪器仪表制造业	**27990**	**6431**	**7829**	**4371**	**47369**	**77467**	**25657**
通用仪器仪表制造	17580	4699	5997	3254	40077	61992	18591
专用仪器仪表制造	1517	272	286	205	1299	2890	1385
光学仪器及眼镜制造	8627	1417	1503	888	5817	12306	5601
其他仪器仪表制造业	266	43	44	24	176	280	80
其他制造业	**13100**	**3022**	**3897**	**2756**	**25204**	**50314**	**22309**
日用杂品制造	12415	2841	3741	2652	25033	49144	21413
其他未列明制造业	685	182	156	104	171	1170	895
废弃资源综合利用业	**16516**	**28596**	**12646**	**2671**	**－8019**	**8238**	**13586**
金属废料和碎屑加工处理	16322	27850	11816	2515	－11237	3861	12583
非金属废料和碎屑加工处理	195	746	831	156	3218	4377	1003
金属制品、机械和设备修理业	**26**	**149**	**164**	**21**	**42**	**238**	**174**
铁路、船舶、航空航天等运输设备修理	26	149	164	21	42	238	174
电力、热力生产和供应业	**18**	**10795**	**10184**	**602**	**19470**	**26139**	**6067**
电力生产		10074	9296	440	14976	20247	4832
热力生产和供应	18	721	888	162	4495	5892	1236
燃气生产和供应业	**2370**	**434**	**467**	**376**	**5900**	**7485**	**1209**
水的生产和供应业	**37**	**211**	**227**	**40**	**320**	**851**	**492**
自来水生产和供应	37	10	10	8	－48	46	86
污水处理及其再生利用		201	217	33	367	806	406

4－29 规模以上非国有工业主要经济效益指标(一)

(2016年)

项目	企业亏损面(%)	资产负债率(%)	流动比率	存货周转次数(次)	产品销售率(%)
总计	**9.14**	**55.85**	**1.13**	**5.50**	**93.71**
按轻重工业分					
轻工业	8.64	54.50	1.14	4.96	92.35
重工业	9.45	56.65	1.12	5.83	94.50
按工业行业分					
有色金属矿采选业		36.24	1.32	1.46	46.10
非金属矿采选业		94.63	0.22	0.93	79.77
农副食品加工业	6.67	55.31	1.23	7.25	94.02
食品制造业	6.67	60.84	0.90	2.59	97.51
酒、饮料和精制茶制造业	25.00	54.28	0.74	3.22	98.44
纺织业	16.67	61.33	1.04	5.78	94.26
纺织服装、服饰业	4.76	58.89	1.06	6.87	96.62
皮革、毛皮、羽毛及其制品和制鞋业	1.92	67.05	1.05	12.11	94.06
木材加工和木、竹、藤、棕、草制品业	11.76	67.10	1.10	4.26	94.98
家具制造业	18.37	60.86	1.04	3.60	92.64
造纸和纸制品业	10.00	69.17	0.91	11.10	94.75
印刷和记录媒介复制业	2.78	59.24	0.98	9.37	94.89
文教、工美、体育和娱乐用品制造业	8.94	65.86	0.92	8.41	93.95
石油加工、炼焦和核燃料加工业		58.11	1.46	3.80	93.80
化学原料和化学制品制造业	5.97	43.69	1.76	5.75	94.29
医药制造业	17.14	41.68	1.44	2.68	86.66
化学纤维制造业	50.00	55.00	0.78	14.43	101.28
橡胶和塑料制品业	11.52	51.57	1.14	6.18	93.64
非金属矿物制品业	15.38	66.47	1.02	4.82	96.68
黑色金属冶炼和压延加工业	10.64	66.17	0.88	6.66	93.32
有色金属冶炼和压延加工业	20.51	65.97	0.90	13.46	99.08
金属制品业	9.90	54.76	1.04	5.41	91.88
通用设备制造业	4.68	57.06	1.10	4.56	94.33
专用设备制造业	7.32	60.79	1.03	4.27	92.92
汽车制造业	4.55	65.95	1.01	9.20	94.88
铁路船舶航空航天和其他运输设备制造业	7.46	51.98	1.20	4.25	92.66
电气机械和器材制造业	9.35	62.32	1.13	5.57	93.19
计算机、通信和其他电子设备制造业	17.14	27.34	1.79	4.82	98.89
仪器仪表制造业	1.45	56.08	1.28	4.44	92.81
其他制造业	8.57	48.61	1.28	5.84	94.54
废弃资源综合利用业	57.45	68.73	0.80	6.47	97.28
金属制品、机械和设备修理业		46.15	0.66	4.88	87.90
电力、热力生产和供应业	7.14	71.80	0.50	84.35	100.00
燃气生产和供应业		56.20	0.84	10.12	100.00
水的生产和供应业	50.00	66.95	0.27		96.70

4-30 规模以上非国有工业主要经济效益指标(二)

(2016年)

项　　目	企　业亏损率(%)	成本费用利润率(%)	百元销售收入实现利税(元)	百元固定资产原值实现利税(元)	出口交货值占工业销售产值(%)
总　　计	**4.77**	**7.23**	**10.80**	**26.39**	**30.35**
按轻重工业分					
轻工业	2.89	9.05	12.79	30.51	42.53
重工业	6.21	6.24	9.70	24.01	23.42
按工业行业分					
有色金属矿采选业		65.07	55.05	131.36	
非金属矿采选业		5.35	8.36	48.50	
农副食品加工业	3.20	4.87	5.77	22.00	12.16
食品制造业	8.15	5.49	10.92	21.25	60.32
酒、饮料和精制茶制造业	13.16	8.25	21.85	18.26	0.11
纺织业	5.17	6.14	9.23	25.61	28.06
纺织服装、服饰业	1.10	2.78	6.76	14.35	31.15
皮革、毛皮、羽毛及其制品和制鞋业	1.70	4.43	7.87	52.09	59.63
木材加工和木、竹、藤、棕、草制品业	10.09	2.76	6.84	19.73	26.93
家具制造业	4.40	10.11	13.39	37.53	74.63
造纸和纸制品业	4.47	4.29	7.22	16.48	6.91
印刷和记录媒介复制业	1.09	4.79	8.84	15.59	18.52
文教、工美、体育和娱乐用品制造业	5.45	3.85	8.53	30.19	73.49
石油加工、炼焦和核燃料加工业		0.40	2.90	20.38	
化学原料和化学制品制造业	1.17	13.93	16.77	46.06	30.34
医药制造业	2.54	17.23	21.15	30.20	43.71
化学纤维制造业	3.11	5.16	6.27	5.34	0.00
橡胶和塑料制品业	4.10	7.62	11.29	27.47	24.54
非金属矿物制品业	8.08	6.00	9.63	21.65	8.42
黑色金属冶炼和压延加工业	22.10	2.52	4.20	19.15	1.09
有色金属冶炼和压延加工业	17.54	1.62	3.82	25.61	7.30
金属制品业	4.58	11.41	14.70	40.30	34.21
通用设备制造业	2.87	5.92	9.46	22.42	44.30
专用设备制造业	10.37	5.69	9.67	18.96	33.98
汽车制造业	1.29	7.38	11.37	34.77	15.59
铁路船舶航空航天和其他运输设备制造业	2.66	6.88	10.62	25.47	16.23
电气机械和器材制造业	6.64	6.24	9.57	26.56	28.70
计算机、通信和其他电子设备制造业	11.35	6.71	7.91	19.47	42.28
仪器仪表制造业	0.13	8.19	12.39	34.03	31.96
其他制造业	0.80	6.88	12.87	29.36	43.53
废弃资源综合利用业	174.32	-0.87	0.90	4.12	
金属制品、机械和设备修理业		1.80	9.38	4.53	13.24
电力、热力生产和供应业	3.33	19.58	22.46	3.81	
燃气生产和供应业		20.36	22.97	22.54	
水的生产和供应业	12.96	5.37	14.04	4.45	

主 要 统 计 指 标 解 释

工业 我国的工业,包括:

1. 自然资源的开采,如采矿、晒盐、森林采伐等(但不包括禽兽捕猎和水产捕捞);

2. 对农副产品的加工、再加工,如:粮油加工、食品加工、轧花、缫丝、纺织、制革等;

3. 对采掘品的加工、再加工,如:冶金加工、石油加工、化学加工、机械加工、木材加工等,以及电力、煤气及水的生产和供应等;

4. 对生产资料的修理、翻新,如:机器设备的修理、交通运输工具(包括小汽车)的修理等。

轻工业 指提供生活消费品和制作手工工具的工业。按其所使用的原料不同,可分为:

1. 以农产品为原料的轻工业,指直接或间接以农产品为基本原料的轻工业。主要包括食品饮料制造、烟草加工、纺织、缝纫、毛皮制作、造纸以及印刷等工业。

2. 以非农产品为原料的轻工业,指以工业品为原料的轻工业。主要包括文教用品、工艺美术用品制造、化学药品制造、合成纤维制造、日用金属制品、工具制造、医疗器械制造、文化和办公用机械制造等工业。

重工业 指提供生产资料的工业,是为国民经济各部门提供物质技术基础的工业。按其生产的产品用途,可以分为:

1. 采掘(伐)工业,指对自然资源的开采、非金属矿开采和木材采伐等工业。

2. 原料工业,指提供国民经济各部门使用的原料、动力和燃料的工业。包括金属冶炼及加工、炼焦及焦炭、化学、化工原料、水泥、人造板、电力、石油加工等。

3. 制造工业,指对原材料进行加工制造的工业。包括装备国民经济各部门和机械设备制造工业、金属结构、水泥制品等工业,以及为农业提供的生产资料和化肥、农药等工业。

根据上述划分原则,修理业中修理作业对象是重工业的划分为重工业,否则划为轻工业。

轻重工业增加值的划分按“工厂法”计算,即一个工业企业在正常情况下生产的主要产品的性质属于轻工业,则该企业的全部总产值作为轻工业增加值;一个工业企业生产的主要产品的性质属于重工业,则该企业的全部总产值作为重工业增加值。

工业增加值 指以货币形式表现的,工业企业在报告期内生产活动的最终成果,是企业生产过程中新增加值的价值。工业增加值是国内生产总值(GDP)的组成部分,也是计算工业发展速度所依据的总量指标。工业增加值有两种计算方法,一是“生产法”,二是“收入法”。

统计上大中小微型企业划分 是根据工业和信息化部、国家统计局、国家发展改革委、财政部《关于印发中小企业划型标准规定的通知》要求,国家统计局结合统计工作的实际情况,制定了《统计上大中小微型企业划分办法》。办法对工业(制造业,电力、热力、燃气及水生产和供应业)等15个行业门类以及社会工作行业大类的各种组织形式的法人企业或单位,依据从业人员、营业收入、资产总额等指标或替代指标,将企业划分为大型、中型、小型、微型等四种类型。个体工商户参照本办法进行划分。

企业划分由政府综合统计部门根据统计年报每年确定一次,定报统计原则上不进行调整。

工业划分大型、中型、小型、微型等四种类型标准是:大型:从业人员大于(等于)1000人且营业收入大于(等于)4亿元,中型:从业人员大于(等于)300人小于1000人且营业收入大于(等于)2000万元小于4亿元,小型:从业人员大于(等于)20人小于300人且营业收入大于(等于)300万元小于2000万元,微型:从业人员小于20人或营业收入小于300万元。

其他行业划型标准详见国家统计局《关于印发统计上大中小微型企业划分办法的通知》(国统字〔2011〕75号)。

固定资产投资和建筑业

Investment in Fixed Assets and Construction

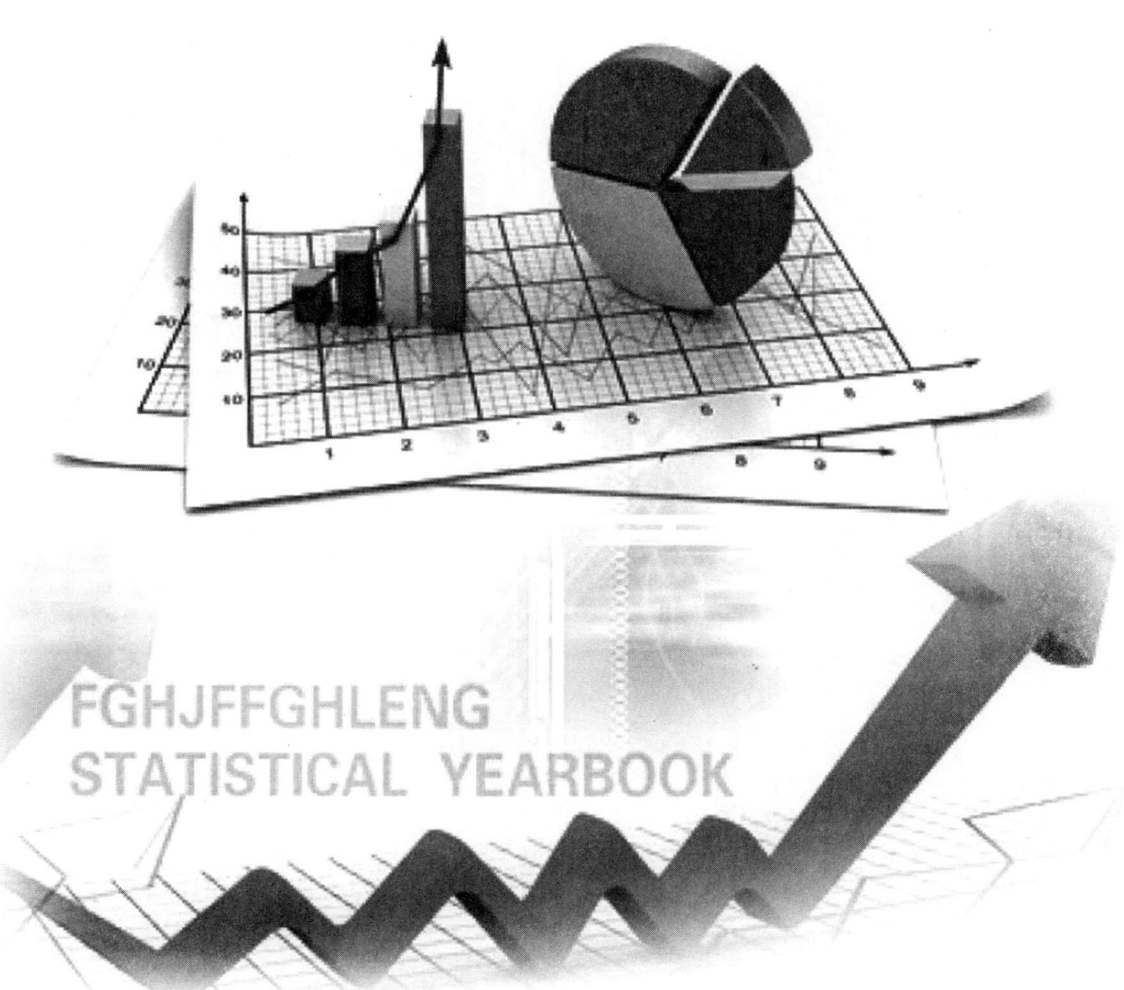

5－1 主要年份固定资产投资

单位:万元

年　份	固定资产投资总额	*建筑安装工程	*设备工器具购置	*工业性投资	*住宅投资	房屋建筑施工面积(万平方米)	*住宅面积	房屋建筑竣工面积(万平方米)	*住宅面积
1978	11445	3051	1030		655	22.7	1.3	13.3	0.8
1980	29443	4783	704		880	56.6	1.7	27.5	0.8
1985	88708	51926	22425		39158	198.0	87.4	118.2	52.2
1986	86792	43514	12975		37696	181.9	78.8	98.5	42.8
1987	126606	57294	36028		58604	198.1	91.7	100.8	46.7
1988	156973	95999	40873		66944	208.0	88.7	136.6	58.2
1989	144696	104312	23348		67919	179.1	116.6	131.4	85.5
1990	144816	123999	17944		69404	584.8	494.0	529.5	469.8
1991	181125	146663	29637		88136	610.2	506.3	550.2	489.1
1992	254339	189328	56233		106869	666.1	539.7	635.5	505.2
1993	493979	353498	112489		193398	908.7	600.5	727.5	578.9
1994	777823	516232	203632		289434	1084.0	781.5	812.9	648.7
1995	1243560	860881	228039		479081	1470.6	1043.5	1155.2	890.1
1996	1210136	843453	290689		391096	1340.1	836.5	1053.7	739.0
1997	1085782	740058	230332		321137	1125.8	744.6	853.1	645.8
1998	1251596	842666	266145		385357	1005.7	572.2	698.5	469.5
1999	1513842	1014241	337732		351952	1222.9	750.6	883.8	597.9
2000	1797340	1125880	403737		421673	1391.6	814.7	977.5	622.3
2001	2221123	1298037	540078		490516	1600.7	922.4	1001.5	644.9
2002	2743742	1717415	510791		579255	1669.2	977.8	845.6	530.9
2003	3710971	1993837	775450	1865200	660448	2210.6	1061.7	1025.0	576.7
2004	4610152	2644982	1224614	2480708	887132	3050.4	1189.1	1475.8	541.3
2005	4506515	2211104	1105801	2433001	924272	2733.6	1028.0	926.7	310.3
2006	5405680	2735059	1116659	3185471	824986	3011.4	1070.2	810.3	157.4
2007	6243547	2943924	1746791	4047263	766013	3205.5	1100.8	788.9	235.5
2008	6547565	3413340	1597396	3880391	944981	3299.4	1084.8	941.5	218.9
2009	7297767	3780515	1787850	3985862	1243206	3388.3	1301.5	842.9	177.1
2010	8380672	4376587	1730419	4217694	1548043	4179.4	1608.7	992.6	230.7
2011	10078106	5783429	1772687	4225747	2535164	4717.8	1954.4	1035.3	305.7
2012	12425575	7333646	2129036	4984720	2879879	5769.2	2071.7	1110.9	277.7
2013	15078661	9378073	2274369	6001972	3244423	6127.4	2024.2	1233.0	277.4
2014	17659343	10305686	3062026	7200129	3371799	6548.1	2111.9	1194.9	260.1
2015	19960258	13045702	3875915	8164860	2820833	7066.8	2250.7	1372.0	341.3
2016	22726317	14616917	4132867	8760168	2683237	6086.7	2153.1	1192.0	366.8

注：2004 年及以前固定资产统计范围为全社会统计口径，2005 年起为计划总投资 500 万元及以上项目（单位）投资和全部房地产开发企业投资，下同。

5-2 市区固定资产投资

（1990-2016年）

单位:万元

年　份	市　区	椒江区	黄岩区	路桥区
1990	51503	23367	28136	
1991	66045	35114	30931	
1992	106363	40820	65543	
1993	202901	68165	88154	46582
1994	320921	132714	115381	72826
1995	474858	212421	146488	115949
1996	559698	283683	128820	147195
1997	479387	224520	146205	108662
1998	484542	203703	132167	148672
1999	595443	298051	128881	168511
2000	672946	338550	153720	180676
2001	921925	472034	228505	221386
2002	1226586	537090	314181	375315
2003	1539595	665439	367659	506497
2004	1987261	948041	440483	598737
2005	1901390	869907	354538	676945
2006	2076254	919935	400488	755811
2007	2237360	899738	488586	849036
2008	2356171	883901	537886	934384
2009	2554443	984229	585823	984391
2010	2650487	1286012	603655	760820
2011	3269198	1629559	721256	918383
2012	4239132	2093110	895807	1250215
2013	5323748	2652320	1101417	1570011
2014	6015251	2794765	1318026	1902460
2015	6257563	2892333	1561861	1803369
2016	7718594	3786302	1807988	2124304

5-3 各县市固定资产投资

（1990-2016年）

单位:万元

年　份	玉环县	三门县	天台县	仙居县	温岭市	临海市
1990	10848	6747	18140	5580	29059	22939
1991	15469	8151	12572	8366	47672	22850
1992	24540	9592	19388	12883	43493	38080
1993	40133	19622	34323	23808	113969	59223
1994	71218	26849	36364	37129	190387	94955
1995	142569	28267	64300	56590	297225	179751
1996	125953	29688	50431	40486	255426	148454
1997	97706	29174	38254	31167	258867	151227
1998	128486	34915	55370	38284	283185	226814
1999	169840	43721	81417	54801	302301	266319
2000	201474	53252	129449	74635	362265	303319
2001	233712	71390	130236	91784	405741	366335
2002	297989	101498	160046	113108	504223	340292
2003	471989	156993	234006	159980	749591	398817
2004	521822	213481	299254	183847	813098	591389
2005	643923	231719	304093	161384	629751	634255
2006	840543	339785	328869	214638	864211	741380
2007	972752	567262	259677	250977	1074708	880811
2008	523346	736483	322894	242251	1304522	1061898
2009	414722	1062719	349736	265777	1434085	1216285
2010	600866	1283718	365333	384916	1680988	1414364
2011	719629	1304908	615595	677742	1935988	1555046
2012	914223	1326271	888285	964641	2359129	1733894
2013	1120000	1386594	1090714	1183587	2861789	2112229
2014	1351492	1658844	1307380	1415868	3396117	2514391
2015	1635487	2001133	1712668	1826470	3661243	2865694
2016	1949433	1493936	1957186	2103938	4287971	3215259

5－4　分注册类型和分行业固定资产投资

（2010－2016 年）

单位:万元

指　　标	2010 年	2011 年	2012 年	2013 年	2014 年	2015 年	2016 年
总　　计	**8380672**	**10078106**	**12425575**	**15078661**	**17659343**	**19960258**	**22726317**
按注册登记类型分							
内　　资	8091099	9868429	12155902	14775755	17232825	19544420	22030213
国　有	2417191	2745954	3282212	3554370	4294543	5390998	4382901
集　体	277816	328301	390973	553540	748509	1276118	579631
股份合作	66577	39454	71488	74796	67554	53388	131260
联　营	3150	4560	5900	9330	45740	43513	20587
国有联营						2100	3447
集体联营	1400		1100				
国有与集体联营	1750	4060		7330	43560	41413	15090
其他联营		500	4800	2000	2180		2050
有限责任公司	3143955	3931826	4486288	5144054	6754426	6750663	7331549
国有独资公司	115856	173877	136320	248898	189299	458728	2053649
其他有限责任公司	3028099	3757949	4349968	4895156	6565127	6291935	5277900
股份有限公司	289206	261565	442109	713216	843215	624592	751255
私　营	1664809	2419978	3186089	4505373	4089934	4884322	7918045
其　他	228395	136791	290843	221076	388904	520826	914985
港澳台商投资	117631	118772	134378	159152	174662	159038	153962
外商投资	138451	72450	104979	125773	241017	241575	526810
个体经营	33491	18455	30316	17981	10839	15225	15332
按控股情况分							
国有及国有控股投资	2718032	3076759	3653755	4026401	4780458	6261480	8261557
非国有控股投资	5662640	7001347	8771820	11052260	12878885	13698778	14464760
其中：民间投资	5443533	6811505	8649593	10888027	12667930	13514920	14153556
按三次产业分							
第一产业	12304	128457	101617	113256	120610	116967	199576
第二产业	4373594	4280569	5034625	6108333	7318795	8217272	8779275
第三产业	3994774	5669080	7289333	8857072	10219938	11626019	13747466

5－4 续表1

单位:万元

指　　标	2010年	2011年	2012年	2013年	2014年	2015年	2016年
按国民经济行业分组							
一、农林牧渔业	12304	128457	101617	113256	120610	116967	199576
二、采 矿 业	2523	10055	9225	5278	6560	19033	11249
三、制 造 业	3245277	3225482	4058844	5093966	5819749	6129478	7199849
农副食品加工业	22600	30900	43512	44228	112060	126219	117873
食品制造业	8746	16025	25417	16384	10142	10560	34428
酒、饮料和精制茶制造业	7195	19617	40782	22076	8764	20764	11168
烟草制品业						7740	4456
纺 织 业	93123	100375	76623	93567	85457	66170	141817
纺织服装、服饰业	9704	13218	37987	20034	22176	27248	27094
皮革、毛皮、羽毛及其制品和制鞋业	92876	56604	61452	91629	98488	137020	146115
木材加工和木、竹、藤、棕、草制品业	17200	10389	26933	8712	29064	41344	33201
家具制造业	30165	31882	46099	79229	73636	95645	123798
造纸和纸制品业	72642	40893	66304	84133	84526	109348	86860
印刷和记录媒介复制业	30263	16106	22334	29632	27080	29100	64435
文教、工美、体育和娱乐用品制造业	105161	78805	110438	128374	188625	362789	308494
石油加工、炼焦及核燃料加工业	4000	1500	2600	8133		1225	
化学原料及化学制品制造业	79754	77400	127083	142715	202036	237966	339318
医药制造业	200922	231607	285560	351156	481553	659588	646301
化学纤维制造业	3938	8436	9442	3827	20814	102797	105044
橡胶和塑料制品业	361095	396896	485399	633421	795070	740458	941455
非金属矿物制品业	95153	87176	110869	126750	120390	187448	227883
黑色金属冶炼及压延加工业	24354	19551	36725	26867	47010	32690	65943
有色金属冶炼及压延加工业	28130	39386	27713	50215	65475	74324	65675
金属制品业	140699	182107	222399	238850	235011	277277	239220
通用设备制造业	406928	441189	474456	717413	781595	756223	1028282
专用设备制造业	236714	188738	271837	428075	442102	443280	511675
汽车制造业	479161	336857	440525	610297	705328	697018	890994
铁路、船舶、航空航天和其他运输设备制造业	239564	202402	246118	293472	248948	177159	247802
电气机械和器材制造业	278294	356869	373905	437087	461407	413501	525389
计算机、通信和其他电子设备制造业	40299	48554	122756	129667	119787	108996	115891
仪器仪表制造业	76475	83380	91885	104188	139164	95147	75989
其他制造业	32444	74641	56200	50144	26917	48727	50123
废弃资源综合利用业	27678	33979	112024	120181	187124	41707	22436
金属制品、机械和设备修理业			3467	3510			690

5－4续表2

单位:万元

指　　标	2010年	2011年	2012年	2013年	2014年	2015年	2016年
四、电力、热力、燃气及水生产和供应业	969894	990210	916651	902728	1373820	2016349	1549070
其中：电力、热力的生产和供应	897874	890373	787046	761058	1115829	1590473	1066840
水的生产和供应业	67682	96085	119797	120612	232640	398776	463001
五、建 筑 业	155900	54822	49905	105090	118666	52412	19107
六、批发和零售业	92666	127626	225333	261767	273790	256706	272585
其中：批发业	59403	67065	88095	125540	106509	76956	86985
七、交通运输、仓储和邮政业	527791	656684	902889	931626	1155969	2025229	3120467
其中：铁路运输业	9968	9840	2330	2228			181049
道路运输业	476226	565802	737873	697221	877501	1771026	2670281
水上运输业	41589	54322	122966	146754	196049	208285	201986
仓 储 业	8	13052	17188	43603	52958	24288	53878
八、住宿和餐饮业	63035	146315	226305	219400	220748	204598	178972
住宿业	45475	102961	149495	186640	204960	189866	159212
餐饮业	17560	43354	76810	32760	15788	14732	19760
九、信息传输、软件业和信息技术服务业		4567	2929	3545	43916	66075	144660
十、金 融 业	7937	18345	47862	52924	60865	46323	79954
十一、房地产业	2246588	3395455	3959078	4939341	5357630	5023073	5021719
十二、租赁和商务服务业	124955	70526	176910	220005	344977	529099	663631
十三、科学研究、技术服务业	20015	11235	26722	21878	21716	54694	296989
其中：专业技术服务业	14877	1595	9088	5824	8941	5689	215521
科技推广和应用服务业	5138	9640	8394	13067	12775	49005	9516
十四、水利、环境和公共设施管理业	600089	660259	894554	1205735	1479803	1576743	2203940
水利管理业	125498	141681	164395	266268	237864	351768	354139
生态保护和环境治理业	14960	43518	21161	85433	153734	171472	299391
公共设施管理业	459631	475060	708998	854034	1088205	1053503	1550410
十五、居民服务、修理业和其他服务业		580	36174	30260	19511	8958	16456
十六、教　育	52999	61194	85324	87586	154405	193877	226709
十七、卫生和社会工作	37510	57003	102760	72168	125316	110595	263602
其中：卫　生	37205	51682	95005	61962	96933	92493	241711

5-4续表3

单位:万元

指　　标	2010年	2011年	2012年	2013年	2014年	2015年	2016年
十八、文化、体育和娱乐业	32865	38825	61801	117454	116248	149654	204561
广播、电视、电影和影视录音制作业	2100	4846	4496	10487	14893	25511	16153
文化艺术业	22577	15433	30478	63169	77383	82277	129017
体　育	178	7887	15336	25299	14190	9312	5312
娱乐业	8010	10659	11491	18499	9782	32554	54079
十九、公共管理、社会保障和社会组织	188324	420466	540692	694654	845044	1380395	1053221
在总计中:基础设施投资	**2212833**	**2450202**	**2946627**	**3296647**	**4402075**	**6063683**	**7568555**
水利、环境和公共设施管理	600089	660259	894554	1204645	1479803	1576743	2203940
电力、燃气及水生产供应业	969894	990210	916651	902728	1373820	2016349	1549070
交通运输、仓储和邮政业	527791	656684	902889	938281	1155969	2025229	3120467
电信和其他信息传输服务业		2007	1894	2490	34679	41892	76176
教育设施	52999	61194	85324	87586	154405	193877	226709
广播、电视、电影和音像业	2100	4846	4496	10487	14893	25511	16153
文化艺术业	22577	15433	30478	63169	77383	82277	129017
体育设施	178	7887	15336	25299	14190	9312	5312
卫生设施	37205	51682	95005	61962	96933	92493	241711
在总计中:工业投资	**4217694**	**4225747**	**4984720**	**6001972**	**7200129**	**8164860**	**8760168**
本年资金来源合计	**11350514**	**13752953**	**16740249**	**21005391**	**23852957**	**24266141**	**26707608**
上年末结余资金	1189689	2137165	2667291	2557938	2862653	2567422	2485312
本年资金来源小计	10160825	11615788	14072958	18447453	20990304	21698719	24222296
国家预算内资金	315953	377045	441336	513371	422356	688626	736114
国内贷款	1655748	1543379	1704205	2358125	2245268	1835704	2145127
债　券		14018	142714	21999	20504	14191	43557
利用外资	3928	14712	93	14413	9466	7145	7825
其中:外商直接投资	2190	4811		13200	7401	7145	7825
自筹资金	5764863	6853680	8712365	11840031	14591185	14819834	16159478
其中:企、事业单位自筹	3783792	3743612	3539288	4233158	4157032	3522837	4321570
其他资金来源	2420333	2812954	3072245	3699514	3701525	4333219	5130195

5-5 房地产开发投资(一)

(1990-2016年)

单位:万元

年份	房地产开发投资额	按构成分				按用途分			
		建筑工程	安装工程	设备工器具购置	其他费用	住宅	办公楼	商业用房	其他
1990	8194	6710	275	24	1185	7150	281	305	458
1991	10189	8430	353	20	1386	8448	350	345	1046
1992	15553	13883	303	116	1251	14202	51	301	999
1993	28711	23716	217	25	4753	26894	76	565	1176
1994	82515	62926	552	166	18871	75499	988	1419	4609
1995	159558	122500	2916	380	33762	127092	11651	15511	5304
1996	121127	92518	6324	70	22215	85634	15481	14727	5285
1997	104333	73766	3447	1826	25294	71713	7920	19661	5039
1998	117780	84340	2701	127	30612	85617	7906	20758	3499
1999	132302	89549	5510	789	36454	110507	4733	11342	5720
2000	240974	130421	3331	1437	105785	168037	9747	28495	34695
2001	320213	177790	2215	10	140198	202389	22195	35997	59632
2002	467686	266652	3239	830	196965	341552	21108	63200	41826
2003	564954	352618	8735	3161	200440	424154	25944	84714	30142
2004	872958	481399	15770	6744	369045	663979	28550	107465	72964
2005	1161255	623378	8219	10858	518800	861037	25225	142498	132495
2006	1014720	683178	7936	6502	317104	747737	29087	115110	122786
2007	957290	587516	38787	11473	319514	704099	38954	101569	112668
2008	1262494	720615	33797	13709	494373	916313	35852	127714	182615
2009	1522741	853863	43029	17847	608002	1141388	21398	186986	172969
2010	1960774	1006068	89339	7196	858171	1426309	33732	232572	268161
2011	3191643	1515055	101869	14941	1559778	2413168	80266	327401	370808
2012	3573761	1802660	174419	27746	1568936	2645443	65919	415194	447205
2013	4535381	2552868	286010	33465	1663038	3188965	141114	455742	749560
2014	4960473	2656655	245475	25821	2032522	3328394	138189	633626	860264
2015	4386861	2535144	275097	51466	1525154	2727785	166293	783328	709455
2016	4242066	2328849	541306	17474	1354437	2632860	171461	663170	774575

5-6 房地产开发投资(二)

(1990-2016年)

单位:万元

年份	本年资金来源情况						新增固定资产	竣工房屋价值
	合计	国家预算内	国内贷款	利用外资	自筹资金	其他资金		
1990							7272	7889
1991	11082	30	2190		2449	6413	6470	10209
1992	22943		7028		3111	12804	11310	8857
1993	36563	325	4860		9843	21535	13609	16227
1994	93134		15127	1972	22574	53461	36228	36012
1995	161024		28593	2474	30885	99072	101864	106643
1996	144789	990	33293	3000	29933	77573	108977	89927
1997	139262	1290	36866	2288	30133	68685	102019	82388
1998	154570	4340	38504	3248	23264	85214	80912	73028
1999	206298	940	50835	1942	41025	111556	129283	76465
2000	382577	267	120185	954	74591	186580	141600	120678
2001	473031		132419	602	102743	237267	156477	144599
2002	725117		200653		117922	406542	185457	160782
2003	1023823		295050		155163	573610	303535	262133
2004	1295343		254892	26959	226655	786837	250858	233921
2005	1538953		331226	22386	386168	799173	569856	504322
2006	1578898		308258	100	307844	962696	343951	258215
2007	1777193		278898	2729	406546	1089020	533574	475246
2008	1824484		258255		548569	1017660	666306	604153
2009	2838076		376276	5770	584235	1871795	364144	334377
2010	3503328		516728		945118	2041482	860992	512974
2011	4483613		341327	300	1902184	2239802	1051826	805925
2012	4819965		595161		1551372	2673432	886531	516976
2013	6709128		1227633		2267615	3213880	1598647	1226297
2014	8588750		852236		2351256	2797763	1380069	1086854
2015	7905130		664705		1642792	3507188	2286251	1325805
2016	8748870		568046		1850552	4600405	2665596	2162909

5-7 房地产开发投资(三)

(1990-2016年)

单位:万平方米

年份	施工面积	#住宅	竣工面积	#住宅	商品房销售面积	#住宅	商品房待售面积	商品房销售额(万元)	#住宅
1990	39.25	35.79	21.87	20.17					
1991	76.68	69.85	29.22	27.99	14.90	14.69		5522	4231
1992	56.18	52.03	22.30	19.67	22.71	22.35		9241	6948
1993	89.17	72.06	32.41	29.34	21.27	20.87		11656	8763
1994	187.18	169.96	56.10	53.55	47.10	46.45		36848	36051
1995	289.59	246.60	135.80	126.42	53.38	50.05	15.60	81544	66163
1996	227.15	168.47	105.24	90.12	65.97	59.88	25.04	79251	65456
1997	201.87	141.53	92.32	73.75	72.37	63.58	31.40	103124	76673
1998	192.65	147.61	82.95	63.60	53.25	48.78	23.71	73521	63292
1999	244.51	206.26	94.93	77.89	68.74	62.11	21.43	106200	85235
2000	312.24	256.48	129.03	108.54	110.05	87.29	16.33	182013	126406
2001	405.47	305.35	124.14	97.35	137.98	116.54	10.55	237291	173452
2002	600.13	464.99	135.26	110.13	119.12	100.46	3.76	231988	176534
2003	721.41	559.51	201.32	164.32	168.49	144.06	4.44	446640	349028
2004	920.36	712.30	199.17	162.31	175.67	148.92	3.53	455713	346156
2005	1159.08	879.84	304.14	226.41	184.29	159.91	28.31	769814	638832
2006	1238.32	951.84	188.92	142.09	259.72	231.23	24.19	1227395	1042565
2007	1286.12	952.59	231.88	189.86	281.33	241.65	36.77	1435164	1201307
2008	1364.52	979.98	296.18	218.10	227.91	197.37	35.06	1226328	1046742
2009	1454.63	1071.97	171.42	130.15	422.36	378.90	34.84	2715370	2461015
2010	1801.61	1292.62	190.60	138.74	462.89	390.57	38.84	3304746	2830011
2011	2323.08	1685.01	301.55	226.45	327.00	278.58	47.99	2852331	2542727
2012	2438.97	1752.54	209.60	142.01	319.72	275.96	46.30	3053129	2765035
2013	2712.55	1897.03	333.78	246.95	351.75	301.16	79.62	3398341	2995371
2014	3026.32	2006.11	329.06	224.75	344.55	272.53	124.52	3070081	2636502
2015	3299.43	2114.83	359.18	250.92	442.03	352.07	181.27	3969866	3424699
2016	3345.56	2111.07	561.36	356.57	662.06	531.31	299.22	6057732	5289852

5-8 房地产开发企业财务状况(一)

(2016年)

单位:万元

指　　标	流动资产合　　计	#存货	固定资产合　　计	#本年折旧	资　产合　计	负　债合　计
总　　计	**19011324**	**13298992**	**307856**	**18842**	**20737763**	**17685520**
一、按登记注册类型分						
内资企业	18254228	12812887	304879	18485	19863196	17154554
国有企业	26058	23111	2606	4	28954	23695
国有独资公司	481514	265022	51096	436	640061	423514
其他有限责任公司	10112731	7251984	148162	10458	10958073	9613667
股份有限公司	114135	80280	22	10	114157	98929
私营有限责任公司	7464408	5144937	94527	7086	8058069	6942540
私营股份有限公司	55384	47553	8467	491	63882	52210
港澳台商投资企业	324878	222452	2651	289	441811	199956
港澳台商合资经营企业	324852	222452	2651	289	341785	183038
港澳台商独资经营企业	26		…		100026	16918
外商投资企业	432217	263653	326	69	432756	331010
中外合资经营企业	290818	134984	275	44	291093	201504
外资企业	141399	128669	52	25	141664	129507
二、按控股情况分						
国有控股	1861710	1224346	55327	721	2109626	1669933
集体控股	290945	193410	11433	611	311703	268755
私人控股	15588290	11039059	234100	16280	16824061	14651904
港澳台商控股	96194	51551	2596	279	212325	76310
外商控股	350629	242191	100	49	350942	296958
其　他	823555	548436	4300	903	929107	721660
在总计中:非国有	16858669	11881236	241096	17511	18316435	15746832
民间投资	16411846	11587495	238400	17183	17753168	15373564

5－9　房地产开发企业财务状况(二)

(2016 年)

单位:万元

指　　标	所有者权益合计	#实收资本	营业收入	营业成本	营业税金及附加	管理费用	#税金
总　　计	**3052243**	**2291497**	**4891573**	**3990603**	**331583**	**123559**	**7604**
一、按登记注册类型分							
内资企业	2708642	2087844	4748328	3885945	322011	118677	7391
国有企业	5259	3979	4438	2858	344	818	
国有独资公司	216547	63512	31220	20467	1239	2599	21
其他有限责任公司	1344406	1046487	2844528	2330883	178507	63585	4228
股份有限公司	15227	58000	91686	119272	3073	653	66
私营有限责任公司	1115529	903825	1752595	1392143	137606	50543	2985
私营股份有限公司	11673	12040	23861	20321	1242	478	90
港澳台商投资企业	241855	143353	34781	24385	4004	2416	17
港澳台商合资经营企业	158747	142833	34781	24385	4004	2412	17
港澳台商独资经营企业	83108	520				4	
外商投资企业	101746	60300	108463	80273	5568	2467	195
中外合资经营企业	89589	51500	57713	40163	1854	2103	195
外资企业	12157	8800	50750	40110	3714	364	
二、按控股情况分							
国有控股	439693	196713	167600	129058	9769	7786	308
集体控股	42948	30300	104019	58660	8273	1587	43
私人控股	2172158	1889544	4154572	3433188	281456	107503	6970
港澳台商控股	136015	33353	34781	24385	4004	1674	17
外商控股	53984	56300	50750	40110	3714	1205	126
其　他	207447	85286	379851	305202	24368	3805	140
在总计中:非国有	2569603	2064483	4619954	3802885	313541	114187	7252
民间投资	2379605	1974830	4534423	3738390	305823	111308	7109

5-10 房地产企开发业财务状况(三)

(2016年)

单位:万元

指　标	财务费用	#利息支出	销售费用	营业利润	利润总额	应交所得税	应付职工薪酬
总　计	**85343**	**66530**	**112123**	**253704**	**208823**	**66232**	**77754**
一、按登记注册类型分							
内资企业	85105	66001	106926	235015	192811	60673	73640
国有企业	29			395	394	6	34
国有独资公司	2685	2437	474	4612	4137	1255	1530
其他有限责任公司	47691	36887	48758	178557	144715	31768	41546
股份有限公司	1255	1255	598				626
私营有限责任公司	33446	25423	56273	83543	77807	27644	29603
私营股份有限公司			823	1073	961		302
港澳台商投资企业	194	396	2521	1255		957	2153
港澳台商合资经营企业		158	2521	1497	63	957	2153
港澳台商独资经营企业	238	238					
外商投资企业	45	133	2676	17434	16191	4603	1961
中外合资经营企业	37	133	2001	11556	11010	3308	1772
外资企业	8		675	5878	5181	1295	189
二、按控股情况分							
国有控股	11074	5088	3628	7200	6733	2391	5271
集体控股			715	46544	46004	8308	905
私人控股	64677	51202	104366	156974	115509	43174	66270
港澳台商控股	254	383	533	3925	2471	957	1197
外商控股			1033	4703	3990	2125	642
其　他	10239	9858	1848	34358	34117	9279	3469
在总计中:非国有	75154	61442	107780	199960	156086	55534	71578
民间投资	74916	61059	106214	191332	149625	52453	69740

5-11 建筑业企业生产情况(一)

(2016年)

单位:万元

指 标	企业数(个)	建筑业总产值	#建筑工程	#安装工程	#在外省市完成	竣工产值
总 计	**452**	**23301372**	**22276957**	**720497**	**13247639**	**15932451**
其中:国有控股企业	17	139291	121730	16250	33427	101911
一、按登记注册类型分						
内 资	450	23277006	22264169	713439	13243241	15913383
国有企业	4	82609	82609		33427	53259
集体企业	6	1088345	982136	102837	895951	807819
股份合作企业	3	48313	48313		3677	19441
有限责任公司	112	5142855	4876330	228609	2640778	3555283
国有独资公司	6	11359	6368	3680		4125
其他有限责任公司	106	5131497	4869962	224929	2640778	3551158
股份有限公司	6	2743527	2585642	8562	1190250	1676907
私营企业	319	14171357	13689139	373432	8479159	9800674
私营有限责任公司	313	13467265	12985046	373432	8461537	9593472
私营股份有限公司	6	704093	704093		17622	207202
港、澳、台商投资企业	2	24366	12787	7058	4398	19068
港、澳、台商独资经营企业	1	712	712		352	433
港、澳、台商投资股份有限公司	1	23654	12075	7058	4046	18635
二、按建筑业行业分						
房屋建筑业	183	16994568	16456923	449785	11040353	13123414
土木工程建筑业	182	5630404	5374577	66172	1973072	2463741
建筑安装业	33	279453	80188	194582	49776	147497
建筑装饰和其他建筑业	54	396947	365269	9958	184437	197799

注:本表统计范围为有工作量的总承包和专业承包的建筑业企业,下同。

5-12 建筑业企业生产情况(二)

(2016年)

单位:万平方米

指 标	房屋建筑施工面积	#本年新开工面积	#投标承包面积	房屋建筑竣工面积	#厂房和仓库	#住宅
总 计	**17586.97**	**6991.58**	**12712.65**	**6399.18**	**1073.39**	**3698.46**
其中:国有控股企业	18.48	12.00	18.48	12.80		
一、按登记注册类型分						
内 资	17556.82	6961.43	12712.65	6369.13	1073.39	3698.46
国有企业	18.48	12.00	18.48	12.80		
集体企业	1133.13	855.86	0.54	429.06	5.25	420.18
股份合作企业	28.16	22.34	25.45	16.40	3.71	
有限责任公司	3640.15	1135.34	2857.90	1622.69	250.02	973.11
国有独资公司						
其他有限责任公司	3640.15	1135.34	2857.90	1622.69	250.02	973.11
股份有限公司	1136.12	365.50	1134.72	517.03	40.51	328.54
私营企业	11600.78	4570.39	8675.55	3771.15	773.89	1976.62
私营有限责任公司	11548.03	4547.02	8648.00	3745.44	768.25	1973.93
私营股份有限公司	52.76	23.37	27.55	25.71	5.65	2.69
港、澳、台商投资企业	30.15	30.15		30.05		
港、澳、台商独资经营企业						
港、澳、台商投资股份有限公司	30.15	30.15		30.05		
二、按建筑业行业分						
房屋建筑业	17039.28	6715.47	12377.57	6194.91	1019.00	3626.11
土木工程建筑业	518.86	267.30	327.03	197.23	50.90	72.35
建筑安装业	25.15	8.47	7.06	3.83	3.49	
建筑装饰和其他建筑业	3.69	0.35	0.99	3.22		

5-13 建筑业企业财务状况(一)

(2016年)

单位:万元

指　　标	流动资产合计	#存货	固定资产合计	#本年折旧	资产合计	负债合计
总　　计	**6866478**	**1720400**	**847747**	**71672**	**8494960**	**4033310**
其中:国有控股企业	253495	18655	11220	770	267546	213167
一、按登记注册类型分						
内　资	6860814	1719594	844627	71608	8484811	4029914
国有企业	26554	7419	7416	316	35725	18114
集体企业	184105	57023	14936	1278	202019	100319
股份合作企业	7771	3375	3254	35	11025	5664
有限责任公司	2202366	505644	224003	21413	2626523	1565541
国有独资公司	129071	1502	831	28	130105	110192
其他有限责任公司	2073295	504143	223172	21385	2496419	1455348
股份有限公司	1172838	237318	66675	5006	1439636	672737
私营企业	3267180	908815	528344	43560	4169883	1667540
私营有限责任公司	3137103	890349	500712	42781	3970068	1543447
私营股份有限公司	130077	18465	27632	780	199816	124093
港、澳、台商投资企业	5664	806	3120	64	10149	3396
港、澳、台商独资经营企业	2231	52	74	8	2453	1586
港、澳、台商投资股份有限公司	3433	755	3046	56	7695	1810
二、按建筑业行业分						
房屋建筑业	4143315	1271707	470323	34085	4978503	2446099
土木工程建筑业	2360124	360086	333609	31063	3084302	1369557
建筑安装业	211420	49320	19690	1374	242117	153117
建筑装饰和其他建筑业	151619	39287	24125	5150	190038	64536

5-14 建筑业企业财务状况(二)

(2016年)

单位:万元

指　　标	所有者权益合计	#实收资本	营业收入	营业成本	营业税金及附加	营业利润
总　　计	**4461650**	**1908931**	**15983076**	**14649926**	**393716**	**541023**
其中:国有控股企业	54379	30261	124822	109184	3817	5134
一、按登记注册类型分						
内　资	4454897	1905699	15956310	14627281	392100	539127
国有企业	17611	6703	71179	63622	2753	2020
集体企业	101700	27847	579230	535417	16479	15672
股份合作企业	5361	4067	20416	18518	685	486
有限责任公司	1060983	506133	4108566	3744814	112281	126214
国有独资公司	19912	15618	7898	7093	110	136
其他有限责任公司	1041071	490516	4100668	3737722	112172	126078
股份有限公司	766899	226667	1563668	1416834	39565	68120
私营企业	2502344	1134282	9613251	8848075	220337	326617
私营有限责任公司	2426621	1082726	9455667	8703904	215493	323620
私营股份有限公司	75723	51556	157584	144171	4844	2987
港、澳、台商投资企业	6753	3233	26767	22646	1616	1896
港、澳、台商独资经营企业	867	733	282	188	9	14
港、澳、台商投资股份有限公司	5885	2500	26485	22458	1608	1883
二、按建筑业行业分						
房屋建筑业	2532404	944223	11399453	10531360	297165	355958
土木工程建筑业	1714745	843690	3936589	3558423	85389	148822
建筑安装业	88999	47526	290315	244141	4502	15946
建筑装饰和其他建筑业	125502	73493	356719	316002	6660	20297

5-15 建筑业企业财务状况(三)

(2016年)

单位:万元

指标	管理费用	#税金	财务费用	#利息支出	利润总额	应交所得税	应付职工薪酬
总计	**256660**	**11038**	**103163**	**99308**	**537900**	**156977**	**3448849**
其中:国有控股企业	6125	78	21	157	5502	1479	25147
一、按登记注册类型分							
内资	256167	11012	103115	99262	536038	156480	3448492
国有企业	2696	64	25	30	1982	787	18672
集体企业	9993	170	1000	1019	15692	4991	180640
股份合作企业	567	50	44	40	502	357	6718
有限责任公司	74047	3544	43818	40711	125824	36681	835254
国有独资公司	588	5	-46	5	136	98	1722
其他有限责任公司	73459	3539	43864	40706	125688	36583	833532
股份有限公司	19411	806	12776	23848	70120	16178	288769
私营企业	149454	6379	45454	33615	321918	97486	2118440
私营有限责任公司	145459	6322	44936	33103	319026	96784	2037011
私营股份有限公司	3995	57	517	512	2892	702	81429
港、澳、台商投资企业	493	26	48	46	1862	496	357
港、澳、台商独资经营企业	53	15	3	…	14	4	357
港、澳、台商投资股份有限公司	440	11	45	45	1848	492	
二、按建筑业行业分							
房屋建筑业	141565	6214	50980	47593	354957	104867	2602368
土木工程建筑业	84824	3703	49740	49755	147075	42012	747190
建筑安装业	20819	602	691	667	15745	3875	41332
建筑装饰和其他建筑业	9452	519	1751	1293	20123	6224	57959

主 要 统 计 指 标 解 释

固定资产投资额 指以货币表示的工作量指标,包括实际完成的建筑安装工程价值,设备、工具、器具的购置费,以及实际发生的其他费用。没用到工程实体的建筑材料、工程预付款和没有进行安装的需要安装的设备等,都不能计算投资完成额。

建筑工程(建筑工作量) 指各种房屋、建筑物的建造工程,又称建筑工作量。包括①各种房屋如厂房、仓库、办公室、住宅、商店、学校、医院、俱乐部、食堂、招待所等工程;房屋的土建工程;列入房屋工程预算内的暖气、卫生、通风、照明、煤气等设备的价值及装设油饰工程;列入建筑工程预算内的各种管道(如蒸汽、压缩空气、石油、给排水等管道)、电力、电讯电缆、导线的敷设工程。②设备基础、支柱、操作平台、梯子、烟囱、凉水塔、水池、灰塔等建筑工程;炼焦炉、裂解炉、蒸汽炉等各种窑炉的砌筑工程及金属结构工程。③为施工而进行的建筑场地的布置、工程地质勘探,原有建筑物和障碍物的拆除,平整土地、施工临时用水、电、汽、道路工程,以及完工后建筑场地的清理、环境绿化美化工作等。④矿井的开凿,井巷掘进延伸,露天矿的剥离,石油、天然气钻井工程和铁路、公路、港口、桥梁等工程。⑤水利工程,如水库、堤坝、灌溉以及河道整治等工程。⑥防空、地下建筑等特殊工程及其他建筑工程。

安装工程(安装工作量) 指各种设备、装置的安装工程,又称安装工作量。包括:①生产、动力、起重、运输、传动和医疗、实验等各种需要安装设备的装配和安装,与设备相连的工作台、梯子、栏杆等装设工程,附属于被安装设备的管线敷设工程,被安装设备的绝缘、防腐、保温、油漆等工作。②为测定安装工程质量,对单个设备、系统设备进行单机试运、系统联动无负荷试运工作(投料试运工作不包括在内)。在安装工程中,不包括被安装设备本身价值。

设备、工具、器具购置 是指建设单位或企、事业单位购置或自制的,达到固定资产标准的设备、工具、器具的价值。新建单位及扩建单位的新建车间,按照设计或计划要求购置或自制的全部设备、工具、器具,不论是否达到固定资产标准均计入“设备、工具、器具购置”中。①设备:指各种生产设备、传导设备、动力设备、运输设备等。②工具、器具:是指具有独立用途的各种生产用具、工作工具和仪器。

其他费用 是指在固定资产建造和购置过程中发生的,除建筑安装工程和设备、工器具购置费以外的各种应分摊计入固定资产的费用。

民间投资 从投资主体为标准划分,政府或代表政府的国有企、事业单位投资建造和购置固定资产,均为政府投资,非国有、合资企业投资建造和购置固定资产则为民间投资。从2002年年报开始,国家投资统计制度中新增加了“国有及国有控股”指标,根据现有的统计资料,一般认为投资总额中扣除国有及国有控股投资部分即为非国有投资。因此,在做民间投资分析时,可以从非国有经济投资中再扣除外商及港澳台商投资部分即为民间投资,但要注意在扣除时,不要再次扣除国有控股部分的外商及港澳台商投资,否则会引起重复扣除。

基础设施投资 目前关于基础设施的界定,国际、国内尚没有统一的标准。我们通常在进行基础设施投资分析时,采用的基础设施投资范围包括:水利、环境和公共设施管理业;电力、燃气及水的生产供应业;交通运输、仓储和邮政业;电信和其他信息传输服务业;教育设施;广播、电视、电影和音像业;文化艺术业;体育设施;卫生设施。

房地产开发投资 是指报告期内完成的全部用于房屋建设工程、土地开发工程投资额以及公益性建筑和土地购置费等投资额。包括各种经济类型的房地产开发公司、商品房建设公司及其他房地产开发单位统一开发的包括统代建、拆迁还建的住宅、厂房、仓库、饭店、宾馆、度假村、写字楼、办公楼等房屋建筑物和配套的服务设施、土地开发工程,如道路、给水、排水、供电、供热、通讯、平整场地等基础设施工程的投资。不包括单纯的土地交易活动。

新增固定资产 指通过投资活动所形成的新的固定资产价值。包括已经建成投入生产或交付使用的工程价值和达到固定资产标准的设备、工具、器具的价值及有关应摊入的费用。

房屋建筑施工面积 指报告期内房屋建筑按照设计要求已全部完工,达到住人和使用条件,经验收鉴定合格或达到竣工验收标准,可正式移交使用的各栋房屋建筑面积的总和。

房屋建筑面积的统计范围是从房屋外墙线算起的各层平面面积的总和,包括房屋结构(如柱、墙)占用的面积和地下室面积。多层建筑按各自然层面积总和计算，包括房屋内的楼隔层，突出墙面的眺望间、门斗、有柱雨罩的面积，不包括突出墙面结构的构件、艺术装饰等所占的面积，如台阶等。凹阳台、挑阳台按其水平投影面积一半计算建筑面积。

房屋建筑竣工面积　指在报告期内，按照设计所规定的工程内容全部完成，达到了设计规定的交工条件，经有关部门检查验收鉴定合格的房屋建筑面积。

商品房销售面积　指报告期内出售商品房屋的合同总面积（即双方签署的正式买卖合同中所确定的建筑面积）。由现房销售面积和期房销售面积两部分组成。

待售面积　指报告期末已竣工的可供销售或出租的商品房屋建筑面积中，尚未销售或出租的商品房屋建筑面积，包括以前年度竣工和本期竣工的房屋面积，但不包括报告期已竣工的拆迁还建、统建代建、公共配套建筑、房地产公司自用及周转房等不可销售或出租的房屋面积。按照商品房待售时间的长短可以划分为待售一年以下、待售一到到三年（含一年）和待售三年以上（含三年）。

商品房销售额　指报告期内出售商品房屋的合同总价款（即双方签署的正式买卖合同中所确定的合同总价）。该指标与商品房销售面积同口径，由现房销售额和期房销售额两部分组成。

建筑业统计单位　指从事房屋、构筑物建造和设备安装活动的法人企业。建筑业法人企业应同时具备的条件是：①依法成立，有自己的名称、组织机构和场所，能够承担民事责任；②独立拥有和使用资产，承担负债，有权与其他单位签订合同；③独立核算盈亏，能够编制资产负债表。建筑业企业同时也是建筑业统计报表的基本填报单位。建筑业包括施工总承包、专业承包和劳务分包。建筑业法人单位和产业活动单位按注册所地原则进行统计。

建筑业总产值　建筑业总产值是以货币表现的建筑业企业在一定时期内生产的建筑业产品和服务的总和。建筑业总产值包括建筑工程产值、安装工程产值和其他产值三部分内容。建筑业总产值包括：

1. 建筑工程产值：指列入建筑工程预算内的各种工程价值。

2. 设备安装工程产值：指设备安装工程价值。

3. 其他产值：建筑业总产值中除建筑工程、安装工程以外的产值。包括房屋构筑物修理产值、非标准设备制造产值、总包企业向分包企业收取的管理费以及不能明确划分的施工活动所完成的产值。

房屋构筑物修理产值：指房屋和构筑物的修理所完成的产值，但不包括被修理房屋、构筑物本身价值和生产设备的修理价值。

非标准设备制造产值：指加工制造没有定型的非标准生产设备的加工费和原材料价值（如化工厂、炼油厂用的各种罐、槽，矿井生产统一使用的各种漏斗、三角槽、阀门等）以及附属加工厂为本企业承建工程制作的非标准设备的价值。

竣工产值　一般是以单位工程为对象，当该工程按照设计所规定的工程内容全部完成，达到了设计规定的交工条件，经有关部门检查验收鉴定合格的单位工程价值，即为竣工产值。竣工产值包括范围是：对跨年度施工的单位工程，其竣工产值应当包括该工程从开始到竣工的全部自行完成价值；对有些大型单位工程，如大型厂房、高级宾馆、各种管道、公路、铁路等，能够分跨、分层、分段施工并按合同规定，能够分开交付使用的，可以分开计算竣工产值。

交通运输邮电通信和电力

Transportation, Posts, Telecommunications and Electricity Consumption

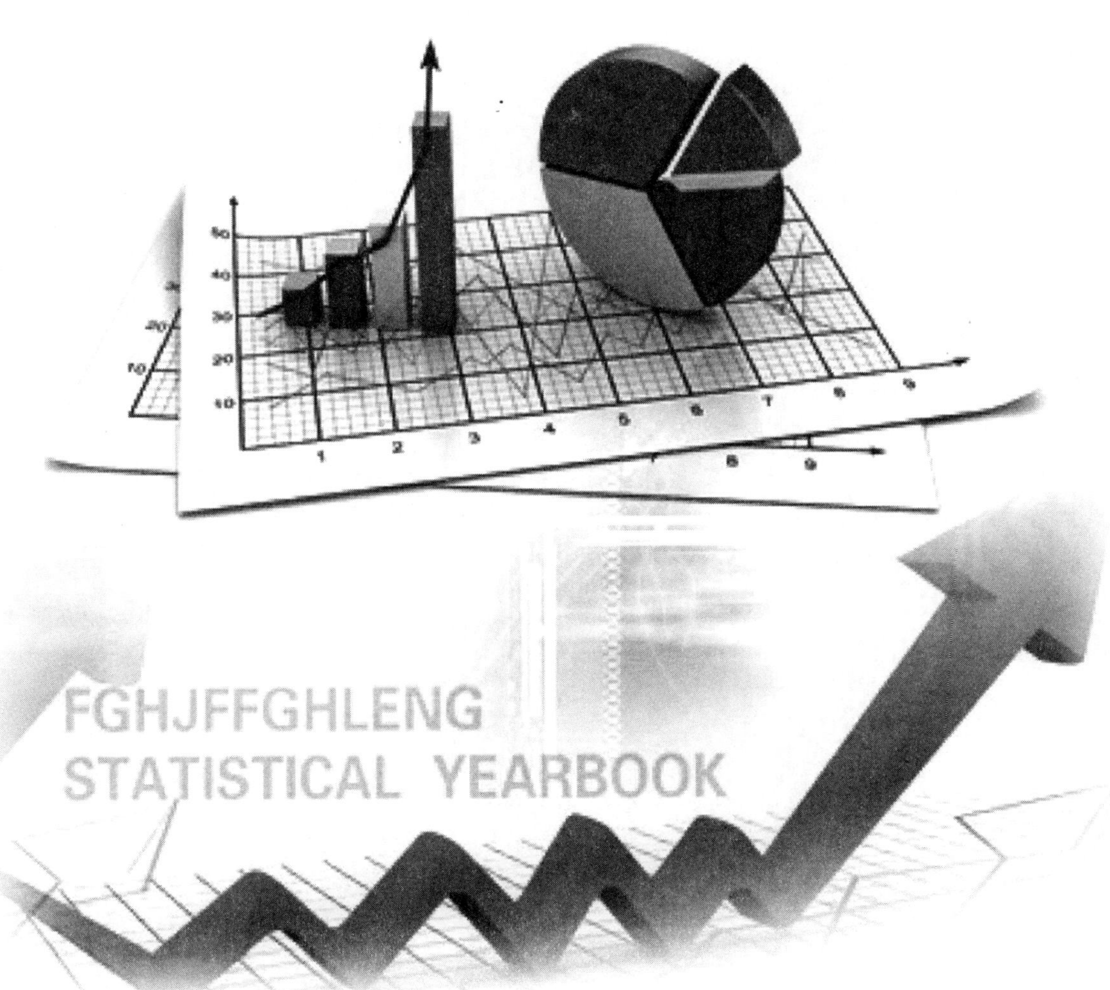

6-1 主要年份客运量和货运量

年份	客运量（万人）					货运量（万吨）			港口货物吞吐量（万吨）
	合计	铁路	公路	水运	民用航空	合计	#公路	#水运	
1952	86		39	47		39		39	
1957	280		211	69		217	111	106	
1962	515		330	185		143	40	103	
1965	659		539	120		202	79	123	
1970	797		605	192		265	106	159	
1975	1155		708	447		301	117	184	
1978	1920		1502	418		382	136	246	
1980	2693		2166	527		431	122	309	
1985	6018		5610	408		1143	697	446	
1990	7934		7652	280	2	2113	1281	832	
1994	9127		8924	196	7	4022	3005	1017	
1995	9338		9123	207	8	4396	3168	1228	
1996	9736		9520	204	12	4121	3023	1098	
1997	9981		9800	170	11	4084	3018	1066	
1998	10051		9894	147	10	4074	2942	1132	
1999	9986		9831	145	10	4587	3260	1327	1134
2000	10049		9899	138	12	4688	3347	1341	1271
2001	10187		10110	62	15	5452	3587	1865	1398
2002	11294		11234	53	7	5971	3868	2103	1613
2003	11921		11851	63	7	7380	4650	2730	2150
2004	10646		10553	83	10	8655	5168	3487	2722
2005	10892		10807	73	12	8629	4330	4299	2819
2006	12143		12021	108	14	10318	4816	5502	3027
2007	14320		14162	140	18	12006	5707	6299	3507
2008	28470		28291	158	21	16143	10025	6118	3898
2009	29201	40	28941	193	27	15830	10021	5809	4294
2010	30137	272	29623	210	32	18155	10500	7655	4706
2011	30577	350	29973	223	31	19685	11220	8462	5099
2012	30874	426	30210	217	21	21245	11744	9493	5358
2013	15204	547	14423	203	31	19464	9040	10424	5628
2014	13869	695	12931	209	33	20222	9628	10565	6049
2015	12851	836	11177	208	30	21215	9990	11200	6237
2016	11086	948	9895	209	34	22902	11658	11213	6771

注：从2008年开始公路运输统计口径作了调整；2013年全国开展了交通运输业经济统计专项调查，公路运输相关指标统计口径作了调整，公路客运量、货运量、客运周转量、货运周转量不包括公交车和出租车的数据，下同。

6-2 主要年份客运周转量和货运周转量

年份	客运周转量（万人公里）				货运周转量（万吨公里）			
	合计	铁路	公路	水运	合计	铁路	公路	水运
1952	2429		1404	1025	2866		55	2811
1957	8904		7308	1596	8162		651	7511
1962	14722		10337	4385	12075		485	11590
1965	14280		12188	2092	17778		1253	16525
1970	18505		15439	3066	23941		1700	22241
1975	23800		18625	5175	25409		1859	23550
1978	43841		32032	11809	52630		3401	49229
1980	62337		46205	16132	58734		3879	54855
1985	164001		150726	13275	190588		44649	145939
1990	248166		236650	11516	277473		68381	209092
1994	339888		330580	9308	592027		201379	390648
1995	376539		367190	9349	662074		260199	401875
1996	435206		428349	6857	800486		366380	434106
1997	490569		485100	5469	799378		368430	430948
1998	562752		558186	4566	903920		376450	527470
1999	599956		595898	4058	1136367		355856	780511
2000	609219		605222	3997	1265144		367388	897756
2001	573927		570954	2973	1547704		370050	1177654
2002	530396		527998	2398	2107028		372897	1734131
2003	552254		550315	1939	2861369		378638	2482731
2004	486854		485418	1436	3607218		343161	3264057
2005	497676		496490	1186	4391979		321865	4070114
2006	568713		567631	1082	5738826		391389	5347437
2007	697739		696613	1126	6778528		454670	6323858
2008	856179		855012	1167	7642498		1274580	6367918
2009	897620	10498	885604	1518	8045858		1314321	6731537
2010	977082	68930	905849	2303	11106446		1419832	9686614
2011	1038253	119485	916120	2647	12382359	640	1566498	10815222
2012	1062380	134317	925562	2501	13252138	1680	1688270	11562188
2013	747599	187251	558711	1637	14196836	5650	1486510	12704676
2014	773225	235190	536282	1753	14663554	6027	1577113	13080414
2015	781350	267193	512420	1737	15710683	5313	1661631	14043739
2016	728398	299520	426965	1913	16231545	6468	1810187	14414890

6－3 公路基本情况

（2016年）

单位：公里

指标	通车总里程	国道公路	省道公路	县道公路	乡道公路	专用公路	村道公路
合计	12578	463	677	2615	2042	64	6717
按技术等级分							
高速公路	298	128	170				
一级	652	250	165	224	4	6	4
二级	1218	81	308	650	114	2	64
三级	565	4	24	297	157	1	82
四级	6363		10	1444	1764	50	3095
准四级	3422				3		3418
等外	61					6	54
按路面类型分							
有铺装	12115	463	677	2549	2017	50	6359
水泥混凝土	9937	25	127	1589	1897	36	6264
沥青混凝土	2178	438	550	960	120	14	95
简易铺装	98			66	19		12
未铺装	365				6	14	345
桥梁							
座	5802						
米	305007						
隧道							
道	302						
延米	215702						

6-4 按管理性质分公路里程

（1986-2016年）

单位:公里

年份	通车总里程	国道	省道	县道	乡道	专用公路	村道
1986	2160	155	616	792	502	95	
1987	2104	155	615	815	511	7	
1988	2197	155	618	862	554	7	
1989	2230	151	608	973	494	7	
1990	2256	150	588	995	516	7	
1991	2302	149	588	1005	560		
1992	2315	149	590	1015	561		
1993	2381	148	595	1045	593		
1994	2438	148	599	1060	632		
1995	2470	158	599	1064	649		
1996	2521	158	598	1087	678		
1997	2589	169	596	1118	707		
1998	3618	176	602	1154	1686		
1999	3650	176	592	1198	1685		
2000	3766	234	592	1230	1710		
2001	3994	232	591	1481	1575	115	
2002	4018	232	591	1503	1576	117	
2003	4060	232	591	1534	1586	117	
2004	4125	232	585	1613	1576	119	
2005	4128	232	585	1617	1576	119	
2006	9087	232	649	1655	1604	98	4849
2007	10200	232	652	1691	1606	98	5921
2008	10593	274	653	2352	2045	65	5204
2009	10988	274	696	2386	2042	66	5523
2010	11267	273	695	2391	2042	66	5800
2011	11528	273	720	2403	2042	66	6024
2012	11688	273	729	2422	2070	66	6129
2013	11910	273	728	2491	2080	66	6272
2014	12283	267	730	2701	2022	64	6500
2015	12480	268	734	2750	2029	64	6636
2016	12578	463	677	2615	2042	64	6717

注：从2006年开始通车公路里程及相关指标包括村道，下同。

6-5 运输线路长度

（1986-2016年）

单位：公里

年份	铁路营业里程	公路通车里程	等级公路合计	#高速公路	#一级	#二级	#三级	#四级	内河航道里程	民用航空航线（条）
1986		2160	1206			32	26	1148	1091	
1987		2104	1239			32	36	1171	1096	2
1988		2197	1347			33	43	1271	1074	2
1989		2230	1386			31	43	1312	1074	2
1990		2256	1384			93	110	1181	1074	4
1991		2302	1446			93	110	1243	986	4
1992		2315	1493			120	132	1241	986	3
1993		2381	1611			210	153	1248	986	5
1994		2438	1693			256	182	1255	986	8
1995		2470	1791			272	188	1331	986	7
1996		2521	1854		22	299	299	1234	986	10
1997		2589	1927		21	329	331	1246	986	10
1998		3618	3029		60	364	477	2128	986	7
1999		3650	3065		60	373	488	2144	986	7
2000		3766	3180	90	60	374	486	2170	986	12
2001		3994	3530	128	124	975	511	1792	986	8
2002		4018	3561	128	140	965	512	1816	986	4
2003		4060	3611	128	141	981	515	1846	993	4
2004		4125	3686	128	177	1030	516	1835	993	4
2005		4128	3688	128	182	1031	512	1835	993	4
2006		9087	8522	188	209	1115	536	3999	993	4
2007		10200	9691	188	236	1169	544	4203	993	5
2008		10593	10175	230	237	1203	565	5053	993	9
2009	94	10988	10671	274	255	1223	568	5301	993	9
2010	94	11267	11005	274	299	1196	556	5507	993	9
2011	94	11528	11287	298	307	1196	565	5577	984	9
2012	94	11688	11453	298	325	1209	565	5731	1007	8
2013	94	11910	11681	298	410	1194	563	5898	1007	11
2014	94	12283	12055	298	555	1233	563	6090	1007	12
2015	94	12480	12297	298	608	1241	566	6246	1007	9
2016	94	12578	12517	298	652	1218	565	6363	1007	15

6-6 公路运输工具拥有量

（1999-2016年）

单位：辆

年份	汽车	#营业性汽车	载客汽车	载货汽车	其他汽车	摩托车	挂车
1999	35538		12328	22805	405	170224	76
2000	52390		18485	33386	519	267219	99
2001	70357		26569	43135	653	323187	135
2002	98863	20750	41259	56757	847	391797	172
2003	136432	23522	63937	71352	1143	477445	204
2004	170650	27400	83831	83536	3283	528609	466
2005	211745	24453	114664	93795	3286	576227	324
2006	260615	25996	157742	99091	3782	622064	667
2007	315913	24959	206790	105016	4107	656827	924
2008	368029	24502	254013	109517	4499	646246	1223
2009	457161	25046	330605	123306	3250	664074	1893
2010	565917	27284	423241	139133	3543	677287	2720
2011	678938	32750	520767	154518	3653	632821	3302
2012	793273	33789	623700	165915	3658	586604	3603
2013	922061	33153	738660	179521	3880	575657	4100
2014	1039522	31792	862643	173361	3518	592177	4243
2015	1160758	27530	996106	161221	3431	561369	4429
2016	1327839	33154	1153475	171146	3218	274361	4816

6-7 水路运输工具拥有量

（1996-2016年）

年份	机动船拥有量(艘)			净载重量（吨位）	载客量（客位）
	合计	货船	客船		
1996	3996	3868	128	239092	12397
1997	3596	3434	123	230381	6471
1998	3327	3279	48	267942	3060
1999	2849	2808	40	345076	2812
2000	2354	2338	16	399659	1671
2001	2389	2375	14	512720	1531
2002	2481	2466	15	652575	1545
2003	2281	2263	18	780320	2224
2004	2127	2113	14	960802	1737
2005	2078	2064	14	1365200	1784
2006	2109	2095	14	1703568	1742
2007	2057	2042	15	1606295	1651
2008	1866	1854	12	1429165	1572
2009	1201	1189	12	2267030	1610
2010	938	926	12	2494626	1227
2011	829	817	12	2739021	1377
2012	772	759	13	3160552	1457
2013	619	606	13	3597236	1457
2014	595	581	14	3932078	1617
2015	564	550	14	3811131	1617
2016	532	517	14	3663501	1870

6-8 按货物形态和包装分港口货物吞吐量

(2016年)

单位:吨

指　　标	合 计	*外 贸	出 港	*外 贸	进 港	*外 贸
港口货物吞吐量	**67705836**	**8032726**	**9266417**	**126308**	**58439419**	**7906418**
1、液体散货	1851046		63479		1787567	
其中：成品油	1808018		51121		1756897	
液化气、天然气及制品						
2、干散货	47887672	5763136	2830828		45056844	5763136
其中：煤炭及制品	16226896	5763136	23541		16203355	5763136
散水泥	2772254				2772254	
散　粮	1500		1500			
3、件杂货	4244530	1546777	3070		4241460	1546777
其中：木　材	27662				27662	
粮　食	2000		1050		950	
化　肥	11660				11660	
水　泥	2518934				2518934	
4、集装箱(TEU)	160153	62229	76719	30736	83434	31493
重　量(吨)	1577408	722813	293180	126308	1284228	596505
其中:货　重	1230821	592716	126916	62160	1103905	530556
5、滚装船汽车吞吐量(辆)	607259		303793		303466	
滚装船汽车吞吐量(标辆)	607259		303793		303466	
重　量(吨)	12145180		6075860		6069320	

6－9 按货类分港口货物吞吐量

（2016 年）

单位：吨

指　　标	合　计	*外　贸	出　港	*外　贸	进　港	*外　贸
港口货物吞吐量	**67705836**	**8032726**	**9266417**	**126308**	**58439419**	**7906418**
1、煤炭及制品	16226896	5763136	23541		16203355	5763136
2、石油、天然气及制品	1808018		51121		1756897	
成品油	1808018		51121		1756897	
3、钢铁	3874666		245357		3629309	
其中：钢　材	3567822		8059		3559763	
生　铁	10577				10577	
4、矿建材料	24890372		2560650		22329722	
其中：砂	21557649		641139		20916510	
5、水　泥	5291188				5291188	
6、木　材	27662				27662	
7、非金属矿石	148572				148572	
8、化肥及农药	11660				11660	
9、盐	10398				10398	
10、粮　食	3500		2550		950	
11、机械、设备、电器	1525707	1525126			1525707	1525126
12、化工原料及制品	94640		14158		80482	
13、轻工、医药产品	3385				3385	
14、农、林、牧、渔业产品	21651	21651			21651	21651
15、其　他	13767521	722813	6369040	126308	7398481	596505
其中：集装箱重量	1577408	722813	293180	126308	1284228	596505
滚装船汽车吞吐量	12145180		6075860		6069320	

6-10 主要年份邮电业务量

年份	邮电业务总量（万元）	邮电业务收入（万元）	函件（万件）	订销报刊累计份数（万份）	固定电话用户数（万户）	移动电话用户数（万户）	互联网宽带接入用户数（户）	移动互联网用户数（户）
1949	20		64	18				
1952	47		150	364				
1957	133		493	707				
1962	278		608	700				
1965	299		585	1623				
1970	354		610	2694				
1975	458		686	3133				
1978	611		775	3635	0.67			
1980	792		1106	4707	0.76			
1985	1514		1987	7332	1.28			
1990	5376		1989	7401	2.86			
1994	30034		2428	8937	12.76	0.61		
1995	51505		2376	10740	20.29	1.99		
1996	76928		2489	11750	26.99	4.27	2	
1997	105213		2172	10172	36.13	9.24	447	
1998	164086		2205	10201	53.29	16.19	3957	
1999	226838		2360	10889	77.10	41.20	7663	
2000	362332		2630	11339	100.81	78.35	62305	
2001	331815		3581	11826	117.09	127.33	182318	
2002	400261		3484	11766	143.66	157.78	278892	
2003	590142	354574	3446	12800	169.13	225.02	390310	
2004	836830	390559	2705	12187	198.32	283.06	393280	
2005	889277	426046	2227	12276	207.69	360.83	282427	
2006	1063520	475040	1583	12693	214.30	432.97	373162	
2007	1318754	561391	1444	12614	215.53	517.74	461203	
2008	1463341	646065	1373	13065	211.86	554.13	558170	
2009	1536168	625391	1592	13254	189.95	591.34	683016	
2010	1467071	663022	1516	12724	178.72	719.60	863564	
2011		691300	1774	12933	170.99	791.45	1126632	3567678
2012		763311	1803	14419	165.07	782.99	1265399	4685981
2013		783041	1935	16407	152.04	744.77	1512076	5028731
2014		755726	1597	15922	140.55	758.62	1676744	5427455
2015		726790	1286	16324	120.44	739.78	1785103	6056687
2016		764482	776	11108	106.81	770.84	2084579	6063636

注：2001年起邮电业务总量为2000年不变价，下同；2004年及以前互联网宽带接入用户数为国际互联网用户数。

6-11 邮电企业主要指标

（1978-2016年）

年份	邮电局（所）数（个）	邮路及农村投递线路长度（公里）	长途电话电路总数（路）	长途自动交换机（路端）	电话交换机装机总容量（万门）	固定电话主线普及率（户/百人）	移动电话普及率（户/百人）
1978	294		122		1.25	0.15	
1980	302	14529	156		1.49	0.16	
1985	339	15451	316		3.38	0.26	
1986	348	16224	332		3.82	0.28	
1987	350	16072	403		4.17	0.33	
1988	349	15788	433		4.70	0.40	
1989	348	16306	472		5.39	0.46	
1990	345	15835	991	1168	6.10	0.55	
1991	342	16063	1507	1458	6.61	0.66	
1992	336	15616	1858	1598	8.12	0.88	
1993	321	16052	5076	5670	14.22	1.39	0.01
1994	294	16112	3145	16950	26.39	2.42	0.12
1995	293	16263	3163	16920	42.42	3.83	0.38
1996	280	16552	6422	32924	54.18	5.06	0.80
1997	284	16476	7593	15450	68.41	6.74	1.72
1998	368	16485	11221	10260	80.18	9.88	3.00
1999	433	16264	15626	19305	82.32	14.20	7.59
2000	408	16211	21912	25476	159.30	18.44	14.33
2001	365	16433	10864	25476	172.50	21.35	23.21
2002	343	16715	10502	27000	206.26	26.10	28.66
2003	232	15779	11522	27000	232.43	30.61	40.72
2004	327	18645	14700	27000	263.38	35.67	50.92
2005	417	20038	18600	27000	300.67	37.10	64.45
2006	437	20989	22170	27000	300.74	37.95	76.68
2007	475	21587	20169	27000	300.10	37.85	90.93
2008	456	24444	21033	48670	282.73	36.91	96.53
2009	468	24372	25740	48670	262.56	32.84	102.22
2010	465	24315	30450	48670	261.60	30.65	123.40
2011	447	24937	30523	48670	258.44	29.14	134.88
2012	457	24690	30450	48670	240.18	27.90	132.50
2013	472	26232	30330	48670	204.94	25.59	125.37
2014	456	18564			172.00	23.54	127.05
2015	425	16653			171.59	20.16	123.81
2016	385	17178				17.80	128.44

注：2003年起邮电局、所总数不包括代办点，下同；2014年起长途电话电路总数和长途自动交换机指标已经取消。

6-12 全社会用电量(一)

(1986-2016年)

单位:万千瓦时

年份	全社会用电量(包括厂用电量及线损)	农林牧渔水利业	工业用电	轻工业	重工业	建筑业
1986	68185	6771	47606	23295	24311	346
1987	81333	6388	55928	26218	29710	473
1988	97744	7037	65001	31807	33194	664
1989	101163	5700	65199	32284	32915	675
1990	114048	5679	69416	35376	34040	776
1991	138918	6359	85071	44299	40772	863
1992	160412	6734	101102	56365	44737	1296
1993	194360	6768	123414	68936	54478	1678
1994	224103	7876	140052	80616	59436	2103
1995	253892	8161	155598	87155	68443	3038
1996	270237	8048	165274	90346	74928	3477
1997	290184	7393	178064	97804	80260	4960
1998	318937	7261	195749	109284	86465	5732
1999	377370	7130	241075	136822	104253	5995
2000	460236	8795	309357	174070	135287	6397
2001	525430	9104	358175	198073	160102	7167
2002	647020	9444	452978	247101	205878	8157
2003	779903	9986	552753	296718	256034	9746
2004	848560	8488	618333	336047	282286	11720
2005	1048465	10346	744117	306493	437625	15354
2006	1240624	11841	870314	379305	491009	22439
2007	1438263	11939	1031548	391116	640432	22180
2008	1566240	12296	1111781	391240	720540	21438
2009	1718830	13185	1214514	418490	796023	24205
2010	1962057	12937	1391383	479452	911931	30082
2011	2219849	12924	1570324	530430	1039895	33710
2012	2273310	13487	1566705	539937	1026768	35761
2013	2479714	15862	1692994	574739	1118255	46231
2014	2544168	15726	1731691	584676	1147015	50460
2015	2527487	15634	1677933	595433	1082500	51046
2016	2821453	17422	1834332	646082	1188249	68452

6-13 全社会用电量(二)

(1986-2016年)

单位:万千瓦时

年份	交通运输仓储邮政业	商业住宿和餐饮业	其他事业	城乡居民生活用电	乡村	城市
1986	236	839	2264	10123	6955	3168
1987	275	1104	2798	14368	9519	4849
1988	336	1357	3557	19793	13133	6660
1989	357	1418	3961	23854	15623	8231
1990	419	1675	4309	31774	20812	10962
1991	570	2050	5212	38794	24925	13869
1992	621	2015	5897	42746	27256	15490
1993	792	2448	7123	52137	33011	19126
1994	1008	2961	8410	61693	38905	22788
1995	1283	3476	9447	72889	45249	27640
1996	1747	4883	10965	75844	46172	29672
1997	1919	5422	12457	79969	47386	32583
1998	2260	6753	14770	86414	49907	36507
1999	2562	8689	18014	93905	53254	40650
2000	3328	10993	21000	100365	55896	44470
2001	4283	16426	23287	106988	60513	46475
2002	5135	20333	25686	125287	71591	53696
2003	6605	24063	32205	144544	81424	63120
2004	6517	28488	33012	142002	75818	66184
2005	6895	32660	59243	179849	101689	78160
2006	8522	40554	69979	216975	127247	89728
2007	9660	45522	79839	237575	141979	95596
2008	9492	49541	87478	274214	158919	115295
2009	10352	59848	94167	302559	177569	124990
2010	16645	68668	102487	339856	204750	135106
2011	19681	81565	114534	387110	235962	151148
2012	18570	91379	126222	421186	253065	168122
2013	20425	100071	138626	465505	280428	185077
2014	23988	109302	147256	465746	281880	183865
2015	25243	114348	135725	481992	293354	188639
2016	27552	129661	160121	555139	336178	218961

6－14　分产业和行业全社会用电量

（2016 年）

类　　别	用户数（个）	用户用电装接容量（千瓦）	本年用电量（万千瓦时）
总　　计	**2698744**	**29725633**	**2821453**
按产业分			
第一产业	9012	160869	9578
第二产业	147049	10570115	1902784
第三产业	2542683	18994649	909091
按用途分			
一、农、林、牧、渔业	**17896**	**281315**	**17422**
农　业	7059	114368	5837
林　业	156	2798	150
畜牧业	1112	16956	1359
渔　业	685	26747	2233
农、林、牧、渔服务业	8884	120446	7844
其中：排　灌	7076	87026	4209
二、工　业	**139271**	**9292361**	**1834332**
采矿业	729	89326	7806
制造业	134602	8411082	1660060
食品、饮料和烟草制造业	9770	327379	42486
纺织业	6990	203563	38196
服装鞋帽、皮革羽绒及其制品业	7149	279496	45185
木材加工及制品和家具制品业	7407	179033	22727
造纸及纸制品业	1928	112146	35075
印刷业和记录媒介的复制	1386	65395	11202
文体用品制造业	307	30192	4710
石油加工、炼焦及核燃料加工业	39	1262	98
化学原料及化学制品制造业	672	150394	37652
医药制造业	442	372857	110624
化学纤维制造业	82	9493	2101
橡胶和塑料制品业	22394	1770079	381236
非金属矿物制品业	3041	264762	47877

6－14 续表

类　　别	用户数（个）	用户用电装接容量（千瓦）	本年用电量（万千瓦时）
有色金属冶炼及压延加工业	1618	178647	31934
金属制品业	12743	815886	160135
通用及专用设备制造业	36338	2021101	397141
交通运输、电气、电子设备制造业	9214	1184097	226160
工艺品及其他制造业	12163	381501	54862
废弃资源和废旧材料回收加工业	919	63799	10658
电力、燃气及水的生产和供应业	3940	791953	166466
电力、热力的生产和供应业	936	648001	142254
燃气生产和供应业	114	14867	1414
水的生产和供应业	2890	129085	22797
在工业用电量中：轻工业	62827	3289358	646082
重工业	76444	6003003	1188249
三、建筑业	**7778**	**1277754**	**68452**
四、交通运输、仓储和邮政业	**2021**	**362620**	**27552**
五、信息传输、计算机服务和软件业	**12024**	**176590**	**28775**
六、商业、住宿和餐饮业	**48131**	**1445288**	**129661**
批发和零售业	42130	1068206	87636
住宿和餐饮业	6001	377082	42025
七、金融、房地产、商务及居民服务业	**21249**	**1019233**	**51731**
八、公共事业及管理组织	**41138**	**1491601**	**108389**
科学研究、技术服务和地质勘查业	162	26289	1697
水利、环境和公共设施管理业	19952	391710	23462
教育、文化、体育和娱乐业	4154	406405	29302
卫生、社会保障和社会福利业	1496	172470	18898
公共管理和社会组织、国际组织	15374	494727	35030
九、城乡居民生活用电	**2409236**	**14378871**	**555139**
城镇居民	735454	5084436	218961
乡村居民	1673782	9294435	336178

主 要 统 计 指 标 解 释

货(客)运量 指运输业实际运送的货物(旅客)数量。货运按吨计算,客运按人计算。货物不论运输距离长短,货物类别,均按实际重量统计;旅客不论行程远近或票价多少,均按一人一次作为客运量统计。半价票、小孩票也按一人统计。货(客)运量反映运输业为国民经济和人民生产服务的数量指标,也是制定和检查运输生产计划,研究运输发展规模和速度的重要指标。

货物(旅客)周转量 指运输业实际运送的货物(旅客)数量与相应运输距离乘积之总和,通常以吨公里和人公里为计算单位。计算货物周转量通常按发出站与到达站之间的最短距离,也就是计费距离计算。它反映运输业生产总成果的重要指标,也是编制和检查运输生产计划、计算运输效率、劳动生产率以及核算运输单位成本的主要基础资料。

铁路营业里程 又称营业长度,指办理客货运输业务的铁路正线总长度。凡是全线或部分建成双线及以上的线路,以第一线的实际长度计算;复线、站线、段管线、岔线和特殊用途线以及不计算运费的联络线都不计算营业里程。铁路营业里程是反映铁路运输业基础设施发展水平的重要指标,也是计算客货周转量、运输密度和机车车辆运用效率等指标的基础资料。

公路里程 也称“公路通车里程”,是指实际达到公路工程技术标准等级的公路长度。它包括大中城市的郊区公路以及通过小城镇街道的公路里程,也包括桥梁、渡口的长度,但不包括城市的街道以及厂矿、林区和农业生产用道的里程。两条或多条公路共同走向的同一条路段,只计算一次,不得重复计算里程长度,公路里程是反映公路建设发展规模重要指标,也是计算运输网密度等指标的基础资料。

内河航道里程 也称“内河通航里程”,是反映内河水运网规模、水平和发展情况的主要指标;是指在一定时期内,能通航运输船舶及排筏的天然河流、湖泊水库、运河及通航渠道的长度。包括全年季节性通航累计三个月以上的航道,但不包括仅供零散流放竹、木排的河道。

港口货物吞吐量 指由水运进出港口港区范围、并经过装卸的货物数量。吞吐量可以分进口、出口,又可以分为国内贸易和对外贸易。货物吞吐量的货种分类及其主要流向流量,反映了港口在国内外物资交换和对外贸易运输中的地位和作用。

载货汽车拥有量 是指以辆为单位计算的,在报告期末,全社会拥有的载货汽车总辆数。按公路监理部门和公安部门的机动车管理单位所掌握的领有车辆牌照资料加以整理计算。

订销报刊累计份数 是以万份为计算单位,报告期订阅和零售国内外报刊各出版期的总份数。在计算时,订阅的报刊按出版期计算,零售的按实销份数计算。凡正常性或临时加发的零售份数,报告期出版的或报告期前出版的份数都统计在内,但不包括变价出售的报刊。订销报刊的累计份数应按进口交换量计算。

全社会用电量 国民经济各行业及城乡居民消费的电量。它包括电力企业售电量与自备电厂自发自用电量及其售给附近用户电量之和。它是考察电力消费去向、作为电力分配依据的重要指标。

原材料和能源

Crude Materials and Energy

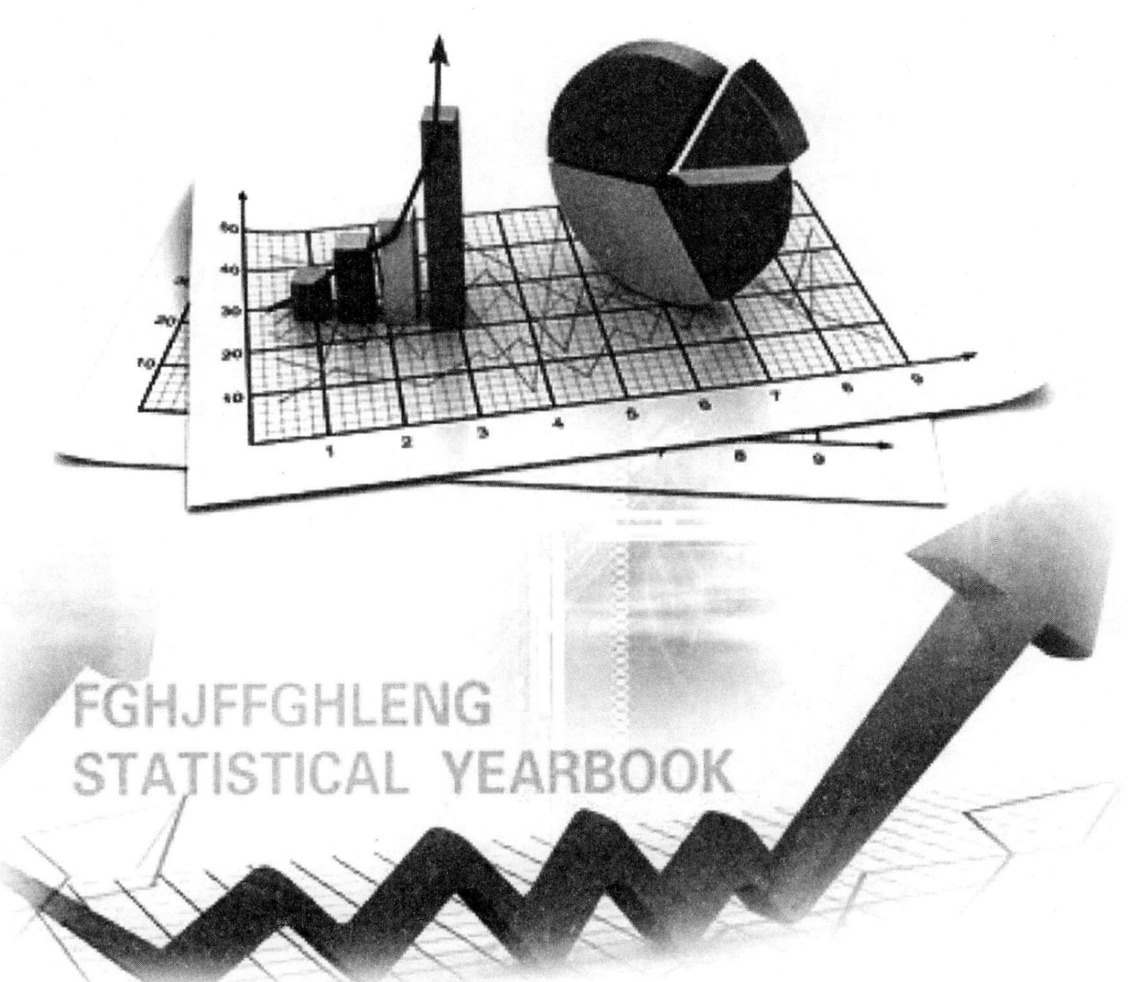

7-1 全社会单位生产总值能耗

（2005-2016 年）

年　份	能源消费总量（万吨标准煤）	单位GDP能耗（吨标准煤/万元）	单位GDP能耗降低率（%）	能源消费弹性系数（%）	电力消费总量（亿千瓦时）	单位GDP电耗（千瓦时/万元）	单位GDP电耗降低率（%）	电力消费弹性系数（%）
2005	790.75	0.632			104.85	837		1.70
2006	880.45	0.615	2.65	0.78	124.07	866	-3.46	1.27
2007	967.47	0.590	4.05	0.68	143.83	877	-1.27	1.10
2008	1005.25	0.560	5.18	0.41	156.62	872	0.60	0.92
2009	1029.39	0.531	5.12	0.28	171.88	886	-1.65	1.15
2010	1105.30	0.505	4.85	0.57	196.21	897	-0.88	1.08
2011	1107.85	0.421	2.79	0.63	221.98	847	-4.73	1.46
2012	1116.54	0.395	6.14	0.12	227.33	810	4.70	0.32
2013	1182.96	0.388	1.80	0.76	247.97	814	-1.05	1.14
2014	1214.08	0.371	4.50	0.35	254.42	777	4.57	0.35
2015	1239.30	0.356	4.10	0.33	252.75	725	6.72	-0.10
2016	1375.54	0.355	-1.80	1.23	282.15	728	-3.69	1.49

注:2016 年 GDP 按 2015 年不变价格计算。2011 年-2015 年能源消费总量随 GDP 而调整。

7-2 规模以上工业能源购进、消费及库存

（2016年）

能源名称		购进量	消费合计	工业生产消费	非工业生产消费	期末库存
能源合计	**吨标准煤**		**12368021**	**12257637**	**110384**	
原煤	吨	13764734	13855653	13821670	33983	582977
煤制品	吨	12566	13049	12869	180	863
焦炭	吨	6925	7029	7027	2	632
天然气（气态）	万立方米	6521	6510	6501	10	38
液化天然气（液态）	吨	14279	14394	14367	27	170
汽油	吨	21863	21869	9750	12119	101
煤油	吨	1556	1552	1460	92	43
柴油	吨	44735	44994	36619	8374	3504
燃料油	吨	4207	4241	4127	114	85
液化石油气	吨	2654	2669	2637	32	54
润滑油	吨	2960	2896	2875	20	116
石蜡	吨	837	849	849		25
溶剂油	吨	816	818	815	3	13
石油沥青	吨	849	932	932		59
其它石油制品	吨	3250	3224	3224		159
热力	百万千焦	7708294	8176855	8106958	69897	
电力	万千瓦时	1076021	1264510	1221480	43029	
城市垃圾用于燃料	吨		1348007	1348007		
生物质废料用于燃料	吨	5542	5646	5640	5	101
其他燃料	吨标准煤	1726	1692	1642	50	33

7－3 规模以上工业按行业分主要能源消费量(一)

(2016年)

单位:吨

行业名称	原煤	煤制品	焦炭	天然气(万立方米)	液化天然气	汽油	煤油
合计	**13855653**	**13049**	**7029**	**6511**	**14394**	**21869**	**1552**
非金属矿采选业						9	
农副食品加工业	12355	343				112	
食品制造业	6320				6	124	
酒、饮料和精制茶制造业	3804			139		87	
纺织业	38962			147		232	2
纺织服装、服饰业	46					82	
皮革、毛皮、羽毛及其制品和制鞋业	938					733	30
木材加工和木、竹、藤、棕、草制品业	69			73	2	87	
家具制造业	1143			92	1	214	
造纸和纸制品业	120283	2374				212	
印刷和记录媒介复制业	4889	125				345	
文教、工美、体育和娱乐用品制造业	1959				1	927	14
石油加工、炼焦和核燃料加工业						10	
化学原料和化学制品制造业	53137			125		459	
医药制造业	175715			280	3	908	5
橡胶和塑料制品业	83161	9176		167	917	2717	32
非金属矿物制品业	17017			241	337	302	
黑色金属冶炼和压延加工业	8414		5958	169	35	223	20
有色金属冶炼和压延加工业	19841			216	1574	95	143
金属制品业	26897			2031	3081	829	39
通用设备制造业	5777		225	875	1381	2477	930
专用设备制造业	2210	1031	829	159		2184	23
汽车制造业	6716			1104	5350	3040	154
铁路、船舶、航空航天和其他运输设备制造业	1585			280	520	1358	81
电气机械和器材制造业	1805			193	441	1853	56
计算机、通信和其他电子设备制造业					718	179	4
仪器仪表制造业			17	44	7	480	18
其他制造业	4619			13		78	
废弃资源综合利用业				160	23	75	
金属制品、机械和设备修理业						13	
电力、热力生产和供应业	13257995			1		1192	
燃气生产和供应业						86	
水的生产和供应业						149	

7－4 规模以上工业按行业分主要能源消费量(二)

(2016年)

单位:吨

行业名称	柴油	燃料油	液化石油气	其他石油制品	热力(百万千焦)	电力(万千瓦时)
合计	44994	4241	2669	3224	8176855	1264510
有色金属矿采选业	10					508
非金属矿采选业	408					405
农副食品加工业	297		6		58061	12005
食品制造业	157				295923	3344
酒、饮料和精制茶制造业	90				190547	3058
纺织业	364		9	1		19322
纺织服装、服饰业	126					611
皮革、毛皮、羽毛及其制品和制鞋业	490	62	39	4		16630
木材加工和木、竹、藤、棕、草制品业	75		9			3454
家具制造业	285		23	12		10098
造纸和纸制品业	642				1010733	32533
印刷和记录媒介复制业	413					4334
文教、工美、体育和娱乐用品制造业	399		2			7491
石油加工、炼焦和核燃料加工业	16					7
化学原料和化学制品制造业	1235		88		984472	34577
医药制造业	3082	208			4842222	108376
化学纤维制造业						1598
橡胶和塑料制品业	2070	189	48	174	502701	155596
非金属矿物制品业	13017	121	281		168118	28004
黑色金属冶炼和压延加工业	644	372				21539
有色金属冶炼和压延加工业	434	623	9		2650	31441
金属制品业	1857	795	673	468	50868	56643
通用设备制造业	4633	1292	706	845		95987
专用设备制造业	2008	42	8	1058		41370
汽车制造业	2085	44	309	246		78355
铁路、船舶、航空航天和其他运输设备制造业	2538	216	12	226	22128	24682
电气机械和器材制造业	2750	163	365	127		45813
计算机、通信和其他电子设备制造业	195	115		11		19950
仪器仪表制造业	390		59	23		17056
其他制造业	124				48432	10789
废弃资源综合利用业	1732		22			6524
金属制品、机械和设备修理业	318			28		200
电力、热力生产和供应业	2039					359026
燃气生产和供应业	65					95
水的生产和供应业	9					13086

7-5 规模以上工业按行业分能源消费情况

（2016年）

单位：吨标准煤

行业名称	单位数（个）	综合能耗		万元产值综合能耗		节能量
		绝对额	比上年增长（%）	绝对额	比上年降低（%）	
合　　计	**3597**	**7712900**	**21.42**	**0.183**	**-13.66**	**-926682**
有色金属矿采选业	1	639	-17.89	0.120	26.06	225
非金属矿采选业	2	1097	18.53	0.082	-7.87	-80
农副食品加工业	70	26602	19.49	0.045	-7.42	-1836
食品制造业	20	18553	-2.67	0.091	3.62	696
酒、饮料和精制茶制造业	8	14459	-9.99	0.110	0.27	39
纺织业	83	55173	-3.10	0.073	0.68	381
纺织服装、服饰业	20	975	-0.58	0.014	7.89	84
皮革、毛皮、羽毛及其制品和制鞋业	202	22616	0.78	0.020	8.22	2027
木材加工和木、竹、藤、棕、草制品业	14	5315	8.05	0.059	-8.91	-434
家具制造业	96	14607	4.49	0.023	-2.20	-315
造纸和纸制品业	54	126893	25.96	0.260	-8.52	-9966
印刷和记录媒介复制业	43	9236	12.60	0.044	-1.62	-147
文教、工美、体育和娱乐用品制造业	133	11485	-1.51	0.017	5.56	676
石油加工、炼焦和核燃料加工业	1	22	-2.64	0.010	15.04	4
化学原料和化学制品制造业	71	116487	1.53	0.089	-2.67	-3026
医药制造业	74	338452	4.19	0.101	-0.70	-2358
化学纤维制造业	3	1897	-0.24	0.093	-156.94	-1159
橡胶和塑料制品业	450	278111	8.74	0.068	-5.94	-15586
非金属矿物制品业	90	73536	-0.90	0.106	6.60	5196
黑色金属冶炼和压延加工业	51	41590	2.70	0.092	-14.09	-5136
有色金属冶炼和压延加工业	86	61378	5.82	0.044	-7.79	-4434
金属制品业	188	128916	10.42	0.083	-7.48	-8976
通用设备制造业	578	151006	10.40	0.031	-1.66	-2468
专用设备制造业	211	61921	9.61	0.031	-0.98	-604
汽车制造业	319	130690	14.56	0.029	14.83	22717
铁路、船舶、航空航天和其他运输设备制造业	156	40967	-6.99	0.023	-0.89	-363
电气机械和器材制造业	331	65616	7.81	0.020	-3.14	-2000
计算机、通信和其他电子设备制造业	37	26084	55.80	0.036	-37.5	-7114
仪器仪表制造业	76	21508	3.67	0.026	-6.45	-1305
其他制造业	30	17875	19.83	0.021	-12.63	-2001
废弃资源综合利用业	45	12304	21.65	0.013	-14.16	-1530
金属制品、机械和设备修理业	1	733	60.66	0.269	-63.86	-286
电力、热力生产和供应业	32	5820001	26.65	1.400	-14.69	-745605
燃气生产和供应业	6	209	6.79	0.005		
水的生产和供应业	15	15950	1.38	0.099	3.41	564

7－6 规模以上工业主要能源消费量(一)

(1999－2016年)

单位:吨

年份	原煤	煤制品	焦炭	汽油	煤油
1999	4106147	82	8316	9148	2926
2000	4665482	180	11642	11126	3946
2001	4787214	116	20011	13388	5731
2002	4747322	238	17291	17346	7123
2003	5414989	316	25424	20048	7188
2004	5868900	1238	33611	27533	17612
2005	5873411	149	36615	32360	11661
2006	5726068	637	42483	41334	12363
2007	9963353	1829	45799	48012	11149
2008	13518900	1169	40008	43092	9252
2009	13409540	909	26507	40899	7139
2010	13922044		26360	42102	7051
2011	15110170	19840	17550	24602	4367
2012	12884375	12429	12847	20775	2618
2013	13294169	15434	12020	20646	1701
2014	11451570	10025	8671	19664	1472
2015	10766567	11949	7351	21413	1923
2016	13855653	13049	7029	21869	1552

7－7 规模以上工业主要能源消费量(二)

(1999－2016年)

单位:吨

年份	柴油	燃料油	液化石油气	热力(百万千焦)	电力(万千瓦时)
1999	32822	280	588	659930	184951
2000	29953	1132	968	1766294	236146
2001	34289	2140	1811	2171882	270509
2002	43914	3128	3536	2881165	298967
2003	78053	4898	4683	3470891	447453
2004	169985	9364	11036	3894369	460304
2005	135280	35860	6351	4909302	585211
2006	141321	20129	8837	5053894	681262
2007	169879	20395	9347	5904636	821157
2008	147176	19341	8358	6024796	925013
2009	108967	16628	7303	5950744	963462
2010	124310	14216	7450	6226344	1101773
2011	80976	10104	6622	5802316	1004928
2012	52553	6329	5321	5894498	1006422
2013	48547	5277	4464	5542756	1088458
2014	46202	4813	4599	5735865	1114778
2015	46174	4597	4156	6684579	1116193
2016	44994	4241	2669	8176855	1264510

7-8 规模以上工业取水量

(2007-2016年)

单位:万立方米

年　份	取水总量	地表水	地下水	自来水	海　水	其他水	外供水
2007	149758	9823	703	10760	128437	33	
2008	173590	20283	492	7276	145484	17	
2009	58764.72	45790.89	92.34	481.99	10391.58	2099.31	
2010	61985.90	45370.97	523.03	11740.28	1773.62	2578.00	45781.95
2011	60522.31	44807.17	449.98	11256.09	1642.07	2367.01	45974.64
2012	69714.97	52894.12	358.45	11824.14	1736.71	2901.56	53941.90
2013	75950.19	58369.83	347.94	12714.93	1737.64	2779.85	60254.53
2014	74950.46	60110.82	311.41	12866.59	1610.10	51.54	62467.58
2015	78807.00	64301.02	291.84	12780.97	1371.86	11.86	66614.21
2016	82692.70	66454.68	268.33	14729.64	1154.00	12.66	70451.64

7－9　规模以上工业按行业分取水量

（2016 年）

单位:万立方米

行 业 名 称	取水总量	地表水	地下水	自来水	海 水	其他水	外供水
合　　计	**82692.70**	**66454.68**	**268.33**	**14729.64**	**1154.00**	**12.66**	**70451.64**
有色金属矿采选业	3.84		3.84				
非金属矿采选业	2.58	2.50		0.08			
农副食品加工业	284.67	100.10	9.19	174.34			
食品制造业	256.93	1.96	20.49	234.48			
酒、饮料和精制茶制造业	161.98	21.76		140.22			
纺织业	318.16	46.60	8.63	262.74			
纺织服装、服饰业	9.88	0.47	0.23	9.19			
皮革、毛皮、羽毛及其制品和制鞋业	180.40	22.47	1.08	156.81			
木材加工和木、竹、藤、棕、草制品业	15.36		0.07	15.30			
家具制造业	109.28	13.78	6.10	89.40			
造纸和纸制品业	339.19	220.52	15.15	102.88			
印刷和记录媒介复制业	38.83	0.68		38.15			
文教、工美、体育和娱乐用品制造业	89.68	2.38	11.14	76.04			
石油加工、炼焦和核燃料加工业	0.15			0.15			
化学原料和化学制品制造业	486.36	86.29	13.63	354.57		1.11	
医药制造业	1631.64	159.37	14.29	1448.32		9.67	
化学纤维制造业	2.33	0.12		2.20			
橡胶和塑料制品业	869.23	66.12	75.94	722.99			
非金属矿物制品业	286.40	103.95	4.21	176.92			
黑色金属冶炼和压延加工业	65.66	9.99	0.95	54.72			
有色金属冶炼和压延加工业	87.82	4.40	2.05	81.23			
金属制品业	367.10	65.93	5.55	295.61		0.01	0.20
通用设备制造业	479.29	11.05	11.94	455.16			
专用设备制造业	221.67	6.52	1.08	213.49			
汽车制造业	405.69	3.38	5.68	396.06		0.53	
铁路、船舶、航空航天和其他运输设备制造业	221.47	2.22	9.18	207.27		0.01	
电气机械和器材制造业	347.65	4.14	6.54	336.71		0.06	
计算机、通信和其他电子设备制造业	87.27	0.47	0.57	85.04		1.19	
仪器仪表制造业	196.61	2.47	0.94	193.01			
其他制造业	239.43	11.85	39.72	187.86			
废弃资源综合利用业	86.31	1.87		84.44			
金属制品、机械和设备修理业	2.47			2.47			
电力、热力生产和供应业	2380.16	845.92	0.14	350.02	1154.00	0.08	27.88
燃气生产和供应业	2.84			2.84			
水的生产和供应业	72414.37	64635.41		7778.96			70423.57

主 要 统 计 指 标 解 释

能源购进量 指能源使用单位在报告期内外购的、用于本企业消费的各种一次能源和二次能源。购进量的统计原则是:谁购进,谁统计。

能源消费量 是指能源使用单位在报告期内实际消费的一次能源或二次能源的数量。包括终端消费和中间消费。能源消费数量分别用实物量和价值量表示。能源消费量统计的原则是:

(1)谁消费、谁统计;

(2)何时投入使用,何时计算消费量;

(3)消费量只能计算一次。

工业企业的能源消费量包括工业企业在生产过程中作为燃料、动力、原料、辅助材料使用的能源以及工艺用能、非生产用能。作为能源加工转换企业,还要包括能源加工转换的投入量。具体包括:

(1)用于本企业产品生产、工业性作业和其他生产性活动的能源;

(2)用于技术更新改造措施、新技术研究和新产品试制以及科学试验等方面的能源;

(3)用于经营维修、建筑及设备大修理、机电设备和交通运输工具等方面的能源;

(4)用于劳动保护的能源;

(5)其他非生产消费的能源。

综合能源消费量 是指报告期内工业企业在工业生产活动中实际消费的各种能源的总和。

万元工业总产值综合能耗 是指综合能源消费量与工业总产值之比,它反应单位工业总产值所耗的能源量。

标准煤 各种能源折算成以煤当量为统一标准的计量单位。

能源消费弹性系数 是反映能源消费增长速度与国民经济增长速度之间比例关系的指标。计算公式:

$$\text{能源消费弹性系数} = \frac{\text{能源消费量年平均增长速度}}{\text{国民经济年平均增长速度}}$$

电力消费弹性系数 是反映电力消费增长速度与国民经济增长速度之间比例关系的指标。计算公式:

$$\text{电力消费弹性系数} = \frac{\text{电力消费量年平均增长速度}}{\text{国民经济年平均增长速度}}$$

国民经济年平均增长速度,可根据不同的目的或需要,用国民生产总值,国内生产总值等指标来计算,本资料是采用生产总值指标计算的。

取水总量 指工业企业从各种水源提取的,并用于工业生产活动的水量总和。包括地表水、地下水、自来水、由管道供应的未经达标处理的水、经城市污水处理厂处理后回用的中水、海水,以及企业从市场购得的其他水或水的产品(如纯净水、矿泉水、蒸汽、热水、地热水等)。

批发零售贸易业和住宿餐饮业

Wholesale and Retail Sale Trade and Accommodation and Restaurants

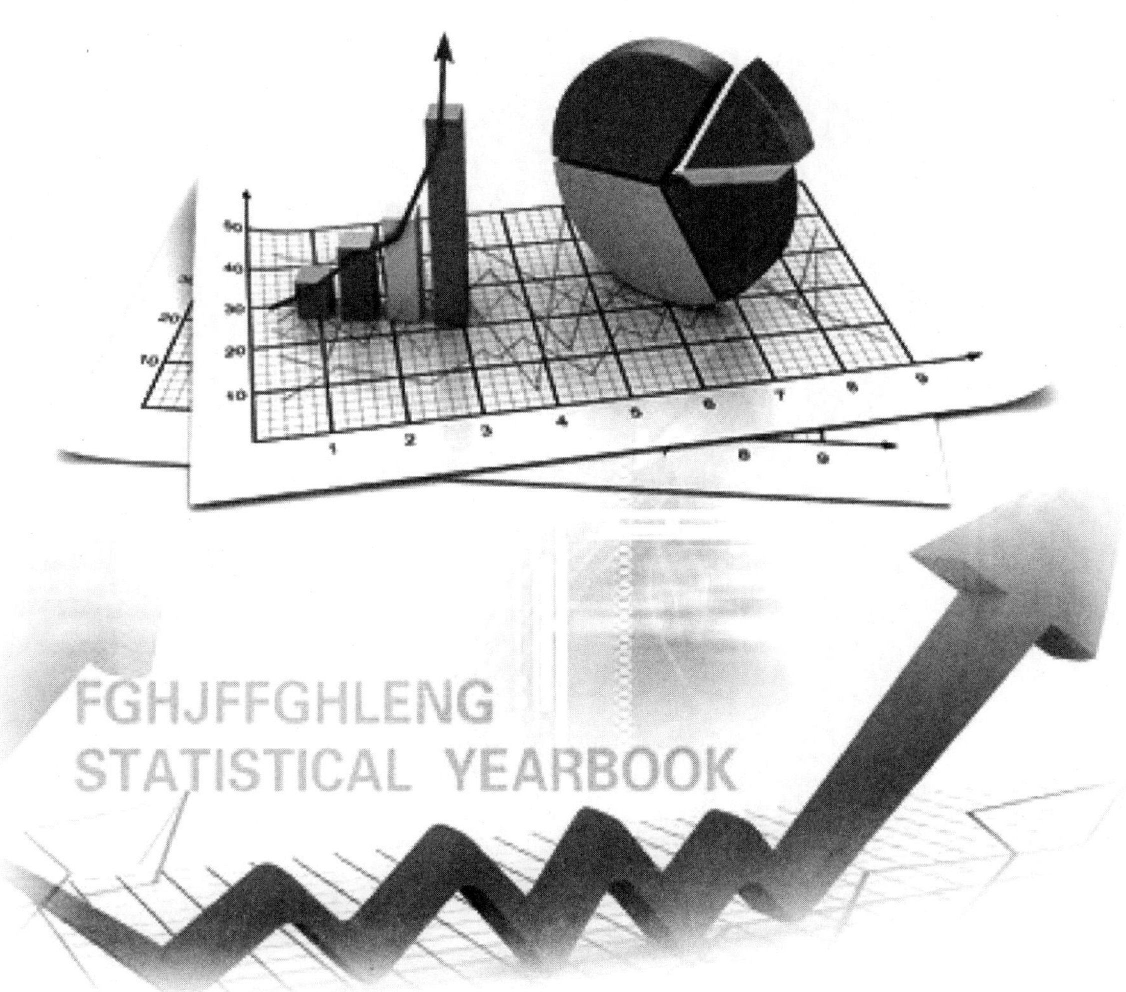

8－1 主要年份社会消费品零售总额

单位:万元

年 份	社会消费品零售总额	批发和零售业	住宿和餐饮业	其 他
1949	3257	3178	61	18
1952	5196	5066	100	30
1957	13064	12636	353	75
1962	18197	17188	892	117
1965	19656	19011	536	109
1970	24796	23298	721	777
1975	31157	29890	860	407
1978	49157	47252	1204	701
1980	76294	72577	1731	1986
1985	169672	155903	4911	8858
1990	371549	338638	13646	19265
1994	1004440	896540	70359	37541
1995	1431932	1303393	105055	23484
1996	1679697	1504939	112149	62609
1997	1765479	1562593	128040	74846
1998	1818458	1605022	128517	84919
1999	2009855	1750219	153424	106212
2000	2180811	1928811	174445	77555
2001	2458302	2153581	221176	83545
2002	2839044	2437704	310493	90847
2003	3264367	2757343	396443	110581
2004	3788700	3203478	479122	106100
2005	4412511	3702714	590178	119619
2006	5146870	4331501	689924	125445
2007	6016532	5076909	809356	130268
2008	7184344	6365848	798191	20305
2009	8178784	7293463	857701	27620
2010	9604506	8582807	1021699	
2011	11323711	10078162	1245549	
2012	13043014	11586735	1456279	
2013	14492679	12902552	1590127	
2014	16463225	14678283	1784942	
2015	18266783	16317522	1949261	
2016	20131405	17947114	2184291	

注：从2010年开始社会消费品零售总额统计范围不包括非批发零售和住宿餐饮业单位,2013年开始统计范围不包括市外法人在我市的产业活动单位,下同。按照统计新口径,2013年全市社会消费品零售总额增幅为12.8%。

8－2 市区主要年份社会消费品零售总额

单位:万元

年 份	市 区	椒江区	黄岩区	路桥区
1949	1076	374	702	
1952	1805	624	1181	
1957	4309	1522	2787	
1962	7016	2633	4383	
1965	7252	2810	4442	
1970	8202	2920	5282	
1975	9250	3453	5797	
1978	17280	6439	10841	
1980	25401	7748	17653	
1985	70360	27755	42605	
1990	142578	59519	83059	
1994	386377	146619	104408	135350
1995	553034	223732	111089	218213
1996	663850	245383	150304	268164
1997	703877	224198	176307	303372
1998	726139	225090	188648	312400
1999	808145	239840	223925	344379
2000	887364	266039	237137	384188
2001	1028501	319272	275079	434150
2002	1200228	375093	313040	512094
2003	1381562	431911	350605	599046
2004	1592391	497000	399900	695491
2005	1869294	588109	468078	813107
2006	2193664	681730	553696	958238
2007	2573539	796143	642574	1134822
2008	3071525	946678	756962	1367884
2009	3466197	1103547	901447	1461203
2010	4104622	1290855	1062868	1750899
2011	4818346	1508310	1245585	2064452
2012	5474591	1743853	1408423	2322315
2013	5862532	1911661	1536699	2414172
2014	6644874	2159419	1755503	2729952
2015	7386063	2354822	1963675	3067566
2016	8116470	2521293	2137802	3457375

8-3 各县市主要年份社会消费品零售总额

单位:万元

年 份	玉环县	三门县	天台县	仙居县	温岭市	临海市
1949	157	226	376	116	569	737
1952	394	252	524	181	1146	894
1957	1209	615	1132	635	2786	2378
1962	1432	767	1308	940	3455	3279
1965	1524	948	1478	1038	3876	3540
1970	1795	1338	2001	1776	5249	4435
1975	2345	2097	2979	2055	6673	5758
1978	4508	3525	3731	2679	10583	6851
1980	7977	5359	5790	4401	15173	12193
1985	16456	10331	10571	8348	31718	21887
1990	28249	20298	33129	15637	74716	56942
1994	79306	40805	66980	37969	251317	141685
1995	124342	59402	83421	57532	371144	183057
1996	119885	59020	101511	68760	477408	189263
1997	127677	60178	105683	69266	517735	181061
1998	133218	57449	111444	74776	551521	163911
1999	144955	66516	118778	79902	587884	203676
2000	170963	75880	125285	86181	604442	230696
2001	193876	84497	141571	97410	642717	269731
2002	230107	101627	163583	114621	711693	317185
2003	271759	125379	186643	133469	796888	368667
2004	317509	151200	216200	156400	922800	432200
2005	369147	172396	243753	182602	1073924	501395
2006	425807	200757	281620	212075	1249273	583674
2007	494012	235352	327617	246518	1457003	682491
2008	593376	281905	393193	293847	1736376	814122
2009	641673	325938	435291	346606	2025050	938029
2010	756617	375712	496479	409210	2355278	1106588
2011	904169	449656	584424	478806	2802448	1285862
2012	1060805	527306	682002	555664	3266826	1475823
2013	1248461	617992	745795	612587	3779022	1626290
2014	1419498	705021	850878	698901	4305372	1838683
2015	1541381	796498	980053	804952	4738870	2018966
2016	1700075	868747	1065088	880458	5267628	2232939

8－4 限额以上批发和零售业企业销售情况

（2016 年）

单位：万元

名　　称	法人企业（个）	年　末从业人数（人）	销售额	年末零售营业面积（平方米）
总　　计	**1012**	**44801**	**15358991**	**2297116**
一、批　发　业	**549**	**16851**	**9555960**	**448777**
其中：大中型	127	11322	5464186	126517
按登记注册类型分				
内资企业	543	16763	9535973	448657
国有企业	6	896	1132167	540
股份合作企业	5	98	39682	300
有限责任公司	174	7375	2948676	38712
股份有限公司	4	322	113524	141385
私营企业	353	8059	5288778	266720
其他企业	1	13	13146	1000
港、澳、台商投资企业	1	47	5180	
外商投资企业	5	41	14806	120
按批发行业分				
农、林、牧产品批发	5	50	13376	215
食品、饮料及烟草制品批发	29	1922	1310220	8977
纺织、服装及家庭用品批发	99	3041	978850	53514
文化、体育用品及器材批发	22	567	351610	6979
医药及医疗器材批发	21	3539	787737	17019
矿产品、建材及化工产品批发	242	4560	4290188	91580
机械设备、五金产品及电子产品批发	107	2432	1288555	154750
贸易经纪与代理	8	205	234722	
其他批发业	16	535	300703	115743

8－4续表

单位：万元

名　　称	法人企业（个）	年　末从业人数（人）	销售额	年末零售营业面积（平方米）
二、零　售　业	**463**	**27950**	**5803032**	**1848339**
其中：大中型	157	22043	4573714	1446008
按登记注册类型分				
内资企业	452	25854	5486396	1598507
国有企业	2	256	22649	4350
集体企业	2	26	4353	800
股份合作企业	9	148	17840	11190
有限责任公司	156	11472	2830312	842687
股份有限公司	3	518	237112	53044
私营企业	277	13379	2370056	686160
其他企业	3	55	4073	276
港、澳、台商投资企业	8	1847	219569	129693
外商投资企业	3	249	97067	120139
按零售行业分				
综合零售	43	7835	500777	658528
食品、饮料及烟草制品专门零售	18	886	74488	30179
纺织、服装及日用品专门零售	11	539	92989	22303
文化、体育用品及器材专门零售	11	612	57904	28975
医药及医疗器材专门零售	19	2384	375583	45422
汽车、摩托车、燃料及零配件专门零售业	233	11785	4259850	889059
家用电器及电子产品专门零售	56	2257	243688	72085
五金、家具及室内装饰材料专门零售	14	225	20697	6228
货摊、无店铺及其他零售业	58	1427	177057	95560
按经营方式分				
独立门店	394	19317	4889038	1446624
连锁总店	12	4739	246769	238330
连锁门店	15	2620	392254	135443
其　他	42	1274	274971	27942
按零售业态分				
有店铺零售	418	27002	5659389	1809395
便利店	2	983	46866	22271
超市	18	731	52491	45990
大型超市	10	4041	239254	240318
百货店	13	1926	155339	327649
专业店	220	9821	1837754	471648
专卖店	151	9206	3296168	656579
家居建材商店	1	27	1374	140
购物中心	2	238	24885	42800
厂家直销中心	1	29	5259	2000
无店铺零售	45	948	143642	38944

8-5 限额以上住宿和餐饮业企业基本情况

（2016年）

单位：万元

名　　称	法人企业（个）	年末从业人数（人）	营业额	客房间数（间）	床位数（个）	餐位数（位）	年末餐饮营业面积（平方米）
总　计	**187**	**15998**	**295484**	**30824**	**54911**	**97607**	**422613**
一、住　宿　业	**77**	**9276**	**166287**	**20043**	**32273**	**46464**	**221860**
其中：大中型	27	6874	129555	11077	17597	29680	148732
按登记注册类型分							
内资企业	72	7970	136173	18428	29735	40936	194660
国有企业	1	58	788	95	178	980	2800
股份合作企业	1	19	317	106	184	700	1387
有限责任公司	21	3040	50341	7869	12737	14974	67804
私营企业	49	4853	84726	10358	16636	24282	122669
港、澳、台商投资企业	4	1044	24330	1243	1963	4028	18200
外商投资企业	1	262	5784	372	575	1500	9000
按住宿行业分							
旅游饭店	64	8758	156926	18469	29870	44984	217612
一般旅馆	13	518	9361	1574	2403	1480	4248
按星级分							
五　星	1	393	9783	410	565	2200	12000
四　星	15	3355	57689	3249	5163	16060	82688
三　星	20	1599	26643	6027	10145	12342	58834
二　星	3	98	1456	308	518	926	1792
一　星	1	5	359	68	98		
其　他	37	3826	70356	9981	15784	14936	66546
二、餐　饮　业	**110**	**6722**	**129196**	**10781**	**22638**	**51143**	**200753**
其中：大中型	13	2271	53089	685	1117	14122	44541
按登记注册类型分							
内资企业	109	6343	122799	10481	22236	50143	195153
集体企业	1	24	393			415	900
有限责任公司	15	1102	26343	237	385	5845	26175
股份有限公司	2	193	3985	141	278	2100	6000
私营企业	91	5024	92077	10103	21573	41783	162078
港、澳、台商投资企业	1	379	6398	300	402	1000	5600
按餐饮行业分							
正餐服务	105	6357	123086	10781	22638	49553	193991
快餐服务	2	45	603			250	912
其他餐饮业	3	320	5507			1340	5850
按经营方式分							
独立门店	102	6265	118048	2081	3438	48193	186753
连锁门店	2	215	4591			520	2700
其他	5	242	6557	8700	19200	2430	9300

8－6 限额以上批发和零售业企业财务状况(一)

(2016年)

单位:万元

名　　称	企业数(个)	流动资产合计	#存货	固定资产原价	累计折旧	#本年折旧
总　　计	**1012**	**5427103**	**1070922**	**821915**	**322010**	**48516**
一、批　发　业	**549**	**3795786**	**623284**	**373567**	**157005**	**21876**
其中:大中型	127	2205029	350066	216789	97578	11738
按登记注册类型分						
内资企业	543	3791530	623178	372066	156108	21777
国有企业	6	403926	48619	61392	36409	2374
股份合作企业	5	29118	2965	1953	1331	95
有限责任公司	174	1231465	222568	134282	51946	8084
股份有限公司	4	156258	6141	16990	6859	924
私营企业	353	1967753	341365	157160	59319	10288
其他企业	1	3010	1521	289	244	12
港、澳、台商投资企业	1	1406				
外商投资企业	5	2850	106	1501	897	99
按批发行业分						
农、林、牧产品批发	5	7693	2108	1553	620	55
食品、饮料及烟草制品批发	29	480118	85171	80398	43610	4136
纺织、服装及家庭用品批发	99	361195	52103	42929	16867	2712
文化、体育用品及器材批发	22	180973	69194	8088	4425	290
医药及医疗器材批发	21	313442	48578	28416	10067	1676
矿产品、建材及化工产品批发	242	1455149	256930	156809	61396	9729
机械设备、五金产品及电子产品批发	107	812490	99021	29437	15704	2092
贸易经纪与代理	8	128612	2556	1590	497	111
其他批发业	16	56115	7622	24348	3818	1075

8－6续表

单位:万元

名　　称	企业数（个）	流动资产合计	#存货	固定资产原价	累计折旧	#本年折旧
二、零售业	**463**	**1631317**	**447638**	**448348**	**165005**	**26641**
其中:大中型	157	1207082	325407	363260	132472	20173
按登记注册类型分						
内资企业	452	1452470	428990	371951	149806	23852
国有企业	2	3240	67	3682	1411	31
集体企业	2	413	309	348	240	49
股份合作企业	9	5363	1915	1504	744	92
有限责任公司	156	762362	198416	187161	76203	9611
股份有限公司	3	11064	3532	12196	7579	926
私营企业	277	668298	224511	165961	63317	13073
其他企业	3	1731	240	1099	313	69
港、澳、台商投资企业	8	134687	9346	60436	13179	2153
外商投资企业	3	44160	9301	15961	2021	635
按零售行业分						
综合零售	43	298122	40082	83277	22638	4184
食品、饮料及烟草制品专门零售	18	19146	4836	12580	4292	443
纺织、服装及日用品专门零售	11	23298	7530	1830	1170	199
文化、体育用品及器材专门零售	11	44047	13697	31266	8369	679
医药及医疗器材专门零售	19	148179	52694	3698	2531	454
汽车、摩托车、燃料及零配件专门零售	233	922347	267405	255780	108832	17650
家用电器及电子产品专门零售	56	100516	50172	10384	4941	910
五金、家具及室内装饰材料专门零售	14	8903	1998	1471	881	183
货摊、无店铺及其他零售业	58	66759	9224	48062	11352	1939
按经营方式分						
独立门店	394	1275359	361109	368071	137948	23077
连锁总店	12	203756	33707	16569	9148	1195
连锁门店	15	90803	39265	57885	15340	1586
其他	42	61399	13558	5822	2570	783
按零售业态分						
有店铺零售	418	1590999	438988	444554	163644	25919
便利店	2	17233	1897	1918	1194	155
超市	18	17123	5766	3265	1046	283
大型超市	10	90526	21283	36348	9430	1657
百货店	13	172566	11893	41350	10958	1987
专业店	220	589322	180116	163809	57208	8870
专卖店	151	693917	213056	196725	83415	12819
家居建材商店	1	647	342	25	13	6
购物中心	2	8526	4634	982	358	119
厂家直销中心	1	1139	2	132	23	22
无店铺零售	45	40318	8649	3794	1361	722

8－7　限额以上批发和零售业企业财务状况(二)

(2016 年)

单位:万元

名　　称	资产合计	负债合计	所有者权益	#实收资本	#国家资本	主营业务收入
总　　计	**7633807**	**5356042**	**2277766**	**2135553**	**100673**	**13548547**
一、批　发　业	**5262327**	**3458803**	**1803525**	**663626**	**17637**	**8471343**
其中:大中型	2759196	1990196	769001	236710	14174	4795887
按登记注册类型分						
内资企业	5257127	3455179	1801949	662607	17637	8451621
国有企业	453668	95177	358492	7257	6077	975470
股份合作企业	33127	27035	6092	2211		36412
有限责任公司	1424336	1180706	243630	170897	11560	2645736
股份有限公司	888363	178920	709443	168430		100944
私营企业	2454578	1971916	482662	313561		4682059
其他企业	3055	1426	1629	250		11001
港、澳、台商投资企业	1406	1406				5943
外商投资企业	3794	2218	1576	1019		13779
按批发行业分						
农、林、牧产品批发	13182	5688	7494	2000	238	12177
食品、饮料及烟草制品批发	554836	179725	375111	24386	7268	1137501
纺织、服装及家庭用品批发	412977	334334	78643	50007	255	922878
文化、体育用品及器材批发	185800	152551	33249	18883		320012
医药及医疗器材批发	340687	282842	57846	33473	4575	679730
矿产品、建材及化工产品批发	1955259	1503437	451822	276251	2001	3720907
机械设备、五金产品及电子产品批发	1578451	824146	754305	224088	300	1180731
贸易经纪与代理	139325	123831	15494	11078	3000	232300
其他批发业	81811	52249	29563	23460		265109

8－7 续表

单位:万元

名称	资产合计	负债合计	所有者权益	#实收资本	#国家资本	主营业务收入
二、零售业	**2371480**	**1897239**	**474241**	**1471928**	**83036**	**5077205**
其中:大中型	1845154	1500006	345148	351870	79709	3979522
按登记注册类型分						
内资企业	1982323	1638601	343722	1378267	83036	4780640
国有企业	6201	4507	1694	440	440	22445
集体企业	521	198	324	29		4124
股份合作企业	7585	6585	1000	1097		15449
有限责任公司	1010206	804818	205388	178529	79703	2413514
股份有限公司	83080	51328	31752	5905	2894	195767
私营企业	872212	770639	101573	1191759		2125405
其他企业	2519	528	1991	508		3936
港、澳、台商投资企业	264500	195694	68806	56292		199018
外商投资企业	124657	62943	61714	37369		97547
按零售行业分						
综合零售	514491	411759	102732	123745	900	451871
食品、饮料及烟草制品专门零售	31273	17120	14153	4189	601	70131
纺织、服装及日用品专门零售	25556	22661	2895	4573	200	85860
文化、体育用品及器材专门零售	88342	47039	41304	8507	3500	53060
医药及医疗器材专门零售	152800	130562	22238	7294		327616
汽车、摩托车、燃料及零配件专门零售	1289721	1085305	204417	1268368	77835	3681607
家用电器及电子产品专门零售	113340	94706	18634	19608		218427
五金、家具及室内装饰材料专门零售	12721	8206	4515	1400		18768
货摊、无店铺及其他零售业	143235	79882	63352	34245		169865
按经营方式分						
独立门店	1790791	1467669	323122	1382024	76463	4272255
连锁总店	263898	225884	38014	35488		218951
连锁门店	228988	144687	84301	27260	6574	339940
其他	87804	59000	28804	27155		246059
按零售业态分						
有店铺零售	2324259	1872109	452150	1456491	83036	4940176
便利店	18892	11237	7656	5100		40105
超市	20942	20262	679	4467		45939
大型超市	159236	148569	10667	29880		218277
百货店	313689	230340	83349	83677	900	143470
专业店	854753	649247	205506	117558	9663	1620886
专卖店	945005	803813	141192	1213040	72473	2844925
家居建材商店	659	385	274	250		1374
购物中心	9824	7796	2028	1518		19943
厂家直销中心	1261	461	800	1000		5256
无店铺零售	47221	25130	22091	15437		137029

8－8 限额以上批发和零售业企业财务状况(三)

(2016年)

单位:万元

名称	主营业务成本	主营业务税金	其他业务利润	销售费用	管理费用	#税金
总计	**12357356**	**146209**	**49880**	**496293**	**277827**	**9507**
一、批发业	**7713341**	**134785**	**23169**	**273371**	**140455**	**5318**
其中:大中型	4188127	131569	19086	209939	93082	2907
按登记注册类型分						
内资企业	7695881	134768	23169	271289	139874	5303
国有企业	689997	125283	2665	13968	29256	1092
股份合作企业	34560	65		672	667	3
有限责任公司	2401874	4378	2480	151151	43362	1591
股份有限公司	94322	254		3878	4449	736
私营企业	4464590	4768	17581	101470	61986	1881
其他企业	10539	19	443	150	155	
港、澳、台商投资企业	5180			1165	66	14
外商投资企业	12280	17		917	516	2
按批发行业分						
农、林、牧产品批发	11411	42	171	53	588	80
食品、饮料及烟草制品批发	841888	125593	2402	20049	34301	1158
纺织、服装及家庭用品批发	861028	1326	1520	34734	16745	169
文化、体育用品及器材批发	292322	176	157	9734	3984	120
医药及医疗器材批发	537381	2952	547	101396	17138	562
矿产品、建材及化工产品批发	3566207	3443	17350	71795	42890	1862
机械设备、五金产品及电子产品批发	1120206	1007	1021	26785	19018	1051
贸易经纪与代理	224574	26		6049	2050	57
其他批发业	258325	220		2777	3742	258

8－8 续表

单位:万元

名　　称	主营业务成　本	主营业务税　金	其他业务利　润	销　售费　用	管　理费　用	#税 金
二、零　售　业	**4644016**	**11424**	**26712**	**222922**	**137372**	**4189**
其中:大中型	3669058	8240	23640	178511	101675	3513
按登记注册类型分						
内资企业	4388978	10109	21887	206439	117538	3216
国有企业	21530	9	539	558	942	16
集体企业	3316	13		464	127	1
股份合作企业	13577	31	24	1016	655	70
有限责任公司	2216858	4560	13716	106673	53045	1410
股份有限公司	175669	307	401	13642	45	6
私营企业	1954652	5189	7208	84015	62588	1714
其他企业	3377			71	136	
港、澳、台商投资企业	172712	790	4811	10253	15319	379
外商投资企业	82326	525	13	6229	4515	594
按零售行业分						
综合零售	384426	2067	12507	62184	26148	1156
食品、饮料及烟草制品专门零售	63864	80	539	3245	3688	78
纺织、服装及日用品专门零售	72447	1268	660	4492	3724	19
文化、体育用品及器材专门零售	40514	45	794	4798	4855	98
医药及医疗器材专门零售	291770	755	611	17488	6119	113
汽车、摩托车、燃料及零配件专门零售	3458333	5802	10289	97245	71744	2183
家用电器及电子产品专门零售	197803	537	551	11040	9419	191
五金、家具及室内装饰材料专门零售	16509	50	131	423	1816	
货摊、无店铺及其他零售业	118350	818	630	22008	9859	351
按经营方式分						
独立门店	3973970	8538	20694	133976	109945	3558
连锁总店	183694	722	4676	34552	6809	186
连锁门店	289125	601	1340	33305	7262	130
其他	197227	1563	2	21089	13356	314
按零售业态分						
有店铺零售	4542693	10517	26710	204788	130060	4076
便利店	30812	178		9745	1376	2
超市	40943	74	82	5848	1472	30
大型超市	185568	629	4554	26005	12022	249
百货店	124055	1113	7870	19203	10607	867
专业店	1445233	3721	4932	72686	47070	1028
专卖店	2692110	4694	9271	69250	56129	1844
家居建材商店	1118	13		57	110	41
购物中心	17891	96		1885	962	9
厂家直销中心	4963			109	311	6
无店铺零售	101323	907	2	18134	7312	112

8-9 限额以上批发和零售业企业财务状况(四)

(2016年)

单位:万元

名称	财务费用	#利息支出	营业利润	利润总额	应付职工薪酬	应交增值税
总计	**58596**	**79689**	**315662**	**334244**	**266277**	**193779**
一、批发业	**21835**	**51495**	**239748**	**249263**	**120542**	**127845**
其中:大中型	16700	32764	214351	218851	91557	87114
按登记注册类型分						
内资企业	21816	51430	240188	249675	120213	127657
国有企业	-12205	33	131687	131657	21699	48824
股份合作企业	54	13	468	481	520	227
有限责任公司	3863	10892	36539	39115	51702	28542
股份有限公司	649	2143	995	2028	2643	1773
私营企业	29378	38272	70438	76334	43517	48216
其他企业	78	77	61	61	133	75
港、澳、台商投资企业			-490	-490	92	167
外商投资企业	19	65	50	78	236	21
按批发行业分						
农、林、牧产品批发	23	65	231	256	275	5
食品、饮料及烟草制品批发	-9671	2028	127611	132310	26797	49708
纺织、服装及家庭用品批发	1328	925	9846	13182	19360	3751
文化、体育用品及器材批发	-355	464	13284	14047	3569	362
医药及医疗器材批发	2101	2376	22517	18105	26030	22342
矿产品、建材及化工产品批发	29931	41288	55767	58161	26467	44736
机械设备、五金产品及电子产品批发	-2754	3028	11832	12832	14467	5667
贸易经纪与代理	392	328	-525	1228	1423	12
其他批发业	841	994	-814	-856	2154	1263

8－9续表

单位:万元

名　　称	财务费用	#利息支出	营业利润	利润总额	应付职工薪酬	应交增值税
二、零　售　业	**36761**	**28194**	**75914**	**84981**	**145736**	**65934**
其中:大中型	26977	22176	41664	49539	115570	46569
按登记注册类型分						
内资企业	36719	23235	65722	70510	134111	61439
国有企业	89	89	－145	185	1124	56
集体企业	45	45	158	159	119	105
股份合作企业	337	82	－120	－121	693	238
有限责任公司	9955	5489	53837	59127	64135	39082
股份有限公司	1683	50	4678	4721	3060	2637
私营企业	24577	17481	7003	6123	64717	19320
其他企业	32		310	316	264	
港、澳、台商投资企业	181	4363	4654	3903	8786	2844
外商投资企业	－138	596	5538	10568	2839	1652
按零售行业分						
综合零售	1407	3773	－6025	1588	31014	6327
食品、饮料及烟草制品专门零售	350	313	251	818	4121	354
纺织、服装及日用品专门零售	850	730	3740	3709	2885	438
文化、体育用品及器材专门零售	－35	339	4080	4211	6189	166
医药及医疗器材专门零售	1788	1896	11103	10767	10733	4416
汽车、摩托车、燃料及零配件专门零售	27050	18545	46079	44372	72541	47782
家用电器及电子产品专门零售	1242	732	580	810	9385	2484
五金、家具及室内装饰材料专门零售	113	85	－104	－17	999	235
货摊、无店铺及其他零售业	3996	1782	16210	18724	7869	3733
按经营方式分						
独立门店	32041	23202	55352	62628	107262	57115
连锁总店	291	3673	299	2092	17995	3197
连锁门店	1167	332	10139	9939	13856	3606
其他	3263	987	10124	10322	6623	2016
按零售业态分						
有店铺零售	34503	28044	68753	77526	141543	64618
便利店	222		485	2109	3877	282
超市	120	87	－1756	－1557	2910	376
大型超市	978	－775	－1258	－652	15314	3796
百货店	47	4461	－3484	1708	8575	1775
专业店	13519	10029	48468	50935	53297	21306
专卖店	19451	14109	26273	24952	56584	36941
家居建材商店	37	35	38	38	87	－25
购物中心	131	99	112	120	692	205
厂家直销中心	－1		－126	－126	208	－39
无店铺零售	2258	150	7161	7455	4193	1316

8－10 限额以上住宿和餐饮业企业财务状况(一)

(2016年)

单位:万元

名　　称	企业数(个)	流动资产合计	#存货	固定资产原价	累计折旧	#本年折旧
总　　计	**187**	**292270**	**8793**	**548189**	**198066**	**25754**
一、住　宿　业	**77**	**232079**	**4989**	**426915**	**176827**	**19602**
其中:大中型	27	185125	3745	352929	141706	16775
按登记注册类型分						
内资企业	72	190375	3862	274594	114098	13177
国有企业	1	329	30	200	144	37
股份合作企业	1	541	14	2860	1007	38
有限责任公司	21	109558	1668	160022	61430	7726
私营企业	49	79948	2149	111512	51517	5375
港、澳、台商投资企业	4	30649	1075	129261	48711	5647
外商投资企业	1	11055	52	23060	14018	779
按住宿行业分						
旅游饭店	64	228820	4843	416263	171610	18685
一般旅馆	13	3260	146	10652	5217	918
二、餐　饮　业	**110**	**60191**	**3803**	**121275**	**21239**	**6152**
其中:大中型	13	37696	1729	78861	7865	2837
按登记注册类型分						
内资企业	109	45785	3551	58254	19431	4357
集体企业	1	34	1	143	143	
有限责任公司	15	17338	1202	18098	3702	678
股份有限公司	2	1447	85	6010	2193	706
私营企业	91	26966	2262	34003	13393	2973
港、澳、台商投资企业	1	14406	253	63021	1808	1794
按餐饮行业分						
正餐服务	105	52880	3652	120887	21029	6095
快餐服务	2	66	4	4	2	
其他餐饮业	3	7245	148	384	208	57

8－11　限额以上住宿和餐饮业企业财务状况(二)

(2016年)

单位:万元

名　　称	资产合计	负债合计	所有者权益	#实收资本	#国家资本	主营业务收入
总　　计	**982024**	**778040**	**203984**	**247120**	**1695**	**286263**
一、住　宿　业	**769578**	**628514**	**141064**	**174627**	**1695**	**160379**
其中:大中型	666548	528109	138439	137365	1695	125618
按登记注册类型分						
内资企业	627362	509619	117743	120679	1695	130561
国有企业	530	524	6	5		788
股份合作企业	2393	1702	692	120		317
有限责任公司	298201	290780	7421	60646	1695	47697
私营企业	326239	216614	109625	59908		81758
港、澳、台商投资企业	115496	90866	24631	36830		24048
外商投资企业	26719	28029	－1309	17118		5770
按住宿行业分						
旅游饭店	758190	616930	141261	171587	1695	151133
一般旅馆	11387	11584	－197	3041		9246
二、餐　饮　业	**212446**	**149526**	**62920**	**72492**		**125884**
其中:大中型	137356	101447	35909	46076		51362
按登记注册类型分						
内资企业	128695	89705	38990	43059		119754
集体企业	36	158	－122	37		408
有限责任公司	45559	37082	8477	9114		25481
股份有限公司	9011	6538	2473	4000		3980
私营企业	74090	45928	28162	29908		89886
港、澳、台商投资企业	83751	59821	23930	29433		6130
按餐饮行业分						
正餐服务	204567	142840	61727	72322		119763
快餐服务	68		68	20		614
其他餐饮业	7811	6686	1125	150		5507

8-12 限额以上住宿和餐饮业企业财务状况(三)

(2016年)

单位:万元

名称	主营业务成本	主营业务税金	其他业务利润	销售费用	管理费用	#税金
总计	**131430**	**8606**	**6395**	**86213**	**63074**	**1529**
一、住宿业	**57361**	**4675**	**6255**	**54103**	**46103**	**1414**
其中:大中型	42238	3526	6061	43689	37644	1208
按登记注册类型分						
内资企业	47982	3754	4704	44503	38063	848
国有企业	412	67		154	77	
股份合作企业	326	11			6	
有限责任公司	17133	1244	3285	19445	14814	143
私营企业	30111	2432	1419	24904	23166	705
港、澳、台商投资企业	6362	794	1538	9022	7282	372
外商投资企业	3018	127	14	577	758	193
按住宿行业分						
旅游饭店	54165	4232	6104	51728	43439	1376
一般旅馆	3196	442	151	2375	2664	38
二、餐饮业	**74069**	**3931**	**139**	**32111**	**16971**	**116**
其中:大中型	26918	1198	21	17677	7244	30
按登记注册类型分						
内资企业	71759	3823	120	27836	14647	116
集体企业	251	10		145	57	2
有限责任公司	15915	644	78	6714	3056	6
股份有限公司	2355	85		1247	906	
私营企业	53239	3084	42	19731	10628	109
港、澳、台商投资企业	2310	108	19	4274	2323	
按餐饮行业分						
正餐服务	70752	3845	139	30817	16030	110
快餐服务	543	4		3	12	
其他餐饮业	2773	82		1290	929	6

8－13 限额以上住宿和餐饮业企业财务状况(四)

(2016年)

单位:万元

名　　称	财务费用	#利息支出	营业利润	利润总额	应交所得税	应付职工薪酬
总　　计	**16362**	**12630**	**－12909**	**－12211**	**5891**	**65165**
一、住　宿　业	**11927**	**9818**	**－7116**	**－6819**	**711**	**40702**
其中:大中型	10078	8218	－5177	－4894	443	31959
按登记注册类型分						
内资企业	8105	5627	－6724	－6628	531	33594
国有企业	35	35	44	44	20	168
股份合作企业			－25	－25	3	56
有限责任公司	1794	1580	－6589	－6438	75	14197
私营企业	6276	4012	－153	－208	434	19173
港、澳、台商投资企业	1964	2337	163	374	179	5915
外商投资企业	1859	1854	－555	－565		1194
按住宿行业分						
旅游饭店	11675	9672	－7413	－7025	652	38571
一般旅馆	252	146	298	206	59	2131
二、餐　饮　业	**4435**	**2812**	**－5794**	**－5392**	**5180**	**24463**
其中:大中型	3554	2636	－5148	－4808	518	8730
按登记注册类型分						
内资企业	2220	616	－712	－308	5180	22944
集体企业	4	4	－58	－8	4	132
有限责任公司	684	359	－1452	－1017	108	4267
股份有限公司	46	41	－692	－690	54	673
私营企业	1486	212	1489	1407	5014	17872
港、澳、台商投资企业	2215	2196	－5082	－5084		1519
按餐饮行业分						
正餐服务	4249	2626	－6010	－5814	5103	23069
快餐服务			50	50		128
其他餐饮业	186	187	166	372	77	1266

8-14 各类商品市场基本情况

（1990-2016年）

年份	市场数（个）	#消费品市场	#生产资料市场	市场成交额（亿元）
1990	837			28.70
1991	822			32.80
1992	810			46.80
1993	851			71.70
1994	854			181.60
1995	859	740	119	352.10
1996	858	729	129	420.40
1997	843	687	156	396.50
1998	841	684	157	396.20
1999	811	687	124	439.80
2000	585	477	108	474.90
2001	569	464	105	541.50
2002	585	481	104	542.90
2003	538	440	98	577.40
2004	544	443	99	634.96
2005	530	435	95	671.76
2006	523	430	93	727.50
2007	538	444	94	798.79
2008	537	446	91	844.48
2009	571	478	93	905.77
2010	488	404	83	1019.87
2011	497	410	86	1136.65
2012	509	426	82	1295.21
2013	528	443	84	1435.20
2014	533	446	86	1512.84
2015	537	449	84	1615.00
2016	526	451	70	1307.62

主 要 统 计 指 标 解 释

社会消费品零售总额 指批发和零售业、餐饮业、新闻出版业、邮政业和其他服务业等，售予城乡居民用于生活消费的商品和社会集团用于公共消费的商品之总量。社会消费品零售总额包括：

一、批发和零售业企业（单位）：

1. 售予城乡居民的各种生活消费品；

2. 售予入境旅游的外国人、华侨、港澳台同胞的各类商品；

3. 售予行政事业单位、社会团体、军队和武警等机构的商品，以及以零售方式售予各类企业的商品。具体包括：用于非生产和社会交往的办公用品，如通讯设备、计算器具和设备、电讯网络设备、文印设备、音像视听器材和设备、纸张、本册、文具及装订文印材料、家具、日用电器、针纺织品、清洁卫生用品、文体用品、奖品、纪念品、礼品等；供内部人员乘坐的交通工具和燃料；用于办公设施修缮的各类配件、材料、工具等；用于取暖和防暑降温的设备、燃料、材料及食品等；专用于教学的用品和设备；非营利医疗机构的中、西药品、中药材和医疗设备器材；非专用的劳动保护用品；不对外营业的内部食堂用的餐具、炊具、设备、清洁卫生工具和食品、燃料等；军队、武警用于其人员生活的衣着品和个人用品；其他各类非生产性设备和用品。

二、餐饮业出售的主食、菜肴、烟酒饮料和其他商品。

三、新闻出版业、邮政业售予城乡居民、企事业单位、军队和武警等机构的书报杂志、音像制品、邮品等。

四、其他服务业出售的食品、烟酒饮料、服装鞋帽、日常生活用品、医药保健用品、艺术品、工艺美术品、玩具、殡葬用品以及其他消费品。

销售额 指对本企业以外的单位和个人出售（包括对国（境）外直接出口）的商品（包括售给本单位消费用的商品）。本指标由对生产经营单位批发额、对批发零售贸易业批发额、出口额和对居民和社会集团商品零售额项目组成。这个指标反映批发零售贸易企业在国内市场上销售商品以及出口商品的总量。

批发 指除零售以外的一切商品销售活动，包括对生产经营单位批发、对批发零售贸易业批发和出口。

连锁企业（或称连锁店、连锁公司） 指在核心企业或总店的领导下，由分散的、经营同类商品或服务的企业或活动单位，采取共同方针，实行集中采购和分散销售的有机结合，通过规范化经营，实现规模效益的经济联合组织形式。一般连锁店应由若干个分店组成。其经营特征：（1）经营同类商品；（2）使用统一商号；（3）统一采购配送，采购与销售相分离（部分商品可根据物流合理和保质保鲜原则，由供应商直接送货到门店，其余均由总部统一配送）。连锁门店包括下列两种形式：

1、直营连锁：指正规连锁。连锁门店均由总部独资或控股开设，在总部的直接领导下统一经营。

2、加盟连锁：指特许连锁。各连锁门店（被特许人）通过合同形式，取得使用总部（特许人）商标、商号、经营技术和销售总部开发的商品的特许权，各加盟连锁门店为独立法人，在总部指导下统一经营。

限额以上批发企业 指年主营业务收入在2000万元及以上的批发企业。

限额以上零售企业 指年主营业务收入在500万元及以上的零售企业。

限额以上住宿企业 指年主营业务收入在200万元及以上的住宿企业。

限额以上餐饮企业 指年主营业务收入在200万元及以上的餐饮企业。

营业额 指住宿和餐饮业法人企业、产业活动单位在经营活动中因提供服务或销售商品等取得的收入，包括：客房收入、餐费收入、商品销售收入和其他收入。

客房数 指住宿和餐饮业连锁门店提供住宿服务的房间数，该指标按年内正常情况下实有数统计。

床位数 指住宿和餐饮业连锁门店供应旅客使用的床位数，不包括临时加床和内部工作人员使用的床位。该指标按年内正常情况下实有数统计。

餐位数 指住宿和餐饮业连锁门店为顾客提供就餐服务时，正常可同时容纳就餐人员的餐位数量，不包括临时加的餐位。该指标按年内正常情况下实有数统计。

年末餐饮营业面积 指住宿和餐饮业连锁门店对外提供就餐服务的门店建筑面积和从事食品加工、烹饪、调制的厨房面积，不包括办公用房和仓库等面积。该指标按年末实有面积统计。

市场成交额 指经乡镇及以上政府主管部门批准，有固定交易场所，进行经常性常年交易、并设有专职管理人员的现货商品交易市场所有摊位商品交易额之和。

对外经济贸易和旅游

Foreign Economy and Trade, Tourism

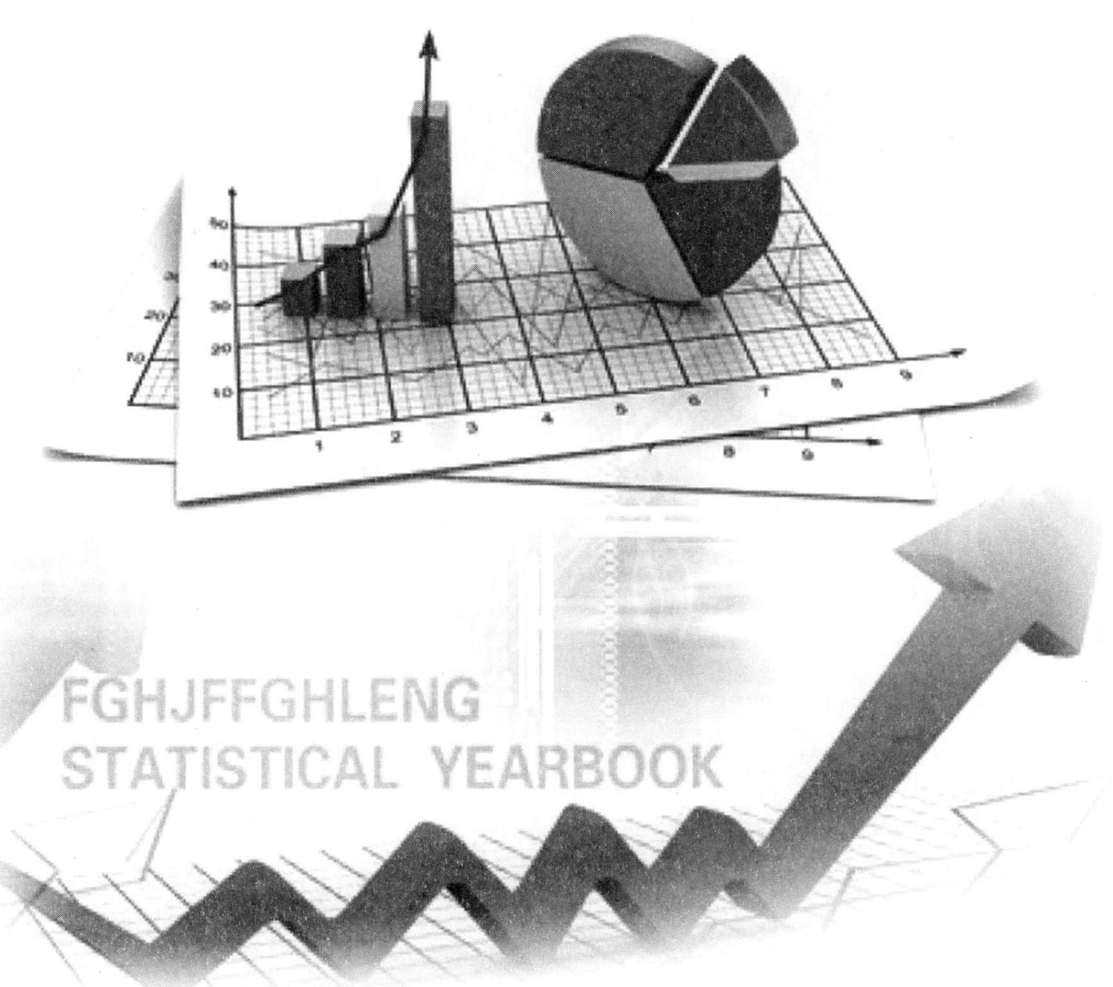

9－1 外贸进出口总额

（2015－2016 年）

单位:万元

	2015 年	2016 年
进出口总额	**13132612**	**13108112**
一、按各大洲分		
欧　洲	3906514	3996833
亚　洲	4222514	4166145
北美洲	2727641	2723170
拉丁美洲	1063034	1025127
非　洲	904964	881201
大洋州	307883	315621
二、按区域（经济）组织分		
其中：欧　盟	2936428	2965509
中　东	112410	868322
东　盟	1011153	901200
独联体	492821	529921
三、按企业类型分		
外贸企业	2229728	2093485
三资企业	1589433	1371675
生产企业	9313452	9642953
四、按贸易方式分		
一般贸易	11921743	12019422
加工贸易	1187281	1064755
其中：来料加工装配贸易	29221	18242
进料加工装配贸易	1158060	1046513
其他贸易	23589	23935

9-2 外贸出口总额

（2015-2016年）

单位:万元

	2015年	2016年
出口总额	**11681139**	**11693755**
一、按各大洲分		
欧　洲	3655854	3726483
亚　洲	3328500	3326262
北美洲	2484118	2557509
拉丁美洲	1033814	992889
非　洲	888452	791458
大洋州	290401	299154
二、按区域(经济)组织分		
其中：欧　盟	2696492	2708100
中　东	815586	838406
东　盟	902863	821256
独联体	482478	521444
三、按企业类型分		
外贸企业	1766446	1631197
三资企业	1286573	1113314
生产企业	8628121	8949244
四、按贸易方式分		
一般贸易	10794811	10811137
加工贸易	882375	880105
其中：来料加工装配贸易	18842	11770
进料加工装配贸易	863533	868335
其他贸易	3953	2512

9-3 外 贸 进 口 总 额

（2015-2016 年）

单位：万元

	2015 年	2016 年
进口总额	**1451473**	**1414358**
一、按各大洲分		
欧　洲	250660	270350
亚　洲	894014	839883
北美洲	243523	165661
拉丁美洲	29220	32238
非　洲	16512	89743
大洋州	17482	16467
二、按区域（经济）组织分		
其中：欧　盟	239936	257409
中　东	30824	29916
东　盟	108290	79944
独联体	10343	8477
三、按企业类型分		
外贸企业	463282	462288
三资企业	302860	258361
生产企业	685331	693709
四、按贸易方式分		
一般贸易	1126932	1208285
加工贸易	304906	184650
其中：来料加工装配贸易	10379	6472
进料加工装配贸易	294527	178178
其他贸易	19636	21423

9－4 外贸主要商品出口情况

（2015－2016 年）

单位:万元

	2015 年	2016 年
机电产品	**6411285**	**6472309**
高新技术产品	**729879**	**759029**
主要商品(类别)		
家用电器	539042	569476
其中：压缩机	199303	196420
空　调	12270	11186
冷藏箱	113279	115952
汽摩及部件	672327	700718
1、汽车及部件	520974	527952
汽车整车	14416	3764
汽车零部件	506559	524188
2、摩托车及部件	151353	172766
服装机械	174657	199275
塑料模具	752544	780222
医化产品	1328772	1338443
纺织服装	493472	473456
帐　篷	156271	157519
鞋　类	952297	915900
灯　具	325565	307592
农产品	448560	428492
阀门、龙头	1132548	1109979
家　具	1099628	1047690
太阳伞	137660	139750
工艺品	166655	165221
太阳能板	88756	103637
喷雾器	294980	327757
船　舶	37099	36654
液体泵	558401	592735
铝制品	336637	310312
铜制品	200313	189582

9－5　外贸主要商品进口情况

（2015－2016 年）

单位:万元

	2015 年	2016 年
机电产品	**207870**	**138360**
高新技术产品	**30853**	**37717**
主要商品(类别)		
钢铁废碎料	480076	432764
铜废碎料	353919	360963
铝废碎料	3096	4600
未锻轧的铜锌合金(黄铜)	11187	10228
化工原料	106597	110631
纺织原料	18347	19037
塑料制品	143155	139280
橡胶制品	19335	20392
皮　革	4076	2789
农产品	24277	43361
光学、医疗仪器	20397	25201
矿产品	1771	83660
液晶装置	12912	17839
金属加工中心	5763	9560
玻璃制品	21287	9184
木制品	12235	32244
发动机	4759	4777
压缩机	2456	1708

9－6 主要国家(地区)外贸进出口总额

(2015－2016 年)

单位:万元

	2015 年	2016 年
香　港	110595	64856
台　湾	139303	139841
印　度	489730	520579
以色列	67107	67560
日　本	831237	830749
沙特阿拉伯	163636	127411
韩　国	325585	329263
土耳其	174659	155500
阿联酋	314607	256048
印度尼西亚	167346	191450
菲律宾	88456	92648
新加坡	137912	52027
泰　国	208022	231712
越　南	149055	178430
埃　及	140904	117533
尼日利亚	124009	121486
波兰	174484	178613
罗马尼亚	35637	43984
比利时	136981	128128
丹　麦	50555	44664
英　国	501442	488920
德　国	650537	672252
法　国	327953	323732
意大利	361075	367875
荷　兰	347018	363309
希　腊	46205	49989
西班牙	267159	267167
瑞　典	64468	66427
阿根廷	88410	88945
巴　西	200427	165494
智　利	127296	122000
墨西哥	337338	329481
委内瑞拉	19353	12379
加拿大	323786	338462
美　国	2403835	2384700
澳大利亚	270699	276735

9-7 主要国家(地区)外贸出口总额

(2015-2016年)

单位:万元

	2015年	2016年
香　港	101553	58160
台　湾	96598	98403
印　度	469760	494218
以色列	65869	66405
日　本	275226	303372
沙特阿拉伯	148424	113032
韩　国	221152	223311
土耳其	172188	149183
阿联酋	306433	244626
印度尼西亚	164931	187865
菲律宾	87651	89827
新加坡	84825	29265
泰　国	189845	209345
越　南	134276	164863
埃　及	140615	116154
尼日利亚	121789	115882
波　兰	172130	176350
罗马尼亚	34840	42287
比利时	120688	112441
丹　麦	48935	43724
英　国	463732	453020
德　国	595329	599658
法　国	313142	309807
意大利	338049	344853
荷　兰	306439	320610
希　腊	44258	48616
西班牙	254118	253007
瑞　典	61035	63156
阿根廷	88337	88560
巴　西	196725	158165
智　利	110407	108394
墨西哥	333698	324131
委内瑞拉	19353	11927
加拿大	309080	325575
美　国	2175018	2231926
澳大利亚	256318	262797

9-8 主要国家(地区)外贸进口总额

(2015-2016 年)

单位:万元

	2015 年	2016 年
香　港	9042	6696
台　湾	42705	41438
印　度	19970	26361
以色列	1238	1155
日　本	556011	527377
沙特阿拉伯	15212	14379
韩　国	104433	105952
土耳其	2471	6317
阿联酋	8174	11422
印度尼西亚	2415	3585
菲律宾	805	2821
新加坡	53087	22762
泰　国	18177	22367
越　南	14779	13567
埃　及	289	1379
尼日利亚	2220	5604
波　兰	2354	2263
罗马尼亚	797	1697
比利时	16293	15687
丹　麦	1620	940
英　国	37710	35900
德　国	55208	72594
法　国	14811	13925
意大利	23026	23022
荷　兰	40579	42699
希　腊	1947	1373
西班牙	13041	14160
瑞　典	3433	3271
阿根廷	73	385
巴　西	3702	7329
智　利	16889	13606
墨西哥	3640	5350
委内瑞拉		452
加拿大	14706	12887
美　国	228817	152774
澳大利亚	14381	13938

9－9 对外经济合作和境外投资企业情况

（1988－2016年）

单位：万美元

年份	对外经济合作		境外投资企业				
	项目数（个）	营业额	当年投资境外企业（家）	中方投资额	境外企业直接出口	年末实有投资境外企业（家）	期末在外人数（人）
1988	304	28					
1989	671	91					
1990	428	99					
1991	240	85					
1992	119	53	2	58		2	767
1993	135	55	1	10	28	3	935
1994	92	42	1	5	57	4	655
1995	79	40	1	9	229	5	598
1996	76	36	6	79	409	11	609
1997	34	23	4	22	347	15	659
1998	40	34	6	51	528	19	690
1999	43	128	8	176	2405	22	416
2000	11	101	11	135	8838	27	243
2001	4	28	18	610	11724	31	344
2002	1	6262	25	548	15959	73	228
2003		6464	29	950	23053	97	252
2004		1320	39	1182	31578	136	428
2005		1800	48	1892	38680	184	444
2006		2600	55	5254	45869	245	808
2007	10	3784	38	5001	54489	277	466
2008	2	4002	39	6852		315	130
2009	1	5085	26	5119		342	146
2010	3	31175	29	7341		371	1912
2011	14	7403	38	6436		408	87
2012	16	3636	38	8216		446	65
2013	16	9521	33	6310		478	185
2014	16	7182	35	8668		513	
2015	15	8115	34	13693		547	216
2016	15	13010	47	17150		594	35

9－10 利 用 外 资 情 况

（1985－2016 年）

单位：万美元

年　　份	项目数（企业数）（个）	总投资	合同外资	实际利用外资
1985	1	55	16	
1986	2	67	26	
1987	2	33	29	
1988	5	206	87	9
1989	12	1451	304	15
1990	9	314	109	21
1991	16	1035	405	43
1992	95	5211	2201	548
1993	266	24561	8461	2596
1994	155	17371	5438	2589
1995	123	17241	7763	3700
1996	70	12318	5335	3510
1997	51	9129	3037	3697
1998	91	25491	9994	3849
1999	93	16842	9949	4347
2000	120	22040	10715	5083
2001	107	23773	13329	5568
2002	173	60977	27919	11800
2003	200	94406	40204	21588
2004	123	61354	27507	21684
2005	117	63180	39893	25107
2006	139	160026	79829	31138
2007	95	135601	81681	31150
2008	38	43468	27300	23890
2009	25	28613	14334	18806
2010	28	16765	11842	13206
2011	20	11786	6320	14301
2012	25	53829	78482	47520
2013	29	53757	26982	40001
2014	40	54108	34586	27705
2015	17	34709	18289	11635
2016	36	159240	103894	33683

注：实际利用外资从 2004 年开始使用商务部统计口径，合同外资从 2006 年开始使用商务部统计口径。

9－11 分国别和地区利用外资

（2015－2016 年）

单位:万美元

行业	2015 年			2016 年		
	利用外资企业数（家）	合同外资	实际利用外资	利用外资企业数（家）	合同外资	实际利用外资
总计	**17**	**18289**	**11635**	**36**	**103894**	**33683**
亚洲	**12**	**14731**	**10137**	**24**	**44594**	**7200**
文莱		397			323	742
香港	9	14316	9984	14	43606	6225
日本	1	10	107		31	
马来西亚		－7				
沙特阿拉伯				1	16	10
新加坡				1	414	223
韩国	1	4		3	138	
印度				1	7	
伊朗				1	30	
伊拉克				1	7	
也门共和国				1	10	
台湾省	1	11	46	1	12	
非洲		**109**		**1**	**104**	**91**
埃及				1	15	
塞舌尔		109			89	91
欧洲	**2**	**195**	**20**	**2**	**23722**	**23865**
英国	1	33				33
德国				1	2710	2570
法国	1	162		1	22605	21262
意大利			20			
瑞典					－1593	
南美洲		**1654**	**602**			**1052**
英属维尔京群岛		1654	602			1052
北美洲	**2**	**－685**	**102**	**6**	**95**	**378**
加拿大				2	76	
美国	1	－699	102	4	19	378
大洋洲	**1**	**2030**			**373**	
澳大利亚	1	2030			393	
新西兰					－20	
其他		**255**	**774**	**3**	**35006**	**1097**
创业投资公司投资					341	350
投资性公司投资		255	674	3	34665	747

9－12 分行业利用外资

（2015－2016 年）

单位:万美元

行业	2015 年			2016 年		
	利用外资企业数（家）	合同外资	实际利用外资	利用外资企业数（家）	合同外资	实际利用外资
总计	**17**	**18289**	**11635**	**36**	**103894**	**33683**
农、林、牧、渔业				**1**	**1296**	
农业				1	1296	
制造业	**9**	**9244**	**7461**	**14**	**70041**	**27891**
农副食品加工业					100	120
食品制造业				1	30000	
纺织业		185	140		351	
纺织服装、鞋、帽制造业				1	3	3
皮革、毛皮、羽毛(绒)及其制品业			5			
文教体育用品制造业			47			
化学原料及化学制品制造业		293	100		2454	2454
医药制造业	1	601	569	1	818	571
塑料制品业		1654	733			1087
金属制品业	2	3132	2485	2	23938	21292
通用设备制造业	3	3219	3171	2	1103	133
专用设备制造业	2	25		3	498	
交通运输设备制造业		－487		1	－203	225
电气机械及器材制造业		412		1	4838	1183
通信设备、计算机及其他电子设备制造业	1	10	11		522	500
仪器仪表及文化、办公用机械制造业				1	414	223
工艺品及其他制造业		200	100	1	643	100
废弃资源和废旧材料回收加工业					4562	
电力、燃气及水的生产和供应业	**1**	**2000**	**80**			
电力、热力的生产和供应业	1	2000	80			
信息传输、计算机服务和软件业				**2**	**2780**	**2000**
批发和零售业	**1**	**1585**	**594**	**10**	**23687**	**1884**
批发业				6	12339	660
零售业	1	1585	594	4	11348	1224
住宿和餐饮业		**1080**	**1088**			
住宿业		1080	1080			
餐饮业			8			
租赁和商务服务业				**1**	**305**	**51**
商务服务业				1	305	51
科学研究、技术服务和地质勘查业	**5**	**2860**	**1400**	**7**	**3285**	**1857**
居民服务和其他服务业					**148**	
卫生、社会保障和社会福利业				**1**	**2352**	

9－13 旅游设施基本情况

（2000－2016 年）

年　份	旅行社数	星　级饭店数	景　区合　计	#3A	#4A	#5A
2000	15	4				
2001	23	8	2		1	
2002	25	9	5		3	
2003	34	11	6		3	
2004	38	12	7		3	
2005	47	18	8		4	
2006	56	20	9	1	4	
2007	64	26	12	3	5	
2008	70	29	14	4	5	
2009	93	31	18	6	6	
2010	102	33	20	6	6	
2011	114	38	21	7	6	
2012	122	41	24	9	7	
2013	130	43	28	13	7	
2014	145	54	37	19	9	
2015	140	50	46	23	9	2
2016	145	47	59	34	9	2

9－14 国际国内旅游情况

（2000－2016年）

单位:万人次

年份	旅游总人数	国内旅游人数	国际旅游入境人数	外国人数	港澳人数	台湾人数	旅游总收入（亿元）	国内旅游收入（亿元）	国际旅游（外汇）收入（万美元）
2000	509.92	507.65	2.27	1.14	0.36	0.77	38.62	37.87	903
2001	642.97	639.67	3.30	1.73	0.34	1.23	48.70	47.50	1418
2002	925.49	921.10	4.39	2.15	0.43	1.81	74.93	71.85	3720
2003	1068.64	1063.86	4.78	1.94	0.83	2.01	86.71	83.51	3855
2004	1243.90	1237.61	6.29	3.50	0.79	2.00	100.40	97.15	3923
2005	1615.03	1607.50	7.53	4.30	1.10	2.13	139.09	134.79	5304
2006	1812.69	1803.80	8.89	5.44	1.96	1.50	150.32	145.10	6448
2007	2182.97	2173.66	9.31	6.52	1.20	1.59	175.28	170.63	6200
2008	2605.23	2594.85	10.38	7.06	1.28	2.05	208.59	203.70	7046
2009	2895.87	2887.22	8.65	5.91	0.95	1.79	230.04	226.65	4964
2010	3295.95	3285.66	10.29	6.83	1.02	2.45	273.23	269.42	5629
2011	3977.70	3965.36	12.34	6.93	1.40	4.00	329.25	325.16	6334
2012	4492.92	4468.92	24.00	10.90	2.71	10.40	412.18	406.67	8726
2013	5176.43	5165.54	10.89	6.11	2.69	2.09	493.37	490.73	4265
2014	6094.38	6078.85	15.53	11.51	2.31	1.70	583.55	580.53	4909
2015	7436.03	7419.17	16.86	12.74	2.04	2.07	749.25	745.63	5876
2016	8930.73	8911.49	19.24	14.88	2.13	2.24	942.65	938.35	6478

9-15 接待外国旅游人数

(2010-2016年)

单位：人次

国别(地区)	2010年	2011年	2012年	2013年	2014年	2015年	2016年
总　计	**68312**	**70527**	**108965**	**61084**	**115129**	**127380**	**148828**
亚洲小计	**26747**	**32660**	**57404**	**22829**	**45866**	**70648**	**84633**
其中：日　本	7654	10106	22900	6838	5456	5253	7932
韩　国	4803	5729	12772	4439	30392	53794	58416
印度尼西亚	953	1398	1590	737	783	691	2095
新加坡	1837	2542	2179	808	340	605	1612
泰　国	576	709	1223	677	581	576	770
马来西亚	1697	2182	2534	1103	772	753	2044
菲律宾	859	1678	2006	519	337	412	1411
印　度	2442	2477	3576	2759	2531	2930	3558
美洲小计	**12145**	**11818**	**15877**	**7730**	**6363**	**5481**	**8127**
其中：美　国	7660	7868	10345	5263	4357	3579	4897
加拿大	2197	2030	2145	984	628	663	1048
非洲小计	**2469**	**1575**	**3294**	**2142**	**2063**	**2095**	**2718**
大洋洲小计	**3263**	**2686**	**2956**	**1087**	**836**	**1148**	**1352**
其中：澳大利亚	1673	1468	1858	861	607	865	881
新西兰	603	611	634	152	72	69	172
欧洲小计	**18944**	**19766**	**27174**	**11722**	**9348**	**9581**	**13559**
其中：英　国	2792	2959	3820	1232	983	1022	1486
法　国	2289	2248	3325	1451	970	934	1245
德　国	2934	3462	5355	1959	2112	1775	2166
意大利	1910	1822	2468	1256	797	923	1108
瑞　士	334	358	554	140	112	94	203
瑞　典	398	549	92	276	211	180	1160
荷　兰	1142	1131	628	754	511	569	586
俄罗斯	2633	2290	1472	1838	1234	1094	1505
西班牙	1189	1613	3078	555	469	1095	793
其他小计	**4744**	**2022**	**2260**	**15574**	**50653**	**38427**	**38439**

主 要 统 计 指 标 解 释

进出口总额 指实际进出我国国境的货物总金额。包括对外贸易实际进出口货物，来料加工装配进出口货物，国家间、联合国及国际组织无偿援助物资和赠送品，华侨、港澳台胞和外籍华人捐赠品，租赁期满归承租人所有的租赁货物，进料加工进出口货物，边境地方贸易及边境地区小额贸易进出口货物（边民互市贸易除外），中外合资企业、中外合作经营企业、外商独资经营企业进出口货物和公用物品，到、离岸价格在规定限额以上的进出口货样和广告品（无商业价值、无使用价值和免费提供出口的除外），从保税仓库提取在中国境内销售的进口货物，以及其他进出口货物。我国规定出口货物按离岸价格统计，进口货物按到岸价格统计。

利用外资 指各级政府、部门、企业、中国银行和其他单位通过对外借款、吸收客商直接投资和商品信贷及其他方式，从国外和港澳台地区筹措的资金。对外借款包括通过外国政府贷款、国际金融组织贷款、外国银行的买方信贷和现汇贷款及对外发行债券等方式，从国外和港澳台地区借用的资金。

外商直接投资 是指外国企业和经济组织或个人（包括华侨、港澳台胞以及我国在境外注册的企业）按我国有关政策、法规，在我国境内开办独资企业、与我国境内的企业或经济组织共同举办合资企业、合作经营企业、股份制企业或合作开发资源的投资以及客商从企业得到的收益的再投资。

外国旅游人数 指来我国观光游览、度假、探亲访友、就医疗养、购物、参加会议或从事经济、科技、文化、体育、宗教活动的外国人、港澳台同胞等入境人数。不包括外国在我国的常住机构，如领使馆、通讯社、企业办事处的工作人员；来我国常驻的外国专家、留学生以及在岸逗留不过夜人员。统计时，外国人、港澳台同胞每入境一次统计1人次。

国内旅游人数 指国内居民在中国（大陆）观光旅览、度假、探亲访友、就医疗养、购物、参加会议或从事经济、文化、体育、宗教活动的人数，其出游的目的不是通过所从事的活动谋取报酬。统计时，国内游客每按出游一次统计1人次。

国际旅游（外汇）收入 指入境旅游的外国人、港澳台同胞在中国（大陆）旅行、游览过程中用于交通、参观游览、住宿、餐饮、购物、娱乐等全部费用，对国家来说就是国际旅游（外汇）收入。

国内旅游收入 又称旅游总花费。指国内游客在国内旅行、游览过程中用于交通、参观游览、住宿、餐饮、购物、娱乐等全部花费。

财政金融保险

Public Finance, Banking and Insurance

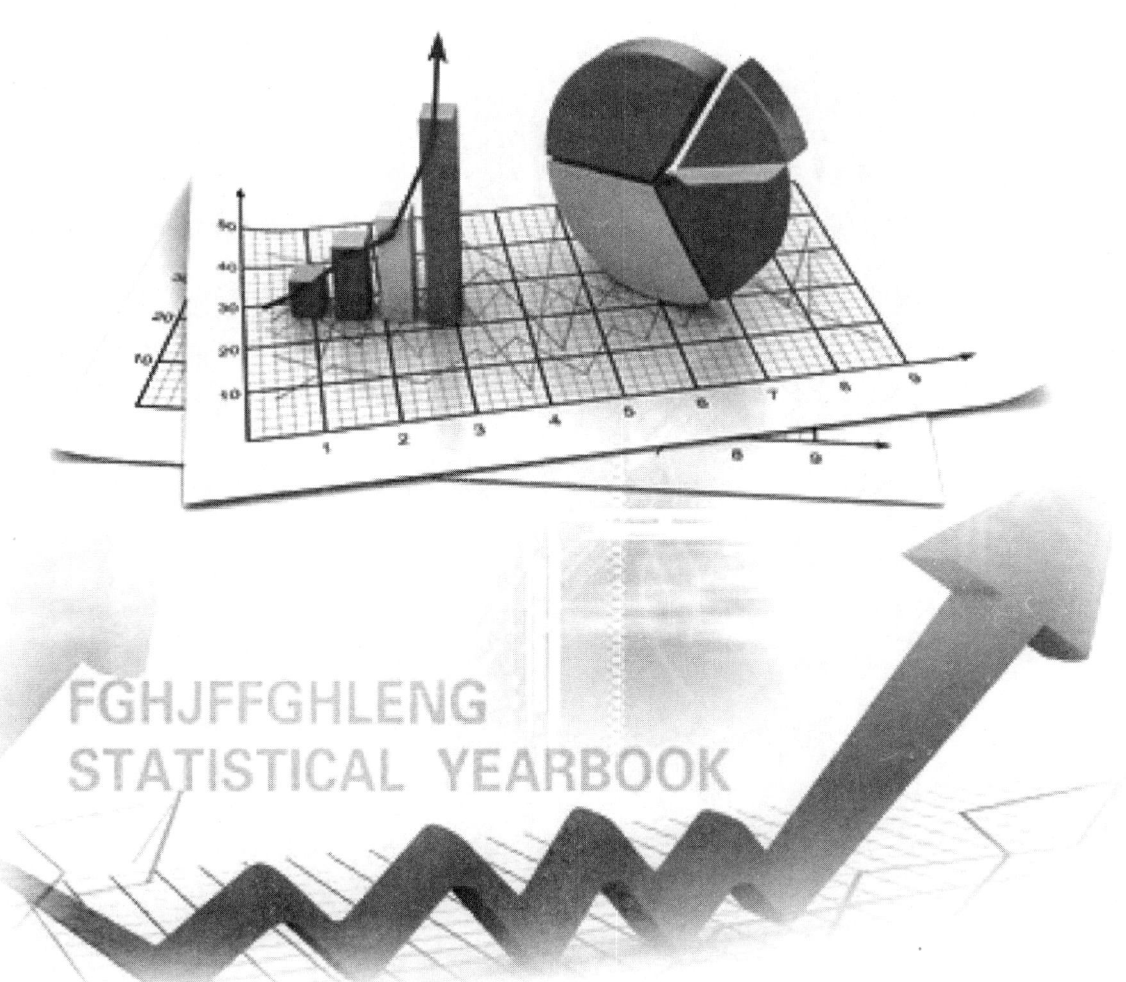

10－1 主要年份财政收入与支出

单位:万元

年份	财政总收入	地方财政一般预算收入	#增值税	#营业税	#企业所得税	#个人所得税	地方财政一般预算支出
1949	480						200
1952	972						455
1957	3337						1333
1962	5186						2778
1965	5769						2242
1970	6635						3706
1975	6502						5908
1978	11897						9871
1980	13677						10539
1985	31377						20480
1990	65925						49925
1994	168869	86479	26512	14130	19487	7263	121969
1995	203050	104642	30869	21779	27759	8348	144858
1996	239739	120900	34773	29431	28419	12476	165445
1997	263381	134112	38469	33386	30582	14966	196390
1998	309568	162619	44488	42649	36767	18617	223500
1999	380039	197303	51709	50744	45112	23042	258937
2000	531793	261491	72941	55766	79621	29137	331947
2001	650425	388056	75314	74685	127995	47260	428608
2002	868285	431122	99245	104977	67392	36378	556353
2003	1086780	526964	118324	137692	73324	37603	688820
2004	1266669	626046	61696	162942	102201	38264	791520
2005	1474457	723324	157257	174958	107334	44788	880887
2006	1756878	861115	193493	213294	130776	53233	1040000
2007	2183788	1088551	233654	273535	175148	66079	1269285
2008	2480225	1260498	264386	300397	180448	82885	1538078
2009	2631616	1360227	283823	355692	160627	87158	1759524
2010	3106245	1648845	293775	432931	224035	115832	2227592
2011	3704657	2001150	325771	503206	289871	145347	2655309
2012	4089456	2204230	380110	574263	310909	136008	2879269
2013	4484660	2477341	441897	603749	334446	142687	3290300
2014	4852909	2652092	494463	607423	375250	162998	3714666
2015	5397827	2980170	551873	656380	382176	187590	4572105
2015	5397827	2980170	551873	656380	382176	187590	4572105
2016	5838322	3432835	1012917	322062	408521	192637	5143996

注:2004 年外贸出口退税政策调整,当年全市财政总收入新口径 997540 万元,地方财政一般预算收入新口径 559726 万元,考虑历史年份资料可比性,本表中财政总收入和地方财政一般预算收入仍按老口径计算。

10－2　市区主要年份财政总收入

单位:万元

年　　份	市　区	#椒江区	#黄岩区	#路桥区
1978	4251		3943	
1980	4755		4536	
1985	13145	4057	8342	
1986	16577	5121	10543	
1987	17495	5766	11004	
1988	21474	6285	12853	
1989	24235	6776	15215	
1990	27001	8058	16714	
1991	32591	10562	18749	
1992	34652	12586	21347	
1993	55318	18327	35357	
1994	70347	24287	45688	
1995	83037	27794	30574	23410
1996	96367	32026	34121	26691
1997	112168	35714	39065	31475
1998	134217	41890	45882	36661
1999	157289	47437	52837	43459
2000	208039	64645	67479	61638
2001	272467	85241	83200	81319
2002	362205	109502	116320	102318
2003	465779	146011	145003	127678
2004	551899	177441	150536	154065
2005	638204	199738	172172	181630
2006	751477	236223	201549	222566
2007	923035	287488	247435	277733
2008	1048382	316242	272368	327095
2009	1122393	325118	284464	361155
2010	1349410	386899	326821	441433
2011	1627998	460759	386512	534966
2012	1763763	513458	418183	542848
2013	1945430	571320	475971	581901
2014	2061986	598475	520502	594698
2015	2282818	633653	580611	633997
2016	2484906	674010	617978	666956

注：2004年,外贸出口退税政策调整,考虑历史年份资料可比性,本表中的财政总收入按老口径计算,下同。

10－3　各县市主要年份财政总收入

单位：万元

年　份	玉环县	三门县	天台县	仙居县	温岭市	临海市
1978	847	725	1112	867	1805	2290
1980	1000	727	1155	996	2308	2736
1985	2300	1591	2342	1970	5353	4676
1986	3056	2034	2807	2383	6548	5982
1987	3744	2281	3425	2777	7951	6903
1988	4842	2378	3908	3185	9991	7646
1989	5393	2692	4488	3648	11534	9136
1990	5712	2750	4940	3743	13124	8655
1991	6505	3693	5310	4116	13777	10027
1992	7883	3473	5788	4287	15156	12215
1993	12352	5131	8302	7618	21187	20069
1994	16740	6013	10515	9518	29221	26515
1995	20491	6910	12075	12180	36439	31918
1996	24108	7248	13521	13515	49666	35314
1997	27878	6703	14129	14898	51094	36511
1998	31836	8451	16607	16665	61306	40486
1999	38236	11587	20443	22479	85474	44531
2000	55685	16727	28481	29023	134805	59033
2001	75268	24058	33107	30869	139009	75647
2002	100157	31573	46005	42428	177911	108006
2003	122141	41062	56010	48889	222880	130019
2004	145644	43646	67148	46986	260234	151112
2005	180100	53318	77008	54972	294209	176646
2006	239762	65283	87518	66118	333938	212782
2007	308300	86168	100088	81199	418892	266106
2008	356478	107153	115380	92418	453898	306516
2009	370059	116279	124429	93432	475522	329502
2010	401427	136675	140142	106582	570123	401886
2011	466622	163436	170690	130233	665511	480167
2012	552054	179500	198451	146808	721978	526902
2013	600092	196980	214333	161768	785977	580080
2014	644759	213292	233522	188972	877077	633301
2015	722956	236843	258932	234602	983574	678102
2016	743437	247706	298917	267136	1031980	764240

10－4　市区地方财政一般预算收入

（1994－2016 年）

单位：万元

年　份	市　区	#椒江区	#黄岩区	#路桥区
1994	35834	13611	21851	
1995	42731	15353	15078	11478
1996	49805	17625	16843	12954
1997	57294	19437	18463	15076
1998	72242	24133	21552	18169
1999	85777	28575	24656	22023
2000	110603	38256	31889	29440
2001	171574	56224	47410	48688
2002	197148	63389	56618	51859
2003	245674	82592	69231	62841
2004	295117	98446	73551	77737
2005	337181	111041	83309	87855
2006	385038	125449	96266	104460
2007	472813	150971	118769	133120
2008	537741	164540	132707	155408
2009	590145	180667	142843	178598
2010	723612	226478	166018	225550
2011	899464	275213	197394	288078
2012	981790	301439	215851	291821
2013	1103883	329903	249939	321492
2014	1156668	326413	273714	328326
2015	1283947	350386	310189	358834
2016	1451939	385494	371145	395787

注：2004 年，外贸出口退税政策调整，考虑历史年份资料可比性，本表中的地方财政一般预算收入按老口径计算。

10－5　各县市地方财政一般预算收入

（1994－2016 年）

单位：万元

年　份	玉环县	三门县	天台县	仙居县	温岭市	临海市
1994	8004	2939	4856	4613	16558	13675
1995	10039	3414	5801	5956	19688	17013
1996	11760	3719	6189	6712	23688	19027
1997	13308	3401	6275	7093	27144	19597
1998	16033	4459	7170	7668	34018	21029
1999	20006	6470	8802	10167	41458	24623
2000	27649	10051	13127	13252	56588	30221
2001	42738	15803	18053	18005	77538	44345
2002	45820	16733	20108	17680	80018	53615
2003	51290	21431	25841	20518	97357	64853
2004	62477	22221	32819	22150	117954	73308
2005	74959	27527	37511	25052	134798	86296
2006	103888	34156	42547	30822	158013	106651
2007	137582	45679	51610	40626	204069	136172
2008	158308	61111	60533	48023	233759	161023
2009	165568	66069	65442	49377	250238	173388
2010	182530	80734	78081	56698	305918	221272
2011	216856	96022	96610	68553	361688	261957
2012	251128	106818	110722	79028	388678	286066
2013	275990	118035	122958	92990	438479	325006
2014	298358	127657	132867	105588	478388	352566
2015	344987	144987	150268	134660	541213	380108
2016	426217	155766	170371	162468	616886	449188

10-6 地方财政收入及分类(一)

(1994-2016年)

单位:万元

年份	一般预算收入合计	增值税	营业税	企业所得税	企业所得税退税	个人所得税	资源税	固定资产投资方向调节税
1994	86479	26512	14130	19487	-1503	7263	174	746
1995	104642	30869	21779	27759	-1425	8348	127	1015
1996	120900	34773	29431	28419	-1286	12476	165	1485
1997	134112	38469	33386	30582	-406	14966	134	1726
1998	162619	44488	42649	36767	-1015	18617	92	1481
1999	197303	51709	50744	45112	-2683	23042	103	1048
2000	261491	72941	55766	79621	-1303	29137	115	174
2001	388056	75314	74685	127995		47260	116	-83
2002	431122	99245	104977	67392		36378	126	-7
2003	526964	118324	137692	73324		37603	104	
2004	559726	61696	162942	102201		38264	147	
2005	723324	157257	174958	107334		44788	1068	
2006	861115	193493	213294	130776		53233	3021	
2007	1088551	233654	273535	175148		66079	3616	
2008	1260498	264386	300397	180448		82885	3835	
2009	1360227	283823	355692	160627		87158	3643	
2010	1648845	293775	432931	224035		115832	3440	
2011	2001150	325771	503206	289871		145347	3244	
2012	2204230	380110	574263	310909		136008	3596	
2013	2477341	441897	603749	334446		142687	3891	
2014	2652092	494463	607423	375250		162998	5392	
2015	2980170	551873	656380	382176		187590	8051	
2016	3432835	1012917	322062	408521		192637	9312	

注:2002年起税收收入分享政策调整,企业所得税和个人所得税原全部计入地方财政收入;2002年调整为中央与地方五五分成;2003年调整为中央与地方六四分成;2004年起地方财政一般预算收入按新口径计算。

10－7　地方财政收入及分类(二)

(1994－2016年)

单位:万元

年份	城市维护建设税	房产税	印花税	城镇土地使用税	土地增值税	车船税	屠宰税	农牧业税	农业特产税
1994	6206	1300	317	310		388	222	3644	3259
1995	7624	1749	405	358	1	487	459	4692	3736
1996	8615	2303	520	264	53	518	530	6633	3122
1997	9992	2730	503	341	111	549	582	5454	3060
1998	11180	3690	701	411	185	618	675	6290	3018
1999	12923	4475	941	493	238	867	861	5067	3088
2000	16088	5230	1380	568	364	865	816	5153	3459
2001	23042	7391	1837	697	687	1147	826	5071	3054
2002	28231	10313	3075	873	1682	1452	185	5260	1734
2003	33817	13358	4603	1246	3805	1780	2	5675	
2004	39259	16937	6925	1665	4630	2382		8	
2005	48171	23685	8914	5122	10326	2206			
2006	57246	26871	11622	7018	13809	2764			
2007	72070	32401	14975	10763	23934	3418			
2008	83087	42637	18677	43442	30663	8952			
2009	87333	46689	18271	58842	42016	11285			
2010	104067	47562	25590	57364	55868	14941			
2011	133390	71139	27484	80487	78145	18114			
2012	144439	88276	28327	86141	97642	27477			
2013	157384	98990	32327	91507	119470	32468			
2014	161947	118367	40082	102976	144222	36914			
2015	174320	133407	46114	115244	107636	41720			
2016	191407	142690	39287	128627	131348	44968			

10－8　地方财政收入及分类(三)

(1994－2016年)

单位:万元

年　　份	耕地占用　税	契　税	专　项收　入	罚没和行政事业性收费收入	国有资本经营收入	国有资源(资产)有　　偿使用收入	其　他收　入	政府性基金收入
1994	2585	805			－4061		4695	3517
1995	2703	926		1528	－12533		4035	4642
1996	2546	1949		1578	－17606		4412	5228
1997	3161	1915		2528	－21372		5601	5121
1998	2374	3004	5340	4629	－22580		5	12572
1999	3040	5062	6603	3908	－19358		20	15017
2000	4218	9172	8588	5858	－37213		494	17379
2001	6519	12351	11332	23138	－34591		268	32307
2002	16442	19952	15361	43183	－24833		101	87451
2003	21022	32045	15704	42425	－16755		1190	136992
2004	11271	41950	17648	66231	－15713	47	1236	174957
2005	8789	45804	24471	75473	－16634	54	1538	216982
2006	12095	48778	30800	75791	－21847	63	2288	268984
2007	12003	69976	38817	76555	－21372	2971	8	918572
2008	13857	70792	44947	87121	－20346	4149	569	1304414
2009	16421	94645	47278	73789	－33569	6167	117	1567329
2010	25612	153125	55462	82591	－55067	11563	154	3063426
2011	38067	142764	68842	97919	－41196	18532	24	3036436
2012	40576	120240	73174	110933	－23655	5634	140	2780556
2013	49525	189654	79221	103630	－28641	25135	1	3268178
2014	47254	158025	80532	128483	－26929	14691	2	1917587
2015	33805	144297	272474	125144	－25127	21586	3480	1392457
2016	121153	176970	287221	164117	－18871	60450	18019	1723387

10－9 地方财政支出情况

（2010－2016年）

单位：万元

指　　标	2010年	2011年	2012年	2013年	2014年	2015年	2016年
地方一般预算支出合计	**2227592**	**2655309**	**2879269**	**3290300**	**3714666**	**4572105**	**5143996**
一般公共服务	381781	400495	420778	434685	432342	448465	556074
国　防	4218	4015	4303	4813	4349	4952	5673
公共安全	194623	210772	231268	245934	255423	287148	375460
教　育	515679	623131	739748	776018	838763	986283	1084686
科学技术	57589	56423	78933	88293	98099	167047	115254
文化体育与传媒	38206	40278	50194	53947	57955	82662	94947
社会保障和就业	139781	217148	242616	284134	299655	413170	485830
医疗卫生与计划生育	138565	167760	191990	236732	302110	351056	417362
节能环保	50134	45761	41922	75006	86254	101208	84377
城乡社区	83846	101850	102521	115388	164815	275500	383773
农林水	260585	373425	392910	507938	524531	699888	728122
交通运输	130805	165690	174722	210660	267768	407770	438323
工业商业金融等	109854	129052	134195	132844	113133	171013	116918
其他支出	121926	119509	73169	123908	269469	175943	257197
政府性基金支出合计	**2355339**	**1901269**	**1569691**	**3204272**	**2103902**	**1593654**	**1692955**
一般公共服务		220	119				
教　育	35773	25732	43222	50135	72333		
文化教育与传媒	1572	992	1594	2690	3016		
社会保障和就业	16104	19994	18489	32938	32392	14515	24038
城乡社区	2233243	1677370	1315320	2846285	1675321	1256112	1434590
农林水	52984	64554	54453	72418	78386	2936	819
交通运输	2531	1957	2981	8599	7704	3732	2982
工业商业金融等	1557	1553	2343	2317	2118	1172	1865
其他支出	11575	108897	131170	188890	232632	315187	228661
社会保险基金支出合计	**294268**	**578124**	**810267**	**946946**	**1195510**	**1720132**	**2567860**
企业职工基本养老保险基金支出	194050	251227	360935	433248	579481	983878	1366012
城乡居民基本养老保险基金支出		48848	96518	97545	127096	152692	142785
机关事业单位基本养老保险基金							371739
城镇职工基本医疗保险基金支出	74542	109582	107362	138152	166396	202484	272861
居民基本医疗保险基金支出		131776	189808	216458	249662	290294	315384
工伤保险基金支出	15434	22665	38897	39841	47027	49008	49064
失业保险基金支出	6131	8789	7935	10862	12438	26179	31791
生育保险基金支出	4111	5237	8812	10840	13410	15597	18224

10-10 主要年份金融主要指标

单位:万元

年份	金融机构本外币存款年末余额	#金融机构人民币存款余额	#城乡居民储蓄存款年末余额	金融机构本外币贷款年末余额	#金融机构人民币贷款余额	#短期贷款	#中长期贷款
1952		560	143		193		
1957		1784	521		5388		
1962		3593	601		12898		
1965		5238	1110		11989		
1970		6927	1384		22740		
1975		11875	2546		26090		
1978		16368	4401		34604		
1980		32389	11209		53673		
1985		98546	40501		123613		
1990		312614	153584		307913		
1994		1061934	546404		838094	695657	96289
1995		1399917	727602		1052121	865819	123833
1996		1896944	1017397		1335406	1052894	179930
1997		2496502	1360738		1711067	1424932	208135
1998		3394537	1939241		2126197	1723669	301773
1999		4320709	2468949		2726762	2108507	478072
2000	5407241	5289565	2896237	3307634	3304269	2596518	556846
2001	6428949	6290422	3526960	4096823	4023234	2669865	1272296
2002	8284108	8117593	4362702	5794759	5716237	3642042	1733151
2003	10740254	10561850	5421684	8237648	8090895	4909163	2783124
2004	11823111	11640689	6010774	9454142	9328902	5693519	3373348
2005	13849843	13694418	7117604	10580440	10445507	6411816	3764513
2006	16659867	16499842	8582033	13132416	12946754	8271509	4473442
2007	19375543	19213038	9287212	16159896	15770372	10527055	5124007
2008	23717020	23533773	12044432	19262657	18930765	12392248	6068898
2009	29356051	29152567	14437498	25180611	24229188	15603817	8219377
2010	35884773	35627957	17250805	30558214	29405118	19324859	9845344
2011	39989019	39590586	20588359	34707628	33545934	22740162	10542262
2012	45091738	44573554	23719853	38931604	37839726	25873733	11258308
2013	52197210	51541069	26981269	44541067	43402430	29596023	13455469
2014	56710259	56090430	28924078	50393663	49122356	32077228	16170388
2015	63059372	61886513	31454786	55184387	54296010	33499572	18306354
2016	70686244	69232204	37033664	58260273	57589217	33879939	20933601

10-11 金融机构年末人民币存款余额

（2014-2016年）

单位:万元

指标	2014年	2015年	2016年
各项存款合计	**56804438**	**61886513**	**69232204**
境内存款	56773895	61842164	69192850
住户存款	29814324	32323686	37033664
活期存款	12882765	13926084	16555690
定期及其他存款	16931560	18397602	20477975
非金融企业存款	15340525	14772755	15213827
活期存款	6113817	5611710	6541473
定期及其他存款	9226708	9161045	8672354
广义政府存款	9186168	10981102	12314313
财政性存款	1018198	466085	474904
机关团体存款	8167970	10515017	11839409
非银行业金融机构存款	2432878	3764622	4631045
境外存款	30542	44349	39354

10－12 金融机构年末人民币贷款余额

（2014－2016 年）

单位:万元

指　　标	2014 年	2015 年	2016 年
各项贷款合计	**49126356**	**54296010**	**57589217**
境内贷款	49124920	54295215	57568913
住户贷款	25581903	28118314	30837146
短期贷款	16715429	17686180	17891517
消费贷款	3835542	4385616	4684742
经营贷款	12879887	13300565	13206775
中长期贷款	8866474	10432133	12945629
消费贷款	7217493	8540088	10362537
经营贷款	1648981	1892045	2583092
非金融企业及机关团体贷款	23539017	26169902	26720767
短期贷款	15361799	15813392	15988423
中长期贷款	7303914	7874221	7987972
票据融资	746675	2375160	2693577
各项垫款	126630	107129	50795
非银行业金融机构贷款	4000	7000	11000
境外贷款	1436	795	20304

10－13 财产和人寿保险业务收支情况

（1989－2016年）

单位：万元

地 区	保费收入			赔款、给付			
	合 计	财产险	人身险	合 计	财产险赔款支出	人身险赔款支出	人身险给付
1989	3917	2214	1703	6844	6307	537	
1990	4688	2727	1961	3483	2762	721	
1991	8452	4515	3937	3087	2445	642	
1992	15956	8234	7722	8186	6486	1700	
1993	21221	12611	8610	9370	5492	3878	
1994	21844	12987	8857	12187	11060	1127	
1995	28985	17973	11012	9609	8268	1341	
1996	34669	20489	14180	11173	9513	1660	
1997	44182	22755	21427	56522	43690	2723	10109
1998	57600	26061	31539	25928	12149	2935	10844
1999	74468	30348	44120	22303	14691	3418	4194
2000	92422	36150	56272	27915	15957	3564	8394
2001	128548	43389	85159	34789	20314	5580	8895
2002	173031	53802	119229	40151	27902	7021	5228
2003	194986	56614	138372	52557	33194	7426	11937
2004	240338	76198	164140	127470	101907	10043	15520
2005	274479	98715	175764	101523	82333	9459	9731
2006	311690	126931	184759	93238	66165	9366	17707
2007	374198	162896	211302	141927	89755	9839	42333
2008	515523	193432	322091	183381	117919	14959	50503
2009	575102	233688	341414	207852	125507	14679	67666
2010	729151	294241	434910	184306	139505	16462	28339
2011	758807	342052	416755	228258	173571	11150	43537
2012	843994	391421	452573	291713	227214	18615	45884
2013	962828	445690	517138	362328	269691	23022	69616
2014	1123907	517174	606733	383806	296430	25253	62122
2015	1274452	579060	695392	459763	321127	27451	111186
2016	1461460	617343	844117	533770	349695	35625	148449

主要统计指标解释

财政总收入　包括地方上划中央税收入和地方财政收入两部分。

一般预算收入　指按国家预算收入科目规定，属于地方负责组织征收的收入数，包括①各种税收收入类，指税务机关征管的“工商税收类”；海关征管的“关税类”；财政机关征管的“农业税类”、“国有企业所得税类”等。②企业收入类。③企业亏损补贴类。④其他收入等。

增值税　是以商品生产流通和劳务服务各个环节的增值额为征税对象的一种流转税。按现行财政体制，增值税属于中央与地方的共享税种，其中：中央分享75%，地方分享25%。

一般预算支出　指按国家预算支出科目规定，属于地方财政的各类预算支出，包括一般公共服务支出、公共安全支出、教育支出、科学技术支出、文化体育与传媒支出、社会保障和就业支出、医疗卫生支出、环境保护支出、城乡社区事务支出、农林水事务支出、交通运输支出、工业商业金融事务支出等。

金融机构存款　指企业、机关、团体和居民根据可以收回的原则，把货币存入各类金融机构保管，并取得一定利息的一种信用活动形式。根据存款对象的不同可划分为企业存款、财政存款、机关团体存款、居民储蓄存款等。

金融机构贷款　指各类金融机构根据必须归还的原则，按一定利率为企业、个人等提供资金的一种信用活动形式。根据贷款对象的不同分为工业贷款、建筑业贷款、商业贷款、农业贷款等。

城乡居民储蓄存款余额　包括城镇居民储蓄和农村居民个人储蓄两部分存款余额。不包括工矿企业、部队、机关团体等集体存款。

保费收入　指被保险人按其得到保险利益的保障程度（保险金额）的一定比率向保险人缴付的费用。

赔款　指保险人对财产保险的保险事故给予的经济补偿或对人身保险的保险事故给付的保险金。

物 价

Prices

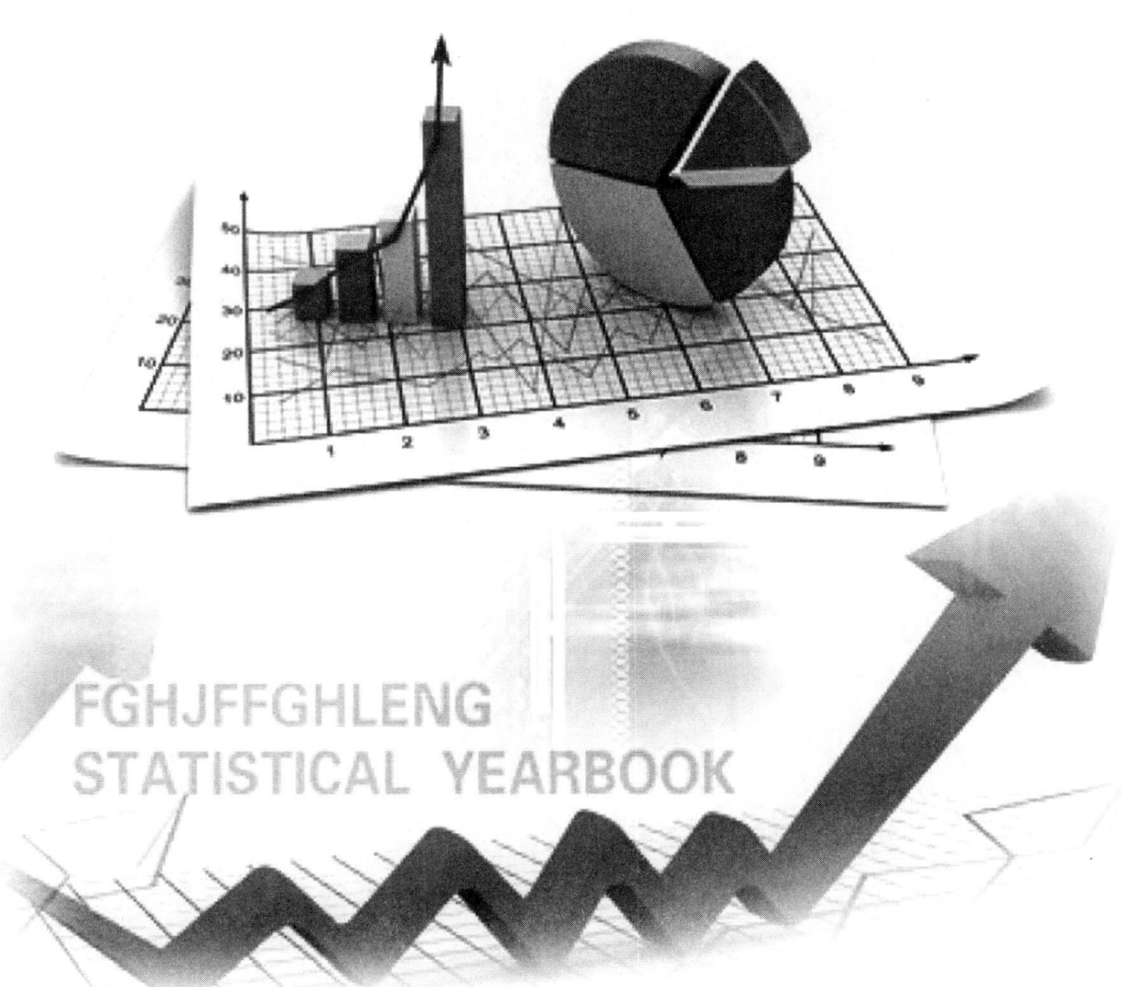

11－1 主要年份物价总指数

（以上年为100）

年份	居民消费价格总指数		商品零售价格指数	
	全市	市区	全市	市区
1978	100.0	100.0	100.1	99.9
1980	108.8	108.8	108.0	109.5
1985	111.9	109.4	112.3	109.8
1986	107.0	107.7	106.7	107.4
1987	111.3	111.8	111.6	112.0
1988	123.5	124.8	124.4	125.2
1989	117.2	117.7	117.0	117.1
1990	102.4	100.9	101.8	100.4
1991	104.2	104.6	103.8	104.2
1992	111.5	111.4	111.2	111.5
1993	120.1	118.7	118.5	116.0
1994	125.7	125.3	125.5	124.2
1995	117.3	115.2	115.3	114.0
1996	108.2	108.8	105.7	105.2
1997	101.6	102.4	99.3	99.9
1998	99.2	99.6	97.5	98.0
1999	99.2	99.2	98.4	98.3
2000	101.1	100.8	100.4	99.1
2001	99.3	98.4	98.8	99.0
2002	99.6	99.0	99.8	99.3
2003	101.5	100.4	99.6	98.4
2004	105.0	104.3	102.1	100.5
2005	100.6	100.0	99.7	99.2
2006	100.7	100.2	100.0	99.4
2007	104.1	104.0	104.3	104.4
2008	104.9	104.2	106.2	105.6
2009	99.2	99.4	99.3	99.5
2010	104.6	104.6	104.7	104.3
2011	106.3	106.3	106.9	106.7
2012	102.3	102.0	102.4	102.1
2013	101.9	101.8	100.3	100.3
2014	102.4	102.3	101.5	101.4
2015	100.8	100.7	99.7	99.5
2016	101.7	101.6	100.8	100.9

11-2 主要年份定基物价总指数

（以1978年为100）

年份	居民消费价格总指数		商品零售价格指数	
	全市	市区	全市	市区
1978	100.0	100.0	100.0	100.0
1980	111.6	111.6	110.3	113.2
1985	138.0	134.9	133.8	137.3
1986	147.7	145.3	142.7	147.5
1987	164.3	162.4	159.3	165.2
1988	203.0	202.7	198.1	206.8
1989	237.9	238.6	231.8	242.2
1990	243.6	240.8	236.0	243.2
1991	253.8	251.8	245.0	253.4
1992	283.0	280.6	272.4	282.5
1993	339.9	333.0	322.8	327.7
1994	427.2	417.3	405.1	407.1
1995	501.1	480.7	467.1	464.0
1996	542.2	523.0	493.7	488.2
1997	550.9	535.6	490.2	487.7
1998	546.5	533.4	478.0	477.9
1999	542.1	529.1	470.3	469.8
2000	548.1	533.4	472.2	465.6
2001	544.3	524.8	466.5	460.9
2002	542.1	519.6	465.6	457.7
2003	550.2	521.7	463.7	450.4
2004	577.7	544.1	473.4	452.7
2005	581.2	544.1	472.0	449.1
2006	585.3	545.2	472.0	446.4
2007	609.3	567.0	492.3	466.0
2008	639.2	590.8	522.8	492.1
2009	634.1	587.3	519.1	489.6
2010	663.3	614.3	543.5	510.7
2011	705.1	653.0	581.0	544.9
2012	721.3	666.1	594.9	556.3
2013	734.9	678.1	596.8	558.1
2014	752.5	693.7	605.8	565.9
2015	758.5	698.6	604.0	563.1
2016	771.4	709.8	608.8	568.2

11－3 全市居民消费价格分类指数

（2016 年，以上年为 100）

项　　目	2016 年
居民消费价格指数	101.7
服务价格指数	101.8
消费品价格指数	101.7
食品烟酒	103.8
食品	104.2
粮　食	100.1
鲜　菜	109.5
畜肉类	111.7
水产品	102.9
烟酒	103.3
衣着	101.6
居住	101.1
生活用品及服务	101.4
交通和通信	99.2
教育文化和娱乐	101.4
医疗保健	100.7
其他用品和服务	102.0

11－4　市区居民消费价格分类指数

（2016年，以上年为100）

项　目	2016年
居民消费价格指数	101.6
服务价格指数	101.5
消费品价格指数	101.6
食品烟酒	103.0
食品	103.7
粮　食	100.4
鲜　菜	108.1
畜肉类	111.0
水产品	102.7
烟酒	102.5
衣着	102.4
居住	100.7
生活用品及服务	102.5
交通和通信	99.4
教育文化和娱乐	101.7
医疗保健	100.5
其他用品和服务	101.8

11－5　全市商品零售价格分类指数(一)

(1994－2016年,以上年为100)

年　份	商品零售价格总指数	食品类	饮料、烟酒类	服装、鞋帽类	纺织品类	家用电器及音像器材类	文化办公用品类	日用品类	体育娱乐用品类
1994	125.5	137.4	109.9	133.2	127.1	107.4		111.8	
1995	115.3	127.6	102.9	114.9	117.6	97.8		111.4	
1996	105.7	106.0	104.0	105.1	108.3	97.4		106.4	
1997	99.3	98.8	97.7	101.8	101.6	96.4		100.2	
1998	97.5	98.1	97.3	100.2	98.0	92.3		97.6	
1999	98.4	98.9	95.1	98.3	98.6	91.0		98.1	
2000	100.4	100.7	101.7	99.2	99.2	92.3		96.8	
2001	98.8	99.7	102.4	97.4	101.0	88.3		98.3	
2002	99.8	101.2	101.0	97.9	99.2	95.3		99.3	
2003	99.6	102.6	104.9	97.6	100.0	92.1	92.1	98.5	97.1
2004	102.1	113.7	103.1	98.6	100.3	96.2	94.1	100.2	99.0
2005	99.7	103.0	99.2	93.2	99.5	98.6	98.0	100.6	99.6
2006	100.0	101.4	100.2	95.6	99.0	98.5	98.5	100.4	96.9
2007	104.3	112.3	102.3	98.3	100.0	98.2	97.6	100.2	96.9
2008	106.2	112.1	102.9	94.5	99.6	99.4	98.6	104.9	96.2
2009	106.2	112.1	102.9	94.5	99.6	99.4	98.6	104.9	96.2
2010	104.7	109.3	100.8	96.0	96.9	96.5	95.9	100.2	98.2
2011	106.9	115.2	103.5	101.0	101.3	98.5	97.8	104.3	98.5
2012	102.4	105.7	103.6	103.7	109.9	97.9	96.9	102.1	98.9
2013	100.3	105.2	100.3	101.3	102.4	99.1	96.4	100.6	99.7
2014	101.5	103.8	99.7	100.9	103.9	99.5	97.9	99.7	101.9
2015	99.7	102.8	103.0	103.4	98.9	98.2	98.7	99.5	100.1
2016	100.8	103.9	102.8	101.6	103.3	99.4	99.3	101.2	101.6

11-6 全市商品零售价格分类指数(二)

(1994-2016年,以上年为100)

年份	交通、通信用品类	家具类	化妆品类	金银珠宝类	中、西药品及医疗保健用品类	书报、杂志及电子出版物类	燃料类	建筑材料及五金电料类
1994			105.7	110.4	91.7	154.9	111.1	114.3
1995			111.1	98.6	112.7	110.7	102.1	104.7
1996			104.6	101.1	119.2	136.8	102.0	101.9
1997			99.7	98.9	101.9	107.3	101.5	94.7
1998			97.2	93.0	101.7	111.2	91.7	96.0
1999			96.6	91.0	100.9	105.1	104.6	100.1
2000			94.6	99.6	100.9	103.4	130.0	99.4
2001			95.0	85.1	103.3	111.6	91.8	99.1
2002			99.1	98.7	100.6	99.5	96.4	98.9
2003	92.3	95.0	100.7	109.1	96.8	99.9	107.7	100.7
2004	90.7	98.0	98.8	110.3	82.4	100.6	112.2	104.6
2005	91.7	98.0	100.0	105.1	93.4	99.5	114.0	101.1
2006	93.4	97.8	100.0	114.2	98.5	99.2	112.2	104.0
2007	97.2	97.5	101.2	108.5	103.1	100.0	106.3	106.1
2008	97.7	95.8	104.0	117.3	109.9	100.8	116.9	108.4
2009	100.6	90.4	98.4	99.3	103.5	106.1	85.1	99.2
2010	98.9	98.3	98.5	118.5	110.4	101.2	118.5	104.8
2011	97.1	100.1	100.9	120.1	108.9	103.1	114.3	105.5
2012	94.6	102.6	103.2	102.3	101.6	100.5	104.0	101.8
2013	96.9	102.6	100.3	92.2	90.5	100.0	100.0	100.6
2014	100.1	101.2	99.4	91.4	104.7	99.9	99.3	100.0
2015	97.6	101.0	100.4	93.3	106.0	100.5	82.8	98.9
2016	98.2	101.4	101.2	106.5	101.6	104.8	94.6	100.6

11－7　市区商品零售价格分类指数(一)

(1994－2016年,以上年为100)

年　份	商品零售价格总指数	食品类	饮料、烟酒类	服装、鞋帽类	纺织品类	家用电器及音像器材类	文化办公用品类	日用品类	体育娱乐用品类
1994	124.2	136.2	103.5	126.7	119.4	108.3		111.3	
1995	114.0	122.6	92.4	114.0	117.7	98.2		111.1	
1996	105.2	106.3	102.9	103.9	110.6	97.9		108.9	
1997	99.9	99.9	96.9	103.5	102.4	95.6		100.4	
1998	98.0	99.2	94.7	101.8	99.3	96.6		96.8	
1999	98.3	97.6	95.9	99.3	98.4	92.4		98.0	
2000	99.1	97.4	101.3	98.6	100.1	90.7		96.9	
2001	99.0	98.7	102.4	96.8	100.2	96.8		98.1	
2002	99.3	100.3	98.8	95.8	98.6	97.8		98.7	
2003	98.4	102.7	103.6	95.4	99.9	94.7	94.2	97.6	96.5
2004	100.5	111.9	103.2	97.2	100.1	94.7	96.7	98.9	99.7
2005	99.2	103.1	98.5	89.7	99.0	97.3	97.0	100.8	100.0
2006	99.4	101.6	100.5	93.0	98.5	98.5	98.7	100.7	95.9
2007	104.4	112.8	102.0	97.3	100.8	98.5	98.0	100.5	95.8
2008	105.6	110.0	103.0	89.0	99.3	99.3	99.4	104.5	93.1
2009	99.5	113.5	99.9	91.4	105.0	96.4	97.6	101.1	94.21
2010	104.3	108.8	100.4	95.6	96.8	97.1	94.3	99.8	97.2
2011	106.7	115.8	103.8	100.3	100.5	98.8	98.3	104.6	97.8
2012	102.1	105.6	103.9	104.5	112.0	97.3	95.7	102.9	98.4
2013	100.3	105.2	100.1	101.4	103.1	99.2	95.7	100.6	99.5
2014	101.4	103.7	99.7	101.2	105.9	99.3	97.0	99.3	101.2
2015	99.5	102.2	103.5	104.3	98.4	97.0	98.1	99.5	100.1
2016	100.9	103.3	102.4	102.5	104.6	99.7	98.7	101.7	102.9

11-8 市区商品零售价格分类指数(二)

(1994-2016年,以上年为100)

年份	交通、通信用品类	家具类	化妆品类	金银珠宝类	中、西药品及医疗保健用品类	书报、杂志及电子出版物类	燃料类	建筑材料及五金电料类
1994			105.5	110.0	95.0	154.3	100.2	113.4
1995			110.4	98.1	109.9	109.6	101.1	110.9
1996			103.4	100.0	111.5	137.0	98.3	101.5
1997			97.2	100.7	104.3	108.7	100.3	94.5
1998			93.1	93.0	103.3	108.3	91.6	89.5
1999			95.4	91.1	101.5	105.9	104.3	101.9
2000			93.6	100.8	101.9	103.1	131.2	100.0
2001			92.4	81.8	96.7	109.8	89.8	99.4
2002			97.9	99.2	96.0	99.5	93.7	100.9
2003	88.1	90.6	101.1	103.5	91.6	99.3	108.8	98.5
2004	86.4	96.3	97.5	113.3	81.9	100.4	109.8	102.6
2005	89.1	95.9	100.7	103.5	96.4	99.8	114.2	100.1
2006	91.7	96.9	99.8	112.3	97.2	99.2	112.3	104.1
2007	96.7	94.8	100.5	108.0	102.8	99.3	108.2	105.9
2008	97.1	90.2	100.7	111.8	117.2	101.8	117.9	108.8
2009	100.6	90.4	98.4	99.3	103.5	106.1	85.1	99.2
2010	99.2	96.8	97.8	115.5	109.1	101.3	119.7	105.4
2011	96.3	100.0	101.4	120.2	109.0	102.5	113.7	105.3
2012	92.8	103.3	103.7	102.6	100.4	100.6	103.5	102.7
2013	95.9	102.8	100.9	94.2	91.2	100.0	99.6	100.6
2014	100.4	101.8	98.7	92.3	104.9	100.0	98.8	99.4
2015	97.0	101.3	100.5	94.8	105.5	100.3	82.3	98.9
2016	99.0	102.0	102.1	107.8	101.5	104.7	94.1	100.9

11－9　工业生产者价格指数

（2012－2016年，以上年为100）

项　　目	2012年	2013年	2014年	2015年	2016年
一、工业生产者出厂价格指数(PPI)	**97.6**	**97.6**	**99.0**	**97.3**	**97.9**
其中：轻工业	98.4	98.4	100.2	99.1	99.1
重工业	97.1	97.2	98.4	96.4	97.5
其中：生产资料	97.2	97.2	98.5	96.3	97.5
生活资料	98.2	98.4	100.0	99.1	98.8
按工业行业大类分					
农副食品加工业	102.6	102.5	102.3	99.3	101.3
食品制造业	97.3	94.0	97.9	98.7	98.9
酒、饮料和精制茶制造业	99.0	99.0	101.0	97.3	97.4
纺织业	100.2	97.6	98.5	98.7	98.5
纺织服装、服饰业	106.0	94.5	97.0	100.7	96.5
皮革、毛皮、羽毛及其制品和制鞋业	103.9	102.7	102.5	100.5	100.8
木材加工和木、竹、藤、棕、草制品业	101.2	98.9	99.9	99.4	99.0
家具制造业	100.4	95.5	99.6	100.0	103.0
造纸和纸制品业	97.8	96.1	99.9	99.2	102.8
印刷和记录媒介复制业	101.2	102.0	102.1	97.9	99.6
文教、工美、体育和娱乐用品制造业	92.3	93.7	100.5	100.9	94.8
化学原料和化学制品制造业	96.5	98.3	101.5	94.9	94.9
医药制造业	97.2	97.1	98.7	98.5	98.0
化学纤维制造业	92.1	96.9	93.0	86.5	103.1
橡胶和塑料制品业	97.6	98.0	99.9	97.5	97.6
非金属矿物制品业	97.3	96.6	101.1	94.1	99.8
黑色金属冶炼和压延加工业	98.4	96.4	97.1	95.3	94.9
有色金属冶炼和压延加工业	95.3	92.6	94.9	93.8	99.5
金属制品业	97.4	95.7	98.5	96.6	97.4
通用设备制造业	98.1	95.7	98.5	97.0	98.2
专用设备制造业	101.2	102.7	99.4	95.9	99.8
汽车制造业	98.8	99.8	99.7	97.3	97.5
铁路船舶航空航天和其他运输设备制造业	100.0	98.6	99.3	98.9	99.2
电气机械和器材制造业	93.3	97.5	98.5	96.7	96.9
计算机、通信和其他电子设备制造业	97.6	101.2	97.9	93.1	98.2
仪器仪表制造业	98.9	93.8	97.7	97.4	95.2
其他制造业	100.6	99.9	98.7	98.2	98.9
废弃资源综合利用业	78.9	87.8	92.8	89.8	100.4
电力、热力生产和供应业	102.5	100.7	99.7	98.9	95.3
燃气生产和供应业	102.9	98.8	102.5	87.2	89.4
水的生产和供应业	100.3	100.0	100.0	100.0	102.7
二、工业生产者购进价格指数(IPI)	**97.5**	**97.1**	**98.0**	**95.1**	**98.4**
燃料、动力类	99.6	94.3	97.2	91.0	97.5
黑色金属材料类	95.6	95.9	95.6	92.4	96.1
有色金属材料及电线类	92.5	96.4	95.3	92.3	98.0
化工原料类	94.8	96.8	98.6	94.6	98.5
木材及纸浆类	99.7	98.9	100.8	99.4	99.6
建筑材料及非金属类	98.4	97.9	102.9	97.8	94.8
其它工业原材料及半成品类	99.0	97.3	97.3	97.5	99.2
农副产品类	101.7	101.3	100.0	98.8	101.4
纺织原料类	94.2	99.2	99.6	97.6	99.5

主 要 统 计 指 标 解 释

居民消费价格指数 居民消费价格是指城乡居民支付生活消费品和服务项目消费的价格，是社会产品和服务项目的最终价格。居民消费价格指数是度量一组具有代表性的消费商品及服务项目价格水平随着时间而变动的相对数，反映居民家庭购买的消费品及服务价格水平的变动情况。它是宏观经济分析和决策、价格总水平监测和调控以及国民经济核算的重要指标。调查内容包括食品烟酒、衣着、居住、生活用品及服务、交通及通信、教育文化和娱乐、医疗保健、其他用品和服务等 8 大类的商品及服务项目。编制居民消费价格指数共设 262 个基本分类，每个分类设置 2－10 个代表规格品，代表规格品 800 种，采用加权算术平均公式计算指数。计算指数的价格来源于各采价点，权数根据住户调查中居民的实际消费构成每年调整。

商品零售价格指数 商品零售价格是商品在流通过程中最后一个环节的价格，指工业、商业、餐饮业和其它零售企业向城乡居民、机关团体出售生活消费品和办公用品的价格。商品零售价格指数是指反映一定时期内商品零售价格变动趋势和变动程度的相对数。调查内容包括即食品、饮料烟酒、服装鞋帽、纺织品、家用电器及音像器材、文化办公用品、日用品、体育娱乐用品、交通通信用品、家具、化妆品、金银珠宝、中西药品及医疗保健用品、书报杂志及电子出版物、燃料、建筑材料及五金电料等 16 大类，编制商品零售价格指数共设 229 个基本分类，必报商品 535 种，采用加权算术平均公式计算指数。计算指数的价格来源于各采价点（即商场、商店、农贸市场等），权数根据批发零售贸易统计中的相关资料和典型调查资料每年调整。

工业生产者出厂价格指数 工业生产者出厂价格是指工业产品第一次出售时的出厂价格，工业生产者出厂价格指数是以出厂代表产品的价格变动来反映全部出厂产品的价格变化趋势和变动幅度。编制工业生产者出厂价格指数共设 31 大类行业，选用 520 种规格品。

工业生产者购进价格指数 工业生产者购进价格是指企业作为中间投入的原材料、燃料、动力购进价格。工业生产者购进价格指数是以购进代表产品的价格变动来反映全部购进产品的价格变化趋势和变动幅度。编制工业生产者购进价格指数共设 9 大类，选用 485 种规格品。

人民生活

People's Livelihood

12-1 主要年份分经济类型在岗职工工资总额

单位:万元

年 份	在岗职工工资总额	国有经济单位	城镇集体经济单位	其他经济单位
1978	10991	6232	4759	
1980	15462	9426	6036	
1985	29816	17050	12721	45
1986	37300	21339	15958	3
1987	42260	23665	18593	2
1988	54200	30965	23216	19
1989	60462	33557	26754	151
1990	64706	36934	27465	307
1991	73106	41661	30286	1159
1992	84014	50992	32162	860
1993	116709	68783	44999	2927
1994	165673	102264	58427	4982
1995	206886	125891	72971	8024
1996	234605	143406	81132	10067
1997	270870	173888	84476	12506
1998	309077	192707	76523	39847
1999	348943	211797	77026	60120
2000	395935	235989	70476	89470
2001	476969	295154	56116	125699
2002	557525	343098	53332	161094
2003	666248	386838	56549	222861
2004	844901	514574	67055	263273
2005	1160823	695915	73360	391548
2006	1243008	714852	66110	462045
2007	1509686	810890	87703	611093
2008	1831658	894297	77426	859935
2009	2130097	987406	81600	1061091
2010	2551521	1088049	95756	1367716
2011	3341672	1144172	122738	2074762
2012	4143337	1245713	172753	2724872
2013	4650868	1281317	191035	3178517
2014	5181192	1341294	206894	3633004
2015	5105907	1443876	192683	3469348
2016	5443263	1761687	188868	3492708

注：本表统计范围为城镇集体以上各类单位;2003 年以前为职工资料;2005 年数据有不可比因素。

12－2 市区在岗职工工资总额

（1990－2016 年）

单位：万元

年　份	市　区	椒江区	黄岩区	路桥区
1990	23370	9730	13640	
1991	26833	11322	15511	
1992	29362	13504	15858	
1993	43238	19373	23865	
1994	59188	24685	27337	7166
1995	73751	31117	32401	10233
1996	87295	34639	39422	13234
1997	101677	42993	43722	14962
1998	121383	56405	47015	17963
1999	137499	63098	54740	19661
2000	156553	74559	61051	20943
2001	191763	95549	71294	24920
2002	220261	111321	77539	31401
2003	272660	147702	87637	37321
2004	330371	177525	105629	47217
2005	448308	227797	145668	74843
2006	491496	250422	160075	80999
2007	638453	348269	181212	108972
2008	820302	409196	193587	217519
2009	917011	473982	211043	231986
2010	1140013	596051	264818	279144
2011	1465823	728749	406149	330925
2012	1890357	932317	536929	421111
2013	2051833	1006532	595982	449319
2014	2323832	1084105	658755	580972
2015	2343085	1166801	684245	492039
2016	2266336	1140396	465305	660635

注：本表统计范围为城镇集体以上各类单位；2003 年以前为职工资料；2005 年数据有不可比因素。

12－3 各县市在岗职工工资总额

(1990－2016年)

单位:万元

年份	玉环县	三门县	天台县	仙居县	温岭市	临海市
1990	4890	3805	5172	4378	10914	12177
1991	5256	4447	5808	4902	12321	13539
1992	6553	5467	6515	6175	14114	15827
1993	9469	7561	8868	7744	18367	21462
1994	13913	11606	12940	10848	29098	28080
1995	17129	13895	15745	14913	35258	36197
1996	18259	14243	17248	16689	43007	37862
1997	17861	18882	15971	20627	45951	49901
1998	20364	19966	16203	25732	48910	56519
1999	28532	15753	21346	22437	66256	57120
2000	32310	15937	22985	26004	78111	64035
2001	34322	20150	30900	31135	87964	80735
2002	41259	24562	38385	37278	107804	87976
2003	45904	25995	47831	47864	130506	95487
2004	54280	32196	66320	57202	170476	134056
2005	98016	67564	88510	71599	210786	176041
2006	106421	71135	91894	75540	224744	181777
2007	111760	79981	108631	85863	267185	217813
2008	149684	81888	125380	106787	282304	265314
2009	161383	93410	141827	144843	328152	343471
2010	198213	103041	164593	181450	392752	371459
2011	397554	124274	180169	203798	433749	536305
2012	441803	150883	211767	194335	530716	723476
2013	537742	109677	240984	216452	733149	761032
2014	532489	187789	276299	229903	782180	848700
2015	514834	172620	308953	250698	624084	891633
2016	522607	181172	330915	274729	893655	973851

注:本表统计范围为城镇集体以上各类单位;2003年以前为职工资料;2005年数据有不可比因素。

12－4　分行业在岗职工工资总额

（2010－2016年）

单位：万元

行　　业	2010年	2011年	2012年	2013年	2014年	2015年	2016年
总　　计	**2551521**	**3341672**	**4143337**	**4650868**	**5181192**	**5105907**	**5443263**
按企业、事业、机关分							
企　业	1605301	2344587	3012012	3414432	3875133	3714163	3772640
事　业	679825	726510	793408	861437	876054	935531	1097347
机　关	261782	266150	317268	357193	382542	424229	530575
民间非营利组织	3586	3308	9358	11895	8183	16823	27226
其　它	1026	1118	11292	5913	39280	15162	15475
按国民经济行业分							
农、林、牧、渔业	16076	17882	5262	4782	3487	2084	2186
采矿业	410	566	658	482	486	383	488
制造业	589414	982022	1197460	1477584	1561082	1439641	1555636
电力、热力、燃气及水生产和供应业	86255	88805	95202	77696	83037	91378	120513
建筑业	482861	752727	1079114	1154177	1478493	1381495	1262227
批发和零售业	56448	65608	98939	108285	117074	116981	129805
交通运输、仓储和邮政业	30045	32480	81141	86508	86206	86687	82688
住宿和餐饮业	71584	87510	20678	25360	25026	25833	24392
信息传输、软件和信息技术服务业	16608	17780	38610	44369	39332	44144	51099
金融业	214778	250953	278483	295311	319080	347191	374357
房地产业	31356	36927	51126	46927	68024	65897	55740
租赁和商务服务业	34294	32047	52929	61807	48687	48453	51011
科学研究、技术服务业	32644	37166	62374	70833	81279	96553	100264
水利、环境和公共设施管理业	20350	21275	27097	33566	35973	32705	28329
居民服务、修理和其他服务业	4450	4565	4311	5642	5842	5299	4209
教　育	369388	377698	415380	456163	461345	489410	599574
卫生和社会工作	168115	201279	243350	268604	300422	320055	365317
文化、体育和娱乐业	18179	22049	23631	23584	25103	25284	25245
公共管理、社会保障和社会组织	308267	312334	367595	409189	441216	486437	610182

注：本表统计范围为城镇集体以上各类单位。

12－5　分行业国有经济在岗职工工资总额

（2010－2016年）

单位：万元

行　　业	2010年	2011年	2012年	2013年	2014年	2015年	2016年
总　　计	**1088049**	**1144172**	**1245713**	**1281317**	**1341294**	**1443876**	**1761687**
按企业、事业、机关分							
企　业	186548	194575	187209	118048	114624	110920	151333
事　业	637706	683137	741065	803500	823897	899064	1068904
机　关	261782	266150	317268	357193	382542	424229	530575
民间非营利组织	1778	69	76	78	524	759	792
其　它	236	243	95	2499	19706	8905	10084
按国民经济行业分							
农、林、牧、渔业	15902	17754	5149	4708	3414	1854	1966
制造业	5177	5785	5916	2346	1169	1209	1114
电力、热力、燃气及水生产和供应业	78805	78492	82272	58515	60103	66449	92003
建筑业	3647	1478	1881	2362	1836	1931	9012
批发和零售业	31907	35384	18824	10416	11470	9170	9518
交通运输、仓储和邮政业	7157	12161	36480	24786	24074	17946	26545
住宿和餐饮业	19006	18527	1268	634	494	570	295
信息传输、软件和信息技术服务业	959	1349	8628	5589	6201	6083	6517
金融业	38809	45047	29556	8673	3263	3489	3851
房地产业	5000	4542	6116	5876	6097	4964	4897
租赁和商务服务业	14039	9876	10309	10430	12212	14246	15411
科学研究、技术服务业	28482	29857	34033	39060	39536	35763	35609
水利、环境和公共设施管理业	15408	16785	19192	24065	22231	24721	19818
居民服务、修理和其他服务业	2574	2290	2517	2849	2881	2886	3102
教　育	351788	351312	381911	416353	418246	448120	556993
卫生和社会工作	144874	181735	215516	236447	270467	300572	345741
文化、体育和娱乐业	17572	20440	21066	21083	21616	21006	21216
公共管理、社会保障和社会组织	306943	311359	365079	407125	435985	482899	608078

12－6　分行业城镇集体经济在岗职工工资总额

（2010－2016年）

单位：万元

行　　业	2010年	2011年	2012年	2013年	2014年	2015年	2016年
总　　计	**95756**	**122738**	**172753**	**191035**	**206894**	**192683**	**188868**
按企业、事业、机关分							
企　业	60134	94057	140525	157252	177850	189082	185616
事　业	35500	28460	30006	33011	27982	2971	2536
民间非营利组织	18	106	419	550	409	462	477
其　它	105	116	1803	222	652	168	239
按国民经济行业分							
农、林、牧、渔业	39	28	20	19	19	22	23
采矿业		265					
制造业	8179	3783	1871	1928	2495	1852	1508
电力、热力、燃气及水生产和供应业	1304	751	626	661	741	864	990
建筑业	41213	78767	125458	141276	160333	172566	179467
批发和零售业		71	467	806	1562	1176	1449
交通运输、仓储和邮政业			101	134	45	33	49
住宿和餐饮业	844	300	76	82	85	92	92
信息传输、软件和信息技术服务业	79	274					
金融业	4780	5951	7147	8936	8310	9172	
房地产业	211	182	792	143	142	95	376
租赁和商务服务业	3499	3871	5154	3478	3669	2245	1599
科学研究、技术服务业	827	770	866	953	309	1003	549
水利、环境和公共设施管理业	3131	2099	3153	3156	4342	10	
居民服务、修理和其他服务业	17	17	6	13	16	17	39
教　育	10359	9460	8970	10817	8449	1461	872
卫生和社会工作	20537	15508	17286	18413	16215	1791	1483
文化、体育和娱乐业	15					122	147
公共管理、社会保障和社会组织	722	643	483	222	165	161	226

12－7　分行业其他经济在岗职工工资总额

（2010－2016年）

单位:万元

行　　业	2010年	2011年	2012年	2013年	2014年	2015年	2016年
总　　计	**1367716**	**2074762**	**2724872**	**3178517**	**3633004**	**3469348**	**3492708**
按企业、事业、机关分							
企　业	1358620	2055955	2684278	3139132	3582659	3414161	3435691
事　业	6620	14914	22337	24926	24174	33496	25908
民间非营利组织	1791	3134	8863	11267	7249	15602	25957
其　它	685	759	9395	3192	18921	6089	5152
按国民经济行业分							
农、林、牧、渔业	134	100	93	56	54	207	198
采矿业	410	301	380	482	486	383	488
制造业	576058	972454	1189673	1473310	1557418	1436581	1553014
电力、热力、燃气及水生产和供应业	6146	9561	12304	18520	22193	24064	27521
建筑业	438002	672481	951776	1010539	1316324	1206997	1073748
批发和零售业	24540	30153	79649	97063	104042	106635	118838
交通运输、仓储和邮政业	22888	20318	44560	61588	62087	68708	56094
住宿和餐饮业	51734	68684	19333	24644	24447	25172	24005
信息传输、软件和信息技术服务业	15571	16158	29982	38780	33131	38061	44582
金融业	171189	199955	241780	277702	307508	334530	370506
房地产业	26144	32203	44218	40908	61785	60838	50467
租赁和商务服务业	16757	18300	37466	47899	32806	31961	34001
科学研究、技术服务业	3335	6539	27475	30820	41435	59787	64106
水利、环境和公共设施管理业	1811	2391	4752	6346	9400	7974	8512
居民服务、修理和其他服务业	1858	2258	1788	2780	2944	2397	1068
教　育	7241	16927	24499	28994	34650	39829	41709
卫生和社会工作	2704	4036	10548	13744	13740	17692	18093
文化、体育和娱乐业	592	1610	2565	2501	3487	4156	3882
公共管理、社会保障和社会组织	602	332	2033	1842	5067	3377	1878

12－8　主要年份分经济类型在岗职工平均工资

单位：元

年　　份	在岗职工平均工资	国　有经济单位	城镇集体经济单位	其　他经济单位
1978	498	562	454	
1980	639	711	564	
1985	1029	1116	946	958
1986	1237	1320	1161	695
1987	1275	1420	1268	1141
1988	1653	1767	1559	1299
1989	1856	1920	1783	1659
1990	1995	2122	1848	1853
1991	2193	2300	2055	2388
1992	2625	2750	2448	2600
1993	3511	3696	3253	3634
1994	5128	5554	4530	4979
1995	6320	6614	5811	7011
1996	7067	7347	6641	6898
1997	8097	8678	7129	7996
1998	9368	10009	7661	10623
1999	10783	11587	8739	11410
2000	12446	13631	9278	12960
2001	15611	18373	10429	13800
2002	18246	22008	13082	14793
2003	21000	26191	15142	16856
2004	24919	33620	18064	17683
2005	31077	45805	24149	20476
2006	31949	46542	24668	22143
2007	33366	50182	25572	23817
2008	34126	53921	29883	24928
2009	36822	59995	32942	27268
2010	40562	65978	37238	31197
2011	42199	71388	41375	34468
2012	47007	79338	43061	39820
2013	51102	85457	46482	44202
2014	53703	89531	45975	47184
2015	57215	95525	43702	49764
2016	64816	114402	42052	54497

注：本表统计范围为城镇集体以上各类单位；2003 年以前为职工资料；2005 年数据有不可比因素。

12-9 市区在岗职工平均工资

(1990-2016年)

单位:元

年份	市区	椒江区	黄岩区	路桥区
1990	2063	2106	2033	
1991	2312	2361	2183	
1992	2774	3046	2538	
1993	3664	3880	3506	
1994	5139	5270	5196	4560
1995	6522	6934	6298	6110
1996	7472	7788	7516	6647
1997	8642	9460	8328	7591
1998	9912	11119	9173	8774
1999	11342	12686	10328	10637
2000	12929	15178	11533	11007
2001	15973	18154	13579	16707
2002	18599	21090	15359	20714
2003	21806	24709	17852	23078
2004	24861	26770	21394	27458
2005	31495	30658	29640	39606
2006	32840	32703	30019	40977
2007	33131	33829	30029	37053
2008	32672	34759	30801	30854
2009	35519	37840	32564	34061
2010	39107	41620	35726	37633
2011	40996	44105	37582	39278
2012	47059	50865	40613	48852
2013	51399	55287	45840	51571
2014	53657	58504	47168	53732
2015	58234	61556	49862	65100
2016	66693	69025	67305	62639

注:本表统计范围为城镇集体以上各类单位;2003年以前为职工资料;2005年数据有不可比因素。

12－10 各县市在岗职工平均工资

（1990－2016 年）

单位:元

年份	玉环县	三门县	天台县	仙居县	温岭市	临海市
1990	2019	1817	1893	1999	1978	1981
1991	2290	2007	2037	2148	2211	2178
1992	2772	2541	2357	2644	2520	2589
1993	3763	3328	3198	3276	3351	3554
1994	6055	4957	4740	4966	5246	4932
1995	7404	5925	5672	6386	6325	5949
1996	7602	6442	6383	6915	7276	6447
1997	8314	7225	6987	7549	8432	7649
1998	10010	8404	7966	8465	9845	8744
1999	11966	9423	9705	10034	11042	9939
2000	13693	11377	11355	11769	12828	11394
2001	16925	15925	14452	14550	16624	14199
2002	20082	19656	17286	16905	19337	16266
2003	20255	21518	19158	18630	22571	19487
2004	22519	26807	23314	21312	28976	23965
2005	37000	29209	30558	26265	32127	29472
2006	38282	30352	31252	27653	32135	29558
2007	40518	32936	32897	31087	34173	31537
2008	34750	33315	35935	34136	36335	35791
2009	36641	36514	37146	33062	41247	38532
2010	40251	38023	40028	37987	47583	41383
2011	38328	41852	40612	43395	50571	43315
2012	42482	45052	44078	43630	53621	48016
2013	47219	46101	47724	48361	53957	51740
2014	50478	56041	49873	50604	57207	54709
2015	53265	56556	52011	54302	61533	57200
2016	61371	61859	62712	62090	66306	63341

注:本表统计范围为城镇集体以上各类单位;2003 年以前为职工资料;2005 年数据有不可比因素。

12－11　分行业在岗职工平均工资

（2010－2016年）

单位：元

行　　　　业	2010年	2011年	2012年	2013年	2014年	2015年	2016年
总　　计	**40562**	**42199**	**47007**	**51102**	**53703**	**57215**	**64816**
按企业、事业、机关分							
企　业	33323	36168	40989	44746	47508	49919	54473
事　业	63631	68214	76440	83262	86768	91950	109812
机　关	66947	74033	83542	89238	93081	101668	127084
民间非营利组织	33486	37549	44369	51225	55816	61152	71950
其　它	35628	37510	41669	47758	70494	70585	87774
按国民经济行业分							
农、林、牧、渔业	40099	43700	40914	44902	46371	38165	43992
采矿业	21677	29942	32716	37969	53978	51797	65919
制造业	27143	31278	36643	41280	44966	48406	52554
电力、热力、燃气及水生产和供应业	86246	93351	106585	108879	114707	123701	127771
建筑业	28347	31971	36657	39421	41206	40849	43423
批发和零售业	37779	39709	44238	46518	51097	52663	57355
交通运输、仓储和邮政业	49295	54052	55523	57607	60742	63192	73364
住宿和餐饮业	20013	24063	29025	34537	37998	40682	43542
信息传输、软件和信息技术服务业	76122	79822	88111	102279	97044	97040	98741
金融业	95806	102964	98071	113098	120818	122500	127767
房地产业	44070	49706	53857	58991	58545	65380	68042
租赁和商务服务业	31634	32939	38329	44623	52447	53468	58951
科学研究、技术服务业	56910	62181	73885	87773	100855	130742	150547
水利、环境和公共设施管理业	36378	40432	44774	46789	47939	55526	68083
居民服务、修理和其他服务业	33455	33372	44718	39485	42146	47869	71954
教　育	68542	69689	74365	81507	83016	87437	107752
卫生和社会工作	62265	72525	82166	89406	96227	100189	110692
文化、体育和娱乐业	52768	59240	63833	65676	66411	71971	86248
公共管理、社会保障和社会组织	65122	72231	81664	87249	91645	99948	123769

注：本表统计范围为城镇集体以上各类单位。

12－12 分行业国有经济在岗职工平均工资

（2010－2016年）

单位:元

行业	2010年	2011年	2012年	2013年	2014年	2015年	2016年
总计	**65978**	**71388**	**79338**	**85457**	**89531**	**95525**	**114402**
按企业、事业、机关分							
企业	67639	78578	81293	85122	91890	100144	103229
事业	65209	68654	77215	83948	87935	92247	110473
机关	66947	74033	83542	89238	93081	101668	127084
民间非营利组织	44889	34350	35952	48438	68974	75129	83316
其它	62079	62282	73000	80087	79718	113438	138322
按国民经济行业分							
农、林、牧、渔业	40505	44011	41521	45314	46512	37843	43028
制造业	32603	34681	40859	40370	44098	55691	55715
电力、热力、燃气及水生产和供应业	93216	100156	118122	129976	143376	151989	147110
建筑业	30190	32492	34076	43109	33444	35175	50122
批发和零售业	64844	64106	67252	67245	65694	68845	74476
交通运输、仓储和邮政业	62612	69448	71445	79645	90437	86154	100057
住宿和餐饮业	18055	22289	24917	33199	31660	32919	28660
信息传输、软件和信息技术服务业	72005	71961	68643	76555	87208	87653	98438
金融业	91964	118763	112765	105642	89139	100542	112933
房地产业	55189	62305	72641	82524	65699	79296	98724
租赁和商务服务业	35604	35873	45095	47605	53918	58627	60413
科学研究、技术服务业	60599	69402	76858	90605	92136	106659	123601
水利、环境和公共设施管理业	48944	43206	47354	50334	52742	58831	78022
居民服务、修理和其他服务业	68090	68781	72336	75174	79151	84622	94875
教育	70121	70640	76266	83429	84987	89574	111823
卫生和社会工作	64754	75287	85914	92917	99138	101923	112509
文化、体育和娱乐业	54100	63047	70905	75893	78949	85634	103951
公共管理、社会保障和社会组织	65171	72254	82173	87818	92493	100663	124430

12-13 分行业城镇集体经济在岗职工平均工资

（2010-2016年）

单位：元

行业	2010年	2011年	2012年	2013年	2014年	2015年	2016年
总计	**37238**	**41375**	**43061**	**46482**	**45975**	**43702**	**42052**
按企业、事业、机关分							
企业	33139	37937	40164	43272	43823	43435	41739
事业	47063	59180	63965	71903	66960	68454	76156
民间非营利组织	59667	25829	32473	38201	30759	46170	55488
其它	45739	52545	58158	92375	62095	70042	103826
按国民经济行业分							
农、林、牧、渔业	24500	27900	32833	37000	37600	44600	45000
采矿业		30814	32291				
制造业	25127	32168	36397	36101	37352	44519	52537
电力、热力、燃气及水生产和供应业	46092	46346	48930	46189	51424	59986	75565
建筑业	32170	36236	38452	41094	41761	41284	41260
批发和零售业	27776	62396	99319	106026	126976	87724	123880
交通运输、仓储和邮政业		23667	30606	36270	63857	47429	61625
住宿和餐饮业	18786	35141	31833	34167	35208	38250	38333
金融业	111953	138713	161699	198573	178703	193093	
房地产业	21763	32446	87989	35800	37395	45381	58734
租赁和商务服务业	40352	39697	46853	54092	60638	60848	56491
科学研究、技术服务业	58268	52733	59322	57764	49790	96452	71273
水利、环境和公共设施管理业	18299	42584	56603	52162	41473	34667	
居民服务、修理和其他服务业	13385	15091	9833	21833	32800	33800	19650
教育	62743	72265	63260	76768	73983	46378	46631
卫生和社会工作	51665	55053	61604	71953	72193	81405	89879
文化、体育和娱乐业	73000					48760	54407
公共管理、社会保障和社会组织	60689	63049	54864		60926	70043	107429

12－14　分行业其他经济在岗职工平均工资

（2010－2016年）

单位:元

行　　业	2010年	2011年	2012年	2013年	2014年	2015年	2016年
总　　计	**31197**	**34468**	**39820**	**44202**	**47184**	**49764**	**54497**
按企业、事业、机关分							
企　业	31160	34340	39660	44035	46978	49522	54239
事　业	44075	68038	71363	78979	78183	87093	91224
民间非营利组织	26649	38213	45243	52113	57671	61186	72043
其　它	30176	32038	39357	35389	63176	45472	50960
按国民经济行业分							
农、林、牧、渔业	20030	20875	23300	26429	41769	40627	56429
采矿业	21677	29214	33035	37969	53978	51797	65919
制造业	27133	31256	36624	41289	44981	48406	52552
电力、热力、燃气及水生产和供应业	48621	63153	66906	74347	76449	83819	90320
建筑业	28019	31535	36438	39190	41153	40798	43757
批发和零售业	32924	35960	40806	44827	49443	51398	55958
交通运输、仓储和邮政业	38616	42996	47029	51894	53881	59088	65150
住宿和餐饮业	20154	24094	29332	34574	38163	40910	43844
信息传输、软件和信息技术服务业	77508	85406	95941	107484	99136	98730	98786
金融业	96330	99228	95441	111796	120219	121559	127942
房地产业	42776	48469	51650	56793	57997	64501	66126
租赁和商务服务业	27785	30496	35946	43477	51155	51032	58430
科学研究、技术服务业	37301	42768	71032	85753	111805	152208	173166
水利、环境和公共设施管理业	24644	27043	32953	35492	41928	47323	52509
居民服务、修理和其他服务业	19790	22054	29305	26630	28948	31493	44857
教　育	34945	53633	56152	62325	66405	70744	73861
卫生和社会工作	41472	50641	61110	67470	81206	79160	85832
文化、体育和娱乐业	30364	33531	35093	30764	33464	40150	45189
公共管理、社会保障和社会组织	50142	70638	40899	35765	51699	50102	45800

12－15　各经济类型分行业全部在岗职工平均工资

（2016 年）

单位:元

行　业	在岗职工平均工资	国　有经济单位	城镇集体经济单位	其　他经济单位
总　计	**64816**	**114402**	**42052**	**54497**
按企业、事业、机关分				
企　业	54473	103229	41739	54239
事　业	109812	110473	76156	91224
机　关	127084	127084		
民间非营利组织	71950	83316	55488	72043
其　它	87774	138322	103826	50960
按国民经济行业分				
农、林、牧、渔业	**43992**	**43028**	**45000**	**56429**
农　业	38456	38279		44000
林　业	65074	65074		
渔　业	59714		45000	62913
采矿业	**65919**			**65919**
非金属矿采选业	65919			65919
制造业	**52554**	**55715**	**52537**	**52552**
农副食品加工业	41564		29000	41649
食品制造业	46693			46693
酒、饮料和精制茶制造业	56999			56999
纺织业	45099			45099
纺织服装、服饰业	35238			35238
皮革、毛皮、羽毛及其制品和制鞋业	39420			39420
木材加工及木、竹、藤、棕、草制品业	34282			34282
家具制造业	40960			40960
造纸和纸制品业	46436		40571	46620
印刷业和记录媒介复制业	42662		26077	42727
文教、美工、体育和娱乐用品制造业	41717		22250	41737
石油加工、炼焦和核燃料加工业	35778			35778

注:本表统计范围为城镇集体以上各类单位。

12－15 续表1

单位:元

行业	在岗职工平均工资	国有经济单位	城镇集体经济单位	其他经济单位
化学原料和化学制品制造业	75018			75018
医药制造业	69579			69579
橡胶和塑料制品业	49860			49860
非金属矿物制品业	54929		35391	55196
黑色金属冶炼和压延加工业	45368			45368
有色金属冶炼和压延加工业	41229			41229
金属制品业	48682		51162	48657
通用设备制造业	52799			52799
专用设备制造业	54051			54051
汽车制造业	58378			58378
铁路、船舶、航空和其他运输设备制造业	40351	55715		40178
电气机械和器材制造业	51046		125545	50943
计算机、通讯和其他电子设备制造业	57621			57621
仪器仪表制造业	48753			48753
其他制造业	52099			52099
废弃资源综合利用业	41607			41607
金属制品、机械和设备修理业	27364			27364
电力、热力、燃气及水生产和供应业	**127771**	**147110**	**75565**	**90320**
电力、热力生产和供应业	137986	147878	56375	85386
燃气生产和供应业	71138		78679	67617
水的生产和供应业	97917	115426	65176	96709
建筑业	**43423**	**50122**	**41260**	**43757**
房屋建筑业	42750	57098	41035	43028
土木工程建筑业	44198	33641	44394	44285
建筑安装业	113283			113283
建筑装饰和其他建筑业	64213	44600		64297

12－15 续表2

单位:元

行业	在岗职工平均工资	国有经济单位	城镇集体经济单位	其他经济单位
批发和零售业	**57355**	**74476**	**123880**	**55958**
批发业	62139	81927	145967	58801
零售业	53791	40522	42600	54053
交通运输、仓储和邮政业	**73364**	**100057**	**61625**	**65150**
道路运输业	69671	95663	61625	63499
水上运输业	85421	56133		88154
航空运输业	166293	166293		
装卸搬运和运输代理业	71603	69520		72721
仓储业	65608	84382		61107
邮政业	99456	120703		34939
住宿和餐饮业	**43542**	**28660**	**38333**	**43844**
住宿业	45368	28660		45781
餐饮业	37722		38333	37711
信息传输、软件和信息技术服务业	**98741**	**98438**		**98786**
电信、广播电视和卫星传输服务业	101273	98506		101700
软件和信息技术服务业	52756	91000		51886
金融业	**127767**	**112933**		**127942**
货币金融服务业	130842	112933		131095
保险业	112159			112159
房地产业	**68042**	**98724**	**58734**	**66126**
房地产开发经营	81724	87263		81680
物业管理	39171	42652		39049
房地产中介服务	62538			62538
租赁和商务服务业	**58951**	**60413**	**56491**	**58430**
租赁业	100625			100625
商务服务业	58874	60413	56491	58314
科学研究、技术服务业	**150547**	**123601**	**71273**	**173166**
研究与试验发展	251863	142932		274817

12－15 续表3

单位:元

行　　业	在岗职工平均工资	国　有经济单位	城镇集体经济单位	其　他经济单位
专业技术服务业	100253	128109	57176	74118
科技推广和应用服务业	99668	99698	98923	
水利、环境和公共设施管理业	**68083**	**78022**		**52509**
水利管理业	114524	114524		
生态保护和环境治理业	131183	118520		135838
公共设施管理业	55550	61487		48860
居民服务、修理和其他服务业	**71954**	**94875**	**19650**	**44857**
居民服务业	82195	94875	19650	40232
机动车、电子产品和日用品修理业	46746			46746
教　育	**107752**	**111823**	**46631**	**73861**
初等教育	104254	105124		68593
中等教育	113256	117456		86992
高等教育	127819	134474		59912
卫生和社会工作	**110692**	**112509**	**89879**	**85832**
卫　生	110920	112735	90438	86080
社会工作	74408	76646	72000	28000
文化、体育和娱乐业	**86248**	**103951**	**54407**	**45189**
新闻和出版业	77744	109113		29793
广播、电视、电影和影视录音制作业	85994	95725	39278	44259
文化艺术业	97930	108622	84667	47346
体　育	102818	121639		95760
娱乐业	51652	93808		43710
公共管理、社会保障和社会组织	**123769**	**124430**	**107429**	**45800**
中国共产党机关	130589	130589		
国家机构	124153	124153		
人民政协、民主党派	160281	160281		
社会保障	113419	113419		
群众团体、社会团体和其他成员组织	112232	113743	107429	96955

12－16　主要年份城乡居民家庭人均收支情况

（1990－2016年）

单位:元

指标名称	全市城镇常住居民		市区城镇常住居民		全市农村常住居民	
	人均可支配收入	人均消费支出	人均可支配收入	人均消费支出	人均可支配收入	人均消费支出
1990	1595	1476	1528	1236		
1991	1938	1862	1991	1688		
1992	2307	2293	2348	2157		
1993	3514	3096	3697	2943		
1994	4960	4111	5355	3915		
1995	6489	5636	7088	5397		
1996	6793	5826	7487	5647		
1997	7221	6869	8062	6312	3836	
1998	7761	7305	8684	7393	4169	
1999	8189	7370	9052	7306	4378	
2000	8728	7493	9465	7372	4668	
2001	10105	8543	10724	8612	5032	
2002	11639	9564	12782	9857	5401	
2003	13404	10532	14983	10795	5823	4548
2004	15870	11892	17176	12968	6529	4672
2005	17132	13380	18890	14330	7269	6010
2006	18749	14052	20582	15360	8006	6544
2007	20626	15726	22946	15565	9053	7749
2008	22395	16425	24943	15614	9975	8466
2009	24061	17732	26705	17364	10873	8864
2010	26802	19401	29484	19499	12287	9655
2011	30030	21430	33140	22502	14244	11332
2012	33467	22333	37058	24014	15829	12117
2013	36480	24031	40356	25983	17523	13643
2014	39763	26458	44082	28698	19362	15307
2015	43266	28892	47990	31448	21225	17102
2016	47162	30021	52318	33462	23164	18598

注：2013年起住户调查方法制度进行城乡一体化改革,2012年及以前年份数据依据改革后新调查口径推算所得,下同。

12－17 全体居民家庭人均可支配收入和消费支出情况

（2013－2016年）

单位:元

指 标 名 称	2013年	2014年	2015年	2016年
人均可支配收入	**28215**	**30950**	**33788**	**36915**
工资性收入	16868	18652	20493	22324
经营净收入	5618	5997	6365	6869
财产净收入	2978	3281	3627	4039
转移净收入	2751	3019	3302	3684
人均消费支出	**19502**	**21641**	**23822**	**25143**
食品烟酒	5925	6526	7085	7426
食 品	3971	4356	4738	5000
烟 酒	629	692	756	794
衣 着	1553	1723	1888	1951
居 住	4623	5133	5678	5863
生活用品及服务	1123	1272	1401	1457
交通通信	3110	3480	3850	4174
交 通	2356	2689	2986	3234
通 信	754	791	864	940
教育文化娱乐	1626	1790	2029	2256
教 育	993	1082	1189	1292
文化娱乐	634	708	840	964
医疗保健	1045	1167	1289	1382
其他用品及服务	497	550	602	635

12－18　城镇居民家庭人均可支配收入和消费支出情况

（2013－2016年）

单位：元

指标名称	2013年	2014年	2015年	2016年
人均可支配收入	**36480**	**39763**	**43266**	**47162**
工资性收入	21045	23149	25402	27644
经营净收入	6974	7365	7699	8241
财产净收入	4596	5033	5548	6167
转移净收入	3864	4216	4617	5111
人均消费支出	**24031**	**26458**	**28892**	**30021**
食品烟酒	7125	7802	8457	8796
食　品	4628	5043	5476	5741
烟　酒	665	726	790	819
衣　着	2042	2257	2463	2507
居　住	5817	6393	6994	7079
生活用品及服务	1443	1628	1782	1848
交通通信	3934	4351	4690	4890
交　通	3081	3464	3719	3846
通　信	853	887	971	1044
教育文化娱乐	1914	2084	2372	2631
教　育	1053	1131	1232	1324
文化娱乐	861	953	1140	1307
医疗保健	1087	1204	1323	1421
其他用品及服务	669	739	811	849

12－19　农村居民家庭人均可支配收入和消费支出情况

（2013－2016年）

单位：元

指　标　名　称	2013年	2014年	2015年	2016年
人均可支配收入	**17523**	**19362**	**21225**	**23164**
工资性收入	11466	12739	13986	15185
经营净收入	3862	4198	4598	5027
财产净收入	884	978	1081	1183
转移净收入	1311	1446	1560	1769
人均消费支出	**13643**	**15307**	**17102**	**18598**
食品烟酒	4372	4849	5266	5587
食　品	3121	3453	3760	4005
烟　酒	582	647	711	760
衣　着	919	1022	1127	1205
居　住	3078	3475	3934	4231
生活用品及服务	708	803	895	933
交通通信	2045	2335	2737	3213
交　通	1419	1670	2015	2412
通　信	626	665	722	801
教育文化娱乐	1254	1403	1573	1753
教　育	914	1018	1131	1249
文化娱乐	340	386	442	504
医疗保健	991	1119	1244	1328
其他用品及服务	275	301	326	348

12-20 全体居民家庭住房和耐用消费品情况

（2013-2016年）

指标名称		2013年	2014年	2015年	2016年
平均每户家庭人口数	**（人）**	**2.91**	**2.96**	**3.00**	**3.01**
人均现住房建筑面积	**（平方米）**	**48.3**	**49.0**	**51.4**	**52.5**
每百户耐用消费品拥有量					
家用汽车	（辆）	34	39	41	45
摩托车	（辆）	25	29	26	23
助力车	（辆）	68	74	81	87
洗衣机	（台）	76	81	86	87
电冰箱（柜）	（台）	91	96	98	99
彩色电视机	（台）	166	173	179	181
空调	（台）	124	136	148	152
热水器	（台）	84	92	98	100
消毒碗柜	（台）	20	23	25	26
排油烟机	（台）	63	68	72	75
固定电话	（部）	49	49	46	41
移动电话	（部）	214	227	233	235
计算机	（台）	73	80	86	88
摄像机	（架）	5	5	5	4
照相机	（架）	29	31	30	27

12-21 城镇居民家庭住房和耐用消费品情况

(2013-2016 年)

指 标 名 称		2013 年	2014 年	2015 年	2016 年
平均每户家庭人口数	**(人)**	**2.89**	**2.95**	**2.99**	**3.00**
人均现住房建筑面积	**(平方米)**	**46.2**	**46.9**	**48.4**	**48.8**
每百户耐用消费品拥有量					
家用汽车	(辆)	43	49	51	54
摩托车	(辆)	24	28	24	20
助力车	(辆)	61	67	74	78
洗衣机	(台)	85	90	95	96
电冰箱(柜)	(台)	96	99	101	101
彩色电视机	(台)	183	190	196	197
空调	(台)	164	177	191	195
热水器	(台)	93	102	108	110
消毒碗柜	(台)	27	30	32	32
排油烟机	(台)	75	82	87	90
固定电话	(部)	54	53	51	46
移动电话	(部)	226	237	242	245
计算机	(台)	92	97	104	105
摄像机	(架)	7	7	7	6
照相机	(架)	42	44	43	40

12－22　农村居民家庭住房和耐用消费品情况

（2013－2016 年）

指　标　名　称		2013 年	2014 年	2015 年	2016 年
平均每户家庭人口数	**（人）**	**2.93**	**2.98**	**3.02**	**3.03**
人均现住房建筑面积	**（平方米）**	**51.1**	**51.7**	**55.5**	**57.4**
每百户耐用消费品拥有量					
家用汽车	（辆）	22	26	29	34
摩托车	（辆）	26	31	28	28
助力车	（辆）	77	84	91	100
洗衣机	（台）	65	70	73	76
电冰箱(柜)	（台）	84	91	94	96
彩色电视机	（台）	143	151	156	159
空调	（台）	73	83	92	94
热水器	（台）	73	80	85	86
消毒碗柜	（台）	12	13	16	17
排油烟机	（台）	47	50	53	54
固定电话	（部）	43	44	39	35
移动电话	（部）	199	214	221	222
计算机	（台）	48	57	62	65
摄像机	（架）	2	2	2	3
照相机	（架）	12	13	12	8

12－23　市区全体居民家庭人均可支配收入和消费支出情况

（2013－2016 年）

单位:元

指　标　名　称	2013 年	2014 年	2015 年	2016 年
人均可支配收入	**31781**	**34903**	**38083**	**41654**
工资性收入	18582	20374	22481	24182
经营净收入	6110	6629	7105	7369
财产净收入	3981	4402	4864	5657
转移净收入	3108	3497	3633	4446
人均消费支出	**21321**	**23663**	**26062**	**27950**
食品烟酒	6527	7213	7877	8271
食品	4336	4773	5200	5464
烟酒	666	736	806	822
衣着	1812	2008	2219	2296
居住	4964	5492	5923	6303
生活用品及服务	1240	1369	1503	1629
交通通信	3381	3848	4343	4822
交通	2508	2886	3313	3732
通信	873	961	1030	1089
教育文化娱乐	1779	1962	2213	2511
教育	1033	1130	1177	1308
文化娱乐	745	832	1036	1202
医疗保健	900	986	1099	1165
其他用品及服务	719	786	884	953

12－24 市区城镇居民家庭人均可支配收入和消费支出情况

（2013－2016年）

单位:元

指 标 名 称	2013年	2014年	2015年	2016年
人均可支配收入	**40356**	**44082**	**47990**	**52318**
工资性收入	22837	24828	27352	29263
经营净收入	7123	7722	8239	8341
财产净收入	5794	6374	7039	8235
转移净收入	4602	5158	5361	6479
人均消费支出	**25983**	**28698**	**31448**	**33462**
食品烟酒	7938	8755	9515	9879
食品	5161	5587	6056	6284
烟酒	735	841	915	943
衣着	2338	2576	2829	2908
居住	5945	6527	7027	7453
生活用品及服务	1588	1746	1894	2050
交通通信	4060	4603	5135	5637
交通	2957	3396	3871	4316
通信	1102	1206	1264	1322
教育文化娱乐	2097	2293	2597	2929
教育	1153	1253	1277	1409
文化娱乐	944	1040	1320	1521
医疗保健	1060	1159	1291	1358
其他用品及服务	958	1039	1160	1248

12－25 市区农村居民家庭人均可支配收入和消费支出情况

（2013－2016年）

单位:元

指标名称	2013年	2014年	2015年	2016年
人均可支配收入	**18607**	**20544**	**22446**	**24592**
工资性收入	12046	13408	14793	16053
经营净收入	4555	4920	5316	5814
财产净收入	1195	1318	1430	1533
转移净收入	811	898	907	1193
人均消费支出	**14160**	**15788**	**17560**	**19131**
食品烟酒	4360	4802	5292	5698
食　品	3218	3501	3850	4153
烟　酒	539	573	634	628
衣　着	1005	1118	1257	1318
居　住	3456	3872	4181	4464
生活用品及服务	706	778	886	955
交通通信	2338	2667	3094	3517
交　通	1814	2089	2434	2799
通　信	525	578	661	718
教育文化娱乐	1290	1444	1607	1841
教　育	846	937	1019	1148
文化娱乐	444	506	588	693
医疗保健	654	715	796	856
其他用品及服务	352	390	448	481

12－26 市区全体居民家庭住房和耐用消费品情况

（2013－2016年）

指 标 名 称		2013年	2014年	2015年	2016年
平均每户家庭人口数	**（人）**	**3.11**	**3.08**	**3.13**	**3.09**
人均现住房建筑面积	**（平方米）**	**45.1**	**46.1**	**48.1**	**51.6**
每百户耐用消费品拥有量					
家用汽车	（辆）	49	54	57	61
摩托车	（辆）	23	24	22	20
助力车	（辆）	65	70	74	79
洗衣机	（台）	81	84	89	92
电冰箱（柜）	（台）	92	96	99	102
彩色电视机	（台）	187	191	193	194
空调	（台）	154	165	178	181
热水器	（台）	101	104	109	109
消毒碗柜	（台）	18	20	22	22
排油烟机	（台）	71	75	79	81
固定电话	（部）	57	52	53	49
移动电话	（部）	223	239	246	250
计算机	（台）	88	95	101	102
摄像机	（架）	5	8	7	6
照相机	（架）	36	37	36	33

12－27　市区城镇居民家庭住房和耐用消费品情况

（2013－2016年）

指标名称		2013年	2014年	2015年	2016年
平均每户家庭人口数	**（人）**	**2.97**	**2.99**	**3.03**	**3.06**
人均现住房建筑面积	**（平方米）**	**42.7**	**43.3**	**45.6**	**47.6**
每百户耐用消费品拥有量					
家用汽车	（辆）	58	63	64	69
摩托车	（辆）	21	22	20	16
助力车	（辆）	61	66	72	76
洗衣机	（台）	88	92	98	99
电冰箱(柜)	（台）	95	99	103	104
彩色电视机	（台）	202	207	205	205
空调	（台）	188	202	216	217
热水器	（台）	109	112	115	114
消毒碗柜	（台）	22	24	26	26
排油烟机	（台）	79	83	88	88
固定电话	（部）	63	57	60	56
移动电话	（部）	233	244	252	254
计算机	（台）	101	109	115	116
摄像机	（架）	7	10	9	7
照相机	（架）	52	53	47	42

12－28 市区农村居民家庭住房和耐用消费品情况

（2013－2016 年）

指 标 名 称		2013 年	2014 年	2015 年	2016 年
平均每户家庭人口数	**（人）**	**3.31**	**3.21**	**3.29**	**3.14**
人均现住房建筑面积	**（平方米）**	**48.9**	**50.5**	**52**	**58.0**
每百户耐用消费品拥有量					
家用汽车	（辆）	36	41	45	49
摩托车	（辆）	26	28	25	25
助力车	（辆）	72	75	78	85
洗衣机	（台）	70	73	75	80
电冰箱（柜）	（台）	86	91	94	99
彩色电视机	（台）	165	166	174	177
空调	（台）	101	108	119	123
热水器	（台）	88	91	98	102
消毒碗柜	（台）	12	14	16	17
排油烟机	（台）	58	62	66	70
固定电话	（部）	48	44	43	38
移动电话	（部）	209	230	237	244
计算机	（台）	68	73	79	80
摄像机	（架）	3	3	4	5
照相机	（架）	12	14	18	17

12－29　各县市区城镇常住居民人均可支配收入

（2006－2016 年）

单位:元

年　份	全　市	市　区	椒江区	黄岩区	路桥区	玉环县	三门县	天台县	仙居县	温岭市	临海市
2006	18749	20582	19715	18398	25080	23987	13732	13988	12513	20634	16307
2007	20626	22946	22236	20090	26914	25717	15485	15626	14184	22533	18135
2008	22395	24943	24491	21908	29067	27309	17327	17638	15583	24348	19700
2009	24061	26705	26360	23870	30395	28414	18864	19051	17039	26206	21314
2010	26802	29484	29276	26270	32938	32884	21026	21258	19198	28569	24627
2011	30030	33140	33018	29441	36919	36664	23521	24000	21401	31593	27386
2012	33467	37058	37394	32842	40641	40608	26222	26676	23802	34763	30735
2013	36480	40356	40722	35963	44055	44019	28818	29291	26134	37995	33348
2014	39763	44082	44101	39404	48416	47761	31805	32257	28526	41225	36488
2015	43266	47990	47993	43048	52587	51586	34771	35276	31201	44743	39676
2016	47162	52318	52563	47180	56840	55979	37908	38526	34072	48941	43332

12-30 各县市区农村常住居民人均可支配收入

（1997-2016年）

单位：元

年 份	全 市	市 区	椒江区	黄岩区	路桥区	玉环县	三门县	天台县	仙居县	温岭市	临海市
1997	3836		4239	3812	4068	3834	2772	3193	2651	5046	3161
1998	4169		4918	4270	4540	5180	3018	3355	2771	5385	3484
1999	4378		5254	4526	5072	5445	3285	3526	2931	5748	3967
2000	4668		5621	4894	5454	5924	3588	3786	3080	5999	4304
2001	5032		5966	5220	5765	6425	3950	4125	3242	6328	4665
2002	5401		6336	5680	6172	6885	4226	4358	3439	6662	4963
2003	5823		6723	6145	6669	7479	4627	4714	3719	7052	5311
2004	6529	7131	7530	6664	7549	8298	5163	5115	4025	7552	5943
2005	7269	7920	8166	7132	8470	8923	5801	5576	4811	8081	6482
2006	8006	8799	8841	7811	9406	9586	6653	6132	5354	8734	7580
2007	9053	9966	9958	9050	10842	10612	7574	6902	6211	10017	8839
2008	9975	10922	10876	9998	11827	11654	8594	7876	7010	11073	9883
2009	10873	11855	11767	10978	12790	12620	9413	8654	7751	12099	10851
2010	12287	13148	13135	12195	14098	14659	10597	9901	8916	13846	12271
2011	14244	15108	15009	14289	16176	17033	12287	11583	10421	16037	14157
2012	15829	16824	16757	15954	17906	18898	13695	12923	11626	17794	15736
2013	17523	18607	18533	17629	19841	20940	15201	14306	12929	19681	17404
2014	19362	20544	20527	19477	21825	22950	17040	15765	14398	21786	19180
2015	21225	22446	22386	21338	23823	25171	18788	17401	15930	23739	20973
2016	23164	24592	24419	23404	26182	27446	20428	18947	17453	25922	22932

12－31　各县市区城镇常住居民人均消费支出

（2007－2016 年）

单位:元

年份	全市	市区				玉环县	三门县	天台县	仙居县	温岭市	临海市
			椒江区	黄岩区	路桥区						
2007	15726	15565	17474	15738	15272	21579	11349	12126	10075	17300	15319
2008	16425	15614	17754	15446	16600	22683	11961	12812	10181	18674	15998
2009	17732	17364	19799	17807	17464	23163	12404	13278	11729	19982	16980
2010	19401	19499	22443	19801	17689	23171	13316	15574	13281	21156	20319
2011	21430	22502	23565	22342	20549	26617	14629	17229	13945	23728	20686
2012	22333	24014	25082	24307	22027	27307	15633	17616	14552	25051	20989
2013	24031	25983	27239	26875	23815	29274	16774	19289	17175	27180	21727
2014	26458	28698	30099	29509	26449	32113	18904	21179	19116	29871	24161
2015	28892	31448	32718	32637	28988	34018	20511	23064	21066	32732	26529
2016	30021	33462	34747	33528	32032	36954	22275	23871	22941	34193	29182

12-32 各县市区农村常住居民人均消费支出

（2007-2016年）

单位:元

年 份	全 市	市 区	椒江区	黄岩区	路桥区	玉环县	三门县	天台县	仙居县	温岭市	临海市
2007	7749	8519	9627	6490	9213	8977	5829	5600	5607	7759	8601
2008	8466	9261	10421	6503	10491	10425	6389	6006	6765	7984	9215
2009	8864	8918	9275	6922	10313	11204	6937	6288	7677	8617	10512
2010	9655	10031	11624	7581	10592	11788	7677	8214	8181	9693	9624
2011	11332	11836	13374	10149	12308	12198	9721	9625	9146	11206	12526
2012	12117	12584	13818	10817	13048	13487	10180	10406	9503	12786	12794
2013	13643	14160	15765	12130	14872	14783	11074	11384	10947	14526	14002
2014	15307	15788	17751	13537	16391	16512	12580	12591	12437	16327	15752
2015	17102	17560	20147	15067	17800	18223	13851	13787	13818	18194	17485
2016	18598	19131	21497	16533	19723	19927	15034	14518	15158	19619	19076

主 要 统 计 指 标 解 释

工资总额 指各单位在一定时期内直接支付给本单位全部职工的劳动报酬总额。

工资总额的计算应以直接支付给职工的全部劳动报酬为依据。各单位支付给职工的劳动报酬以及其他根据有关规定支付的工资,不论是否计入成本,不论是否按国家规定列入计征奖金税项目的,不论是以货币形式支付的还是以实物形式支付的,均应列入工资总额的计算范围。

工资总额的组成是:

1. **计时工资** 指按计时工资标准和工作时间支付给职工的劳动报酬。

2. **计件工资** 指对已做工作按计件单价支付给职工的劳动报酬。其中:计件超额工资指计件工人超过定额后所得的工资。

3. **奖金** 指支付给职工的超额劳动报酬。包括生产奖、节约奖、劳动竞赛奖和其他奖金。

4. **津贴和补贴** 指为了补偿职工特殊或额外的劳动消耗,和因其他特殊原因支付给职工的津贴,以及为了保证职工工资水平不受物价影响支付给职工的物价补贴。

津贴包括补偿职工特殊或额外劳动消耗的津贴,保健性津贴,技术性津贴,年功性津贴及其他津贴。补贴目前仅指物价补贴。物价补贴包括粮价、副食品价格补贴、肉类等价格补贴、煤价补贴、房贴、水电贴等。

5. **加班加点工资** 指对在法定节假日和公休假日工作的职工以及在正常工作日以外延长工作时间进行工作的职工发给的劳动报酬。

6. **其他** 指其他根据国家规定支付的工资。如保留工资、附加工资、落实政策人员的补发工资、调整工资职工补发上年的工资。

可支配收入(城乡住户调查一体化改革后的新口径,下同) 指在住户在调查期内获得的、可用于最终消费支出和和及储蓄的总和,即可以用来自由支配的收入。可支配收入既包括现金,也包括实物收入。按照收入的来源,可支配收入包含四项,分别为:工资性收入、经营净收入、财产净收入和转移净收入。

工资性收入 指就业人员通过各种途径得到的全部劳动报酬和各种福利,包括受雇于单位或个人、从事各种自由职业、兼职和零星劳动得到的全部劳动报酬和福利。

经营净收入 指住户或成员从事生产经营活动所获得的净收入,是全部经营收入中扣除经营费用、生产性固定资产折旧和生产税之后得到的净收入。

财产性收入 指住户或成员将其所拥有的金融资产、住房等非金融资产和自然资源交由其他机构单位、住户或个人支配而获得的回报扣除相关的费用之后得到的净收入。包括利息净收入、红利收入、储蓄性保险收益、转让承包土地经营净收入、出租房屋净收入、出租其他资产净收入和自有住房折算净租金等。不包括转让资产所有权的溢价所得。

转移净收入 指扣除转移性支出后的转移性收入。计算公式:转移净收入 = 转移性收入 — 转移性支出

转移性收入 指国家、单位、社会团体对住户的各种经常性转移支付和住户之间的经常性收入转移。包括养老金或退休金、社会救济和补助、惠农补贴、政策性生活补贴、救灾款、经常性捐赠和赔偿以及报销医疗费等;住户之间的赡养收入、经常性捐赠和赔偿以及在外(含国外)工作的本住户非常住成员寄回带回的收入等。不包括住户之间的实物馈赠。

转移性支出 指调查户对国家、单位、住户或个人的经常性或义务性转移支付。包括缴纳的税款、各项社会保障支出、赡养支出、经常性捐赠和赔偿支出以及其他经常转移支出等。

消费支出 指调查户用于本家庭日常生活消费需要的全部支出,包括用于消费品的支出和用于服务性消费支出。根据用途不同,消费支出可划分为食品烟酒、衣着、居住、生活用品及服务、交通通信、教育文化娱乐、医疗保健、其他用品和服务八大类。根据来源不同,消费支出可划分为现金消费支出、实物消费支出(含自产自用、来自单位、来自政府和其他 社会组织)。

现住房总建筑面积 指调查户现住房的总建筑面积。现住房计算总建筑面积时以房屋产权证或租赁证为准,建筑面积也可按使用面积 ×1.333 计算得出。应扣除住房中专门用于出租的建筑面积。但不包括仓库等作为生产用途房屋面积。

常住人口 指住户成员中,经常在家居住、或者调查期内居住时间超过一半的人员,以及本住户供养的学生。

城市建设和环境保护

City Construction and Enviroment Protection

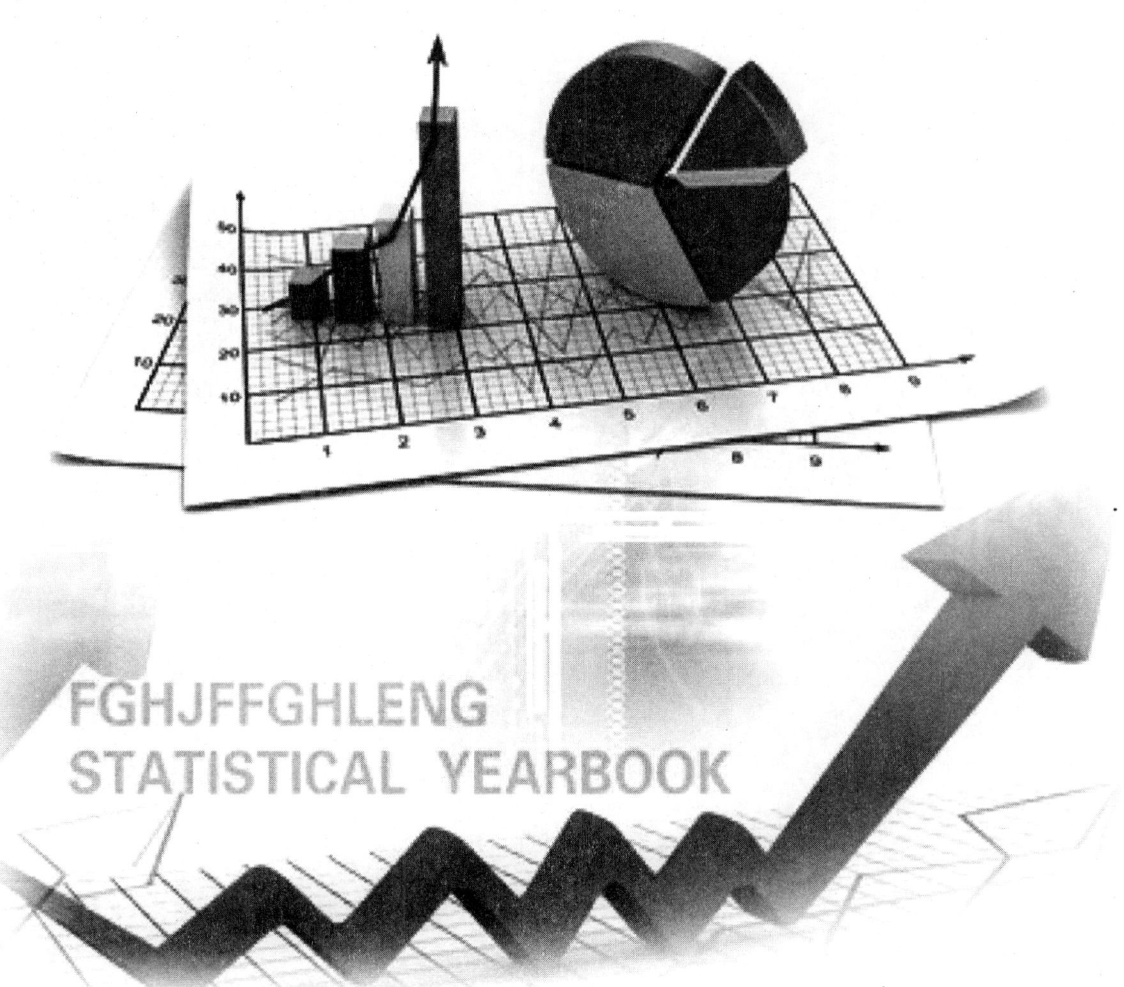

13－1 城市和县城建设基本情况(一)

(2000－2016年)

年份	建成区面积(平方公里)	城市维护建设资金支出(亿元)	全年供水总量(万吨)	#居民家庭用水量	用水普及率(%)
2000	133.55	10.31	14184	4604	80.67
2001	152.84	14.76	16310	5834	92.84
2002	168.40	20.34	17860	6639	92.89
2003	190.67	28.06	19448	7427	92.41
2004	209.89	20.90	20116	8434	93.92
2005	219.85	16.78	22135	9484	95.00
2006	231.37	14.29	19519	7762	98.48
2007	235.96	16.81	21777	8366	99.04
2008	243.39	21.94	21077	8592	98.19
2009	247.05	25.14	22717	9725	99.12
2010	249.97	44.64	24205	10631	99.36
2011	251.89	38.98	24942	11504	100.00
2012	254.22	37.67	25520	11393	100.00
2013	256.13	47.98	26589	12351	100.00
2014	269.67	39.81	27721	13003	100.00
2015	285.60	44.35	29086	13699	100.00
2016	289.72	40.75	31081	14756	100.00

注:统计范围为2005年及以前为行政区域内镇和街道,2006年起仅包括临海、温岭两市为城市规划区,其他县为县政府所在地建制镇或街道。

13－2 城市和县城建设基本情况（二）

（2000－2016年）

年 份	排水管道长度（公里）	排水管道密度（公里/平方公里）	铺设道路面积（万平方米）	人均城市道路面积（平方米）	公共汽车总数（辆）
2000	1040	7.79	1781		816
2001	1275	8.34	2079		691
2002	1485	8.82	2411		842
2003	1906	10.00	2800		853
2004	2081	9.91	3147		969
2005	2240	10.19	3387		1110
2006	2169	9.37	3575		1128
2007	2451	10.39	3843		1207
2008	2758	11.33	4052		1518
2009	2988	12.09	4295		1358
2010	3205	12.82	4444		1477
2011	3489	13.85	4777		1506
2012	3626	14.26	4895		1613
2013	3812	14.88	5090		1962
2014	4139	15.35	5093		1840
2015	4401	15.41	5170	23.63	1955
2016	4590	15.84	5304	24.11	2048

注：统计范围为2005年及以前为行政区域内镇和街道，2006年起仅包括临海、温岭两市为城市规划区，其他县为县政府所在地建制镇或街道。

13－3　城市和县城建设基本情况(三)

(2000－2016年)

年　份	绿化覆盖面积(公顷)	园林绿地面积(公顷)	公园绿地面积(公顷)	人均公园绿地面积(平方米)	公　园个　数(个)	公　园面　积(公顷)
2000	3247	2154	472	2.32	36	388
2001	3766	2672	537	2.38	39	402
2002	4324	3168	678	2.95	57	489
2003	5164	3810	909	3.85	75	628
2004	5876	4312	1071	4.45	84	714
2005	6208	4639	1175	4.85	96	851
2006	6700	4813	1194	5.36	97	872
2007	7435	5569	1335	5.82	118	1068
2008	9421	8403	1815	7.45	129	1411
2009	9712	8738	2075	9.80	132	1632
2010	10396	9502	2158	10.14	137	1806
2011	10417	9767	2217	10.41	138	1838
2012	10702	9604	2374	11.08	141	1925
2013	11196	10392	2558	11.88	144	2071
2014	12522	11470	2715	12.54	152	2187
2015	12899	11796	2795	12.78	160	2279
2016	13148	12091	2883	13.10	161	2311

注:统计范围为2005年及以前为行政区域内镇和街道,2006年起仅包括临海、温岭两市为城市规划区,其他县为县政府所在地建制镇或街道。公园绿地面积和人均公园绿地面积2005年及以前分别为公共绿地面积和人均公共绿地面积。

13－4 废水排放和处理情况

（1990－2016年）

年份	工业废水排放量（万吨）	工业废水中有害物质含量(吨)						
		六价铬	砷	铅	挥发酚	氰化物	石油类	化学需氧量（万吨）
1990	5313	1.22	0.19	0.70	8.07	8.23	30.51	1.90
1991	3718	1.65	0.02	0.32	4.54	7.56	1.76	27.65
1992	3560	1.60	0.21	0.05	10.24	4.77	2.50	2.10
1993	3407	1.95		0.06	2.51	2.03	9.90	1.80
1994	2811	3.25	0.62	0.02	0.70	1.11	3.68	1.50
1995	2409	2.40	0.01	0.10	1.51	5.07	32.43	1.50
1996	1968	1.33	0.04	0.48	1.40	0.84	32.87	1.03
1997	3527	6.00	0.03	0.09	18.79	0.61	97.37	2.82
1998	4222	1.71	0.15	0.09	0.35	1.16	193.12	2.69
1999	4800	1.58	0.19	0.11	0.45	0.84	231.85	2.77
2000	4809	3.10	0.05	0.06	0.33	1.96	53.92	1.96
2001	4235	1.69	0.06	0.07	1.09	1.68	40.74	1.35
2002	4273	1.40	0.07	0.08	0.69	1.16	37.49	1.30
2003	4018	1.13	0.49	0.02	1.68	0.86	107.65	1.52
2004	4265	0.93	0.01	0.07	0.45	0.71	58.9	1.33
2005	4428	0.74	0.46	0.03	0.01	0.54	17.96	1.02
2006	4892	2.47	0.01	0.10	0.01	1.93	14.68	0.99
2007	5292	0.71	0.01	0.08	0.52	0.77	41.17	1.04
2008	5317	0.78	0.01	0.10		0.34	45.02	0.96
2009	5125	0.40	...	0.06		0.25	10.38	0.82
2010	5709	0.20	...	0.06		0.09	6.69	0.97
2011	6305	0.60	0.06	0.02	0.17	0.38	92.92	0.91
2012	6152	0.52	0.04	0.02	1.06	0.29	81.84	0.90
2013	6278	0.36	0.04	0.02	1.06	0.17	66.86	0.94
2014	6065	0.40	0.005	0	0.04	0.33	48.22	0.88
2015	6251	0.42	0.024	0.027	0.295	0.424	50.75	0.80
2016	5725	0.36	0.028	0.013	0.095	0.26	28.78	0.54

13－5 废气排放和处理情况

（1990－2016年）

年　　份	废　　气 排放量 （亿标立米）	二氧化硫 排放量 （吨）	烟粉尘 排放量 （吨）	氮氧化物 排放量 （吨）
1990	239.02	52710	39230	
1991	218.09	48833	25526	
1992	219.39	44619	27605	
1993	251.84	49694	23115	
1994	268.93	50746	21038	
1995	294.57	51297	23027	
1996	272.89	52491	15479	
1997	330.02	69114	18815	
1998	372.82	68830	21186	
1999	398.41	69277	20146	
2000	455.94	62344	18011	
2001	450.20	58040	10386	
2002	449.89	66396	9726	
2003	501.43	57488	9886	
2004	543.21	71716	10588	
2005	927.96	78831	8244	
2006	548.39	75494	8117	28099
2007	1214.77	65624	11019	38344
2008	1957.98	48380	8964	46712
2009	1279.56	30878	7313	51049
2010	1395.68	24552	6165	61704
2011	1700.82	48981	16619	48087
2012	1446.82	44209	13016	41566
2013	1507.23	43170	12297	39130
2014	1313.12	28083	13106	31461
2015	1318.99	31868	16263	26255
2016	839.42	13211	9152	10480

13-6 工业固体废物排放和处理情况

(1990-2016年)

单位:万吨

年份	工业固体废物产生量	工业固体废物倾倒丢弃量	工业固体废物贮存量	工业固体废物综合利用量	工业固体废物综合利用率(%)	工业固体废物处理量
1990	87.89	3.21	73.64	10.8	12.3	
1991	86.00	0.13	77.00			
1992	90.40	0.05	76.35	83.90		
1993	85.81	0.07	14.01	8.19	9.5	
1994	91.26	0.05	12.59	9.07	9.9	
1995	103.69	0.16	13.89	52.73	50.9	
1996	111.16	0.15	96.44	84.45	75.9	
1997	107.30	0.21	14.11	96.02	89.4	
1998	103.31	0.12	12.70	83.67	81.0	
1999	101.36	0.07	11.37	86.74	85.6	
2000	100.81	0.07	8.20	90.34	89.6	1.14
2001	109.48	0.01	6.71	101.43	92.7	1.34
2002	104.09	0.05	2.34	99.92	96.0	1.78
2003	146.33	0.01	7.65	135.51	92.6	2.53
2004	167.57	0.03	6.00	158.46	94.6	3.09
2005	154.09	0.01	4.23	147.88	96.0	2.16
2006	171.78	0.03	0.07	163.97	95.5	7.90
2007	214.32	0.30	3.11	204.90	95.6	6.25
2008	313.18	0.02	5.02	305.43	97.5	2.72
2009	242.06	0.12	3.21	225.07	93.0	13.78
2010	245.85	0.09	1.05	239.97	97.6	4.84
2011	266.54	0.27	0.30	237.27	89.8	28.70
2012	242.85	0.30	3.04	228.80	94.2	10.72
2013	326.50		0.15	314.87	96.4	11.66
2014	363.43		0.83	251.09	95.3	11.92
2015	228.00		1.52	222.97	97.8	3.84
2016	270.13	…	1.33	257.88	95.4	11.79

注:本表统计范围:2011年开始为一般工业固体废物,不包括危险废物。

13－7 工业污染治理情况

（1990－2016年）

单位：万元

年份	工业污染治理投入合计	#治理废水	#治理废气	#治理固体废物	#治理噪声	#治理其他	当年安排治理项目（个）
1990	370	282	66				62
1991	517	387	128				26
1992	2087	1327	730				44
1993	2287	1250	1037				24
1994	1160	1140	8				15
1995	1975	475	1425				22
1996	2480	400	1560	520			6
1997	2342	1798	144	350		50	24
1998	2337	1978	213	111	1	35	57
1999	9447	5331	919	600	5	2592	182
2000	22299	20334	1010	40	321	595	290
2001	6918	5928	584	405			59
2002	10207	8455	1394	108	250		60
2003	22999	19224	765		10		71
2004	10652	6690	2187	9	10	1756	74
2005	25239	7262	16276	68		1634	127
2006	23516	8794	7546	157		1719	123
2007	21975	9881	11818	52		208	192
2008	16992	6178	10526			288	123
2009	8167	6188	1803	115		61	54
2010	5862	3489	2178	50		145	56
2011	17227	10760	4877	201	800	590	143
2012	6812	3779	1847	58	850	278	23
2013	94642	25576	46310	326	897	21533	165
2014	83622	8478	61465	182	30	13386	81
2015	90425	9611	66569	10793	120	3332	216
2016	68757	16756	49638	327	0.7	1820	163

主 要 统 计 指 标 解 释

工业废水排放量 指经过企业所有排放口排到企业外的生产废水总量。包括外排的直接冷却水和矿区超标排放的有毒有害矿井地下水,但不包括外排的间接冷却水(清污不分流的应计算在内)。

废气排放总量 指燃料燃烧和生产工艺过程中排放的废气总量。以标准状态下每年亿标立方米表示。

粉尘排放量 指生产工艺过程中排放的固体微粒的重量。工业固体废物产生量指工矿企业、事业单位在生产(试验)过程中产生的固体废弃物总量。不包括矿山开采的剥离及掘进时产生的废石。(煤矸石除外)

工业固体废物综合利用量 指已用作农业肥料、造田、生产建筑材料,以及其他方式综合利用的工业固体废弃物。不包括填埋量和焚烧量。

工业固体废物处理量 指以填埋、焚烧方式处理的工业固体废弃物(包括用炉渣修路),不包括倒入江、河中的废渣。

教育科技和质量监督

Education, Science and Qualitical Supervision

14-1 教育事业基本情况

（2016 年）

单位：人

项　　目	学校数（所）	招生数	在校学生数	毕业生数	教职工数	#专任教师
一、普通高等学校	**4**	**10636**	**34205**	**9504**	**2466**	**1667**
台州学院	1	3834	15340	3768	1270	853
台州职业技术学院	1	3758	10668	3359	721	475
台州科技职业学院	1	2226	6155	2024	317	234
浙江汽车职业技术学院	1	818	2042	353	158	105
二、成人高等教育		**7514**	**32146**	**8280**	**419**	**290**
其中：台州广播电视大学	1	5347	25132	5075	419	290
三、普通中等专业学校	**2**	**1318**	**3884**	**603**	**199**	**148**
四、成人中等专业学校	**1**	**510**	**1354**	**384**	**15**	**11**
五、技工学校	**8**	**5170**	**12225**	**3696**	**1132**	**883**
六、普通中学	**269**	**104425**	**294858**	**92076**	**28628**	**25105**
高　　中	69	31389	90792	29197	10733	9161
初　　中	200	73036	204066	62879	17895	15944
七、职业高中	**21**	**22951**	**62380**	**18728**	**3881**	**3587**
八、小　　学	**346**	**74539**	**469238**	**79179**	**21816**	**20902**
九、幼儿园	**1285**	**78826**	**220379**	**75940**	**23975**	**12289**
十、特殊教育	**10**	**257**	**1716**	**294**	**305**	**271**

注：成人高等教育数据含普通高等学校成人教育；特殊教育学生含普通学校附设及随班就读人数。

14－2　主要年份高等学校基本情况

单位:人

年　份	招生数	在校学生数	毕业生数	教职工数	#专任教师
1977	146	146		64	18
1978	267	413		173	79
1980	275	776	146	188	101
1985	333	921	280	300	145
1990	486	962	477	295	133
1991	499	988	459	312	139
1992	540	1124	401	337	141
1993	539	1403	403	339	147
1994	834	1794	533	386	167
1995	558	1692	378	390	169
1996	448	1606	389	396	179
1997	491	1443	638	395	180
1998	603	1674	457	399	183
1999	1360	2296	457	491	284
2000	2309	4125	478	649	381
2001	3375	6892	590	1007	619
2002	4803	10623	1703	1160	702
2003	5048	12784	2703	1324	840
2004	5818	15371	2859	1689	1083
2005	6957	18069	3867	1759	1145
2006	7709	21079	4559	1833	1235
2007	8627	24307	5414	2049	1370
2008	9486	27254	6362	2136	1447
2009	9738	29164	7580	2239	1520
2010	9469	29749	8530	2317	1579
2011	9657	30933	8222	2336	1595
2012	9602	31132	9144	2400	1616
2013	10099	32018	8876	2389	1593
2014	10100	32631	9008	2437	1645
2015	10430	33567	9101	2345	1633
2016	10636	34205	9504	2466	1667

14－3 主要年份普通中等专业学校基本情况

单位:人

年份	学校数(所)	招生数	在校学生数	毕业生数	教职工数	#专任教师
1949	4	413	1323	54	66	35
1952	7	1056	2242	238	215	113
1957	5	759	1809	466	216	113
1962	4	158	552	857	201	106
1965	2	610	756	40	116	61
1970	2				114	60
1975	5	704	1618	472	242	111
1978	5	1006	1893	519	362	179
1980	6	1223	2834	1277	556	245
1985	7	1211	3019	999	677	334
1990	7	1284	3739	1184	728	438
1994	8	3116	6775	1309	735	410
1995	8	3769	8983	1503	778	424
1996	8	4574	11515	1949	802	442
1997	7	2895	8918	2698	797	433
1998	7	2618	8574	2930	805	439
1999	8	2631	8194	2915	801	458
2000	6	2413	7848	2695	782	461
2001	6	2928	8508	2619	810	533
2002	6	4397	9891	2737	670	467
2003	5	3261	9831	1935	589	408
2004	3	1942	8076	3001	356	279
2005	1	1820	6063	3191	134	112
2006	1	1490	4989	2383	150	131
2007	1	1765	4716	1613	148	119
2008	1	1749	4253	1404	158	118
2009	1	1093	3201	1106	194	120
2010	1	2221	4384	856	229	155
2011	1	1376	4246	831	270	154
2012	1	700	3803	864	165	114
2013	2	781	2536	1428	128	86
2014	2	1151	2563	860	146	100
2015	2	1562	3332	588	150	98
2016	2	1318	3884	603	199	148

14－4　主要年份成人教育基本情况

单位：人

年份	成人高等教育				成人中等教育					
	招生数	在校生数	毕业生数	教职工数	学校数（所）	招生数	在校生数	毕业生数	教职工数	#专任教师
1979	136	136		11						
1980	97	168		20						
1985	2057	4152	755	83	6	1099	1740	864	295	103
1990	377	1962	451	113	7	31	2609	522	230	145
1991	328	1698	1165	112	7	232	1914	879	178	100
1992	499	988	735	114	7	493	1338	609	190	111
1993	383	1227	193	110	8	314	1145	511	217	113
1994	804	1546	272	114	8	1741	2777	843	253	147
1995	672	1543	360	124	8	1448	2745	992	274	169
1996	772	1803	295	136	8	1559	2809	1178	253	152
1997	657	2084	455	153	8	1358	3626	605	247	144
1998	1034	2519	848	166	8	1006	3109	816	241	149
1999	1085	2959	812	187	9	1578	3851	1058	332	175
2000	2020	4802	761	227	9	1235	3567	1337	361	207
2001	3217	5911	774	288	9	872	2639	1096	335	205
2002	7083	13150	1317	300	10	902	2558	813	365	230
2003	4748	15614	2003	323	11	1352	3655	1337	396	252
2004	6341	14973	5477	377	11	1160	3504	1179	297	200
2005	7829	16332	5080	401	11	1189	3378	1360	320	224
2006	7851	18898	4731	449	11	777	1957	1042	275	192
2007	7895	19359	7209	551	10	846	2086	615	296	208
2008	8293	21428	5955	460	10	971	2308	617	291	202
2009	9102	24256	5635	438	9	902	2479	607	254	184
2010	7828	22323	7140	442	7	900	2390	792	221	168
2011	12040	29697	7616	433	7	1167	2616	799	218	166
2012	9927	33509	6035	433	6	777	2247	677	158	106
2013	10048	36769	8528	430	4	770	2110	799	52	34
2014	15309	37570	10056	419	2	803	2118	678	36	30
2015	9348	34768	7816	425	2	661	1986	622	57	29
2016	7514	32146	8280	419	1	510	1354	384	15	11

14－5 主要年份技工学校基本情况

单位:人

年份	学校数(所)	招生数	在校学生数	毕业生数	教职工数	#专任教师
1979	2	300	300		24	11
1980	2	50	350		29	16
1985	2	173	282		26	14
1990	3	259	617	169	98	50
1991	3	179	648	136	97	50
1992	3	383	737	194	115	55
1993	3	301	848	220	115	60
1994	3	226	935	182	119	63
1995	3	269	792	309	115	63
1996	5	651	1298	253	125	105
1997	5	1287	2194	197	188	147
1998	6	1748	3602	348	287	225
1999	7	2179	5009	625	283	243
2000	7	2704	5952	1091	316	254
2001	7	2485	6146	1519	471	400
2002	6	2638	5600	1776	444	329
2003	6	4320	7658	1934	583	360
2004	6	4210	10961	2260	576	411
2005	6	4883	12263	3193	665	417
2006	7	6075	13513	3055	748	583
2007	6	4931	10818	2374	790	566
2008	6	4980	11744	2573	894	637
2009	6	5359	12947	3760	872	609
2010	6	5847	12145	3721	957	752
2011	6	5105	13961	3460	1038	815
2012	6	3645	9520	2789	1040	820
2013	6	4253	13272	3704	977	889
2014	6	3428	10105	3594	980	565
2015	6	2835	8504	3138	788	660
2016	8	5170	12225	3696	1132	883

14－6　主要年份普通中学基本情况

单位：人

年　　份	学校数（所）	招生数	在　校学生数	毕　业生　数	教　职工　数	#专　任教　师
1949	19	1900	7039	842	628	393
1952	20	5235	14234	1679	894	559
1957	47	7317	18875	4365	1265	791
1962	66	8981	20878	5201	1882	1177
1965	95	10522	26578	5458	1889	1225
1970	597	42406	74170	10193	3236	2476
1975	562	86364	155363	53738	7075	4977
1978	568	92508	225792	91819	11779	10250
1980	431	79063	207727	52095	11586	9464
1985	356	71813	200249	44786	11615	9285
1990	375	71848	200084	53325	11910	9751
1994	360	86696	222141	58196	13429	11250
1995	350	100049	250442	64311	14319	12178
1996	353	98397	280473	64104	15557	13369
1997	352	98522	292662	80778	16940	14712
1998	363	105937	296671	94032	18141	15633
1999	355	114696	311962	91774	19222	16592
2000	335	120734	334081	92374	20342	17663
2001	335	109934	339150	98191	21140	18217
2002	324	106058	331353	107320	21480	18533
2003	311	99440	315106	112144	21622	18572
2004	298	91450	297368	105832	21702	18757
2005	277	89160	283958	103575	21906	18994
2006	270	95207	280281	98117	22013	19257
2007	264	98786	287457	94126	22284	19452
2008	261	98489	293146	88767	22343	19732
2009	259	95980	289083	92922	22606	20003
2010	258	96088	286837	92150	22531	20157
2011	268	95928	283109	92747	23831	20246
2012	274	94847	281149	91534	24156	20436
2013	280	96743	282600	91695	24274	21266
2014	259	95570	282295	93665	25522	22296
2015	253	96689	284963	90447	27175	23774
2016	269	104425	294858	92076	28628	25105

14－7　主要年份职业高中基本情况

单位:人

年　份	学校数（所）	招生数	在校学生数	毕业生数	教职工数	#专任教师
1979	12	595	1128	148		
1980	25	1156	2017	580		
1985	23	4601	7396	984	519	391
1990	36	5084	11386	3347	1057	800
1991	30	5781	11626	4696	1045	798
1992	31	5434	11874	3937	1131	853
1993	35	5785	12137	4497	1110	827
1994	41	7414	14628	3823	1258	890
1995	42	9760	18668	4682	1469	1066
1996	32	7289	17758	5730	1401	1066
1997	39	10949	22444	7223	1529	1201
1998	56	12662	26808	6172	1701	1294
1999	58	12302	28063	7593	2169	1633
2000	48	14431	31359	8622	2102	1690
2001	55	20516	40641	7467	2410	1933
2002	55	26013	53789	9463	2895	2351
2003	52	30211	65214	11699	3592	2977
2004	53	27275	69999	13952	3588	3026
2005	50	25284	67952	17789	4043	3415
2006	48	25052	65357	20743	3856	3295
2007	44	24591	61795	19086	3646	3084
2008	45	23877	59935	18362	3585	3091
2009	43	27453	64270	17507	3399	2925
2010	42	27252	67242	16616	3457	3024
2011	41	26710	69251	17254	3178	2848
2012	39	23242	67358	19883	3279	2961
2013	34	22133	64890	20448	3499	3151
2014	27	21087	59224	20354	3786	3471
2015	27	21602	59957	18816	3819	3520
2016	21	22951	62380	18728	3881	3587

14－8 主要年份小学基本情况

单位:人

年份	学校数(所)	招生数	在校学生数	毕业生数	教职工数	#专任教师	入学率(%)
1949	1970	48028	96738	4070	5073	4693	
1952	2751	42724	194412	7650	7227	6685	
1957	2546	59246	238276	22037	7364	6812	
1962	3251	67268	249793	26417	7140	5609	
1965	5677	123169	401476	22185	12283	10520	
1970	5014	112006	446081	59807	14722	13817	
1975	6305	148328	670227	78801	21752	20170	
1978	5420	144258	649623	102368	22342	21860	97.16
1980	4956	114734	640215	87440	22876	21723	96.53
1985	4205	81412	497033	102647	21301	19762	97.60
1990	3377	88868	460288	74263	18514	17010	99.17
1994	2446	94110	497515	80450	19306	17952	99.72
1995	2248	79668	486871	89144	19533	18123	99.55
1996	1991	69159	468435	86784	20201	18742	99.80
1997	1847	62084	446885	82228	20765	19315	99.67
1998	1622	55032	416557	84654	20378	18956	99.95
1999	1324	63379	387715	92573	20322	18876	99.91
2000	1134	74022	370452	92160	20309	18809	99.94
2001	977	63708	354473	78918	20363	18797	99.99
2002	914	63532	353256	67435	19905	18449	100.00
2003	843	60557	360886	57553	19903	18364	100.00
2004	794	61380	375140	53181	19911	18353	100.00
2005	749	61482	387461	54819	20197	18782	100.00
2006	729	65903	397107	64240	20611	19209	100.00
2007	678	71122	406204	69621	21097	19530	100.00
2008	600	72607	411801	70039	21445	19928	100.00
2009	575	72375	410767	67116	21684	20319	100.00
2010	561	82428	430476	65150	21924	20510	100.00
2011	560	88358	462265	66089	20852	20716	100.00
2012	502	85023	473217	68184	21135	21132	100.00
2013	356	82574	479447	70730	21685	20364	100.00
2014	343	79361	481586	70587	22821	21318	100.00
2015	329	78428	480907	71447	21635	20536	100.00
2016	346	74539	469238	79179	21816	20902	100.00

14－9　主要年份幼儿园基本情况

单位:人

年　份	幼儿园数（所）	班　数（个）	在　园幼儿数	教　职工　数	#专　任教　师
1978	68	185	8539	240	233
1980	90	444	18613	519	507
1985	962	1918	59632	2290	2198
1990	401	2218	71938	2748	2580
1991	421	2278	79390	2744	2557
1992	284	2336	77969	2552	2416
1993	293	2319	90189	2824	2677
1994	719	2418	84818	2969	2712
1995	338	2456	83020	3069	2772
1996	403	2544	84601	3235	2855
1997	526	2497	79429	3532	3021
1998	726	2979	90637	3698	3253
1999	651	3037	94797	4225	3339
2000	445	3308	97897	4627	3804
2001	653	4692	128707	6245	3924
2002	588	5056	138302	6953	4432
2003	718	5453	151458	8015	5104
2004	838	5638	164752	9142	5671
2005	1319	5721	172201	9820	6111
2006	1356	6303	193585	11001	6816
2007	1251	6557	205811	12314	7637
2008	1278	6943	225949	13427	8520
2009	1297	7704	239897	15587	9808
2010	1291	8226	259760	18521	11075
2011	1372	8716	262004	18259	10519
2012	1434	8687	251947	20971	12089
2013	1331	7944	233031	21235	11467
2014	1314	8091	230259	22983	12298
2015	1329	8024	224345	23240	11704
2016	1285	7398	220379	23975	12289

14－10 特殊教育基本情况

单位:人

年　份	学校数（所）	招生数	在校学生数	毕业生数	教职工数	#专任教师
1982		12	12		1	1
1985	1		21		4	3
1990	4	58	178		31	27
1991	4	64	251		39	27
1992	4	81	304	17	56	40
1993	5	144	385	45	70	54
1994	5	73	336	25	87	60
1995	6	113	448	17	131	100
1996	7	108	484	31	141	110
1997	7	73	423	26	143	106
1998	7	78	530	78	122	89
1999	7	191	1715	299	129	95
2000	7	153	1624	336	134	102
2001	7	331	2289	172	131	102
2002	7	293	2048	337	128	103
2003	7	337	2230	339	131	103
2004	7	257	1884	251	136	107
2005	7	218	1824	166	139	109
2006	7	265	1815	212	144	117
2007	7	266	2056	223	150	126
2008	7	284	2070	226	154	136
2009	8	263	2045	236	173	146
2010	9	280	2141	242	186	170
2011	10	250	1910	163	221	193
2012	10	300	1898	151	234	208
2013	10	345	2032	166	256	222
2014	10	257	1903	279	264	235
2015	10	272	1793	261	282	250
2016	10	257	1716	294	305	271

注：从1999年开始学生数含普通学校附设及随班就读人数。

14-11 主要年份每万人口中在校学生数的大中小学生构成

年份	各级学校在校学生占全市人口(%)	平均每万人口中(人)			大、中、小学生占学生总数(%)		
		大学生	中学生	小学生	大学生	中学生	小学生
1949	4.37		29.26	402.12		7.96	92.04
1952	8.38		65.45	772.27		7.81	92.19
1957	9.15		73.09	841.99		7.99	92.01
1962	8.84		69.86	814.35		7.90	92.10
1965	12.62		80.43	1181.37		6.37	93.63
1970	13.28		189.33	1138.69		14.26	85.74
1975	19.04		361.24	1542.31		18.98	81.02
1978	19.39	0.91	502.94	1434.96	0.05	25.94	74.01
1980	18.50	1.40	461.27	1386.92	0.08	24.94	74.99
1985	14.59	10.35	433.98	1014.19	0.71	29.75	69.54
1990	13.22	5.67	423.74	892.91	0.43	32.05	67.53
1994	14.21	6.35	469.79	945.29	0.45	33.05	66.50
1995	14.54	6.11	531.82	915.61	0.42	36.59	62.99
1996	14.74	6.40	588.86	878.90	0.43	39.95	59.62
1997	14.54	6.58	613.56	833.77	0.45	42.20	57.35
1998	14.09	7.77	627.91	772.10	0.55	44.65	54.80
1999	13.81	9.68	657.63	714.05	0.70	47.61	51.69
2000	13.94	16.33	700.32	677.71	1.17	50.23	48.60
2001	13.94	23.34	723.92	646.24	1.67	51.95	46.38
2002	14.17	43.19	732.46	641.75	3.05	51.68	45.27
2003	14.31	51.39	726.49	653.06	3.59	50.77	45.64
2004	14.31	54.75	703.47	676.83	3.82	49.02	47.16
2005	14.21	61.45	667.34	692.08	4.32	46.97	48.71
2006	14.22	70.80	648.34	703.26	4.98	45.58	49.44
2007	14.34	76.69	644.32	713.40	5.35	44.92	49.73
2008	14.49	84.80	646.95	717.35	5.85	44.64	49.50
2009	14.45	92.35	643.04	710.09	6.39	44.49	49.12
2010	14.67	89.30	639.64	738.20	6.09	43.60	50.32
2011	15.27	103.32	635.97	787.79	6.77	41.65	51.59
2012	15.26	109.38	616.09	800.77	7.17	40.37	52.47
2013	15.38	115.80	615.12	807.10	7.53	39.99	52.48
2014	15.29	117.58	604.57	806.54	7.69	39.55	52.76
2015	15.29	114.37	609.32	804.88	7.48	39.86	52.66
2016	15.17	110.55	624.29	781.80	7.29	41.16	51.55

注：大学生包括普通教育、成人教育、本科、专科学生，中学生包括普通中专、成人中专、技工学校、普通中学、职业中学学生，本表仅包括台州市各类学校学生数，不包括在外地就读的台州籍学生数。

14－12 主要年份学校教师负担学生数

单位:人

年份	高等学校		中等学校		小学	
	教师数	平均每个教师负担学生	教师数	平均每个教师负担学生	教师数	平均每个教师负担学生
1949			428	19.54	4693	20.61
1952			672	24.52	6685	29.08
1957			904	22.88	6812	34.98
1962			1283	16.70	5609	44.53
1965			1286	21.26	10520	38.13
1970			2536	29.25	13817	32.28
1975			5088	30.85	20170	33.23
1978	79	5.23	10429	21.83	21860	29.72
1980	121	7.80	9725	21.89	21723	29.47
1985	228	22.25	10127	21.00	19762	25.15
1990	246	11.89	11184	19.53	17010	27.06
1994	281	11.89	12760	19.38	17952	27.71
1995	293	11.04	13900	20.26	18123	26.75
1996	315	10.82	15134	20.74	18742	24.99
1997	333	10.59	16647	19.75	19315	23.14
1998	349	12.01	17740	19.10	18956	21.97
1999	411	12.79	19101	18.69	18876	20.54
2000	523	17.07	20275	18.88	18809	19.70
2001	806	15.88	21288	18.65	18797	18.86
2002	891	26.68	21910	18.40	18449	19.15
2003	1042	27.25	22569	17.79	18364	19.65
2004	1329	22.83	22673	17.20	18353	20.44
2005	1397	24.62	23162	16.13	18782	20.63
2006	1502	26.62	23458	15.61	19209	20.67
2007	1652	26.43	23429	15.66	19530	20.80
2008	1737	28.03	23780	15.62	19928	20.66
2009	1795	28.76	23841	15.60	20319	20.22
2010	1645	31.65	24256	15.38	20510	20.99
2011	1880	32.25	24240	15.40	20716	22.31
2012	1901	34.00	24527	14.84	21132	22.39
2013	1877	36.65	25507	14.33	20364	23.54
2014	1934	36.30	26462	13.46	21318	22.59
2015	1929	35.43	28081	12.78	20536	23.42
2016	1957	33.90	29734	12.60	20902	22.45

注：高等学校包括成人教育，中等学校包括普通中专、成人中专、技工学校、普通中学、职业中学。

14－13　县级及以上政府部门属研究与开发机构变化情况

（1991－2016 年）

单位:万元

年　份	机构数（个）	职工总数（人）	#科技活动人员	经费收入总　额	#政　府拨　款	经费支出总　额	#人　员费　用
1991	8	294	96	248	192	241	94
1992	8	316	83	375	265	294	114
1993	8	277	100	432	375	406	137
1994	8	257	91	574	350	519	163
1995	8	246	89	618	446	604	265
1996	8	230	77	611	470	572	298
1997	8	226	79	804	540	815	347
1998	9	231	84	1020	640	797	450
1999	9	223	71	1135	764	1066	522
2000	8	214	75	1361	868	1209	597
2001	7	198	65	1543	1110	1242	718
2002	7	192	66	1901	1157	1602	755
2003	7	194	68	2197	1501	1871	1036
2004	7	183	70	2170	1511	2051	699
2005	7	188	77	2589	1608	2288	783
2006	7	187	80	3474	2049	2887	1276
2007	7	237	95	4081	2124	3631	2102
2008	7	236	97	4122	2065	3436	1794
2009	7	232	144	4772	2514	4982	1676
2010	7	233	117	4680	2604	4221	1420
2011	7	233	134	5765	2868	4977	1711
2012	7	207	114	6437	2952	5711	3605
2013	7	223	188	6126	3725	5899	2456
2014	7	223	185	6502	4058	6047	2227
2015	7	253	214	7348	4048	7536	3400
2016	7	239	191	7980	4990	7259	3440

注：科技活动人员统计范围：2008 年及以前的数据为科学家和工程师的人员数。

14－14 科技成果和专利授权情况

（1990－2016 年）

单位:项

年 份	科技进步奖励	国家级	部级	省级	市级	合同数	成交额（万元）	专利申请受理量	专利授权量合计	发明	实用新型	外观设计
1990	77	1	1	22	46	4	21	107	58	1	56	1
1991	27			23		368	285	137	99	3	86	10
1992	90			22	60	14	200	218	147	2	131	14
1993	31	1	1	22		481	2167	308	248		194	54
1994	102			19	72	1894	351	251	231	2	187	42
1995	28		1	20		462	1856	285	245		183	62
1996	92			30	52	8141	3864	339	305	1	161	143
1997	68			19	42	1716	1662	448	409	3	187	219
1998	69			19	40	1033	6598	519	483		201	282
1999	95	1		28	56	488	4615	823	791		415	376
2000	113	2		28	78	526	5651	829	772		407	365
2001	112			22	90	623	6948	1480	962	22	410	530
2002	109			27	82	733	13133	2197	1223	14	471	738
2003	77			27	50	932	23772	2345	1795	21	540	1234
2004	72			22	50	854	22696	2803	1698	31	537	1130
2005	68		2	16	50	1029	28153	4834	2136	38	705	1393
2006	80			27	53	446	38116	5626	3365	57	1059	2249
2007	78			19	59	649	37046	6276	4589	82	1723	2784
2008	72	3		15	54	228	88300	9043	4811	168	1805	2838
2009	84	3		16	65	240	43300	8806	8145	225	2292	5628
2010	121	2		18	101	208	22877	10436	10558	285	4348	5925
2011	80			17	63	197	41837	12471	9653	519	4293	4841
2012	79			23	56	118	27672	14111	12182	793	5987	5402
2013	77	1		18	58	192	76255	16956	12673	737	6345	5591
2014	74	3		14	60	1022	173706	20570	16134	791	8597	6746
2015	69	3		16	50	1198	143539	23144	19717	1386	10257	8074
2016	71	1		10	60	1580	360274	27921	20075	1534	10769	7772

14－15　规模以上工业企业研发活动基本情况

（2016年）

单位：万元

项　　目	研发人员（人）	研发经费支出	企业内部日常研发经费支出	当年形成用于研发固定资产支出	委托外单位开展研发活动经费支出
总　　计	**42485**	**852513**	**721706**	**59827**	**70980**
一、按企业规模分					
大　型	10894	295168	215876	21300	57992
中　型	14636	259600	233634	16408	9558
小　型	16865	295895	270437	22049	3409
微　型	90	1850	1759	71	20
二、按登记注册类型分					
内资企业	**38878**	**749962**	**651705**	**52154**	**46103**
国有企业	20	543	422	122	
股份合作企业	395	7845	7211	635	
联营企业	3	44	28	16	
有限责任公司	12409	260652	217699	13607	29346
股份有限公司	9392	204917	173718	18017	13182
私营企业	16659	275961	252628	19758	3576
港、澳、台商投资企业	**1532**	**26963**	**24185**	**1906**	**873**
外商投资企业	**2075**	**75588**	**45817**	**5767**	**24004**
三、按国民经济行业分					
农副食品加工业	94	1696	1549	132	16
食品制造业	86	2208	1583	419	207
酒、饮料和精制茶制造业	86	787	584	201	2
纺织业	464	8831	6951	1704	176
纺织服装、服饰业	48	524	514	10	
皮革、毛皮、羽毛及其制品和制鞋业	357	5145	4843	303	

14－15 续表

项　　目	研发人员（人）	研发经费支出	企业内部日常研发经费支出	当年形成用于研发固定资产支出	委托外单位开展研发活动经费支出
木材加工和木、竹、藤、棕、草制品业	81	796	624	172	
家具制造业	495	10536	10316	101	119
造纸和纸制品业	349	6271	6212	25	35
印刷和记录媒介复制业	201	1662	1635	25	1
文教、工美、体育和娱乐用品制造业	404	5190	4998	172	20
化学原料和化学制品制造业	1162	33527	30018	1496	2013
医药制造业	5766	174397	122243	14958	37196
化学纤维制造业	5	103	103		
橡胶和塑料制品业	3142	63248	59273	3826	150
非金属矿物制品业	355	6600	5829	714	57
黑色金属冶炼和压延加工业	102	1832	1554	278	
有色金属冶炼和压延加工业	341	8019	7524	496	
金属制品业	1825	27530	25511	1942	77
通用设备制造业	8602	128459	118952	8606	901
专用设备制造业	3406	56386	52249	3462	674
汽车制造业	5785	130269	95345	9259	25665
铁路、船舶、航空航天和其他运输设备制造业	1760	37402	33434	2009	1958
电气机械和器材制造业	4561	82585	75494	6712	379
计算机、通信和其他电子设备制造业	1069	30376	28865	1216	295
仪器仪表制造业	1273	18937	16799	1117	1021
其他制造业	542	5541	5500	41	
废弃资源综合利用业	70	2349	2129	220	
电力、热力生产和供应业	39	859	718	122	19
燃气生产和供应业	15	449	359	90	

14－16 规模以上工业企业研究与试验发展(R&D)活动基本情况

(2016年)

项　　目	有R&D活动单位数(个)	R&D人员(人)	R&D人员折合全时当量(人年)	R&D经费内部支出(万元)	R&D经费外部支出(万元)	专利申请数(件)	有效发明专利数(件)
总　　计	**1395**	**35292**	**26654**	**623138**	**68429**	**5123**	**3078**
一、按登记注册类型分							
内资企业	**1324**	**32129**	**24265**	**556740**	**43605**	**4627**	**2767**
国有企业						2	
股份合作企业	40	318	214	7088		14	16
联营企业	1	3	2	44			
有限责任公司	474	10563	7963	184486	28831	1191	888
股份有限公司	70	7803	6323	143792	11523	1166	769
私营企业	**739**	**13442**	**9762**	**221330**	**3251**	**2254**	**1094**
港、澳、台商投资企业	**39**	**1308**	**1007**	**21567**	**820**	**231**	**93**
外商投资企业	**32**	**1855**	**1383**	**44832**	**24004**	**265**	**218**
二、按国民经济行业分							
农副食品加工业	5	44	11	1178	16		3
食品制造业	4	86	42	1946	207	3	
酒、饮料和精制茶制造业	3	71	47	669	2	25	
纺织业	11	325	258	5737	125	39	23
纺织服装、服饰业	3	23	18	297			
皮革、毛皮、羽毛及其制品和制鞋业	1	17	13	244		75	
木材加工和木、竹、藤、棕、草制品业	3	68	37	622		10	3
家具制造业	26	349	278	9027	119	251	18

14－16 续表

项　　目	有R&D活动单位数（个）	R&D 人员（人）	R&D人员折合全时当量（人年）	R&D经费内部支出（万元）	R&D经费外部支出（万元）	专利申请数（件）	有效发明专利数（件）
造纸和纸制品业	11	321	258	4399	20	14	3
印刷和记录媒介复制业	7	138	80	1259	1	3	
文教、工美、体育和娱乐用品制造业	19	323	227	3965		66	17
化学原料和化学制品制造业	41	1012	808	26203	1558	97	170
医药制造业	59	5447	4292	111025	36931	257	862
橡胶和塑料制品业	153	2607	1780	51611	105	406	165
非金属矿物制品业	23	306	224	5854	57	24	31
黑色金属冶炼和压延加工业	11	96	58	1758		18	
有色金属冶炼和压延加工业	21	259	199	6344		3	17
金属制品业	54	1555	1011	22700	44	430	106
通用设备制造业	354	6986	5438	106108	750	1185	487
专用设备制造业	123	3017	2269	48787	612	634	394
汽车制造业	157	4711	3437	82840	25638	498	269
铁路船舶航空航天和其他运输设备制造业	62	1181	910	19480	544	156	95
电气机械和器材制造业	159	4006	3126	66985	372	472	163
计算机、通信和其他电子设备制造业	24	942	775	24463	295	110	39
仪器仪表制造业	41	984	765	13642	1021	270	143
其他制造业	6	315	231	3222		75	70
废弃资源综合利用业	12	65	42	2127			
电力、热力、燃气及水生产和供应业	2	38	20	647	12	2	

14－17 标准计量质量监督基本情况(一)

(1990－2016年)

年份	已建市(地)级社会公用计量标准			已开展强制检定计量器具		强制检定计量器具实际检定数(台件)	计量仪器检定(台件)
	类	项	种	项	种		
1990	4	17	29	17	29	18231	36688
1991	4	17	32	15	26	14679	42584
1992	4	17	32	17	26	29432	49265
1993	5	17	43	18	28	27075	48819
1994	5	20	49	16	26	30799	42383
1995	5	25	54	20	27	31752	48518
1996	5	28	58	20	27	36950	55043
1997	6	28	64	20	35	32988	50653
1998	9	32	76	26	40	39919	32058
1999	10	27	40	27	40	18655	53361
2000	10	55	265	36	65	26538	132693
2001	10	52	119	23	36	8685	55176
2002	5	56	143	23	33	35985	78550
2003	5	95	201	21	33	48863	135373
2004	9	98	289	22	38	23751	78087
2005	10	65	114	28	48	10681	113102
2006	10	71	196	22	32	14678	103518
2007	15	98	223	25	35	15678	123518
2008	15	81	199	23	45	29134	95422
2009	11	99	222	23	45	44748	84913
2010	11	99	222	23	45	45160	90432
2011	11	99	222	23	45	35782	108732
2012	11	100	223	24	46	43316	110539
2013	11	108	233	28	51	46846	157169
2014	11	145	334	24	39	26567	118939
2015	10	149	338	25	40	37573	128464
2016	10	159	340	26	45	54028	112571

14-18 标准计量质量监督基本情况(二)

(1990-2016年)

年份	产品质量监督受检企业数(个)	受检产品种数(种)	检验产品批次(批次)	检验产品合格批次(批次)	批次合格率(%)	现有工作用房(平方米)
1990	18	3	19	14	73.70	2739
1991	1292	14	1452	788	54.27	2946
1992	1135	11	1373	979	71.30	3300
1993	1330	13	1537	1133	73.72	3600
1994	2126	37	2185	1516	69.38	3600
1995	1428	14	1469	1033	70.32	4074
1996	2031	20	2118	1559	74.00	4100
1997	2866	46	3078	2403	76.00	4300
1998	3058	56	3134	2441	78.00	5900
1999	1966	55	2253	1592	70.66	7900
2000	1423	58	1534	1283	83.60	7930
2001	2100	28	2100	1697	80.83	10280
2002	4376	130	4376	3543	81.20	9280
2003	3634	240	3726	2727	75.00	18790
2004	3981	258	4158	3451	83.00	11800
2005	1956	167	1971	1691	85.79	28500
2006	2170	189	2319	2016	86.90	28500
2007	2497	196	2497	2197	87.99	28500
2008	1012	89	1012	816	80.63	28500
2009	1832	92	1832	1623	88.69	28500
2010	2093	149	2093	1907	91.11	28500
2011	1839	143	1839	1665	90.54	28500
2012	976	55	976	907	92.93	28500
2013	1070	82	1070	1027	95.98	28500
2014	1340	90	1341	1281	95.53	28500
2015	1190	113	1193	1125	94.30	28500
2016	1121	93	1152	1098	95.30	28500

14－19　标准计量质量监督基本情况(三)

(1990－2016年)

年　份	标准馆藏总量(件)	国内标准	国外标准	接待情报资料咨询读者人数(人次)	为情报资料咨询者提供标准(件)	为情报资料咨询者复印资料(页)
1990	28020	28000	20	105	300	1000
1991	32030	32000	30	125	350	1050
1992	33050	33000	50	140	380	2000
1993	42060	42000	60	156	410	2000
1994	47060	47000	60	178	410	2800
1995	51060	51000	60	182	520	2800
1996	53080	53000	80	190	550	2900
1997	57100	56100	1000	198	580	3000
1998	67100	66100	1000	498	680	5000
1999	87500	86500	1000	520	780	25000
2000	104800	103800	1000	624	936	50000
2001	105554	104554	1000	742	1054	139663
2002	105952	104952	1000	922	1254	146833
2003	107572	106572	1000	1090	1464	151833
2004	109372	108372	1000	998	1458	151962
2005	109372	109372		816	738	2632
2006	109372	109372		952	879	3483
2007	118406	118090	326	5744	12068	14086
2008	120500	120000	500	6500	15320	16280
2009	150000	130000	2000	10500	25000	18300
2010	142000	124000	18000	20000	28000	6000
2011	260000	180000	80000	140000	40000	30000
2012	580000	180000	400000	80000	20000	2000
2013	411900	185000	393400	85000	20000	2000
2014	649390	136987	512403	78000	20000	3000
2015	732665	165320	567345	83000	21000	3065
2016	813318	171966	641352	100	121	1500

14－20 标准计量质量监督基本情况（四）

（1990－2016年）

年份	企业产品标准备案数（个）	政府计量部门建立社会公用计量标准（项）	授权建立社会公用计量标准（项）	制造计量器具许可证工商户数（户）	修理计量器具许可证工商户数（户）	技术监督行政执法受理案件数（件）	技术监督行政法结案案件数（件）
1990	258						
1991	227					15	15
1992	446					90	85
1993	416	37		120	50	45	30
1994	501	94		89	60	195	182
1995	2315	95	5	167	56	417	384
1996	2680	123	5	182	87	591	495
1997	3409	123	2	127	69	976	935
1998	4285	122	3	91	71	1162	1096
1999	5511	94	3	89	60	1927	1830
2000	7489	92	7	112	49	2042	2021
2001	9021	125	7	76	7	2493	2487
2002	11327	249	13	29	21	2542	2534
2003	2931	201	13	147	9	2342	2342
2004	15584	289	43	175	1	1557	1551
2005	17007	320	76	28	2	1211	1185
2006	15677	325	30	35	1	580	518
2007	11136	332	31	35	1	3726	3720
2008	10735	339	2	26	1	2292	1978
2009	12019	199		23	1	3726	3720
2010	3875	200	3	21	1	1228	1099
2011	3151	211	3	24	1	957	956
2012	1285	219	3	23	1	556	539
2013	4276	259	3	27	1	501	495
2014	986	269	3	25	1	299	297
2015	1433	298	3	17	1	424	414
2016	12637	316	4	18	1	453	446

注:2015年起企业产品标准备案数统计口径改为企业产品标准自我声明公开数年

主要统计指标解释

普通高等学校 指按照国家规定的审批程序举办,通过全国统一招生考试,招收高级中等学校毕业生和具有同等学历者,实施高等教育,增减高等专门人才的学校。包括大学、专门学校、专科学校和短期职业大学。

成人高等学校 指按照国家规定的审批程序批准举办,招收高中毕业生或同等学历者,利用多种形式对成人实施高等教育,培养相当普通高等学校专科或本科毕业水平的专门人才的学校。包括广播电视大学、职工高等学校、农民高等学校、干部管理学校、教育学院、独立函授学院以及普通高等学校举办的函授、夜大等。

中等专业学校 指经国务院各部委或省人民政府批准举办,招收初中(或部分高中)毕业生或具有同等学历者,实施中等专业教育、培养中等专门人才的学校。具体又可分为中等技术学校和中等师范学校两大类。

技工学校 指招收初中(或部分高中)毕业生或同等学历者,实施专业技术教育、培养中级技术工人的学校。包括中央在地方单位办、各级劳动部门办、各级其他部门办和厂矿企业办。其在校学生数不包括培训的在职职工人数。

招生数 指新学年开始时,按照国家招生计划实际招收入学的新生数。不包括留级生和复读学生数。

在校学生数 指学年初开学以后,具有学籍的人武部在校学习的学生总数。

毕业生数 指上学年度内,具有学籍的学生学完教学计划的人全部课程,考试及格,获得毕业证书的学生数。不包括结业生和肄业生数。

教职工数 指在学校中工作的固定教职工人数。包括校本部、科研机构、校办工厂、农(林)场和附属机构的人员。不包括下列人员:离休、退休、退职人员;学校办的集体单位和学校附属机构中,属于集体单位的职工;代课教师和各种临时工。

专任教师 指主要从事教育工作的人员。包括临时(一年以内)调去帮助做其他工作的教学人员。不包括调离教学岗位,担任行政领导工作或其他工作的原教学人员;不包括兼任教师和代课教师。

小学学龄儿童入学率 指调查范围内已入学学习的学龄儿童占校内外学龄儿童总数(包括弱智儿童在内,但不包括盲聋哑儿童)的比重,计算公式是:

$$\text{小学学龄儿童入学率}=\frac{\text{已入学的小学学龄儿童数}}{\text{校内外小学学龄儿童总数}}100\%$$

专利 是专利数的简称,是对发明人的发明创造经审查合格后,由专利局依据专利法授于发明人和设计人对该项发明创造享有的专有权。从类型来看,包括发明、实用新型和外观设计。

发明 指对产品、方法或者其改进所提出的新的技术方案。实用新型指对产品的形状、构造或者其结合所提出的适于实用的新的技术方案。

外观设计 指对产品的形状、图案、色彩或者其结合所作出的富有美感并适于工业上应用的新设计。

技术市场 指知识形态商品交换关系的总和,即买、卖中介各方就技术开发、技术转让、技术咨询和技术服务所结成的交换关系,包括科技成果从开发、应用、推广直至为社会服务的整个流通领域和流通环节。订立技术合同提供服务的中介机构,是我国技术市场的一个重要组成部分。

科技活动 是指在自然科学、农业科学、医药科学、工程与技术科学、人文与社会科学领域(简称科学技术领域)中与科技知识的产生、发展、传播和应用密切相关的有组织的活动。为核算科技投人的需要,科技活动可分为科学研究与试验发展(R&D)、科学研究与试验发展成果应用及相关的科技服务三类活动。

企业办科技机构 指企业自办(或与外单位合办),管理上同生产系统相对独立(或者单独核算)的专门科技活动机构,如企业办的技术中心、研究院所、开发中心、开发部、实验室、中试车间、试验基地等。

科技活动人员 是指企业内部直接参加科技项目以及项目的管理人员和直接服务的人员。不包括全年累计从事科技活动时间不足制度工作时间10%的人员。

R&D(研究与试验发展) 是指在科学技术领域,为增加知识总量、以及运用这些知识去创造新的应用进行的系统的创造性的活动,包括基础研究、应用研究、试验发展三类活动。

R&D 内部经费支出　是指调查单位在报告年度用于内部开展 R&D 活动（基础研究、应用研究和试验发展）的实际支出。包括用于 R&D 项目（课题）活动的直接支出，以及间接用于 R&D 活动的管理费、服务费、与 R&D 有关的基本建设支出以及外协加工费等。不包括生产性活动支出、归还贷款支出以及与外单位合作或委托外单位进行 R&D 活动而转拨给对方的经费支出。

R&D 经费外部支出　是指报告期委托外单位或与外单位合作进行科技活动而拨给对方的经费。包括对国内研究机构支出、对国内高等学校支出、对国内企业支出以及对境外机构支出合计。

已开展强制检定工作计量器具　指县级以上政府计量行政部门根据《中华人民共和国强制检定的工作计量器具明细目录》中规定的 55 项 111 种，具体开展项、种数。

产品质量监督检验企业数　指报告期内实际受检的企业数。

产品质量监督检验批次　在同一时期，对同一企业生产的同种规格的产品，按规定办法抽取样品，进行一次监督检验，为一个批次。

企业产品标准备案数　指企业已审批发布并办理了备案手续的企业产品标准数。

社会公用计量标准　指经过政府计量行政部门考核、作为统一本地区量值的依据，在社会上实施计量监督具有公证作用的计量标准。项数是指县级以上政府计量行政部门建立并考核发证的项目数。

授权建立的社会公用计量标准　指县以上政府计量行政部门授权其他部门或单位建立的社会公用计量标准器具考核发证的项目数。

制造计算器具许可证工商户数　指取得由县以上政府计量行政部门考核颁发制造计量器具许可证的企业单位数（包括个体工商户数）。

修理计量器具许可证工商户数　指取得县级政府计量行政部门考核颁发的修理计量器具许可证的企业单位数（包括个体工商户数）。

文化卫生体育和广播

Culture, Public Health, sports and Broadcast

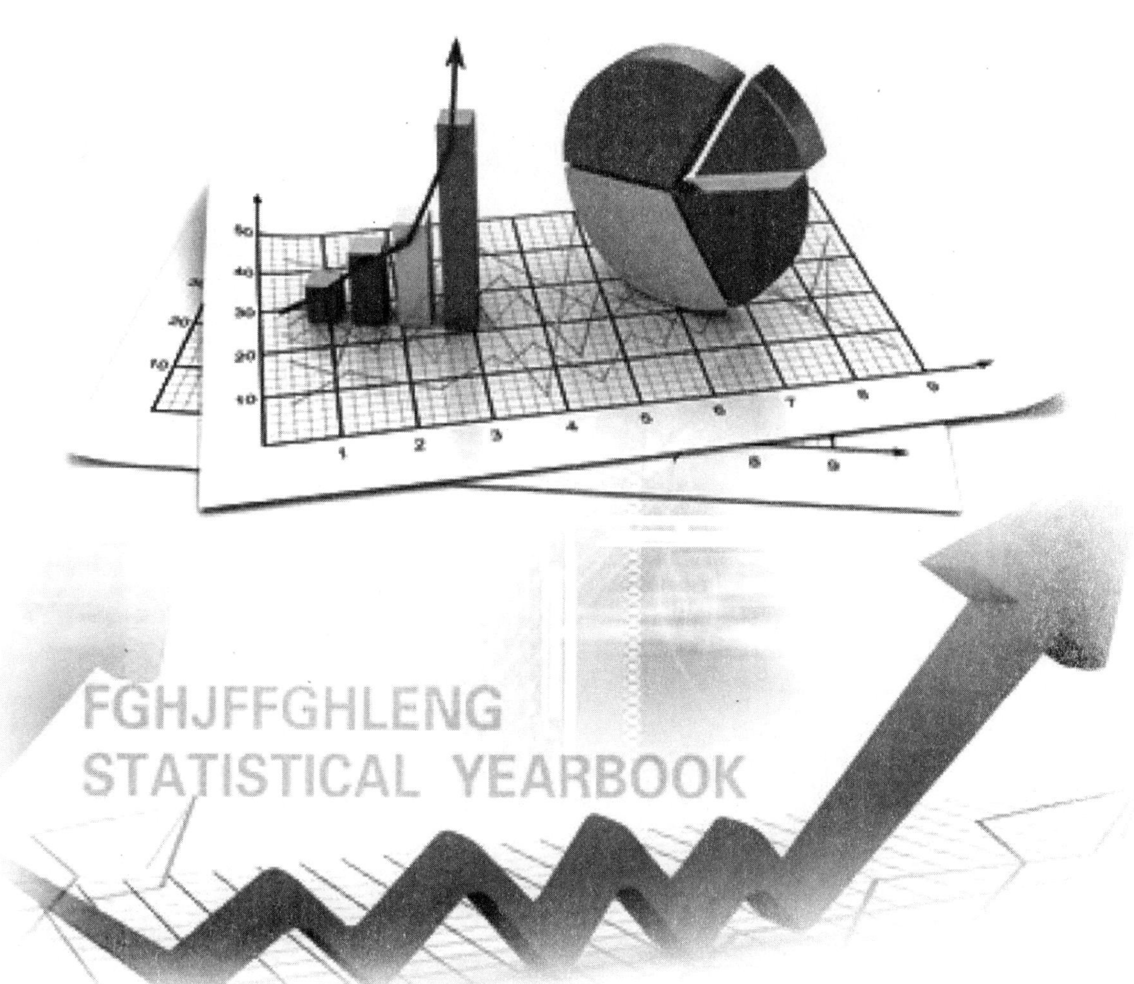

15－1 主要年份文化艺术事业单位数

单位：个

年　份	电影放映单位	艺术表演团体	文化馆、站	#文化馆	公共图书馆
1980	412	12	205	8	7
1985	616	8	441	8	8
1990	577	8	430	8	8
1991	554	8	420	8	8
1992	542	8	202	8	8
1993	516	8	157	8	8
1994	516	8	210	8	8
1995	490	4	168	8	8
1996	493	4	168	8	8
1997	452	4	150	8	8
1998	453	6	181	9	8
1999	453	6	181	9	8
2000	370	6	180	9	8
2001	370	6	163	9	8
2002	380	7	139	9	8
2003	380	8	129	9	8
2004	380	8	131	9	8
2005	42	8	140	9	8
2006	41	7	143	10	9
2007	38	8	144	10	9
2008	26	8	143	10	10
2009	25	8	143	10	10
2010	25	8	143	10	10
2011	27	7	143	10	10
2012	31	6	143	10	10
2013	33	7	143	10	10
2014	47	7	129	10	10
2015	39	169	139	10	10
2016	39	186	139	10	10

注：2005年起电影放映单位数使用基本单位调查数据（含法人单位和其他法人单位附属的产业活动单位）；2015年起艺术表演团体含私营团体。

15－2 群众文化基本情况

（1996－2016年）

年份	举办展览场次（个）	组织文艺活动（次）	举办训练班班次（次）	培训人次（万人次）	藏书（万册）	经费总支出（万元）
1996	689	2059	610	2.00	21.50	833
1997	625	1959	617	2.10	19.80	788
1998	737	2047	795	1.50	18.20	914
1999	666	2213	870	1.30	24.20	989
2000	708	1889	622	1.23	29.91	1424
2001	501	1482	516	1.40	30.20	1340
2002	518	1954	752	1.47	34.94	3474
2003	503	1720	479	1.37	38.03	2955
2004	636	2385	715	1.95	58.75	3177
2005	617	1607	620	2.33	64.20	3548
2006	698	1859	774	2.63	89.60	6046
2007	550	1028	1686	4.05	77.35	2858
2008	694	1999	1344	9.64	83.77	5387
2009	671	2285	4379	9.38	88.61	5831
2010	620	2331	1214	8.30	97.98	6363
2011	596	2186	1245	9.77	105.00	6923
2012	583	2307	1500	14.12	112.00	9648
2013	597	2428	1497	14.20	119.69	11262
2014	823	2805	2536	23.04	262.26	12920
2015	1252	5682	2902	42.57	252.24	15767
2016	1374	6100	4104	49.62	185.97	16574

注：本表统计范围为文化馆和文化站。

15－3　主要年份卫生机构数

单位:个

年份	卫生机构数	医院、卫生院	#县以上医院	疗养院、所	社区卫生服务中心(站)	诊所卫生所医务室门诊部	卫生防疫机构	妇幼保健机构	卫生监督所	医学在职培训机构	其他卫生机构
1978	618	417	15								
1980	674	425	16								
1985	718	357	18								
1990	730	351	21	1	333		9	10		1	25
1991	729	359	22	1	322		9	10		1	27
1992	728	415	25	1	264		9	10		1	28
1993	701	386	25	1	266		9	10	1	10	18
1994	698	393	25	1	264		9	10	1	10	10
1995	709	402	25	1	265		10	10	1	10	10
1996	694	387	28	1	265		10	10	1	10	10
1997	717	391	29	1	284		10	10	1	10	10
1998	680	382	29	1	255		10	10	1	10	11
1999	635	356	29	1	236		10	10	1	10	11
2000	645	340	31	1	262		10	10	1	10	11
2001	664	365	31	1	238		28	10	1	10	11
2002	932	277	36	1	378	225	23	10	1	10	7
2003	1097	229	30	1	344	462	20	10	1	9	21
2004	1223	232	30	1	135	796	20	10	1	9	19
2005	1285	237	30	1	327	673	20	10	1	9	7
2006	1243	242	30	1	346	605	20	10	1	9	9
2007	1401	233	30	1	413	703	20	10	1	9	11
2008	1379	240	30	1	417	670	10	10	10	8	13
2009	1394	239	35	1	440	663	10	10	10	8	13
2010	1380	220	35	1	470	638	10	10	10	8	13
2011	3061	156	35	1	548	633	10	10	10	8	5
2012	3101	192	36	1	515	658	10	10	10	8	5
2013	3096	201	36	1	497	687	10	10	10	8	4
2014	3260	209	36	1	479	836	10	10	10	9	4
2015	3455	262	37	1	424	1047	10	10	10	9	4
2016	3540	271	37	2	406	1137	10	10	10	9	4

注：2002 年开始卫生机构数包括个体诊所、社区卫生服务站机构数;2003 和 2011 年度均有一部分卫生院转为社区卫生服务站,导致卫生院数减少,社区卫生服务站增加;2011 年卫生机构数包括 1672 家村卫生室,导致卫生机构数增加。

15－4　主要年份卫生机构床位数

单位:张

年　份	卫生机构床位数	#医院、卫生院	#县以上医院	#疗养院、所	#妇保幼健机构	#社区卫生中心(站)	每万人口拥有床位数
1978	4788	4723	2366				10.6
1980	5237	5162	2607				11.3
1985	5974	5858	3212				12.2
1990	7030	6902	4120	60			13.6
1991	7352	7223	4415	60			14.2
1992	7672	7546	4788	70			14.7
1993	7682	7563	4814	70			14.7
1994	7861	7695	4931	112			14.9
1995	8015	7854	4974	112			15.1
1996	8333	8177	5292	112			15.6
1997	8534	8422	5483	112			15.9
1998	8671	8559	5628	112			16.1
1999	8880	8768	5892	112			16.4
2000	9559	9459	7006	100			17.5
2001	10496	10396	7277	100			19.1
2002	10387	10307	8374	80			18.9
2003	11352	11035	8555	100	173	44	20.5
2004	12285	11965	9172	100	201	19	22.1
2005	12634	12367	9158	32	220	15	22.6
2006	13762	13494	10192	25	243		24.4
2007	14293	14025	10393		258	10	25.1
2008	14927	14465	10816	30	253	179	26.0
2009	15563	15160	11232	30	303	70	26.9
2010	16528	16088	12580	30	318	339	28.3
2011	17536	16025	12100	30	336	1130	29.2
2012	18729	17809	14526	30	366	509	31.7
2013	20072	19033	15292	30	366	628	33.8
2014	22267	21334	15916	30	375	513	37.3
2015	24784	23723	17598	50	375	621	41.5
2016	26845	25656	21093	200	376	668	44.7

注：2007年疗养院、所的床位数并入医院统计。

15－5 主要年份卫生事业基本情况

单位:人

年份	卫生机构人员数	卫生机构技术人员数	#医生	#护士	其他技术人员	管理人员	工勤人员	每万人口拥有卫生技术人员数	#医生数	#护士数
1978	7894	6998	2743	739	36	583	277	15.5	6.1	1.6
1980	9554	8283	2608	655	27	731	513	17.9	5.6	1.4
1985	10998	9391	3357	1073	43	828	736	19.2	6.8	2.2
1990	12879	11011	4512	1969	71	1140	657	21.4	8.8	3.8
1991	13219	11285	4607	2072	86	1172	676	21.8	8.9	4.0
1992	13599	11584	4599	2136	93	1223	699	22.3	8.8	4.1
1993	13952	11763	4483	2248	109	1167	913	22.5	8.6	4.3
1994	14534	12406	4950	2419	127	1094	907	23.6	9.4	4.6
1995	14495	12027	5357	2443	39	1813	616	22.7	10.1	4.6
1996	15240	12628	5676	2597	42	1924	646	23.7	10.6	4.9
1997	17186	14501	6106	2772	49	1982	654	27.1	11.4	5.2
1998	16635	13905	5871	2973	228	1453	1049	25.8	10.9	5.5
1999	17204	14149	6165	2992	211	1683	1161	26.1	11.4	5.5
2000	18017	14841	6479	3309	232	1724	1220	27.2	11.9	6.1
2001	18947	15692	7100	3713	396	1760	1099	28.6	12.9	6.8
2002	19337	16276	6898	4658	726	943	1392	29.6	12.5	8.5
2003	20967	17780	7837	4658	950	881	1356	32.2	14.2	8.4
2004	21548	18484	7804	4873	969	974	1121	33.2	14.0	8.8
2005	24484	20806	8577	5695	1198	898	1582	37.2	15.3	10.2
2006	25517	21372	8826	6232	1190	999	1956	37.8	15.6	11.1
2007	27426	22868	9828	6588	1162	1068	2328	40.2	17.3	11.6
2008	28794	24488	10968	7675	1137	979	2190	42.7	19.3	13.4
2009	30526	25798	11237	8432	1135	977	2616	44.6	19.4	14.6
2010	31855	26765	11521	9104	1282	1037	2771	45.9	19.8	15.6
2011	36660	29890	12606	10227	1515	725	3240	49.8	21.1	17.0
2012	39103	31643	12944	10873	1603	739	3844	53.5	21.9	18.4
2013	40697	32851	13338	11613	1479	948	4208	55.3	22.5	19.5
2014	43156	34836	14226	12731	1763	985	4415	58.3	23.9	21.3
2015	46335	37841	15723	14666	1721	1107	4551	63.3	26.3	24.5
2016	49233	40588	16637	16180	1826	1125	4610	67.6	27.7	27.0

注：2002 年及以后卫生机构数为登记注册数;医生系执业(助理)医师数,护士为注册护士数。

15－6　医疗机构诊疗次数和入院人数

（2002－2016年）

年　份	诊 疗 人次数（万人次）	#门、急诊	入院人数（万人次）	每百诊次入院人数（人）	病 床 使用率（%）	病 床 周转次数（次）	出院者平均住院天数（日）
2002	1595	1466	24.1	1.50			
2003	1507	1446	30.5	2.00			
2004	1616	1593	34.8	2.20			
2005	1818	1748	36.9	2.11			
2006	1862	1828	38.6	2.07			
2007	2113	1960	42.3	2.00	84.61	32.5	9.2
2008	2445	2406	45.9	1.88	85.33	33.4	9.1
2009	2746	2716	49.3	1.80	88.40	33.5	9.6
2010	2805	2754	52.3	1.79	89.70	32.9	10.1
2011	3769	3724	57.4	1.51	90.08	33.9	9.6
2012	4283	4239	64.6	1.52	93.03	35.6	9.6
2013	4330	4265	68.1	1.57	89.56	35.4	9.3
2014	4670	4589	72.0	1.54	87.31	34.8	9.1
2015	4739	4650	74.5	1.56	84.08	33.0	9.2
2016	5168	5088	81.0	2.01	83.04	32.6	9.0

15－7　医疗机构分类别诊疗次数和入院人数

（2016 年）

单位：万人次

类　别	诊疗人次数	#门、急诊	家庭卫生服务人次数	观察室留观病例数	健康检查人数	入院人数	住院病人手术人次数	每百诊次入院人数（人）
总　计	**5168.05**	**5088.04**	**6.67**	**6.20**	**6182.72**	**80.97**	**23.00**	**2.01**
一、医　院	**2218.55**	**2211.55**	**0.63**	**5.80**	**103.88**	**75.86**	**22.54**	**3.43**
综合医院	1675.69	1670.67	0.63	5.50	83.85	60.74	18.96	3.64
中医医院	430.31	430.31		0.21	12.87	11.74	2.34	2.73
中西医结合医院	2.22	2.22				0.08		3.79
专科医院	110.17	108.20		0.09	7.16	3.28	1.24	3.03
口腔医院	3.98	3.98			0.20			
眼科医院	0.45	0.45				0.02	0.02	5.43
耳鼻喉科医院	2.02	2.00				0.37	0.37	18.30
肿瘤医院	0.69	0.69			0.29	0.07	…	10.72
妇产(科)医院	14.78	14.71				0.29	0.24	2.00
儿童医院	1.44	1.27				0.16	0.14	12.95
精神病医院	28.49	28.04				0.97	0.05	3.46
皮肤病医院	7.65	7.65				…		0.02
骨科医院	11.02	11.02				0.62	0.08	5.58
康复医院	9.37	9.31			0.16	0.17	0.02	1.86
整形外科医院	0.11	0.11						
其他专科医院	30.19	28.97		0.01	6.51	0.59	0.31	2.05
护理院	0.16	0.16			…	0.01		7.76
二、基层医疗卫生机构	**2810.65**	**2741.26**	**6.03**	**0.40**	**6069.51**	**2.85**		**0.17**
社区卫生服务中心(站)	666.84	652.76	0.06	0.34	36.69	0.68		0.10
卫生院	1064.06	1029.10	5.95	0.07	6030.96	2.17		0.21
其中：中心卫生院	738.32	711.30	3.31	0.03	57.29	2.15		0.30
村卫生室	734.14	726.26						
门诊部	47.83	39.53			1.86			
诊所. 卫生所. 医务室	297.79	293.62	0.02					
三、专业公共卫生机构	**131.03**	**127.41**		**…**	**9.12**	**2.26**	**0.46**	**1.81**
妇幼保健院(所、站)	128.09	124.48		…	9.12	2.26	0.46	1.81
其中：妇幼保健院	87.49	83.87		…	7.29	2.26	0.46	2.69
急救中心(站)	2.94	2.94						
四、其他机构(疗养院)	**7.82**	**7.82**			**0.21**	**0.01**		**0.13**

15－8 体育基本情况

（1992－2016年）

年份	体育场(馆)(个)	举办县以上运动会(次)	参加县以上运动会(人)	举办乡镇运动会(次)	参加乡镇运动会(人)	获世界比赛：金牌(枚)	获全国、全省比赛(枚)			向上级体育团体输送人员(人)	国家级裁判员(人)	国家一级裁判员(人)
							金牌	银牌	铜牌			
1992	4					4	87	80	55			
1993	4					3	72	56	49	35		
1994	4	141	27023	68	25921		35	26	18	10		
1995	4	161	27950	94	48530	1	60	72	67	25		
1996	4	180	28103	164	56704		63	86	75	23		
1997	6	102	13756	165	49316		91	57	55	10	7	35
1998	6	10	2000			2	57	51	39.5		7	40
1999	7	9	6234	6	3250	15	90	83	66	35	7	40
2000	9	12	1420	114	48545	2	60	56	53	27	7	40
2001	9	42	10850	77	26586		77	51	51	13	7	40
2002	9	12	11080	86	18600		104	64	61	7	8	45
2003	9	17	12741	135	18860		86	69	80	43	11	57
2004	11	23	11500	27	5500		117	94	104	30	13	72
2005	11	94	29227	174	32229		167.5	134	123	52	14	113
2006	14	21	21250	18	12500		147	138	146	88	15	124
2007	14	25	26280	35	17250		99	83	77	110	15	142
2008	14	27	28320	26	23620		93	71	103	135	16	167
2009	14	26	27840	30	32460		88.5	76	80	139	17	194
2010	7	28	25370	23	26000		189.7	119	151.5		18	222
2011	7	10	16800	29	22100	2	285.5	129	51	51	19	237
2012	7	19	26299	25	17800	9	142.5	137	168	71	19	249
2013	12	25	36000	36	22500	1	89.5	90	125	78	19	266
2014	9	20	32000	20	23000	2	176	90.5	150.5	53	19	284
2015	12	15	29500	55	33700	4	154.5	158	149	55	20	304
2016	11	17	31000	26	21000	2	224.3	175	215	65	28	324

15-9 广播电视基本情况

（1992-2016年）

年份	广播节目套数（套）	广播电台（个）	无线电视节目套数（套）	有线广播电视网络干线总长（公里）	卫星收转（座）	电视人口覆盖率（%）
1992	3	8	7		112	78.56
1993	4	8	8		215	88.00
1994	4	8	8		917	87.00
1995	4	8	8		1338	90.00
1996	4	8	8		1133	88.61
1997	4	8	8		991	86.37
1998	3	6	7		425	86.37
1999	4	6	7		339	90.45
2000	4	6	7	20507	359	94.26
2001	8	6	8	24639	621	95.67
2002	8	6	10	45161	638	98.04
2003	8	6	10	44832	536	98.64
2004	9	7	10	11038	498	98.80
2005	10	9	10	12515	487	98.91
2006	10	9	10	11705	211	99.01
2007	10	9	10	14449	198	99.48
2008	10	9	10	15125	34	99.47
2009	10	9	10	15475	35	99.48
2010	10	9	10	17519	22	99.47
2011	10	9	10	18425	9	99.42
2012	10	9	10	21771	9	99.56
2013	10	8	10	23012	9	99.63
2014	10	8	10	24881	9	99.63
2015	10	8	10	26409	9	99.72
2016	10	8	10	27216		99.76

注：2006年有线广播电视网络干线总长是光节点之前的长度。

主 要 统 计 指 标 解 释

文化事业机构 指从事专业文化工作和为专业文化工作服务的独立核算、独立建制的单位。不包括文化主管部门直属单位举办的其他行业和各部门的业余文化组织。

艺术表演团体 指从事戏曲、音乐、舞蹈、杂技等专业艺术表演,有独立帐户,实行单独核算的团体。不包括半工半艺、半农半艺和民间职业剧团。

医院 指设有固定床位能收病人住院并能为病人提供医疗和护理服务的医疗机构。包括县及县以上医院、乡镇卫生院、其他医院三部分。

卫生技术人员 指卫生事业机构支付工资的全部固定职工和合同制职工中现任职务为卫生技术工作的专业人员。包括中医师、西医师、中西医结合高级医师、护师、中药师、西药师、检验师、其他技师、中医士、西医士、护士、助产士、中药剂士、西药剂士 、检验士、其他技士、其他中医、护理员、中药剂员、西药剂员、检验员,其他初级卫生技术人员。

医生 包括执业医生和执业助理医生。指具有《医师执业证》及其"级别"为"执业医师"且实际从事医疗、预防保健工作的人员,不包括实际从事管理工作的执业医师。

诊疗人次数 指一定时期内所有诊疗工作的总人次数,包括病人来院就诊的门诊、急诊人次数和出诊、赴家庭病床、到工厂、农村、会议、集体活动等外出诊疗的人次数以及外出进行的单项健康检查人次数。

体育场 指有 400 米跑道,中心含足球场。并有固定看台的田径场。

体育馆 指有固定看台可供篮球、排球、羽毛球、乒乓球、体操等项目训练比赛活动用的室内场地。

等级裁判员人数 指经考核正式批准授予等级裁判员称号的人数。裁判员等级分为国际裁判、国家级裁判、一级裁判、二级裁判、三级裁判。

广播(电视)人口覆盖率 指广播(或电视)覆盖人口与总人口的比率。广播(或电视)覆盖,目前是按某套节目来计算的。广播覆盖人口是指能够用普通收音机在中午收听中波广播节目,并且收听效果能达到听清完整的节目内容的地区的人口数。包括只能收听外省的中波广播的人口数在内。电视覆盖人口是指能够用普通电视接收机,室外天线在离地面四米高外,在晚上收看电视,并且收看效果能达到图像基本稳定、清晰,能看清人物的形象、动作的地区内的人口数。指标计算公式:

$$\text{广播(或电视)人口覆盖率} = \frac{\text{年末广播(或电视)覆盖人口数}}{\text{年末总人口数}} \times 100\%$$

档案工会妇联共青团和社会保障

Archives,Labor Union,The Women's Federation, The Communist Youth League and Social Security

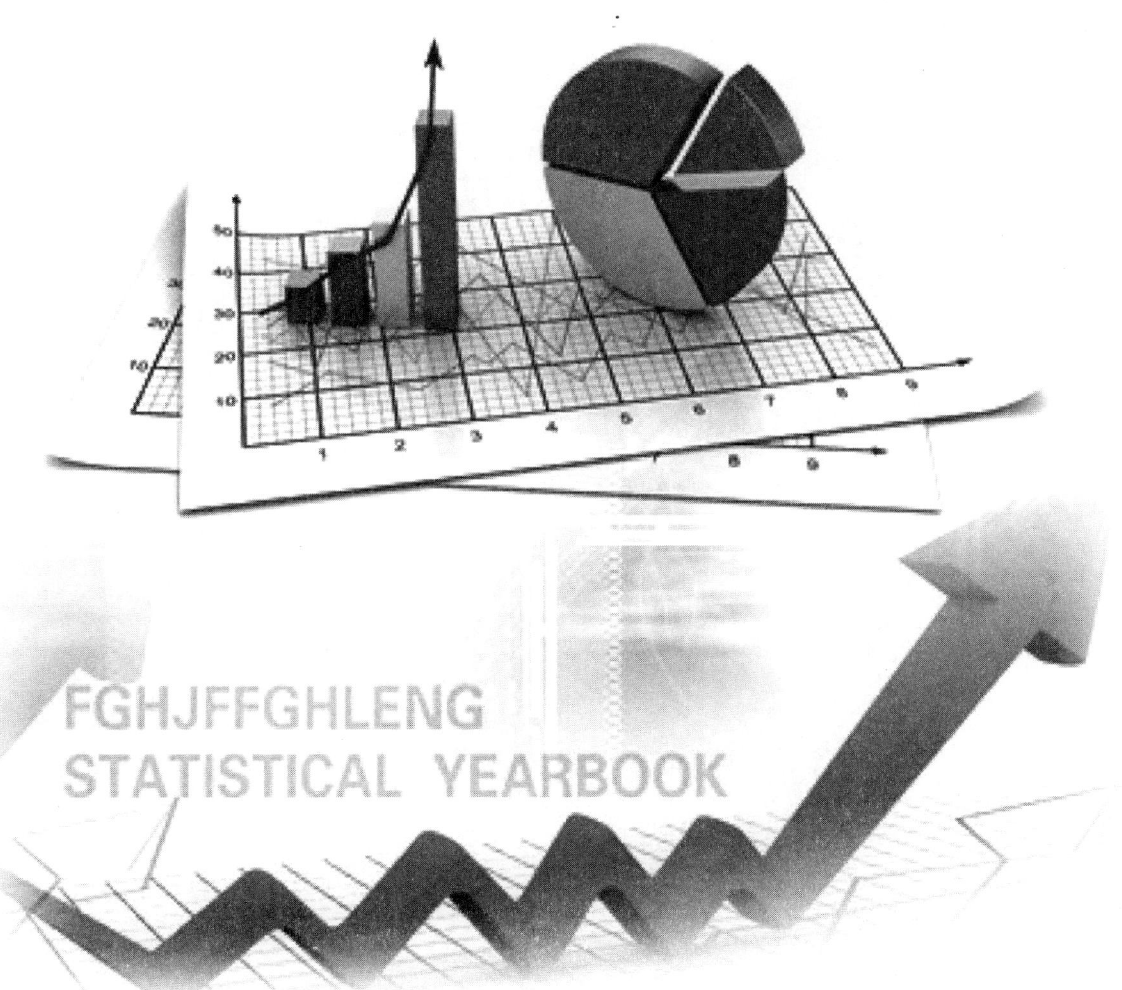

16－1 档案馆档案资料馆藏情况

（1990－2016年）

年 份	馆藏档案				馆藏资料册数（万册）	档案馆面积（平方米）	#库房面积
	全宗（个）	案卷（万卷）	录音录像影片（盒）	照片（万张）			
1990	624	14.83	595	0.55	3.95	6544	4371
1991	713	15.76	637	0.87	4.13	7689	4900
1992	944	18.10	672	0.95	4.30	8709	5412
1993	1008	18.65	704	1.04	4.74	8709	5412
1994	1070	19.77	734	1.17	4.92	8709	5412
1995	1116	21.54	793	1.30	5.16	8709	5412
1996	1133	22.31	770	1.44	5.65	8868	5563
1997	1215	23.31	637	1.74	6.00	8868	5563
1998	1223	24.42	612	1.89	6.44	9337	5885
1999	1322	28.80	766	2.04	6.63	8970	5831
2000	1353	30.66	1485	2.14	6.86	9097	5865
2001	1395	37.16	1617	2.47	7.13	9172	5865
2002	1449	40.93	1563	2.91	7.33	9372	5965
2003	1480	43.68	1597	3.15	7.43	9499	6199
2004	1497	45.22	1627	3.31	7.85	9167	6099
2005	1526	56.93	1783	3.60	8.09	9892	6810
2006	1554	49.66	1806	4.01	8.31	14441	9401
2007	1590	51.97	1820	4.23	8.46	13941	9147
2008	1620	54.24	1844	4.60	8.70	23941	11291
2009	1632	55.40	1860	4.82	8.91	23941	11291
2010	1753	59.27	1867	5.36	9.03	23941	11291
2011	1805	61.28	1923	5.47	9.14	23941	11291
2012	1839	65.92	1944	5.74	9.38	25041	11291
2013	1863	69.70	1969	6.00	9.47	24352	9779
2014	1894	72.20	2223	6.54	9.69	30657	11919
2015	1909	74.96	2224	7.12	10.00	30797	12019
2016	1927	77.27	2255	7.45	10.61	58165	18427

16－2 档案馆档案资料利用情况

(1990－2016年)

年份	档案资料利用				开放档案	
	利用人次（万人次）	利用档案（万卷、件次）	利用资料（万册、次）	复制（万页）	全宗（个）	案卷（万卷）
1990	0.56	2.45	0.31	1.08		
1991	0.50	1.40	0.20	0.72	222	2.00
1992	0.49	1.16	0.15	0.76	264	2.19
1993	0.34	0.99	0.13	0.94	264	2.22
1994	0.36	1.01	0.15	1.13	264	2.27
1995	0.28	0.64	0.11	0.80	269	3.79
1996	0.24	0.67	0.11	0.51	340	3.90
1997	0.30	0.81	0.09	1.56	422	4.65
1998	0.40	1.01	0.15	0.88	520	5.47
1999	0.52	1.53	0.17	1.18	523	5.48
2000	0.54	1.74	0.16	1.24	528	5.75
2001	0.56	1.63	0.14	2.10	528	5.75
2002	0.79	2.27	0.10	2.94	458	5.88
2003	0.79	2.05	0.19	3.17	653	6.12
2004	1.01	3.04	0.78	4.86	673	6.21
2005	2.09	3.28	1.17	3.13	556	10.96
2006	1.94	19.46	0.52	9.82	556	6.31
2007	1.71	34.07	1.33	8.55	618	6.70
2008	1.64	5.04	0.18	7.25	625	7.01
2009	1.94	3.15	0.55	3.25	625	7.11
2010	1.56	2.50	0.98	3.12	625	7.11
2011	6.15	9.07	1.29	6.79	639	7.36
2012	2.98	3.77	0.28		657	7.36
2013	3.04	4.65	0.29		657	7.36
2014	3.66	4.98	0.18		784	7.42
2015	3.95	11.38	0.12		791	7.42
2016	4.64	7.10	0.14		815	7.79

16-3 工会基本情况

（1990-2016年）

单位：人

年份	基层工会组织数（个）	建立工会组织单位职工人数	#女职工	建立工会组织单位会员人数	#女会员	建立职工代表大会制度的单位数（个）	全国劳模	省、部级劳模	市级劳模
1990	2228	251674	95376	230452	87158			10	
1991	2248	262784	101983	238735	91425			4	
1992	2324	266339	105200	239708	92282			3	
1993	2291	244083	97152	218933	86362			5	
1994	2273	246203	97268	223354	86867			8	
1995							9	13	
1996	2639	226287	89340	206707	81974			5	
1997	2489	196051	79224	179901	70837			3	
1998	2359	213689	87487	185941	74880	973		5	
1999	2926	265768	110630	217735	89573	971		27	100
2000	5399	503285	204580	408975	164591	621	9	2	
2001	7073	845300	288184	821751	263792	517		11	
2002	5795	865423	368442	818095	339828	1209		4	
2003	5940	890017	367797	826141	339025	1675		5	
2004	7218	973565	395162	888892	370207	2349		36	100
2005	8356	1043045	473879	982363	417495	2400	10		
2006	9205	1142028	469978	1073865	421380	2537		4	
2007	10378	1236408	535409	1167186	497179	2770		4	
2008	11647	1326682	537442	1249840	511820	2904		5	
2009	12538	1432401	558981	1352600	535431	3010		39	79
2010	13343	1580373	621436	1517298	601393	3290	11		
2011	14719	1763071	682306	1712126	666807	3653		5	
2012	16739	2014431	770027	1981778	760996	4106		4	
2013	17639	2119344	809964	2083070	799558	4295		4	
2014	17427	2142399	814445	2100368	800470	4305		49	108
2015	17574	2299533	834233	2258245	822948	4416	10		
2016	17667	2394617	875998	2355832	867304	6267		3	

注：工会基层组织统计口径2002年开始由原工会组织覆盖企业改为一级基层工会委员会。

16－4 妇女联合会基本情况

（1990－2016 年）

年　　份	巾帼文明岗　数（市级以上）（个）	巾　帼志愿者（人）	三　八红旗手（人）	巾 帼 建功 标 兵（省级以上）（人）	实用技术培训人数（万人）	文明家庭（市、县级）（户）	女农民技术员（人）
1990			83		14.56	725	
1991			73		15.61	151	
1992			20			410	
1993			30			335	
1994			3		9.39	91	
1995			37		15.42	110	
1996			3		17.37	267	
1997			79		17.90	162	
1998			44		19.67	450	
1999					11.40	763	
2000			10		9.72	11563	
2001	746				14.34	40141	
2002	1206	20514	13		10.25	225280	7732
2003	623	23021	26		10.79	412811	11207
2004	628	34997	37	7	6.73	482499	11207
2005	321	32640	34		6.75	289166	12439
2006	161	35680	28	7	5.66	144701	12439
2007	227	33600	33	5	4.76	135837	13406
2008	309	34580	59	38	3.68	647	13411
2009	309	35280	105	9	5.38	2048	14457
2010	411	35760	84	10	4.22	1490	14457
2011	124	36250	56	12	4.79	418	14200
2012	74	37777	60	15	7.25	2380	14200
2013	69	37100	49	17	0.90	70611	14648
2014	62	36659	20	9	0.90	5022	14648
2015	76	38195	22	7	2.87	334	14850
2016	5	69120	8	3	3.39	393	15780

16-5 共青团基本情况

（1995-2016年）

单位：人

年份	新命名市级青年文明号（个）	市十大杰出青年	优秀团干部	优秀团员	市"五四"红旗团委（个）	市优秀青年志愿者	市大中学生"三下乡"先进集体（个）	市大中学生"三下乡"先进个人
1995							28	40
1996	11	10					27	30
1997	17					27	25	33
1998	22					29	17	28
1999	41	10	50	51	11	31	10	25
2000	66		50	51	5	30	19	24
2001	88		51	52	11	32	26	50
2002	89	10	51	52	10	32	31	68
2003	72		52	50	12	51	31	61
2004	70		54	51	11	50	26	64
2005	66	10	51	51	9	51	36	70
2006	60		54	53	11	100	36	64
2007	73		52	59	13		46	60
2008	58	10	51	49	12		35	61
2009	64		53	51	8	53		
2010	64		53	54	10		26	46
2011	64	10	54	53	10		42	53
2012	64		53	57	11		30	49
2013	201		50	50	10		44	59
2014			50	50	9		47	61
2015	103	10	50	49	10		38	52
2016	107		49	52	10		30	64

16-6 民政事业基本情况(一)

(1990-2016年)

单位:人

年份	享受定期抚恤金人数	#烈士家属	享受定期补助人数	#在乡复员军人	#在乡退伍军人	烈军属享受优待户数(户)	烈军属享受优待总额(万元)	安置退伍军人人数	离退休、退职直接发放人员
1990	821	502	10591	9112	1296	10589	517	1639	772
1991	829	492	10427	8914	1410	10081	524		725
1992	793	483	10330	8697	1543	10455	553	2425	571
1993	797	474	10096	4836	1585	11111	570	1816	561
1994	770	458	10085	8434	1575	11888	689	2546	535
1995	780	467	9977	8314	1589	12728	864	2148	510
1996	721	431	9862	8112	1694	10307	1359	1872	501
1997	724	423	9526	7757	1711	10590	2223	1651	496
1998	694	391	9407	7407	1943	10296	2322	1366	474
1999	672	368	9308	7202	2072	14515	3559	3596	447
2000	646	349	9181	6947	2208	15940	3513	3568	427
2001	626	333	8811	6835	1959	17040	3825	1690	421
2002	611	323	8802	6581	2209	16572	3440	2409	406
2003	602	318	8474	6189	2274	16141	3950	1150	403
2004	590	312	8356	5982	2364	13522	2939	854	402
2005	583	309	7968	5616	2346	11922	4370	1257	391
2006	581	309	7741	5384	2351	9656	4543	1781	392
2007	561	291	7823	5164	2282	10104	5313	1730	386
2008	547	284	9150	4981	3197	10973	6063	2943	375
2009	545	277	9096	4680	3156	10993	7087	2482	363
2010	527	271	8987	4430	3183	11959	8797	2763	357
2011	510	257	9348	4158	3118	13483	11872	2698	349
2012	485	242	36368	3803	2193	14349	11438	2756	325
2013	445	222	36060	3217	2234	16203	9881	2616	318
2014	411	197	36725	2955	2220	18433	15095	2456	309
2015	416	204	37344	2764	2131	16537	15861	2302	303
2016	406	196	37954	2589	2080	24092	18456		279

16-7 民政事业基本情况(二)

(1990-2016年)

单位:人

年份	定期社会救济对象总人数	# 城镇最低生活保障人数	# 农村最低生活保障人数	最低生活保障资金(万元)	社会福利院			收养类单位		
					单位数(个)	床位(张)	年末在院人数	单位数(个)	床位(张)	年末在院人数
1990					4	222	124	82	1133	751
1991					4	194	112	93	1209	850
1992					4	194	114	98	1339	975
1993					4	182	142	98	1374	1056
1994					4	178	154	101	1336	1116
1995					4	178	297	123	1852	1087
1996					4	232	188	165	2225	1321
1997					6	322	177	185	2585	1666
1998					7	372	247	184	2795	1655
1999					7	403	297	179	2847	1640
2000	79794	899	28712	1441	7	525	359	175	3697	2005
2001	44493	1313	32174	1915	8	735	425	164	4024	2149
2002	55978	2416	46510	1751	9	854	503	149	4980	2396
2003	60837	3308	53443	2260	9	876	552	134	4303	2783
2004	64921	3792	57101	4970	9	908	599	135	5788	3642
2005	60172	3829	52918	4932	9	992	643	168	8327	4411
2006	61213	3766	52761	5126	9	1093	729	196	11753	7094
2007	64161	4019	56167	6917	9	1323	773	194	13237	9346
2008	66712	4310	58678	9422	9	1423	748	209	15061	8524
2009	65425	4401	57223	9960	9	1473	808	203	15574	9284
2010	64326	3966	56739	11988	9	1638	792	224	20518	9803
2011	65120	4029	57637	15686	9	1931	817	327	26949	16290
2012	65159	4005	57607	19035	9	1871	786	342	32939	18461
2013	63661	3951	56301	21227	9	2206	1107	366	38223	19458
2014	61800	3838	54717	20718	9	2117	1102	331	37963	19186
2015	81303	7577	70570	27099	9	2206	1195	345	42111	20502
2016	102692	24456	75767	38021	9	2741	1191	354	46386	21905

16-8 民政事业基本情况(三)

(1990-2016年)

单位:个

年份	民政福利企业单位数	结婚对数(对)	#涉外结婚对数(对)	离婚对数(对)	社会团体机构数	#地级社团	年末实有殡仪馆	年处理遗体数(具)
1990	431	30054	26	463			1	322
1991	391	29217	22	467	600	118	1	303
1992	425	36625	35	517	874	140	1	354
1993	460	39201	55	841	1134	165	1	348
1994	496	44557	38	1010	1091	171	1	406
1995	425	44544	51	992	1105	182	1	538
1996	382	45338	55	1375	1424	206	1	665
1997	376	40764	62	1559	1264	212	1	720
1998	380	50200	66	1555	1080	218	2	1419
1999	364	57519	83	1679	1131	215	5	13609
2000	345	48006	73	1994	884	202	5	25954
2001	361	46771	78	2080	815	203	5	26260
2002	382	47446	47	2149	887	234	5	27839
2003	388	46640	62	3163	953	256	6	32241
2004	384	46602	64	4795	1027	260	7	33110
2005	381	43853	42	4773	1151	273	7	35629
2006	387	49405	65	6522	1257	293	7	25709
2007	354	46229	3	6702	1315	301	7	33745
2008	323	47479	8	7837	1342	302	7	34621
2009	326	48197	37	8745	1384	333	7	34677
2010	311	47843	40	9516	1431	332	7	44043
2011	301	50064	67	10261	1448	315	7	35307
2012	209	47721	98	11159	1516	337	7	34565
2013	228	44383	185	11630	1598	356	7	35175
2014	207	47049	125	13149	1681	365	7	36330
2015	186	43540	113	14173	1759	384	7	37427
2016	181	35077	129	14443	1944	397	7	37716

16－9 养老保险基本情况

（1995－2016年）

年份	城镇职工养老保险参保人数（人）	职工参保	离退休参保	城镇养老保险收缴保险基金（万元）	城镇养老保险支付养老金（万元）	城乡居民养老保险参保人数（人）
1995	223450	181285	42165			
1996	231067	186165	44902			
1997	230021	181685	48336	26203	23500	
1998	238425	186402	52023	28957	29778	
1999	289975	232229	57746	29038	35818	
2000	323774	260075	63699	39518	43289	
2001	337621	268966	68655	67635	55314	
2002	475499	404592	70907	74404	68063	
2003	564249	490256	73993	116500	72220	
2004	663682	584910	78772	125341	77926	
2005	699799	616468	83331	140543	87633	
2006	740966	652528	88438	173169	103925	
2007	817298	723023	94275	218071	125779	
2008	906825	806013	100812	262405	153331	
2009	1010435	900749	109686	269939	177683	
2010	1138364	1021004	117360	314867	206125	
2011	1340952	1179823	161129	392608	263072	
2012	1486883	1291768	195115	496811	373575	2124079
2013	1609977	1398087	211890	575193	444999	2316696
2014	1811961	1511186	300775	674310	589138	2460537
2015	1797098	1320752	476346	813370	997801	2336250
2016	1938744	1306268	632476	1081240	1561531	2197064

16－10 基本医疗和失业保险情况

（1995－2016年）

年份	城镇基本医疗保险情况					失业保险情况		
	期末参保人数（人）	职工参保	离退休参保	收缴保险基金（万元）	支付保险基金（万元）	期末参保人数（人）	收缴保险基金（万元）	支付保险基金（万元）
1995	60102	49481	10621			149713	950	530
1996	65328	51544	13784			155772	1438	625
1997	58237	21421	36816	2054	1321	156924	1543	796
1998	109136	91479	17657	4687	2230	153038	2320	1082
1999	126770	97841	28929	8391	3761	231800	3628	1706
2000	127805	96257	31548	5445	5014	262000	3928	1619
2001	132793	90059	42734	7894	7674	284055	4431	2273
2002	223409	157042	66367	16835	9062	309988	5295	1998
2003	296000	219381	76619	40919	18480	320716	6411	1251
2004	330855	250393	87662	43205	27831	346440	8099	2596
2005	375163	282927	92236	45028	33894	348259	9334	1924
2006	427668	326288	101380	50724	38843	392096	11448	2622
2007	487703	380074	107629	52340	31423	443716	13257	2424
2008	586798	471292	115506	59191	35442	516349	17860	1774
2009	662437	530546	131891	72335	45043	562033	20080	4319
2010	744828	604216	140612	88734	53600	627233	27061	7639
2011	925990	762801	163189	136867	67558	748807	31761	10704
2012	1070942	893920	177022	225034	107365	822736	42710	10496
2013	1223191	1041790	181401	214681	139461	895307	51906	13737
2014	1362068	1173943	188125	320215	167409	959460	59122	12439
2015	1407771	1212375	195396	306705	162261	993734	58866	29031
2015	1290458	1087197	203261	398126	223492	1035947	44044	4886

16－11 工伤和生育保险基本情况

（1995－2016年）

年份	工伤保险情况			生育保险情况		
	期末参保人数（人）	收缴保险基金（万元）	支付保险基金（万元）	期末参保人数（人）	收缴保险基金（万元）	支付保险基金（万元）
1995	34964			14274		
1996	107496			46942		
1997	132906	618	118	73035	227	137
1998	130593	651	140	135056	378	255
1999	123201	639	200	133177	570	414
2000	122066	719	285	128547	590	451
2001	129824	858	347	129325	681	533
2002	129983	1147	420	126554	805	532
2003	190081	1414	733	123497	732	548
2004	235329	2505	1380	143816	811	542
2005	290154	4107	2541	135991	1106	841
2006	420460	5977	4092	176515	1570	1036
2007	1128802	9726	5713	199769	2421	1695
2008	1480046	16989	9623	243769	3072	2356
2009	1600697	17207	12092	274273	4053	3088
2010	1809065	23439	15435	345769	5373	4110
2011	1972055	31263	22660	574568	7837	5235
2012	2085850	36453	38900	666972	12560	8812
2013	2191494	39033	39841	769415	14525	10841
2014	2286346	42038	46833	856955	17012	13411
2015	2324260	53508	48834	887374	21835	15597
2016	1825047	55916	48877	824371	18462	18224

主 要 统 计 指 标 解 释

社会救济对象总人数　指在报告期末生活在当地规定的最低生活保障线以下的家庭人员及国家规定由民政部门救济的特殊人员和60年代精减退职老职工救济人员等。

城镇居民最低生活保障人数　指在报告期末家庭平均收入在当地规定的最低生活保障线以下的城镇居民数。包括“三无”对象，失业人员和在职、下岗、退休人员等。

农村居民最低生活保障人数　指在报告期末在建立农村最低生活保障制度的地区，得到当地政府或集体给予最低生活保障的农业人口家庭人数。

收养类单位　指提供食宿的、不以盈利为目的的革命伤残军人休养院、复退军人慢性病疗养院、复退军人精神病院、光荣院、社会福利院、儿童福利院、精神病人福利院、老年收养性机构（敬老院、养老院、老年公寓）等收养性的社会福利事业单位的总称。分事业单位、企业和民办非企业3类。

基本医疗保险　建立城镇职工基本医疗保险制度，是对现行公费医疗、劳动医疗制度的创新和机制转换。基本医疗保险实行社会统筹和个人帐户相结合，是建立城镇职工基本医疗保险制度的核心内容。

基本养老保险参保职工人数　指参加基本养老保险并在社保经办机构已建立缴费记录档案的职工人数，包括不经常缴费、已中断缴费但未终止养老保险关系的职工人数，已参加基本养老保险后进入再就业服务中心并继续缴费的下岗职工人数。不包括只登记未建立缴费记录档案的人员。

各县市区国民经济主要指标

Main Indicators of National Economy by County, City and District

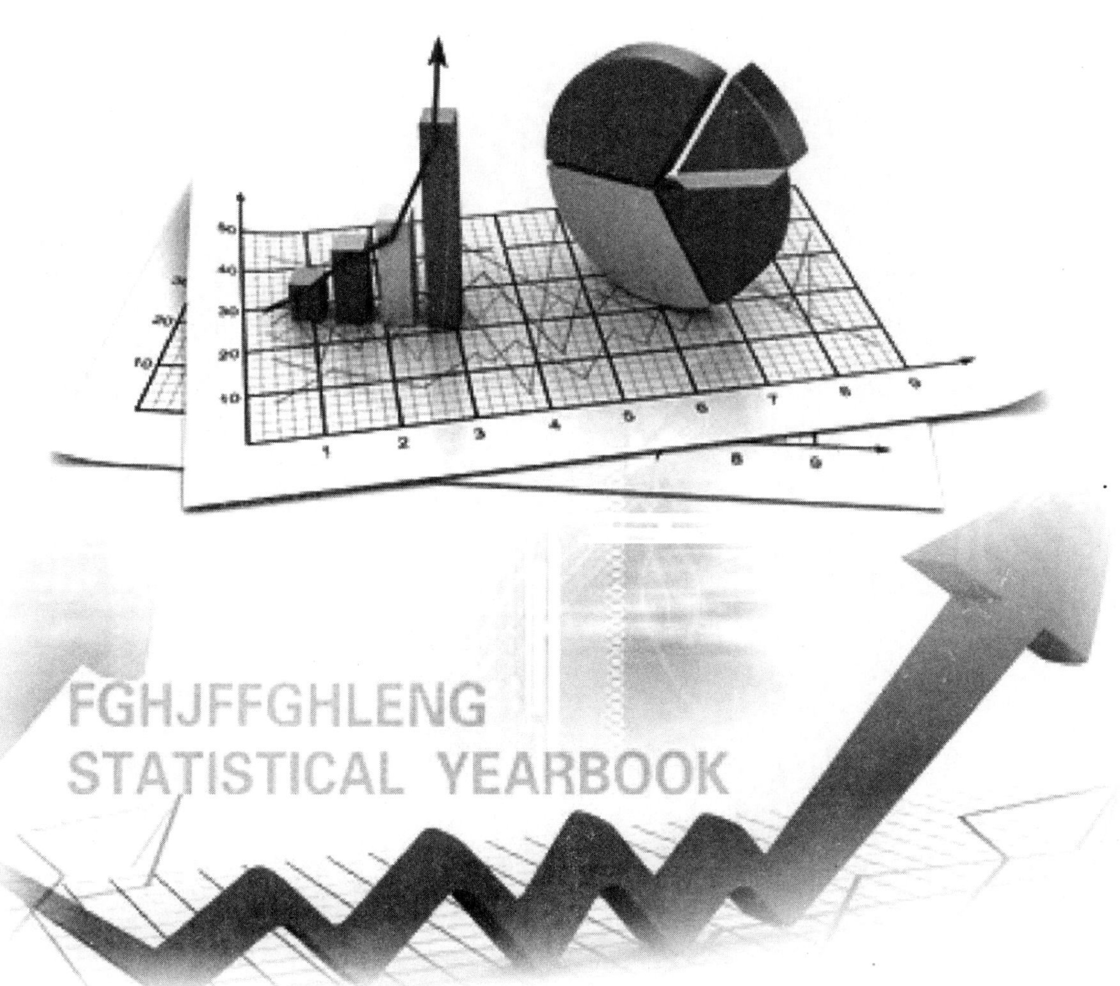

17－1 各县市区法人单位数

（2016年）

单位:个

地区	法人单位数	单产业法人	多产业法人
全市	**130638**	**128348**	**2290**
市区	46929	45991	938
椒江区	17441	16962	479
黄岩区	15111	14951	160
路桥区	14377	14078	299
玉环县	17489	17299	190
三门县	7534	7391	143
天台县	9698	9592	106
仙居县	7581	7409	172
温岭市	25578	25136	442
临海市	15829	15530	299

17－2 各县市区分产业法人单位数

（2016年）

单位:个

地区	法人单位数	第一产业	第二产业	第三产业	法人单位数中:工业
全市	**130638**	**10392**	**53446**	**66800**	**50879**
市区	46933	1655	17415	27863	16375
椒江区	17446	580	4561	12305	3924
黄岩区	15108	750	6913	7445	6724
路桥区	14379	325	5941	8113	5727
玉环县	17489	1119	9991	6379	9706
三门县	7532	1490	2217	3825	2021
天台县	9700	1274	2825	5601	2636
仙居县	7581	2014	2210	3357	2065
温岭市	25574	758	13467	11349	13142
临海市	15829	2082	5321	8426	4934

17－3　各县市区分产业增加值

（2016年）

单位：万元

年　份	生产总值	第一产业	第二产业	第三产业	人均生产总值			
					人民币（元）		美元	
					按户籍人口计算	按常住人口计算	按户籍人口计算	按常住人口计算
全　市	**38986594**	**2541362**	**16957966**	**19487266**	**65104**	**64287**	**9801**	**9678**
市　区	14125346	509404	6038830	7577112	88453	72961	13317	10984
椒江区	4956595	203583	2060953	2692059	93086	74090	14014	11154
黄岩区	3917314	174891	1883083	1859340	64161	60781	9659	9151
路桥区	5251437	130930	2094794	3025713	115694	84360	17418	12700
玉环县	4695827	327746	2479653	1888427	108947	74834	16402	11266
三门县	1860232	274679	678973	906579	42054	55282	6331	8323
天台县	2070499	136456	874151	1059892	34734	52684	5229	7932
仙居县	1900975	153529	788217	959230	37408	54391	5632	8189
温岭市	8991382	695808	3664388	4631186	73943	65273	11132	9827
临海市	5306242	443740	2292401	2570102	44301	50777	6670	7645

17－4　各县市区分行业增加值（一）

（2016年）

单位：万元

地　区	农、林、牧、渔业	工　业	建筑业	批发和零售业	交通运输仓储及邮政业	住宿和餐饮业	信息传输、软件和信息技术服务业	金融业
全　市	**2566835**	**14690972**	**2289530**	**5309760**	**1555229**	**1230816**	**456121**	**2915875**
市　区	511745	5348862	705037	2196983	576487	414366	204820	1320652
椒江区	203842	1787846	276807	457800	181800	146568	103926	676771
黄岩区	176461	1744982	143730	400458	195681	130616	46895	268099
路桥区	131442	1816034	284500	1338724	199006	137182	53999	375782
玉环县	334182	2310036	174918	512552	149466	150070	48446	224018
三门县	274773	502544	177195	175602	91321	67235	19873	129353
天台县	136980	742450	133100	242634	92976	73552	22301	137393
仙居县	154338	651412	138525	189307	93974	68382	20682	140441
温岭市	709853	3048204	626357	1513406	419101	282171	98956	601115
临海市	444964	1961155	333900	467035	166208	135386	62041	345761

17－5 各县市区分行业增加值(二)

(2016年)

单位:万元

地　　区	房地产业	租赁和商务服务业	科学研究和技术服务业	水利、环境和公共设施管理业	居民服务、修理和其他服务业	教　育	卫生和社会工作	文化、体育和娱乐业	公共管理、社会保障和社会组织
全　市	**2410806**	**563894**	**392647**	**131999**	**957180**	**1179030**	**674128**	**202620**	**1459153**
市　区	886313	237367	106258	46650	246308	419953	241069	93239	569238
椒江区	335993	107077	74452	15410	56605	186510	96904	34403	213883
黄岩区	234674	60310	14835	19690	69912	111232	75417	43232	181090
路桥区	315645	69981	16970	11550	119792	122212	68748	15604	174265
玉环县	174133	113094	27176	17139	127210	99109	48201	19966	166111
三门县	129486	13373	10770	3632	40974	53775	30719	16310	123297
天台县	133520	23642	6688	15620	70981	90811	44950	10933	91967
仙居县	118838	30559	8864	17565	50049	75847	36155	8417	97622
温岭市	508002	106687	59870	24593	243675	236763	163017	54313	295300
临海市	421036	56508	162545	13687	150069	255433	126318	34306	169890

17－6 各县市区生产总值增长速度

(2016年)

单位:%

年　份	生产总值	第一产业	第二产业	第三产业	在生产总值中:工业	人均生产总值按户籍人口计算	人均生产总值按常住人口计算
全　市	**7.8**	**4.3**	**7.6**	**8.3**	**8.6**	**7.5**	**7.2**
市　区	7.2	4.6	7.2	7.3	7.9	6.6	6.4
椒江区	6.0	4.7	7.3	5.0	8.0	5.2	4.7
黄岩区	7.7	4.3	7.9	7.8	8.3	7.2	6.8
路桥区	7.9	4.6	6.6	9.1	7.4	7.7	7.9
玉环县	7.7	3.9	7.0	9.4	7.5	7.5	7.1
三门县	7.2	3.9	9.1	6.8	13.7	6.9	5.8
天台县	7.7	4.3	6.9	8.8	8.3	7.7	6.0
仙居县	11.4	4.2	13.4	11.0	16.3	11.2	10.3
温岭市	8.4	4.6	6.4	10.7	7.3	8.4	8.7
临海市	9.7	4.3	6.5	13.9	7.2	9.3	9.2

注:本表按可比价格计算。

17－7 各县市区年末人口数

（2016 年）

单位:人

地区	户籍总户数（户）	户籍总人口数	按性别分		按城乡分		常住人口数（万人）
			男性	女性	城镇人口	农村人口	
全市	**1915694**	**6001703**	**3067913**	**2933790**	**2503510**	**3498193**	**608.0**
市区	501506	1600961	802943	798018	839427	761534	194.4
椒江区	173413	535083	268707	266376	298035	237048	67.5
黄岩区	194378	611023	306288	304735	291988	319035	64.8
路桥区	133715	454855	227948	226907	249404	205451	62.1
玉环县	141119	431807	218405	213402	222375	209432	62.9
三门县	145899	443573	232061	211512	119046	324527	34.0
天台县	192307	598493	311872	286621	196652	401841	39.8
仙居县	145427	510290	264838	245452	135382	374908	35.2
温岭市	409985	1216731	615919	600812	580826	635905	137.0
临海市	379451	1199848	621875	577973	409802	790046	104.7

17－8 各县市区人口自然变动情况

（2016 年）

地区	出生		死亡		自然增长	
	人数（人）	出生率（‰）	人数（人）	死亡率（‰）	人数（人）	自然增长率（‰）
全市	**62076**	**10.37**	**34119**	**5.70**	**27957**	**4.67**
市区	14809	9.24	9349	5.84	5460	3.40
椒江区	5360	10.07	2919	5.48	2441	4.59
黄岩区	5317	8.71	3888	6.37	1429	2.34
路桥区	4132	9.10	2542	5.60	1590	3.50
玉环县	4106	9.53	2357	5.47	1749	4.06
三门县	5124	11.58	2243	5.07	2881	6.51
天台县	8713	14.62	3473	5.83	5240	8.79
仙居县	7221	14.21	2727	5.37	4494	8.84
温岭市	10164	8.36	7592	6.24	2572	2.12
临海市	11939	9.97	6378	5.32	5561	4.65

17－9 各县市区分乡镇街道户籍人口数

（2016 年）

单位：人

地 区	总户数（户）	总人口数	按性别分		按城乡分	
			男 性	女 性	城镇人口	农村人口
椒 江 区						
海门街道	29809	85598	42400	43198	85598	
白云街道	26083	73632	36459	37173	73632	
葭沚街道	27073	75718	37169	38549	43939	31779
洪家街道	14405	51346	25261	26085	20925	30421
下陈街道	14042	42709	21294	21415	32761	9948
前所街道	15576	53521	27897	25624	9525	43996
章安街道	23097	86441	45101	41340	17125	69316
三甲街道	21797	62199	31224	30975	12113	50086
大陈镇	1531	3919	1902	2017	2417	1502
黄 岩 区						
东城街道	21976	61863	30441	31422	57643	4220
南城街道	7257	24634	12137	12497	19291	5343
西城街道	22586	66717	32566	34151	57052	9665
北城街道	11203	37003	18129	18874	24782	12221
新前街道	14757	44804	22323	22481	25193	19611
澄江街道	11013	33091	16421	16670	22433	10658
江口街道	10050	35213	17404	17809	16017	19196
高桥街道	7172	24133	12038	12095	11037	13096
宁溪镇	10716	34642	17798	16844	10752	23890
北洋镇	11325	33609	17006	16603	6125	27484
头陀镇	12756	37366	19051	18315	7975	29391
院桥镇	20245	73513	36966	36547	24671	48842
沙埠镇	6981	24461	12422	12039	9017	15444
屿头乡	4328	14099	7272	6827		14099
上郑乡	3927	12657	6740	5917		12657
富山乡	3678	11820	6358	5462		11820
茅畲乡	4773	13787	7040	6747		13787
上垟乡	6373	17690	9017	8673		17690
平田乡	3262	9921	5159	4762		9921

注：按城乡分人口数末按年报口径调整。

17－9 续表1

单位:人

地　区	总户数（户）	总人口数	按性别分		按城乡分	
			男　性	女　性	城镇人口	农村人口
路 桥 区						
路南街道	8956	32513	16190	16323	32513	
路桥街道	21143	57346	28195	29151	57346	
路北街道	7741	24641	11901	12740	24641	
螺洋街道	7123	25809	12693	13116	19823	5986
桐屿街道	10036	37079	18127	18952	16558	20521
峰江街道	12082	45111	22954	22157	34074	11037
新桥镇	7765	28162	14338	13824	23219	4943
横街镇	7982	28622	14524	14098	11845	16777
金清镇	32287	107308	54203	53105	37391	69917
蓬街镇	18600	68264	34823	33441	21215	47049
玉 环 县						
玉城街道	34134	104152	51780	52372	83171	20981
坎门街道	22097	68088	34237	33851	63093	4995
大麦屿街道	17145	56528	29396	27132	23262	33266
清港镇	17721	51218	26142	25076	11591	39627
楚门镇	17193	52131	25716	26415	33011	19120
干江镇	7368	21795	11194	10601	4884	16911
沙门镇	9014	25863	13053	12810	5819	20044
芦浦镇	5888	18086	9251	8835	2732	15354
龙溪镇	5756	18650	9635	9015	5812	12838
鸡山乡	2527	7653	3985	3668		7653
海山乡	2276	7643	4016	3627		7643

17－9 续表2

单位:人

地　　区	总户数(户)	总人口数	按性别分		按城乡分	
			男　性	女　性	城镇人口	农村人口
三 门 县						
海游街道	25104	73354	37447	35907	63206	10148
海润街道	7374	23090	11964	11126	6480	16610
沙柳街道	5777	17595	9277	8318	5115	12480
珠岙镇	13851	44394	23619	20775	17484	26910
亭旁镇	19634	58585	30623	27962	8224	50361
健跳镇	22163	68599	35787	32812	18414	50185
横渡镇	7486	23137	12283	10854	3889	19248
浦坝港镇	35156	106389	56033	50356	14844	91545
花桥镇	8842	26813	14204	12609	7180	19633
蛇蟠乡	512	1617	824	793		1617
天 台 县						
赤城街道	32781	96776	48620	48156	80043	16733
始丰街道	15686	49090	24797	24293	27432	21658
福溪街道	13980	44925	23256	21669	27840	17085
白鹤镇	22069	66201	34492	31709	6499	59702
石梁镇	5558	16129	8673	7456	1469	14660
街头镇	12814	38986	20444	18542	5064	33922
平桥镇	34898	112030	58268	53762	19817	92213
坦头镇	14810	46059	24740	21319	10077	35982
三合镇	11978	41422	21911	19511	12653	28769
洪畴镇	5963	21803	11628	10175	7619	14184
三州乡	3248	9804	5348	4456		9804
龙溪乡	2618	8007	4323	3684		8007
雷锋乡	5214	16217	8708	7509		16217
南屏乡	5424	14765	8015	6750		14765
泳溪乡	5266	16279	8649	7630		16279

17－9 续表3

单位:人

地区	总户数（户）	总人口数	按性别分		按城乡分	
			男性	女性	城镇人口	农村人口
仙居县						
安洲街道	8676	31781	16105	15676	29696	2085
南[illegible]街道	10328	38402	19590	18812	32857	5545
福应街道	15883	55410	28177	27233	29898	25512
横溪镇	14210	51162	26093	25069	25916	25246
埠头镇	5329	19953	10253	9700	9123	10830
白塔镇	12534	43607	22458	21149	13104	30503
田市镇	8519	29170	15414	13756	9050	20120
官路镇	6719	22940	11893	11047	10159	12781
下各镇	15191	52561	27255	25306	11324	41237
朱溪镇	9674	31814	16543	15271	4255	27559
安岭乡	3075	11838	6474	5364		11838
溪港乡	2443	8440	4549	3891		8440
湫山乡	4897	16892	8862	8030		16892
淡竹乡	3869	13350	7038	6312		13350
皤滩乡	4606	15773	8202	7571		15773
上张乡	4178	13675	7553	6122		13675
步路乡	4460	15392	8269	7123		15392
广度乡	2554	9579	5144	4435		9579
大战乡	4698	15985	8378	7607		15985
双庙乡	3584	12566	6588	5978		12566
温岭市						
太平街道	42107	115376	56706	58670	115376	
城东街道	19353	53971	26943	27028	42320	11651
城西街道	10417	29262	14416	14846	25504	3758
城北街道	6997	20365	10253	10112	17622	2743
横峰街道	11035	33209	16678	16531	24054	9155
泽国镇	41774	128260	64890	63370	56430	71830
大溪镇	41580	132212	67204	65008	43583	88629

17－9 续表4

单位:人

地　　区	总户数（户）	总人口数	按性别分 男性	按性别分 女性	按城乡分 城镇人口	按城乡分 农村人口
松门镇	31604	93689	47091	46598	49988	43701
箬横镇	49450	147677	75723	71954	50435	97242
新河镇	41331	122594	62205	60389	33771	88823
石塘镇	23363	69832	35062	34770	63698	6134
滨海镇	26060	75893	38834	37059	13902	61991
温峤镇	21788	63699	32431	31268	13617	50082
城南镇	24824	75427	38899	36528	16823	58604
石桥头镇	9828	29094	15073	14021	16370	12724
坞根镇	8474	26171	13511	12660	8333	17838
临海市						
古城街道	45078	123241	60993	62248	115405	7836
大洋街道	20675	57317	28723	28594	51912	5405
江南街道	9373	28773	14520	14253	9570	19203
大田街道	13601	41184	20723	20461	30405	10779
邵家渡街道	13479	42498	21602	20896	14659	27839
汛桥镇	6254	19868	10320	9548	5994	13874
东塍镇	22038	65622	33825	31797	25538	40084
汇溪镇	7575	21603	11337	10266	2804	18799
小芝镇	11497	36471	18963	17508	5279	31192
河头镇	16007	45009	23863	21146	5676	39333
白水洋镇	33878	104514	55950	48564	19253	85261
括苍镇	15358	46566	24638	21928	12524	34042
永丰镇	20522	62157	33064	29093	7485	54672
尤溪镇	8433	25764	13551	12213	2629	23135
涌泉镇	16463	55013	28883	26130	15222	39791
沿江镇	14766	49672	25380	24292	4280	45392
杜桥镇	57723	218415	113810	104605	39701	178714
上盘镇	15945	58260	30287	27973	28910	29350
桃渚镇	30786	97901	51443	46458	14556	83345

17－10 各县市区分行业全部在岗职工年末人数(一)

(2016年)

单位:人

地　　区	在岗职工年末人数	农林牧渔　业	采矿业	制造业	电力热力燃气及水生产和供应业	建筑业	批发和零售业	交通运输仓储和邮政业	住宿和餐饮业	信息传输软件和信息技术服务业
全　　市	**854534**	**478**	**80**	**301990**	**9840**	**297996**	**22184**	**11387**	**5639**	**5221**
市　　区	346363	312		129119	4600	103528	12310	5420	2153	4411
椒江区	167227	196		55751	3059	52229	8366	4047	1176	4150
黄岩区	72573	105		32528	827	18365	1033	627	977	226
路桥区	106563	11		40840	714	32934	2911	746		35
玉 环 县	86193	5		60833	577	4686	1658	1036	1197	
三 门 县	29411	52		5567	385	10821	259	458		74
天 台 县	57100	23		9936	805	28065	521	781	619	121
仙 居 县	45206		80	10338	735	19615	1968	209	31	12
温 岭 市	135569			45648	1321	52842	2865	1087	1134	318
临 海 市	154692	86		40549	1417	78439	2603	2396	505	285

17－11 各县市区分行业全部在岗职工年末人数(二)

(2016年)

单位:人

地　　区	金融业	房地产业	租赁和商务服务业	科学研究技术服务业	水利环境和公共设施管理业	居民服务修理和其他服务业	教育	卫生和社会工作	文化体育和娱乐业	公共管理社会保障和社会组织
全　　市	**29927**	**8073**	**8721**	**6859**	**4186**	**577**	**56007**	**33169**	**2906**	**49294**
市　　区	24343	4262	4604	2607	1166	189	16876	12323	1439	16701
椒江区	9236	1917	3069	1650	256	120	7336	4935	1166	8568
黄岩区	1369	1256	324	727	667	19	5267	3585	189	4482
路桥区	13738	1089	1211	230	243	50	4273	3803	84	3651
玉 环 县	518	720	846	119	848	21	5157	2884	286	4802
三 门 县	587	422	52	137	4	23	3558	1639	254	5119
天 台 县	86	717	163	533	1265	64	5525	3128	98	4650
仙 居 县	364	450	390	120	225	51	4139	2292	209	3978
温 岭 市	2976	873	2159	477	410	148	9901	5895	279	7236
临 海 市	1053	629	507	2866	268	81	10851	5008	341	6808

17－12　各县市区分经济类型全部在岗职工年末人数

（2016年）

单位：人

地　区	合　计	国　有 经济单位	城镇集体 经济单位	其　他 经济单位
全　市	**854534**	**154798**	**44912**	**654824**
市　区	346363	52567	2470	291326
椒江区	167227	26088	447	140692
黄岩区	72573	15017	267	57289
路桥区	106563	11462	1756	93345
玉环县	86193	12494	281	73418
三门县	29411	11433	22	17956
天台县	57100	15900	68	41132
仙居县	45206	10903	8	34295
温岭市	135569	25426	2993	107150
临海市	154692	26075	39070	89547

17－13　各县市区从业人员素质情况（一）

（2016年）

单位：人

地　区	从业人员 年末人数	大学本科 及以上	大　专	中专及 高　中	初中及 以　下
全　市	**941404**	**176474**	**142168**	**225717**	**397045**
市　区	400577	80445	60238	89948	169946
椒江区	205746	41650	30622	46899	86575
黄岩区	78231	15539	11950	19155	31587
路桥区	116600	23256	17666	23894	51784
玉环县	91123	13078	14425	22307	41313
三门县	31178	8653	7216	6853	8456
天台县	60142	11514	8661	18944	21023
仙居县	47340	10302	8279	10485	18274
温岭市	147963	24532	22385	35575	65471
临海市	163081	27950	20964	41605	72562

17－14　各县市区从业人员素质情况(二)

(2016年)

单位:人

地　区	在从业人员中:经营管理人员	在从业人员中:专业技术人员	高级专业技术人员	中级专业技术人员	初级专业技术人员	在专业技术岗位工作人员	在从业人员中:技术工人
全　市	**100869**	**237135**	**16093**	**50232**	**75726**	**95084**	**428333**
市　区	49591	100654	6305	19405	28592	46352	166575
椒江区	24231	55227	3320	9741	13405	28761	83793
黄岩区	13778	18203	1505	4849	6621	5228	32225
路桥区	11582	27224	1480	4815	8566	12363	50557
玉环县	13506	17606	991	3731	6214	6670	45407
三门县	3243	14280	1321	3273	3980	5706	10012
天台县	5711	20413	1591	4215	5388	9219	21673
仙居县	7560	12613	1160	3584	4819	3050	17608
温岭市	9156	32969	1979	7834	13265	9891	79474
临海市	12102	38600	2746	8190	13468	14196	87584

17－15　各县市区农村基本情况

(2016年)

地　区	农村常住户数(万户)	农村常住人口数(万　人)	农村从业人员数	通自来水的村数(个)	通有线电视村数(个)	通宽带村数(个)
全　市	**163.69**	**516.13**	**319.41**	**4571**	**4591**	**4580**
市　区	44.28	145.96	85.01	1027	1029	1034
椒江区	14.12	45.46	25.51	275	275	275
黄岩区	17.58	55.28	33.92	470	472	472
路桥区	12.58	45.22	25.58	282	282	287
玉环县	18.44	55.96	36.06	276	276	274
三门县	9.33	29.54	18.89	494	506	507
天台县	11.15	34.57	21.63	586	589	589
仙居县	10.93	33.35	20.5	401	397	401
温岭市	40.39	119.82	76.27	826	829	830
临海市	29.17	96.93	61.05	961	965	945

17－16　各县市区农林牧渔业总产值(一)

(2016年)

单位:万元

地区	农林牧渔业总产值	农业产值	粮食作物	谷物	豆类	薯类	油料	棉花
全市	**4494673**	**1481397**	**191508**	**157956**	**13562**	**19990**	**6861**	**1203**
市区	876028	390827	31621	25295	2895	3431	197	127
椒江区	409999	90985	10494	7787	1627	1080	91	123
黄岩区	240899	206205	12322	9514	882	1926	105	
路桥区	225130	93637	8805	7994	386	425	1	4
玉环县	618481	67547	3117	1683	644	790	332	247
三门县	548981	104662	16848	13908	1138	1802	617	314
天台县	207706	138297	17939	14822	529	2588	1366	58
仙居县	236599	162957	31681	24328	2585	4768	3106	
温岭市	1276805	279780	46411	39924	3387	3100	604	337
临海市	730073	337327	43891	37996	2384	3511	639	120

注：农林牧渔业总产值按当年价格计算,下同。

17－17　各县市区农林牧渔业总产值(二)

(2016年)

单位:万元

地区	在农业产值中										
	甘蔗	药材	蔬菜	食用菌	花卉园艺	茶桑果及坚果	#茶叶	#水果	柑桔	果用瓜	其他
全市	**28071**	**47514**	**444038**	**6677**	**62572**	**680983**	**61279**	**616705**	**145501**	**145841**	**325363**
市区	7716	2263	167059	1203	26642	153518	179	153121	21649	42759	88713
椒江区	1278	765	19391	336	2904	55599		55597	5101	28951	21545
黄岩区	4231	833	107343	867	7444	72997	179	72602	15821	4674	52107
路桥区	2207	665	40325		16294	24922		24922	727	9134	15061
玉环县	146	896	25349	9	7560	29877	36	29841	13350	7330	9161
三门县	199	85	40390		1660	37279	6316	30723	9401	14578	6744
天台县	26	19891	30249	304	3687	63707	28486	34554	5377	5379	23798
仙居县	131	14783	38759	885	4044	69093	4529	63105	1192	4312	57601
温岭市	19362	8006	67829	3777	13390	120042	760	119263	3339	45177	70747
临海市	491	1590	74403	499	5589	207467	20973	186098	91193	26306	68599

17－18　各县市区农林牧渔业总产值(三)

(2016年)

单位:万元

地　区	在农业产值中 其他	饲料绿肥作物	其他作物	林业产值	人造林木生长	林产品	竹木采运	采集野生植物
全　市	**11955**	**227**	**11728**	**63590**	**7957**	**20018**	**22777**	**12838**
市　区	481	46	435	4040	937	947	1775	381
椒江区	4	3	1	203	188		15	
黄岩区	63	36	27	3396	308	947	1760	381
路桥区	414	7	407	441	441			
玉环县	14	1	13	1082	996		28	58
三门县	7270	13	7257	3674	550	1887	430	807
天台县	1055	40	1015	14421	2337	2792	6233	3059
仙居县	475	67	408	22158	2415	7704	4634	7405
温岭市	22	19	3	447	286	48	113	
临海市	2638	41	2597	17768	436	6640	9564	1128

17－19　各县市区农林牧渔业总产值(四)

(2016年)

单位:万元

地　区	牧业产值	牲畜	牛	猪	羊	家禽饲养	活的畜禽产品	捕猎野兽野禽
全　市	**345556**	**244104**	**8752**	**230854**	**4498**	**38463**	**37501**	**939**
市　区	63503	46921	1608	44774	539	4020	10373	53
椒江区	28564	19325	609	18318	398	1669	6023	
黄岩区	24549	19339	669	18529	141	1456	3128	53
路桥区	10390	8257	330	7927		895	1222	
玉环县	15721	9852	403	9157	292	4653	1078	
三门县	33472	23736	831	22060	845	2950	6415	73
天台县	49791	27251	1178	25570	503	14137	3524	279
仙居县	44109	32324	2037	29471	816	6065	3368	421
温岭市	50052	37208	2122	34217	869	4097	7837	
临海市	88908	66812	573	65605	634	2541	4906	113

17－20 各县市区农林牧渔业总产值(五)

(2016 年)

单位:万元

地区	在牧业产值中				渔业产值					农林牧渔服务业
	其他动物饲养	家兔	蚕茧	其他		海水产品	捕捞	养殖	淡水产品	
全市	**24549**	**15283**	**388**	**8878**	**2561942**	**2481944**	**1776767**	**705177**	**79998**	**42188**
市区	2136	984		1152	410976	391433	329627	61806	19543	6682
椒江区	1547	793		754	289599	288235	259814	28421	1364	648
黄岩区	573	191		382	3581				3581	3168
路桥区	16			16	117796	103198	69813	33385	14598	2866
玉环县	138	36		102	527334	523216	383564	139652	4118	6797
三门县	298	129		169	406944	402991	28415	374576	3953	229
天台县	4600	1080		3520	3964				3964	1233
仙居县	1931	8	248	1675	5609				5609	1766
温岭市	910	790	66	54	923505	911106	817190	93916	12399	23021
临海市	14536	12256	74	2206	283610	253198	217971	35227	30412	2460

17－21 各县市区农作物播种面积(一)

(2016 年)

单位:公顷

地区	农作物总播种面积	粮食作物	谷物	稻谷	早稻	单季稻	连作晚稻
全市	**211042**	**97281**	**75813**	**66101**	**15730**	**43024**	**7347**
市区	44936	17664	13385	12353	3156	7446	1751
椒江区	11311	5976	4203	3913	1605	1335	973
黄岩区	18539	6398	4776	4222	344	3520	358
路桥区	15086	5290	4406	4218	1207	2591	420
玉环县	8326	2200	1009	910	236	588	86
三门县	19098	8443	6329	5249	1456	3477	316
天台县	25932	13085	10813	7500	85	7394	21
仙居县	28396	14080	10474	8348	35	8144	169
温岭市	44745	21940	17175	16809	7942	5343	3524
临海市	40382	20642	16929	15034	3287	10060	1687

注:农作物播种面积中的粮食作物采用抽样调查推算,各县市区相加不等于全市数。

17－22 各县市区农作物播种面积(二)

(2016年)

单位:公顷

地区	在粮食作物中								
	在谷物中				豆类				薯类
	小麦	大麦	玉米	其他谷物		大豆	蚕(豌)豆	杂豆	
全　市	**4675**	**160**	**4703**	**174**	**11686**	**6157**	**4421**	**1108**	**9782**
市　区	274	31	678	49	2802	1615	810	377	1477
椒江区	19	20	251		1470	980	313	177	303
黄岩区	245		298	11	724	358	252	114	898
路桥区	10	11	129	38	608	277	245	86	276
玉环县	11		79	9	705	255	278	172	486
三门县	790	32	237	21	1383	726	573	84	731
天台县	2175	5	1090	43	714	542	103	69	1558
仙居县	285	31	1771	39	1142	742	349	51	2464
温岭市	2	27	334	3	3151	1177	1688	286	1614
临海市	1294	34	554	13	2055	1207	757	91	1658

17－23 各县市区农作物播种面积(三)

(2016年)

单位:公顷

地区	油料	油菜籽	花生	芝麻	棉花	麻类	甘蔗
全　市	**7892**	**6774**	**982**	**136**	**520**	**5**	**2271**
市　区	184	113	70	1	54		576
椒江区	88	88			52		47
黄岩区	94	23	70	1			332
路桥区	2	2			2		197
玉环县	764	725	39		114		24
三门县	570	430	87	53	104		21
天台县	1859	1408	434	17	46	3	11
仙居县	2462	2229	190	43			17
温岭市	534	465	64	5	122	2	1486
临海市	1519	1404	98	17	80		136

17－24 各县市区农作物播种面积(四)

(2016年)

单位:公顷

地　区	药材类	蔬菜	果用瓜	#西瓜	#草莓	花卉苗木	#花卉	#盆栽类园艺	其他作物
全　市	**4269**	**72472**	**15555**	**9875**	**716**	**4279**	**1016**	**55**	**6498**
市　区	147	20156	3534	1550	73	1496	341	7	1125
椒江区	13	3461	1291	216	32	319	56	1	64
黄岩区	99	9979	675	500	25	471	136	1	491
路桥区	35	6716	1568	834	16	706	149	5	570
玉环县	73	3867	1108	904	22	141	45	23	35
三门县	61	6356	3008	1380	15	225	40		310
天台县	1530	6920	914	800	39	621	43	3	943
仙居县	2004	6744	967	856	40	490	25	2	1632
温岭市	258	15178	3484	2414	84	559	223	16	1182
临海市	196	13251	2540	1971	443	747	299	4	1271

17－25 各县市区农作物产量(一)

(2016年)

单位:吨

地　区	粮食作物	谷物	稻谷	早稻	单季稻	连作晚稻
全　市	**630737**	**548695**	**506319**	**105821**	**350816**	**49682**
市　区	110342	96158	91610	20745	60054	10811
椒江区	33065	28228	26802	10831	10426	5545
黄岩区	41325	34845	32597	2041	28248	2308
路桥区	35952	33085	32211	7873	21380	2958
玉环县	12775	7774	7320	1590	5150	580
三门县	52307	45397	41325	9652	29520	2153
天台县	83628	74332	60554	538	59887	129
仙居县	91473	76742	66236	222	64869	1145
温岭市	142801	124436	122609	53608	43683	25318
临海市	139734	124539	116557	22603	82996	10958

注农作物产量中的粮食作物采用抽样调查推算,各县市区相加不等于全市数。

17－26 各县市区农作物产量(二)

(2016年)

单位:吨

地区	在粮食作物中								
	在谷物中				豆类				薯类
	小麦	大麦	玉米	其他谷物		大豆	蚕(豌)豆	杂豆	
全　市	**17222**	**584**	**24000**	**570**	**28846**	**16107**	**10076**	**2663**	**53196**
市　区	913	119	3307	209	6638	3829	1956	853	7546
椒江区	69	81	1276		3242	2147	728	367	1595
黄岩区	810		1406	32	1845	968	604	273	4635
路桥区	34	38	625	177	1551	714	624	213	1316
玉环县	40		385	29	1980	741	749	490	3021
三门县	2928	121	975	48	2898	1568	1169	161	4012
天台县	7959	17	5715	87	1584	1261	204	119	7712
仙居县	953	92	9303	158	2619	1732	770	117	12112
温岭市	6	91	1719	11	8085	3583	3773	729	10280
临海市	4994	140	2810	38	5712	3701	1765	246	9483

17－27 各县市区农作物产量(三)

(2016年)

单位:吨

地区	油料	#油菜籽	棉花	麻类	甘蔗	药材	蔬菜	果用瓜
全　市	**14423**	**12119**	**732**	**9**	**186610**	**34719**	**2045772**	**501961**
市　区	373	194	75		38678	771	602272	109559
椒江区	153	152	72		3805	98	105211	45624
黄岩区	216	38			24763	242	295418	19500
路桥区	4	4	3		10110	431	201643	44435
玉环县	1396	1310	215		1905	189	117190	28853
三门县	956	718	148		912	258	165285	78604
天台县	3376	2616	39	3	312	8373	146829	25616
仙居县	4698	4115			732	23065	194385	25462
温岭市	915	723	140	6	138300	1501	470207	173092
临海市	2709	2443	115		5771	562	349604	60775

17－28　各县市区桑园面积和蚕茧产量

（2016 年）

地　　区	桑园面积（公顷）	#本年采摘面积	饲养蚕种张数（张）	春蚕	夏蚕	秋蚕	蚕茧总产量（吨）	春蚕	夏茧	秋茧
全　　市	**300**	**286**	**4985**	**2352**	**474**	**2159**	**247**	**141**	**20**	**86**
市　　区	11									
椒江区										
黄岩区	11									
路桥区										
玉环县										
三门县										
天台县	107	107	1125	515	11	599	55	13	0	42
仙居县	87	84	1453	867	139	447	62	41	3	18
温岭市	9	9	450	158	135	157	35	12	11	12
临海市	86	86	1957	812	189	956	95	75	6	14

17－29　各县市区茶园面积和茶叶产量

（2016 年）

地　　区	茶园总面积（公顷）	#本年新增面积	#本年采摘面积	茶叶总产量（吨）	春茶	夏茶	秋茶
全　　市	**11845**	**295**	**10425**	**5001**	**3932**	**763**	**306**
市　　区	292		139	53	51	2	
椒江区							
黄岩区	292		139	53	51	2	
路桥区							
玉环县	98	30	87	9	9		
三门县	1119	1	983	723	552	153	18
天台县	6327	231	5773	2544	1897	446	201
仙居县	1348		1127	500	400	80	20
温岭市	288	10	248	76	75	1	
临海市	2373	23	2068	1096	948	81	67

17－30　各县市区果园面积和水果产量(一)

(2016年)

单位:公顷

地　区	果园面积	柑桔	梨园	桃园	杨梅	枇杷
全　市	**67377**	**24503**	**2328**	**3830**	**24508**	**3517**
市　区	14493	5206	109	712	5538	1639
椒江区	2432	938	5	212	828	94
黄岩区	10506	4091	83	350	4348	1284
路桥区	1555	177	21	150	362	261
玉环县	3938	2501	38	127	289	104
三门县	5372	3540	305	100	692	271
天台县	4594	773	715	618	1646	148
仙居县	11363	498	430	883	8065	362
温岭市	6258	1005	212	163	1534	253
临海市	21359	10980	519	1227	6744	740

17－31　各县市区果园面积和水果产量(二)

(2016年)

地　区	在果园面积中(公顷)				水果总产量(吨)		
	柿子	葡萄	弥猴桃	其他	合计	柑桔	柑
全　市	**915**	**5533**	**884**	**1359**	**1360520**	**429208**	**16120**
市　区	35	993	112	149	282516	79579	5964
椒江区	15	302	14	24	84961	20931	616
黄岩区	18	142	95	95	124253	55269	5240
路桥区	2	549	3	30	73302	3379	108
玉环县	167	550	15	147	87037	33650	3941
三门县	78	283	38	65	155576	67145	1475
天台县	237	146	71	240	86089	19774	95
仙居县	177	288	416	244	98517	5930	3129
温岭市	44	2888	53	106	274230	13355	1309
临海市	177	385	179	408	376555	209775	207

17－32　各县市区果园面积和水果产量(三)

(2016年)

单位:吨

地区	在水果总产量中					
	柑桔产量中			梨头	桃子	杨梅
	桔	橙	柚			
全市	**377736**	**7128**	**28224**	**28085**	**51468**	**197990**
市区	73169	233	213	1260	9538	47152
椒江区	20034	100	181	64	3174	7056
黄岩区	49864	133	32	705	3864	32218
路桥区	3271			491	2500	7878
玉环县	1157	2137	26415	555	1413	2779
三门县	64616	584	470	1546	1233	3895
天台县	19298	51	330	12065	8705	11467
仙居县	2518	123	160	3670	8645	46597
温岭市	7582	3828	636	2403	2351	19975
临海市	209396	172		6586	19583	66125

17－33　各县市区果园面积和水果产量(四)

(2016年)

单位:吨

地区	在水果总产量中					
	枇杷	柿子	葡萄	弥猴桃	果用瓜	其它水果
全市	**16915**	**7352**	**111824**	**4585**	**501961**	**11132**
市区	9773	680	22683	690	109559	1602
椒江区	456	426	6690	213	45624	327
黄岩区	8424	230	3012	347	19500	684
路桥区	893	24	12981	130	44435	591
玉环县	954	2066	14740	30	28853	1997
三门县	1625	231	700	177	78604	420
天台县	795	1675	3642	591	25616	1759
仙居县	448	904	3706	2132	25462	1023
温岭市	586	504	59947	221	173092	1796
临海市	2734	1292	6406	744	60775	2535

17－34 各县市区林业生产情况(一)

(2016年)

单位:公顷

地区	森林抚育面积	人工造林	无林地和疏林地新封山(沙)育林	年末实有封山(沙)育林	更新造林	四旁(零星)植树(万株)	育苗面积
全市	**11790**	**901**	**138**	**11774**	**686**	**133.5**	**3024**
市区	1624	176		426	21	34.5	1407
椒江区	166	51			7	15.0	35
黄岩区	1300	29		426	12	8.0	909
路桥区	158	96			2	11.5	460
市直属							3
玉环县	288	118			27	12.0	9
三门县	1192	14		652	14	11.0	155
天台县	2231	173	33	67	87	20.0	150
仙居县	2618	180	105	9325	269	15.0	771
温岭市	684	105				20.0	85
临海市	3153	135		1304	268	21.0	447

17－35 各县市区林业生产情况(二)

(2016年)

地区	木材采伐(万立方米)	#村及村以下	竹材采伐(万根)	#村及村以下	主要林产品产量(吨)			
					毛茶	油茶籽	竹笋干	板栗
全市	**7.65**	**5.40**	**186.13**	**46.27**	**5189**	**4632**	**4491**	**2334**
市区	0.36	0.35	81.57		50		415	192
椒江区			0.07					
黄岩区	0.35	0.34	81.50		50		415	192
路桥区								
玉环县	0.01	0.01						
三门县	0.32	0.32	5.37	5.37	535	340	269	225
天台县	1.86		18.69		2544	2600	840	367
仙居县	2.97	2.89	25.00		720	1600	730	1000
温岭市	0.01		14.60		40		23	
临海市	2.13	1.84	40.90	40.90	1300	92	2214	550

17-36 各县市区畜牧业生产情况(一)

(2016年)

地区	生猪(万头)					牛(头)		
	年末存栏头数	能繁殖的母猪	其他生猪	年内肥猪出栏头数	全年饲养量	年末存栏	#良种牛	年内出栏
全市	**55.61**	**4.67**	**50.94**	**93.03**	**148.64**	**23540**	**2277**	**13609**
市区	7.25	0.49	6.76	19.25	26.50	2769	1344	2321
椒江区	3.27	0.22	3.05	8.96	12.23	1582	1194	399
黄岩区	2.67	0.22	2.45	6.94	9.61	1072	70	1451
路桥区	1.31	0.05	1.26	3.35	4.66	115	80	471
玉环县	2.49	0.17	2.32	5.09	7.58	671		1034
三门县	5.86	0.54	5.32	9.09	14.95	1563	14	1038
天台县	13.21	1.63	11.58	9.79	23.00	6607	8	2165
仙居县	7.22	0.43	6.79	10.69	17.91	5918	373	1857
温岭市	9.77	0.54	9.23	14.50	24.27	1893	239	2358
临海市	9.81	0.87	8.94	24.62	34.43	4119	299	2836

17-37 各县市区畜牧业生产情况(二)

(2016年)

地区	羊(万只)		家禽(万只)		兔(万只)		肉类产量(吨)	#猪肉	禽蛋产量(吨)
	年末存栏	年内出栏	年末存栏	年内出栏	年末存栏	年内出栏			
全市	**6.90**	**6.60**	**592.71**	**1634.93**	**56.34**	**47.46**	**120869**	**92748**	**34571**
市区	0.72	0.83	50.34	161.29	4.48	10.02	21064	17923	8398
椒江区	0.43	0.44	15.08	63.85	3.08	2.00	9787	8455	3942
黄岩区	0.29	0.39	27.73	61.16	1.40	8.02	7849	6617	3065
路桥区			7.53	36.28			3428	2851	1391
玉环县	0.55	0.85	39.36	160.68	0.30	0.85	7378	5064	1295
三门县	1.12	0.96	48.32	98.94	1.91	1.41	10502	8908	5681
天台县	0.78	0.48	159.57	648.76	9.02	4.36	19907	9249	2517
仙居县	0.94	0.82	104.00	191.87	0.05	0.07	14344	11476	2931
温岭市	0.81	0.79	126.38	274.18	2.79	9.58	18762	14047	9923
临海市	1.98	1.87	64.74	99.21	37.79	21.17	28912	26081	3826

17－38 各县市区渔业基本情况

（2016年）

单位：人

地　　区	渔业乡镇（个）	渔业村（个）	渔业户（户）	渔业人口	渔业从业人员	#专业从业人员	海洋渔业从业人员	#专业从业人员	淡水渔业从业人员	#专业从业人员
全　市	**28**	**225**	**79940**	**248275**	**144184**	**103797**	**133384**	**96652**	**10800**	**7145**
市　区	4	30	6827	22260	21516	14103	19185	12623	2331	1480
椒江区	4	20	3446	9291	9849	6009	9839	5999	10	10
黄岩区		1	115	294	774	576			774	576
路桥区		9	3266	12675	10893	7518	9346	6624	1547	894
玉环县	11	85	22959	69809	26980	23155	24263	20761	2717	2394
三门县	8	7	9660	36340	25870	15376	22702	13476	3168	1900
天台县					421	140			421	140
仙居县			187	632	482	270			482	270
温岭市	3	95	29287	88515	55274	39298	54977	39146	297	152
临海市	2	8	11020	30719	13641	11455	12257	10646	1384	809

17－39 各县市区渔业机械年末拥有量

（2016年）

地　　区	机动渔船								非机动渔船	
	合　计		捕捞渔船		养殖渔船		辅助渔船			
	艘	总吨位	艘	总吨位	艘	总吨位	艘	总吨位	艘	总吨位
全　市	**6364**	**911532**	**4670**	**697636**	**867**	**2012**	**827**	**211884**	**130**	**204**
市　区	1270	209885	911	103978	7	244	352	105663	70	174
椒江区	931	164499	619	68731	7	244	305	95524		
黄岩区	28	73	24	61			4	12	40	20
路桥区	311	45313	268	35186			43	10127	30	154
玉环县	950	72168	388	57084	492	1321	70	13763		
三门县	590	26055	509	16778	2	20	79	9257		
天台县	5	13			4	12	1	1	5	4
仙居县									55	26
温岭市	2798	518184	2148	440862	354	381	296	76941		
临海市	751	85227	714	78934	8	34	29	6259		

17－40　各县市区水产养殖面积

（2016 年）

单位:公顷

地　区	海水养殖面积	#鱼类	#甲壳类	#贝类	#藻类	海上养殖	滩涂养殖	淡水养殖面积（公顷）
全　市	**30451**	**821**	**10276**	**14802**	**4308**	**6344**	**14541**	**11210**
市　区	2109	194	966	534	276	501	370	2969
椒江区	206	158		35	13	206		101
黄岩区								2400
路桥区	1903	36	966	499	263	295	370	468
玉 环 县	7239	485	783	5144	827	2169	4285	754
三 门 县	12439	45	6827	5163	404	662	6103	971
天 台 县								1192
仙 居 县								1221
温 岭 市	6586	97	1022	3221	2141	2352	3085	1051
临 海 市	2078		678	740	660	660	698	3052

17－41　各县市区水产品产量(一)

（2016 年）

单位:吨

地　区	水产品总产量	海洋捕捞	#鱼类	#甲壳类	海水养殖	#鱼类	#甲壳类	#贝类	#藻类	远洋渔业
全　市	**1653870**	**1140863**	**734718**	**318689**	**441285**	**13816**	**39234**	**370294**	**16496**	**20120**
市　区	343660	298659	252786	37988	18443	2466	2554	11772	1303	12626
椒江区	273960	255412	218303	30893	5138	2080		2865	193	12626
黄岩区	2365									
路桥区	67335	43247	34483	7095	13305	386	2554	8907	1110	
玉 环 县	291853	181840	97991	63799	106920	6292	5465	90868	4295	
三 门 县	252036	17960	4704	12140	230176	1780	24700	202526	1170	
天 台 县	2830									
仙 居 县	4312									
温 岭 市	624293	536664	286957	194002	72326	3278	2497	58191	7263	7494
临 海 市	134886	105740	92280	10760	13420		4018	6937	2465	

17－42　各县市区水产品产量(二)

(2016年)

地　区	淡水捕捞	#鱼类	#甲壳类	淡水养殖	#鱼类	#甲壳类	#池塘	#水库	#河沟	观赏鱼(万条)
全　市	**3923**	**2366**	**360**	**47679**	**39959**	**5655**	**30979**	**7820**	**5931**	**30.05**
市　区	590	556	34	13342	10986	2218	11649	155	477	24.25
椒江区				784	744	40	784			22.30
黄岩区	260	255	5	2105	2098	5	1235	155	292	
路桥区	330	301	29	10453	8144	2173	9630		185	1.95
玉环县	437	187		2656	1981	616	565	230	1808	
三门县	400	172	105	3500	2940	405	2535	533		
天台县	296	265	5	2534	2368	74	1056	1362		2.80
仙居县	261	160	15	4051	3331	50	1845	1790		3.00
温岭市	426	273	51	7383	5713	1378	6229		1086	
临海市	1513	753	150	14213	12640	914	7100	3750	2560	

17－43　各县市区农业机械年末拥有量(一)

(2016年)

地　区	农业机械总动力(千瓦)	耕作机械					收获前机械			收获后处理机械	
		耕作机械动力(千瓦)	#大中型拖拉机		#农用小型拖拉机		合计		#联合收割机(台)	台	千瓦
			台	千瓦	台	千瓦	台	千瓦			
全　市	**3254258**	**247423**	**1737**	**86977**	**12613**	**125462**	**4027**	**136186**	**3227**	**35987**	**82263**
市　区	611648	34803	203	9942	1819	18173	725	25299	631	8824	17251
椒江区	292023	8386	56	2935	495	4507	154	6320	154	319	1067
黄岩区	101247	11598	41	1982	583	5772	189	7566	189	1452	4401
路桥区	218378	14819	106	5025	741	7894	382	11413	288	7053	11783
玉环县	235827	7274	21	844	314	1873	126	1493	28	2878	4355
三门县	286301	24608	169	8507	1287	13048	522	9587	265	820	8796
天台县	160558	29054	160	7427	1807	16176	218	8488	204	1293	4585
仙居县	223191	38914	126	5114	2607	28968	230	9413	214	11968	18062
温岭市	1145188	63309	699	36265	1912	19697	766	28025	745	4655	12079
临海市	591542	49459	359	18877	2867	27525	1440	53881	1140	5549	17135

17－44 各县市区农业机械年末拥有量(二)

(2016 年)

地区	植保机械			排灌机械				运输机械动力(千瓦)
	合计		*机动喷雾(粉)机(架)	合计		*农用水泵(台)	*节水喷灌机械(套)	
	台	千瓦		台	千瓦			
全　市	**48712**	**84820**	**33695**	**141199**	**292777**	**117834**	**6566**	**427030**
市　区	12713	23097	10138	28618	59408	23366	4572	57332
椒江区	396	631	396	7293	11376	7042	108	14921
黄岩区	3802	4316	2031	11020	23669	7129	2927	18819
路桥区	8515	18150	7711	10305	24363	9195	1537	23592
玉环县	3076	4619	2286	25956	35121	26494	476	28802
三门县	5850	12318	4811	5128	28903	2819	15	76031
天台县	2985	10544	537	7544	21725	7024	37	32172
仙居县	9064	9088	2561	22329	33190	17602	647	52680
温岭市	4479	7651	3784	10478	33780	10437	505	95680
临海市	10545	17502	9578	41146	80650	30092	314	84333

17－45 各县市区农业机械年末拥有量(三)

(2016 年)

地区	农副产品加工机械				渔业机械动力(千瓦)	*机动渔船			其他农业机械动力(千瓦)
	合计		*粮食加工机械(台)	*棉花加工机械(台)		(艘)	(吨位)	(千瓦)	
	台	千瓦							
全　市	**13459**	**119178**	**10053**	**123**	**1433123**	**6364**	**911532**	**1384957**	**431458**
市　区	1414	15171	1113	3	317105	1270	209885	300552	62182
椒江区	207	2375	49		232072	931	164499	230617	14875
黄岩区	952	8286	863		556	28	73	377	22036
路桥区	255	4510	201	3	84477	311	45313	69558	25271
玉环县	275	3014	219	3	124818	950	72168	122118	26331
三门县	868	7275	478	21	61391	590	26055	42962	57392
天台县	2532	18493	1977	14	372	5	13	45	35125
仙居县	2979	21724	1904	3	1078				39042
温岭市	2015	21605	1726	51	792188	2798	518184	786243	90871
临海市	3376	31894	2636	28	136171	751	85227	133037	120517

17－46 各县市区农业机械化农村能源及农业物资消耗情况

（2016 年）

地区	农业机械化情况（万亩）			农村用电量（万千瓦时）	农用塑料薄膜使用量（吨）	农用柴油使用量（吨）	农药使用量（吨）
	机耕面积	机播面积	机收面积				
全　市	**195.39**	**30.83**	**110.37**	**1090873**	**9584**	**667600**	**3106**
市　区	37.78	7.48	17.24	409955	4502	135646	1008
椒江区	8.91	1.91	5.38	129483	323	130931	208
黄岩区	12.20	0.97	5.80	63528	3297	1297	443
路桥区	16.67	4.60	6.07	216944	882	3418	357
玉环县	5.60	1.69	1.44	97631	1043	21042	118
三门县	19.13	2.70	10.37	46297	381	18200	194
天台县	15.88	2.46	12.43	33719	457	3063	195
仙居县	29.10	6.55	16.57	36588	151	2460	277
温岭市	39.39	5.22	25.39	275756	2189	414223	534
临海市	48.51	4.73	26.94	190927	861	72966	780

17－47 各县市区农用化肥施用量

（2016 年）

单位：吨

地区	合计		氮肥		磷肥		钾肥		复合肥	
	实物量	折纯量	实物量	折纯量	实物量	折纯量	实物量	折纯量	实物量	折纯量
全　市	**336483**	**87777**	**179075**	**43334**	**42430**	**8618**	**14011**	**5217**	**100967**	**30608**
市　区	92363	28890	33678	9359	13423	1751	5039	1847	40223	15933
椒江区	20587	8450	4767	1702	1172	196	979	503	13669	6049
黄岩区	35430	13837	8775	2987	5690	1020	2275	1180	18690	8650
路桥区	36346	6603	20136	4670	6561	535	1785	164	7864	1234
玉环县	13018	2346	4706	860	2161	276	1075	373	5076	837
三门县	18202	6403	10996	3463	2659	938	18	9	4529	1993
天台县	17171	6520	8341	3330	2730	492	1743	872	4357	1826
仙居县	32009	4800	21264	3189	2909	319	1340	383	6496	909
温岭市	49761	16909	35345	11149	8015	2889	1853	929	4548	1942
临海市	113959	21909	64745	11984	10533	1953	2943	804	35738	7168

17－48 各县市区水利设施建设情况

(2016年)

地　　区	本年水利资金总投入(万元)	已建成水库(座)	#大型水库	总库容(万立方米)	#大型水库	堤防总长度(公里)	水闸总座数(座)
全　　市	**439296**	**345**	**4**	**186613**	**134552**	**2355**	**1153**
市　　区	152120	34	1	79869	73242	456	233
椒江区	46303	4		144		68	89
黄岩区	9880	28	1	79697	73242	343	111
路桥区	36977	2		28		45	33
市本级	58960						
玉 环 县	16475	16		2307		65	141
三 门 县	36588	49		6606		520	230
天 台 县	30145	73	1	29244	17930	395	27
仙 居 县	48182	62	1	22190	13500	613	65
温 岭 市	49654	23		7200		66	303
临 海 市	106133	88	1	39197	29880	239	154

17－49 各县市区农田水利灌溉情况

(2016年)

单位:千公顷

地　　区	灌溉面积	#耕地灌溉面积	#林地灌溉面积	#园地灌溉面积	规模上灌区数量(处)	实际耕地灌溉面积	节水灌溉面积
全　　市	**139.56**	**124.74**	**4.15**	**10.67**	**45**	**115.5**	**97.41**
市　　区	32.63	28.24	3.09	1.30	1	27.99	25
椒江区	9.84	8.58	0.42	0.84		8.33	9.84
黄岩区	11.45	9.33	2.12		1	9.33	9.07
路桥区	11.34	10.33	0.55	0.46		10.33	6.09
玉 环 县	8.13	6.34	0.20	1.59	4	6.01	5.16
三 门 县	13.13	12.89	0.03	0.21	15	10.44	9.79
天 台 县	13.90	13.68	0.11	0.11	3	13.63	8.90
仙 居 县	15.08	13.60	0.58	0.90	17	13.25	7.93
温 岭 市	27.06	21.50	0.03	5.53	1	18.90	26.00
临 海 市	29.63	28.49	0.11	1.03	4	25.28	14.63

17－50 各县市区全部工业单位数

(2016 年)

单位:个

地　　区	全部工业单位数	#国有	#集体	#有限责任公司	#股份有限公司	#外商及港澳台	#个体私营
全　　市	**135178**	**28**	**172**	**2077**	**121**	**458**	**129163**
市　　区	50157	12	68	836	39	156	47841
椒江区	13947	6	28	248	19	56	13208
黄岩区	19436	5	32	173	11	49	18602
路桥区	16774	1	8	415	9	51	16031
玉 环 县	18940	1	13	591	18	58	17652
三 门 县	3563	2	11	31	5	22	3407
天 台 县	9970	3	18	216	14	25	9635
仙 居 县	4827	3	17	50	7	50	4688
温 岭 市	38518	3	16	262	17	66	37281
临 海 市	9203	4	29	91	21	81	8659

17－51 各县市区规模以上工业单位数

(2016 年)

单位:个

地　　区	工　业单位数	#国有及国有控股企业	轻工业	重工业	大型企业	中型企业	小型企业	微型企业
全　　市	**3618**	**52**	**1375**	**2243**	**45**	**373**	**3126**	**74**
市　　区	1116	22	466	650	23	113	954	26
椒江区	348	12	149	199	9	46	284	9
黄岩区	401	5	202	199	4	37	350	10
路桥区	367	5	115	252	10	30	320	7
玉 环 县	734	3	112	622	4	64	654	12
三 门 县	159	2	32	127	1	19	137	2
天 台 县	140	5	64	76	1	20	116	3
仙 居 县	138	6	70	68	1	19	115	3
温 岭 市	869	6	379	490	9	72	771	17
临 海 市	462	8	252	210	6	66	379	11

17－52　各县市区分注册类型规模以上工业单位数

（2016 年）

单位:个

地　区	国有企业	集体企业	联营企业	股份合作企业	有限责任公司	股份有限公司	私营企业	其他企业	港澳台商投资公司	外商投资企业
全　市	**14**	**4**	**132**	**1**	**1063**	**92**	**2134**	**3**	**87**	**88**
市　区	7	2	42	1	511	28	468	2	28	27
椒江区	4	1	5		170	12	136		12	8
黄岩区	2	1	27		133	9	214	1	9	5
路桥区	1		10	1	208	7	118	1	7	14
玉环县	1	1	31		306	15	347		18	15
三门县	1		3		14	4	129		1	7
天台县	2		2		34	10	84		2	6
仙居县	1				26	6	97		5	3
温岭市	1	1	41		126	10	661		11	18
临海市	1		13		46	19	348	1	22	12

17－53　各县市区分行业规模以上工业单位数(一)

（2016 年）

单位:个

地　区	有色金属矿采选业	非金属矿采选业	农副食品加工业	食品制造业	酒饮料和精制茶制造业	纺织业	纺织服装服饰业	皮革毛皮羽毛及其制品和制鞋业	木材加工和木竹藤棕草制品业
全　市	**1**	**2**	**76**	**16**	**10**	**78**	**21**	**208**	**17**
市　区		1	6	11	4	27	7	6	4
椒江区			1	3	2	24	3	3	1
黄岩区		1	4	8	2	2	2	3	1
路桥区			1			1	2		2
玉环县			6	1	1			4	
三门县			1	1		4	1	1	
天台县	1		1	2	1	20	2	1	2
仙居县		1	2		3	2		1	3
温岭市			60			1	9	195	1
临海市				1	1	24	2		7

17－54　各县市区分行业规模以上工业单位数(二)

(2016年)

单位:个

地　区	家具制造业	造纸和纸制品业	印刷和记录媒介复制业	文教工美体育和娱乐用品制造业	石油加工炼焦和核燃料加工业	化学原料和化学制品制造业	医药制造业	化学纤维制造业	橡胶和塑料制品业
全　市	**98**	**60**	**37**	**123**	**1**	**68**	**73**	**2**	**460**
市　区	13	23	25	44		24	18	2	212
椒江区	8	6	3	2		10	10	2	46
黄岩区	3	9	6	38		9	8		127
路桥区	2	8	16	4		5			39
玉环县	33		5	2		1	5		28
三门县	3	4		3		4	2		51
天台县	1	1	1	15		1	7		36
仙居县	7	2		30		5	11		25
温岭市	2	16	4	14	1	5	4		44
临海市	39	14	2	15		28	26		64

17－55　各县市区分行业规模以上工业单位数(三)

(2016年)

单位:个

地　区	非金属矿物制品业	黑色金属冶炼和压延加工业	有色金属冶炼和压延加工业	金属制品业	通用设备制造业	专用设备制造业	汽车制造业	铁路船舶航空航天和其他运输设备制造业	电气机械和器材制造业
全　市	**93**	**47**	**78**	**192**	**620**	**206**	**330**	**138**	**321**
市　区	37	14	20	75	94	132	46	54	138
椒江区	16	3	5	21	39	33	19	15	50
黄岩区	9	7	3	24	11	78	5	12	22
路桥区	12	4	12	30	44	21	22	27	66
玉环县	4	6	30	55	260	24	194	10	16
三门县	6		1	6	25	6	14	2	20
天台县	7		3	1	3	2	13	5	2
仙居县	8		3	3	5	4	4		12
温岭市	15	9	12	34	209	26	38	46	84
临海市	16	18	9	18	24	12	21	21	49

17－56 各县市区分行业规模以上工业单位数（四）

（2016 年）

单位：个

地区	计算机通信和其他电子设备制造业	仪器仪表制造业	其他制造业	废弃资源综合利用业	金属制品机械和设备修理业	电力热力生产和供应业	燃气生产和供应业	水的生产和供应业
全市	**35**	**69**	**35**	**48**	**1**	**33**	**6**	**15**
市区	16	3	2	40	1	7	2	8
椒江区	12	3		1	1	3		3
黄岩区	1		1			2	1	2
路桥区	3		1	39		2	1	3
玉环县	2	38	1	2		5		1
三门县	1		1			2		
天台县	1	2	2	1		5		1
仙居县				1		5		1
温岭市	14	16	1	2		4	1	2
临海市	1	10	28	2		5	3	2

17－57 各县市区规模以上工业增加值

（2016 年）

单位：万元

地区	工业增加值	#国有及国有控股企业	轻工业	重工业	大型企业	中型企业	小型企业	微型企业
全市	**9064389**	**1012412**	**3410898**	**5653491**	**1936373**	**2751271**	**3950184**	**426560**
市区	3016272	314414	1132440	1883831	886073	845952	1274494	9754
椒江区	1192909	221174	540463	652446	450798	342919	399670	－478
黄岩区	899944	47247	413481	486463	177726	242810	475164	4244
路桥区	923419	45993	178497	744922	257549	260222	399661	5987
玉环县	1497847	317958	178197	1319650	124603	353707	722976	296561
三门县	391651	116318	45371	346280	26412	117193	150866	97180
天台县	525257	56841	211403	313854	62851	221789	240271	346
仙居县	387784	73669	206435	181349	48871	163529	172816	2569
温岭市	1527818	62792	643326	884492	314735	422016	782797	8269
临海市	1717761	70421	993726	724035	472829	627086	605964	11882

17-58 各县市区分注册类型规模以上工业增加值

（2016 年）

单位：万元

地　区	国有企业	集体企业	联营企业	股份合作企业	有限责任公司	股份有限公司	私营企业	其他企业	港澳台商投资公司	外商投资企业
全　市	**327962**	**7261**	**137126**	**285**	**2549371**	**1655595**	**3283354**	**3070**	**328866**	**771499**
市　区	160127	1226	37393	285	1227457	512682	766394	2361	103787	204558
椒江区	101702	280	3187		554717	239251	193152		28851	71769
黄岩区	34439	946	25321		327970	157895	328721	2028	16034	6591
路桥区	23986		8885	285	344770	115537	244522	334	58902	126198
玉环县	27443	1192	33282		472431	125242	467839		53723	316694
三门县	19331		2940		120578	9520	214604		957	23721
天台县	22215		910		140106	150338	158814		4527	48349
仙居县	18292				94386	121948	136048		14277	2834
温岭市	37284	4842	38495		250674	218687	821947		77480	78409
临海市	43270		24107		243738	517178	717710	708	74115	96935

17-59 各县市区分行业规模以上工业增加值（一）

（2016 年）

单位：万元

地　区	有色金属矿采选业	非金属矿采选业	农副食品加工业	食品制造业	酒饮料和精制茶制造业	纺织业	纺织服装服饰业	皮革毛皮羽毛及其制品和制鞋业	木材加工和木竹藤棕草制品业
全　市	**1878**	**2103**	**93727**	**38015**	**53792**	**143497**	**14877**	**252523**	**20859**
市　区		385	9846	27268	11385	36840	5005	8411	7716
椒江区			1911	4267	4333	33333	2733	5260	2127
黄岩区		385	7385	23001	7053	2866	1345	3151	1365
路桥区			550			640	927		4225
玉环县			6437	599	7514			4355	
三门县			743	2375		2958	954	1274	
天台县	1878		361	5659	31184	21337	1310	874	1483
仙居县		1718	5489		2584	1277		529	5494
温岭市			70852			1256	5885	237079	545
临海市				2115	1125	79830	1722		5621

17－60　各县市区分行业规模以上工业增加值(二)

(2016 年)

单位:万元

地　　区	家　具制造业	造纸和纸制品业	印刷和记录媒介复制业	文教工美体育和娱乐用品制造业	石油加工炼焦和核燃料加工业	化学原料和化学制品制造业	医　药制造业	化学纤维制造业	橡胶和塑料制品业
全　　市	**265863**	**84734**	**48185**	**156718**	**212**	**273004**	**963469**	**2955**	**892449**
市　　区	21633	26728	26931	53815		136683	306926	2955	348358
椒江区	11809	10107	3819	5171		81039	190341	2955	68182
黄岩区	6665	8531	6654	45162		51156	116585		243406
路桥区	3160	8090	16458	3482		4488			36770
玉 环 县	30729		4357	2447		607	7242		33389
三 门 县	4505	3927		2140		9142	7662		112194
天 台 县	114	293	1051	27334		1322	93841		63590
仙 居 县	8060	6004		41984		23743	120398		85885
温 岭 市	1716	26542	13413	11756	212	12297	42725		50093
临 海 市	199106	21241	2434	17243		89210	384674		198941

17－61　各县市区分行业规模以上工业增加值(三)

(2016 年)

单位:万元

地　　区	非金属矿物制品业	黑色金属冶炼和压延加工业	有色金属冶炼和压延加工业	金　属制品业	通用设备制造业	专用设备制造业	汽　车制造业	铁路船舶航空航天和其他运输设备制造业	电气机械和器材制造业
全　　市	**153996**	**55580**	**112453**	**323601**	**1148152**	**426461**	**1008363**	**340403**	**664366**
市　　区	83724	11019	74747	97198	261050	303904	187275	90101	367856
椒江区	50010	1173	1843	27033	87845	109750	72452	21323	184327
黄岩区	18529	6337	3920	30838	25995	159120	6480	18866	52993
路桥区	15185	3508	68985	39327	147210	35035	108343	49912	130536
玉 环 县	4185	3689	13550	102607	392253	44934	369558	11432	32220
三 门 县	5597		578	8418	39848	10156	27719	1701	32120
天 台 县	9285		5323	935	3958	861	103214	53133	10577
仙 居 县	9324		1332	1702	5688	14727	4410		7685
温 岭 市	18005	6509	6053	90444	408585	25924	115980	140126	136057
临 海 市	23878	34364	10871	22298	36771	25954	200207	43911	77851

17－62 各县市区分行业规模以上工业增加值（四）

（2016年）

单位：万元

地区	计算机通信和其他电子设备制造业	仪器仪表制造业	其他制造业	废弃资源综合利用业	金属制品机械和设备修理业	电力热力生产和供应业	燃气生产和供应业	水的生产和供应业
全市	**142751**	**172772**	**131045**	**202368**	**1316**	**801768**	**14577**	**55560**
市区	104152	2465	6437	194305	1316	159843	5041	34954
椒江区	98357	2465		2075	1316	100282		5273
黄岩区	2585		756			31998	2572	14245
路桥区	3210		5681	192230		27563	2470	15435
玉环县	4596	90622	971	418		325286		3850
三门县	499		824			116318		
天台县	13183	12239	1047	386		58148		1336
仙居县				161		37959		1632
温岭市	15472	27817	1683	943		47137	4842	7872
临海市	4848	39629	120083	6155		57076	4694	5916

17－63 各县市区规模以上工业主要财务指标（一）

（2016年）

单位：万元

地区	企业单位数（个）	#亏损企业	新产品产值	工业销售产值	出口交货值	年末资产总计
全市	**3618**	**333**	**13880235**	**38243326**	**10708251**	**47054644**
市区	1116	141	4649710	13725823	3721721	18904440
椒江区	348	54	1849439	5155992	1719530	9035596
黄岩区	401	36	1464796	3684013	1059513	4574629
路桥区	367	51	1335475	4885818	942678	5294216
玉环县	734	45	1295934	5767665	1778614	6509384
三门县	159	27	409407	1805720	402334	2740392
天台县	140	17	847481	1807513	536718	2501841
仙居县	138	23	355422	1374863	338897	2141706
温岭市	869	25	2604829	6678333	2027676	6036415
临海市	462	55	3717451	7083409	1902290	8220466

17－64 各县市区规模以上工业主要财务指标(二)

(2016年)

单位:万元

地区	流动资产合计	存货	固定资产合计	固定资产原价	固定资产净值	年末负债合计	流动负债
全市	**25030078**	**5401106**	**12529585**	**19823941**	**11764952**	**26091143**	**22682559**
市区	10151321	2040105	4045694	6902078	3795542	10625609	9193194
椒江区	4763506	886821	1967712	3437114	1869494	4386832	3797923
黄岩区	2540947	506496	1093867	1902793	1015110	2564949	2294693
路桥区	2846868	646788	984115	1562171	910938	3673828	3100577
玉环县	3371922	801962	2307941	3869554	2135238	3746875	3469166
三门县	1220150	262558	1195048	1508932	1160325	1842836	1204325
天台县	1341333	249978	603306	1117029	586910	932399	781440
仙居县	976936	199305	889686	1141805	845294	1204439	814020
温岭市	3472376	751557	1447929	2308269	1369270	3312402	3036725
临海市	4496042	1095642	2039980	2976275	1872373	4426584	4183690

17－65 各县市区规模以上工业主要财务指标(三)

(2016年)

单位:万元

地区	非流动负债	年末所有者权益合计	实收资本	主营业务收入	主营业务成本	主营业务税金及附加
全市	**3189939**	**20762459**	**8815515**	**37941470**	**31482132**	**248493**
市区	1306380	8251900	3471264	13697637	11525739	77920
椒江区	475688	4628194	1523912	5276629	4298291	26996
黄岩区	270848	2003320	1067426	3605430	2916231	24342
路桥区	559843	1620386	879926	4815578	4311216	26583
玉环县	234968	2762509	1335862	5957963	4920507	37125
三门县	615836	897555	493718	1789906	1508454	8158
天台县	140130	1569441	491218	1781409	1363717	18352
仙居县	361724	937266	412810	1308650	981897	9588
温岭市	213301	2700747	1035209	6505787	5492884	35058
临海市	317600	3643041	1575435	6900118	5688935	62291

17－66 各县市区规模以上工业主要财务指标(四)

(2016年)

单位:万元

地区	销售费用	利润总额	利税总额	本年应交增值税	财务费用	#利息支出	从业人员年平均人数(人)
全市	**1135366**	**2598113**	**4153587**	**1302031**	**492299**	**581065**	**610631**
市区	409932	770346	1295077	444359	198795	225876	203918
椒江区	181481	353273	533122	150996	71956	91509	77716
黄岩区	131572	237742	428186	165655	60062	68330	61713
路桥区	96879	179331	333769	127708	66778	66038	64489
玉环县	168449	460684	711904	213517	89553	97441	108528
三门县	46703	82134	135209	44253	51324	55647	26767
天台县	57100	197140	293094	77471	20058	23247	24076
仙居县	76974	101692	170724	59360	19778	26558	25646
温岭市	203191	411587	658908	211743	47269	61820	122544
临海市	173018	574531	888671	251328	65522	90475	99152

17－67 各县市区规模以上工业主要经济效益指标(一)

(2016年)

地区	企业亏损面(%)	资产负债率(%)	流动比率	存货周转次数(次)	产品销售率(%)
全市	**9.20**	**55.45**	**1.10**	**5.83**	**93.64**
市区	12.63	56.21	1.10	5.65	96.57
椒江区	15.52	48.55	1.25	4.85	98.17
黄岩区	8.98	56.07	1.11	5.76	93.25
路桥区	13.90	69.39	0.92	7.00	97.51
玉环县	6.13	57.56	0.97	6.14	89.92
三门县	16.98	67.25	1.01	5.75	96.15
天台县	12.14	37.27	1.72	5.46	94.37
仙居县	16.67	56.24	1.20	4.93	91.06
温岭市	2.88	54.87	1.14	7.00	92.71
临海市	11.90	53.85	1.07	5.19	91.93

17－68 各县市区规模以上工业主要经济效益指标(二)

(2016 年)

地 区	企 业 亏损率 (%)	成本费用 利 润 率 (%)	百元销售收 入实现利税 (元)	百元固定 资产原值 实现利税 (元)	出口交货 值占工业 销售产值 (%)
全 市	**4.52**	**7.29**	**10.95**	**20.95**	**28.00**
市 区	9.08	5.89	9.45	18.76	27.11
椒江区	7.94	7.09	10.10	15.51	33.35
黄岩区	6.86	6.96	11.88	22.50	28.76
路桥区	13.91	3.83	6.93	21.37	19.29
玉 环 县	2.25	8.30	11.95	18.40	30.84
三 门 县	6.71	4.79	7.55	8.96	22.28
天 台 县	1.30	12.50	16.45	26.24	29.69
仙 居 县	4.18	8.43	13.05	14.95	24.65
温 岭 市	1.12	6.71	10.13	28.55	30.36
临 海 市	3.02	8.98	12.88	29.86	26.86

17－69 各县市区国有及国有控股工业主要财务指标(一)

(2016 年)

单位:万元

地 区	企 业 单位数 (个)	#亏 损 企 业	工 业 增加值	新产品 产 值	出 口 交货值	年末资 产总计
全 市	**52**	**7**	**304283**	**3449887**	**148828**	**5829292**
市 区	22	4	175025	1237112	111211	2441398
椒江区	12	3	175025	741178	111211	1823522
黄岩区	5			243605		319356
路桥区	5	1		252330		298519
玉 环 县	3			622883		1144993
三 门 县	2			397212		907821
天 台 县	5	1		176143		268492
仙 居 县	6	1	85269	283904	37589	435191
温 岭 市	6		15419	406709	29	333003
临 海 市	8	1	28570	325925		298396

17－70 各县市区国有及国有控股工业主要财务指标(二)

(2016年)

单位:万元

地区	流动资产合计	存货	固定资产合计	固定资产原价	固定资产净值	年末负债合计	流动负债
全市	**1382988**	**218907**	**3377735**	**5767996**	**3233058**	**3065709**	**1668500**
市区	674939	127136	952483	1966080	899075	1237524	697296
椒江区	463380	115839	630016	1412260	609111	834026	529698
黄岩区	99215	5177	158085	275887	131741	202824	70873
路桥区	112344	6120	164382	277932	158223	200674	96724
玉环县	128088	29882	1015373	1791761	971993	555476	479227
三门县	128966	8022	746152	830528	741053	704586	157844
天台县	45695	5642	212103	457611	207653	115520	44784
仙居县	202014	24747	153875	218901	133178	171389	110892
温岭市	110204	6074	159149	258594	145176	114441	51185
临海市	93082	17404	138601	244522	134930	166773	127271

17－71 各县市区国有及国有控股工业主要财务指标(三)

(2016年)

单位:万元

地区	非流动负债	年末所有者权益合计	实收资本	主营业务收入	主营业务成本	主营业务税金及附加
全市	**1364135**	**2763583**	**1240888**	**3599494**	**2982867**	**17665**
市区	540228	1203874	346855	1238252	1027185	7360
椒江区	304328	989496	271692	741266	575997	5165
黄岩区	131951	116532	32245	244275	219004	946
路桥区	103949	97845	42918	252710	232185	1249
玉环县	76249	589517	434622	873966	675193	4378
三门县	546742	203235	159372	397212	335464	369
天台县	68103	152972	102844	119015	99455	1146
仙居县	33295	263802	83356	247449	176970	1739
温岭市	63256	218562	64452	399428	379616	1256
临海市	36264	131623	49388	324173	288983	1419

17－72 各县市区国有及国有控股工业主要财务指标(四)

(2016年)

单位:万元

地区	销售费用	利润总额	利税总额	本年应交增值税	财务费用	#利息支出	从业人员年平均人数(人)
全市	**85135**	**261622**	**444168**	**163278**	**89779**	**97758**	**19639**
市区	50240	43291	104557	53334	25115	31599	10100
椒江区	45327	30170	66381	30790	14917	19416	8164
黄岩区	69	8039	21572	12391	4478	4556	1061
路桥区	4844	5081	16603	10153	5719	7627	875
玉环县	1065	137057	186668	45231	25869	25930	1138
三门县		28777	34427	4638	26372	26775	1319
天台县	240	10644	23538	11723	6744	3808	1006
仙居县	26403	19034	37670	16892	1907	4239	2173
温岭市	781	11564	27502	14469	809	1485	1854
临海市	6406	11256	29807	16992	2965	3923	2049

17－73 各县市区国有及国有控股工业主要经济效益指标(一)

(2016年)

地区	企业亏损面(%)	资产负债率(%)	流动比率	存货周转次数(次)	产品销售率(%)
全市	**13.46**	**52.59**	**0.83**	**13.63**	**92.96**
市区	18.18	50.69	0.97	8.08	100.16
椒江区	25.00	45.74	0.87	4.97	100.32
黄岩区		63.51	1.40	42.30	99.93
路桥区	20.00	67.22	1.16	37.94	99.92
玉环县		48.51	0.27	22.60	71.24
三门县		77.61	0.82	41.82	100.00
天台县	20.00	43.03	1.02	17.63	99.99
仙居县	16.67	39.38	1.82	7.15	98.53
温岭市		34.37	2.15	62.50	100.00
临海市	12.50	55.89	0.73	16.60	97.71

17－74　各县市区国有及国有控股工业主要经济效益指标(二)

(2016年)

地　　区	企　业 亏损率 (%)	成本费用 利润率 (%)	百元销售收 入实现利税 (元)	百元固定 资产原值 实现利税 (元)	出口交货 值占工业 销售产值 (%)
全　市	**2.28**	**7.80**	**12.34**	**7.70**	**4.31**
市　区	10.44	3.52	8.44	5.32	8.99
椒江区	7.55	4.10	8.96	4.70	15.00
黄岩区		3.31	8.83	7.82	
路桥区	33.67	2.03	6.57	5.97	
玉环县		19.24	21.36	10.42	
三门县		7.75	8.67	4.15	
天台县	3.04	9.71	19.78	5.14	
仙居县	0.55	8.35	15.22	17.21	13.24
温岭市		2.97	6.89	10.64	0.01
临海市	5.30	3.60	9.19	12.19	

17－75　各县市区大中型工业主要财务指标(一)

(2016年)

单位:万元

地　　区	企　业 单位数 (个)	#亏　损 企　业	新产品 产　值	工业销 售产值	出　口 交货值	年末资 产总计
全　市	**418**	**27**	**9344448**	**17856611**	**6185230**	**24949784**
市　区	136	17	3627527	7128990	2333700	11600601
椒江区	55	8	1555075	3070802	1266682	6414785
黄岩区	41	5	873413	1454514	504629	2215990
路桥区	40	4	1199039	2603674	562390	2969826
玉环县	68	3	583586	1593514	720642	2255097
三门县	20		239350	670647	268502	814247
天台县	21	1	408738	802667	296110	1306667
仙居县	20	1	277596	673313	184353	928251
温岭市	81	1	1380953	2791549	997569	3082065
临海市	72	4	2826699	4195933	1384355	4962855

17－76　各县市区大中型工业主要财务指标(二)

(2016 年)

单位:万元

地　区	流动资产合计	存货	固定资产合计	固定资产原价	固定资产净值	年末负债合计	流动负债
全　市	**12969749**	**2824926**	**5363064**	**8755749**	**4941800**	**11842598**	**10299300**
市　区	5797325	1130914	2120870	3794825	2010618	5659304	4675526
椒江区	3121387	516988	1274094	2392726	1223142	2596972	2136539
黄岩区	1228466	243796	431336	734055	405188	1073181	950395
路桥区	1447472	370130	415440	668043	382288	1989152	1588592
玉环县	1255931	303786	567818	863801	445045	1125723	1077752
三门县	482646	115437	215003	350938	207361	420972	385241
天台县	637602	121888	247277	437917	243559	391995	315085
仙居县	556118	113706	227035	348419	207346	363263	336331
温岭市	1630295	371806	713180	1170182	672343	1407248	1280074
临海市	2609833	667389	1271882	1789667	1155528	2474094	2229292

17－77　各县市区大中型工业主要财务指标(三)

(2016 年)

单位:万元

地　区	非流动负债	年末所有者权益合计	实收资本	主营业务收入	主营业务成本	主营业务税金及附加
全　市	**1386481**	**13107185**	**4430408**	**17889464**	**14429915**	**138569**
市　区	867414	5941297	2057905	7111202	5821055	41864
椒江区	345026	3817813	998764	3136207	2464074	15447
黄岩区	122129	1142809	662071	1424037	1074797	9746
路桥区	400259	980674	397071	2550958	2282184	16672
玉环县	35540	1129374	362979	1860175	1517219	10591
三门县	34397	393275	109962	661381	555423	3239
天台县	76610	914673	225991	840443	623324	12769
仙居县	26932	564989	148024	615002	417884	4583
温岭市	107026	1674817	496339	2702214	2173041	17651
临海市	238562	2488761	1029209	4099048	3321969	47874

17－78　各县市区大中型工业主要财务指标(四)

(2016 年)

单位:万元

地　　区	销售费用	利润总额	利税总额	本年应交增值税	财务费用	#利息支出	从业人员年平均人数(人)
全　市	**635218**	**1643352**	**2446951**	**662773**	**148082**	**219844**	**273870**
市　区	228917	545607	827308	238347	92382	109875	99722
椒江区	124067	264434	377818	96452	35628	50873	44522
黄岩区	63619	151308	233146	72092	25021	30694	23869
路桥区	41231	129865	216344	69803	31733	28308	31331
玉环县	68313	210485	286225	65092	14830	22083	35029
三门县	26068	36810	61977	21882	6832	9630	10620
天台县	27082	105630	160944	42540	1951	7054	11828
仙居县	45805	77154	113473	31736	5968	11545	11009
温岭市	137858	226561	354237	109629	8579	21564	52657
临海市	101175	441105	642788	153548	17539	38094	53005

17－79　各县市区大中型工业主要经济效益指标(一)

(2016 年)

地　　区	企业亏损面(%)	资产负债率(%)	流动比率	存货周转次数(次)	产品销售率(%)
全　市	**6.46**	**47.47**	**1.26**	**5.11**	**93.08**
市　区	12.50	48.78	1.24	5.15	97.59
椒江区	14.55	40.48	1.46	4.77	99.16
黄岩区	12.20	48.43	1.29	4.41	94.46
路桥区	10.00	66.98	0.91	6.17	97.57
玉环县	4.41	49.92	1.17	4.99	82.17
三门县		51.70	1.25	4.81	95.02
天台县	4.76	30.00	2.02	5.11	95.30
仙居县	5.00	39.13	1.65	3.68	89.11
温岭市	1.23	45.66	1.27	5.84	91.61
临海市	5.56	49.85	1.17	4.98	91.42

17－80　各县市区大中型工业主要经济效益指标(二)

(2016年)

地　　区	企　业 亏损率 (%)	成本费用 利润率 (%)	百元销售收 入实现利税 (元)	百元固定 资产原值 实现利税 (元)	出口交货 值占工业 销售产值 (%)
全　市	**1.88**	**9.92**	**13.68**	**27.95**	**34.64**
市　区	4.78	8.14	11.63	21.80	32.74
椒江区	4.15	9.04	12.05	15.79	41.25
黄岩区	4.30	11.51	16.37	31.76	34.69
路桥区	6.58	5.28	8.48	32.38	21.60
玉环县	1.30	12.12	15.39	33.14	45.22
三门县		5.85	9.37	17.66	40.04
天台县	0.02	14.46	19.15	36.75	36.89
仙居县	0.10	14.32	18.45	32.57	27.38
温岭市	0.04	9.02	13.11	30.27	35.74
临海市	0.25	11.84	15.68	35.92	32.99

17－81　各县市区规模以上非国有工业主要财务指标(一)

(2016年)

单位:万元

地　　区	企　业 单位数 (个)	#亏　损 企　业	新产品 产　值	工业销 售产值	出　口 交货值	年末资 产总计
全　市	**3566**	**326**	**13575952**	**34793439**	**10559423**	**41225352**
市　区	1094	137	4474686	12488711	3610511	16463043
椒江区	336	51	1674415	4414815	1608319	7212074
黄岩区	396	36	1464796	3440409	1059513	4255272
路桥区	362	50	1335475	4633488	942678	4995697
玉环县	731	45	1295934	5144782	1778614	5364391
三门县	157	27	409407	1408508	402334	1832571
天台县	135	16	847481	1631370	536718	2233349
仙居县	132	22	270153	1090959	301309	1706515
温岭市	863	25	2589410	6271625	2027647	5703412
临海市	454	54	3688881	6757485	1902290	7922071

17－82　各县市区规模以上非国有工业主要财务指标（二）

（2016 年）

单位：万元

地　　区	流动资产合计	存货	固定资产合计	固定资产原价	固定资产净值	年末负债合计	流动负债
全　市	**23647090**	**5182200**	**9151850**	**14055945**	**8531894**	**23025434**	**21014059**
市　区	9476382	1912970	3093212	4935998	2896467	9388085	8495898
椒江区	4300126	770983	1337695	2024854	1260383	3552806	3268225
黄岩区	2441732	501319	935783	1626906	883369	2362125	2223820
路桥区	2734524	640668	819733	1284238	752715	3473154	3003853
玉环县	3243833	772079	1292569	2077793	1163246	3191399	2989939
三门县	1091184	254536	448896	678404	419272	1138250	1046480
天台县	1295638	244336	391203	659418	379256	816879	736656
仙居县	774922	174559	735811	922904	712116	1033050	703128
温岭市	3362172	745483	1288781	2049676	1224094	3197961	2985539
临海市	4402960	1078238	1901379	2731753	1737443	4259811	4056419

17－83　各县市区规模以上非国有工业主要财务指标（三）

（2016 年）

单位：万元

地　　区	非流动负债	年末所有者权益合计	实收资本	主营业务收入	主营业务成本	主营业务税金及附加
全　市	**1825803**	**17998876**	**7574626**	**34341976**	**28499265**	**230828**
市　区	766152	7048027	3124409	12459386	10498553	70560
椒江区	171360	3638699	1252219	4535363	3722294	21831
黄岩区	138898	1886788	1035182	3361155	2697228	23396
路桥区	455894	1522541	837008	4562867	4079032	25334
玉环县	158719	2172992	901240	5083997	4245314	32747
三门县	69095	694321	334346	1392695	1172990	7790
天台县	72027	1416469	388374	1662395	1264262	17206
仙居县	328429	673464	329454	1061201	804927	7850
温岭市	150046	2482186	970757	6106359	5113268	33803
临海市	281336	3511418	1526047	6575945	5399951	60872

17－84　各县市区规模以上非国有工业主要财务指标(四)

(2016年)

单位:万元

地　　区	销售费用	利润总额	利税总额	本年应交增值税	财务费用	#利息支出	从业人员年平均人数(人)
全　市	**1050231**	**2336492**	**3709419**	**1138753**	**402519**	**483307**	**590992**
市　区	359692	727055	1190521	391026	173681	194277	193818
椒江区	136154	323103	466741	120206	57038	72093	69552
黄岩区	131503	229702	406615	153265	55584	63774	60652
路桥区	92034	174250	317165	117555	61058	58410	63614
玉环县	167384	323627	525236	168286	63684	71512	107390
三门县	46703	53357	100782	39615	24952	28872	25448
天台县	56860	186496	269556	65748	13314	19439	23070
仙居县	50571	82658	133054	42467	17871	22319	23473
温岭市	202410	400023	631406	197274	46460	60336	120690
临海市	166612	563275	858865	234337	62558	86552	97103

17－85　各县市区规模以上非国有工业主要经济效益指标(一)

(2016年)

地　　区	企业亏损面(%)	资产负债率(%)	流动比率	存货周转次数(次)	产品销售率(%)
全　市	**9.14**	**55.85**	**1.13**	**5.50**	**93.71**
市　区	12.52	57.03	1.12	5.49	96.22
椒江区	15.18	49.26	1.32	4.83	97.81
黄岩区	9.09	55.51	1.10	5.38	92.81
路桥区	13.81	69.52	0.91	6.37	97.38
玉环县	6.16	59.49	1.08	5.50	92.87
三门县	17.20	62.11	1.04	4.61	95.12
天台县	11.85	36.58	1.76	5.17	93.80
仙居县	16.67	60.54	1.10	4.61	89.30
温岭市	2.90	56.07	1.13	7.0	92.27
临海市	11.89	53.77	1.09	5.01	91.67

17－86 各县市区规模以上非国有工业主要经济效益指标(二)

(2016年)

地区	企业亏损率(%)	成本费用利润率(%)	百元销售收入实现利税(元)	百元固定资产原值实现利税(元)	出口交货值占工业销售产值(%)
全市	**4.77**	**7.23**	**10.80**	**26.39**	**30.35**
市区	9.00	6.14	9.56	24.12	28.91
椒江区	7.98	7.61	10.29	23.05	36.43
黄岩区	7.08	7.24	12.10	24.99	30.80
路桥区	13.16	3.93	6.95	24.70	20.34
玉环县	3.18	6.68	10.33	25.28	34.57
三门县	9.97	3.97	7.24	14.86	28.56
天台县	1.19	12.71	16.21	40.88	32.90
仙居县	4.98	8.45	12.54	14.42	27.62
温岭市	1.15	6.97	10.34	30.81	32.33
临海市	2.97	9.25	13.06	31.44	28.15

17－87 各县市区固定资产投资(一)

(2016年)

单位:万元

地区	投资额	建筑工程	安装工程	设备工器具购置	其他费用	#土地购置费	#工业性投资	#住宅
全市	**22726317**	**13235280**	**1381637**	**4132867**	**3976533**	**2448887**	**8760168**	**2683237**
市区	7718594	4252140	611916	936913	1917625	1489641	2233620	1245029
椒江区	3786302	2121139	342928	201930	1120305	866010	708233	571712
黄岩区	1807988	955530	113201	286956	452301	386835	703393	325111
路桥区	2124304	1175471	155787	448027	345019	236796	821994	348206
玉环县	1949433	1239166	94220	280988	335059	230439	691445	109940
三门县	1493936	648530	123383	306786	415237	82107	926584	110824
天台县	1957186	1228831	116448	413230	198677	77729	800112	145547
仙居县	2103938	1427842	125162	231905	319029	121403	916120	182167
温岭市	4287971	2344379	214165	1244508	484919	298544	1603238	486433
临海市	3215259	2094392	96343	718537	305987	149024	1589049	403297

17－88 各县市区固定资产投资(二)

(2016 年)

地区	新增固定资产(万元)	施工房屋面积(万平方米)	#住宅	竣工房屋面积(万平方米)	#住宅	竣工房屋价值(万元)	#住宅
全市	**12420169**	**6086.70**	**2153.06**	**1192.04**	**366.78**	**3358764**	**1478832**
市区	3431818	2339.06	939.71	286.24	158.29	1222301	757952
椒江区	1599446	1079.86	404.65	127.83	78.10	611659	374682
黄岩区	1041656	503.21	182.53	81.91	35.47	268462	126134
路桥区	790716	755.99	352.52	76.50	44.72	342180	257136
玉环县	964661	386.60	146.85	27.99	17.70	154531	97772
三门县	873284	333.94	200.54	54.76	40.37	177219	155217
天台县	849595	251.57	126.54	9.47	0.75	27968	4835
仙居县	684245	483.98	174.30	75.13	8.12	171044	35141
温岭市	3268512	1188.19	327.52	206.65	69.09	625381	218249
临海市	2348054	1103.37	237.60	531.81	72.44	980320	209666

17－89 各县市区房地产开发投资(一)

(2016 年)

单位:万元

地区	投资额	住宅	办公楼	商业用房	其他	土地购置费	新增固定资产
全市	**4242066**	**2632860**	**171461**	**663170**	**774575**	**1045644**	**2665596**
市区	2214927	1236526	129282	437766	411353	603662	1270801
椒江区	1038438	570294	93876	210768	163500	318196	766789
黄岩区	487262	319111	15284	32665	120202	231062	164879
路桥区	689227	347121	20122	194333	127651	54404	339133
玉环县	252661	108040	658	21924	122039	107960	179710
三门县	175503	106555	16909	28354	23685	33453	173797
天台县	225338	138277	763	60774	25524	36253	52306
仙居县	225964	163706	4694	35036	22528	50952	50060
温岭市	648222	478664	14314	53781	101463	102445	452169
临海市	499451	401092	4841	25535	67983	110919	486753

17－90 各县市区房地产开发投资(二)

(2016 年)

单位:万元

地区	投资额	国有控股	集体控股	私人控股	港澳台控股	外商控股	其他	非国有控股	#民间
全市	**4242066**	**218674**	**40065**	**3682360**	**4500**	**119610**	**176857**	**4023392**	**3899282**
市区	2214927	137066		1866325		75818	135718	2077861	2002043
椒江区	1038438	63129		862119			113190	975309	975309
黄岩区	487262	5		411439		75818		487257	411439
路桥区	689227	73932		592767			22528	615295	615295
玉环县	252661			252661				252661	252661
三门县	175503	628		174875				174875	174875
天台县	225338	34846		174284			16208	190492	190492
仙居县	225964	1450		224514				224514	224514
温岭市	648222	8184	40065	531250		43792	24931	640038	596246
临海市	499451	36500		458451	4500			462951	458451

17－91 各县市区房地产开发投资(三)

(2016 年)

单位:万平方米

地区	施工面积	#住宅	竣工面积	#住宅	商品房住宅竣工套数(套)	竣工房屋价值(万元)	#住宅	商品房销售额(万元)	#住宅
全市	**3345.56**	**2111.07**	**561.36**	**356.57**	**29386**	**2162909**	**1437674**	**6057732**	**5289852**
市区	1544.93	929.19	228.16	149.70	11778	1085577	723072	2577828	2157039
椒江区	642.47	403.24	117.24	77.14	6552	598931	373025	1245685	1011575
黄岩区	298.38	174.78	42.02	27.85	1468	147514	92911	545582	470931
路桥区	604.08	351.17	68.90	44.72	3758	339132	257136	786561	674533
玉环县	225.00	146.55	24.71	17.70	1137	142545	97772	595472	517625
三门县	277.55	190.74	47.21	39.37	3336	169219	151217	182636	154547
天台县	223.20	126.54	8.44	0.75	53	25782	4835	316629	277804
仙居县	215.06	156.14	11.36	8.12	667	48257	35141	282868	271396
温岭市	483.70	324.92	103.14	69.09	6049	318768	218249	1359467	1253799
临海市	376.11	236.99	138.33	71.84	6366	372761	207388	742832	657642

17－92 各县市区房地产开发投资(四)

(2016年)

单位:万平方米

地区	商品房销售面积	#住宅	现房	#住宅	期房	#住宅	商品房住宅销售套数(套)	商品房待售面积	#住宅
全市	**662.06**	**531.31**	**125.86**	**93.72**	**536.20**	**437.59**	**41581**	**299.22**	**145.01**
市区	279.63	212.88	75.80	55.33	203.83	157.55	16409	136.34	61.74
椒江区	126.70	90.32	38.76	30.09	87.94	60.23	6973	70.80	37.53
黄岩区	49.51	37.58	7.60	3.45	41.91	34.13	2870	21.54	4.94
路桥区	103.42	84.99	29.44	21.79	73.98	63.20	6566	44.00	19.26
玉环县	62.55	51.83	9.70	8.46	52.85	43.37	3697	13.77	8.10
三门县	28.80	24.06	5.24	3.91	23.57	20.15	1744	25.22	7.78
天台县	38.47	32.74	3.34	2.50	35.13	30.25	2840	40.51	24.04
仙居县	34.91	32.58	1.99	1.81	32.92	30.77	2411	3.04	1.21
温岭市	133.92	109.72	21.57	16.00	112.35	93.72	9095	55.64	29.70
临海市	83.79	67.50	8.23	5.72	75.56	61.78	5385	24.70	12.43

17－93 各县市区房地产开发企业财务状况(一)

(2016年)

单位:万元

地区	单位数	流动资产合计	固定资产原价	#本年折旧	资产总计	负债合计	所有者权益合计	#实收资本
全市	**408**	**19011324**	**421462**	**18842**	**20737763**	**17685520**	**3052243**	**2291497**
市区	170	9217456	184246	8591	10009250	8366186	1643064	1326124
椒江区	76	4320456	104646	5195	4780744	4007275	773469	588041
黄岩区	34	2346073	33141	1371	2465131	2070673	394458	268618
路桥区	60	2550927	46459	2024	2763375	2288239	475137	469465
玉环县	34	1261648	7999	535	1286597	1132068	154529	121242
三门县	36	716530	12168	368	798673	737876	60798	115588
天台县	27	851472	31351	1731	937425	754004	183421	118591
仙居县	20	1067767	9481	609	1184120	1094266	89854	72958
温岭市	79	3751093	105872	4316	4183511	3508351	675160	384263
临海市	42	2145358	70346	2693	2338187	2092769	245418	152732

17－94 各县市区房地产开发企业财务状况(二)

(2016 年)

单位:万元

地区	主营业务收入	主营业务成本	主营业务税金及附加	销售费用	管理费用	#税金
全市	**4825877**	**3984702**	**330452**	**112123**	**123559**	**7604**
市区	2856016	2354415	181696	55356	60198	3250
椒江区	1392890	1115001	100950	25808	29689	2024
黄岩区	342926	277806	19684	13943	14163	779
路桥区	1120200	961608	61062	15605	16346	447
玉环县	267878	224422	19647	8428	7893	467
三门县	216681	194393	10746	3361	8129	186
天台县	132779	95267	9926	9827	7028	237
仙居县	374919	314019	27519	2854	7317	1007
温岭市	630370	511340	55243	25645	20800	1158
临海市	347235	290847	25676	6653	12196	1298

17－95 各县市区房地产开发企业财务状况(三)

(2016 年)

单位:万元

地区	财务费用	#利息支出	营业利润	利润总额	应交所得税	应付职工薪酬
全市	**85343**	**66530**	**253704**	**208823**	**66232**	**77754**
市区	50106	37496	170072	133556	43575	36925
椒江区	36122	31669	92664	63761	30066	15234
黄岩区	9424	1417	12170	7445	4051	8595
路桥区	4560	4411	65238	62350	9457	13096
玉环县	4318	322	8231	5438	3345	4751
三门县	1926	5214	3402	2609	516	9570
天台县	65	2	22953	22546	7464	3406
仙居县	4530	4333	19024	18683	3040	3048
温岭市	15873	14552	27789	26270	5845	12465
临海市	8525	4610	2233	－278	2448	7589

17-96 各县市区建筑业企业基本情况(一)

(2016年)

地区	企业数（个）	#国有控股企业	建筑业总产值（万元）	#建筑工程产值	#安装工程产值	#在外省完成产值
全市	**452**	**17**	**23301372**	**22276957**	**720497**	**13247639**
市区	141	6	7671477	7343101	242406	3308875
椒江区	68	3	2689347	2594103	67400	888620
黄岩区	39	2	2287050	2133600	109998	1268004
路桥区	34	1	2695080	2615398	65009	1152252
玉环县	31	2	203543	157154	37270	620
三门县	39		1201513	1177456	21899	544583
天台县	26	1	994378	968575	14877	525346
仙居县	32	1	1285699	1094132	18957	692116
温岭市	114	3	7452630	7263329	172525	5321441
临海市	69	4	4492133	4273210	212562	2854658

17-97 各县市区建筑业企业基本情况(二)

(2016年)

地区	房屋建筑施工面积（万平方米）	#本年新开工面积	房屋建筑竣工面积（万平方米）	#住宅	年末自有机械设备总功率（千瓦）
全市	**17586.97**	**6991.58**	**6399.18**	**3698.46**	**1895231**
市区	5730.00	2065.86	1868.88	1127.76	403685
椒江区	2386.81	772.17	831.55	545.05	121249
黄岩区	2779.67	953.86	720.71	484.08	145889
路桥区	563.52	339.82	316.62	98.64	136547
玉环县	178.77	68.20	106.29	0.81	56975
三门县	692.35	266.74	268.27	147.13	192958
天台县	405.99	267.87	232.63	66.72	86163
仙居县	395.55	168.62	135.38	27.56	108095
温岭市	6922.96	2508.55	2242.02	1187.04	753825
临海市	3261.36	1645.74	1545.72	1141.44	293530

17－98　各县市区建筑业企业财务状况(一)

(2016 年)

单位:万元

指　标	流动资产合计	#存货	固定资产合计	#本年折旧	资产合计	负债合计
全　市	**6866478**	**1720400**	**847747**	**71672**	**8494960**	**4033310**
市　区	2677723	625070	293475	23868	3390133	1621789
椒江区	1159317	255931	107982	8458	1346943	774180
黄岩区	475379	168666	82404	4882	644421	258311
路桥区	1043027	200474	103090	10528	1398769	589298
玉 环 县	156029	35045	16694	1400	180115	99224
三 门 县	293601	80705	78748	6447	381615	126264
天 台 县	192530	17032	53310	2999	263848	89225
仙 居 县	512983	124443	48905	9959	591453	311482
温 岭 市	2126437	430917	236172	18902	2548025	1306087
临 海 市	907177	407188	120443	8099	1139772	479240

17－99　各县市区建筑业企业财务状况(二)

(2016 年)

单位:万元

指　标	所有者权益合计	#实收资本	营业收入	营业成本	营业税金及附加	营业利润
全　市	**4461650**	**1908931**	**15983076**	**14649926**	**393716**	**541023**
市　区	1768344	726736	5149404	4747543	119406	168547
椒江区	572763	282504	1947483	1795517	47851	64634
黄岩区	386110	180728	1608327	1509204	29194	36041
路桥区	809470	263505	1593594	1442823	42361	67872
玉 环 县	80892	71870	186926	169295	3428	3910
三 门 县	255351	118376	899644	819536	23340	36379
天 台 县	174623	116801	789767	710476	24934	34752
仙 居 县	279971	151273	1119499	1003957	23679	39606
温 岭 市	1241939	423447	5307055	4864034	129123	182817
临 海 市	660531	300429	2530782	2335085	69806	75014

17－100　各县市区建筑业企业财务状况(三)

(2016年)

单位:万元

指　标	管理费用	#税金	财务费用	#利息支出	利润总额	应交所得税	本年应付职工薪酬
全　市	**256660**	**11038**	**103163**	**99308**	**537900**	**156977**	**3448849**
市　区	75790	5105	28096	35242	168862	43231	995642
椒江区	27774	1952	7234	15828	64205	17732	311687
黄岩区	22844	1485	8035	5043	36835	8399	316522
路桥区	25171	1668	12827	14371	67822	17100	367433
玉环县	8427	324	539	532	3871	1021	35950
三门县	14628	821	3794	2990	35094	11429	176667
天台县	13819	320	4873	2095	35034	15810	155956
仙居县	15670	1312	32495	29738	39076	10016	137785
温岭市	89201	2070	26443	22292	181426	55709	1232424
临海市	39127	1086	6923	6420	74537	19762	714427

17－101　各县市区客运量货运量及港口货物吞吐量

(2016年)

地　区	客运量(万人)	#铁路	#公路	#水运	货运量(万吨)	#公路	#水运	港口货物吞吐量(万吨)
全　市	**11086**	**948**	**9895**	**209**	**22902**	**11658**	**11213**	**6771**
市　区	1795	385	1362	14	12270	5850	6389	1628
椒江区	522		508	14	5559	1627	3932	1386
黄岩区	551	385	166		3447	2660	787	202
路桥区	722		688		3264	1563	1670	40
玉环县	2354		2159	195	2641	1202	1439	3309
三门县	984	67	917		1200	346	854	606
天台县	995		995		517	517		
仙居县	957		957		418	418		
温岭市	3538	376	3162		3664	1642	2022	816
临海市	463	120	343		2191	1683	508	412

17－102 各县市区客运周转量和货运周转量

(2016 年)

地　区	客运周转量（万人公里）	铁路	公路	水运	货运周转量（万吨公里）	铁路	公路	水运
全　市	**728398**	**299520**	**426965**	**1913**	**16231545**	**6468**	**1810187**	**14414890**
市　区	263840	124541	138597	702	7441926	1702485	996107	8135368
椒江区	48741		48039	702	4874410		204923	4669487
黄岩区	155241	124541	30700			1696017	532511	1163506
路桥区	59858		59858		2567516	6468	258673	2302375
玉环县	56284		55073	1211	1992800		139593	1853207
三门县	36358	9179	27179		1032755		46640	986115
天台县	32771		32771		72188		72188	
仙居县	25207		25207		54064		54064	
温岭市	238151	131600	106551		3087580		260404	2827176
临海市	75787	34200	41587		854214		241191	613023

17－103 各县市区公路基本情况(一)

(2016 年)

单位:公里

地　区	公路总里程	等级公路合计	高速公路	一级	二级	三级	四级	准四级	等外公路
全　市	**12578**	**12517**	**298**	**652**	**1218**	**565**	**6363**	**3422**	**61**
市　区	2486	2456	34	192	249	127	1235	619	30
椒江区	605	605	13	61	83	58	221	169	
黄岩区	1261	1231	21	64	62	25	616	443	30
路桥区	620	620	0	66	103	45	398	7	
玉环县	676	676	0	53	87	50	282	204	
三门县	1297	1295	21	62	151	43	913	105	2
天台县	1949	1949	42	68	70	68	901	800	
仙居县	1869	1841	106	56	122	63	686	808	28
温岭市	1967	1967	11	84	203	117	1301	251	
临海市	2335	2335	85	137	337	96	1044	636	

17－104 各县市区公路基本情况(二)

(2016 年)

地区	路面里程			隧道		桥梁	
	有铺装(公里)	简易铺装(公里)	未铺装(公里)	道	延米	座	米
全市	**12115**	**98**	**365**	**302**	**215702**	**5802**	**305007**
市区	2402	3	81	15	8786	1470	64595
椒江区	605	0	0	8	4456	351	20607
黄岩区	1215	2	45	5	3080	659	25751
路桥区	582	1	36	2	1250	460	18237
玉环县	676	0	0	29	14522	208	21698
三门县	1272	17	7	39	28254	419	22173
天台县	1901	43	5	23	8047	528	21079
仙居县	1814	27	28	89	64464	590	46725
温岭市	1726	5	236	34	21851	1519	60564
临海市	2325	2	7	73	69777	1068	68172

17－105 各县市区公路基本情况(三)

(2016 年)

单位:公里

地区	公路总里程	国道	省道	县道	乡道	专用道	村道
全市	**12578**	**463**	**677**	**2615**	**2042**	**64**	**6717**
市区	2486	75	79	598	432	20	1282
椒江区	605	19	49	125	117	0	295
黄岩区	1261	37	29	341	158	14	683
路桥区	620	19	1	133	157	6	303
玉环县	676	0	29	188	103	0	356
三门县	1297	63	59	249	210	27	689
天台县	1949	81	61	347	338	10	1112
仙居县	1869	12	216	416	216	3	1006
温岭市	1967	47	62	361	289	0	1209
临海市	2335	186	171	457	454	3	1063

17－106　各县市区汽车拥有量

（2016年）

单位：辆

地　区	汽车拥有量	载客汽车	#个人	载货汽车	#个人	其他汽车	摩托车
全　市	**1327839**	**1153475**	**1071793**	**171146**	**135958**	**3218**	**274361**
市　区	537575	455304	416900	80849	61273	1422	102999
椒江区	171089	151749	139981	18753	13731	587	31198
黄岩区	166091	139051	128221	26763	19891	277	36955
路桥区	188739	155502	144709	32771	27294	466	34817
市本级	11656	9002	3989	2562	357	92	29
玉 环 县	118726	106231	94380	12187	9051	308	20823
三 门 县	51379	44335	40830	6843	5719	201	14102
天 台 县	69776	63776	60188	5862	4813	138	24702
仙 居 县	67869	61100	57770	6629	5501	140	18964
温 岭 市	296450	254097	242022	41797	35957	556	48427
临 海 市	186064	168632	159703	16979	13644	453	44344

17－107　各县市区邮电通信主要指标

（2016年）

地　区	邮电局（所）数（个）	邮电业务收入（万元）	固定电话用户数（户）	移动电话用户数（户）	互联网宽带接入用户数（户）	移动互联网用户数（户）	#手机上网用户（户）
全　市	**385**	**764482**	**1068140**	**7708434**	**2084579**	**6063636**	**5933634**
市　区	108	316969	432728	2728121	796058	2174430	2146642
椒江区	33	159994	199211	992581	345198	796386	790739
黄岩区	40	72749	109416	820472	221742	650551	634955
路桥区	35	84226	124101	915068	229118	727493	720948
玉 环 县	36	79188	131537	798940	226835	652697	637440
三 门 县	39	33887	48167	358145	100375	273362	269580
天 台 县	35	39766	69355	462622	130984	350961	341079
仙 居 县	33	37765	47579	415987	103870	322267	312806
温 岭 市	53	158061	213533	1780776	427506	1382936	1339935
临 海 市	81	98846	125241	1163843	298951	906983	886152

17－108 各 县 市 区 用 电 量

（2016 年）

单位：万千瓦时

地　　区	全社会用电量（包括厂用电量及线损）	#工　业用电量	#制造业	轻工业	重工业	#城乡居民生活用电
全　　市	**2821453**	**1834332**	**1660060**	**646082**	**1188249**	**555139**
市　　区	1058562	692503	642692	303810	394044	184652
椒江区	278072	187101	173373	100871	86230	49716
黄岩区	341947	244182	224800	121364	122818	53933
路桥区	288859	182214	164840	59402	122812	56756
直属局	149684	79007	79679	22172	62185	24247
玉 环 县	407110	307892	289137	37086	270806	64370
三 门 县	153962	80960	73316	19609	61351	26104
天 台 县	122770	68699	59216	21614	47085	33593
仙 居 县	103193	56689	48706	22522	34167	27722
温 岭 市	539352	322263	294049	110772	211491	137610
临 海 市	412319	275792	252944	130671	145122	81088

17－109 各县市区全社会单位生产总值能耗

（2016 年）

地　　区	单位 GDP 能耗（吨标准煤/万元）	单位 GDP 能耗降低率（%）	单位 GDP 电耗（千瓦时/万元）	单位 GDP 电耗降低率（%）	规模以上工业增加值能耗降低率（%）
全　　市	**0.355**	**－1.80**	**728**	**－3.69**	**－2.00**
椒江区	0.423	－6.10	845	－7.41	－2.19
黄岩区	0.379	－0.18	886	－0.82	4.50
路桥区	0.271	－0.61	570	－2.34	3.01
玉 环 县	0.379	1.58	856	－2.97	4.31
三　　门	0.496	－22.52	1128	－41.74	－25.83
天 台 县	0.294	－7.59	600	－4.66	－4.85
仙　　居	0.283	－21.89	541	－4.55	－22.32
温 岭 市	0.346	1.58	596	1.09	－2.45
临 海 市	0.349	－2.86	792	－6.04	－1.04

17－110 各县市区规模以上工业主要能源消费量

（2016年）

单位：吨

地区	原煤	焦炭	汽油	柴油	热力（百万千焦）	电力（万千瓦时）
全市	**13855653**	**7029**	**21869**	**44994**	**8176855**	**1264510**
市区	2489408	5537	11196	21453	3233357	451727
椒江区	2329897	225	3054	9686	2357628	233305
黄岩区	112510	5312	5033	4670	875730	124264
路桥区	47002		3108	7097		94157
玉环县	7214395	663	2332	4514	49671	220209
三门县	3726450		864	2420	32843	103967
天台县	71208		1408	1768	787359	87456
仙居县	88368		935	836	928557	47629
温岭市	133358	17	3392	9205	515321	170954
临海市	132465	812	1741	4798	2629746	182568

17－111 各县市区规模以上工业企业能源消费情况

（2016年）

单位：吨标准煤

地区	综合能源消费量	万元产值综合能耗（吨标准煤/万元）	节能量	万元产值综合能耗降低率（%）
全市	**7712900**	**0.183**	**－926682**	**－13.66**
市区	1848380	0.119	27314	1.46
椒江区	1334473	0.206	24584	1.81
黄岩区	272279	0.067	14181	4.95
路桥区	241628	0.048	－3002	－1.26
玉环县	3107954	0.494	141070	4.34
三门县	1689694	0.911	－1193263	－240.36
天台县	158612	0.082	－4475	－2.90
仙居县	119997	0.080	－17621	－17.20
温岭市	377833	0.052	－21812	－6.12
临海市	410429	0.053	－4641	－1.14

17－112 各县市区规模以上工业取水情况

（2016年）

单位：万立方米

地　　区	取水总量	地表水	地下水	自来水	海　水	其他水	外供水
全　　市	**82692.70**	**66454.68**	**268.33**	**14729.64**	**1154.00**	**12.66**	**70451.64**
市　　区	56595.74	46769.63	46.28	9767.77		0.06	52278.51
椒江区	9816.03	3848.56	24.09	5932.18			7677.85
黄岩区	29465.64	28500.99	7.66	956.62			27900.84
路桥区	17314.07	14420.07	14.53	2878.96		0.06	16699.82
玉环县	4937.28	3401.73	14.19	335.59	1154.00	1.69	3214.47
三门县	612.78	22.81	104.83	484.08		0.04	
天台县	2548.26	2080.67	23.25	443.62		0.01	1656.42
仙居县	533.14	166.23	24.47	331.59		10.86	
温岭市	8528.22	6925.02	6.64	1594.96			6397.60
临海市	8937.28	7088.60	48.67	1772.05			6904.65

17－113 各县市区社会消费品零售总额

（2016年）

单位：万元

地　　区	社会消费品零售总额	比上年增长（%）	按行业分			按销售地区分		
			批发和零售业	住宿业	餐饮业	城　镇	#城　区	乡　村
全　　市	**20131405**	**11.4**	**17947114**	**165126**	**2019165**	**16334662**	**9031170**	**3796743**
市　　区	8116470	11.2	7391637	85475	639358	6977280	5639516	1139190
椒江区	2521293	8.8	2343319	54271	123703	2066388	1806989	454905
黄岩区	2137802	12.3	1814379	19950	303473	1895324	1424133	242478
路桥区	3457375	12.4	3233939	11254	212182	3015568	2408394	441807
玉环县	1700075	12.2	1615364	19003	65708	1270676		429399
三门县	868747	10.5	797326	7232	64189	606461		262286
天台县	1065088	10.0	999722	8766	56600	792973		272115
仙居县	880458	10.1	764349	5213	110896	611353		269105
温岭市	5267628	11.8	4352051	20126	895451	4266530	1937985	1001098
临海市	2232939	12.2	2026665	19312	186963	1809389	1453670	423551

17－114 各县市区限额以上批发业企业销售情况

(2016年)

单位:万元

地 区	法人企业(个)	年末从业人数(人)	销售额	批发额	零售额	年末零售营业面积(平方米)
全 市	**549**	**16851**	**9555960**	**9005308**	**550652**	**448777**
市 区	257	7886	6396696	5993306	403389	196510
椒江区	118	4283	3116653	2997892	118761	155144
黄岩区	47	1743	1246946	1101634	145312	23748
路桥区	92	1860	2033097	1893781	139317	17618
玉 环 县	69	1784	667203	654489	12714	32427
三 门 县	20	407	101765	99238	2527	1310
天 台 县	4	92	48129	35888	12241	5998
仙 居 县	18	2010	326492	311424	15068	7573
温 岭 市	142	3502	1501363	1411216	90147	162926
临 海 市	39	1170	514313	499747	14566	42033

17－115 各县市区限额以上零售业企业销售情况

(2016年)

单位:万元

地 区	法人企业(个)	年末从业人数(人)	销售额	批发额	零售额	年末零售营业面积(平方米)
全 市	**463**	**27950**	**5803032**	**701699**	**5101332**	**1848339**
市 区	187	14646	3787574	565267	3222307	1088783
椒江区	77	7968	2096023	452795	1643229	695199
黄岩区	29	2122	388873	42493	346380	147345
路桥区	81	4556	1302677	69979	1232698	246239
玉 环 县	42	2134	185752	16170	169582	97501
三 门 县	27	463	53817	906	52911	33787
天 台 县	27	777	76582	3562	73021	93266
仙 居 县	20	709	49919	6678	43241	26173
温 岭 市	83	4662	822233	48223	774010	302890
临 海 市	77	4559	827155	60894	766261	205939

17－116　各县市区限额以上住宿业企业经营情况

(2016年)

单位:万元

地　　区	法人企业(个)	年末从业人数(人)	营业额	#客房收入	#餐费收入	客房间数(间)	床位数(个)	餐位数(位)	年末餐饮营业面积(平方米)
全　　市	**77**	**9276**	**166287**	**69948**	**88700**	**20043**	**32273**	**46464**	**221860**
市　　区	23	3981	71646	26795	41965	8331	13022	16153	74060
椒江区	9	2057	40564	14853	24020	1969	2961	9247	39208
黄岩区	8	1269	19863	7797	11376	5635	8890	5006	26216
路桥区	6	655	11219	4146	6569	727	1171	1900	8636
玉 环 县	11	1068	23629	9024	13499	1745	2742	6489	30580
三 门 县	4	445	5015	2228	2670	610	1063	1350	11509
天 台 县	11	712	9151	4800	3832	1132	1980	5368	16914
仙 居 县	3	321	3963	2943	864	544	859	2217	5550
温 岭 市	16	1462	28001	12632	12512	5724	9620	8097	47492
临 海 市	9	1287	24882	11525	13357	1957	2987	6790	35755

17－117　各县市区限额以上餐饮业企业经营情况

(2016年)

单位:万元

地　　区	法人企业(个)	年末从业人数(人)	营业额	#客房收入	#餐费收入	客房间数(间)	床位数(个)	餐位数(位)	年末餐饮营业面积(平方米)
全　　市	**110**	**6722**	**129196**	**8971**	**117430**	**10781**	**22638**	**51143**	**200753**
市　　区	27	2098	37254	3297	33199	710	1223	12762	70359
椒江区	12	976	18661	309	18351	65	95	4010	16400
黄岩区	6	203	3745	197	3513	161	266	1701	16000
路桥区	9	919	14848	2791	11334	484	862	7051	37959
玉 环 县	8	640	13857		13857			8422	14113
三 门 县	2	130	3203	247	2844	47	90	600	4000
天 台 县	14	675	12128	434	10811	8722	19240	6125	26675
仙 居 县	10	349	4956	1406	3215	311	558	3392	10012
温 岭 市	28	1824	39046	2412	36268	692	1096	13229	45467
临 海 市	21	1006	18754	1174	17237	299	431	6613	30127

17－118　各县市区限额以上批发和零售业企业财务状况(一)

（2016 年）

单位:万元

地　区	企业数（个）	流动资产合　计	#存　货	固定资产原　价	累　计折　旧	#本　年折　旧
全　市	**1012**	**5427103**	**1070922**	**821915**	**322010**	**48516**
市　区	444	3161263	658604	458855	196350	26755
椒江区	195	1577924	273773	289434	125567	14861
黄岩区	76	607603	112805	67768	29819	4844
路桥区	173	975736	272026	101653	40964	7050
玉环县	111	267162	67085	105369	29021	5674
三门县	47	107704	8436	19247	6892	1240
天台县	31	59982	21798	14528	5165	688
仙居县	38	132223	20138	21035	5839	1217
温岭市	225	1013887	189770	140352	50716	8593
临海市	116	684882	105091	62529	28026	4350

17－119　各县市区限额以上批发和零售业企业财务状况(二)

（2016 年）

单位:万元

地　区	资　产合　计	负　债合　计	所有者权　益	#实　收资　本	#国　家资　本	主营业务收　　入
全　市	**7633807**	**5356042**	**2277766**	**2135553**	**100673**	**13548547**
市　区	3879028	2893874	985154	1531695	89664	8878119
椒江区	2057882	1321182	736700	315560	88489	4512885
黄岩区	706820	641185	65635	63214	0	1436343
路桥区	1114326	931508	182819	1152922	1175	2928891
玉环县	398911	316279	82632	66694	1352	749030
三门县	189129	126633	62496	27220	618	141721
天台县	75212	57736	17475	15150	600	110360
仙居县	163494	147809	15685	25786	500	337905
温岭市	1921846	1046741	875106	332834	4200	2116191
临海市	1006188	766970	239218	136175	3740	1215221

17－120 各县市区限额以上批发和零售业企业财务状况(三)

(2016 年)

单位:万元

地区	主营业务成本	主营业务税金	其他业务利润	销售费用	管理费用	#税金
全市	**12357356**	**146209**	**49880**	**496293**	**277827**	**9507**
市区	8139780	136311	20588	236013	165990	5207
椒江区	3985234	130803	13263	149488	95691	3036
黄岩区	1351064	1585	3622	44668	31298	987
路桥区	2803483	3923	3704	41856	39002	1183
玉环县	684216	1640	2182	31812	18560	679
三门县	127872	435	403	4082	4415	63
天台县	100036	300	235	4944	4576	183
仙居县	267434	1210	1287	55777	9664	371
温岭市	1963603	3449	5649	84651	44392	2328
临海市	1074415	2864	19537	79014	30231	676

17－121 各县市区限额以上批发和零售业企业财务状况(四)

(2016 年)

单位:万元

地区	财务费用	#利息支出	营业利润	利润总额	应付职工薪酬	应交增值税
全市	**58596**	**79689**	**315662**	**334244**	**266277**	**193779**
市区	17211	31687	233516	233635	145668	114710
椒江区	－1931	9209	193489	190173	89412	90299
黄岩区	7402	7380	7959	9771	22599	9369
路桥区	11740	15099	32069	33692	33658	15042
玉环县	6398	4781	7601	11294	18368	6817
三门县	2593	2944	2756	3180	3619	1616
天台县	703	388	1503	1614	3706	945
仙居县	2586	1724	1332	2156	17351	9221
温岭市	6331	13790	12933	25269	46106	14058
临海市	22773	24375	56020	57094	31460	46413

17－122　各县市区限额以上住宿和餐饮业企业财务状况(一)

(2016 年)

单位:万元

地　　区	企业数(个)	流动资产合计	#存货	固定资产原价	累计折旧	#本年折旧
全　　市	**187**	**292270**	**8793**	**548189**	**198066**	**25754**
市　　区	50	115846	2926	162338	76713	6376
椒江区	21	63522	1577	83111	47754	3476
黄岩区	14	15938	733	63700	19960	2405
路桥区	15	36386	616	15528	8999	496
玉环县	19	76705	1446	117550	37809	6174
三门县	6	2705	310	10343	5298	564
天台县	25	25469	887	18808	9500	1321
仙居县	13	2472	225	20304	8802	1242
温岭市	44	44943	1701	130276	25976	6458
临海市	30	24129	1298	88571	33969	3620

17－123　各县市区限额以上住宿和餐饮业企业财务状况(二)

(2016 年)

单位:万元

地　　区	资产合计	负债合计	所有者权益	#实收资本	#国家资本	主营业务收入
全　　市	**982024**	**778040**	**203984**	**247120**	**1695**	**286263**
市　　区	223749	173917	49832	69313	195	104169
椒江区	106772	73502	33270	39633		57612
黄岩区	62962	58409	4553	19098	195	22872
路桥区	54014	42005	12009	10582		23685
玉环县	177375	178844	－1469	43418	1500	35438
三门县	11929	7715	4214	8060		8095
天台县	74622	67962	6660	11812		20973
仙居县	23518	31205	－7687	5441		8894
温岭市	201520	141344	60176	63901		65700
临海市	269312	177054	92259	45174		42994

17－124　各县市区限额以上住宿和餐饮业企业财务状况(三)

(2016 年)

单位:万元

地　　区	主营业务成　本	主营业务税　金	其他业务利　润	销　售费　用	管　理费　用	#税　金
全　　市	**131430**	**8606**	**6395**	**86213**	**63074**	**1529**
市　　区	44450	2893	1481	33355	21116	858
椒江区	21948	1465	1214	18264	13442	206
黄岩区	10890	628	266	7392	5024	517
路桥区	11613	801	2	7699	2649	136
玉 环 县	15967	1016	1332	15998	6374	35
三 门 县	3631	222	1366	2447	2143	8
天 台 县	10186	536	83	5064	5083	69
仙 居 县	4060	504		2664	2257	
温 岭 市	32795	2136	2083	16230	14387	53
临 海 市	20342	1298	49	10455	11715	505

17－125　各县市区限额以上住宿和餐饮业企业财务状况(四)

(2016 年)

单位:万元

地　　区	财　务费　用	#利　息支　出	营　业利　润	利　润总　额	应　交所得税	应付职工薪　酬
全　　市	**16362**	**12630**	**－12909**	**－12211**	**5891**	**65165**
市　　区	4061	4012	－367	436	740	25362
椒江区	1984	2579	1743	1991	370	13954
黄岩区	1458	1304	－2414	－2095	71	6360
路桥区	619	129	305	539	299	5048
玉 环 县	794	680	－4547	－4440	107	8000
三 门 县	322	41	－702	－718	54	2050
天 台 县	633	475	－495	－861	87	5097
仙 居 县	2224	1913	－2816	－2937	18	2061
温 岭 市	3364	2228	－3030	－2944	474	12833
临 海 市	4965	3281	－953	－747	4412	9762

17－126　各县市区商品市场基本情况

（2016 年）

地　　区	市场数（个）	#消费品市场	#生产资料市场	市场成交额（亿元）
全　市	**526**	**451**	**70**	**1307.62**
市　区	180	146	31	736.52
椒江区	47	41	5	158.39
黄岩区	50	47	3	116.41
路桥区	79	54	23	460.23
市直属分局	4	4		1.49
玉 环 县	55	48	7	37.89
三 门 县	31	29	1	11.68
天 台 县	21	19	2	24.18
仙 居 县	14	12	2	8.38
温 岭 市	145	125	20	438.51
临 海 市	80	72	7	50.46

17－127　各县市区外贸进出口总额

（2016 年）

单位:万元

地　　区	进出口总额	出口额	#欧盟	#东盟	#中东	进口额
全　市	**13108112**	**11693755**	**2708100**	**821256**	**838406**	**1414358**
市　区	5418626	4384280	853054	307320	405531	1034346
椒江区	1536534	1361530	194005	83574	148926	175004
黄岩区	1333919	1262048	307590	72654	78734	71871
路桥区	1720441	1034521	223991	92407	106354	685920
市直属公司	106455	105894	23547	5905	10395	561
台州经济开发区	721277	620286	103921	52780	61122	100991
玉 环 县	2101144	2047205	546670	139590	95170	53939
三 门 县	445216	428165	77053	42540	17193	17051
天 台 县	426859	402868	126005	25714	28167	23991
仙 居 县	416647	405060	131897	8392	21386	11586
温 岭 市	2471219	2310408	373333	260807	197452	160811
临 海 市	1828402	1715768	600088	36894	73505	112634

17－128 各县市区进出口贸易情况

（2016年）

单位:万元

地 区	出口额中				进口额中			
	#一般贸易	#加工贸易	来料加工装配贸易	进料加工装配贸易	#一般贸易	#加工贸易	来料加工装配贸易	进料加工装配贸易
全 市	**10811137**	**880105**	**11770**	**868335**	**1208285**	**184650**	**6472**	**178178**
市 区	3871004	512561	6803	505758	941150	79554	3582	75973
椒江区	1004629	356595	288	356307	117986	44669	186	44483
黄岩区	1147828	113889	5824	108065	49688	21187	3150	18038
路桥区	1015545	18931	369	18562	678690	7078	79	6999
市直属公司	105836	36		36	492	61		61
台州经济开发区	597166	23110	322	22788	94294	6559	167	6392
玉 环 县	1969658	76087	19	76068	30854	21596	10	21586
三 门 县	416919	11238	2370	8868	12353	4565	1296	3270
天 台 县	378412	24417		24417	17887	6042		6042
仙 居 县	384979	20069	22	20047	4149	7419	16	7403
温 岭 市	2232809	77294		77294	135292	19792		19792
临 海 市	1557355	158440	2556	155884	66600	45681	1569	44113

17－129 各县市区出口贸易主要市场情况

（2016年）

单位:万元

地 区	合 计	欧 洲	亚 洲	北美洲	拉丁美洲	非 洲	大洋洲
全 市	**11693755**	**3726483**	**3326262**	**2557509**	**992889**	**791458**	**299154**
市 区	4384045	1175473	1503547	885955	447548	251506	120016
椒江区	1361361	290488	585975	233836	153123	76367	21572
黄岩区	1261814	377691	364306	302793	105542	65622	45861
路桥区	1034521	300274	317035	206125	118633	59704	32750
市直属公司	105894	36089	33009	16352	8862	8430	3151
台州经济开发区	620455	170931	203222	126849	61388	41383	16682
玉 环 县	2047205	796484	422743	497640	174715	92851	62772
三 门 县	428165	122177	110383	111921	29998	38296	15390
天 台 县	402868	153682	93234	88252	30920	23338	13442
仙 居 县	405060	148529	115315	104485	23962	5306	7463
温 岭 市	2310408	609309	752612	336086	220057	357488	34856
临 海 市	1716003	720827	328430	533169	65689	22673	45215

17－130　各县市区外贸出口主要商品(一)

(2016年)

万元

地　区	家用电器	汽摩及部件	服装机械	塑料模具	医化产品	纺织服装	鞋类	灯具
全　市	**569476**	**700718**	**199275**	**780222**	**1338443**	**473456**	**915900**	**307592**
市　区	367326	137691	156257	459263	570399	108515	72472	162089
椒江区	310524	3957	99226	59404	364000	28567	21382	25875
黄岩区	9642	19494	5646	269768	174755	33239	2111	29164
路桥区	18398	87148	18023	80780	3306	6876	5817	92287
市直属公司	3898	1383	2623	10056	2011	12415	2252	2530
台州经济开发区	24864	25709	30739	39255	26327	27418	40910	12233
玉环县	12440	362939	29433	52125	30021	11931	79	671
三门县	23327	23319	23	64373	38840	38908	5481	689
天台县	3893	50626	726	57407	86651	91597	13488	12766
仙居县	5026	5049		21780	149622	27785	1060	10280
温岭市	139965	110833	12057	73665	1889	24746	690538	6462
临海市	17499	10261	779	51609	461021	169974	132781	114635

17－131　各县市区外贸出口主要商品(二)

(2016年)

万元

地　区	农产品	阀门、龙头	家具	工艺品	太阳能板	喷雾器	船舶	液体泵
全　市	**428492**	**1109979**	**1047690**	**165221**	**103637**	**327757**	**36654**	**592735**
市　区	175252	201690	288984	72417	16003	295121	21177	81588
椒江区	17155	6905	58189	247	2372	93596	9218	13856
黄岩区	125586	41659	65467	59753	8636	33054	7262	16480
路桥区	10022	100304	116862	4067	404	139541	2451	31124
市直属公司	6076	4651	6139	4876	10	5776		3552
台州经济开发区	16413	48171	42327	3474	4581	23154	2246	16576
玉环县	52926	780262	57688	69	34912	7380		48606
三门县	16108	81093	14411	3743		252		2836
天台县	6835	60	30986	4283		1009		3
仙居县	71352	1425	60647	35595	2			10402
温岭市	31316	40449	18749	8123	30264	23542	5092	442961
临海市	74703	4999	576225	40991	22457	452	10385	6340

17－132 各县市区利用外资情况

(2016年)

单位:万美元

地区	2015年				2016年			
	利用外资企业数(家)	总投资	合同外资	实际利用外资	利用外资企业数(家)	总投资	合同外资	实际利用外资
全市	**17**	**34709**	**18289**	**11635**	**36**	**159240**	**103894**	**33683**
市区	7	9819	5105	3190	17	80674	30522	6008
椒江区	2	4328	2118	1045	4	43233	17256	2435
黄岩区	3	1527	1515	1043	6	17871	4053	747
路桥区		3055	1021	995	3	16949	8157	2570
台州经济开发区	1	397	195	107	3	190	56	
台州湾集聚区	1	512	256		1	2431	1000	256
玉环县	5	16340	4295	1076	4	35523	34565	21311
三门县		839	595	602	2	31139	30003	3
天台县				187	1	2914	560	155
仙居县				80	1	2178	405	151
温岭市		1000	1652	1090	7	2677	2972	2825
临海市	5	6712	6642	5410	4	4135	4867	3230

17－133 各县市区国际国内旅游情况

(2016年)

单位:万人次

年份	旅游总人数	国内旅游人数	国际旅游入境人数	旅游总收入(亿元)	国内旅游收入(亿元)	国际旅游(外汇)收入(万美元)
全市	**8930.73**	**8911.49**	**19.24**	**942.65**	**938.35**	**6478.11**
市区	2041.06	2037.21	3.85	215.51	214.51	1501.49
椒江区	1132.05	1130.64	1.41	119.40	119.05	530.59
黄岩区	409.12	407.19	1.93	43.42	42.88	822.92
路桥区	499.88	499.38	0.50	52.68	52.58	147.98
玉环县	807.79	806.83	0.96	85.17	84.96	325.00
三门县	358.24	358.08	0.16	37.74	37.70	54.26
天台县	1451.63	1445.19	6.44	153.75	152.17	2371.87
仙居县	1426.94	1420.31	6.63	150.82	149.55	1909.35
温岭市	1520.24	1519.84	0.40	160.11	160.03	108.48
临海市	1691.63	1690.83	0.80	178.18	178.04	207.66

注：全市国内旅游人数和收入扣除重游率(1.041)，各县市区没有扣除。

17－134　各县市区地方财政收入及分类(一)

(2016年)

单位:万元

地　　区	一般预算收入合计	增值税	营业税	企　业所得税	个　人所得税	资源税	城市维护建设税
全　　市	**3432835**	**1012917**	**322062**	**408521**	**192637**	**9312**	**191407**
市　　区	1451939	384413	149479	184671	83829	917	89466
椒江区	385494	109407	35870	57957	22153		22968
黄岩区	371145	128723	27726	30323	18947	650	23211
路桥区	395787	103464	46113	61412	23527	267	20590
市本级	299513	42819	39770	34979	19202		22697
玉 环 县	426217	164556	32967	46290	14647	1768	22849
三 门 县	155766	39827	16354	16550	8346	1682	5988
天 台 县	170371	47814	15715	24572	14387	423	7849
仙 居 县	162468	53527	16709	14919	9333	425	7235
温 岭 市	616886	176017	57738	71607	38930	2843	30718
临 海 市	449188	146763	33100	49912	23165	1254	27302

17－135　各县市区地方财政收入及分类(二)

(2016年)

单位:万元

地　　区	房产税	印花税	城　镇土　地使用税	土　地增值税	车船税	耕　地占用税	契　税
全　　市	**142690**	**39287**	**128627**	**131348**	**44968**	**121153**	**176970**
市　　区	59255	17694	49563	65040	21831	48079	88653
椒江区	14736	3787	11364	18101	7279	24467	24065
黄岩区	17887	3459	16553	15073	4086	7888	14782
路桥区	14931	6029	13745	18994	6810	14635	20025
市本级	11701	4419	7901	12872	3656	1089	29781
玉 环 县	19189	5036	16055	9034	3790	19963	13601
三 门 县	7925	2041	6953	6369	1268	3453	13178
天 台 县	5375	1568	4270	5149	2240	7598	8730
仙 居 县	3859	1485	3701	5357	1906	6294	7882
温 岭 市	24955	6952	24373	28895	9098	20445	27888
临 海 市	22132	4511	23712	11504	4835	15321	17038

17－136　各县市区地方财政收入及分类(三)

(2016年)

单位:万元

地　区	专项收入	行政事业性收费收入	罚没收入	国有资本经营收入	国有资源(资产)有偿使用收入	其他收入	基金收入	
							政府性基金	社会保险基金
全　市	**287221**	**7470**	**156647**	**－18871**	**60450**	**18019**	**1723387**	**3171225**
市　区	117132	892	69828	－11008	18709	13496	709054	1269461
椒江区	22727	29	8040	－1800	1718	2626	159943	211631
黄岩区	34902	505	13663	－3708	8465	8010	256017	323122
路桥区	30773	228	14904	－3000	775	1565	94809	359698
市本级	28730	130	33221	－2500	7751	1295	198285	375010
玉环县	38734	314	19031	－4000	2191	202	180230	219527
三门县	9583	974	7572	4137	3334	232	78026	194731
天台县	15572	1962	6397	－1000	1376	374	57813	219633
仙居县	17876	23	11560		289	88	65632	248621
温岭市	55309	3292	25184	－7000	16015	3627	452590	611364
临海市	33015	13	17075		18536		180042	407888

17－137　各县市区地方财政支出及分类(一)

(2016年)

单位:万元

地　区	一般预算支出合计	一般公共服务支出	国防支出	公共安全支出	教育支出	科学技术支出
全　市	**5143996**	**556074**	**5673**	**375460**	**1084686**	**115254**
市　区	1662867	205818	3524	160508	355095	48884
椒江区	360889	51246	421	30861	101632	10595
黄岩区	403357	44038	799	22323	97384	15014
路桥区	303420	36926	55	27867	80210	4518
市本级	595201	73608	2249	79457	75869	18757
玉环县	543880	66375	160	46397	97718	21447
三门县	329046	38864	600	22064	63856	2792
天台县	365007	44034	429	26569	101154	5762
仙居县	433121	39724	269	25546	77009	3350
温岭市	943353	92221	53	52785	208821	16294
临海市	866722	69038	638	41591	181033	16725

17－138　各县市区地方财政支出及分类(二)

(2016 年)

单位:万元

地　区	文化体育与传媒支出	社会保障和就业支出	医疗卫生与计划生育支出	节能环保支出	城乡社区支出	农林水支出
全　市	**94947**	**485830**	**417362**	**84377**	**383773**	**728122**
市　区	31584	165829	149155	47510	54525	181100
椒江区	6318	32461	28251	4442	8750	51119
黄岩区	9109	68267	27841	11404	14463	48065
路桥区	5993	32476	29141	14496	12071	35018
市本级	10164	32625	63922	17168	19241	46898
玉 环 县	20507	38746	33939	4061	52060	73718
三 门 县	6220	47615	32007	4795	21880	44801
天 台 县	9654	30942	31760	9470	12642	52150
仙 居 县	7486	51101	36328	4312	51763	85081
温 岭 市	10800	66525	66530	6147	76150	177373
临 海 市	8696	85072	67643	8082	114753	113899

17－139　各县市区地方财政支出及分类(三)

(2016 年)

单位:万元

地　区	交通运输支出	工业商业金融等支出	其他支出	基金支出	
				政府性基金	社会保险基金
全　市	**438323**	**116918**	**257197**	**1692955**	**2567860**
市　区	119139	55709	84487	701270	896305
椒江区	6025	10878	17890	161776	229769
黄岩区	24208	7706	12736	268867	260703
路桥区	5683	5098	13868	86312	230221
市本级	83223	32027	39993	184315	175612
玉 环 县	52445	12768	23539	191891	207206
三 门 县	14270	8385	20897	61304	163704
天 台 县	19892	5556	14993	53954	239949
仙 居 县	31065	4750	15337	68636	164469
温 岭 市	90692	16812	62150	447638	540678
临 海 市	110820	12938	35794	168262	355549

17－140 各县市区全部金融机构年末存贷款余额(一)

(2016 年)

单位:万元

地区	本外币存款余额	人民币存款余额合计	住户存款	活期存款	定期及其他存款	非银行业金融机构存款
全市	**70686244**	**69232204**	**37033664**	**16555690**	**20477975**	**4631045**
市区	32860061	32105333	15437040	6108928	9328112	2789894
其中:椒江区	7836117	7659759	3070047	1288356	1781692	909894
黄岩区	7066744	6942063	4463451	1539158	2924293	12365
路桥区	9565889	9473904	5555897	2268478	3287419	961744
市本级	7471913	7136470	1640721	770462	870259	899891
玉环县	5747244	5599737	3250185	1864177	1386007	106773
三门县	2413503	2381806	1322148	622326	699823	3064
天台县	3249941	3185138	2001326	1059565	941761	6033
仙居县	3348226	3290666	1866406	784835	1081570	62
温岭市	14491322	14292356	8279103	4011321	4267782	1533528
临海市	8575946	8377169	4877456	2104537	2772919	191691

17－141 各县市区全部金融机构年末存贷款余额(二)

(2016 年)

单位:万元

地区	非金融企业存款	活期存款	定期及其他存款	广义政府存款	财政性存款	机关团体存款
全市	**15213827**	**6541473**	**8672354**	**12314313**	**474904**	**11839409**
市区	8410398	3016630	5393768	5449560	171920	5277640
其中:椒江区	2261453	771031	1490422	1413309	131503	1281805
黄岩区	1278403	565906	712497	1181743	16333	1165410
路桥区	1910715	764696	1146019	1044101	11227	1032874
市本级	2834447	831031	2003416	1755594	12857	1742737
玉环县	1143451	676625	466826	1090374	44561	1045814
三门县	388922	215304	173618	667273	47596	619677
天台县	607245	351284	255961	569208	18680	550527
仙居县	601380	460049	141331	822518	44983	777535
温岭市	2327420	1001576	1325844	2145465	86085	2059381
临海市	1735011	820006	915005	1569914	61079	1508834

17－142　各县市区全部金融机构年末存贷款余额(三)

(2016年)

单位:万元

地　　区	本外币贷款余额	人民币贷款余额合　计	住　户贷　款	短　期贷　款	消　费贷　款
全　　市	**58260273**	**57589217**	**30837146**	**17891517**	**4684742**
市　　区	27565425	27309637	12934014	7688220	2388610
其中:椒江区	5813856	5755472	2923924	1623998	370845
黄岩区	4957957	4946910	2607632	1600835	392489
路桥区	7966884	7889222	4321440	3185007	952655
市本级	8112443	8003747	2733580	1177490	671105
玉 环 县	4242627	4227506	2182192	1079366	279049
三 门 县	3430834	3146260	1491800	667919	198483
天 台 县	2734031	2733293	2166664	1169174	322411
仙 居 县	2629852	2629347	1768794	1074598	274701
温 岭 市	10922622	10844125	6654294	4553221	819250
临 海 市	6734882	6699049	3639389	1659019	402238

17－143　各县市区全部金融机构年末存贷款余额(四)

(2016年)

单位:万元

地　　区	在住户贷款中				非金融企业及机关团体贷款
	在短期贷款中	中长期贷　款			
	经营贷款		消费贷款	经营贷款	
全　　市	**13206775**	**12945629**	**10362537**	**2583092**	**26720767**
市　　区	5299610	5245794	4482880	762913	14347399
其中:椒江区	1253152	1299927	1168888	131039	2812404
黄岩区	1208346	1006797	824416	182381	2339204
路桥区	2232353	1136433	852086	284347	3558782
市本级	506385	1556089	1414362	141728	5270161
玉 环 县	800317	1102826	807842	294984	2045250
三 门 县	469436	823881	542924	280958	1654392
天 台 县	846764	997490	789979	207510	566629
仙 居 县	799897	694196	624129	70066	860455
温 岭 市	3733971	2101073	1721770	379303	4187824
临 海 市	1256780	1980370	1393013	587357	3058818

17－144　各县市区全部金融机构年末存贷款余额(五)

(2016 年)

单位:万元

地　区	在非金融企业及机关团体贷款中				非银行业金融机构贷款
	短期贷款	中长期贷款	票据融资	各项垫款	
全　市	**15988423**	**7987972**	**2693577**	**50795**	**11000**
市　区	8019052	4134772	2175711	17864	9000
其中:椒江区	1891583	603759	311102	5960	
黄岩区	1596857	590290	150880	1178	
路桥区	1834700	688688	1028677	6717	9000
市本级	2585967	2147726	532459	4009	
玉环县	1607406	339146	81830	16869	
三门县	531851	1109254	12821	466	
天台县	417507	134637	13758	727	
仙居县	500657	334164	25031	604	
温岭市	3228017	675472	273940	10395	2000
临海市	1683934	1260527	110487	3870	

17－145　各县市区财产和人寿保险业务收支情况

(2016 年)

单位:万元

地　区	保费收入			赔款、给付			
	合计	财产险	人身险	合计	财产险赔款支出	人身险赔款支出	人身险给付
全　市	**1461460**	**617343**	**844117**	**533770**	**349695**	**35625**	**148449**
市　区	730867	311790	419077	275631	174034	19979	81618
椒江区	73639	46358	27281	29690	24804	2589	2297
黄岩区	149116	61659	87457	50490	31980	2465	16046
路桥区	153232	102754	50478	68697	57197	1692	9808
市本级	354880	101019	253861	126753	60053	13233	53467
玉环县	162125	73731	88394	62238	42903	2800	16535
三门县	259645	108776	150870	85081	62070	5993	17018
天台县	117860	48953	68906	41438	26738	1984	12716
仙居县	74131	29418	44712	26112	17025	1923	7164
温岭市	75972	26097	49876	28617	16761	1786	10069
临海市	40860	18578	22282	14652	10164	1160	3328

17－146 各县市区养老保险基本情况

（2016 年）

地 区	城镇职工养老保险参保人数（人）	职工参保人数	离退休参保人数	收缴保险基金（万元）	支付养老金（万元）	月人均养老金（元）
全 市	**1938744**	**1306268**	**632476**	**1081240**	**1561531**	**2305**
市 区	763989	518198	245791	438445	575289	2212
椒江区	195979	128912	67067	126825	176959	2370
黄岩区	260965	174119	86846	115321	199999	2127
路桥区	193219	120876	72343	108748	156248	2091
市本级	113826	94291	19535	87551	42083	2531
玉 环 县	173261	121049	52212	85951	124546	2159
三 门 县	113931	80686	33245	64850	84877	2322
天 台 县	183592	125684	57908	84059	167245	2492
仙 居 县	101136	61127	40009	53187	99200	2887
温 岭 市	340143	224473	115670	177495	300759	2340
临 海 市	262692	175051	87641	177253	209615	2252

17－147 各县市区城镇基本医疗和失业保险基本情况

（2016 年）

地 区	城镇基本医疗保险					失业保险		
	期末参保人数（人）	职工参保人数	离退休参保人数	收缴保险基金（万元）	支付保险基金（万元）	期末参保人数（人）	收缴保险基金（万元）	支付保险基金（万元）
全 市	**1290458**	**1087197**	**203261**	**398126**	**223492**	**1035947**	**44044**	**4886**
市 区	537209	461180	76029	182509	78589	407929	18523	1530
椒江区	165225	138068	27157			112102	4612	741
黄岩区	157547	130989	26558			123427	4799	194
路桥区	109426	95141	14285			101825	3729	131
市本级	105011	96982	8029			70575	5383	463
玉 环 县	118741	101433	17308	38801	23944	96072	4970	742
三 门 县	72300	62013	10287	21914	13346	45252	1789	218
天 台 县	90926	75386	15540	27652	16976	60903	2410	364
仙 居 县	75181	55613	19568	21282	14338	57085	2171	455
温 岭 市	209823	178319	31504	60727	42469	193161	8275	243
临 海 市	186278	153253	33025	45241	33830	175545	5907	1335

17－148 各县市区工伤与生育保险基本情况

（2016 年）

地区	工伤保险			生育保险		
	期末参保人数（人）	收缴保险基金（万元）	支付保险基金（万元）	期末参保人数（人）	收缴保险基金（万元）	支付保险基金（万元）
全　市	**1825047**	**55916**	**48877**	**824371**	**18462**	**18224**
市　区	771885	18166	14892	357606	7455	7611
椒江区	223498	3928	3155	106780	1677	1430
黄岩区	260991	5263	4241	96429	1801	1944
路桥区	163031	5427	5395	70940	1300	1787
市本级	124365	3548	2101	83457	2677	2450
玉环县	239257	10064	10253	82433	1791	1953
三门县	88536	2937	2045	37884	663	714
天台县	65206	1884	1998	37284	978	1111
仙居县	113085	2571	1606	43526	920	1003
温岭市	300974	14021	11335	148382	4816	3035
临海市	246104	6273	6748	117256	1839	2797

17－149 各县市区城乡居民养老保险与城乡居民医疗保险情况

（2016 年）

地区	城乡居民养老保险			城乡居民医疗保险		
	期末参保人数（人）	收缴保险基金（万元）	支付保险基金（万元）	期末参保人数（人）	收缴保险基金（万元）	支付保险基金（万元）
全　市	**2197064**	**146124**	**143233**	**4744390**	**325711**	**315335**
市　区	475582	33065	36220	1251882	85152	79536
椒江区	115963	8640	8924	438853	28558	27301
黄岩区	221337	16494	16869	457681	30134	27088
路桥区	138282	7931	10427	355348	26460	25147
玉环县	137362	9454	8813	336058	25789	26123
三门县	176725	12137	9859	346313	22049	23733
天台县	168424	10966	15232	476238	38308	33490
仙居县	247215	14515	13780	393700	26089	28148
温岭市	535169	34208	30394	981947	65775	62355
临海市	456587	31779	28935	958252	62549	61950

17 - 150 各县市区分经济类型在岗职工工资总额

（2016 年）

单位：万元

地　　区	在岗职工工资总额	国　　有经济单位	城镇集体经济单位	其　　他经济单位
全　　市	**5443263**	**1761687**	**188868**	**3492708**
市　　区	2266335	668072	10187	1588076
椒江区	1140396	352248	3351	784797
黄岩区	465305	181153	2207	281945
路桥区	660635	134671	4629	521335
玉 环 县	522607	149399	1472	371736
三 门 县	181172	94986	160	86026
天 台 县	330915	150776	437	179702
仙 居 县	274729	114568	28	160133
温 岭 市	893655	291215	13877	588563
临 海 市	973851	292671	162708	518473

17 - 151 各县市区分经济类型在岗职工平均工资

（2016 年）

单位：元

地　　区	在岗职工平均工资	国　　有经济单位	城镇集体经济单位	其　　他经济单位
全　　市	**64816**	**114402**	**42052**	**54497**
市　　区	66693	127636	42288	55709
椒江区	69025	135475	84411	56535
黄岩区	67305	121294	82659	52278
路桥区	62639	118070	26528	56473
玉 环 县	61371	120971	49227	51269
三 门 县	61859	83117	72591	48226
天 台 县	62712	94300	63348	48953
仙 居 县	62090	105739	34875	47938
温 岭 市	66306	115128	44547	55333
临 海 市	63341	113650	41730	58252

17－152　各县市区分行业在岗职工工资总额(一)

(2016 年)

单位:万元

地　　区	在岗职工工资总额	农林牧渔　业	采矿业	制造业	电力热力燃气及水生产和供应业	建筑业	批发和零售业	交通运输仓储和邮政业	住宿和餐饮业	信息传输软件和信息技术服务业
全　　市	**5443263**	**2186**	**488**	**1555636**	**120513**	**1262227**	**129805**	**82688**	**24392**	**51099**
市　　区	2266335	1386		658890	69172	411522	71775	45735	9540	44009
椒江区	1140396	990		305577	50804	191115	49075	35981	5588	41853
黄岩区	465305	328		164673	11423	69779	5368	3494	3952	1807
路桥区	660635	67		188641	6945	150628	17333	6260		350
玉 环 县	522607	54		299737	6322	21126	7468	7100	6058	
三 门 县	181172	186		28528	2850	44361	1396	2861		554
天 台 县	330915	145		64142	9574	96870	2611	4508	2335	1618
仙 居 县	274729		488	57768	8561	70489	11564	1812	132	118
温 岭 市	893655			221370	11718	274977	22338	4987	4537	2591
临 海 市	973851	416		225201	12317	342882	12654	15685	1791	2209

17－153　各县市区分行业在岗职工工资总额(二)

(2016 年)

单位:万元

地　　区	金融业	房地产业	租赁和商务服务业	科学研究技术服务业	水利环境和公共设施管理业	居民服务修理和其他服务业	教育	卫生和社会工作	文化体育和娱乐业	公共管理社会保障和社会组织
全　　市	**374357**	**55740**	**51011**	**100264**	**28329**	**4209**	**599574**	**365317**	**25245**	**610182**
市　　区	282797	30433	29441	29478	11994	1165	188747	137173	12273	230807
椒江区	123639	15353	20893	20096	3056	663	85217	56264	9516	124717
黄岩区	21061	6614	2335	7975	6543	99	59670	41280	1840	57065
路桥区	138096	8466	6212	1408	2395	403	43860	39629	917	49026
玉 环 县	9572	4638	5390	1089	3587	280	55479	31800	2729	60177
三 门 县	7544	2483	498	1013	32	152	31873	13463	1725	41655
天 台 县	1279	4676	1378	4398	5540	514	53708	28904	919	47796
仙 居 县	7318	2833	1528	1189	1502	481	39424	22003	1901	45617
温 岭 市	45109	6052	8904	4748	2819	925	108821	72239	2821	98700
临 海 市	20738	4625	3873	58349	2855	692	121523	59736	2876	85430

17－154 各县市区分行业在岗职工平均工资(一)

(2016 年)

单位:元

地 区	在岗职工平均工资	农林牧渔 业	采矿业	制造业	电力热力燃气及水生产和供应业	建筑业	批发和零售业	交通运输仓储和邮政业	住宿和餐饮业	信息传输软件和信息技术服务业
全 市	**64816**	**43992**	**65919**	**52554**	**127771**	**43423**	**57355**	**73364**	**43542**	**98741**
市 区	66693	42119		51787	150669	41131	59510	86080	44496	100317
椒江区	69025	47383		55005	166461	37447	59994	90975	48845	101412
黄岩区	67305	30128		52866	135504	42546	51962	57464	39521	80293
路桥区	62639	60909		46547	99786	46185	60859	83467		99971
玉环县	61371	108600		49611	109377	46657	56319	68868	50108	
三门县	61859	37240		50260	74211	41881	52266	63015		74797
天台县	62712	62913		64934	118925	40841	48524	60191	37358	134842
仙居县	62090		65919	58334	118573	36580	60388	87135	42484	98000
温岭市	66306			49988	88236	52475	55984	45092	41545	83864
临海市	63341	46167		58318	120286	42795	49917	65082	35741	80912

17－155 各县市区分行业在岗职工平均工资(二)

(2016 年)

单位:元

地 区	金融业	房地产业	租赁和商务服务业	科学研究技术服务业	水利环境和公共设施管理业	居民服务修理和其他服务业	教育	卫生和社会工作	文化体育和娱乐业	公共管理社会保障和社会组织
全 市	**127767**	**68042**	**58951**	**150547**	**68083**	**71954**	**107752**	**110692**	**86248**	**123769**
市 区	118972	70284	64464	113947	101647	59423	112203	112649	84525	138806
椒江区	137637	77541	67594	123363	118926	52189	116704	115674	80575	145987
黄岩区	152840	54616	72282	109544	96784	51895	113377	116676	97894	128466
路桥区	102988	74325	53880	61200	96976	80660	103030	104977	110446	134575
玉环县	185862	61588	62967	91479	42499	133524	109859	113249	96445	125057
三门县	130977	57601	95731	72906	80000	60840	90291	82441	68721	80883
天台县	182729	64235	87215	80255	44076	80344	97508	94365	93786	99244
仙居县	197253	62547	40415	98281	79042	94333	96110	97619	90538	114557
温岭市	151986	70945	42117	82438	67757	62507	110422	124356	98989	136307
临海市	201339	71823	73352	227037	105748	86463	112761	113588	82644	128062

17－156 各县市区居民人均可支配收入和住房情况(一)

(2016 年)

单位:元

地区	可支配收入			工资性收入			经营净收入		
	全体居民	城镇常住居民	农村常住居民	全体居民	城镇常住居民	农村常住居民	全体居民	城镇常住居民	农村常住居民
全市	**36915**	**47162**	**23164**	**22324**	**27644**	**15185**	**6869**	**8241**	**5027**
市区	41654	52318	24592	24182	29263	16053	7369	8341	5814
椒江区	42346	52563	24419	26769	32750	16275	5283	5216	5401
黄岩区	37082	47180	23404	22332	26337	16906	6429	8215	4010
路桥区	45608	56840	26182	23338	28270	14808	10541	11788	8383
玉环县	44741	55979	27446	26146	31049	18600	8841	11575	4633
三门县	28105	37908	20428	18637	25146	13540	6166	7508	5114
天台县	29177	38526	18947	14945	20682	8668	7698	9167	6090
仙居县	26338	34072	17453	15277	19941	9918	7799	9418	5938
温岭市	38935	48941	25922	20585	22915	17555	9202	12156	5361
临海市	33431	43332	22932	21753	27864	15272	4470	4701	4225

17－157 各县市区居民人均可支配收入和住房情况(二)

(2016 年)

单位:元

地区	财产净收入			转移净收入			年末现住房建筑面积(平方米)		
	全体居民	城镇常住居民	农村常住居民	全体居民	城镇常住居民	农村常住居民	全体居民	城镇常住居民	农村常住居民
全市	**4039**	**6167**	**1183**	**3684**	**5111**	**1769**	**52.5**	**48.8**	**57.4**
市区	5657	8235	1533	4446	6479	1193	51.6	47.6	58.0
椒江区	6391	8987	1837	3903	5610	906	49.6	44.8	58.1
黄岩区	3379	5356	702	4942	7272	1786	50.9	44.9	59.1
路桥区	7214	10114	2199	4515	6668	792	54.4	53.1	56.6
玉环县	7204	10551	2053	2550	2804	2160	49.4	47.8	51.9
三门县	1764	3589	336	1538	1665	1438	54.6	43.3	63.4
天台县	2246	4225	80	4288	4451	4109	56.5	55.1	58.1
仙居县	2040	3574	279	1222	1139	1318	59.9	56.7	63.5
温岭市	4345	7034	847	4803	6836	2159	50.0	52.2	47.1
临海市	2722	4411	930	4486	6355	2504	51.6	39.4	64.5

17－158　各县市区居民人均消费支出情况(一)

(2016年)

单位:元

地　　区	消费支出			食品烟酒			衣　着		
	全体居民	城镇常住居民	农村常住居民	全体居民	城镇常住居民	农村常住居民	全体居民	城镇常住居民	农村常住居民
全　　市	**25143**	**30021**	**18598**	**7426**	**8796**	**5587**	**1951**	**2507**	**1205**
市　　区	27950	33462	19131	8271	9879	5698	2296	2908	1318
椒江区	29937	34747	21497	9134	10812	6189	2505	2979	1673
黄岩区	26310	33528	16533	7696	9718	4956	2007	2828	896
路桥区	27522	32032	19723	7945	9034	6063	2371	2906	1446
玉 环 县	30248	36954	19927	9690	11299	7215	2665	3558	1290
三 门 县	18214	22275	15034	5008	5695	4470	1405	1991	946
天 台 县	19405	23871	14518	5646	6413	4807	1183	1629	695
仙 居 县	19319	22941	15158	6250	7615	4681	1577	2133	938
温 岭 市	27858	34193	19619	8588	9969	6791	2103	2653	1388
临 海 市	24277	29182	19076	6615	7681	5484	1725	2343	1071

17－159　各县市区居民人均消费支出情况(二)

(2016年)

单位:元

地　　区	居　住			生活用品及服务			交通通信		
	全体居民	城镇常住居民	农村常住居民	全体居民	城镇常住居民	农村常住居民	全体居民	城镇常住居民	农村常住居民
全　　市	**5863**	**7079**	**4231**	**1457**	**1848**	**933**	**4174**	**4890**	**3213**
市　　区	6303	7453	4464	1629	2050	955	4822	5637	3517
椒江区	6252	7227	4540	1922	2142	1537	4839	5261	4100
黄岩区	7009	8696	4725	1199	1665	568	4443	5439	3094
路桥区	5635	6536	4077	1758	2311	802	5190	6223	3405
玉 环 县	5569	7050	3290	2253	2833	1360	4834	5853	3266
三 门 县	4465	6124	3165	1202	1834	707	3016	3396	2718
天 台 县	4957	6240	3554	1336	1857	765	3038	3818	2185
仙 居 县	3230	3761	2621	1405	1449	1355	3940	5122	2582
温 岭 市	6127	8325	3269	1345	1563	1062	5390	7050	3231
临 海 市	6008	7539	4384	1383	1849	890	3471	3866	3052

17－160　各县市区居民人均消费支出情况(三)

（2016年）

单位:元

地　区	教育文化娱乐			医疗保健			其他用品及服务		
	全体居民	城镇常住居民	农村常住居民	全体居民	城镇常住居民	农村常住居民	全体居民	城镇常住居民	农村常住居民
全　市	**2256**	**2631**	**1753**	**1382**	**1421**	**1328**	**635**	**849**	**348**
市　区	2511	2929	1841	1165	1358	856	953	1248	481
椒江区	2907	3404	2035	1135	1313	823	1242	1608	601
黄岩区	2008	2595	1214	1072	1322	733	875	1265	347
路桥区	2605	2735	2380	1292	1439	1038	726	850	513
玉环县	2885	3727	1589	1475	1573	1324	877	1061	593
三门县	1627	1670	1594	1037	1059	1019	455	507	415
天台县	1583	2105	1013	1337	1364	1307	325	446	192
仙居县	1242	1290	1188	1277	1041	1549	397	531	244
温岭市	2058	2272	1779	1668	1623	1727	579	738	372
临海市	2842	3272	2386	1750	1925	1565	482	708	243

17－161　各县市区城市和县城建设基本情况

（2016年）

年　份	全年供水总量（万吨）	排水管道长度（公里）	铺设道路面积（万平方米）	绿化覆盖面积（公顷）	园林绿地面积（公顷）	公园绿地面积（公顷）	人均公园绿地面积（平方米）
全　市	**31081**	**4590**	**5304**	**13148**	**12091**	**2883**	**13.10**
市　区	16189	2345	2911	6342	5948	1332	12.88
椒江区	7529	943	1409	2777	2611	549	12.40
黄岩区	4799	897	967	1818	1727	431	13.00
路桥区	3861	506	534	1746	1610	353	13.55
玉环县	2380	456	293	917	847	209	10.89
三门县	1463	292	246	558	457	132	12.55
天台县	2104	187	269	893	749	185	13.73
仙居县	2067	246	241	722	631	166	13.04
温岭市	3324	459	695	1868	1644	392	13.41
临海市	3555	604	649	1849	1816	467	14.86

17－162　各县市区中等职业学校基本情况

（2016年）

单位：人

地　　区	学校数（所）	招生数	在　校学生数	毕　业生　数	教　职工　数	#专　任教　师
全　　市	**24**	**24779**	**67618**	**19715**	**4095**	**3746**
市　　区	8	7567	20472	6369	1154	1064
椒江区	1	2013	5832	1844	456	411
黄岩区	4	2229	5956	2090	398	370
路桥区	1	1711	4443	1236	250	241
市本级	2	1614	4241	1199	50	42
玉 环 县	1	1377	3558	1003	269	255
三 门 县	1	741	3289	1294	276	257
天 台 县	3	2177	6256	2125	415	390
仙 居 县	2	2729	6813	1412	363	334
温 岭 市	3	4203	11018	3174	668	631
临 海 市	6	5985	16212	4338	950	815

注：中等职业学校包括普通中专、成人中专、职业高中。

17－163　各县市区普通中学基本情况

（2016年）

单位：人

地　　区	学校数（所）	招生数	在　校学生数	毕　业生　数	教　职工　数	#专　任教　师
全　　市	**269**	**104425**	**294858**	**92076**	**28628**	**25105**
市　　区	84	31316	87575	27542	9353	8131
椒江区	13	5338	14819	4463	1530	1373
黄岩区	24	6385	17906	5976	2040	1711
路桥区	19	6788	18839	5974	2148	1936
市本级	22	10035	29177	9333	2919	2563
台州经济开发区	6	2770	6834	1796	716	548
玉 环 县	23	7892	21373	6132	3126	2518
三 门 县	20	6472	17569	5279	1448	1281
天 台 县	29	10173	29537	9582	2645	2442
仙 居 县	22	10365	28225	9004	2585	2326
温 岭 市	47	18632	53872	15975	4960	4415
临 海 市	44	19575	56707	18562	4511	3992

17-164 各县市区小学基本情况

(2016 年)

单位:人

地区	学校数(所)	招生数	在校学生数	毕业生数	教职工数	#专任教师
全市	**346**	**74539**	**469238**	**79179**	**21816**	**20902**
市区	81	24048	142069	23385	6497	6209
椒江区	16	6931	40710	6869	2032	1899
黄岩区	36	7226	44543	7239	2049	1986
路桥区	25	7718	45596	7851	1980	1936
市本级		144	1015	145		
台州经济开发区	4	2029	10205	1281	436	388
玉环县	10	8064	47731	7254	1738	1702
三门县	36	4484	28121	5009	1536	1442
天台县	43	5270	35791	6435	1871	1789
仙居县	40	5155	38172	6853	1673	1648
温岭市	47	14809	92202	15997	4315	4011
临海市	89	12709	85152	14246	4186	4101

注:市本级中的招生数等为普通中学招收的义务教育学生。

17-165 各县市区幼儿教育基本情况

(2016 年)

单位:人

地区	幼儿园数(所)	班数(个)	在园幼儿数	教职工数	#专任教师
全市	**1285**	**7398**	**220379**	**23975**	**12289**
市区	440	2604	75601	8600	4299
椒江区	137	741	21524	2521	1294
黄岩区	128	777	22426	2411	1170
路桥区	153	885	25724	2920	1442
市本级	2	32	977	152	76
台州经济开发区	20	169	4950	596	317
玉环县	144	852	25183	3145	1415
三门县	68	384	11367	1194	658
天台县	96	436	12996	1455	806
仙居县	84	472	13208	1465	779
温岭市	214	1459	46263	4427	2366
临海市	239	1191	35761	3689	1966

17－166 各县市区基础教育情况

（2016 年）

单位:%

地区	小学			初中				
	入学率	巩固率	升学率	入学率	#女生入学率	巩固率	#女生巩固率	初中毕业升高中段比例
全市	**100.00**	**100.00**	**100.00**	**100.00**	**100.00**	**100.00**	**100.00**	**98.67**
椒江区	100.00	100.00	100.00	100.00	100.00	100.00	100.00	100.00
黄岩区	100.00	100.00	100.00	100.00	100.00	100.00	100.00	95.73
路桥区	100.00	100.00	100.00	100.00	100.00	100.00	100.00	98.73
玉环县	100.00	100.00	100.00	100.00	100.00	100.00	100.00	99.84
三门县	100.00	100.00	100.00	100.00	100.00	100.00	100.00	99.42
天台县	100.00	100.00	100.00	100.00	100.00	100.00	100.00	99.85
仙居县	100.00	100.00	100.00	100.00	100.00	100.00	100.00	98.11
温岭市	100.00	100.00	100.00	100.00	100.00	100.00	100.00	99.65
临海市	100.00	100.00	100.00	100.00	100.00	100.00	100.00	97.61

17－167 各县市区县级及以上政府部门属研究与开发机构基本情况

（2016 年）

单位:万元

地区	机构数（个）	职工人数（人）	#科技活动人员	经费收入总额	#政府拨款	经费支出总额	#人员费用
全市	**7**	**239**	**191**	**7980**	**4990**	**7259**	**3440**
市区	3	150	108	4579	1439	4409	2107
椒江区	2	76	65	1893	66	1891	1171
黄岩区	1	74	43	2686	1373	2518	936
路桥区							
玉环县							
三门县							
天台县							
仙居县	1	4	4	70	45	70	38
温岭市							
临海市	3	85	79	3331	3506	2780	1295

17－168 各县市区科技成果和专利授权情况

（2016 年）

单位:项

地　　区	科技进步奖励	#省进步奖	#市进步奖	合同数（个）	成交额（万元）	专利申请受理量	专利授权量合计	发明	实用新型	外观设计
全　　市	**71**	**10**	**60**	**1580**	**360274**	**27921**	**20075**	**1534**	**10769**	**7772**
市　　区	35	3	31	431	150261	12621	9497	630	4467	4400
椒江区	9	2	7	91	70571	4776	3610	313	2272	1025
黄岩区	4		3	109	42461	4946	3808	183	1170	2455
路桥区	1		1	38	23040	2899	2079	134	1025	920
市本级	21	1	20	193	14188					
玉 环 县	2		2	459	21748	3044	1992	183	1082	727
三 门 县	4	1	3	34	20219	1172	604	44	403	157
天 台 县	3	1	2	40	20805	1398	788	51	377	360
仙 居 县	6	3	3	118	26114	675	423	56	213	154
温 岭 市	13		13	438	59326	6289	4539	253	2958	1328
临 海 市	8	2	6	60	61801	2722	2232	317	1269	646

注:科技进步奖励按实际参与项目统计。

17－169 各县市区规模以上工业企业研发活动基本情况

（2016 年）

单位:万元

地　　区	研发人员（人）	研发经费支出	企业内部日常研发经费支出	当年形成用于研发固定资产支出	委托外单位开展研发活动经费支出
全　　市	**42485**	**852513**	**721706**	**59827**	**70980**
市　　区	14377	326255	274206	21513	30536
椒江区	6261	161538	127899	7475	26165
黄岩区	4147	84437	76930	4743	2764
路桥区	3969	80279	69377	9296	1607
玉 环 县	7791	106640	99347	6962	331
三 门 县	1427	24738	21552	2724	462
天 台 县	2050	43774	39300	1787	2688
仙 居 县	1979	37120	30265	3541	3314
温 岭 市	9246	164861	152065	10277	2519
临 海 市	5615	149125	104971	13025	31130

17－170　各县市区规模以上工业企业研究与试验发展(R&D)活动基本情况

(2016 年)

地　　区	有R&D活动单位数（个）	R&D 人员（人）	R&D人员折合全时当　量（人年）	R&D经费内部支出（万元）	R&D经费外部支出（万元）	专　利申请数（件）	有效发明专利数（件）
全　市	**1395**	**35292**	**26654**	**623138**	**68429**	**5123**	**3078**
市　区	478	13055	9767	251004	29984	1591	1198
椒江区	115	5456	4520	108101	25622	850	641
黄岩区	187	4067	2786	75933	2763	477	370
路桥区	176	3532	2461	66970	1599	264	187
玉 环 县	298	5609	4227	79333	190	723	545
三 门 县	65	1348	917	21540	454	169	92
天 台 县	48	1568	1224	30171	2544	215	145
仙 居 县	32	1881	1462	30347	3314	124	179
温 岭 市	374	7474	5797	127660	1157	1391	332
临 海 市	100	4357	3260	83086	30785	910	587

17－171　各县市区卫生事业基本情况

(2016 年)

地　　区	卫　生机构数（个）	#医院、卫生院	卫生机构床位数（张）	#医院、卫生院	卫生机构技术人员数（人）	#医生	#护士	医院、卫生院诊疗人次数（万人次）
全　市	**3540**	**271**	**26845**	**25656**	**40588**	**16637**	**16180**	**3283**
市　区	1008	71	8360	8250	14069	5665	5660	1032
椒江区	378	29	3410	3370	6114	2412	2551	430
黄岩区	332	19	2370	2300	4109	1778	1550	281
路桥区	298	23	2580	2580	3846	1475	1559	322
玉 环 县	276	14	2202	1837	3292	1141	1500	268
三 门 县	156	17	1510	1400	2205	951	903	180
天 台 县	233	16	2332	2283	3070	1399	1075	276
仙 居 县	266	22	1959	1820	2692	1190	1048	222
温 岭 市	906	51	5268	5043	8285	3381	3169	623
临 海 市	695	80	5214	5023	6975	2910	2825	682

17－172 各县市区计划生育情况

（2015－2016 年）

单位：%

地　　区	计划生育率		综合节育率	
	2015 年	2016 年	2015 年	2016 年
全　　市	**90.35**	**95.91**	**83.51**	**79.78**
市　　区	93.93	97.30	86.90	84.37
椒江区	91.99	96.78	86.51	85.47
黄岩区	95.30	97.94	89.17	85.72
路桥区	94.51	97.08	85.03	81.10
玉 环 县	89.04	96.42	74.75	69.69
三 门 县	88.39	95.50	86.60	81.74
天 台 县	85.14	94.00	84.37	79.23
仙 居 县	85.82	94.04	80.46	76.29
温 岭 市	93.08	96.97	79.03	75.66
临 海 市	88.57	95.01	86.21	82.58

17－173 各县市区广播基本情况

（2016 年）

地　　区	公共广播节目套数（个）	广播人口覆盖率（%）	全年播音时间（小时）	自制节目制作情况（小时）
全　　市	**10**	**99.94**	**73635**	**45757**
市　　区	4	100.00	35040	21735
椒江区		100.00		
黄岩区	1	100.00	8760	1165
路桥区		100.00		
市本级	3		26280	20570
玉 环 县	1	100.00	6584	2711
三 门 县	1	100.00	5366	1717
天 台 县	1	99.41	5840	4086
仙 居 县	1	100.00	5840	5110
温 岭 市	1	100.00	8760	4193
临 海 市	1	100.00	6205	6205

17－174　各县市区电视基本情况

(2016年)

地　　区	无线电视节目套数（套）	有线广播电视网络干线总长（公里）	电视人口覆盖率（%）	全　　年播出时间（小时）	全年制作节目时间（小时）
全　　市	**10**	**27216**	**99.76**	**58207**	**11460**
市　　区	4	7050	100.00	28325	6802
椒江区			100.00		
黄岩区	1	2750	100.00	6205	282
路桥区			100.00		
市本级	3	4300		22120	6520
玉 环 县	1	1346	100.00	3703	317
三 门 县	1	2669	100.00	4063	321
天 台 县	1	1980	97.56	4114	492
仙 居 县	1	3273	100.00	6230	1453
温 岭 市	1	3378	100.00	6935	1037
临 海 市	1	7520	100.00	4837	1038

17－175　各县市区民政事业基本情况

(2016年)

单位：人

年　　份	定期社会救济对象总人数	#城镇最低生活保障人数	#农村最低生活保障人数	最低生活保障资金（万元）	社会福利院床位数（张）	收养类单位床位数（张）	结婚对数（对）
全　　市	**102692**	**24456**	**75767**	**38021**	**2741**	**46386**	**35077**
市　　区	18295	1316	16130	7277	1540	13115	9136
椒江区	4812	633	4042	2168	500	4123	3168
黄岩区	8859	343	8051	3289	100	5312	3401
路桥区	4624	340	4037	1820	940	3680	2438
市本级							129
玉 环 县	5547	5450		3180	450	3234	2480
三 门 县	12889	280	12420	4461	138	3043	2678
天 台 县	17029	597	16153	4920	60	4234	4139
仙 居 县	15100	181	14631	4164	360	3508	3278
温 岭 市	16035	15717		7602	92	10052	6781
临 海 市	17797	915	16433	6416	101	9200	6585

各市国民经济主要指标

Main Indicators of National Economy by City

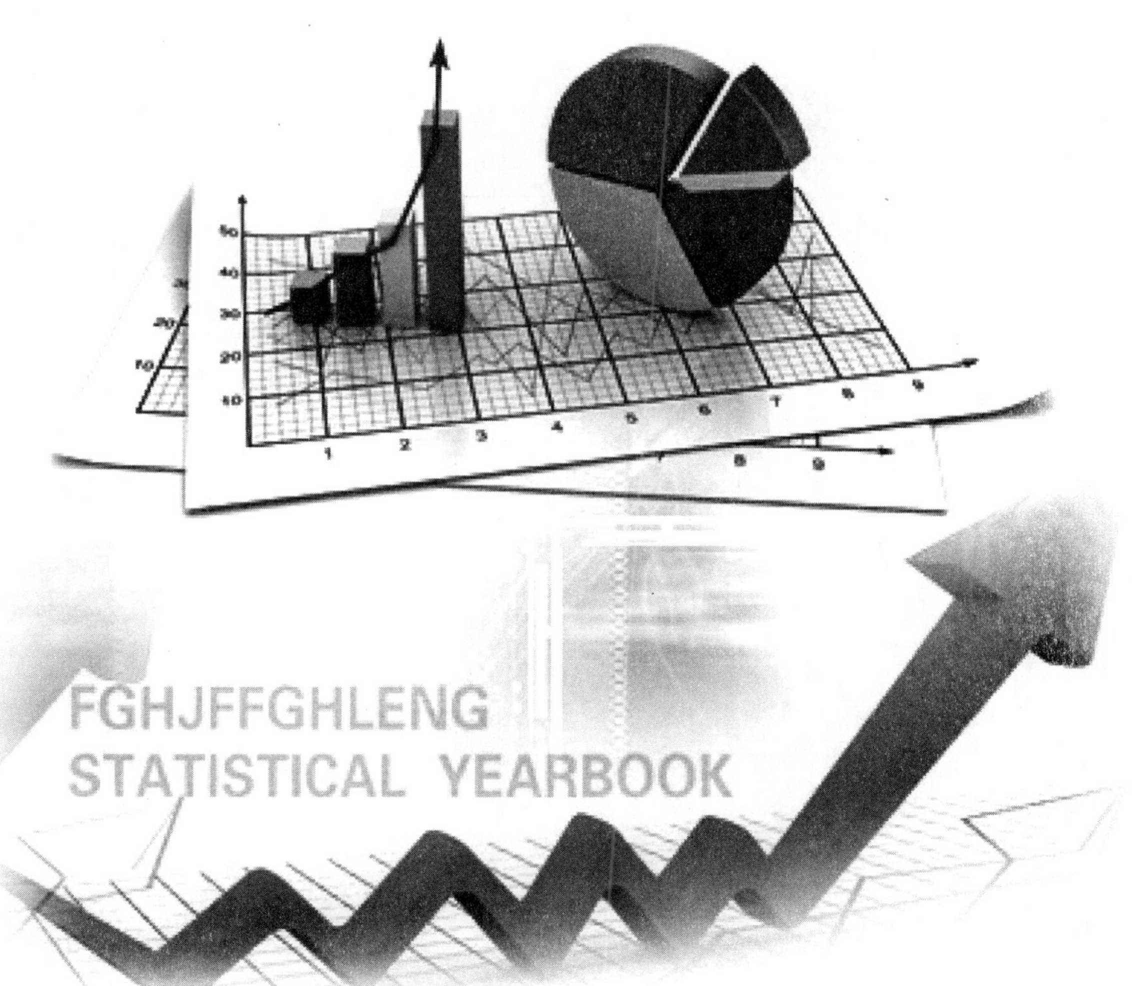

18-1 各市国民经济主要指标(一)

(2016年)

地区	土地面积(平方公里)	市区建成区面积(平方公里)	年末户籍总户数(万户)	年末户籍总人口(万人)	年出生人口(万人)	年死亡人口(万人)	年末常住总人口(万人)
杭州市	16596	541	229.57	736.00	9.09	3.56	918.8
宁波市	9816	331	225.81	590.96	5.11	3.43	787.5
温州市	12083	241	233.00	818.22	10.97	3.97	917.5
嘉兴市	4223	101	106.85	352.12	3.44	2.28	461.4
湖州市	5820	106	86.53	264.84	2.47	1.70	297.5
绍兴市	8279	204	161.53	444.53	3.85	2.70	498.8
金华市	10942	98	186.16	481.15	5.77	3.07	552.0
衢州市	8845	71	92.28	257.49	2.89	1.48	216.2
舟山市	1456	63	36.71	97.33	0.65	0.66	115.8
台州市	9411	140	191.57	600.17	6.21	3.41	608.0
丽水市	17324	35	103.00	268.03	3.06	1.45	216.5

18-2 各市国民经济主要指标(二)

(2016年)

地区	生产总值(当年价,亿元)	第一产业	第二产业	第三产业	在生产总值中:工业	人均生产总值(元)
杭州市	11313.72	304.21	4120.93	6888.59	3726.20	155030
宁波市	8686.49	302.06	4455.34	3929.10	3980.68	147537
温州市	5101.56	139.56	2096.45	2865.55	1743.59	62618
嘉兴市	3862.11	136.91	2010.50	1714.70	1825.91	110095
湖州市	2284.37	127.42	1099.47	1057.49	998.28	86438
绍兴市	4789.03	207.66	2398.27	2183.11	2094.70	107905
金华市	3684.94	148.32	1643.43	1893.19	1422.75	76782
衢州市	1251.59	88.23	564.58	598.78	473.76	48712
舟山市	1241.20	126.71	510.04	604.45	419.85	127506
台州市	3898.66	254.14	1695.80	1948.73	1469.10	65104
丽水市	1210.24	95.63	543.42	571.19	460.12	45293

注:本表人均生产总值均按户籍人口计算。

18－3 各市国民经济主要指标(三)

(2016 年)

地区	农作物播种总面积(千公顷)	#粮食播种面积	粮食总产量(万吨)	水果产量(万吨)	肉类总产量(万吨)	禽蛋产量(万吨)	水产品总产量(万吨)
杭州市	300.59	107.99	63.60	76.41	26.27	10.38	24.70
宁波市	283.22	130.78	80.45	120.54	13.18	4.47	105.12
温州市	222.93	124.25	75.95	52.31	11.95	5.31	64.36
嘉兴市	306.68	173.69	116.97	63.08	10.57	4.44	15.16
湖州市	166.71	89.64	62.97	24.28	13.44	4.21	38.31
绍兴市	275.44	146.21	95.48	63.26	15.26	3.62	10.98
金华市	223.56	99.36	60.43	64.43	18.27	4.22	7.95
衢州市	211.04	106.46	71.03	83.54	23.41	3.44	6.61
舟山市	18.10	6.64	3.60	7.22	1.36	0.40	190.25
台州市	211.04	97.28	63.07	136.05	12.09	3.46	165.39
丽水市	159.15	84.53	45.86	33.20	8.93	1.31	2.11

18－4 各市国民经济主要指标(四)

(2016 年)

地区	工业企业单位数(个)	工业企业主营业务收入(亿元)	工业企业主营业务成本(亿元)	主营业务税金及附加(亿元)	工业企业本年应交增值税(亿元)
杭州市	5684	12367.54	9848.30	283.50	423.40
宁波市	7286	13639.11	11222.61	365.35	403.79
温州市	4871	4594.24	3846.17	25.58	158.71
嘉兴市	5051	7589.37	6486.25	38.11	239.56
湖州市	2806	4367.93	3720.44	31.63	120.84
绍兴市	4430	9337.98	8159.66	40.91	225.54
金华市	3968	4370.87	3670.45	24.64	148.09
衢州市	933	1590.49	1358.82	7.75	50.12
舟山市	375	1379.82	1266.43	4.26	19.78
台州市	3618	3794.15	3148.21	24.85	130.20
丽水市	1115	1774.53	1503.70	7.62	45.34

注：本表统计范围为年主营业务收入2000万元及以上独立核算工业。

18－5　各市国民经济主要指标(五)

(2016年)

地　区	工业企业利润总额(亿元)	工业企业从业人员年平均人数(万人)	固定资产投资(亿元)	#工业性投资	#房地产开发投资额
杭州市	946.06	107.42	5842.42	883.95	2606.41
宁波市	1016.89	146.82	4961.39	1469.95	1270.33
温州市	283.13	75.42	3905.74	959.55	902.01
嘉兴市	510.59	84.20	2790.16	1225.39	478.40
湖州市	295.26	37.55	1592.18	678.03	274.22
绍兴市	592.10	75.83	2882.48	1300.84	641.19
金华市	273.83	61.11	2084.01	749.57	408.85
衢州市	97.35	14.76	981.74	365.96	124.25
舟山市	27.67	8.01	1311.14	360.83	171.89
台州市	259.81	61.06	2272.63	876.02	424.21
丽水市	137.19	16.80	841.65	208.02	167.61

注：本表工业统计范围为年主营业务收入2000万元及以上独立核算工业。

18－6　各市国民经济主要指标(六)

(2016年)

地　区	境内公路里程(公里)	民用汽车拥有量(万辆)	公路客运量(万人)	公路货运量(万吨)	水运客运量(万人)	水运货运量(万吨)
杭州市	16306	234.15	12282	25194	584	4673
宁波市	11248	237.99	4813	25635	170	18229
温州市	8485	178.28	22125	9678	30	3277
嘉兴市	8117	105.27	3000	11306	48	8762
湖州市	7724	64.23	4925	8618	81	5908
绍兴市	10068	110.46	2957	11134	124	1313
金华市	12574	147.12	12235	8723	1	9
衢州市	8374	33.11	4913	9975	4	4
舟山市	1948	17.31	2464	7244	2588	20932
台州市	12578	132.78	9895	11658	209	11213
丽水市	15365	32.10	3244	4832	110	225

18-7 各市国民经济主要指标(七)

(2016年)

地区	全社会用电量(亿千瓦时)	#工业用电	邮电业务收入(亿元)	固定电话用户数(万户)	移动电话用户数(万户)	互联网宽带用户数(万户)
杭州市	678.29	401.55	406.00	265.70	1734.41	443.57
宁波市	646.54	476.74	187.13	238.00	1209.83	336.00
温州市	378.32	226.81	174.88	156.74	1115.33	321.16
嘉兴市	453.10	368.50	92.91	110.46	608.41	164.11
湖州市	222.20	165.73	35.92	81.87	456.19	118.49
绍兴市	374.51	291.98	59.97	127.48	782.54	180.92
金华市	309.75	208.10	93.28	98.57	946.13	206.61
衢州市	143.48	110.63	18.63	37.03	224.64	53.87
舟山市	48.91	23.47	15.77	32.82	162.10	45.85
台州市	282.15	183.43	76.45	106.81	770.84	208.46
丽水市	88.93	57.41	27.23	36.49	305.31	66.26

18-8 各市国民经济主要指标(八)

(2016年)

地区	社会消费品零售总额(亿元)	进出口总额(亿元)	#出口总额	国内旅游者人数(万人次)	国内旅游收入(亿元)	入境旅游人数(万人次)	国际旅游收入(万美元)
杭州市	5176.20	4110.03	3019.05	13695.85	2362.64	363.23	314944
宁波市	3667.63	6262.09	4359.39	9198.38	1385.50	173.49	91745
温州市	3006.90	1192.83	1060.40	8823.90	919.82	121.03	60378
嘉兴市	1638.49	2067.97	1549.88	7823.08	836.47	70.73	21657
湖州市	1068.86	674.10	594.37	8752.19	859.78	91.62	35758
绍兴市	1783.34	1820.90	1686.23	8287.95	871.14	82.47	29825
金华市	1977.87	3186.03	3110.65	8632.37	914.48	112.74	64802
衢州市	609.31	279.81	199.87	5336.00	357.51	13.20	5958
舟山市	457.40	696.11	413.78	4576.69	644.40	33.92	17341
台州市	2013.14	1310.81	1169.38	8911.49	938.35	19.24	6478
丽水市	571.64	225.46	208.73	6573.09	474.65	34.52	92097

注:杭州市自营进出口总额不包括省级公司。

18－9　各市国民经济主要指标(九)

(2016年)

地　区	财　政总收入(亿元)	地方财政预算内收入(亿元)	地方财政预算内支出(亿元)	年末金融机构本外币存款余额(亿元)	#住　户存　款(亿元)	年末金融机构本外币贷款余额(亿元)
杭州市	2558.41	1402.38	1404.31	33386.04	8493.27	26169.00
宁波市	2145.72	1114.54	1289.26	16989.34	5788.07	16622.90
温州市	723.96	439.87	666.75	10625.49	5307.36	8071.87
嘉兴市	673.37	387.93	442.19	6848.41	3275.82	5286.90
湖州市	360.89	211.18	288.62	3552.42	1756.02	2757.57
绍兴市	630.08	390.30	456.10	7435.32	3431.62	6153.24
金华市	555.19	338.14	542.36	7618.92	3981.01	6183.88
衢州市	155.03	102.56	268.08	1938.83	999.10	1656.04
舟山市	173.29	120.32	250.54	1915.84	725.97	1521.82
台州市	583.83	343.28	514.40	7068.62	3728.59	5826.03
丽水市	164.87	103.57	341.67	2151.05	1268.22	1555.26

18－10　各市国民经济主要指标(十)

(2016年)

地　区	在岗职工平均工资(元)	城镇常住居民人均可支配收入(元)	城镇常住居民人均消费支出(元)	农村常住居民人均可支配收入(元)	农村常住居民人均消费支出(元)	城镇居民人均住房建筑面积(平方米)	农村居民人均住房建筑面积(平方米)
杭州市	87153	52185	35686	27908	20563	35.80	69.90
宁波市	83656	51560	31584	28572	19313	41.82	49.83
温州市	70069	47785	30965	22985	16627	43.03	43.14
嘉兴市	73836	48926	28313	28997	18864	39.14	68.20
湖州市	65051	45794	27731	26508	17609	38.50	69.00
绍兴市	61394	50305	28858	27744	17787	44.10	62.13
金华市	72962	46554	30311	21896	16269	47.20	60.20
衢州市	85527	36188	20877	18421	11454	46.50	77.40
舟山市	80311	48423	30762	28308	19468	34.74	51.63
台州市	64816	47162	30021	23164	18598	48.82	57.37
丽水市	85058	35968	25296	16459	13936	44.20	58.20

注：在岗职工平均工资统计范围为城镇集体及以上单位。

18－11　各市国民经济主要指标(十一)

(2016年)

地　区	学校数(个)			专任教师数(人)			在校学生数(万人)		
	普通高校	普通中学	小　学	普通高校	普通中学	小　学	普通高校	普通中学	小　学
杭州市	39	326	447	29222	29485	32549	42.80	32.62	54.30
宁波市	14	293	444	8056	23577	26171	15.51	27.82	47.70
温州市	11	451	554	5381	31994	35114	8.63	37.10	62.73
嘉兴市	6	170	146	2418	14465	14237	6.54	15.84	24.65
湖州市	3	120	126	1511	10097	8800	2.67	11.09	15.79
绍兴市	10	186	343	4072	18814	15718	9.03	23.18	26.41
金华市	2	241	393	2233	19137	21134	3.46	24.75	41.23
衢州市	2	96	199	698	8808	8709	1.35	11.05	13.82
舟山市	4	42	56	1276	3251	3546	2.45	3.14	4.80
台州市	4	269	346	1667	25105	20902	3.42	29.49	46.92
丽水市	2	97	215	1127	8284	9949	2.09	10.81	16.65

18－12　各市国民经济主要指标(十二)

(2016年)

地　区	医院、卫生院单位数(个)	医院、卫生院床位数(张)	执业医生数(人)	注册护士(人)	绿化覆盖面积(公顷)	公园面积(公顷)
杭州市	365	64557	38172	42011	61530	3338
宁波市	251	33412	22941	23714	33435	3028
温州市	403	35086	24976	23569	14037	2654
嘉兴市	144	23283	10408	13246	16084	1525
湖州市	146	12836	7619	8657	11205	1459
绍兴市	193	25225	14171	13872	17626	3524
金华市	282	26930	15630	15682	19164	1966
衢州市	183	11948	6780	6798	5563	833
舟山市	68	4970	6327	3347	16191	798
台州市	271	25656	16637	16180	13148	2312
丽水市	243	12383	7271	7379	5403	1016

长江三角洲各城市国民经济主要指标

Main Indicators of National Economy by YANGTZE DELTA'S City

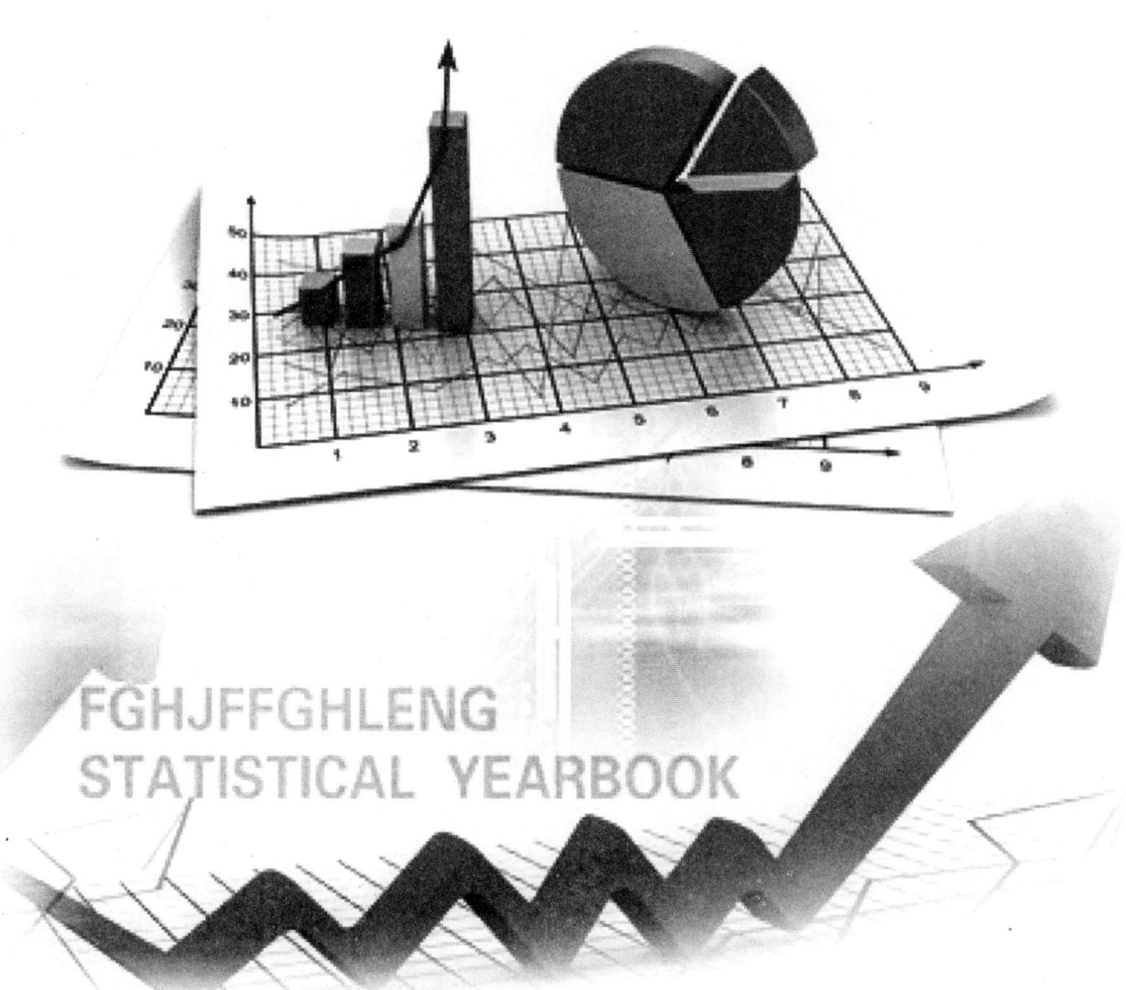

19－1 长江三角洲各城市国民经济主要指标(一)

(2016年)

单位:亿元

地区	生产总值(当年价)	第一产业	第二产业	第三产业	在生产总值中:工业	人均生产总值(元)
上海市	27466.15	109.47	7994.34	19362.34	7145.02	113615
南京市	10503.02	252.51	4117.20	6133.31	3581.72	127264
无锡市	9210.02	135.19	4346.78	4728.05	3977.58	141258
常州市	5773.86	152.67	2682.29	2938.90		122721
苏州市	14575.09	221.81	7277.46	7975.82		145556
南通市	6768.20	366.08	3170.30	3231.82	2633.06	92702
盐城市	4576.08	533.91	2050.02	1992.15	1771.68	63278
扬州市	4449.38	251.49	2197.63	2000.26	1925.92	99151
镇江市	3833.84	137.78	1870.40	1825.66		120603
泰州市	4101.78	240.00	1933.89	1927.89	1679.83	88330
杭州市	11313.72	304.21	4120.93	6888.59	3726.20	155030
宁波市	8686.49	302.06	4455.34	3929.10	3980.68	147537
嘉兴市	3862.11	136.91	2010.50	1714.70	1825.91	110095
湖州市	2284.37	127.42	1099.47	1057.49	998.28	86438
绍兴市	4789.03	207.66	2398.27	2183.11	2094.70	107905
金华市	3684.94	148.32	1643.43	1893.19	1422.75	76782
舟山市	1241.20	126.71	510.04	604.45	419.85	45293
台州市	3898.66	254.14	1695.80	1948.73	1469.10	65104

注:上海市和江苏省各市的生产总值均为初步统计数,上海市和江苏省各市人均生产总值均按常住人口计算。

19-2 长江三角洲各城市国民经济主要指标(二)

(2016年)

地　区	工　业用电量(亿千瓦时)	固定资产投　资(亿元)	#房地产开　发投资额	自营进出口总　额(亿元)	#自营出口总　额	实际利用外资(亿美元)
上海市	798.18	6755.88	3709.03	28664.37	12105.45	185.14
南京市	310.81	5533.56	1845.60	3315.19	1952.15	34.79
无锡市	493.73	4795.25	1033.62	4610.00	2832.26	34.13
常州市	334.78	3605.08	446.70	1819.64	1374.52	25.00
苏州市	1116.30	5648.49	2163.24	18066.38	10812.21	60.03
南通市	265.65	4811.95	584.14	2035.32	1516.72	23.87
盐城市	201.40	3882.80	358.57	525.36	312.94	7.10
扬州市	156.60	3288.70	410.20	628.32	472.54	12.00
镇江市	173.78	2873.43	448.64	680.37	458.05	13.51
泰州市	176.20	3164.12	250.71	684.65	439.72	13.44
杭州市	401.55	5842.42	2606.41	4110.03	3019.05	72.09
宁波市	476.74	4961.39	1270.33	6262.09	4359.39	45.10
嘉兴市	368.50	2790.16	478.40	2067.97	1549.88	26.92
湖州市	165.73	1592.18	274.22	674.10	594.37	10.01
绍兴市	291.98	2882.48	641.19	1820.90	1686.23	8.00
金华市	208.10	2084.01	408.85	3186.03	3110.65	3.43
舟山市	23.47	1311.14	171.89	696.11	413.78	2.10
台州市	183.43	2272.63	424.21	1310.81	1169.38	3.37

19－3 长江三角洲各城市国民经济主要指标(三)

(2016年)

地　　区	社会消费品零售总额(亿元)	城镇常住居民人均可支配收入(元)	城镇常住居民人均生活消费支出(元)	农村常住居民人均可支配收入(元)	农村常住居民人均生活消费支出(元)	市区居民消费价格指数(%)
上海市	10946.57	57692	39857	25520	17071	103.2
南京市	5088.20	49997	29772	21156	15773	102.7
无锡市	3119.56	48628	31438	26158	18463	102.3
常州市	2202.83	46058	27080	23980	16567	102.5
苏州市	4936.79	54341	33305	27691	18820	102.7
南通市	2632.87	39247	25217	18741	13440	102.3
盐城市	1630.90	30496	17546	17172	13145	102.1
扬州市	1358.80	35659	21064	18057	13722	102.4
镇江市	1236.78	40152	24388	17606	15925	102.2
泰州市	1118.34	36828	22480	17861	13250	102.1
杭州市	5176.20	52185	35686	27908	20563	102.6
宁波市	3667.63	51560	31584	28572	19313	102.1
嘉兴市	1638.49	48926	28313	28997	18864	101.8
湖州市	1068.86	45794	27731	26508	17609	101.6
绍兴市	1783.34	50305	28858	27744	17787	101.9
金华市	1977.87	46554	30311	21896	16269	101.5
舟山市	457.40	48423	30762	28308	19468	101.8
台州市	2013.14	47162	30021	23164	18598	101.6

19－4 长江三角洲各城市国民经济主要指标（四）

（2016年）

单位：亿元

地 区	财 政 总收入	地方财政 预算内收入	地方财政 预算内支出	年末金融 机构本外币 存款余额	*年末住户 存款余额	年末金融 机构本外币 贷款余额
上海市		6406.13	6918.94	110510.96	25112.99	59982.25
南京市	2198.54	1142.60	1173.79	28355.89	6095.08	22268.94
无锡市		875.00	867.66	14612.00	4957.02	10517.75
常州市		480.29	505.53	8850.03	3415.31	6081.37
苏州市		1730.04	1617.16	27727.55	7913.85	22752.22
南通市		590.18	750.05	11330.57	5597.93	6896.58
盐城市		415.20	732.53	5471.02	2682.46	3718.40
扬州市		345.30	484.25	5448.23	2585.52	3526.36
镇江市	671.40	293.01	360.10	4835.19	1899.19	3472.35
泰州市	691.60	327.60	450.88	5406.35	2487.93	3720.85
杭州市	2558.41	1402.38	1404.31	33386.04	8493.27	26169.00
宁波市	2145.72	1114.54	1289.26	16989.34	5788.07	16622.90
嘉兴市	673.37	387.93	422.19	6848.41	3275.82	5286.90
湖州市	360.89	211.18	288.62	3552.42	1756.02	2757.57
绍兴市	630.08	390.30	456.10	7435.32	3431.62	6153.24
金华市	555.19	338.14	542.36	7618.92	3981.01	6183.88
舟山市	173.29	120.32	250.54	1915.84	725.97	1521.82
台州市	583.83	343.28	514.40	7068.62	3728.59	5826.03

统计公报

Statistical Communique

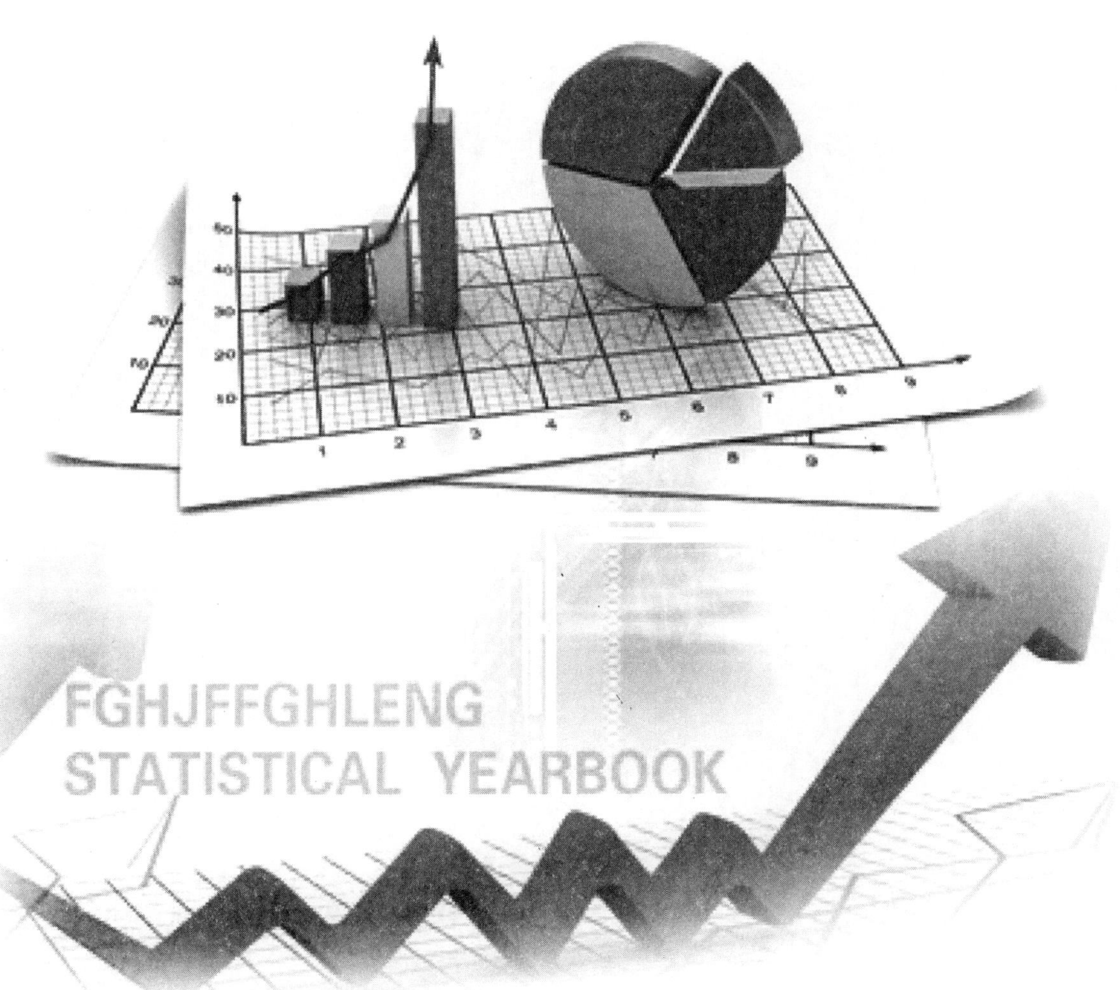

台州市2016年国民经济和社会发展统计公报

台州市统计局　　国家统计局台州调查队

（2017年3月16日）

2016年，全市人民在市委、市政府的正确领导下，深入贯彻落实党的十八大和十八届三中、四中、五中、六中全会精神，紧紧围绕"跻身全省经济总量第二方阵"总目标，积极主动适应经济新常态，坚定不移推进供给侧结构性改革，统筹抓好稳增长、促改革、调结构、惠民生、防风险各项政策措施，全市经济平稳健康发展，转型升级取得新进展，民生质量不断提高，社会发展和谐稳定，实现了"十三五"发展的良好开局。

一、综　合

经济运行稳中有升。据初步核算，全市实现生产总值3898.66亿元，按可比价格计算，比上年增长7.8%，增幅比上年提高1.4个百分点。其中，第一产业增加值254.14亿元，增长4.3%；第二产业增加值1695.80亿元，增长7.6%；第三产业增加值1948.73亿元，增长8.3%；三次产业结构为6.5:43.5:50.0，第三产业增加值所占比重比上年提高0.6个百分点。全市人均生产总值（户籍口径）为65104元，比上年增长7.5%，按年平均汇率折算达9801美元。

市区实现生产总值1412.53亿元，按可比价格计算，比上年增长7.2%。市区人均生产总值（户籍口径）达到88453元，比上年增长6.6%，按年平均汇率折算达13317美元。

二、农　业

农业生产保持稳定。全市实现农林牧渔业总产值449.47亿元，按可比价格计算，比上年增长4.4%。其中，农业产值148.14亿元，增长3.7%；林业产值6.36亿元，增长1.4%；牧业产值34.56亿元，增长2.6%；渔业产值256.19亿元，增长5.2%；农林牧渔服务业产值4.22亿元，增长7.5%。

全年农作物总播种面积211.04千公顷，比上年增长2.1%。全市粮食作物播种面积97.28千公顷，比上年增长1.0%；全年粮食总产量63.07万吨，比上年增长3.8%，每公顷单产为6484公斤，比上年增长2.8%。全市非粮作物播种面积113.76千公顷，比上年增长3.0%。粮食作物与非粮食作物播种面积的比例为46.1:53.9。全年蔬菜产量204.58万吨，比上年增长4.3%；油料产量1.44万吨，下降8.1%；水果产量136.05万吨，增长3.6%。

全市完成造林更新面积1587公顷，其中人工造林面积901公顷。年末实有封山育林面积11.8千公顷。全市有林地面积623.04千公顷，森林覆盖率为60.3%。全市有自然保护区（含小区）35个，面积10.18千公顷。

全年生猪出栏93.03万头，比上年增长6.2%，家禽出栏1634.93万只，增长11.2%。全年肉类总产量12.09万吨，比上年增长9.5%，其中猪肉产量9.27万吨，增长7.9%。禽蛋产量3.46万吨，下降10.3%。

全年水产品产量165.39万吨,比上年增长5.4%。其中海洋捕捞产量114.09万吨,增长3.5%;海水养殖产量44.13万吨,增长8.1%。

全市注册登记的农民专业合作社1.25万家,其中省级示范性专业合作社131家。全市共认证有机食品42个,绿色食品193个,国家无公害农产品255个,浙江省无公害农产品产(基)地255个。市级农业龙头企业共有241家,省级农业龙头企业41家。

农业生产条件进一步改善。全市完成河道疏浚清淤1314万立方米,其中市区571万立方米,治理水土流失面积39.36平方公里,新增防渗渠道191公里,新增节水灌溉面积3653公顷。年末全市拥有农业机械总动力325.43万千瓦,全年农村用电量109.09亿千瓦时。

三、工业和建筑业

工业生产稳中有进。全市实现工业增加值1469.10亿元,按可比价格计算,比上年增长8.6%。全市年主营业务收入2000万元及以上工业企业(以下简称规模以上工业企业)家数为3618家,实现工业增加值906.44亿元。

全市规模以上轻工业实现工业增加值341.09亿元,占规模以上工业增加值的37.6%;重工业实现工业增加值565.35亿元,所占比重为62.4%。

全市规模以上工业增加值总量排在前五位的行业中,通用设备制造业、汽车制造业、医药制造业、橡胶和塑料制品业、电力热力生产供应业分别完成工业增加值114.82亿元、100.84亿元、96.35亿元、89.24亿元和80.18亿元。

全市规模以上工业企业产品产销率为93.6%,新产品产值1388.02亿元,新产品产值率为34.0%。

全市规模以上工业企业实现利税总额(不含台州电业局)415.36亿元,其中利润总额259.81亿元。

建筑业稳步增长。全市实现建筑业增加值228.95亿元,按可比价格计算,比上年增长1.8%。资质以上建筑企业完成房屋建筑施工面积17586.97万平方米,比上年下降0.8%;房屋竣工面积6399.18万平方米,下降9.0%。

四、固定资产投资和房地产业

固定资产投资增长较快。全市固定资产投资施工项目5015个,其中新开工项目3423个。全年固定资产投资总额2272.63亿元,比上年增长13.9%。其中第一产业完成投资19.96亿元,增长70.6%;第二产业完成投资877.93亿元,增长6.8%;第三产业完成投资1374.75亿元,增长18.2%。固定资产投资中,工业性投资876.02亿元,比上年增长7.3%;基础设施投资756.86亿元,增长24.8%;民间投资1415.36亿元,增长4.7%。

重点工程建设取得新突破。仙居抽水蓄能电站、巨科铝轮毂一期正式投产,三门核电站1号机组进入性能测试最后阶段;杭绍台铁路、杭绍台高速、台州市域铁路S1线一期工程、路泽太高架、朱溪水库、台州市引水工程等一大批项目开工建设;沿海高速、金台铁路、吉利豪情迁建项目、航天科技彩虹无人机、中车产业园等项目顺利推进。

房地产市场销售高位运行。全年房地产开发完成投资424.21亿元,比上年下降3.3%。房屋施工面积3345.56万平方米,比上年增长1.4%,房屋竣工面积561.36万平方米,增长56.3%。全年商品房销售面积662.06万平方米,比上年增长49.8%,其中住宅销售面积531.31万平方米,增长50.9%。

五、交通和邮电业

全年交通运输、仓储和邮政业增加值为155.52亿元,比上年增长6.7%。

全年完成货物周转量1623.15亿吨公里,比上年增长7.9%;旅客周转量为72.84亿人公里,比上年下降6.8%。全年台州港完成货物吞吐量6771万吨,比上年增长8.6%。其中外贸吞吐量803万吨,增长13.3%;完成集装箱吞吐量16.02万标箱,增长3.0%。民航完成旅客吞吐量69.14万人次,货邮吞吐量6720吨,分别比上年增长18.2%和12.3%。全年铁路发送旅客948万人次,比上年增长13.4%。

年末全市公路总里程(含村道)12578公里,其中等级公路12517公里,占公路总里程的99.5%,高速公路298公里。年末全市汽车保有量达132.78万辆,比上年增加16.71万辆,其中私人汽车120.89万辆,比上年增加15.93万辆。

全市邮电业务收入76.45亿元,比上年增长5.2%。年末国际互联网宽带接入用户208.46万户,移动互联网用户606.36万户,分别比上年末增加29.95万户和0.69万户。年末移动电话用户为770.84万户,比上年末增加31.07万户,城乡固定电话用户为106.81万户,比上年末减少13.63万户。

全市快递服务企业累计完成业务量4.93亿件,比上年增长67.1%,累计完成业务收入34.20亿元,增长40.8%。

六、国内贸易和旅游业

市场消费保持一定增长。全市实现社会消费品零售总额2013.14亿元,比上年增长11.4%,扣除价格因素,实际增长10.5%。其中餐饮收入218.27亿元,比上年增长12.1%,商品零售额1794.87亿元,比上年增长11.3%;城镇零售额1633.47亿元,增长11.0%,乡村零售额379.67亿元,增长12.9%。限额以上批发零售企业中,服装、鞋帽、针纺织品类、粮油食品类、石油及制品类、汽车类、家用电器和音像器材类零售额分别比上年增长53.1%、14.9%、10.6%、10.4%和10.3%。

商贸设施日臻完善。台州万达广场、银泰城综合体开业。年末全市拥有各类商品交易市场526家,成交额1308亿元,年成交额超亿元的市场有138家。电商产业扩张迅速,全年网络零售额711.02亿元,比上年增长43.8%。全市已创设淘宝镇11个,淘宝村107个,电商产业园32个,全市活跃网络零售网店超过7.44万家。

市场物价保持稳定。2016年我市居民消费价格总水平比上年上升1.7%,其中消费品价格上升1.7%,服务价格上升1.8%(见表一)。工业生产者出厂价格比上年下降2.1%,工业生产者购进价格比上年下降1.6%。

表一： 2016年居民消费价格比上年涨跌幅度

单位:%

指　　标	全　市	#市　区
居民消费价格指数	**1.7**	**1.6**
一、食品烟酒	3.8	3.0
食品	4.2	3.7
其中:粮食	0.1	0.4
鲜菜	9.5	8.1
畜肉类	11.7	11.0
水产品	2.9	2.7
烟酒	3.3	2.5
二、衣着类	1.6	2.4
三、居住	1.1	0.7
四、生活用品及服务	1.4	2.5
五、交通和通信	-0.8	-0.6
六、教育文化和娱乐	1.4	1.7
七、医疗保健	0.7	0.5
七、其他用品和服务	2.0	1.8

旅游市场健康发展。成功举办2016中国(台州)东海文化旅游节,一批精品民宿落户台州。全年共接待旅游总人数8930.73万人次,比上年增长20.1%,其中接待国内游客8911.49万人次,增长20.1%;实现旅游总收入942.65亿元,比上年增长25.8%,其中国内旅游收入938.35亿元,增长25.9%。全市共有5A级旅游区2个,4A级旅游区9个,3A级旅游区34个,2A级旅游区14个。共有星级饭店47家,客房7369间,床位12064张。旅行社145家,其中星级旅行社53家。

七、对外经济

对外贸易保持基本稳定。全年外贸进出口总额1310.81亿元,比上年下降0.2%。其中出口总额1169.38亿元,增长0.1%,进口总额141.44亿元,下降2.6%。全年外贸企业出口163.12亿元,下降7.7%;三资企业出口111.33亿元,下降13.5%;生产企业出口894.92亿元,增长3.7%。在出口总额中,一般贸易出口1081.11亿元,增长0.2%;加工贸易出口88.01亿元,下降0.3%。全年高新技术产品出口增长4.0%,机电产品出口增长1.0%。2016年我市有进出口实绩企业5234家,比上年增加124家,其中进出口5000万元以上企业有553家。出口国家和地区为213个。

全年新批外商投资项目36个,总投资15.92亿美元,合同利用外资10.39亿美元,比上年增长468.1%,实际利用外资3.37亿美元,增长189.5%。

全年新批境外投资企业47家,中方投资额17150万美元。全市累计境外投资项目594个,中方累计投资额9.7亿美元。

服务外包发展良好。全市累计已注册服务外包企业71家。服务外包离岸合同额4856万美元,比上年增长16.2%;离岸合同执行额4856万美元,增长16.2%。

八、财政、金融和保险业

2016年,全市公共财政一般预算总收入583.83亿元,比上年增长8.0%;其中地方财政一般预算收入343.28亿元,增长10.7%。

金融业运行稳健。2016年末,全市金融机构本外币存款余额7068.62亿元,比上年末增长12.1%,当年新增存款762.69亿元。年末本外币住户存款余额3728.59亿元,比上年末增长14.7%,当年新增476.65亿元。年末金融机构本外币贷款余额5826.03亿元,比上年末增长5.6%,当年新增贷款307.59亿元。年末金融机构本外币存贷比为82.4%,不良贷款率为1.32%。

资本市场作用凸显。全年新增上市公司5家,年末我市累计已有上市公司41家,其中中小板上市公司24家,累计融资总额达到842.19亿元。当年新三板挂牌企业数20家。年末有小额贷款公司32家,注册资本金总额45.71亿元,全年累计发放贷款63.85亿元。

年末台州辖内证券营业部有79家,全年股票交易额2.61万亿元,比上年下降45.1%。

保险市场发展较快。全年保费总收入146.15亿元,比上年增长14.7%。其中财产险保费收入61.73亿元,人寿险保费收入84.41亿元,分别比上年增长6.6%和21.4%。全年各类赔款、给付支出53.38亿元,比上年增长16.1%。

九、科学技术和教育

科技创新综合实力明显提升。全市实现规模以上高新技术产业增加值383.47亿元,比上年增长11.9%。全市共有省级企业研究院65家,省级高新技术研发中心304家,国家重点扶持的高新技术企业499家。众创平台建设成效明显,共建成众创空间21个。全年申请专利27921件,比上年增长20.6%;专利授权20075件,比上年增长1.8%,其中发明1534件,增长10.7%。全年共签订各类技术合同1580项,技术交易额36.03亿元。

质量强市和品牌战略继续推进。全市有中国名牌产品19个,浙江名牌产品259个,地理标志保护产品3个。全市有506家单位取得食品生产许可证。年末全市有各类检验机构119家,其中国家级检测中心2家,省级质检中心12家。全市被国家工商总局认定的驰名商标达到56件。

教育现代化全面推进。市区普通高中一体化改革顺利实施,北师大附属台州高级中学建成开学。全市有幼儿园1285所,在园幼儿22.04万人;普通小学346所,在校生46.92万人;初中200所,在校生20.41万人;高中69所,中等职业学校24所,高中段在校生15.84万人,初升高比例98.67%。全市特殊教育学校招生(不含随班就读)171人,在校生1133人。全市全日制普通高校招生10636人,在校生34205人,成人高校在校学生32146人。全市高考录取率达89.89%。

十、文化、卫生和体育

文化事业取得新发展。台州市博物馆投入使用,台州老粮坊文创园正式开园。"三门祭冬"列入联合国非遗名录，台州乱弹新编历史剧《戚继光》在国家大剧院上演。至2016年末，全市有文化馆10个，公共图书馆10个，自办广播节目10套，自办电视节目10套。年末全市有线广播电视覆盖用户189.86万户，其中数字电视实际用户141.13万户。全年广播节目播出时间73635小时，电视节目播出时间58207小时。广播人口综合覆盖率和电视人口综合覆盖率分别为99.94%和99.76%。至2016年末全市拥有国家级非物质文化遗产项目15项，省级106项，市级299项。

医疗卫生服务能力持续增强。市妇女儿童医院顺利结顶。年末全市有各类医疗卫生机构3540家，其中社区卫生服务机构406家。大力发展混合所有制医疗机构，全市共有民营医院59家。全市医疗卫生机构床位26845张，各类卫生技术人员40588人，其中执业医生和执业助理医生16637人，注册护士16180人。年末每千人拥有卫生技术人员6.76人，其中医生2.77人。全市甲乙类传染病发病率为200.40/10万。全市五岁以下儿童死亡率4.22‰，其中婴儿死亡率2.95‰，户籍孕产妇死亡率1.84/10万。全年有4.82万人参加无偿献血。农村自来水普及率99.79%，卫生户厕普及率96.66%。

体育事业取得新成绩。成功举办第二届台州国际马拉松比赛、台州市第二届体育大会、台州市第二届国际传统武术暨绝技大赛等一系列赛事。市全民健身活动中心投入使用并对外开放。全市运动员参加国际国内各项赛事取得了较好成绩，共夺得国际比赛金牌2枚、铜牌2枚，全国、全省比赛金牌224.3枚、银牌175枚、铜牌215枚。全市共建有市、县级体育社团246个。全年销售各类体育彩票9.67亿元。

十一、能耗、环境保护和安全生产

2016年，全市万元生产总值综合能耗比上年上升1.8%。主要污染物化学需氧量、氨氮、二氧化硫、氮氧化物排放量分别比上年下降4.2%、3.9%、7.64%和4.84%。全市县控以上断面地表水满足水域功能达标率为69.1%，城市空气综合污染指数3.65。城镇生活污水集中处理率为92.51%，城镇生活垃圾无害化处理率为100.0%。2016年市区PM2.5年均浓度为36微克/立方米，比上年下降5微克/立方米；市区环境空气质量达到二级标准以上的天数有328天，占全年总天数的89.9%。

全市共发生各类生产经营性安全事故524起，死亡364人，受伤246人。

十二、人口、就业、社会保障和人民生活

人口平稳增长。截止2016年11月30日，全市户籍总人口600.17万人，其中男性人口306.79万人，女性人口293.38万人，男女性别比为104.6:100。全年共出生6.21万人，死亡3.41万人，人口出生率为10.37‰，死亡率为5.70‰，人口自然增长率4.67‰。户籍总人口中市区人口160.10万人。据2016年全省5‰人口变动抽样调查，年末全市常住人口608万人，城镇人口比重为61.3%。

就业形势基本稳定。全市城镇新增就业人数12.44万人，全年帮助3.82万名城镇失业人员实现再就业。全年创业培训5915人。年末城镇登记失业率为2.09%。

社会保障机制进一步健全。在全省率先启动"医药机构同城互认"工作，全市机关事业单位养老保险改革全面实施。年末全市城镇职工基本养老保险（含被征地农民）、基本医疗保险、工伤保险、生育保险和失业保险参保人数分别达到209.82万人、129.05万人、182.50万人、82.44万人和103.59万人。年末全市有

219.71 万人参加城乡居民社会养老保险，有 474.44 万人参加城乡居民医疗保险。全年收缴各类保险基金 232.17 亿元，支出 243.10 亿元。

综合福利体系不断完善。市儿童福利院开院运行。全市城乡居民最低生活保障人数为 10.02 万人，全年共投入低保资金 3.80 亿元。城镇和农村低保对象月人均补助分别为 446 元和 325 元。全市农村五保对象集中供养率 96.75%，城镇"三无"人员供养率 96.64%。全市共有各类养老机构 354 个，床位 46386 张，年末在院老人 21905 人。全市有城乡社区居家养老服务照料中心 3544 家。全年共支出医疗救助资金 1.23 亿元，医疗救助 9.29 万人次。全年发行各类福利彩票 13.17 亿元。

城乡居民生活水平进一步提高。全年全体居民人均可支配收入 36915 元，比上年增长 9.3%，扣除价格因素实际增长 7.5%。全年城镇常住居民人均可支配收入 47162 元，比上年增长 9.0%，扣除价格因素实际增长 7.2%。农村常住居民人均可支配收入 23164 元，比上年增长 9.1%，扣除价格因素实际增长 7.3%。城乡居民收入差距倍数为 2.04。年末城镇常住居民和农村常住居民人均现住房建筑面积分别为 48.82 平方米和 57.37 平方米。城乡居民每百户家庭家用汽车、空调、家用电脑等高档耐用消费品拥有量继续增加（见表二）。

表二： 2016 年末城乡居民每百户家庭主要耐用消费品拥有量

指　标	单位	城镇常住居民	农村常住居民
洗衣机	台	96	76
电冰箱	台	101	96
空调器	台	195	94
摩托车	辆	20	28
家用汽车	辆	54	34
彩色电视机	台	197	159
固定电话	部	46	35
移动电话	部	245	222
家用电脑	台	105	65

注：1、本公报所列各项数据来源于台州统计局、国家统计局台州调查队和市级相关部门。

2、公报中生产总值、各产业增加值绝对数按现行价格计算，增长速度按可比价格计算；人均生产总值按户籍人口计算。

3、粮食、油菜籽播种面积及产量采用全省粮食监测抽样数据。

4、部分数据因四舍五入的原因，存在着与分项合计不等的情况。

浙江省2016年国民经济和社会发展统计公报(1)

浙江省统计局　　国家统计局浙江调查总队

(2017年2月24日)

2016年,全省上下全面贯彻落实党中央、国务院和省委、省政府决策部署,坚持稳中求进工作总基调,主动把握和引领经济发展新常态,积极推进供给侧结构性改革,坚定不移打好转型升级系列组合拳,经济运行稳走向好,社会发展和谐稳定。

一、综　合

据2016年全省5‰人口抽样调查推算,年末全省常住人口5590万人,比上年末增加51万人。其中,男性人口为2867.7万人,女性人口为2722.3万人,分别占总人口的51.3%和48.7%。全年出生人口62.4万人,出生率为11.22‰;死亡人口30.7万人,死亡率为5.52‰;自然增长率为5.70‰。城镇化率为67.0%,比上年提高1.2个百分点。

初步核算,全年地区生产总值(GDP)(2)46485亿元,比上年增长7.5%。其中,第一产业增加值1966亿元,第二产业增加值20518亿元,第三产业增加值24001亿元,分别增长2.7%、5.8%和9.4%,第三产业对GDP的增长贡献率为62.9%。三次产业增加值结构由上年的4.3∶45.9∶49.8调整为4.2∶44.2∶51.6,第三产业比重提高1.8个百分点。人均GDP为83538元(按年平均汇率折算为12577美元),增长6.7%。全员劳动生产率为12.4万元/人,按可比价计算比上年提高6.8%。

(图1　2011－2016年地区生产总值及其增长速度,略)

(图2　2016年地区生产总值及第三产业增加值构成,略)

全年信息经济核心产业增加值3911亿元,按现价计算增长15.9%,占GDP的8.4%,比重比上年提高0.7个百分点。全省规模以上服务业企业(3)营业收入10573亿元,比上年增长21.1%;利润总额1808亿元,增长21.4%。

表1:　2016年规模以上服务业企业主要行业营业收入情况

行业	营业收入(亿元)	增长速度(%)
总计	**10573**	**21.1**
交通运输、仓储和邮政业	2307	7.2
信息运输、软件和信息技术服务业	4297	34.4
房地产业(除房地产开发经营)	273	15.6
租赁和商务服务业	1992	21.0
科学研究和技术服务业	883	15.0
水利、环境和公共设施管理业	269	16.5
居民服务、修理和其他服务业	53	13.6
教育	47	-2.9
卫生和社会工作	115	22.9
文化、体育和娱乐业	338	9.3

全年居民消费价格比上年上涨1.9%，其中食品类价格上涨5.1%。商品零售价格上涨1.0%。农业生产资料价格下降0.5%。工业生产者出厂价格下降1.7%，工业生产者购进价格下降2.2%。固定资产投资价格下降0.5%。

（图3　2016年居民消费价格月度涨跌幅度，略）

表2：　2016年居民消费价格指数情况（上年＝100）

	全　省	城　市	农　村
居民消费价格总指数	**101.9**	**102.0**	**101.8**
其中：食品烟酒	104.4	104.4	104.5
其中：食　品	105.1	105.0	105.5
其中：粮　食	100.5	100.7	99.9
衣　着	101.5	101.5	101.5
居　住	101.0	101.1	100.8
生活用品及服务	100.2	100.1	100.3
交通和通信	98.7	98.8	98.6
教育文化和娱乐	102.7	102.9	101.7
医疗保健	101.3	101.5	100.7
其他用品和服务	102.5	102.5	102.8

全年财政总收入9225亿元，比上年增长7.7%；财政一般公共预算收入5302亿元，同口径增长(4)9.8%。

全年新增城镇就业116万人，其中42万名城镇失业人员实现再就业，13万名就业困难人员实现就业。年末城镇登记失业率为2.87%，比上年下降0.06个百分点。

全年新设市场主体95.8万户，其中，新设企业30.8万户，比上年增长21.3%；新设个体工商户64.5万户，增长16.2%。年末在册市场主体528.6万户，增长12.2%，其中企业168.4万户，增长16.4%。

二、农业和新农村建设

全年粮食播种面积1255千公顷，比上年下降1.8%；粮食单产5991公斤/公顷，增长1.8%；粮食总产量752万吨，与上年持平。油菜籽播种面积118千公顷，下降3.9%；蔬菜633千公顷，增长2.4%；花卉苗木160千公顷，增长9.8%；中药材43千公顷，增长11.4%；果用瓜102千公顷，增长1.6%。

生猪年末存栏574万头，年内出栏1169万头，分别比上年下降21.4%和11.1%；全年肉类总产量118万吨，下降9.9%；水产品总产量631万吨，增长4.8%，其中，海水产品产量517万吨，增长5.2%；淡水产品产量114万吨，增长3.2%。

表3：　2016年主要农产品产量

	绝对数（万吨）	比上年增长（%）
粮　食	752.2	持平
其中：春粮	58.7	－18.8
早稻	73.8	9.0
秋粮	619.7	1.2
油菜籽	22.9	－8.7
茶　叶	17.2	－0.2
果用瓜	287.1	2.2
蔬　菜	1835.4	3.4

全年新建粮食生产功能区 1245 个，面积 84 万亩，累计建成粮食生产功能区 9131 个，总面积 760 万亩。累计建成现代农业园区 818 个，总面积 516 万亩。其中，现代农业综合区 107 个，主导产业示范区 200 个，特色农业精品园 511 个。农业产业化组织 5.5 万家，农业龙头企业 7600 多家，销售收入 3500 多亿元全年新增土地流转面积 50 万亩，土地流转总量 1005 万亩，占承包耕地面积比重 53.0% 。。

全年开展农村生活污水治理村 4173 个，受益农户 115 万户；开展农村垃圾减量化资源化处理试点村 230 个。截至年底，86% 建制村实现生活垃圾集中收集有效处理；开展垃圾减量化资源化无害化处理村 4500 个，占建制村总数的 16%。在建历史文化村落保护利用重点村 131 个，保护利用一般村 653 个；创建省级美丽乡村示范县 6 个、示范乡镇 100 个、特色精品村 300 个。农家乐特色村 1103 个，特色点（各类农庄、山庄、渔庄）2381 个，经营农户 1.9 万户，直接从业人员 16.6 万人，接待游客 2.8 亿人次，全年营业收入 291 亿元。" 千万农民素质提升工程" 培训 32.2 万人，其中，各类农村实用人才 19.4 万人，农村富余劳动力 8.7 万人，实现转移就业 7.3 万人，转移就业率为 83.6%。

三、工业和建筑业

全年全部工业增加值 17974 亿元，比上年增长 6.2%。规模以上工业增加值 14009 亿元，增长 6.2%。规模以上工业销售产值 67222 亿元，增长 4.5%，其中出口交货值 11837 亿元，增长 1.4%。

表 4： 2016 年规模以上工业增加值

	增加值（亿元）	比上年增长（%）
规模以上工业增加值总计	14009	6.2
在总计中：轻工业	5857	3.0
重工业	8152	8.6
在总计中：国有企业	689	6.9
有限责任公司	3423	9.5
股份有限公司	1245	5.2
私营企业	5492	4.9
港澳台商投资企业	1508	3.9
外商投资企业	1577	6.7
在总计中：国有及国有控股企业	2429	6.9

规模以上工业中，高新技术产业增加值增长 10.1%，占规模以上工业的 40.1%，对规模以上工业增长贡献率为 68.5%；装备制造业增加值增长 10.9%，占规模以上工业的 38.8%；战略性新兴产业增加值增长 8.6%，占规模以上工业的 22.9%。在规模以上工业中，健康产品制造、节能环保产业增加值分别增长 8.9%、7.4%；新一代信息技术和物联网、海洋新兴产业、生物产业、核电关联产业增加值分别增长 21.2%、16.0%、8.3% 和 7.9%。规模以上工业新产品产值率 34.3%，比上年提高 2.3 个百分点。

表5：2016年规模以上工业重点产业增加值

	增加值(亿元)	比上年增长(%)
高新技术产业	5624	10.1
装备制造业	5430	10.9
战略性新兴产业	3206	8.6
高耗能产业	4691	3.7
信息经济核心产业制造业	1600	13.6
高端装备产业(制造业)	1957	9.6

表6：2016年主要工业产品产量

产品名称	单　位	产量	比上年增长(%)
纱	万吨	215.8	1.0
布	亿米	149.2	-0.3
化纤	万吨	2106.4	-0.7
卷烟	亿支	915.8	-3.4
房间空调器	万台	953.8	49.7
发 电 量	亿千瓦时	3089.1	6.2
钢材	万吨	3760.9	1.9
水泥	万吨	10796.5	-4.1
化肥(折100%)	万吨	27.5	-22.1
发电机组	万千瓦	514.2	-1.0
光纤	万米	1277.0	28.5
光缆	万芯千米	4707.4	18.0
锂离子电池	万只	21717.5	12.0
太阳能电池	万千瓦	764.0	11.8
集成电路	亿块	74.0	15.3
电子元件	亿只	1047.2	13.6
微型计算机设备	万台	182.8	19.8
移动通信手持机(手机)	万台	5099.6	26.4
其中:智能手机	万台	4576.1	25.1
彩色电视机	万台	658.2	2.6
其中:智能电视	万台	504.9	29.1
汽车	万辆	58.6	22.5
其中:新能源汽车	万辆	2.04	1992.6
工业机器人	套	3169.0	-4.8

全年规模以上工业企业实现利润4323亿元,比上年增长16.1%。其中,国有及国有控股企业687亿元,增长16.9%;股份制企业660亿元,增长19.9%;外商及港澳台投资企业1122亿元,增长14.4%;私营企业1402亿元,增长7.4%。劳动生产率为20.7万元/人,按可比价计算比上年提高7.9%。

全年建筑业增加值2611亿元,比上年增长2.8%。具有资质的总承包和专业承包建筑业企业总产值24989亿元,增长4.2%;实现利税总额1215亿元,增长2.4%。

四、固定资产投资和房地产业

全年固定资产投资29571亿元,比上年增长10.9%。非国有投资18146亿元,占61.4%,其中民间投资

16441亿元，占55.6%。

在固定资产投资中，第一产业投资386亿元，比上年增长13.9%；第二产业投资9109亿元，增长3.5%；第三产业投资20076亿元，增长14.6%。投资项目51754个，比上年增长7.8%，其中新开工项目36732个，增长22.0%。

（图4 2011－2016年固定资产投资及其增长速度，略）

全年房地产开发投资7469亿元，比上年增长5.0%，其中住宅投资4807亿元，增长8.0%。商品房销售面积8637万平方米，增长44.3%；商品房销售额9605亿元，增长52.5%。

表7： 2016年固定资产投资分项情况

	投资额（亿元）	比上年增长（%）
按项目划分：		
其中：项目投资	22102	13.0
其中：基础设施投资	9365	26.3
其中：房地产开发投资	7469	5.0
其中：住宅投资	4807	8.0
按产业划分：		
其中：农业投资	386	13.9
工业投资	9097	4.0
其中：工业技改投资	7126	6.3
其中：制造业投资	7822	3.2
其中：装备制造业投资	3858	5.5
战略性新兴产业投资	2745	7.9
服务业投资	20076	14.6
其中：交通道路、水上、航空运输业	2125	16.3
水利、环境和公共设施管理业	4361	41.1
信息传输、软件和信息技术服务业	319	15.8
重点领域投资：		
其中：重大基础设施投资	3998	35.3
重大产业项目投资	9593	17.6
高新技术产业投资	3157	14.3
其中：高新技术产业投资（制造业）	2365	9.4
高技术服务业投资	792	32.3
生态保护和环境治理业投资	330	51.9

五、国内贸易

全年社会消费品零售总额21971亿元，比上年增长11.0%。按经营地统计，城镇消费品零售额18281亿元，增长10.7%；乡村消费品零售额3690亿元，增长13.0%。按消费类型统计，商品零售额19723亿元，增长10.8%；餐饮收入额2248亿元，增长13.1%。网络零售额10307亿元，增长35.4%；省内居民网络消费5252亿元，增长30.9%。

（图5 2011－2016年社会消费品零售总额及其增速，略）

在限额以上批发零售贸易业零售额中，汽车类零售额比上年增长9.3%，石油及制品类增长0.1%，粮油、食品类增长14.4%，服装、鞋帽、针纺织品类增长16.7%，中西药品类增长5.1%，日用品类增长13.7%，通讯器材类增长14.5%，家具类增长13.0%，五金、电料类增长29.7%，建筑及装潢材料类增长24.3%，金银珠宝类下降1.4%。

年末已登记商品交易实体市场3926家，交易额为2.05万亿元，比上年下降0.1%。

六、对外经济

全年货物进出口总额22202亿元，比上年增长3.1%。其中，出口17666亿元，增长3.0%，出口占全国的12.8%，份额比上年提高0.6个百分点；进口4536亿元，增长3.7%。民营企业出口13380亿元，增长6.5%，占出口总额的75.7%，比上年提高2.5个百分点。机电产品出口7490亿元，增长3.6%；高新技术产品出口1112亿元，增长6.5%。市场采购贸易出口1872亿元，增长5.9%，占出口总额的10.6%；外贸综合服务平台(5)出口792亿元，增长66.8%。对"一带一路"沿线主要国家(6)合计出口1506亿元，增长18.6%。

全年服务贸易进出口额3173亿元，比上年增长15.2%，服务贸易进出口额占货物和服务贸易总额的12.5%，比重比上年提高1.2个百分点。其中，出口2074亿元，增长17.0%；进口1099亿元，增长12.0%。

表8： 2016年货物进出口主要分类情况

	金额(亿元)	比上年增长(%)
货物进出口总额	22202	3.1
货物出口额	17666	3.0
其中：一般贸易	13936	4.4
加工贸易	1694	-6.7
市场采购贸易	1872	5.9
其中：机电产品	7490	3.6
高新技术产品	1112	6.5
货物进口额	4536	3.7
其中：一般贸易	3481	7.9
加工贸易	608	-8.6
其中：机电产品	854	4.0

表9： 2016年对主要市场进出口情况

国家或地区	出口额(亿元)	比上年增长(%)	进口额(亿元)	比上年增长(%)
欧盟	3947	4.9	584	8.4
美国	3250	6.9	381	0.6
东盟	1614	7.5	586	8.1
日本	747	1.4	497	0.7
俄罗斯	445	6.4	98	62.8
韩国	445	11.3	405	14.3
中国香港	265	-20.9	10	-13.1
中国台湾	177	-9.2	445	-9.7

新批外商直接投资项目2145个，比上年增加367个；合同外资281亿美元，实际利用外资176亿美元，分

别增长0.9%和3.6%。第二产业中,化学原料及化学制品制造业,电力、燃气及水的生产和供应实际利用外资分别增长1.9倍和1.1倍。第三产业为外商投资主要领域,有投资项目1718个,比上年增长25.8%,占外商直接投资项目总数的80.1%,合同外资180亿元,实际利用外资103亿元,分别增长3.3%和6.4%,占外资总额的比重分别为64.2%和58.6%。

国外经济合作完成营业额474亿元,比上年增长16.9%。其中,对外承包工程完成营业额463亿元,增长15.3%;新签合同额376亿元,与上年基本持平;共派出各类劳务人员20396人次,外派劳务人员实际收入11.2亿元。经备案、核准的境外企业和机构803家,比上年增加43家;境外直接投资备案额1172亿元,增长29.0%。

七、交通运输、邮电和旅游

全年交通运输、仓储和邮政业增加值1765亿元,比上年增长5.2%。

全省公路总里程11.9万公里,其中高速公路4062公里。共有民航机场7个,完成旅客发送量2628万人,吞吐量5050万人。铁路、公路和水运完成货物周转量9789亿吨公里,比上年下降0.8%;旅客周转量1075亿人公里,下降1.6%。港口完成货物吞吐量14.1亿吨,增长2.0%,其中,沿海港口完成11.4亿吨,增长3.9%;内河港口完成2.7亿吨,下降5.5%。

表10: 2016年交通客货运输量

	单 位	绝对数	比上年增长(%)
货物周转量	亿吨公里	9789	-0.8
铁 路	亿吨公里	211	-0.5
公 路	亿吨公里	1627	7.5
水 运	亿吨公里	7951	-2.4
旅客周转量	亿人公里	1075	-1.6
铁 路	亿人公里	604	11.5
公 路	亿人公里	465	-14.6
水 运	亿人公里	6	持平
民航旅客吞吐量	万人	5050	11.7

年末全省民用汽车拥有量1258万辆,比上年末增长12.2%,其中个人汽车1105万辆,增长13.0%。民用轿车拥有量810万辆,增长11.3%,其中个人轿车750万辆,增长12.0%。

全年完成邮电业务总量3715亿元,比上年增长55.3%。其中,邮政业务总量1251亿元,增长54.2%;电信业务总量2465亿元,增长55.9%。年末移动电话交换机容量11698万户,增加275万户。移动电话用户7225万户,比上年减少241万户,普及率130.4部/百人。固定互联网宽带接入用户2160万户,增加844万户,普及率39户/百人;移动互联网用户6366万户,增加936万户。全省快递业务量59.9亿件,比上年增长56.3%。

全年旅游产业增加值3305亿元,比上年增长12.8%,占GDP的7.1%;实现旅游总收入8093亿元,增长13.4%。其中,接待国内游客5.73亿人次,增长9.1%,实现国内旅游收入7600亿元,增长13.1%;接待入境旅游者1120万人次,增长10.7%,实现旅游外汇收入74.3亿美元,增长9.5%。

表 11:2011－2016 年接待旅游人数

年　份	入境旅游人数（万人次）	国内旅游人数（亿人次）	旅游总收入（亿元）
2011	774	3.43	4080
2012	866	3.91	4801
2013	866	4.34	5536
2014	931	4.79	6301
2015	1012	5.25	7139
2016	1120	5.73	8093

八、金融、证券和保险

年末全部金融机构本外币各项存款余额 99530 亿元，比上年末增长 10.2%，其中人民币存款余额增长 10.3%。全部金融机构本外币各项贷款余额 81805 亿元，增长 7.0%，其中人民币贷款余额增长 7.9%。年末住户本外币存款余额 38755 亿元，增长 11.4%。

表 12： 2016 年年末全部金融机构本外币存贷款情况

指　标	年末数(亿元)	比上年增长(%)
各项存款余额	99530	10.2
其中:住户存款	38755	11.4
非金融企业存款	34562	9.8
各项贷款余额	81805	7.0
其中：住户贷款	27839	18.3
非金融企业及机关团体贷款	53504	1.7

年末境内上市公司 329 家，累计融资 7484 亿元；其中，中小板上市公司 131 家，占全国中小板上市公司的 15.9%；创业板上市公司 60 家，占全国创业板上市公司的 10.5%。

全年保险业实现保费收入 1785 亿元，比上年增长 24.4%。其中，财产险保费收入 697 亿元，增长 7.7%；人身险保费收入 1088 亿元，增长 38.0%。支付各类赔款及给付 633 亿元，增长 13.3%。其中，财产险赔付支出 414 亿元，人身险赔付支出 219 亿元。

九、教育和科学技术

年末全省共有小学 3269 所，招生 59.5 万人；在校生 355 万人，比上年减少 0.55%，小学学龄儿童入学率为 99.99%。小学生均校舍建筑面积 8.6 平方米；生均图书 27.8 册；每百名学生拥有计算机 18.1 台；小学体育运动场(馆)面积达标的学校比例为 98.6%，比上年提高 1.3 个百分点。共有初中 1717 所，招生 53.2 万人；在校生 150.3 万人，比上年增加 1.6%，初中入学率为 99.99%。初中生均校舍建筑面积 19.1 平方米；生均图书 47.4 册；每百名学生拥有计算机 29.9 台；初中体育运动场(馆)面积达标的学校比例为 98.3%，比上年提高 0.7 个百分点。

全省各类中等职业教育学校 340 所，招生 23.6 万人，在校生 65.9 万人；普通高中 574 所，招生 25.9 万人，在校生76.6万人，毕业生26万人。

全省共有普通高校108所（含独立学院及筹建院校）。研究生、本科、专科招生比例为1:6.9:6.1；高考录取率为89.7%，高等教育毛入学率为57%。全年研究生招生22246人，其中：博士生2580人，硕士生19666人，招生总数比上年增长3.5%。

义务教育中小学专任教师32.2万人，比上年增长2.2%。中等职业教育（不含技工学校）专任教师3.35万人，生师比15.6:1；专任教师学历合格率为96.6%。双师型教师占专任教师和专业课教师的比例分别为43.0%和79.5%。普通高等学校专任教师中副高职称以上教师所占比例为45.4%；具有硕士以上学位教师比例为80.9%。

全省共有幼儿园8771所，在园幼儿191.8万人。幼儿园专任教师12万人，比上年增加0.4万人；幼儿教师学历合格率为99.9%。

全年全社会研究和发展（R&D）经费支出1130亿元，相当于地区生产总值的比例为2.43%，比上年提高0.07个百分点。财政一般公共预算支出中科技支出269亿元，比上年增长7.3%。

有国家认定的企业技术中心107家（含分中心）。新认定高新技术企业2595家，累计9474家。新培育科技型中小企业7654家，累计31584家。全年专利申请量39.3万件，比上年增长27.6%；授权量22.1万件，下降5.8%，其中发明专利授权量2.7万件，增长13.8%。

十、文化、卫生和体育

年末全省共有卫生机构3.15万个（含村卫生室），其中，医院1131个，乡镇卫生院1194个，社区卫生服务中心（站）5870个，诊所（卫生所、医务室）9673个，村卫生室11677个，疾病预防控制中心101个，卫生监督所（中心）103个。卫生技术人员43.2万人，比上年末增长6.9%，其中，执业（助理）医师16.8万人，注册护士17.4万人，分别增长6.3%和9.1%。医疗卫生机构床位数29万张，增长6.6%，其中，医院26万张，乡镇卫生院2万张。医院年诊疗25357万人次，增长2.9%。孕产妇死亡率5.73/10万，5岁以下儿童死亡率4.00‰，婴儿死亡率2.82‰。

全年全省预约诊疗服务平台预约请求量836.4万人次，预约成功量为597.5万次，比上年分别增长24.7%和23.8%，日均预约成功量16369次。新增注册用户191.4万人，增长47.1%，日均注册量为5243人次。全年完成新接入医院40家，累计接入医院260家。

全省共有公共图书馆102个，文化馆102个，文化站1364个，博物馆275个，隶属文化部门艺术表演团体63个。有线广播电视用户数1531万户，与上年基本持平；广播、电视人口综合覆盖率分别为99.6%和99.7%。全年制作电视剧57部2576集；制作影片54部；制作动画片46部21782分钟。图书出版社14家；影视制作机构1435家，其中上市公司32家。公开发行报纸68种，出版期刊226种。新闻出版广播影视业营业收入2001亿元，与上年基本持平。

全年浙江运动员在各类国际性、洲际性、全国性比赛中共获得奥运会冠军2个、世界锦标赛冠军5个、世界杯分站赛冠军32个、世界青年锦标赛冠军8个，亚洲锦标赛冠军26个、亚洲青年锦标赛冠军13个，全国各类比赛冠军148个。共创建省级青少年体育俱乐部4个，青少年户外体育活动营地1个。全省共有省级青少年体育俱乐部408所，国家级青少年体育俱乐部148所；省级青少年户外活动营地55个，国家级营地6所。

全年销售体育彩票124亿元，比上年增加15.5亿元，增长14.3%。

十一、人民生活和社会保障

根据城乡一体化住户调查(7)，全年全省居民人均可支配收入38529元，比上年增长8.4%，扣除价格因素增长6.4%。按常住地分,城镇常住居民和农村常住居民人均可支配收入分别为47237元和22866元,增长8.1%和8.2%,扣除价格因素分别增长6.0%和6.3%。全省居民人均可支配收入中位数(8)34192元,比上年增加2693元,增长8.6%。

表13:2016年居民人均收支主要指标

年　份	全省居民		城镇常住居民		农村常住居民	
	绝对数(元)	增长(%)	绝对数(元)	增长(%)	绝对数(元)	增长(%)
人均可支配收入(元)	38529	8.4	47237	8.1	22866	8.2
1.工资性收入	22207	7.5	26656	6.8	14204	8.5
2.经营净收入	6589	6.6	7126	7.2	5622	4.8
3.财产净收入	4337	6.3	6381	5.5	662	8.9
4.转移净收入	5396	16.7	7074	16.5	2378	15.1
人均生活消费支出(元)	25527	5.8	30068	4.9	17359	7.8

全省居民人均生活消费支出25527元,比上年增长5.8%,扣除价格因素增长3.8%。其中,城镇常住居民和农村常住居民人均生活消费支出分别为30068元和17359元,增长4.9%和7.8%,扣除价格因素分别增长2.8%和5.9%。

年末每百户居民家庭拥有家用汽车45.2辆,比上年末增加5.4辆;拥有计算机77.8台,其中接入互联网的计算机69.4台,分别增加0.2和0.6台;拥有移动电话233.1部,其中接入互联网的移动电话138.6部,分别增加8.9和22.8部;拥有彩色电视机172.6台、电冰箱98.9台、洗衣机86.4台、空调169.3台、热水器92.0台,分别增加3.3、3.2、3.2、14.8和4.5台。

年末参加企业基本养老保险人数2323万人,参加城镇职工基本医疗保险人数2018万人,参加失业保险人数1317万人,参加工伤保险人数1881万人,参加生育保险人数1294万人。正常缴费企业退休人员基本养老金月均水平超过2910元;城乡居民养老保险基础养老金最低标准提高到120元;因工死亡职工供养亲属抚恤金月人均提高100元。

年末在册低保对象84.1万人,其中,城镇9.9万人,农村74.2万人。低保资金(含各类补贴)支出33亿元,比上年增长41.0%;城乡低保平均标准分别为每人每月678元和631元,分别增长3.8%和10.7%。

全年支出医疗救助资金12.5亿元,比上年增长23.0%。中央和省财政投入补助资金3.7亿元,新增各类机构养老床位数3.3万张,新建成社区居家养老服务照料中心3450个。

全年发行各类福利彩票151.3亿元,比上年增加4.4亿元,筹集公益金43.3亿元。

十二、资源、环境保护和社会安全

全年平均降水量为1954毫米(折合降水总量2025亿立方米),全省水资源总量为1322亿立方米,比多年平均955亿立方米多38.3%;人均水资源量为2365立方米。

全年完成造林更新面积25.3千公顷,比上年减少42.3%,其中,人工造林12.4千公顷,无林地和疏林地封育1.6千公顷,迹地更新11.3千公顷。森林抚育面积131.4千公顷,完成义务植树6151万株。新植珍贵树木2099万株,重点建设珍贵彩色森林20.6万亩。根据2015年浙江省森林资源年度监测结果显示,全省森林覆盖率为60.96%(含灌木林)。水土流失治理面积503平方公里。

年末有气象雷达观测站点10个,卫星云图接收站点25个,区域自动气象观测站2532个。霾平均日数34天,比上年减少19天。11个设区城市环境空气PM2.5年均浓度平均为41微克/立方米,比上年下降12.8%;日空气质量(AQI)优良天数比例范围为65.6% -95.4%,平均为83.1%,比上年提高4.9个百分点。69个县级以上城市日空气质量(AQI)优良天数比例范围为65.6% -99.7%,平均为88.4%,提高3.4个百分点。

221个省控断面中,Ⅰ~Ⅲ类水质断面占77.4%,比上年提高4.5个百分点;劣Ⅴ类水质断面占2.7%,下降4.1个百分点;满足水环境功能区目标水质要求断面占81.0%,提高5.9个百分点。按达标水量计,11个设区城市的主要集中式饮用水水源地水质达标率为96.2%,提高3.4个百分点;县级以上城市集中式饮用水水源地水质达标率为93.0%,提高3.6个百分点。按个数计,11个设区城市的主要集中式饮用水水源地水质达标率为90.5%,比上年提高17.8个百分点;县级以上城市集中式饮用水水源地水质达标率为91.1%,提高6.0个百分点。145个跨行政区域河流交接断面中,满足水环境功能区目标水质要求断面占88.9%,比上年提高15.8个百分点。近岸海域发现赤潮27次,累计面积约2615平方千米,其中有害赤潮2次,面积95平方千米。

城市污水排放量31.9亿立方米,比上年增长1.3%,城市污水处理量为29.7亿立方米,增长3.1%,城市污水处理率93.2%,比上年提高1.91个百分点。城市生活垃圾无害化处理率99.97%,城市用水普及率99.97%,城市燃气普及率99.79%,人均公园绿地面积13.3平方米。

全年累计建成国家级生态县(市、区)34个,国家环境保护模范城市7个,国家级生态乡镇691个,省级生态县(市、区)67个,省级环保模范城市10个。

全年规模以上工业企业能源消费比上年增长2.3%,单位工业增加值能耗下降3.7%。其中,千吨以上和重点监测用能企业能源消费分别增长0.5%和0.8%,单位工业增加值能耗分别下降4.2%和4.1%。

全年发生各类生产安全事故(9)4566起、死亡3330人、受伤1327人,事故起数和死亡人数比上年分别下降9.1%和7.8%。其中,发生较大生产安全事故19起、死亡73人;未发生重大生产安全事故。道路运输共发生事故3677起、死亡2420人、受伤1222人。

注:(1)本公报所列各项数据为年度初步统计数据。部分数据因四舍五入原因,存在与分项合计不等的情况。

(2)全省地区生产总值和各产业增加值绝对数按现价计算,增长速度按不变价格计算,三次产业划分执行国家统计局2012年制定的《三次产业划分规定》。

(3)规模以上服务业企业为列入国家统计局统计的9239家企业,不包括批发零售住宿餐饮、房地产开发和银行、证券、保险业企业。

(4)财政一般公共预算收入增幅调整为同口径增幅。2016年,全面实施营改增后,国内增值税、改征增值税、营业税中央与地方的分享比例调整为50%:50%,同口径增幅是在同比增幅基础上,按新的分享比例对上年基数作调整后计算的增幅。

(5)外贸综合服务平台,是指具备对外贸易经营者身份的企业,接受国内外客户委托,签订服务合同(协议),为客户提供报关报检、物流、退税、结算、融资、信保、保理、供应链管理、跨境电商、海外仓和售后等综合服务的一站式线上服务平台。目前我省纳入统计的有21个平台。

(6)"一带一路"沿线主要国家指2016年对其出口增速超过10%的14个国家,具体有拉脱维亚、希腊、斯洛文尼亚、印度尼西亚、立陶宛、越南、匈牙利、罗马尼亚、菲律宾、捷克、缅甸、波兰、克罗地亚和柬埔寨。

(7)2012 年四季度,国家统计局实施城乡一体化住户调查改革,统一了城乡居民收入名称、分类和统计标准,在浙江选取6200 宅(户)城乡居民家庭,直接开展调查。在此基础上,计算了城乡可比的新口径全省居民人均可支配收入以及分城乡常住居民人均可支配收入。

(8)人均可支配收入中位数是指将所有调查户按人均可支配收入水平从低到高顺序排列,处于最中间位置的调查户的人均可支配收入。

(9)各类生产安全事故口径有调整,现包括工矿商贸企业、道路运输、水上运输、渔业船舶、铁路运输、农业机械、海上交通事故。增速按可比口径计算。

本公报中财政数据来自省财政厅;新增城镇就业、登记失业率、社会保障数据来自省人力社保厅;水产品产量、近岸海域赤潮数据来自省海洋与渔业局;粮食生产功能区、现代农业园区和综合区、特色农业精品园、农业产业化组织、龙头企业、土地流转数据来自省农业厅;美丽乡村建设、建制村生活垃圾处理、历史文化村落保护利用村、农家乐、农民素质提升工程培训数据来自省农办;市场主体、商品交易实体市场和交易额数据来自省工商局;货物进出口数据来自杭州海关;市场采购贸易出口、试点平台出口、服务贸易进出口、外商直接投资、境外直接投资、国外经济合作、对外承包工程、外派劳务、网络零售额数据来自省商务厅;公路里程、民航运输、货物周转量、旅客周转量、港口货物吞吐量数据来自省交通运输厅;汽车拥有量数据来自省公安厅;邮政业务、快递业务量数据来自省邮政管理局;电话交换机容量、电话用户、互联网用户数据来自省通信管理局;旅游数据来自省旅游局;货币金融数据来自人民银行杭州中心支行;上市公司数据来自浙江证监局;保险业数据来自浙江保监局;教育数据来自省教育厅;企业技术中心、高新技术企业、科技型中小企业、专利数据来自省科技厅;卫生、诊疗数据来自省卫生计生委;公共图书馆、文化馆、博物馆、艺术表演团体数据来自省文化厅;广播电视电影、出版数据来自省新闻出版广电局;体育、体育彩票数据来自省体育局;低保、社会服务和救助、福利彩票数据来自省民政厅;水资源、水土流失治理面积数据来自省水利厅;森林资源数据来自省林业厅;气象数据来自省气象局;生态建设、环境监测数据来自省环保厅;城市污水处理、城市生活垃圾处理、用水和燃气普及率、人均公园绿地面积数据来自省建设厅;各类事故发生起数、死亡和受伤人数来自省安监局;价格、粮食面积与产量、生猪存出栏、城乡居民收支、家庭耐用品拥有量数据来自国家统计局浙江调查总队;其它数据均来自于省统计局。

中华人民共和国2016年国民经济和社会发展统计公报(1)

中华人民共和国国家统计局

(2017年2月28日)

2016年,面对复杂多变的国际环境和国内繁重艰巨的改革发展稳定任务,在以习近平同志为核心的党中央坚强领导下,各地区各部门全面贯彻党的十八大和十八届三中、四中、五中、六中全会精神,认真落实党中央、国务院决策部署,统筹推进"五位一体"总体布局和协调推进"四个全面"战略布局,坚持稳中求进工作总基调,坚持新发展理念,以推进供给侧结构性改革为主线,适度扩大总需求,坚定推进改革,妥善应对风险挑战,引导形成良好社会预期,经济社会保持平稳健康发展,实现了"十三五"良好开局。

一、综　合

初步核算,全年国内生产总值(2)744127亿元,比上年增长6.7%。其中,第一产业增加值63671亿元,增长3.3%;第二产业增加值296236亿元,增长6.1%;第三产业增加值384221亿元,增长7.8%。第一产业增加值占国内生产总值的比重为8.6%,第二产业增加值比重为39.8%,第三产业增加值比重为51.6%,比上年提高1.4个百分点。全年人均国内生产总值53980元,比上年增长6.1%。全年国民总收入(3)742352亿元,比上年增长6.9%。

(图1　2012-2016年国内生产总值及其增长速度,略)

(图2　2012-2016年三次产业增加值占国内生产总值比重,略)

年末全国大陆总人口138271万人,比上年末增加809万人,其中城镇常住人口79298万人,占总人口比重(常住人口城镇化率)为57.35%,比上年末提高1.25个百分点。户籍人口城镇化率为41.2%,比上年末提高1.3个百分点。全年出生人口1786万人,出生率为12.95‰;死亡人口977万人,死亡率为7.09‰;自然增长率为5.86‰。全国人户分离的人口(4)2.92亿人,其中流动人口(5)2.45亿人。

表1:　2016年年末人口数及其构成

单位:万人

指　　标	年末数	比重%
全国总人口	138271	100.0
其中:城镇	79298	57.35
乡村	58973	42.65
其中:男性	70815	51.2
女性	67456	48.8
其中:0-15岁(6)(含不满16周岁)	24438	17.7
16-59岁(含不满60周岁)	90747	65.6
60周岁及以上	23086	16.7
其中:65周岁及以上	15003	10.8

年末全国就业人员77603万人，其中城镇就业人员41428万人。全年城镇新增就业1314万人。年末城镇登记失业率为4.02%。全国农民工(7)总量28171万人，比上年增长1.5%。其中，外出农民工16934万人，增长0.3%；本地农民工11237万人，增长3.4%。

（图3 2012－2016年城镇新增就业人数，略）

全年全员劳动生产率(8)为94825元/人，比上年提高6.4%。

（图4 2012－2016年全员劳动生产率，略）

全年居民消费价格比上年上涨2.0%。工业生产者出厂价格下降1.4%。工业生产者购进价格下降2.0%。固定资产投资价格下降0.6%。农产品生产者价格(9)上涨3.4%。

（图5 2016年居民消费价格月度涨跌幅度，略）

表2： 2016年居民消费价格比上年涨跌幅度

单位:%

指　标	全　国	城　市	农　村
居民消费价格	**2.0**	**2.1**	**1.9**
其中:食品烟酒	3.8	3.7	4.0
衣着	1.4	1.5	1.3
居住(10)	1.6	1.9	0.6
生活用品及服务	0.5	0.5	0.2
交通和通信	-1.3	-1.4	-1.1
教育文化及娱乐	1.6	1.5	1.9
医疗保健	3.8	4.4	2.5
其他用品和服务	2.8	2.9	2.2

12月份70个大中城市新建商品住宅销售价格月同比上涨的城市个数为65个，下降的为5个；月环比上涨的城市个数为46个，比年内高点减少19个，持平的为4个，下降的为20个。

（图6 2016年新建商品住宅月环比价格上涨、持平、下降城市个数变化情况，略）

全年全国一般公共预算收入159552亿元，比上年同口径(11)增加6828亿元，增长4.5%，其中税收收入130354亿元，增加5432亿元，增长4.3%。

（图7 2012－2016年全国一般公共财政收入，略）

年末国家外汇储备30105亿美元，比上年末减少3198亿美元。全年人民币平均汇率为1美元兑6.6423元人民币，比上年贬值6.2%。

（图8 2012－2016年年末国家外汇储备，略）

二、农　业

全年粮食种植面积11303万公顷，比上年减少31万公顷。其中，小麦种植面积2419万公顷，增加5万公顷;稻谷种植面积3016万公顷,减少5万公顷;玉米种植面积3676万公顷,减少136万公顷。棉花种植面积338万公顷,减少42万公顷。油料种植面积1412万公顷,增加8万公顷。糖料种植面积168万公顷,减少6万公顷。

全年粮食产量61624万吨,比上年减少520万吨,减产0.8%。其中,夏粮产量13920万吨,减产1.2%;早稻产量3278万吨,减产2.7%;秋粮产量44426万吨,减产0.6%。全年谷物产量56517万吨,比上年减产1.2%。其中,稻谷产量20693万吨,减产0.6%;小麦产量12885万吨,减产1.0%;玉米产量21955万吨,减产2.3%。

(图9　2012－2016年粮食产量,略)

全年棉花产量534万吨,比上年减产4.6%。油料产量3613万吨,增产2.2%。糖料产量12299万吨,减产1.6%。茶叶产量241万吨,增产7.4%。

全年肉类总产量8540万吨,比上年下降1.0%。其中,猪肉产量5299万吨,下降3.4%;牛肉产量717万吨,增长2.4%;羊肉产量459万吨,增长4.2%;禽肉产量1888万吨,增长3.4%。禽蛋产量3095万吨,增长3.2%。牛奶产量3602万吨,下降4.1%。年末生猪存栏43504万头,下降3.6%;生猪出栏68502万头,下降3.3%。

全年水产品产量6900万吨,比上年增长3.0%。其中,养殖水产品产量5156万吨,增长4.4%;捕捞水产品产量1744万吨,下降1.0%。

全年木材产量6683万立方米,比上年下降7.0%。

全年新增耕地灌溉面积118万公顷,新增节水灌溉面积211万公顷。

三、工业和建筑业

全年全部工业增加值247860亿元,比上年增长6.0%。规模以上工业增加值增长6.0%。在规模以上工业中,分经济类型看,国有控股企业增长2.0%;集体企业下降1.3%,股份制企业增长6.9%,外商及港澳台商投资企业增长4.5%;私营企业增长7.5%。分门类看,采矿业下降1.0%,制造业增长6.8%,电力、热力、燃气及水生产和供应业增长5.5%。

(图10　2012－2016年全部工业增加值及其增长速度,略)

全年规模以上工业中,农副食品加工业增加值比上年增长6.1%,纺织业增长5.5%,化学原料和化学制品制造业增长7.7%,非金属矿物制品业增长6.5%,黑色金属冶炼和压延加工业下降1.7%,通用设备制造业增长5.9%,专用设备制造业增长6.7%,汽车制造业增长15.5%,电气机械和器材制造业增长8.5%,计算机、通信和其他电子设备制造业增长10.0%,电力、热力生产和供应业增长4.8%。工业战略性新兴产业(12)增加值增长10.5%。高技术制造业(13)增加值增长10.8%,占规模以上工业增加值的比重为12.4%。装备制造业(14)增加值增长9.5%,占规模以上工业增加值的比重为32.9%。六大高耗能行业(15)增加值增长5.2%,占规模以上工业增加值的比重为28.1%。

表3： 2016年主要工业产品产量及其增长速度

产品名称	单 位	产 量	比上年增长(%)
纱	万吨	3732.6	5.5
布	亿米	906.8	1.6
化学纤维	万吨	4943.7	2.3
成品糖	万吨	1443.3	-2.1
卷 烟	亿支	23825.8	-8.0
彩色电视机	万台	15769.6	8.9
其中:液晶电视机	万台	15713.6	9.2
其中:智能电视	万台	9310.1	11.1
家用电冰箱	万台	8481.6	6.1
房间空气调节器	万台	14342.4	1.0
一次能源生产总量	亿吨标准煤	34.6	-4.2
原 煤	亿吨	34.1	-9.0
原 油	亿吨	19968.5	-6.9
天然气	亿立方米	1368.7	1.7
发电量	亿千瓦小时	61424.9	5.6
其中:火电(16)	亿千瓦小时	44370.7	3.6
水电	亿千瓦小时	11933.7	5.6
核电	亿千瓦小时	2132.9	24.9
粗 钢	万吨	80386.6	0.6
钢 材(17)	万吨	113801.2	1.3
十种有色金属	万吨	5310.3	3.0
其中:精练铜(电解铜)	万吨	843.6	6.0
原铝(电解铝)	万吨	3187.3	1.5
水 泥	亿吨	24.1	2.3
硫 酸(折100%)	万吨	8889.1	-1.0
烧 碱(折100%)	万吨	3283.9	8.7
乙 烯	万吨	1781.1	3.9
化 肥(折100%)	万吨	7128.6	-4.1
发电机组(发电设备)	万千瓦	13218.4	6.3
汽 车	万辆	2811.9	14.8
其中:基本型乘用车(轿车)	万辆	1211.1	4.1
运动型多用途乘用车(SUV)	万辆	914.4	51.8
其中:新能源汽车	万辆	45.9	40.0
大中型拖拉机	万台	63.0	-8.5
集成电路	亿块	1318.0	21.2
程控交换机	万线	1457.7	-22.5
移动通信手持机	万台	205819.3	13.6
其中:智能手机	万台	153764.1	9.9
微型计算机设备	万台	29008.5	-7.7
工业机器人	台(套)	72426.0	30.4

年末全国发电装机容量164575万千瓦,比上年末增长8.2%。其中(18),火电装机容量105388万千瓦,增长5.3%;水电装机容量33211万千瓦,增长3.9%;核电装机容量3364万千瓦,增长23.8%;并网风电装机容量14864万千瓦,增长13.2%;并网太阳能发电装机容量7742万千瓦,增长81.6%。

全年规模以上工业企业实现利润68803亿元,比上年增长8.5%。分经济类型看,国有控股企业实现利润11751亿元,比上年增长6.7%;集体企业477亿元,下降4.2%,股份制企业47197亿元,增长8.3%,外商及港澳台商投资企业17352亿元,增长12.1%;私营企业24325亿元,增长4.8%。分门类看,采矿业实现利润1825亿元,比上年下降27.5%;制造业62398亿元,增长12.3%;电力、热力、燃气及水生产和供应业4580亿元,下降14.3%。全年规模以上工业企业每百元主营业务收入中的成本为85.52元,比上年下降0.1元。年末规模以上工业企业资产负债率为55.8%,比上年末下降0.4个百分点。

全年全社会建筑业增加值49522亿元,比上年增长6.6%。全国具有资质等级的总承包和专业承包建筑业企业实现利润6745亿元,增长4.6%。其中,国有控股企业1879亿元,增长6.8%。

(图11 2012-2016年建筑业增加值及其增长速度,略)

四、固定资产投资

全年全社会固定资产投资606466亿元,比上年增长7.9%,扣除价格因素,实际增长8.6%。其中,固定资产投资(不含农户)596501亿元,增长8.1%。分区域看(19),东部地区投资249665亿元,比上年增长9.1%;中部地区投资156762亿元,增长12.0%;西部地区投资154054亿元,增长12.2%;东北地区投资30642亿元,下降23.5%。

(图12 2012-2016年全社会固定资产投资,略)

在固定资产投资(不含农户)中,第一产业投资18838亿元,比上年增长21.1%;第二产业投资231826亿元,增长3.5%;第三产业投资345837亿元,增长10.9%。基础设施投资(20)118878亿元,增长17.4%,占固定资产投资(不含农户)的比重为19.9%。民间固定资产投资(21)365219亿元,增长3.2%,占固定资产投资(不含农户)的比重为61.2%。高技术产业投资(22)37747亿元,增长15.8%,占固定资产投资(不含农户)的比重为6.3%。六大高耗能行业投资66376亿元,增长3.1%,占固定资产投资(不含农户)的比重为11.1%。农林牧渔业、水利、环境保护等短板领域投资快速增长。

(图13 2016年按领域分固定资产投资(不含农户)及其占比,略)

表4: 2016年分行业固定资产投资(不含农户)及其增长速度

单位:亿元

行业	投资额	比上年增长(%)
总计	596501	8.1
农、林、牧、渔业	22774	19.5
采矿业	10320	-20.4
制造业	187836	4.2
电力、热力、燃气及水生产和供应业	29736	11.3
建筑业	4577	-6.5
批发和零售业	17939	-4.0
交通运输、仓储和邮政业	53628	9.5
住宿和餐饮业	5947	-8.6
信息传输、软件和信息技术服务业	6319	14.5
金融业	1310	-4.2
房地产业(23)	135284	6.8
租赁和商务服务业	12316	30.5
科学研究和技术服务业	5568	17.2
水利、环境和公共设施管理业	68647	23.3
居民服务、修理和其他服务业	2677	1.8
教育	9324	20.7
卫生和社会工作	6282	21.4
文化、体育和娱乐业	7830	16.4
公共管理、社会保障和社会组织	8188	4.3

表5： 2016 年固定资产投资新增主要生产与运营能力

指　　标	单　位	绝对数
新增 220 千伏及以上变电设备	万千伏安	24336
新建铁路投产里程	公里	3281
其中:高速铁路(24)	公里	1903
增、新建铁路复线投产里程	公里	3612
电气化铁路投产里程	公里	5899
新改建公路里程	公里	324898
其中:高速公路	公里	6745
港口万吨级码头泊位新增吞吐能力	万吨	32436
新增民用运输机场	个	8
新增光缆线路长度	万公里	554

全年房地产开发投资 102581 亿元,比上年增长 6.9%。其中,住宅投资 68704 亿元,增长 6.4%;办公楼投资 6533 亿元,增长 5.2%;商业营业用房投资 15838 亿元,增长 8.4%。年末商品房待售面积 69539 万平方米,比上年末减少 2314 万平方米。年末商品住宅待售面积 40257 万平方米,比上年末减少 4991 万平方米。

全年全国城镇棚户区住房改造开工 606 万套,棚户区改造和公租房基本建成 658 万套。全年全国农村地区建档立卡贫困户危房改造 158 万户(25)。

表6： 2016 年房地产开发和销售主要指标完成情况及其增长速度

指　　标	单　位	绝对数	比上年增长(%)
投资额	亿元	102581	6.9
其中:住宅	亿元	68704	6.4
其中:90 平方米及以下	亿元	24772	0.5
房屋施工面积	万平方米	758975	3.2
其中:住宅	万平方米	521310	1.9
房屋新开工面积	万平方米	166928	8.1
其中:住宅	万平方米	115911	8.7
房屋竣工面积	万平方米	106128	6.1
其中:住宅	万平方米	77185	4.6
商品房销售面积	万平方米	157349	22.5
其中:住宅	万平方米	137540	22.4
本年到位资金	亿元	144214	15.2
其中:国内贷款	亿元	21512	6.4
其中:个人按揭贷款	亿元	24403	46.5

五、国内贸易

全年社会消费品零售总额 332316 亿元,比上年增长 10.4%,扣除价格因素,实际增长 9.6%。按经营地统计,城镇消费品零售额 285814 亿元,增长 10.4%;乡村消费品零售额 46503 亿元,增长 10.9%。按消费类型统计,商品零售额 296518 亿元,增长 10.4%;餐饮收入额 35799 亿元,增长 10.8%。

(图 14　2012－2016 年社会消费品零售总额,略)

在限额以上企业商品零售额中,粮油、食品、饮料、烟酒类零售额比上年增长 10.5%,服装、鞋帽、针纺织品类增长 7.0%,化妆品类增长 8.3%,金银珠宝类与上年持平,日用品类增长 11.4%,家用电器和音像器材类增长 8.7%，中西药品类增长 12.0%，文化办公用品类增长 11.2%，家具类增长 12.7%，通讯器材类增长 11.9%，建筑及装潢材料类增长 14.0%，汽车类增长 10.1%，石油及制品类增长 1.2%。

全年网上零售额(26)51556 亿元，比上年增长 26.2%。其中网上商品零售额 41944 亿元，增长 25.6%，占社会消费品零售总额的比重为 12.6%。在网上商品零售额中，吃类商品增长 28.5%，穿类商品增长 18.1%，用类商品增长 28.8%。

六、对外经济(27)

全年货物进出口总额 243386 亿元，比上年下降 0.9%。其中，出口 138455 亿元，下降 1.9%；进口 104932 亿元，增长 0.6%。货物进出口差额(出口减进口)33523 亿元，比上年减少 3308 亿元。对"一带一路"(28)沿线国家进出口总额 62517 亿元，比上年增长 0.5%。其中，出口 38319 亿元，增长 0.5%；进口 24198 亿元，增长 0.4%。

(图 15　2012－2016 年货物进出口总额，略)

表 7：　2016 年货物进出口总额及其增长速度

单位:亿元

指　　标	金额	比上年增长(%)
货物进出口总额	243386	-0.9
货物出口额	138455	-1.9
其中:一般贸易	74601	-1.1
加工贸易	47237	-4.6
其中:机电产品	79820	-1.9
高新技术产品	39876	-2.1
货物进口额	104932	0.6
其中:一般贸易	59398	3.7
加工贸易	26223	-5.5
其中:机电产品	50985	1.9
高新技术产品	34618	1.8
货物进出口差额(出口减进口)	33523	-

表 8：　2016 年主要商品出口数量、金额及其增长速度

商品名称	单位	数　量	比上年增长(%)	金　额(亿元)	比上年增长(%)
煤(包括褐煤)	万吨	879	64.6	46	48.0
钢材	万吨	10849	-3.5	3587	-7.8
纺织纱线、织物及制品	-	-	-	6925	1.9
服装及衣着附件	-	-	-	10413	-3.7
鞋类	万吨	422	-5.6	3113	-6.2
家具及其零件	-	-	-	3151	-3.8
自动数据处理设备及其部件	万台	159287	-7.1	9068	-4.1
手持或车载无线电话	万台	127192	-5.3	7643	-0.9
集装箱	万个	199	-26.7	279	-41.2
液晶显示板	万个	190569	-16.9	1700	-11.6
汽车	万辆	79	9.4	709	1.8

表9： 2016年主要商品进口数量、金额及其增长速度

商品名称	单　位	数　量	比上年增长（%）	金　额（亿元）	比上年增长（%）
谷物及谷物粉	万吨	2199	-32.8	375	-35.5
大　　豆	万吨	8391	2.7	2247	4.1
食用植物油	万吨	553	-18.3	276	-11.5
铁矿砂及其精矿	万吨	102412	7.5	3809	7.0
氧化铝	万吨	303	-35.0	58	-43.1
煤(包括褐煤)	万吨	25551	25.2	938	25.1
原　　油	万吨	38101	13.6	7698	-7.5
成品油	万吨	2784	-6.5	735	-16.6
初级形状的塑料	万吨	2570	-1.5	2731	-2.2
纸　　浆	万吨	2106	6.2	808	2.1
钢　　材	万吨	1321	3.4	869	-2.3
未锻轧铜及铜材	万吨	495	2.9	1741	-3.3
汽　　车	万辆	107	-2.4	2942	6.1

表10： 2016年对主要国家和地区货物进出口额及其增长速度

单位:亿元

国家和地区	出口额	比上年增长（%）	占全部出口比重（%）	进口额	比上年增长（%）	占全部进口比重（%）
欧盟	22369	1.3	16.2	13747	5.9	13.1
美国	25415	0.0	18.4	8887	-3.2	8.5
东盟	16894	-1.9	12.2	12978	7.4	12.4
中国香港	19009	-7.6	13.7	1107	39.2	1.1
日本	8529	1.3	6.2	9626	8.4	9.2
韩国	6185	-1.7	4.5	10496	-3.2	10.0
中国台湾	2665	-4.3	1.9	9203	3.4	8.8
印度	3850	6.6	2.8	777	-6.4	0.7
俄罗斯	2466	14.2	1.8	2128	3.1	2.0

全年服务进出口(29)总额53484亿元,比上年增长14.2%。其中,服务出口18193亿元,增长2.3%;服务进口35291亿元,增长21.5%。服务进出口逆差17097亿元。

全年吸收外商直接投资(不含银行、证券、保险)新设立企业27900家,比上年增长5.0%。实际使用外商直接投资金额8132亿元(折1260亿美元),增长4.1%。其中"一带一路"沿线国家对华直接投资新设立企业2905家,增长34.1%;对华直接投资金额458亿元(折71亿美元)。

表11： 2016年外商直接投资(不含银行、证券、保险)及其增长速度

单位:亿元

行业	企业家（家）	比上年增长（%）	实际使用金额	比上年增长（%）
总　　计	**27900**	**5.0**	**8132.2**	**4.1**
其中：农、林、牧、渔业	558	-8.4	123.2	30.0
制造业	4013	-11.0	2303.0	-6.1
电力、燃气及水的生产和供应业	311	18.0	139.8	0.3
交通运输、仓储和邮政业	425	-5.4	329.2	26.7
信息传输、计算机服务和软件业	1463	11.6	540.4	128.0
批发和零售业	9399	2.7	1011.1	36.0
房地产业	378	-2.3	1264.4	-29.4
租赁和商务服务业	4631	3.7	1045.9	67.8
居民服务和其他服务业	245	13.0	33.0	-25.8

全年对外直接投资额(不含银行、证券、保险)11299亿元,按美元计价为1701亿美元,比上年增长44.1%。其中,对"一带一路"沿线国家直接投资额145亿美元。

表12: 2016年对外投资额(不含银行、证券、保险)及其增长速度

行　　业	对外直接投资金额(亿美元)	比上年增长(%)
总　　计	1701.1	44.1
其中:农、林、牧、渔业	29.7	45.0
采矿业	86.7	-20.1
制造业	310.6	116.7
电力、热力、燃气及水生产和供应业	25.3	-9.2
建筑业	53.1	18.0
批发和零售业	275.6	72.0
交通运输、仓储和邮政业	36.2	17.1
信息传输、软件和信息技术服务业	203.6	252.2
房地产业	106.4	17.4
租赁和商务服务业	422.7	1.4

全年对外承包工程业务完成营业额10589亿元,按美元计价为1594亿美元,比上年增长3.5%。其中,对"一带一路"沿线国家完成营业额760亿美元,增长9.7%,占对外承包工程业务完成营业额比重为47.7%。对外劳务合作派出各类劳务人员49万人,下降6.8%。

七、交通、邮电和旅游

全年货物运输总量440亿吨,比上年增长5.7%。货物运输周转量185295亿吨公里,增长4.0%。全年规模以上港口完成货物吞吐量118.3亿吨,比上年增长3.2%,其中外贸货物吞吐量37.6亿吨,增长4.1%。规模以上港口集装箱吞吐量21798万标准箱,增长3.6%。

表13: 2016年各种运输方式完成货物运输量及其增长速度

指　　标	单　位	绝对数	比上年增长%
货物运输总量	亿吨	440.4	5.7
铁　路	亿吨	33.3	-0.8
公　路	亿吨	336.3	6.8
水　运	亿吨	63.6	3.7
民　航	万吨	666.9	6.0
管　道	亿吨	7.0	5.3
货物运输周转量	亿吨公里	185294.9	4.0
铁　路	亿吨公里	23792.3	0.2
公　路	亿吨公里	61211.0	5.6
水　运	亿吨公里	95399.9	4.0
民　航	亿吨公里	221.1	6.3
管　道	亿吨公里	4670.6	5.7

全年旅客运输总量192亿人次，比上年下降1.2%。旅客运输周转量31306亿人公里，增长4.1%。

表14：　2016各种运输方式完成旅客运输量及其增长速度

指　　标	单　位	绝对数	比上年增长%
旅客运输总量	亿人次	192.0	-1.2
铁　路	亿人次	28.1	11.0
公　路	亿人次	156.3	-3.5
水　运	亿人次	2.7	0.1
民　航	亿人次	4.9	11.8
旅客运输周转量	亿人公里	31305.7	4.1
铁　路	亿人公里	12579.3	5.2
公　路	亿人公里	10294.8	-4.2
水　运	亿人公里	72.0	-1.4
民　航	亿人公里	8359.5	14.8

年末全国民用汽车保有量19440万辆(包括三轮汽车和低速货车881万辆)，比上年末增长12.8%，其中私人汽车保有量16559万辆，增长15.0%。民用轿车保有量10876万辆，增长14.4%，其中私人轿车10152万辆，增长15.5%。

全年完成邮电业务总量(30)43344亿元，比上年增长52.7%。其中，邮政行业业务总量7397亿元，增长45.7%；电信业务总量35948亿元，增长54.2%。邮政业全年完成邮政函件业务36.2亿件，包裹业务0.3亿件，快递业务量312.8亿件；快递业务收入3974亿元。电信业全年新增移动电话交换机容量(31)7318万户，达到218384万户。年末全国电话用户总数152856万户，其中移动电话用户132193万户。移动电话普及率上升至96.2部/百人。固定互联网宽带接入用户(32)29721万户，比上年增加3774万户，其中固定互联网光纤宽带接入用户(33)22766万户，比上年增加7941万户；移动宽带用户(34)94075万户，增加23464万户。移动互联网接入流量93.6亿G，比上年增长123.7%。互联网上网人数7.31亿人，增加4299万人，其中手机上网人数(35)6.95亿人，增加7550万人。互联网普及率达到53.2%，其中农村地区互联网普及率达到33.1%。软件和信息技术服务业(36)完成软件业务收入48511亿元，比上年增长14.9%。

(图16　2012－2016年快递业务量及其增长速度，略)

(图17　2012－2016年年末固定互联网宽带接入用户和移动宽带用户数，略)

全年国内游客44亿人次，比上年增长11.2%，国内旅游收入39390亿元，增长15.2%。入境游客13844万人次，增长3.5%。其中，外国人2813万人次，增长8.3%；香港、澳门和台湾同胞11031万人次，增长2.3%。在入境游客中，过夜游客5927万人次，增长4.2%。国际旅游收入1200亿美元，增长5.6%。国内居民出境13513万人次，增长5.7%。其中因私出境12850万人次，增长5.6%；赴港澳台出境8395万人次，下降2.2%。

八、金融

年末广义货币供应量(M2)余额155.0万亿元,比上年末增长11.3%;狭义货币供应量(M1)余额48.7万亿元,增长21.4%;流通中货币(M0)余额6.8万亿元,增长8.1%。

全年社会融资规模增量(37)17.8万亿元,比上年多2.4万亿元。年末全部金融机构本外币各项存款余额155.5万亿元,比年初增加15.7万亿元,其中人民币各项存款余额150.6万亿元,增加14.9万亿元。全部金融机构本外币各项贷款余额112.1万亿元,增加12.7万亿元,其中人民币各项贷款余额106.6万亿元,增加12.6万亿元。

表15: 2016年年末全部金融机构本外币存贷款余额及其增长速度

指　　标	年末数(亿元)	比上年末增长(%)
各项存款余额	1555247	11.3
其中:境内住户存款	606522	9.9
其中:人民币	597751	9.5
境内非金融企业存款	530895	16.6
各项贷款余额	1120552	12.8
其中:境内短期贷款	380020	3.6
境内中长期贷款	635052	17.8

年末主要农村金融机构(农村信用社、农村合作银行、农村商业银行)人民币贷款余额134219亿元,比年初增加13895亿元。金融机构境内住户人民币消费贷款余额250472亿元,增加60998亿元。其中,短期消费贷款余额49313亿元,增加8347亿元;中长期消费贷款余额201159亿元,增加52651亿元。

全年上市公司通过境内市场累计筹资23342亿元,比上年增加5088亿元。其中,首次公开发行A股248只,筹资1634亿元;A股现金再融资(包括公开增发、定向增发(38)、配股、优先股)13387亿元,增加4618亿元;上市公司通过沪深交易所发行公司债、可转债筹资8321亿元,增加414亿元。全年全国中小企业股份转让系统(39)新增挂牌公司5034家,筹资1391亿元,增长14.4%。

全年发行公司信用类债券(40)8.22万亿元,比上年增加1.50万亿元。

全年保险公司原保险保费收入(41)30959亿元,比上年增长27.5%。其中,寿险业务原保险保费收入17442亿元,健康险和意外伤害险业务原保险保费收入4792亿元,财产险业务原保险保费收入8725亿元。支付各类赔款及给付10513亿元。其中,寿险业务给付4603亿元,健康险和意外伤害险赔款及给付1184亿元,财产险业务赔款4726亿元。

九、人民生活和社会保障

全年全国居民人均可支配收入(42)23821元,比上年增长8.4%,扣除价格因素,实际增长6.3%;全国居民人均可支配收入中位数(43)20883元,增长8.3%。按常住地分,城镇居民人均可支配收入33616元,比上年增长7.8%,扣除价格因素,实际增长5.6%;城镇居民人均可支配收入中位数31554元,增长8.3%。农村居民人均可支配收入12363元,比上年增长8.2%,扣除价格因素,实际增长6.2%;农村居民人均可支配收入中位数 11149 元，增长 8.3%。按全国居民五等份收入分组(44)，低收入组人均可支配收入 5529 元，中等偏下收入组人均可支配收入 12899 元，中等收入组人均可支配收入 20924 元，中等偏上收入组人均可支配收入 31990 元，高收入组人均可支配收入 59259 元。贫困地区(45)农村居民人均可支配收入 8452 元，比上年增长 10.4%，扣除价格因素，实际增长 8.4%。全国农民工人均月收入 3275 元，比上年增长 6.6%。

全国居民人均消费支出 17111 元，比上年增长 8.9%，扣除价格因素，实际增长 6.8%。按常住地分，城镇居民人均消费支出 23079 元，增长 7.9%，扣除价格因素，实际增长 5.7%；农村居民人均消费支出 10130 元，增长 9.8%，扣除价格因素，实际增长 7.8%。恩格尔系数为 30.1%，比上年下降 0.5 个百分点，其中城镇为 29.3%，农村为 32.2%。

（图 18　2012 - 2016 年全国居民人均可支配收入及其增长速度，略）

（图 19　2016 年全国居民人均消费支出及其构成，略）

年末全国参加城镇职工基本养老保险人数 37862 万人，比上年末增加 2501 万人。参加城乡居民基本养老保险人数 50847 万人，增加 375 万人。参加城镇基本医疗保险人数 74839 万人，增加 8257 万人。其中，参加职工基本医疗保险人数 29524 万人，增加 631 万人；参加城镇居民基本医疗保险人数 45315 万人，增加 7626 万人。参加失业保险人数 18089 万人，增加 763 万人。年末全国领取失业保险金人数 230 万人。参加工伤保险人数 21887 万人，增加 455 万人，其中参加工伤保险的农民工 7510 万人，增加 21 万人。参加生育保险人数 18443 万人，增加 672 万人。年末全国共有 1479.9 万人享受城市居民最低生活保障，4576.5 万人享受农村居民最低生活保障，496.9 万人享受农村特困人员(46)救助供养。全年资助 5620.6 万人参加基本医疗保险，医疗救助 3099.8 万人次。国家抚恤、补助各类优抚对象 877.2 万人。按照每人每年 2300 元（2010 年不变价）的农村贫困标准计算，2016 年农村贫困人口 4335 万人，比上年减少 1240 万人(47)。

十、教育、科学技术和文化

全年研究生教育招生 66.7 万人，在学研究生 198.1 万人，毕业生 56.4 万人。普通本专科招生 748.6 万人，在校生 2695.8 万人，毕业生 704.2 万人。中等职业教育(48)招生 593.3 万人，在校生 1599.1 万人，毕业生 533.7 万人。普通高中招生 802.9 万人，在校生 2366.6 万人，毕业生 792.4 万人。初中招生 1487.2 万人，在校生 4329.4 万人，毕业生 1423.9 万人。普通小学招生 1752.5 万人，在校生 9913.0 万人，毕业生 1507.4 万人。特殊教育招生 9.2 万人，在校生 49.2 万人，毕业生 5.9 万人。学前教育在园幼儿 4413.9 万人。九年义务教育巩固率为 93.4%，高中阶段毛入学率为 87.5%。

（图 20　2012 - 2016 年普通本专科、中等职业教育及普通高中招生人数，略）

全年研究与试验发展（R&D）经费支出 15500 亿元，比上年增长 9.4%，与国内生产总值之比为 2.08%，其中基础研究经费 798 亿元。全年国家重点研发计划共安排 42 个重点专项 1163 个科技项目，国家科技重大专项共安排 224 个课题，国家自然科学基金共资助 41184 个项目。截至年底，累计建设国家重点实验室 488 个，国家工程研究中心 131 个，国家工程实验室 194 个，国家企业技术中心 1276 家。国家科技成果转化引导基金累计设立 9 支子基金，资金总规模 173.5 亿元。全年受理境内外专利申请 346.5 万件，授予专利权 175.4 万件。截至年底，有效专利 628.5 万件，其中境内有效发明专利 110.3 万件，每万人口发明专利拥有量 8.0 件。全年共签订技术合同 32.0 万项，技术合同成交金额 11407 亿元，比上年增长 16.0%。

（图21　2012－2016年研究与试验发展（R&D）经费支出，略）

表16：　2016年专利申请受理、授权和有效专利情况

指　　标	专利数（万件）	比上年增长（%）
专利申请受理数	346.5	23.8
其中：境内专利申请受理数	328.1	25.4
其中：发明专利申请受理数	133.9	21.5
其中：境内发明专利	119.3	24.7
专利申请授权数	175.4	2.1
其中：境内专利授权	161.2	2.1
其中：发明专利授权	40.4	12.5
其中：境内发明专利	29.5	15.0
年末有效专利数	628.5	14.7
其中：境内有效专利	540.6	15.7
其中：有效发明专利	177.2	20.4
其中：境内有效发明专利	110.3	26.6

全年完成22次宇航发射。长征五号、长征七号新一代运载火箭成功首飞；天宫二号空间实验室、神舟十一号载人飞船成功发射，航天员在轨驻留30天并安全返回；新一代静止轨道气象卫星风云四号、合成孔径雷达卫星高分三号、3颗北斗导航卫星等成功发射。

年末全国共有产品检测实验室34487个，其中国家检测中心681个。全国现有产品质量、体系认证机构312个，已累计完成对152525个企业的产品认证。全国共有法定计量技术机构3933个，全年强制检定计量器具7878万台（件）。全年制定、修订国家标准1763项，其中新制定1255项。

年末全国文化系统共有艺术表演团体2046个，博物馆3060个。全国共有公共图书馆3172个，总流通(49)64781万人次；文化馆3338个。有线电视实际用户2.23亿户，其中有线数字电视实际用户1.97亿户。年末广播节目综合人口覆盖率为98.4%，电视节目综合人口覆盖率为98.9%。全年生产电视剧330部14768集，电视动画片119895分钟。全年生产故事影片772部，科教、纪录、动画和特种影片(50)172部。出版各类报纸394亿份，各类期刊27亿册，图书86亿册（张），人均图书拥有量(51)6.27册（张）。年末全国共有档案馆4193个，已开放各类档案13388万卷（件）。

全年我国运动员在23个运动大项中获得107个世界冠军，共创9项世界纪录。在里约奥运会上，我国运动员共获得26枚金牌，奖牌总数70枚，位列奥运会金牌榜第三位，奖牌榜第二位。全年我国残疾人运动员在17项国际赛事中获得237个世界冠军。在里约残奥会上，我国运动员共获得107枚金牌，蝉联金牌榜和奖牌榜第一位。

十一、卫生和社会服务

年末全国共有医疗卫生机构99.3万个，其中医院2.9万个，在医院中有公立医院1.3万个，民营医院1.6万个；基层医疗卫生机构93.1万个，其中乡镇卫生院3.7万个，社区卫生服务中心（站）3.5万个，门诊部（所）21.7万个，村卫生室64.2万个；专业公共卫生机构2.9万个，其中疾病预防控制中心3484个，卫生监督所

(中心)3138个。年末卫生技术人员844万人,其中执业医师和执业助理医师317万人,注册护士350万人。医疗卫生机构床位747万张,其中医院575万张,乡镇卫生院123万张。全年总诊疗人次(52)78.0亿人次,出院人数(53)2.2亿人。

(图22　2012-2016年卫生技术人员人数,略)

年末全国共有各类提供住宿的社会服务机构3.1万个,其中养老服务机构2.8万个,儿童服务机构713个。社会服务床位(54)716.6万张,其中养老服务床位680.0万张,儿童服务床位10.0万张。年末共有社区服务中心2.4万个,社区服务站13.0万个。

十二、资源、环境和安全生产

全年全国国有建设用地供应总量(55)52万公顷,比上年下降2.9%。其中,工矿仓储用地12万公顷,下降3.2%;房地产用地(56)11万公顷,下降10.3%;基础设施等用地29万公顷,增长0.2%。

全年水资源总量30150亿立方米。全年平均降水量730毫米。年末全国监测的614座大型水库蓄水总量3409亿立方米,比上年末蓄水量略有减少。全年总用水量6150亿立方米,比上年增长0.8%。其中,生活用水增长2.7%,工业用水减少0.4%,农业用水增长0.7%,生态补水增长1.9%。万元国内生产总值用水量(57)84立方米,比上年下降5.6%。万元工业增加值用水量53立方米,下降6.0%。人均用水量446立方米,比上年增长0.2%。

全年完成造林面积679万公顷,其中人工造林面积381万公顷,占全部造林面积的56.1%。森林抚育面积837万公顷。截至年底,自然保护区达到2750个,其中国家级自然保护区446个。新增水土流失治理面积5.4万平方公里,新增实施水土流失地区封育保护面积1.6万平方公里。

初步核算,全年能源消费总量43.6亿吨标准煤,比上年增长1.4%。煤炭消费量下降4.7%,原油消费量增长5.5%,天然气消费量增长8.0%,电力消费量增长5.0%。煤炭消费量占能源消费总量的62.0%,比上年下降2.0个百分点;水电、风电、核电、天然气等清洁能源消费量占能源消费总量的19.7%,上升1.7个百分点。全国万元国内生产总值能耗下降5.0%。工业企业吨粗铜综合能耗下降9.45%,吨钢综合能耗下降0.08%,单位烧碱综合能耗下降2.08%,吨水泥综合能耗下降1.81%,每千瓦时火力发电标准煤耗下降0.97%。

(图23　2012-2016年万元国内生产总值能耗降低率,略)

(图24　2012-2016年清洁能源消费量占能源消费总量的比重,略)

近岸海域417个海水水质监测点中,达到国家一、二类海水水质标准的监测点占73.4%,三类海水占10.3%,四类、劣四类海水占16.3%。

在监测的338个城市中,城市空气质量达标的城市占24.9%,未达标的城市占75.1%。细颗粒物(PM2.5)未达标地级及以上城市年平均浓度52微克/立方米,比上年下降8.8%。

在监测的322个城市中,城市区域声环境质量好的城市占5.0%,较好的占68.3%,一般的占26.1%,较差的占0.6%。

全年平均气温为10.49℃,比上年下降0.13℃。共有8个台风登陆。

年末城市污水处理厂日处理能力14823万立方米,比上年末增长5.6%;城市污水处理率为92.4%,提高0.5个百分点。城市生活垃圾无害化处理率为95.0%,提高0.9个百分点。城市集中供热面积70.7亿平方米，增长5.2%。城市建成区绿地面积197.1万公顷，增长3.3%；建成区绿地率为36.44%，提高0.08个百分点；人均公园绿地面积13.45平方米，增加0.10平方米。

全年农作物受灾面积2622万公顷，其中绝收290万公顷。全年因洪涝和地质灾害造成直接经济损失3134亿元，因旱灾造成直接经济损失418亿元，因低温冷冻和雪灾造成直接经济损失179亿元，因海洋灾害造成直接经济损失50亿元。全年大陆地区共发生5.0级以上地震18次，成灾16次，造成直接经济损失67亿元。全年共发生森林火灾2034起，森林火灾受害森林面积0.6万公顷。

全年各类生产安全事故(58)共死亡43062人。亿元国内生产总值生产安全事故死亡人数0.058人，按可比口径比上年下降10.8%；工矿商贸企业就业人员10万人生产安全事故死亡人数1.702人，按可比口径下降2.3%；道路交通事故万车死亡人数2.1人，与上年持平；煤矿百万吨死亡人数0.156人，下降3.7%。

注释：(1)本公报中数据均为初步统计数。各项统计数据均未包括香港特别行政区、澳门特别行政区和台湾省。部分数据因四舍五入的原因，存在着与分项合计不等的情况。

(2)国内生产总值、各产业增加值和人均国内生产总值绝对数按现价计算，增长速度按不变价格计算。

(3)国民总收入，原称国民生产总值，是指一个国家或地区所有常住单位在一定时期内所获得的初次分配收入总额。它等于国内生产总值加上来自国外的净要素收入。

(4)人户分离的人口是指居住地与户口登记地所在的乡镇街道不一致且离开户口登记地半年及以上的人口。

(5)流动人口是指人户分离人口中扣除市辖区内人户分离的人口。市辖区内人户分离的人口是指一个直辖市或地级市所辖区内和区与区之间，居住地和户口登记地不在同一乡镇街道的人口。

(6)2016年年末，0－14岁(含不满15周岁)人口为23008万人，15－59岁(含不满60周岁)人口为92177万人。

(7)年度农民工数量包括年内在本乡镇以外从业6个月及以上的外出农民工和在本乡镇内从事非农产业6个月及以上的本地农民工两部分。

(8)全员劳动生产率为国内生产总值(以2015年价格计算)与全部就业人员的比率。

(9)农产品生产者价格是指农产品生产者直接出售其产品时的价格。

(10)居住类价格包括租赁房房租、住房保养维修及管理、水电燃料等价格。

(11)为推进财政资金统筹使用，2016年起将政府住房基金等5个项目从政府性基金预算转列一般公共预算，将从国有资本经营预算调入一般公共预算的资金由直接列为一般公共预算收入调整列为财政调入资金。因此，上年基数中考虑了上述因素影响，并以此为基础计算同口径增减额和增减幅。

(12)工业战略性新兴产业包括节能环保产业，新一代信息技术产业，生物产业，高端设备制造产业，新能源产业，新材料产业，新能源汽车产业等七大产业。

(13)高技术制造业包括医药制造业，航空、航天器及设备制造业，电子及通信设备制造业，计算机及办公设备制造业，医疗仪器设备及仪器仪表制造业，信息化学品制造业。

(14)装备制造业包括金属制品业，通用设备制造业，专用设备制造业，汽车制造业，铁路、船舶、航空航天和其他运输设备制造业，电气机械和器材制造业，计算机、通信和其他电子设备制造业，仪器仪表制造业。

(15)六大高耗能行业包括石油加工、炼焦和核燃料加工业，化学原料和化学制品制造业，非金属矿物制品业，黑色金属冶炼和压延加工业，有色金属冶炼和压延加工业，电力、热力生产和供应业。

(16)火电包括燃煤发电量，燃油发电量，燃气发电量，余热、余压、余气发电量，垃圾焚烧发电量，生物质发电量。

(17)钢材产量数据中含企业之间重复加工钢材约35443万吨。

(18)少量发电装机容量(如地热等)公报中未列出。

(19)固定资产投资按东部、中部、西部和东北地区计算的合计数据小于全国数据，是因为有部分跨地区的投资未计算在地区数据中。其中，东部地区是指北京、天津、河北、上海、江苏、浙江、福建、山东、广东和海南10省(市);中部地区是指山西、安徽、江西、河南、湖北和湖南6省;西部地区是指内蒙古、广西、重庆、四川、贵州、云南、西藏、陕西、甘肃、青海、宁夏和新疆12省(区、市);东北地区是指辽宁、吉林和黑龙江3省。

(20)基础设施投资是指建造或购置为社会生产和生活提供基础性、大众性服务的工程和设施的支出。公报中的基础设施投资包括交通运输、邮政业,电信、广播电视和卫星传输服务业,互联网和相关服务业,水利、环境和公共设施管理业投资。

(21) 民间固定资产投资是指具有集体、私营、个人性质的内资企事业单位以及由其控股(包括绝对控股和相对控股)的企业单位建造或购置固定资产的投资。

(22)高技术产业投资包括医药制造、航空航天器及设备制造等六大类高技术制造业投资和信息服务、电子商务服务等九大类高技术服务业投资。

(23) 房地产业投资除房地产开发投资外,还包括建设单位自建房屋以及物业管理、中介服务和其他房地产投资。

(24) 高速铁路是指最高营运速度达到200公里/小时及以上的铁路。

(25)数据来源为各省(区、市)汇总上报截至2016年12月底建档立卡贫困户农村危房改造实际开工数。

(26) 网上零售额是指通过公共网络交易平台(包括自建网站和第三方平台)实现的商品和服务零售额。其中,网上零售额包括的服务,以及少部分用于生产经营用或被转卖的商品不统计在社会消费品零售总额中。

(27) 货物贸易、服务贸易、吸收外资采用人民币计价。对外投资和对外承包工程由于技术原因仍主要沿用美元计价。

(28) "一带一路"是指"丝绸之路经济带"和"21世纪海上丝绸之路"。

(29)服务进出口按照《国际收支手册(第六版)》标准统计,不含政府服务,增速按可比口径计算。

(30) 邮电业务总量按2010年价格计算。

(31) 移动电话交换机容量是指移动电话交换机根据一定话务模型和交换机处理能力计算出来的最大同时服务用户的数量。

(32) 固定互联网宽带接入用户是指报告期末在电信企业登记注册,通过xDSL、FTTx + LAN、FTTH/0以及其他宽带接入方式和普通专线接入公众互联网的用户。

(33) 固定互联网光纤宽带接入用户是指报告期末在电信企业登记注册,通过FTTH或FTTO方式接入公众互联网的用户。

(34) 移动宽带用户是指报告期末在计费系统拥有使用信息,占用3G或4G网络资源的在网用户。

(35) 手机上网人数是指过去半年通过手机接入并使用互联网的6周岁及以上中国居民数量。

(36)软件和信息技术服务业包括软件开发,信息系统集成服务,信息技术咨询服务,数据处理和存储服务,集成电路设计服务和其他信息技术服务等行业。

(37)社会融资规模增量是指一定时期内实体经济从金融体系获得的资金总额。

(38)定向增发不含资产认购部分。

(39) 全国中小企业股份转让系统又称"新三板",是2012年经国务院批准设立的全国性证券交易场所。

(40)公司信用类债券包括非金融企业债务融资工具、企业债券以及公司债、可转债等。

(41) 原保险保费收入是指保险企业确认的原保险合同保费收入。

(42) 全国居民收入增速快于分城乡居民收入增速的原因是:在城镇化过程中,一部分在农村收入较高的人口进入城镇地区,但在城镇属于较低收入人群,他们的迁移对城乡居民收入均有拉低作用。但无论在城镇还是农村,其收入增长效应都会体现在全体居民收入增长中。

(43) 人均收入中位数是指将所有调查户按人均收入水平从低到高(或从高到低)顺序排列,处于最中间位置调查户的人均收入。

(44) 全国居民五等份收入分组是指将所有调查户按人均收入水平从低到高顺序排列,平均分为五个等份,处于最高20%的收入群体为高收入组,依此类推依次为中等偏上收入组、中等收入组、中等偏下收入组、低收入组。

(45) 贫困地区包括集中连片特困地区和片区外的国家扶贫开发工作重点县，共832个县，其中国家扶贫开发工作重点县共计592个。

(46) 农村特困人员是指无劳动能力，无生活来源，无法定赡养、抚养、扶养义务人或者其法定义务人无履行义务能力的农村老年人、残疾人以及未满16周岁的未成年人。

(47) 减贫人口等于当年贫困人口减去上年贫困人口，也相当于当年脱贫人口减去当年返贫人口。

(48) 中等职业教育包括普通中专、成人中专、职业高中和技工学校。

(49) 总流通人次是指本年度内到图书馆场馆接受图书馆服务的总人次，包括借阅书刊、咨询问题以及参加各类读者活动等。

(50) 特种影片是指那些采用与常规影院放映在技术、设备、节目方面不同的电影展示方式，如巨幕电影、立体电影、立体特效(4D)电影、动感电影、球幕电影等。

(51) 人均图书拥有量是指在一年内全国平均每人能拥有的当年出版图书册数。

(52) 总诊疗人次指所有诊疗工作的总人次数，包括门诊、急诊、出诊、预约诊疗、单项健康检查、健康咨询指导(不含健康讲座)人次。

(53) 出院人数指报告期内所有住院后出院的人数，包括医嘱离院、医嘱转其他医疗机构、非医嘱离院、死亡及其他人数，不含家庭病床撤床人数。

(54) 社会服务床位数除收养性机构外，还包括救助类机构、社区类机构以及军休所、军供站等机构的床位。

(55) 国有建设用地供应总量是指报告期内市、县人民政府根据年度土地供应计划依法以出让、划拨、租赁等方式将土地使用权提供给单位或个人使用的国有建设用地总量。

(56) 房地产用地是指商服用地和住宅用地的总和。

(57) 万元国内生产总值用水量、万元工业增加值用水量和万元国内生产总值能耗按2015年价格计算。

(58) 2016年起，安全监管总局对生产安全事故统计制度进行改革，由于排除了非生产经营领域的事故，事故统计口径发生变化，数据同比按照可比口径计算。

本公报中户籍人口城镇化率、民用汽车、交通事故数据来自公安部；城镇新增就业、登记失业率、社会保障、技工学校数据来自人力资源社会保障部；财政数据来自财政部；外汇储备、汇率、货币金融、公司信用类债券数据来自人民银行；水产品产量数据来自农业部；木材产量、林业、森林火灾数据来自林业局；灌溉面积、水资源数据来自水利部；发电装机容量、新增220千伏及以上变电设备数据来自中电联；新建铁路投产里程、增新建铁路复线投产里程、电气化铁路投产里程、铁路运输数据来自铁路总公司；新改建公路里程、港口万吨级码头泊位新增吞吐能力、公路运输、水运、港口货物吞吐量数据来自交通运输部；新增民用运输机场、民航数据来自民航局；新增光缆线路长度、电话交换机容量、电话用户、宽带用户、移动互联网接入流量、上网人数、互联网普及率、软件业务收入等数据来自工业和信息化部；农村地区互联网普及率数据来自中国互联网络信息中心；棚户区住房改造、农村地区建档立卡贫困户危房改造、城市污水处理、城市垃圾处理、城市集中供热面积、建成区绿地数据来自住房城乡建设部；货物进出口数据来自海关总署；服务进出口、外商直接投资、对外直接投资、对外承包工程、对外劳务合作等数据来自商务部；管道数据来自中石油、中石化、中海油；邮政业务数据来自邮政局；旅游数据来自旅游局、公安部；上市公司数据来自证监会；保险业数据来自保监会；城乡低保、农村特困人员救助供养、社会服务、农作物受灾面积、洪涝地质灾害造成直接经济损失、旱灾造成直接经济损失、低温冷冻和雪灾造成直接经济损失来自民政部；教育数据来自教育部；重点研发计划、科技重大专项、国家重点实验室、科技成果转化引导基金、技术合同等数据来自科技部；自然科学基金项目数据来自自然基金委；国家工程研究中心、企业技术中心等数据来自发展改革委；专利数据来自知识产权局；宇航发射数据来自国防科工局；质量检验、国家标准制定修订等数据来自质检总局；艺术表演团体、博物馆、公共图书馆、文化馆数据来自文化部；广播电视、电影、报纸、期刊、图书数据来自新闻出版广电总局；档案数据来自档案局；体育数据来自体育总局；残疾人运动员数据来自中国残联；卫生数据来自卫生计生委；国有建设用地供应数据来自国土资源部；自然保护区、环境监测数据来自环境保护部；平均气温、登陆台风数据来自气象局；海洋灾害造成直接经济损失数据来自海洋局；地震次数、地震灾害直接经济损失数据来自地震局；安全生产数据来自安全监管总局；其他数据均来自国家统计局。

中国统计出版社最新图书简目

(仅供参考，以实际出版为准)

统计资料

中国统计年鉴 中国统计摘要 中国发展报告
中国经济普查年鉴 国际统计年鉴 金砖国家联合统计手册
中国-东盟国家统计手册 中国农村统计年鉴 中国县域统计年鉴
中国城市统计年鉴 中国对外直接投资统计公报 中国地区经济监测报告
中国贸易外经统计年鉴 中国零售和餐饮连锁企业统计年鉴 中国商品交易市场统计年鉴
大中型批发零售和住宿餐饮企业统计年鉴 中国农产品价格调查年鉴 中国住户调查年鉴
中国价格统计年鉴 中国能源统计年鉴 全国农产品成本收益资料汇编
中国环境统计年鉴 中国建筑业统计年鉴 国外资源、能源和环境统计资料汇编
中国工业统计年鉴 中国城乡建设统计年鉴 中国县城建设统计年鉴
中国城市建设统计年鉴 中国科技统计年鉴 中国房地产统计年鉴
中国证券期货统计年鉴 中国劳动统计年鉴 中国第三产业统计年鉴
工业企业科技活动资料 中国社会统计年鉴 中国高技术产业统计年鉴
中国人才资源统计报告 中国教育统计年鉴 中国人口和就业统计年鉴
文化及相关产业统计概览 中国文化及相关产业统计年鉴 中国教育经费统计年鉴
中国民族统计年鉴 中国残疾人事业统计年鉴 中国民政统计年鉴
中国乡镇街道行政区域简册 中国基本单位统计年鉴 中国妇女儿童状况统计资料（英）

省级综合统计年鉴系列

北京 天津 河北 山西 内蒙古 辽宁 吉林 黑龙江 上海 江苏 浙江 安徽 福建 江西 山东 河南 湖北 湖南
广东 广西 海南 重庆 四川 贵州 云南 西藏 陕西 甘肃 青海 宁夏 新疆 新疆生产建设兵团

市(县)级综合统计年鉴系列

滨海新区 石家庄 唐山 邯郸 保定 沧州 邢台 廊坊 承德 衡水 秦皇岛 张家口 太原 大同 阳泉 长治 晋城
朔州 晋中 运城 忻州 临汾 吕梁 呼和浩特 呼和浩特新城区 鄂尔多斯 包头 沈阳 大连 长春 吉林 延吉 四平
通化 松原 哈尔滨 齐齐哈尔 黑龙江垦区 上海浦东新区 南京 无锡 徐州 常州 苏州 南通 连云港 淮安 盐城
扬州 镇江 泰州 宿迁 江阴 丹阳 海门 杭州 宁波 温州 嘉兴 湖州 绍兴 金华 衢州 舟山 台州 丽水 合肥
安庆 马鞍山 福州 厦门 宁德 漳州 龙岩 南昌 九江 上饶 新余 抚州 萍乡 赣州 吉安 景德镇 济南 青岛 潍坊
枣庄 日照 滕州 郑州 洛阳 平顶山 三门峡 商丘 信阳 济源 汝州 武汉 十堰 荆州 宜昌 荆门 咸宁 长沙 广州
深圳 惠州 东莞 汕尾 南宁 柳州 桂林 来宾 河池 防城港 海口 三亚 成都 贵阳 黔南 毕节 昆明 西安 咸阳
延安 宝鸡 安康 铜川 汉中 榆林 兰州 庆阳 银川 乌鲁木齐 兵团一师 兵团十师

调查年鉴系列

天津 山西 内蒙古 辽宁 吉林 上海 福建 江西 河南 湖北 湖南 广西 重庆 四川 云南 甘肃 宁夏 新疆

统计方法应用/实用手册

实用SAS统计分析教程 马克威统计分析与数据挖掘应用案例 统计公文知识问答
乡镇统计人员岗位知识培训系列教材：辅助调查员岗位基础知识 乡镇统计人员岗位基础知识
县级统计人员岗位知识培训系列教材：Excel在统计工作中的应用 简明统计分析
地市级统计人员岗位知识培训系列教材：统计报告与演示 Excel在统计工作中的应用

统计通俗读物/统计科普图书

国家统计局核心统计指标变迁 货架上的统计 账本里的统计

重点图书

砥砺奋进的五年——从十八大到十九大 新编英汉汉英统计大词典 中华医学统计百科全书
新常态下的中国服务业：理论与实践 新动能新产业发展报告-2017
挑大学选专业2018——考研择校指南 挑大学选专业2018——高考志愿填报指南